让 我 们 一 起 追 寻

Black Spartacus: The Epic Life of Toussaint Louverture
© Sudhir Hazareesingh，2020
First published in Great Britain in the English Language by Penguin Books Ltd.
Copies of this translation edition sold without a Penguin sticker
on the cover are unauthorized and illegal
Published under licence from Penguin Books Ltd. Penguin (in English and Chinese)
and the Penguin logo are trademarks of Penguin Books Ltd.
封底凡无企鹅防伪标识者均属未经授权之非法版本
Simplified Chinese edition copyright:
© 2022 SOCIAL SCIENCES ACADEMIC PRESS (CHINA)
All rights reserved
封底有甲骨文防伪标签者为正版授权

黑斯巴达克斯
BLACK SPARTACUS

海地国父
The Epic Life of
Toussaint Louverture

杜桑·卢维杜尔传

SUDHIR HAZAREESINGH

〔毛〕苏迪·哈扎里辛格 著
祁长保 译

社会科学文献出版社
SOCIAL SCIENCES ACADEMIC PRESS (CHINA)

LES FRERES DE LA CÔTE
BOUCANIERS DE L'ISLE
DE LA TORTUE

DRAKE 1586
MORGAN 1670
DE GRAFF
DE L'ESCADE
MONTBARS

SAI
PA

ISLE DE LA TORTUE
Pointe a Masson
Pte de Jean Ravel
Port a l'Ecu
Cap St Nicolas
Mole St Nicolas
Plaine de Jean Ravel
Port Paix St Louis
R. de la Barre
R. de Carouge ou de Vaudra
R. des St Anne
Pointe d'Icaque
R. des Bananiers
R. du port Margot
Cap aux Four
Ripelou
R. des Negres
R. Salé
R. du Limbé
Can de Louise
QUART
R. de la Cadu
Port Margot
Cap Franço
Morne Pidale
Morne d'Inde
R. la Trouble
Le Cap
Morne de la Vigie
Morne des Pintais
L'Acul
St L
Les 3 Rivieres
R. de Louise
Morne
Limo
la Plate forme
DU
R. Rouge
pondons
DE BARQUEMENT
DE CHRISTOPHE
au Mole St Nicolas
Salines de Gorido
Port Paradis
Port a Piment
Savane
brui
Bonn
MO

COMMÉMORATION DE
L'ABOLITION DE L'ESCLAVAGE
TOUSSAINT LOUVERTURE
1743-1803
2500 francs

Cabaret de la Porte
Plaines de Savanes
de G
Pointe de
la Selle
LE MIREBALAIS
Falaises
inaccessibles
CUL DE SAC ou
ISLE GONAVE DE
EOGANE
Tombe R. Paroist a faire
Chemin du Cousin
B. de Marsoin
les Baraderes
Basses
Pointe de Nipes
R. de Nipes
Pte de Miragoane
Fort de la Pte
la Rouillone
R. de l'Acul
CUL DE SAC
Port au PRINCE
grande Riviere
Etang du Cul de
Goumache
Plaine
Veretes
Acul
Islet Carenage
Trou Bordet
la Grande Riviere
LEOGANE
Requil ou l'E
du
P. Gouve PETIT Grand GOAVE
Terrain
inhabitable
Etang doux
Piton M.
SUD
R. serpent
Aquin
qui
avoit
esté
cedée
DU
devant
à la
Compagnie de St Domin
ERS
Fond des Negres
Jaquemel
Peste
les Cayes
Baye d'Aquin
Grosse Caye
R. des Cotes de Fer
Cotes de Fer
P. Marigot
Saletrou
Petit Trou
R. des Pestes
Fort St George
St Louis
Husiene
R. des Grandes
Cap de Benet-Baye de
Jaquemel
et de
Marle
la Folle
Ances a Pitre
le Faux Cap
Punta de Aguila
Fraties

DECRETE PAR
LE DEPUTÉ
SONTHONAX
1793

本书获誉

荣获 2022 年巴黎美国图书馆图书奖

荣获 2021 年沃尔夫森历史奖

入围贝利·吉福德非虚构文学奖

进入国际笔会/杰奎琳·博格拉德·韦尔德传记奖决选名单

获《经济学人》《泰晤士报文学副刊》《新政治家》年度最佳图书提名

《黑斯巴达克斯》堪称一部力作,是迄今为止最完整、最权威、最有说服力的杜桑传记,是我们长期以来所期待的……一部格外扣人心弦的好书。

——大卫·A. 贝尔,《卫报》

[一部] 精雕细琢之作……再现了 [杜桑] 在政治、军事和智识上应有的成就。

——《经济学人》

[哈扎里辛格] 通过杜桑的军事生涯,以及更重要的——他那灵动敏捷的政治行为,讲述了这个故事……《黑斯巴达克斯》中珠玑频落,使这部有关杜桑军事功绩的详尽细致的记述成为一个炫目而复杂的故事。作者在遍布杜桑本人文字的情节之中,又加入了罗曼蒂克和家族神秘的元素,从未聆听过

他那老练、傲慢和流利嗓音的人们，一定会对此赞赏有加。

——埃米·威伦茨，《观察家报》

非比寻常……［苏迪·哈扎里辛格］巧妙地讲述了这段复杂而碎片化的历史，刻画了可能是迄今最清晰的一幅卢维杜尔肖像……对一些影响深远的历史事件，如1791年的首次起义，这本书提出了新的重要见解……《黑斯巴达克斯》是一项巨大的成就。它选取的是一段近乎令人无法想象的复杂历史，而作者准确无误的叙述手法，使之读起来如小说一般引人入胜。

——本·霍罗威茨，《金融时报》

一部魅力四射的传记……哈扎里辛格完美地阐释了为什么杜桑会为了三种不同势力而战：反叛的奴隶让-弗朗索瓦和比阿苏、西班牙人，然后又是法国人……海地诗人热迪恩玛曾写道，"ochan pou laverite ki pa gen klaksonn"，翻译过来就是"赞美要奉献给无言的真理"。我们的赞美献给苏迪·哈扎里辛格的《黑斯巴达克斯》。

——阿道夫·阿尔苏法尔，《洛杉矶书评》

苏迪·哈扎里辛格的这本《黑斯巴达克斯》非常吸引人，它讲述了来自布雷达的一个神秘而虔诚的男孩如何成为最知名的、最令人恐惧的，同时也是最重要的政治领袖……为完成这项工作，哈扎里辛格如饥似渴地研究各种原始资料，并且敏锐地从中辨识出历史的真相。他还具有一种特别的天赋，善于抽丝剥茧，能够揭示一个人不曾为人所知的一面。

——内森·珀尔-罗森塔尔，《华尔街日报》

哈扎里辛格对海地解放者和开国元勋的非凡人生和仍在增长的影响力进行了深入的研究，颇费心力地对其进行了全面彻底的重新审视……从军事上的大胆谋略到执政中的改革创新，从在悲剧性的陨落中依然保持尊严，到作为"现代第一位黑人超级英雄"持续发挥激励作用，在这本书中，杜桑·卢维杜尔完整而宝贵的形象得以生动地展现。

——唐娜·西曼，《书单》（星级评论）

自海地独立两百年以来，苏迪·哈扎里辛格的《黑斯巴达克斯》是第四本杜桑·卢维杜尔传记，也是最好的一本……本书巧妙处理了奴隶起义的早期历史，并对杜桑在初始运动中可能扮演的角色给出了迄今为止最令人信服的描述。对非传统档案资料的应用尤其令人耳目一新，哈扎里辛格屡次强调伏都教对革命发挥的重要作用。

——保罗·克拉默，《今日历史》

这部引人入胜的读物追溯了卢维杜尔从革命领袖到神话形象的演变过程，揭示并恢复了他本人和海地这个国家在大西洋世界创造与再创造的叙事中应有的历史地位。

——托马斯·J. 戴维斯，《图书馆杂志》（星级评论）

这本书是对这位传奇的海地领导人的彻底反思，他对种族平等的共和主义理想的利用是激进的、变革性的，且至今仍在引起共鸣……对于杜桑在[海地革命开始]前后的活动，《黑斯巴达克斯》认真研究了许多相互矛盾的记述……作者在这部传记中展现了博学多识,他仔细斟酌了杜桑性格中的细微之处,以及围绕他的各种传说。

——《科克斯书评》

这部思想丰富的传记揭示了杜桑·卢维杜尔至今仍然如此重要的原因……这部优秀传记作品突破了杜桑个人历史中不为人知的领域,揭去了包裹其外的民间传说和陈词滥调……哈扎里辛格在工作中机敏地平衡了迂回曲折的叙述和对权力与理念的广泛分析。他这部一丝不苟又引人入胜的传记所刻画的杜桑并不只是一个传奇英雄的形象。书中将他称颂为思想家……自2020年夏天问世以来,它便成为人们急于阅读的最具价值的一本书。

——博伊德·汤金,艺术台(The Art Desk)网站

如果说有人拥有史诗般的人生,那一定是[卢维杜尔],哈扎里辛格在他的新书里完美地捕捉到这一点……这本书绝对适合热爱历史的所有人……卢维杜尔的故事会打动你,同时让你产生不同的想法。

——贾森·帕克,媒介(Medium)网站

翻译说明

本书讲述的是两百年前发生在遥远的加勒比地区的历史，书中一些内容对中国读者而言显得略微陌生。对某些专有名词的译法，有必要做一些解释，以避免读者产生疑惑。

首先就是主人公的名字。我们知道，当年的绝大多数黑人奴隶是没有姓氏的，为了区分同名的人，往往以地名，也就是奴隶所在的种植园的名字作为姓氏。杜桑（Toussaint）是他出生时父母为他起的名字。因为这一家人是布雷达种植园的奴隶，所以按照当时的习惯，他的全名就是"杜桑·布雷达"或"布雷达的杜桑"（Toussaint Bréda）。参加革命以后，他才给自己确定了一个正式的姓氏——卢维杜尔（Louverture）。关于这个姓氏的含义以及杜桑选择它的可能原因，作者在正文中都有涉及。读者会发现，就像我们在很多时候只用"拿破仑"这个名字称呼拿破仑·波拿巴一样，本书中绝大多数场合都用"杜桑"这个名字来称呼主人公，只在极少情况下才用他的姓氏。

其次是在地名的翻译上，为了避免混淆，必须做一些特别的处理。哥伦布在 1492 年首次发现伊斯帕尼奥拉岛（Hispaniola），这个名字在西班牙语中的意思就是"西班牙岛"（La Española）。该岛很快成为西班牙在西印度群岛的行政中心和殖民美洲大陆的基地。17 世纪后期，法国人开始积极在这个岛上进行殖民统治，他们将该岛的西部称作"Saint-Domingue"。随着西班牙人的势力逐渐衰弱，两国在 1697 年签订条约，正式承认该岛西部为法国所有。同时，该岛东部仍然归西班牙所有，其西语名称为"Santo Domingo"。按照较为通用的译法，这两个名字都应当译为"圣多明各"，但是为了加以区分，我把二者分别译为"法属圣多明各"和"西属圣多明各"。特别是在第8章有关杜桑接管西属圣多明各的部分内容，如果不进行这种区分，会给读者的阅读带来很大困扰。而在不涉及西班牙领土的其他章节，只在较为正式的语境下使用"法属圣多明各"，更多时候还是简单地译为"圣多明各"，这主要是出于语言简练的目的。同时，西属圣多明各首府的名字也是"Santo Domingo"，我便将其译作"圣多明各城"。

此外，作者还经常用"the colony"来指代法属圣多明各，我在翻译时也是直接以"殖民地"对译。在一些更正式的，或者表示强调的语境中使用"该殖民地"或"这块殖民地"。

最后，还有很重要的一点需要我们留意。作者在本书中使用的"people of color"，与后世用来指代所有非白人的"有色人种"的概念是不同的。他用这个词特指那些黑人和白人结合所生下的后代，并且他们已经摆脱了奴隶身份，或者出生时就拥有自由人身份。我在翻译过程中，都以"有色人""有色人群"与之对应。与此同时，作者还使用"混血"（mix-raced）来指代同一人群，其含义与"有色人"没有区别，我一般都按照作者的具体用法而采取相应的对译。但是，在本书的最后部分，当谈到现代人对杜桑的纪念和回忆的时候，作者在个别的几处提及"people of color"的时候，所指的意思又与当代的，特别是美国社会中通行的意思相同，即指所有的非白人。在这种情况下，我便把它译为"有色人种"，以示区别。

上述就是我在翻译过程中陆续发现的一些容易引起误解的问题，以及我采取的相应处理。恐有不够完善之处，欢迎读者指正，并敬请谅解。

祁长保
2021 年 8 月 8 日

献给卡尔玛

她了解革命英雄的一切

目 录

图片版权说明　/ 1
鸣　谢　/ 7
年　表　/ 11
注释词汇表　/ 16
地　图　/ 19

引　言　杜桑·卢维杜尔的创举　/ 1

第一部分　革命者的诞生

第 1 章　一个自由人的灵魂　/ 25
第 2 章　命运之门　/ 56
第 3 章　共和主义勇士　/ 92

第二部分　卢维杜尔秩序的建立

第 4 章　友爱的大家庭　/ 133
第 5 章　无能的代理人　/ 171
第 6 章　高尚的公民　/ 206

第三部分　杜桑掌权

第 7 章　纵横捭阖　／ 243
第 8 章　时不我待　／ 279
第 9 章　雄鹰之地　／ 312

第四部分　领袖及其神话

第 10 章　迅疾难料的行动　／ 349
第 11 章　黑人自由之树　／ 387
第 12 章　世界的英雄　／ 429

结语　我们时代的灵感　／ 473
注　释　／ 492
索　引　／ 602

图片版权说明

我们已穷尽一切手段努力联络相关版权的所有者。如发现错漏,敬请联系。出版社乐于在将来再版时予以更正。

彩色插图

图1 《杜桑·卢维杜尔》,手工着色石板印刷画,作者尼古拉-厄斯塔什·莫兰(Nicolas-Eustache Maurin),由 F. S. Delpech 于 1832 年出版,Free Library of Philadelphia, John Frederick Lewis Portrait Collection(photo:Bridgeman Images)。

图2 一幅 1760 年法属圣多明各地形图的细部(photo:Bibliothèque nationale de France, département Cartes et plans)。

图3 一座蔗糖提炼厂,着色版本,原始插图出自 Denis Diderot, *Encyclopédie, ou Dictionnaire Raisonné des Sciences, des Arts et des Métiers*, 1762, vol. 1, plate I(photo:City of Vancouver Archives, British Columbia Sugar Refining Fonds)。

图4 在西印度群岛一座种植园的庭院中工作的奴隶,着色版本,原始插图出自 Jean-Baptiste Du Tertre, *Histoire Générale des Antilles habitées par les François*, 1667(photo:Leonard de Selva/Bridgeman Images)。

图5 《1789 年圣多明各岛的法属部分》,地图作者丹尼尔·德尔沃(Daniel Derveaux),大约绘于 1930 年代,基于 18 世纪由 G. Delisle 创作的原稿(photo:Archives Charmet/Bridgeman Images)。

图6 《1793 年 6 月 21 日法兰西角大火》,着色版画,由 Jean-Baptiste Chapuy 临摹 Jean-Louis Boquet 的原作(photo:Archives Charmet/Bridgeman Images)。

图7 《1794 年国民公会废奴法令》,图画来自 Nicolas-André Monsiau, Musée Carnavalet, Paris(photo:Paris Musées)。

图8 莱热-费利西泰·桑托纳克斯肖像，作者佚名，Musée du Panthéon National Haïtien, Port-au-Prince（photo：MUPANAH）。

图9 加布里埃尔·德·埃杜维尔肖像，作者 Jean-Baptiste Paulin Guérin, Château de Versailles（photo：©RMN-Grand Palais（Château de Versailles）/Gérard Blot/Jean Schormans）。

图10 托马斯·梅特兰肖像，作者 John Hoppner, Thirlestane Castle, Lauder（photo：Christie's/Bridgeman Images）。

图11 夏尔·埃马纽埃尔·勒克莱尔肖像，作者 François Joseph Kinson, Château de Versailles（photo：©RMN-Grand Palais（Château de Versailles）/Gérard Blot）。

图12 普拉西德·卢维杜尔肖像，作者佚名，Musée du Panthéon National Haïtien（photo：©Fonds Jacques de Cauna, MUPANAH, 2003）。

图13 伊萨克·卢维杜尔肖像，作者佚名，Musée du Panthéon National Haïtien（photo：©Fonds Jacques de Cauna, MUPANAH, 2003）。

图14 路易丝·尚西肖像，作者 Séjour Legros, 1821, Musée du Panthéon National Haïtien（photo：©Fonds Jacques de Cauna, MUPANAH, 2003）。

图15 杜桑·卢维杜尔肖像，作者路易·里戈（Louis Rigaud），1877, Yale Center for British Art. Lent by Yale Peabody Museum of Natural History（photo：Yale Center for British Art）。

图16 泰奥多尔·热里科（Théodore Géricault）的《殖民战争的片段：骑在高头大马上的黑人，1818~1819》（photo：Christie's/Bridgeman Images）。

图17 杜桑骑在他的马"漂亮银印"上，由德尼-亚历山大·沃洛松（Denis-Alexandre Volozan）绘制于 1800~1825 年，Musée d'Aquitaine, Bordeaux（photo：©JM Arnaud, mairie de Bordeaux）。

图18 《祖先的誓言》，由纪尧姆·吉永-勒蒂埃（Guillaume Guillon-Lethière）绘制于 1822 年，先是藏于 Musée National d'Haïti，现藏于 Musée du Panthéon National Haïtien, Port-au-Prince（photo：©RMN-Grand Palais/ Gérard Blot）。

图19 《马背上的杜桑·卢维杜尔》，作者雅各布·劳伦斯（Jacob

Lawrence），1938 年《杜桑·卢维杜尔的一生》系列第 32 幅，Aaron Douglas Collection, Amistad Research Center, New Orleans ⓒ The Jacob and Gwendolyn Knight Lawrence Foundation, Seattle / Artists Rights Society (ARS), New York and DACS, London 2020（photo：Amistad Research Center）。

图 20 《海地 杜桑·卢维杜尔》，作者威廉·H. 约翰逊（William H. Johnson），大约作于 1945 年，Smithsonian American Art Museum. Gift of the Harmon Foundation（photo：SAAM）。

图 21 《泛黄的杜桑》，由爱德华·杜瓦尔-卡里耶（Edouard Duval-Carrié）绘制于 2008 年（photo：ⓒ Edouard Duval-Carrié，经画家同意后复制）。

图 22 1954 年海地发行的海地革命 150 周年纪念邮票（photo：Wolfgang Windel, Haiti Philatelic Society）。

图 23 2003 年海地发行的杜桑逝世 200 周年纪念邮票（photo：Wolfgang Windel, Haiti Philatelic Society）。

图 24 1963 年达荷美发行的杜桑画像邮票（photo：Hipstamps/J. Freedom Stamps）。

图 25 1991 年，在法国茹堡附近的蓬塔利耶发行的纪念杜桑逝世的花式邮戳（photo：Wolfgang Windel, Haiti Philatelic Society）。

图 26 1991 年古巴发行的纪念奴隶革命 200 周年首日封（photo：Wolfgang Windel, Haiti Philatelic Society）。

图 27 1968 年海地铸造的 10 古德银币，上有杜桑肖像（photo：Heritage Auctions）。

图 28 2001 年海地发行的 20 古德纸币（photo：private collection）。

图 29 2007 年塞内加尔为纪念 1807 年废除奴隶贸易法案 200 周年而铸造的 2500 西非法郎硬币（photo：Allnumis）。

图 30 阿莱霍·卡彭铁尔 1957 年出版的《人间王国》第一版英译本的封面。

图 31 由 Talawa Theatre Company 在 1968 年上演的，C. L. R. 詹姆斯的《黑皮肤的雅各宾派》演出节目单封面，V&A Theatre & Performance

Collection, London（photo：© Talawa Theatre Company）。

图32　2012年菲利普·尼昂执导的电影《杜桑·卢维杜尔》的宣传海报（photo：Eloa Prod/La Petite Reine/France Télévision）。

图33　位于贝宁阿拉达的杜桑雕像，约1989年。

图34　位于法国茹堡的杜桑胸像，作者James Mastin，2002年（photo：Christophe Finot）。

图35　法国拉罗谢尔新世界博物馆的杜桑雕像，作者奥斯曼·索乌（photo：Julien Chauvet）。

图36　加拿大蒙特利尔杜桑-卢维杜尔公园的杜桑半身像，作者Dominique Dennery，2017年（photo：Alain Quevillon）。

图37　海地的布瓦-卡伊曼仪式，由妮科尔·让-路易（Nicole Jean-Louis）绘制于2010年前后（© Nicole Jean-Louis）。

正文插图

第8页　1784年12月25日《美洲布告》首页（photo：University of Florida Library）。

第28页　1743年版《黑人法典》的标题页（photo：AF Fotografie/Alamy）。

第46页　杜桑正在阅读雷纳尔和狄德罗的《两印度哲学史》，插图来自John R. Beard, *The Life of Toussaint L'Ouverture：The Negro Patriot of Hayti*, 1853 edition（photo：Harvard University Library）。

第65页　*Incendie de la Plaine du Cap-Massacre des Blancs par les Noirs*，22 Août 1791, illustration from France Militaire，1833（photo：Heritage Images/Alamy）.

第73页　加布里埃尔·勒·格罗1793年版记录的首页。Archives Nationales, Paris（photo：University of Florida Library）。

第84页　桑托纳克斯废除奴隶制度的法令，克里奥尔语版本，1793年8月29日（photo：© Centre historique des Archives nationales）。

第97页　《杜桑·卢维杜尔》，插图作者I. Barlow，选自马库斯·雷恩斯福德1805年《黑人帝国海地历史记述》（photo：courtesy of the

John Carter Brown Library)。

第167页　杜桑1797年《驳斥维耶诺·沃布隆……讲话中的一些主张》首页（photo：Archives nationales d'outre-Mer, Aix-en-Provence)。

第174~175页　杜桑致埃杜维尔的书信，约1798年4~5月。Archives Nationales, Paris（photo：the author)。

第210页　杜桑致其子伊萨克和普拉西德的书信，1799年4月14日（photo：Bibliothèque Municipale, Nantes)。

第219~220页　军队将领督促市政当局支持杜桑的公告，1798年12月9日。Archives nationales d'outre-Mer, Aix-en-Provence（photo：University of Florida Library)。

第225页　杜桑为阿坎制定的规划，圣多明各，1799年（photo：Bibliothèque nationale de France, département Cartes et plans)。

第228~229页　莫勒圣尼古拉的规划，圣多明各，1804年（photo：Bibliothèque nationale de France, département Cartes et plans)。

第266页　杜桑"致受到法兰西和自由的敌人误导的农民和有色人"的公告，1799年7月30日。Archives nationales d'outre-Mer, Aix-en-Provence（photo：University of Florida Library)。

第309页　杜桑"致原西班牙领土全体居民"的公告，西班牙语和法语版本，1801年6月2日。Archives nationalesd'outre-Mer, Aix-en-Provence（photo：University of Florida Library)。

第324页　为庆祝新宪法举行的穑月十八日典礼的节目单，1801年7月4日。Archives nationales d'outre-Mer, Aix-en-Provence（photo：University of Florida Library)。

第328页　《法属圣多明各殖民地共和宪法……关于黑人、有色人和白人的自由》的首页，1801年（photo：Bibliothèque nationale de France, département Réserve des livres rares)。

第356页　杜桑发布的通告，1801年7月28日。Archives nationales d'outre-Mer, Aix-en-Provence（photo：University of Florida Library)。

第405页　*Revolt in Saint-Domingue, 16 September 1802*，由Jean-François Pourvoyeur绘制，参考Martinet在*Histoire Universelle du XIXe siècle*

中的作品（photo：Bibliothèque nationale de France, Cabinet des estampes）。

第 419 页　法国茹堡，由 Augustin François Lemaître 绘制，出自 *L'Univers pittoresque*，1845（photo：DeAgostini/Bridgeman Images）。

第 442 页　《杜桑·卢维杜尔与梅特兰将军会面》，由 François Grenier 绘制，1821 年（photo：Alamy）。

第 443 页　《杜桑·卢维杜尔颁布 1801 年宪法》，佚名作者，由 Villain 发表，约 1822 年（photo：Library of Congress Prints and Photographs Division Washington, DC）。

第 444 页　《杜桑与自己的孩子》，佚名作者，由 Villain 发表，约 1822 年（photo：Library of Congress Prints and Photographs Division Washington, DC）。

第 445 页　《杜桑之死》，佚名作者，由 Villain 发表，约 1822 年（photo：Library of Congress Prints and Photographs Division Washington, DC）。

第 450 页　*The Anti-Slavery Record* 第一卷第 4 期头版，1835 年 4 月。Collection of Oliver Franklin，经许可后复制。

第 458 页　底特律法伊弗啤酒厂以杜桑形象发布的广告，1940 年（photo：The Detroit Tribune）。

第 485 页　刻有拉沃、杜桑和拉马丁名字的纪念牌匾，科尔马坦城堡，勃艮第（photo：Deposit Photos）。

鸣　谢

我虽然毕生致力于现代法国历史、政治和文化的研究，但在写作本书之前，从未涉猎法国在加勒比地区的殖民历史。创作这本传记的乐趣之一就是可以从中领略海地的非凡历史及其人民的高贵品质，包括他们的热情、创造力、坚定不移，以及对他们的革命创始人成就的自豪。更重要的是，知晓这段历史也让我回忆起毛里求斯的先辈。我了解到，毛里求斯的克里奥尔语（kreyol language）与海地的克里奥尔语之间有许多密切的联系。完成本书的写作之后，我开始意识到，我那印度洋上的故乡岛屿与成为独立国家海地之前的、殖民晚期的圣多明各之间存在多少共同之处。在1790年代，毛里求斯［当时被称作法兰西岛（Île de France）］是一个出产蔗糖的法国殖民地，和圣多明各一样，欧洲殖民者也带来了成千上万的非洲奴隶。虽然这些人并未像海地人那样成功推翻奴隶制度，但他们也采取一切手段进行了勇敢的抗争。实际上，身为一个毛里求斯人，我记得小时候听说过逃奴（marron）起义反抗种植园体制的故事，他们是在一些极具感召力的人物引领之下行动的。这些人物包括：迪亚马穆（Diamamouve）、塔塔迈卡（Tatamaka），以及沦为奴隶的马达加斯加公主弗朗索瓦丝夫人（Madame Françoise），她在岛屿西南部领导了一场卓有成效的抵抗运动。因为这里的定居点和山洞中聚集了大批逃亡奴隶，莫纳山的周边地区在19世纪初被称作"逃奴共和国"。

更为幸运的是，本书的主要资料来源中有相当一部分最终都得以保存在法国，包括杜桑·卢维杜尔的手稿。所以，我能够在自己熟悉的地方开展有关这部传记的研究：国家图书馆、国家档案馆、巴黎档案馆、位于巴黎拉德方斯的外交与历史服务档案馆、位于普罗旺斯地区艾克斯的国家海外档案馆，以及波尔多和南特的地方档案馆。其他补充资料则来自英国皇家植物园内的国家档案馆、英国国家陆军档案馆、伦敦的不列颠图书馆和牛津博德利图书馆，还有美国的华盛顿国会图书馆和纽约公共图书馆尚博格中心；我也利用了佛罗里达大学的大量数字藏品。谨向提供帮助的各位图书管理员和档案管理员表示感谢！

在本书的研究和写作过程中，我极其幸运地得到了一系列机构的慷慨相助。我要向牛津大学的政治和国际关系学院表达衷心的感谢，还要感谢不列颠学会的小规模研究资助项目和作家协会的旅行奖学金为我提供大量资助，帮助我在法国、英国、美国和海地展开研究。我同样要感谢牛津贝利奥尔学院的院长和资深研究员们（特别是我在哲学、政治学和经济学上的同事兼高级导师 Nicky Trott 先生）批准我在 2018 年夏季学期和秋季第一学期申请学术休假，使我在其间完成了大量的档案查阅工作。

过去两年里，我在一些场合多次讨论了本书的中心议题，其中包括：牛津大学历史与政治思考研讨会、伦敦历史研究所的欧洲历史和现代法语联合研讨会、牛津贝利奥尔学院布鲁斯早午餐会和牛津历史系早期现代世界研讨会。感谢向我发出邀请的主办方，以及每一位与会者，他们的鼓励、评论与提问非常有助于我在很多方面厘清思路。

我要向 Jim Gill 表达诚挚的谢意，他是一位真正的朋友、出色的文学代理人，他在本书写作过程中给予我最有力的支持。还有很多朋友阅读了本书的内容并提供了非常有价值的意见和建议，既有细节上的，也有很多涉及观念和历史方面的。衷心地感谢 David Bell、Edward Berenson、Sophie Berlin、Richard Drayton、Nadia Hilliard、Karma Nabulsi、Julia Nicholls、Barnaby Raine、Calvin Runnels、Robbie Shilliam 和 Quentin Skinner。他们的帮助使本书更为出色。Julian Jackson 和 Robert Gildea 在申请授权方面提供了帮助，如下各位也在实践和精神上提供了各种形式的支持：Jocelyn Alexander、Diana Berruezo-Sánchez、Chris Bongie、Henri Bovet、Tony Crowley、Edouard Duval-Carrié、David Ekserdjian、Ada Ferrer、James Fox、Oliver Franklin、Julia Gaffield、Adom Getachew、Jessica Hollows、Vinesh Hookoomsing、Yanick Lahens、Nathan Perl-Rosenthal、Neha Shah、Anne Simonin、Abdel Razzaq Takriti 和 Wolfgang Windel。在此一并表示衷心的感谢。

非常高兴再次与艾伦莱恩（Allen Lane）出版社合作，而且我要感谢本书出品团队中的每一位成员：Isabel Blake、Richard Duguid、Anna Hervé、Linden Lawson、Imogen Scott、Ben Sinyor、Alice Skinner 以及索引员 Christopher Phipps。作为一位出色的图片编辑，Cecilia Mackay 再次不负众望地发现了一些特别好的图片材料。我尤其要感谢我的编辑 Stuart Proffitt，从杜桑这一主题刚刚成为一个初步的意向，到针对我的书稿进行细致的讨论，他在每一阶段都与我紧密合作，提出很多非常深刻的意见。与这位"图书专家"的合作既能激励我的创作，也让我享受到莫大的乐趣。

我的最初灵感，一如既往地来自卡尔玛·纳布勒西

(Karma Nabulsi)[①]。正是通过她对18~19世纪民主和反帝革命斗争所做的开创性学术研究，我第一次发现了杜桑，并进而理解，他完全属于共和主义斗争传统的一员，特别是作为其中的博爱理念的有力典型。卡尔玛是这次特别的创作旅程中的灵感女神，对我的所有写作都提供了睿智的建议，对我每一阶段的想法都有所影响，而且，每当我兴奋地为档案中的新发现喋喋不休，或者分享我有关杜桑和德萨利纳的逸闻趣事时，她也总是能够耐心倾听。感谢她给予我的所有教诲，也感谢她对我的一贯支持。谨以本书向她致敬。

S. H.

2019年12月　牛津

[①] 牛津大学政治和国际关系助理教授。

年　表

1697 年	9 月	伊斯帕尼奥拉岛西部的三分之一领土被西班牙割让给法国，变成法属圣多明各殖民地
1740 年前后		杜桑出生在布雷达种植园
1758 年	1 月	第一次大规模奴隶起义的首领弗朗索瓦·马坎达尔被杀害
1763 年	11 月	圣多明各驱逐耶稣会士
1772 年		巴永·德·利伯塔成为布雷达种植园经理（直到 1789 年）；杜桑被指派为他的马车夫
1774 年		杜桑的父亲伊波利特于 1 月去世，母亲波利娜于 4 月去世
1775 年前后		杜桑的奴隶身份被解除
1782 年		杜桑与苏珊·巴蒂斯特结婚（二人育有两个孩子，伊萨克生于 1786 年，圣-让生于 1791 年）
1784 年	12 月	要求给予奴隶更"人道"待遇的王家法令被圣多明各殖民者拒绝
1788 年	2 月	自由派废奴主义者在法国创立黑人之友协会
1789 年	1 月	圣多明各成立殖民地议会
	7 月	巴士底狱的陷落标志着法国大革命的爆发
	8 月	法兰西国民议会正式通过《人权宣言》
	9 月	拥有财产的自由有色人向法兰西国民议会请愿，要求平等的公民权利和政治权利
	10 月	圣多明各殖民地议会阻止源自法国的改革，拒绝承认自由有色人的权利
1790 年	3 月	法兰西国民议会授予圣多明各议会完全的立法权，并回避了自由有色人的权利问题
	5 月	殖民地议会宣布圣多明各从法国取得自治地位
	7 月	殖民地议会被当地保王派政府关闭
	10 月	来自北部的自由混血首领樊尚·奥热叛乱未遂

续表

1791年	2月	奥热在法兰西角被处死
	5月	法兰西国民议会授予圣多明各对于殖民立法的否决权
	7月	新圣多明各议会由白人至上主义者掌控
	8月	奴隶起义开始于圣多明各北部;杜桑参与策划并成为起义领袖比阿苏的秘书
	9~12月	杜桑从起义领导层中脱颖而出,保护了白人囚犯并支持向地方殖民议会做出让步
	11月	奴隶起义领袖之一布克曼去世
1792年	1月	达成妥协的努力落空;杜桑指挥着主要由逃奴组成的、属于他自己的军事力量
	4月	新的法兰西立法议会终结了殖民地的种族歧视
	7月	《黑人起义领袖的最初信件》发表
	8月	杜桑出席致敬法兰西国王的纪念仪式
	9月	法国派驻圣多明各的专员抵达,法国成为一个共和国
	12月	桑托纳克斯专员宣告圣多明各为共和国;杜桑在起义军中被提升为将军
1793年	1月	法国国王被处死后,西班牙向法国宣战
	5月	西班牙正式与让-弗朗索瓦和比阿苏结盟对抗法国
	6月	杜桑在西班牙辅助部队中成为将军;之后几个月中,他从法国人手中夺取了东栋、马尔梅拉德、韦雷特、小河镇和普莱桑斯
	8月	桑托纳克斯在圣多明各北部废除了奴隶制度(9月,废奴行动扩展到西部,10月又扩展到南部);杜桑采用了"卢维杜尔"这个姓氏
	9月	英军开始对圣多明各南部和西部持续五年的占领
	11月	在西班牙的调停下,杜桑与让-弗朗索瓦和比阿苏签署和解协议
	12月	杜桑夺取戈纳伊夫,巩固了西班牙人对圣多明各整个北部地区的控制(法兰西角除外)

续表

1794年	2月	法兰西国民公会通过法令,在所有法属殖民地废除奴隶制度
	3月	杜桑谴责比阿苏,并开始与法国人修好
	4月	继3月夺取马提尼克之后,英国人又占领了瓜德罗普
	5月	保王派分子在戈纳伊夫遭到屠杀;杜桑重整共和派阵营并将其控制下的领土交给法国一方
	6月	杜桑被任命为法国控制下的西部领土的司令官;英国人占领太子港
	10月	杜桑从西班牙人手中夺取了圣米歇尔和圣拉斐尔
1795年	6月	经过长达五个月的战斗,杜桑从英国人手中夺取了米尔巴莱
	7月	西班牙与法国签订《巴塞尔条约》,放弃了在法属圣多明各的所有据点,并割让西属圣多明各;杜桑被授予准将军衔
	8月	杜桑对英国人在法属圣多明各的据点发动全面进攻
	10月	新的法兰西宪法建立督政府,并以五百人院作为其立法机构下院
1796年	3月	杜桑从法兰西角有色人的未遂政变中救出拉沃总督,并被任命为拉沃的副手
	5月	新任专员们从法国抵达,包括桑托纳克斯和雷蒙
	7月	伊萨克·卢维杜尔和他的同父异母兄弟普拉希德被送往法国接受教育
	8月	英国人重创杜桑的部队并重新占领米尔巴莱
	10月	拉沃离开圣多明各赴任五百人院
1797年	4月	在法国立法机构选举中,反革命的保王派分子赢得多数席位
	5月	杜桑被任命为圣多明各陆军总司令;维耶诺·沃布隆在五百人院发表讲话,谴责圣多明各的黑人革命
	8月	杜桑迫使桑托纳克斯离开圣多明各
	9月	巴黎发生共和五年果月十八日政变,保王派分子被挫败
	10月	杜桑发表《驳斥维耶诺·沃布隆于共和五年牧月十日在立法机构讲话中的一些主张》

续表

1798年	1月	法国立法机构正式通过的有关殖民地的法律完全适用于圣多明各
	4月	新任法国特使埃杜维尔抵达圣多明各
	7月	埃杜维尔的《种植园治安法令》在劳动者中激起广泛的不满
	8月	英国人与杜桑达成协议从圣多明各撤军,并签署贸易和互不侵犯的秘密条约
	9月	杜桑以赦免流亡者的方式挑战埃杜维尔
	10月	在杜桑精心策划了针对埃杜维尔的反抗之后,埃杜维尔逃离殖民地
	12月	菲利普·鲁姆被任命为法国驻圣多明各特使
1799年	3月	爱德华·史蒂文斯被任命为美国驻圣多明各领事
	5月	《公民杜桑·卢维杜尔对里戈准将的诽谤和谎言的回应》
	6月	发生了针对杜桑的未遂叛乱,向南部的里戈发起攻击的"刀锋之战"开始;杜桑与梅特兰之间的1798年条约延期
	8月	杜桑重新取得对北部和西部的完全控制
	11月	波拿巴雾月十八日政变推翻督政府;新宪法取消了各殖民地在国家立法机构中的代表权
	12月	共和主义者在牙买加的秘密计划未遂;杜桑的船只被英国人扣押
1800年	3月	在美国海军的帮助下,杜桑的部队接管雅克梅勒(4月又攻克了大瓜夫)
	4月	杜桑强迫鲁姆同意法国对西属圣多明各的接管
	6月	执政委任的代表团(樊尚、雷蒙、米歇尔)抵达
	8月	杜桑取得南部战事的胜利,攻入莱凯;里戈逃亡
	10月	杜桑的劳动法令对种植园进行严苛管理
	11月	杜桑将鲁姆流放到东栋
1801年	1月	杜桑入侵西属圣多明各,驱逐了西班牙当局,并废除奴隶制度;伊斯帕尼奥拉全岛统一在法国共和派统治下
	2月	杜桑宣布建立中央议会,为殖民地制定新宪法
	3月	任命中央立法机构组成人员并开始审议工作

续表

1801年	5月	杜桑发布《公职人员行为指南》
	7月	在法兰西角举行的典礼上，圣多明各宪法颁布；杜桑被任命为殖民地终身总督，并"永久"废除奴隶制度
	10月	波拿巴下令派遣两万军队去推翻杜桑；穆瓦斯叛乱
	11月	杜桑公布共和十年霜月四日法令，扩大对"煽动行为"的斗争
	12月	杜桑对即将到来的法国军事入侵发出警告
1802年	1月	勒克莱尔远征军的第一批舰只出现在西属圣多明各外海；法国人开始入侵
	2月	杜桑烧毁了法兰西角并拒绝投降；发动对法军的春季攻势
	3月	皮埃罗山脊之战：法国人付出重大伤亡后夺取了要塞
	5月	杜桑同意停火并退隐至埃内里；波拿巴在马提尼克、多巴哥和圣卢西亚恢复奴隶制，很快瓜德罗普和圭亚那也步其后尘
	6月	杜桑及全家被逮捕并驱逐到法国
	7月	政府法令禁止黑人和有色人进入法国
	8月	杜桑被关押在茹堡；在瓜德罗普恢复奴隶制的消息重新激起圣多明各的反抗
	9月	杜桑口授《回忆录》
	10月	德萨利纳和佩蒂翁联手抵抗法国占领，发出全民总动员的号召
	11月	勒克莱尔死于黄热病，罗尚博成为其继任者
1803	4月	杜桑在茹堡去世
	5月	《阿尔卡艾协定》：圣多明各的黑人和混血起义部队实现联合，由德萨利纳统一领导
	11月	法国人最终在韦尔提亚战役中落败，罗尚博投降
	12月	法军撤出圣多明各
1804	1月	德萨利纳宣告建立新的海地国家

注释词汇表

Allada	阿拉达	杜桑祖先所属的族群,以非洲王国的名字命名	
agent	代理人	法国派驻殖民地使节中的最高级官员	
ancien régime	旧制度	1789年大革命前法国的政治体制	
Artibonite	阿蒂博尼特河	圣多明各最大的河流	
blanc	白人	白人(有时有"大"和"小"之分)	
bossale	博萨拉人	出生在非洲的人	
cabildos	市政委员会	西属圣多明各领土上的市政机构	
cercle	聚会	杜桑会见公众人士的场合	
Code Noir	《黑人法典》	法国关于奴隶待遇的规范手册	
colon	白人移民	白人殖民者	
commandeur	奴隶监工	驱使奴隶做工的人(革命以后称作 conducteur)	
creole	克里奥尔人	出生于圣多明各的人	
cultivateur	种田人	种植园工人	
curé	神父		
émigré	流亡者	革命期间逃离殖民地的法国人	
escalin	埃斯卡林	杜桑在西属圣多明各城创制的货币单位	
Fatras-Bâton	"细棍子"	杜桑在年轻时的绰号	
Fon	芳语	阿拉达部族所讲的语言	
gens de couleur	有色人	(黑人和白人结合生下的)混血儿	
gourde	古德	法属圣多明各的货币单位	
gourdin	古当	四分之一古德	
habitation	大宅/庄园	种植园	
Hispaniola	伊斯帕尼奥拉	西班牙人对该岛屿的命名	
houngan	恩贡	伏都教祭司	
kalinda	卡林达	奴隶的舞蹈	

续表

Kongo	刚果人	圣多明各最大的黑人族群
kreyol	克里奥尔语	混合了法语和非洲语言及当地土语的圣多明各方言
levée en masse	总动员	人民的集体暴动
liberté générale	全面自由	从奴隶制度下获得解放
libre	自由人	被从奴隶制下解放的人[旧自由人(*ancien libre*):革命前得到解放的自由人;新自由人(*nouveau libre*):1793年之后得到解放的自由人]
lieue	法里	距离单位,约等于3英里
livre	里弗尔	货币单位
loa(*lwa*)	洛阿	伏都教的神灵
Makandal	马坎达尔	18世纪中叶奴隶革命领袖
manumission	解放	(正式地)释放奴隶
marron	逃奴	逃亡的奴隶[逃离(*marronage*)]
métropole	宗主国	法国本土
morne	圆丘	圆形的高地、丘陵或山地
mulâtre, *mulâtresse*	混血男子,混血女子	
National Guard	国民卫队	由市民组成的民兵
Port-Républicain	共和港	太子港在1793年以后的名字
Propriétaire	有产者	地产拥有者
Ogoun Fer	奥贡菲尔	伏都教的战神
tafia	塔非亚酒	由甘蔗糖浆酿制的朗姆酒
Taino	泰诺人	圣多明各的美洲原住民
vodou	伏都教	以对神灵的崇拜为核心的信仰体系和生活方式
War of knives	刀锋之战	1799~1800年发生在杜桑和里戈之间的冲突

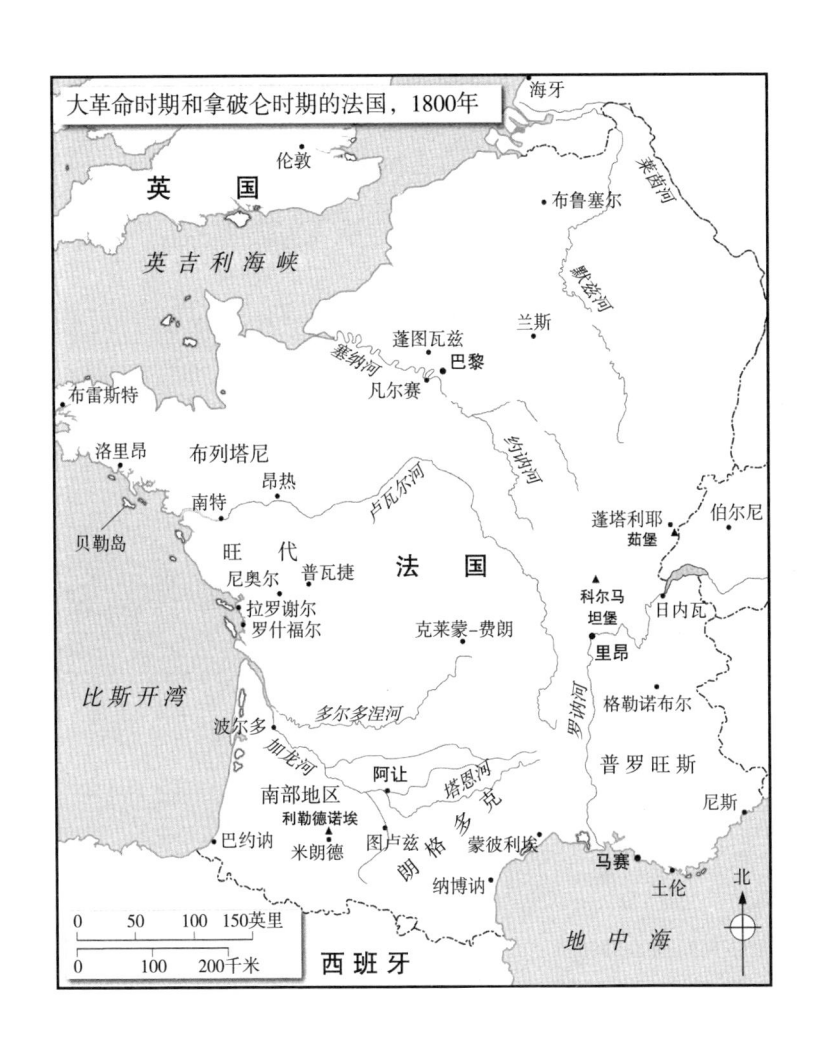

大革命时期和拿破仑时期的法国，1800年

- 英国
- 伦敦
- 英吉利海峡
- 海牙
- 布鲁塞尔
- 莱茵河
- 默兹河
- 蓬图瓦兹
- 兰斯
- 塞纳河
- 巴黎
- 凡尔赛
- 布雷斯特
- 洛里昂
- 布列塔尼
- 昂热
- 南特
- 卢瓦尔河
- 约讷河
- 蓬塔利耶
- 伯尔尼
- 贝勒岛
- 旺代
- 尼奥尔
- 普瓦捷
- 法国
- 科尔马
- 茹堡
- 拉罗谢尔
- 罗什福尔
- 克莱蒙-费朗
- 坦堡
- 日内瓦
- 里昂
- 比斯开湾
- 多尔多涅河
- 格勒诺布尔
- 罗讷河
- 波尔多
- 加龙河
- 阿让
- 塔恩河
- 普罗旺斯
- 南部地区
- 利勒德诺埃
- 尼斯
- 巴约讷
- 米朗德
- 图卢兹
- 朗格多克
- 蒙彼利埃
- 马赛
- 土伦
- 纳博讷
- 北
- 0 50 100 150英里
- 0 100 200千米
- 西班牙
- 地中海

法属圣多明各，1800年

和平港

让-拉贝尔

莫勒圣尼古拉

苏弗里耶尔

特雷诺沃

戈纳夫岛

热雷米

大卡奥

巴哈德赫

南部省

小瓜夫

阿坎

莱凯平原

皮芒港　圣-让　莱凯　格朗布瓦

0　25　30英里　50千米

地图说明

图例：
- ■ 主要城镇
- 省界
- ● 城镇
- ∨ 布雷达种植园

方位： 北

水域
- 大西洋
- 加勒比海

地区
- 西属圣多明各
- 西部省

主要城镇
- 法兰西角（海地角）
- 太子港（共和港）

城镇及地点

- 托尔蒂岛
- 北圣路易
- 穆斯提克
- 马戈港
- 海角高地
- 瓦隆勒托尔
- 阿克拉
- 北部平原
- 罗莫讷
- 兰贝
- 格朗德里维耶尔
- 圣苏珊
- 多凡堡（利贝泰堡）
- 普莱桑斯
- 东栋
- 卡雷福樊尚
- 瓦纳曼特
- 马普
- 马尔梅拉德
- 尹夫
- 埃内里
- 圣拉斐尔
- 瓦利耶尔
- 哈文纳库勒夫
- 圣米歇尔
- 卡奥山
- 小卡奥
- 小河镇
- 皮埃罗山脊
- 小山镇
- 安什
- 韦雷特
- 努瓦尔山
- 巴尼卡
- 阿蒂博尼特平原
- 阿蒂博尼特河
- 拉斯卡奥巴
- 尔卡艾
- 米尔巴莱
- 格朗布瓦山
- 沙博尼耶
- 拉克鲁瓦德斯布凯
- 莱奥甘
- 内巴
- 塞勒山
- 雅克梅勒
- 部山脉

圣保罗 密歇根 加拿大
新里斯本
底特律 宾夕法
芝加哥
印第安 西北领地
路易斯安 纳领地
那殖民地
（法） 亚历山德里亚
肯塔基 弗吉尼亚
田纳西 北卡罗来纳
南卡罗
争议领土 来纳
佐治亚 查尔斯
密西西比领地
佛罗里达

墨 西 哥 湾

新西班牙

哈瓦那 圣克鲁斯
圭内斯 古巴
巴亚莫
尤卡坦
半岛
牙买加

洪都拉斯 加
北 尼加拉瓜 勒
太 哥斯达黎加
平
0 200英里
洋
0 200千米

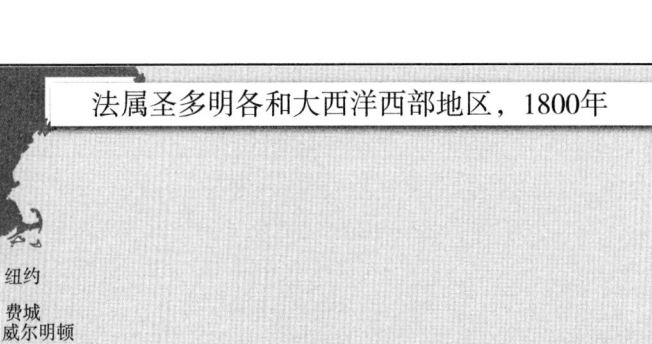

法属圣多明各和大西洋西部地区，1800年

纽约
费城
威尔明顿
巴尔的摩
马里兰

大　西　洋

法兰西角
西属圣多明各
萨马纳湾
波多黎各
圣多明各城
太子港
莱凯

圣基茨
拉芒坦
瓜德罗普
玛丽-加朗特岛
蒙特塞拉特岛
多米尼加
圣卢西亚
马提尼克

库拉索岛
科罗
格林纳达
西班牙港
多巴哥
乔治敦
加拉加斯
特立尼达
开波
委内瑞拉

北

引言　杜桑·卢维杜尔的创举

杜桑·卢维杜尔曾是一个被解放的黑人奴隶，之后成长为海地革命的标志性人物。1789 年，随着法国巴士底狱陷落，在自由有色人的自治和平权要求下，加勒比地区的法属圣多明各殖民地发生了影响深远的社会政治变革，其过程持续了长达十五年。1791 年 8 月爆发的大规模奴隶起义使这场革命出现了关键的转折，它导致殖民地的共和主义当局于 1793 年废除了奴隶制度，并承认黑人族群享有与白人和混血公民同样的社会与政治权利。正如杜桑在其早期的一项公告中所称："自由是一项天赋的权利。"[1]

本书讲述了海地革命中的重大事件及其后续进程。[2] 18 世纪末，在大西洋两岸发生了一系列的变革，表现为对王权和帝国统治日益高涨的怀疑、主权在民这一原则的出现以及美法两国诞生的共和政体，而圣多明各革命正是这一系列变革的一个组成部分。[3] 杜桑的崛起完美地代表了这个革命年代的诸多特征：世界性（杜桑的父母是出生在非洲的奴隶，后来被强行掳至圣多明各）；不屈不挠的尚武精神（他在法国军队中逐级升至将军）；对既有的社会等级制度的颠覆（他从一个牧马的奴隶成为圣多明各的总督）；欧洲理念的影响（他在天主教信仰下成长，对法兰西这个伟大的国家怀有发自内心的景仰）；启蒙运动的文化洗礼（他支持行政和经济改革，深信科学思想的力量）；以及其建设更美好社会和成就高尚人类的献身精神。用杜桑的话说："理性和教化将在我们这块重生的大地上广为传播；曾经受到可憎至极的奴隶制度压迫的人们，将要展开自由的翅膀高高飞翔。"[4]

同时，杜桑又是圣多明各革命独特性的缩影。这场革命是那个时代的激进变革中最为复杂的范例，它将民主主义和共和主义的目标与追求种族平等结合起来，成为一场正义的民族解放战争，是近代反殖民斗争的先驱。圣多明各革命的非凡之处还在于，它的推动力量并不是白人资产阶级自由主义者，而是黑人奴隶，他们只反对法国大革命中支持奴隶制的那些人，如波尔多（Bordeaux）和南特（Nantes）的商人。这场革命还迫使当地和巴黎的法国领导人都正视奴隶制问题，并终于在1794年宣布全面废除奴隶制。这场革命清除了殖民地的旧有统治阶层，开创了游击战术并成功地抵抗了欧洲殖民主义者的军事强权。它动摇了启蒙运动关于欧洲一切事物固有其优越性的信念——它的主要代表人物利用了美洲原住民精神的外在形式和非洲的政治文化，同时也体现了在18世纪末扰乱了大西洋两岸黑人地区殖民统治的非裔美洲人身上的反抗精神。[5]

简而言之，杜桑对抗着那个时代各种占据支配地位的势力——奴隶制度、殖民主义、帝国统治、种族等级制度和欧洲文化强权——并将它们逐个扳倒，体现了圣多明各革命的诸多侧面。旺盛的活力给他赢得了各种引人注目的修饰语。共和主义者当中的朋友将他誉为"黑斯巴达克斯"，认为他是带领奴隶伙伴反抗罗马共和国的传奇角斗士的现代化身；用他的一个崇拜者的话说，他在圣多明各奇迹般的出现"使毁灭性的混乱中孕育出崭新的生活"。[6] 他还被形容为黑人之父、法国大革命的黑人儿子、黑人中的乔治·华盛顿、加勒比的波拿巴、非洲英雄、圣多明各的汉尼拔和非洲大草原上的半人马（the centaur of the savannah)①［这是向他的骑术致敬；那匹被称作"漂亮银币"（Bel Argent）的银白色骏马是有关他的神话中不可或缺的一部分］。19世纪初，费城的报纸将他称为"著名的非洲酋长"。[7] 即使是英国的自由派也被这位与众不同的英雄打动：1798年《伦敦公报》（London Gazette）上的一篇文章将杜桑赞为"黑人国王"，是"声名狼藉的基督教世界一贯予以贬低的黑人"的骄傲代表。[8]1802年的伦敦《年鉴》（Annual Register）形容他是"年度重要公众人物，一位伟人"。[9]

杜桑的形象也在19世纪的集体想象中得以发展。有人认为，圣多明各的革命运动直接启发了黑格尔的主奴辩证法，居于从属地位的奴隶终于从自身的异化中解放出来，获得了自我意识。[10] 准确地说，正是由于其颠覆性的潜力，他的领袖地位才在大西洋两岸的奴隶主中间造成了恐慌。1799年，托马斯·杰弗逊（Thomas Jefferson）谴责杜桑和他的革命同志是"可怕的共和主义食人族"，警告说他们的"布道士"将在美国点燃一场"烈火"。[11] 到了1801年，英国战争大臣霍巴特勋爵（Lord Hobart）一想到"杜桑治下黑人帝国的力量"便不寒而栗。[12] 从伦敦和巴黎，到弗吉尼亚和路易斯安那，再到牙买加、古巴、巴西和委内瑞拉，种植园主和商人都在附和这一警告，指斥此人为"圣多明各的罗伯斯庇尔"。牙买加最富有的蔗糖大亨西蒙·泰勒（Simon Taylor），每每想到杜桑及其革命者会来到他的种植园并割断他的喉咙，就会"在豪华的亚

---

① 希腊神话中的Centaur是一种半人半马怪，有很多分类，其中肯陶洛斯族的喀戎是一个博多学智的人马怪，是阿喀琉斯、赫耳墨斯和阿斯克勒庇俄斯的老师，曾献出自己的生命解救普罗米修斯。（本书所有脚注均为译者注或编者注，后文不再特别说明。）

麻床单上辗转反侧，一阵阵地发烧"。[13] 相反，他们的奴隶却珍爱着杜桑这一鼓舞人心的形象，称颂他在抵抗法国、西班牙和英国军队时所取得的军事胜利。从18世纪末开始，杜桑和海地革命者在美国就成为一个有力的符号，他们在民事和军事两方面所取得的成就在美国报纸上得到详细报道，特别是在费城和华盛顿；[14] 他们的成功还激发了一些反抗斗争，如奈特·特纳（Nat Turner）①和丹马克·维希（Denmark Vesey）②的行动，反映了社会对于奴隶解放的态度，充分体现了黑人英雄主义的理想。[15] 废奴运动活动家弗雷德里克·道格拉斯（Frederick Douglass）③就是杜桑的崇拜者，这位19世纪最杰出的非裔美国人将杜桑的传奇广泛传播于美国，更以杜桑的形象宣传自己创办的报纸《新国民时代》（New National Era）。[16] 杜桑死后，他的非凡形象继续存在于印刷品、音乐、绘画和传奇故事中，这将是本书最后一章讨论的主题。

在18世纪末，法属圣多明各占据了伊斯帕尼奥拉岛西部的三分之一，是一块面积为1.06万平方英里的领土。1492年12月，克里斯托弗·哥伦布（Christopher Columbus）在岛屿

---

① 1800~1831，出生在弗吉尼亚南安普敦的黑人奴隶，利用宗教活动团结大批黑人奴隶，在1831年8月21日发动起义，失败后遭逮捕审讯，被判处绞刑而死。

② 1767~1822，出生于加勒比海圣托马斯岛的黑人奴隶，被卖到美国。后来成为美国南卡罗来纳州查尔斯顿的一个自由黑人。他策划的奴隶暴动有可能成为美国历史上最大规模的一次，原定于1822年7月14日开始，将有9000名黑人参加。但是其计划暴露，他被捕后被判处绞刑而死。

③ 1817~1895，19世纪美国废奴运动领袖。他出生于马里兰，母亲是黑人奴隶，父亲是白人。他是一名杰出的演说家、作家、人道主义者和政治活动家，被称作废奴运动中的巨人，他的三部自传是美国黑人文学的开山之作。

西北部登陆，代表西班牙首先占据了该岛。1697年，被西班牙人割让给法国以后，这块殖民地被划分成三个省。人口最多的北部省，包括该岛的主要城市法兰西角（Cap Français）①，它位于一个有着天然屏障的大海湾内，是来自欧洲和美国的船只率先停靠的港口，从法国启航到这里需要45天，从美国东海岸则需要20天。围绕着法兰西角的平原，由于规律的降水，再加上河流溪水的灌溉，成为这块殖民地上最肥沃的土地；18世纪末，这里有殖民地最富有的种植园。[17]另外两个省是西部省和南省，分别以太子港（Port-au-Prince）②和莱凯（Les Cayes）③为主要城市。1750年，太子港成为行政首府，它的周边有两块平原，以殖民地最重要的两条河流分别命名为库尔德萨克平原（Cul-de-Sac）和阿蒂博尼特平原（Artibonite）。在西部省，还有两个主要港口——戈纳伊夫（Gonaïves）和圣马克（Saint-Marc）。[18]殖民地的城市化还很有限，只有8%的人口住在1000人以上规模的城镇中，[19]而崎岖的内陆地区遍布山脉、深谷和圆丘（mornes）；作为伊斯帕尼奥拉岛上的美洲土著居民，泰诺人（Taino）将这里称作"海地"（Ayti），意思是高山之地。这里覆盖着茂盛的热带雨林，人口稀疏，欧洲人

---

① 即现在的"海地角"，海地共和国的第二大城市，由法国人建于1670年，曾被誉为"安的列斯群岛的巴黎"，1770年前是当时法属圣多明各的首府。后文中，作者将之简称为"Cap"，但是为了行文顺畅，仍然译为"法兰西角"。

② 始建于1749年，于1770年取代法兰西角成为法属圣多明各的首府。在海地于1804年独立以后，成为海地共和国的首都。它是海地的政治、经济和文化中心，也是第一大城市和最大的港口。相传，一艘名为"太子"号的法国轮船为躲避风暴驶到这里后平安无事，后来人们便以这艘轮船的名字将它命名为太子港。

③ 位于海地西南部加勒比海沿岸，始建于1786年，距离太子港150公里，是海地南部的重要港口。

只探索过其中一小部分地区（地图上仅正确绘出了整个殖民地不到三分之一的地区），将三个省份彼此隔开的内陆高地也造就了截然相反的地貌和特殊的地方性气候。[20] 从一个省份去往另一个省份颇为不易：18 世纪中期，人们开辟了一条通道，以便修建法兰西角和太子港之间的道路，但是直到 1787 年，这条道路上才能够行驶马车。在平原上，连接小镇和种植园的道路往往只具备最基本的通行条件，而高原则更是交通的障碍；上涨的河流与漫长的雨季导致人们不可能长期利用某一条固定的路线。[21] 南部省是三个省中最小的一个，与殖民地的其他地区更加隔绝，在很多方面与邻近的牙买加有更多的联系，双方保持着频繁的货物走私贸易。实际上，人员和货物在圣多明各不同地区之间最通常的移动方式是海上运输。[22]

殖民晚期的圣多明各作为"安的列斯的明珠"广为人知。它是世界上最大的蔗糖和咖啡产地，同时还出产大量棉花、靛蓝和可可。这些高价值的主打产品使它成为美洲实力最强的出口经济体，一个到处炫耀着富饶和奢侈的地方，一个成就"暴富"的所在。[23] 1789 年的法兰西角拥有近 2 万人口，是一个喧闹的国际性都会，这里优裕多样的城市生活完全可以比肩哈瓦那、费城或纽约的生活。沿着繁忙的港口，是一片欣欣向荣的商务区，有 25 家面包房和活跃的文化娱乐区，包括一座可以容纳 1500 名观众的剧院；在太子港、圣马克、莱奥甘（Léogane）①、热雷米（Jérémie）② 和莱凯也都有剧院。法兰西角生机勃勃的科学文化生活也颇引人注目，有活跃的报刊和读报俱乐部，以

---

① 位于海地西部省的一座城市，在太子港以西大约 30 公里。
② 位于海地南部省的一座城市，始建于 1756 年，是重要的货物出口口岸。

及堆满来自欧洲的最新哲学著作的私人图书馆。[24]在法国大革命时期，共济会在该殖民地有20个分会，很多会员密切参与了圣多明各最著名的科学组织菲拉德尔菲俱乐部（Cercle des Philadelphes）的活动。这个位于法兰西角的俱乐部，在1784~1792年出版了关于医学、农业、植物学和民族志学的五卷本科学研究报告；它还拥有国际会员，与欧洲和美国的一流学者建立了紧密的联系。[25]

然而，这种物质和文化上的繁荣昌盛根植于极端的不平等。法属圣多明各的整个生产体制是建立在奴隶制度基础上的。到18世纪末，该殖民地共有50万名奴隶，其中大多数出生于非洲，在种植园里极端恶劣的条件下劳作。奴隶没有民事和政治权利，经常遭受主人的野蛮对待；从1750年代中期开始，他们进行了多种多样的个人或集体反抗。他们在种植园里结下了兄弟般的情谊，举行包括舞蹈、歌唱、冥想和占卜的"伏都教"（vodou）①宗教仪式。越来越多的逃奴躲进荒野并形成一个个群落，或者藏在容易被人发现的城镇里传播奴隶解放的思想。作为这场地下斗争的杰出人物之一，来自法兰西角的逃奴让-路易（Jean-Louis）有着很高的天赋，他会讲西班牙语、荷兰语、英语、法语和圣多明各的克里奥尔语，毫无疑问他还会几种非洲语言。[26]白人也同样划分为不同的阶层，在城市等级制度中形成一种持久的竞争模式，特别是在庞大而专横的官僚机构与所谓的"小白人"（petits blancs，包括小农场主、

---

① 伏都教，又译"巫毒教"，由拉丁文Voodoo音译而来。源于非洲西部，是糅合祖先崇拜、万物有灵论、通灵术的原始宗教，有些像萨满教。伏都教也是贝宁的国教，流行于西起加纳、东迄尼日利亚的西非诸国。随着奴隶贸易的盛行，由黑人带到美洲，在海地和加勒比海其他地区，以及美国南部路易斯安那州及南美洲各地流传。

1764~1790 年，每周在法兰西角和太子港发行的《美洲布告》（*Affiches Américaines*），其内容包括旅行新闻、有关加勒比地区和法国重大事件的消息，以及关于逃亡奴隶（逃奴）的重要通知，并附有奴隶主人提供的体貌特征。

雇工、工匠、士兵和海员）之间。[27] 来自欧洲的 4 万名殖民者和作为人口大多数的黑人之间，存在一群忧虑不安的混血族群，其数量几乎与白人一样多。虽然他们是自由人，通常文化水平较高，有些还很富裕，但有色人群体（加上少量的自由黑人）同样遭受着屈辱性的法律歧视：禁止受雇于公职机构，不得从事医疗等特定行业；不得与白人同桌用餐，也不能和白人穿同样的衣服；在 18 世纪下半叶，甚至不被允许到法国旅行。[28] 1780 年代，当地殖民行政机构试图推行温和改革，这在白人中间引起了强烈的愤慨和殖民者对法兰西宗主国的不满；1784 年，一道禁止"非人道"地对待奴隶的王家法令受到种植园主的尖锐批评，殖民地法庭拒绝适用该法令，直到其价值遭到削弱。[29]

简单地说，旧制度（ancien régime）下的法属圣多明各是一片暗流汹涌的土地，社会和政治冲突司空见惯，白人强权统治基本上依靠残忍的暴力维持：一个种植园主就承认，像他那样的奴隶主如同"踩在火药桶上"。[30] 当这些"火药桶"终于在 1791 年爆炸时，杜桑·卢维杜尔和成千上万的黑人同志一起加入了起义的队伍。但是他走向革命领袖的道路是复杂而模糊不清的。这个问题难以解释，部分是因为杜桑本身的个性。他是一个非常内敛的人，不向任何人吐露秘密，刻意隐瞒有关自己的重要信息、行为活动和最终目标。他散布错误信息甚至谣言，经常在信中标注虚假的位置。对于最机密的信件，他总是分成几部分，分别向不同的秘书口授。他曾经告诉一位英国外交官，他喜欢的行为方式是"少说话，多做事"。[31] 杜桑生前留下的唯一一幅权威性的画像已经丢失，[32] 而他有一项非常出名的神奇能力，即可以突然出现在最意想不到的环境中，然后又消失得无影无踪。一个对手形容他"总能想办法使自己隐形于所在之处而显形于未在之处；他好像借来了老虎的运动天赋"。[33] 认为他拥有超自然能力的迷信已经成为海地文化的一部分，至今依然存在。[34]

与所有重要的革命领袖一样，杜桑也是一个充满争议的人物，这表现在他逝世以后经常被人们以一种粗略和简要的方式予以描绘。法国殖民主义作家，如路易·迪布罗卡（Louis Dubroca）将他归入"历史上曾经有过的最可恶的怪物"，因为杜桑敢于公然反抗法兰西帝国的统治。托马·普罗斯珀·格拉尼翁-拉科斯特（Thomas Prosper Gragnon-Lacoste）的偶像化传记则将他歌颂为"闻名世界的杰出人物"。[35] 海地宣布独立以后，在其国内重要的混血历史学家托马·马迪乌（Thomas Madiou）、博布朗·阿杜安（Beaubrun Ardouin）和约瑟夫·圣雷米（Joseph Saint-Rémy）的笔下，杜桑的形象并未好转，他们攻击他背叛了革命理想，变成一个导致种族分裂的专横统治者。他们尤其批评杜桑在政治上的威权主义，声称他对混血同胞怀有敌意，并企图与旧日的白人统治阶层结盟以恢复种植园经济，从而迫使殖民地的黑人奴隶为从前的主人工作。这些都是关于杜桑统治的最富争议性的问题。[36]

自19世纪下半叶以来，更具代表性的杜桑传记开始出现。法国废奴主义者维克托·舍尔歇（Victor Schoelcher）① 1841年曾到海地旅行，之后他利用一些能在法国找到的档案资料，刻画出一个广受欢迎而又细致入微的杜桑肖像。[37] 海地历史学家和外

---

① 1804~1893，法国报界人士、政治活动家和政论家，山岳党人。作为废奴主义者，他还是一个多产的作家。

交官奥拉斯·波林·桑农（Horace Pauléus Sannon）①的三卷本《杜桑·卢维杜尔的历史》(*Histoire de Toussaint Louverture*，1920~1933）是在其祖国问世的最重要的作品。这本书的描述广泛借鉴杜桑的讲话和公告，将他誉为缔造独立海地的国父。[38] C. L. R. 詹姆斯（C. L. R. James）②的《黑皮肤的雅各宾派》(*The Black Jacobins*，1938）至今仍是现代英语作品中的经典。这部激动人心的编年史将关于海地革命的知识灌输给一代代的欧洲、美洲以及南方世界（Global South）③的男女老幼，充当了世界革命的一本进步手册。[39] 在圣多明各的激进政治活动中，詹姆斯强调了反抗奴隶制度的大众动员的重要作用，并将杜桑视为海地革命和法国革命相互依赖的重要标志。20世纪下半叶，全球的历史学家都称赞《黑皮肤的雅各宾派》这本书，它所描绘的海地革命将地方性、民族性、地区性和普遍性的因素融为了一体。[40]

即使具备了诸多优点，这些传记还是在某种意义上进一步扭曲了我们对杜桑的理解。举例来说，桑农着重强调杜桑的黑人民族主义，过于简化他在种族和国家独立这两方面的观点。同样，舍尔歇将杜桑描绘为法兰西共和主义的正统信徒——这

---

① 1870~1938，出生于海地的莱凯，曾在法国学习社会政治学，著有多部海地历史作品。
② 1901~1989，全名为西里尔·莱昂内尔·罗伯特·詹姆斯（Cyril Lionel Robert James），出生于西印度群岛的特立尼达，著名历史学家、作家、记者和社会活动家。聚焦海地革命的《黑皮肤的雅各宾派》是他最著名的作品。
③ Global South 并非一个地理上的概念。它在政府间发展组织（主要是那些起源于不结盟运动的组织）中被用来指经济上处于不利地位的民族国家，几乎与冷战开始后形成的"第三世界"的概念相同。近年来，在许多领域，它也被用来指代受到全球化负面影响的地区和国家。

是当今的法国历史学家们的标准观点——低估了其个性中的加勒比和非洲成分，以及其内心深处的宗教价值观。詹姆斯所呈现的杜桑是一位法国"雅各宾派"，他忽视了杜桑政治思想中的君主主义倾向和对地方自治的强调。最终，这些思想都在杜桑的1801年宪法中达到巅峰。更为关键的是，虽然这本书对于欧洲以外的革命活动进行了具有开创意义的描述，但它认为圣多明各的重大历史事件终究是欧洲人的理念和政治形式的衍生物。这一评价夸大了法国和圣多明各的激进运动之间的联系，而且贬低了杜桑和他的同志们身上的惊人创造力。

从20世纪末开始，海地革命从同时期的美国革命和法国革命的遮蔽下完全浮现出来。一波新兴的学术研究试图重现它在思想上的丰富性和文化上的多样性——不论是当地的伏都教在其中扮演的角色、非洲政治和军事文化的影响，还是特定人群和社区（尤其是妇女、自由有色人、南方人和出生于非洲的国民）的贡献。[41] 让·富沙尔（Jean Fouchard）① 的《自由的逃奴》（*Les marrons de la liberté*，1972）和卡罗琳·菲克（Carolyn Fick）② 的《海地的诞生》（*The Making of Haiti*，1990），发掘了圣多明各的"逃离"（marronage）传统在历史和政治上的重要意义，将殖民地的逃奴摆在了1790年代的革命进程及其后续的海地独立战争的中心位置。[42] 学者们还绘制出一幅海地革命的区域影响的地图，突出了它在蓄奴阶层中引

---

① 1912~1990，海地历史学家、作家、记者和外交官。
② 加拿大康考迪亚大学历史系副教授，研究领域涉及加勒比地区奴隶制度、海地和法国革命，以及18~19世纪大西洋两岸历史中的政治、社会和思想潮流。

起的恐惧及其对加勒比与美国各地黑人奴隶和自由人的鼓舞。[43] 然而，这些新近的研究又将杜桑从革命舞台的中心位置移开，对于"源自底层"的社会和文化历史的强调使得焦点不再对准他的个人英雄式的领袖地位。在菲克的笔下，杜桑只是居于殖民地原有的民众反抗传统的边缘，附属于作为革命主要角色的逃亡奴隶。

最近发现的一些档案资料表明，早在革命爆发的十多年前，杜桑的奴隶身份就得以解除，而且作为一个自由人，他也一度拥有几名奴隶。至少是由此开始，杜桑作为一个革命者的资格受到质疑。女权主义学者强调了海地共和主义的"悖论"，认为它的民主和平等的价值观从一开始，即从杜桑成为领袖开始，就因为"历史性地将妇女排除"在国家政治和公民权利范畴之外而遭到削弱。[44] 对于其他批评者而言，杜桑的统治起初是有利于解放的，继而却堕入了威权主义，又因为他拒绝向广大农民分配土地而受到玷污："解放者"变成了"清算者"。[45] 持修正论的新帝国主义作品的出现，进一步搅浑了革命之水，杜桑被描绘成一个渴望以黑人寡头集团取代白人种植园主阶层的保守官僚，这是法国历史学家皮埃尔·普吕雄（Pierre Pluchon）所作传记的主要论点。[46] 出生于瓜德罗普（Guadeloupe）的历史学家菲利普·吉拉尔（Philippe Girard）的文章也无耻地采纳了相同的态度。在其新撰的卢维杜尔传记中，他坚称杜桑的行为没有任何理想主义的基础，并将其视作一个受到物质贪欲和政治私利驱使的"趋炎附势、向上爬的人"，一个"渴求社会地位的人"。[47] 在一项针对海地独立战争的早期研究中，吉拉尔表达了他对于法国殖民项目的"积极"评价，还有他对于在1801年年底被派去终结杜桑黑人领袖地位的拿破仑远征军成员的"同情";基于杜桑的"两面派"行为,他为法国进攻圣多明各进行了有效的辩护。[48]

这些主张表明,与通常的情况一样,有关杜桑·卢维杜尔的文学作品在关键之处往往都反映其时代精神。对 C. L. R. 詹姆斯的传记产生影响的是全球反殖民革命的浪潮和进步知识分子为斯大林式共产主义寻求替代品的努力。随着这种时代思潮的消退,关于殖民地历史的保守主义和新帝国主义观念近年来开始死灰复燃。事实上,从 20 世纪末开始,随着之前那个历史性的时代让位于一个更加忧郁和悲观的时代,甚至在后现代主义充满迷雾的核心地带,也可以看到杜桑的一丝影子。根据詹姆斯对海地革命的叙述,戴维·斯科特(David Scott)[①] 认为,在今天这个幻灭的时代,杜桑不再代表"反抗和力量"的解放理想,而是变成带有悲剧色彩的西方现代性的"应征者"。[49] 塞莱斯特-梅尔·贝尼耶(Celeste-Marie Bernier)[②] 在有关黑人英雄主义的研究中,将杜桑作为她所谓的六个偶像人物之一,但是对于通过档案研究努力发现任何"基本的或历史上可以证实的形象",她提出了警告:这样的企图"不仅是虚无缥缈的,也是注定要失败的"。[50]

这本传记所追求的目标就是拨开这些错综复杂的乱象,发现我们借以理解杜桑的方式:尽可能回到原始的资料,尝试以杜桑的视角看待这个世界,从而重新发现他思想上的魄力和表达上的独特。作为一位领袖,他拥有一种异于常人的坚定果敢,而这一点有时又成为他的负担。有关他的军事和政治成就

[①] 美国哥伦比亚大学非裔美国人研究所人类学教授。
[②] 英国爱丁堡大学美国和大西洋研究教授。

的官方陈述倾向于细数其个人所扮演的角色。[51]可是，和所有伟大的革命者一样，他的力量是以强大的集体为基础的，来自他的共和主义军队和自由的黑人群体，在1793年废除了奴隶制以后，他们热情地拥抱了自由、平等和正义的原则。但是杜桑也与殖民地的行政管理和市政机构、白人种植园主和商业领袖以及天主教会中的支持者结成了广泛的联盟。一个黑人教士群体在他的帮助下出现了，并在各地成为其统治的重要支撑。在1790年代的大部分时间里，他都向全面负责殖民地行政事务的巴黎海军部进行汇报。他也争取到了殖民地官员中的上层人物、法国议会的当选代表和废奴主义领袖的支持，例如亨利·让-巴蒂斯特·格雷瓜尔神父（Abbé Henri Jean-Baptiste Grégoire）①；而且，他还成功地结交了美国甚至英国的外交官。杜桑如何与这些人物沟通，这些人如何看待他，以及他与这些人的关系在其领导过程中如何发展，这些对于评价他的权力基础都具有关键的作用。

要真正地理解杜桑，就要把他放置在他所处的时代背景，即18世纪法属圣多明各的奴隶制度和殖民地政治制度当中，他在其中受到的重要影响塑造了他的性格和精神特征。这不仅是指他对启蒙运动思想的吸收。圣多明各（更普遍地说是加勒比地区各殖民地）经历了一场"让人不知不觉的克里奥尔化运动"，欧洲人的思维方式在此过程中经过重新打造以适应当地条件。[52]杜桑和圣多明各的起义者就在这样一个生机勃勃、

---

① 1750~1831，也常被称作阿贝·格雷瓜尔，法国罗马天主教神父，支持教士公民组织法的宣誓派布卢瓦主教，也是一位积极参与法国大革命的政治活动家、激进的废奴主义者，支持海地革命，同时也主张保护犹太人的权利。他是入葬于法国先贤祠的伟人之一。

充满各种可能性的环境中发展壮大，同时也对这个环境产生了影响。其中的各种观念和实践在欧洲与加勒比、非洲与加勒比之间得到交流，自由、公正和友爱这些普遍的概念受到珍视，并被赋予特定的含义。反过来，他们也接纳了本地的理念，如废除奴隶制度、抛弃种族等级制度和黑人民族性的定义，并给这些理念赋予普遍的意义。[53]

海地革命带来了它自己的一套关于解放的原则，使它成为"最娴熟的激进启蒙运动的即兴表演"。[54] 档案中有一个惊人的例证说明了这一点。在1791年奴隶起义爆发之后不久，一个名为勒克莱尔（Leclerc）的人回到他在圣多明各北部兰贝（Limbé）教区的土地上。即使他认为自己是一个"人道的"奴隶主，他的土地还是被起义军接管并烧毁。起义军撤退之后，他回来发现只有一座房子还立在那里，并且得知它曾被当地义军的司令官征用。一进门，他就发现屋里摆着他最好的家具，看到自己的财产得到了"小心的维护"，他着实惊讶不已。更让这个种植园主迷惑的是，他还看到了自己那本第四版的《两印度哲学史》（Histoire philosophique des Deux Indes）[①]，该书是由纪尧姆-托马·雷纳尔（Guillaume-Thomas Raynal）[②]和德尼·狄德罗（Denis Diderot）[③] 在启蒙运动后期合著的、

[①] 该书全名为《欧洲人在东西印度群岛殖民和贸易的哲学及政治历史》（Histoire philosophique et politique des établissemens et du commerce des Européens dans les deux Indes，也简称为《东西印度哲学史》），是由雷纳尔主持撰写的多卷本著作，在欧洲殖民主义方面具有很大的影响力。其中狄德罗贡献了很大篇幅。
[②] 1713~1796，全名为纪尧姆-托马·弗朗索瓦·雷纳尔（Guillaume-Thomas François Raynal），法国历史学家和社会学家，启蒙运动的代表人物。
[③] 1713~1784，法国启蒙思想家、哲学家、戏剧家、作家，百科全书派代表人物。

抨击奴隶制度的革命手册。起义军司令官把这本书从他的书房中取出来放在一张红木餐桌上，这是他的全部藏书中唯一没有被焚毁的。司令官把书留下的时候，翻开的那页正好提到，如果殖民主义者不能解放他们的奴隶，就会受到"可怕的报复"；[55]他不仅重新阐释了《两印度哲学史》，还用这种博学、炫耀和机智的方式将其内容付诸实践。

这种协同增效作用是杜桑思想的核心。那些仔细观察他的人都注意到杜桑身上所具有的、源于其本土教育和经历的"对自然的亲近"和"天赋的直觉"；他经常将自己看待世界的方式与某种猛禽相比——都是采取高高在上的视角，却能够分辨地面上最细微的动静。[56]与此同时，他把自己定义为一个"理智和完备的哲学"所塑造的人，并且真诚地相信圣多明各人民的斗争可以成为"全世界的"[57]的范例——这是对于杜桑共和主义特征的更好认识。他的讲话和信函显示，他很熟悉雷纳尔的作品，以及马基雅弗利（Machiavelli）①、孟德斯鸠和卢梭的主要观点。他的政治思想非常符合昆廷·斯金纳（Quentin Skinner）②所定义的"新罗马"（neo-Roman）自由观，特别是他被明确冠以斯巴达克斯传奇的身份认同，他坚持共同利益，他始终如一地将共和主义自由定义为"奴隶制暴政"[58]的对立面，断然拒绝仰赖他国意志（包括法国）。[59]除了全体国民的平等尊严，他的共和主义革命思想还集中在来源于自身经历的、对主权在民和服务民生的承诺。面对妄图对他进行妖魔化的白人殖民主义者，

---

① 1469~1527，意大利政治家和历史学家，主张为达目的可以不择手段。马基雅弗利主义（machiavellianism）因此成为权术和谋略的代名词。
② 1940~ ，享誉世界的思想史家、历史学家，曾在剑桥大学和其他著名学府担任历史学、政治学等学科教授。

杜桑坚守了这种共和主义，努力维护了自尊；这种斗争的共和主义来自军事实践，特别是将圣多明各从奴隶制度和外国占领下解放出来的战斗；这是一种"杂交的"共和主义，它将包括泰诺印第安人在内的本地自然神秘主义传统和保王主义元素与天主教道德学说结合在一起；这还是一种充满兄弟情谊的共和主义，它提出了一个平等的多种族共同体的诱人前景，同时也赋予殖民地的黑人国民以保卫革命秩序的责任。[60]

要真正地理解杜桑，或许首先就要去做重新发现的工作，移开那些将杜桑与我们逐渐分隔的障碍。米歇尔-罗尔夫·特鲁约（Michel-Rolph Trouillot）[①] 在其经典论文中所谴责的那种对海地革命的"涂抹"，如今已经不再是明目张胆的了，但是其中的庸俗化现象依然存在。[61]尤其是在现代法语写作中，杜桑和海地革命仍然未被赋予很多有意义的精神层面的影响力。[62]在纠正这种扭曲的过程中，我主要依靠的资料来源是保存在法国、西班牙、美国和英国各个档案馆中的有关18世纪末法属圣多明各的丰富藏品，我从中发现了大量吸引人的关于杜桑生活和事业的资料。其中多数来源于法国，包括国家档案馆、国家图书馆、位于普罗旺斯地区艾克斯（Aix-en-Provence）的国家海外档案馆、位于万塞讷（Vincennes）的军事档案馆、南特和巴黎的外交档案馆，以及其他一些地方档案馆。之前，在对杜桑的研究中，很多珍贵材料都被忽视，或者只是被选择性地引用。其中大量的第一手资料，揭示了杜桑领导才能的重要特征。因此，本书用几个章节讨论他作为共和主义军事将领

[①] 1949~2012，海地著名的加勒比历史学家、人类学家和作家，美国芝加哥大学人类学教授。

的显著特点、他的立宪思想及其统治的地方性基础。

另外，美国和西班牙的档案使我们可以更好地理解杜桑事业中的几个决定性转折点，例如与法国联手的决定、击败其混血对手安德烈·里戈（André Rigaud）和入侵毗邻的西属圣多明各。这些资料进一步证实了他娴熟的外交手腕，借此他为自己和人民创造了新的政治机会。最令人满意的收获来自英国皇家植物园内的不列颠档案馆，我从中发现了一些他处难觅的重要文件，这些文件不但内容翔实，而且提供了关于杜桑统治的最后几年的很多珍贵信息，这要归功于1799~1801年驻圣多明各的英国领事官员的观察。

杜桑身上最与众不同的特点之一是他"对书面文字的极端信任"。[63] 出于这个原因，在重拾其观点的过程中，必不可少的资料就是他本人的大量讲话、公告和信件。海地历史学家约瑟夫·博罗梅（Joseph Boromé）将毕生精力投入对这些资料的搜集和整理，列出了多达1600份文件，分别归属于大西洋两岸的80多个档案馆、图书馆及私人收藏。[64] 正如博罗梅推测的那样，这大批资料的使用有助于平息一些至今依然不绝于耳的有关杜桑的荒唐说法（例如，说杜桑不会读书写字），[65] 并解开一些围绕其个性的谜团。[66] 尤其杜桑的书信是一类关键的资料，其中既有紧急情况下匆匆落笔的短笺，也有精心拟就的详尽文稿。他是个一丝不苟的通信者，对重要信件经常进行多次修改，小心地确保每一个单词都正确表达了他的意思。这些数量庞大的信件证明了他在知识层面的能力：当他的事业在1790年代到达顶峰时，杜桑每天都要发出几十封信件，"累垮了他的五个秘书"。[67] 他时常担心信件无法送达，经常会再写一封额外的信来确认第一封信是否送达与何时送达目的地

（不止一次，他甚至写了第三封信去询问前两封信的情况）。他的文字表明，他愿意支持那些需要帮助的人——一个希望能够索回其家庭所有土地的寡妇、一位牲口被偷的种植园主，甚或是一个遭到"侵犯其人权"[68]的队长掌掴的宪兵。

这些资料也揭示了杜桑思考其黑人民族性的复杂方式，同时这也关乎传统、尊严、责任和"荣誉"（一种经常被引用的措辞）。[69] 以维护荣誉的方式行事意味着坚持黑人的利益，并占领道德制高点。有一位曾经宣称他不能够"生活在黑人治理之下"的法国官员，后来也写信请求帮助。本着"回应恶行"的最好方式是"善意行事"[70]这一原则，杜桑同意向他伸出援手，但首先还是提醒他不要忘了自己先前的观点。在杜桑的自我意识中，黑人民族性是不可或缺的，特别是在这样一个对非洲血统的男女还普遍存在歧视的世界上。这是一个精心打造出来的概念，以便与其他人群的所作所为形成对比——尤其是殖民地行政机构巨头、曾经的白人统治阶层以及曾与杜桑在一系列场合激烈交锋的混血领导人。与此同时，杜桑的黑人民族性在现代社会也引起强烈的共鸣。它坚决肯定了斯图亚特·霍尔（Stuart Hall）① 所定义的文化和精神的"混合性"，将来自非洲、欧洲和加勒比的传统因素结合在一起，同时赞美了黑人与其他民族和种族在根本意义上的平等。[71]

这些信件也在很大程度上透露了杜桑的禁欲主义、狡黠机智和嬉笑活泼（在他早年间的一封信上，收件人是"尚拉特先生，一个背信弃义的恶棍"）。[72] 遗憾的是，这些文件并不

---

① 1932~2014，当代文化研究之父、英国社会学教授、文化理论家、媒体理论家、文化研究批评家、思想家。他开启了学术工作政治化的先河。

像一个传记作家所期望的那样,能够揭开杜桑的私人生活:当法国人在1802年入侵圣多明各的时候,杜桑的文件有一大批遭到破坏,包括厚厚的一捆他与众多白人情妇的风流书信,其中一位是传奇的菲松夫人(Madame Fisson),她是一位"拥有罕见的美貌"的白人女性,她的丈夫成为杜桑的一个代理人;[73]只有杜桑与另一位女士的情书得以幸存。[74]然而,通过余下的那些信件对他的私人生活只能略略一瞥,这更激起我们的好奇——他对子女教育的关切、对马匹和玫瑰的喜爱、对个人卫生的坚持,以及众所周知的简朴的饮食习惯;1794年,应他的要求,妻子苏珊(Suzanne)在信中提到给他寄了新衣服和毛巾,还有四个面包。[75]杜桑对音乐的热爱也值得注意:他在早年的一封信中透露,他曾监督小号手和单簧管手编曲;还有他晚年的一条记录,这是一张他签字的工资单,给总督办公室下属的由十三个人组成的乐队发薪。[76]

所有伟大的领导人都要与矛盾做斗争,杜桑的信件最大限度地展示了他终其一生都在勉力对付的那些相互对抗的冲动:对平静家庭生活的渴望,相对于献身服务大众的理想;一定程度上的缺乏耐心(他最喜欢的说法之一是"我们不要浪费时间"),相对于事情可以自然而然地顺应天意而解决的信念(或者如他自己所说的"谋事在人,成事在天");真诚的法兰西爱国主义,相对于维护圣多明各利益的职责;团结人民的承诺,相对于暴力为政治变革所必需的理念;倾向于保守秘密的直觉,相对于从"广大人民群众"当中汲取力量的需求;以及毫不掩饰的实用主义,相对于引领圣多明各人民奔向一个具有革命可能性的新世界的愿望,以实现"从他们对自由的挚爱中生发出来的疯狂梦想"。[77]

第一部分
革命者的诞生

第1章 一个自由人的灵魂

"我出生时是一个奴隶,但是大自然赐给我一个自由人的灵魂。"[1] 如此匆匆一笔,出现在1797年的一份行政工作报告中。杜桑·卢维杜尔很少提及他在革命以前作为一个奴隶的个人困境,这是为数不多留下记录的实例之一。这也是他典型的说话方式:直率,语调高贵,且绝少流露感情。正如我们将会发现的,这一表述并未说出全部情况,在故意语焉不详方面,他堪称一位大师。但是从语言的简洁来说,他也是颇有天赋的。从小时候开始,他的亲近自然、他的专心致志、他对自身精神解放的不懈追求——这些特征都在他的性格中具有决定性作用。通过将他的奴隶身份和对自由的憧憬进行对比,杜桑暗示有两点主要的特质使他区别于同时代的大多数人:对挣脱外部束缚的渴望和远见卓识,即"看到并预见"的能力。[2]

对杜桑的传记作者来说,试图还原其早年经历是一项令人望而却步的挑战。作为圣多明各的革命领袖,他留下了大量的书面记录。另外,很多与他打过交道的同时代人——从他自己的合作者和军队中的下属,到法国官员和其他外国权贵,再到殖民地的普通民众——的记载都得以保存。虽然法国的公共档案馆里存有相当多的有关圣多明各种植园的文献,却罕有涉及杜桑革命前生活经历的内容。[3] 杜桑与奥拉达·埃奎亚诺(Olaudah Equiano)①

---

① 1745~1797,非洲裔黑人作家,又被称作古斯塔夫斯·瓦萨(Gustavus Vassa),曾在1789年出版自传《奥拉达·埃奎亚诺生平奇事》(*The Life of Olaudah Equiano*)。他出生于西非,早年被掳作奴隶,辗转于(转下页注)

和弗雷德里克·道格拉斯这类人物不同，他没有做过自传性质的叙述。而且，在他长大的那个种植园里，也不曾有熟悉他的男人或女人留下任何关于他的文字记录，无论是他的父母、教父、家奴中的同伴、来自邻近的海角高地（Haut-du-Cap）的牧师，抑或是杜桑最终成为其主要助手的那位经理。涉及他奴隶生活的档案资料非常匮乏，只有少量引发好奇心的文件，而其中大部分只是最近才为世人所见。我们仅知的这些情况主要得益于19世纪海地的口头流传——从很多方面来说，这都是一项很有价值的资料来源，却未能提供确切的信息，即便是有关杜桑最基本生活状态的信息。

他的出生日期就是一个典型的例子。同样是在那份1797年的行政工作报告中，杜桑提到他参加革命的时候已经"年届五旬"。这与其子伊萨克（Issac）后来的回忆录相吻合，凭借家族记忆，他可以确认其父出生于1740年5月1日。[4]（奴隶是没有出生证明的。）但是还有其他资料，包括杜桑自己的声明，暗示了另外的可能性，所以他的出生年份仍然不能确定。有人认为这个年份迟至1746年。而作为他最紧密合作者的一位法国行政人员，曾与杜桑的亲属有过很多交谈，据他说杜桑开始执政的时候已经66岁了，这就把他的出生年份提前到了1736年。[5]有关其祖先的情况也主要源于口头传说。来自家族内部的信息告诉我们，杜桑的父亲是加乌·吉努（Gaou Guinou）的次子。吉努是一个名为阿拉达（Alladas）的勇士民族的国王，这个西非民族生活在黄金海岸（Côte d'Or）[①]南部地区，即

（接上页注①）北美和加勒比各殖民地，后自赎其身去往英国，并投身于废奴运动。但是也有人怀疑他其实出生在北美，其自传也是编造出来的。

① 指英国在西非几内亚湾沿岸的一个殖民地，因盛产黄金而得名，1957年宣告独立，成立加纳共和国。

现在的贝宁。[6]然而，最新的研究也无法找到名为阿拉达的君主的任何踪迹，杜桑的祖父可能只是一个外省的长官，或是掌管一个比较大的地区的王室官员。

同时，这个虚拟出来的传说可以让我们看出，从很小的年纪开始，杜桑就依靠想象的力量亲手主宰自己的人生叙事。这个故事也暗示了18世纪的圣多明各具有丰富的非洲社会和政治文化传统，包括音乐、舞蹈、游戏、宗教信仰，以及自然的概念和超自然的传说。[7]君主思想的元素也活跃在这块殖民地上，通过仪式延续下来，保留了非洲的战争历史记忆和特定的文化习俗，比如皮肤上的标记。[8]杜桑从父母口中了解到高贵祖先的动人故事，又把它们传承给自己的孩子，并在此过程中分享了这些共同的信仰和习俗；可能这些故事也有助于赋予他终其一生的对宿命论的反感和非凡的自我使命感。

杜桑的出生地——至少这一点上不存在争议——是他的父母作为奴隶所在的布雷达甘蔗种植园，靠近名为海角高地的村庄。拥有这块地产的是来自法国西南部的海军军官庞塔莱翁·德·布雷达伯爵（Count Pantaléon de Bréda）。18世纪初，他娶了当地一位女继承人以后，又在殖民地积累了大笔的财富。与圣多明各许多富有的土地所有者一样，他主要生活在法国，只偶尔来到加勒比。[9]他的庄园是法兰西角周边的北部平原上众多的甘蔗种植园之一，其拥有的劳动力是大约150名奴隶。按照1685年颁布的、规范法属各殖民地奴隶待遇的《黑人法典》（*Code Noir*），孩子自动继承其父母的奴隶身份。[10]杜桑对他的姓氏也没有任何选择权：契约下的劳动者仅被看作财产，于是这个小男孩的正式名字是"布雷达的杜桑"（或简称为

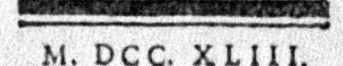

作为最早出版于 1685 年的一份皇室法令,《黑人法典》是涉及法属各殖民地奴隶待遇的规范手册。作为一项财产,奴隶是不具有法律权利的,其主人可以使用棍棒和鞭子殴打他们。

"杜桑·布雷达");而"卢维杜尔"这个姓氏是在革命时期才出现的。童年时期,杜桑的健康状况不佳,有时还病得很厉害,以至于家人担心他会死去;18世纪圣多明各的儿童死亡率很高,在布雷达种植园尤其如此,每三个孩子就有一个活不到成年。[11]他那皮包骨头的相貌也受到嘲笑,就是在这个时候,他得到一个"细棍子"(Fatras-Bâton)的绰号——这是当地克里奥尔方言中一个戏谑的说法,意在奚落他的弱不禁风。[12]

"Fatras"这个词还有懒惰的意思,但是这个男孩一点儿也不懒惰。实际上,顽强的毅力足以弥补他体力上的弱点。一位19世纪的海地历史学家曾与杜桑家族的幸存者交谈,根据他的说法,杜桑在12岁的时候,变成了周边庄园的奴隶孩子中跑步最快、爬山最灵巧而且游泳也最好的一个。[13]长到十几岁的年纪,他开始掌握放马的技巧,这使他日后赢得了"大草原上的半人马"的美名:他最喜欢的方式就是直接跨上未经驯服的野马。他经常掉下马背,至少还受过一次重伤,摔断了大腿骨。但是,成长为一个青年后,杜桑已经是殖民地最娴熟的骑手之一,北部平原各地的人们纷纷赶来学习他的马术。[14]即使是从法国来的骑手也赶不上他的速度和耐力,更别提他的逞强好胜——有一次,他骑着马艰难地渡过水面高涨的河流,身子完全挺直在马背上,将坐骑领到了对岸。[15]这种遍及圣多明各各地的冒险经历成为杜桑身上的标记之一。这有助于打造他在精神上的自由感,用历史学家安托万·梅特拉尔(Antoine Métral)的话来说,让他"亲身感受到波涛、激流、大河、湖泊,以及大山的高度和形状,了解了峡谷、关隘和最难行的路径,体验了森林的茂密、劲风的回旋、多雨的季节、临近的地震和猛烈的暴风雨"。[16]

在大部分少年时光和刚刚迈入成年的时候，杜桑作为牲畜管理员负责照看布雷达种植园的牲口，这进一步促进了他与大自然的交融。这项工作在他身上多少留下一些忧郁的性格和对孤独的长期喜好。但是，这个年轻的牧人也从小养成了一种活泼好斗的性格。任何敢向白人动手的奴隶都会受到严厉的惩罚，按照《黑人法典》第 33 条的规定，殴打主人或其家庭成员的奴隶可能被判处死刑。[17] 至少有过一次，某个自由黑人因为预谋杀死一个白人移民而被绞死。[18] 杜桑曾在 1754 年与邻近的利纳斯（Linasse）种植园一个名叫费雷（Ferret）的人发生对峙。他这么做的原因不明，可能是费雷用一个常见的贬义词"阿拉达的食狗者"来嘲笑他。他们最后在橘子树下进行了一场搏击比赛，那个白人男孩只获得了第二名，虽然他比杜桑还大两岁。另一次，这个年轻的"细棍子"得知，当时布雷达种植园的经理比亚吉（Béagé）企图霸占他的一匹马。杜桑的反应是马上跑进马厩，割断了这匹马的马鞍绳索。经理被气坏了，扬言要打他。而这个年轻的奴隶毫不示弱，对他说："你敢打我就打吧！"经理退缩了，后来这个故事成为家族里的一个传奇。[19]

这种自信毫无疑问是家族遗传的一部分，但也受到了其天主教信仰的影响。布雷达种植园的奴隶每天都要进行公开的祈祷，这个年轻人从很小的年纪起就受到天主教的熏陶。圣多明各北部的天主教会由耶稣会（Jesuit order）① 控制；其总部设

---

① 天主教主要修会之一，由西班牙人圣依纳爵·罗耀拉 1534 年创立于巴黎，旨在反对欧洲的宗教改革运动。耶稣会仿效军队纪律制定严格会规，故亦称"耶稣连队"。会士除严守"绝财""绝色""绝意""三愿"外，还应无条件效忠教宗，执行其委派的一切任务。

在法兰西角，一些神父就住在海角高地的村子里面，杜桑与他们很熟悉。据口头传说，他们教他读书写字；一位曾周游海地的法国教师说，19世纪中叶，人们普遍认为年轻的杜桑曾经被正式作为教士进行培养。[20] 耶稣会士对他们的传教士角色抱有坚定的信念，他们在法兰西角主办了一种独特的"黑人弥撒"，由年迈的非洲人领着会众唱歌和祈祷。他们还任命了"黑人神父"，以便在奴隶中间传播信仰。与圣多明各的其他教士群体不同，这些传教士受到奴隶们的尊敬，被他们视为保护者。[21]

杜桑热情地投入耶稣会的改宗活动，成为他们在邻近地区的一个代理人。因为"经常且不断地在北部地区的黑人族群家庭中传播福音"，[22] 他很可能就是一份官方报告中所谴责的黑人奴隶之一。耶稣会的努力为奴隶群体提供了精神慰藉，却遭到殖民当局的反对。种植园主抱怨说耶稣会削弱他们的实际权力和道德权威，特别是以鼓励奴隶结婚的方式，因为已婚奴隶比单身奴隶更难于出售。一些人指责传教士唆使奴隶背叛其主人，还信奉那些应当予以谴责的"独立"甚至"平等"的理念。[23] 于是，耶稣会在1763年被逐出法属圣多明各，他们在法兰西角的宏伟建筑也被殖民地当局没收。然而，杜桑又与耶稣会的继任者嘉布遣会（Capuchins）① 的教士保持了紧密的关系。而且，有证据表明他为两所医院工作过，这些医院由耶稣会设立，后来在法兰西角地区继续运营。[24] 到此时，杜桑的信仰已经牢固确立，并植根于身边的天主教长者所倡导的价值

---

① 正式名称为"嘉布遣小兄弟会"，是天主教方济各会的一支。1525年创立，1528年获教皇批准。会名来源于其会服带有尖顶风帽（capuche）。嘉布遣会主张恢复方济各会开创时的简朴状态，清贫苦行；致力于布道和传教活动，成为罗马教廷反宗教改革运动的重要力量；后又从事海外传教。被视为方济各会三大派之一。

观：和谐、怜悯、节制，以及最重要的，友爱。这种天主教教义把黑人奴隶当作社会中不可或缺的成员，而杜桑的宗教虔诚中又带有一种特殊的克里奥尔平均主义色彩，这对殖民地既存的种族等级制度构成挑战。

他积极从事体力活动，在精神层面上贴近大自然和天主教信仰，除此之外，年轻的杜桑在个性养成的过程中也受到了非洲传统的影响。关于这种影响的程度存在争议，事实上，他与自己的非洲血统的联系经常被人们忽略。对于杜桑这样出生在法属圣多明各的少数本地"克里奥尔人"，很多历史学家都试图将他们与出生于非洲的博萨拉人（bossales）相区别，后者到 1790 年已经占殖民地成年人口的 60%左右；[25] 这些奴隶大部分都来自刚果—安哥拉地区。[26] 典型的看法是，克里奥尔人摒弃了他们的非洲过往，因为这是他们与落后和屈辱的联系；他们转而强调其加勒比血统，以及罗马天主教和启蒙运动的思想。具体到杜桑身上，有人认为，他的非洲过往对于他的公众和私人形象只有"微不足道的作用"，他试图使"自己远离"他的父亲，而且他"有意否认"与非洲传统的关系。[27]

如此断言无法令人信服，特别是因为这些观点夸大了在 18 世纪法属圣多明各的克里奥尔人和博萨拉人之间的不同点。这两个人群之间存在不可否认的本质区别：克里奥尔人倾向于过一种相对稳定的生活，在种植园中常常占据一些较高的位置，如家仆、工匠、车夫和监工；文化层面上也存在反差，在保持其社会仪式、语言和宗教习俗上，博萨拉人通常更为积极。但他们之间也存在很多互通的桥梁。恰如已经被正确指出的，博萨拉人"通过很多方式被克里奥尔化"，尤其是受洗、小块土地的开垦和克里奥尔语的同化过程，而像杜桑这样的克里奥尔人仅仅"与非洲相隔一代人的距离"。[28] 在他的成长过程中，这种联系是非常明显的：他学习并使用圣多明各当地的克里奥尔语，但是因其父母的缘故，他在很小的时候也沉浸于阿拉达文化。1730年代末，杜桑的父亲伊波利特（Hippolyte）因为被掳为奴隶而被迫与妻子阿菲巴（Affiba）分开。之后，他在刚刚到达圣多明各时就再次结婚。他所选择的新娘是一个名叫波利娜（Pauline）的年轻女子，和他一样也是阿拉达人；杜桑是她所生的五个孩子中的第一个。

杜桑在童年和青年时代会听到别人将自己形容为一个"非洲人"。在殖民时期的圣多明各，这种称呼的使用很随意，通常是对黑人族群的一种贬义叫法。奴隶在很大程度上与家畜混为一谈，每个种植园主会有一个记录本，其中列出"针对黑人、马匹和骡子的疾病的不同治疗方法"。[29] 当地殖民者经常抱怨难以掌控他们的劳动力（"有奴隶的人不高兴，没有奴隶的人更不高兴"）。[30] 一个广为流传的观点认为，黑人是"危险、迷信且狂热的"。[31] 按照弗朗茨·法农（Frantz Fanon）① 后来的评论，这种描述是维护殖民统治的重要手段，将当地人刻画成不仅低劣而且具有威胁性的形象，说他们是"典型的魔鬼"[32]，以强化殖民者至高无上的地位。在"科学的"基础上鼓励种族隔离是白人强权的另一种基本工具，法国作家付出了大量努力，认为奴隶群体具有独有的特征，并将之归因于他们的非洲地理起源。作为种植园主利益的维护者，殖民地律师莫

---

① 1925~1961，出生于西印度群岛的法属殖民地马提尼克（Martinique），精神病理学家和社会哲学家，是20世纪研究非殖民化和殖民主义的著名学者，留下了很多相关作品。

罗·德·圣梅里（Moreau de Saint-Méry）① 的观点得到广泛引用。按照他的说法，阿拉达民族的成员普遍"健康聪明"；然而，他们也被认为"具有欺骗性、做作、善于掩饰、懒惰和无赖"。[33] 晚年的杜桑也总是被贴上很多这一类的标签。

尽管殖民主义制度努力地对圣多明各的"非洲"族群进行妖魔化，但仍然有一些正面的比喻得以流传并进一步发展。在法属圣多明各的非洲奴隶中，阿拉达人是第二大族群。布雷达的历任种植园经理都对他们有所偏爱，相信他们具备更多农业技能。[34] 作为非洲最强悍的"勇士民族"[35]之一，阿拉达人也受到高度评价。在杜桑的成长阶段，他很可能已经体会到这样的声誉。在其种植园内部和周边地区，他的父亲在出生于非洲的奴隶们眼中是一个有威信的人物，受到特殊对待；我们还会发现，甚至种植园经理比亚吉的态度也是如此，这也就可以进一步解释，在前文提到的那次冲突中，他为何不愿与年轻的杜桑正面交锋。[36] 虽然伊波利特不具备读写能力，但他还是把从非洲祖先那里学到的实用的草药知识教给了他的长子，这些独家秘方与18世纪圣多明各的阿拉达文化有着广泛的联系。[37]

有人认为杜桑完全接受了新兴的伏都教，这种宗教在当时圣多明各种植园的阿拉达黑人社群中得到广泛的信奉。伏都教起源于西非，同时也吸收了土著泰诺印第安人的宗教习俗，[38] 是一种以崇拜神灵洛阿（loa）为核心的宗教。它相信洛阿神负责掌管现实世界的各个方面并且能够在宗教仪式中与人类进行沟通。[39] 很多现代海地人坚定地相信杜桑对伏都教义的信仰，

---

① 1750~1819，法国的法官和历史学家，以其著名的北美旅行日志留下盛名，也留下了关于法属圣多明各的珍贵资料。

一位现代历史学家说，杜桑"被认为是一位伏都教祭司（bòkò）"。[40]有意思的是，作为植物学与伏都教之间的一种强有力联系，洛阿神又被称作洛科（Loko），是治疗师的守护神；它被泰诺印第安人传到了圣多明各的第一个逃奴社群。[41]在杜桑的自然医学实践中，他无疑认识到了这种联系，并利用了江湖术士的神奇药方。[42]这是他作为一个拥有超自然能力治疗师的名声来源之一，很多博萨拉人将他誉为可以与"善神"进行对话的祭司。[43]

传统草药科学使杜桑被称作爱管闲事的树叶医生（docteur feuilles），他不但珍视这种传统草药科学，而且通过在殖民地各处的旅行积累了更多的相关知识。作为一位在整个圣多明各得到高度赞誉的奴隶出身的治疗师，杜桑成功地将非洲、加勒比和欧洲的不同形式的医疗知识加以整合。他的植物疗法有助于照料在种植园和榨糖厂里受伤的人，还可以治疗疟疾和黄热病，并遏制在新来的奴隶中最常见的坏血病的暴发。[44]伊波利特还教给他的长子阿拉达人所讲的芳语（Fon）①，我们也知道这个年轻人经常用这种非洲语言与所在社区和邻近的海角高地的老人们进行沟通；布雷达种植园的经理证实，奴隶们"讲他们自己的语言"。[45]在革命年代里，杜桑更是没有背离这种文化传统，而是采取了欣然接受的态度。他的儿子伊萨克后来回忆，有一次，一群出生于非洲的战士来到司令部拜访杜桑，当他听说其中大部分人都是阿拉达的乡亲，便开始用芳语对他们发表起长篇大论来，令这些人吃惊不已。[46]

关于杜桑的非洲背景的持久影响力，最有说服力的证据恐

---

① 属于尼日尔-刚果语系的一种语言，主要通行于贝宁当地的丰族之间。

怕就是他对失去双亲的反应。伊波利特和波利娜都在1774年年初死于肺部感染，只相隔短短几个月。突然之间，当时刚刚年过30的杜桑就被推到家长的位置上。我们将会看到，他要对两个弟弟和两个妹妹负起责任，还要照顾自己的几个孩子。为了渡过这场危机，他向一位出生于非洲的女子佩拉吉（Pélagie）求助，而她实际上成了这个家庭的养母。重要的是，佩拉吉属于和阿拉达族来自同一地区的阿吉亚族（Aguia），很有可能与杜桑的母亲极为熟悉，她在这个家庭环境中的存在是其文化得以延续的一个重要原因，也使杜桑的非洲传统能一直保持到革命年代。杜桑极力呵护其养母并引以为豪，丝毫没有轻慢或者羞于示人的想法。1789年，他付钱为佩拉吉赎身，虽然当时他并不富裕，而且他自己的直系家庭成员还是奴隶身份；他又在海角高地为她找到一个住处。后来，已经成为革命领袖的杜桑把佩拉吉请到埃内里（Ennery）并住在他的身边，而且每个星期天都派马车送她去参加弥撒。[47]

在后来的一本小册子中，杜桑总结了奴隶制度中系统化的不人道行为："从母亲怀中抢走孩子，从姐妹身边夺走兄弟，从父亲手中掳走儿子。"[48]他以这一连串非个人化的言辞掩盖了其中源于其个人经历的成分。作为一个奴隶，他的整个生活都受到《黑人法典》的控制：他没有法律上的人格，没有主人的许可就不能结婚，禁止携带武器，而且可能遭受体罚，包括捆绑和棍棒鞭子的殴打。[49]虽然杜桑本人并未受到如此野蛮的对待，但是他肯定知道，在遍布殖民地各处的无数事例中，残忍的暴力被强加于他的奴隶同胞身上。在殖民晚期的圣多明各，这样的暴行被大量地记录下来，甚至那些为奴隶制度辩护的人也为之感到惊恐：这些暴行包括把奴隶投入火炉，将他们活埋，用炸药把他们炸得粉身碎骨，以及切掉他们的四肢；各种各样的酷刑，包括阉割和毁损生殖器，也被广泛地使用，虽然从技术角度讲，这些都是《黑人法典》所禁止的行为。[50]

据我们所知，布雷达种植园并没有发生过这些令人毛骨悚然的可怕行为。即便如此，杜桑还是每天都在见证奴隶制度下的诸多暴力，再加上疾病、痛苦和死亡的折磨。根据计算，在他所在的庄园里，奴隶的预期寿命仅有37岁。在这一地区，出生于非洲的种植园工人的死亡率是最高的，到杜桑40多岁的时候，他在布雷达种植园的同龄人中大约有一半的人已经死了。[51] 从很小的时候起，他就看到了奴隶制度给自己的家庭所带来的破坏。如上所述，杜桑的父亲伊波利特在沦为奴隶的时候被迫与妻子阿菲巴分开，父亲以为阿菲巴和他们的两个孩子一起被留在了故乡阿拉达。而他不知道的是，阿菲巴和孩子们也被捉住并运到圣多明各，卖给了殖民地的一个奴隶主。这位年轻的非洲女子受洗后得到"凯瑟琳"（Catherine）的新名字，她的两个孩子分别叫作奥古斯丁（Augustin）和热纳维耶芙（Geneviève）。当阿菲巴意识到她和丈夫流落到了同一个岛上，并且能够确定他在哪里的时候，伊波利特已经和波利娜组成了第二个家庭；她被这个消息彻底击垮，之后不久便伤心去世。[52] 杜桑曾与其同父异母的哥哥和姐姐相处，抚慰他们的丧母之痛，还与热纳维耶芙建立了非常紧密的联系。可是，热纳维耶芙很快就被转卖给一个名叫方丹（Fontaine）的白人移民，杜桑在此后几十年中再也没有见过她，但是她的身影始终萦绕在杜桑心中。那么，当他在1797年写下姐姐被从弟弟身边"夺走"这句话的时候，他很可能想起了这个姐姐。在生命的最后几年里,杜桑的不懈努力终于得到回报,他和热纳维耶芙在南部省的莱凯重逢。[53]

在杜桑的大家庭圈子里,还有一个关键人物是皮埃尔-巴蒂斯特(Pierre-Baptistc)。这是一个阿拉达自由人,在海角高地种植园做守门人。他曾接受过耶稣会士的教育,高高的个子,仪表堂堂,擅讲寓言,被视作当地的一位智者;他属于法兰西角的知名人士,有资格带领黑人会众进行祷告。[54]伊波利特死后,他把杜桑视如己出,为他讲授历史、地理和代数课程(杜桑本人对代数的热爱显然是受他影响)。就像对待他的养母佩拉吉一样,杜桑在此后一生中始终与其教父保持着密切的接触。每次路过这个地区的时候,他总是会到海角高地探望;即使后来出了名,他还是把皮埃尔-巴蒂斯特视作唯一必须无条件服从的人。[55]

杜桑在1802年被驱逐到法国的时候,皮埃尔-巴蒂斯特尚且健在,已过百岁高龄。杜桑应该感谢他的教父还有一个特别的原因:皮埃尔-巴蒂斯特是一个出色的媒人,他把杜桑介绍给自己的侄女。苏珊同样是阿拉达人,也是布雷达种植园的奴隶,她的哥哥是那里的一个奴隶监工(commandeurs)。根据口头传说,大约在1782年,他们终于安定下来,结为夫妻共同生活。苏珊分别在1786年和1791年为杜桑生了伊萨克和圣-让(Saint-Jean)两个儿子。她在前一次婚姻中留下的儿子普拉西德(Placide)也被杜桑接纳到这个家庭里来,后来还和伊萨克一起被送到法国读书。鉴于后来有人指控杜桑怀有针对混血族群的偏见,我们必须在这里着重强调,普拉西德的亲生父亲就是有色人。[56]

长期以来,人们相信苏珊是杜桑唯一的妻子。然而,近年来对法兰西角教区档案的深入研究发现，早在1760年代，刚刚20岁出头的杜桑就结了第一次婚，娶了一个名叫塞西尔（Cécile）的自由黑人（négresse libre）。引人注目的是当时他自己还是一个奴隶，而一个男性黑人奴隶娶一位自由黑人女性是很不寻常的——实际上，这种条件下的男人能够结婚本身就很罕见。这对夫妻育有三个子女，年纪最大的男孩取了父亲的名字：[57]1785年11月留下的一份殡葬证明记录了一个名叫杜桑的年轻人的死亡，他生于1761年，在他的父亲和兄弟加布里埃尔（Gabriel）的见证下被安葬。这份文件上有"杜桑·布雷达"的签字——这是有记录的第一个杜桑的亲笔签名，在令人最悲伤的这种情况下，签名的字迹显得迟疑不决。与塞西尔的婚姻破裂使杜桑更为伤心。在他们的儿子死去的时候，她似乎已经为了一个名叫普尔沃亚（Pourvoyeur）的建筑承包人而离开了杜桑。[58]

杜桑的家庭是一个庞大的复杂网络，有很多层级；他在临终的时候曾声称，他至少是十六个孩子的父亲。加之他对教父的关照、对继子普拉西德的慷慨大方，以及他尽力与兄弟姐妹保持的亲密关系，这些广泛的联系都突出了他重视家庭纽带的价值观。在这方面，杜桑充分代表了盛行于殖民晚期圣多明各的社会习俗。时至今日，几代同堂的家长制大家庭仍然是海地农村地区社会生活的一个突出特点。[59]这种血缘和宗族上的联系也成为杜桑的友爱理想的基础。在共和主义的语境中，博爱是连接个人与公众领域的一项原则。对杜桑来说就是这样的，作为一位政治领袖和军事指挥官，他系统地招募自己的家庭成员作为其随行人员。而且，我们在后文将会看到，在杜桑的革命政治思想中，家庭观念是一个重要的组成部分，既是一种凝聚力，也是将全体国民视为一个整体的理想化的比喻。

显然，在革命以前，杜桑并不是一个普通的奴隶。父亲作为一位阿拉达族长的声誉为年轻的杜桑提供了庇护，同样也使他能够和塞西尔这样地位较高的女子结婚。每个与他接触的人都能立刻发现他敏锐的才智，同时他也吸引了种植园管理层的注意，最终被招为安托万-弗朗索瓦·巴永·德·利伯塔（Antoine-François Bayon de Libertat）的仆人。这个来自法国的白人移民在杜桑参加革命之前的生活中扮演了非常重要的角色。巴永从1749年开始住在圣多明各，1772～1789年担任布雷达种植园的经理和法律代理人，并和杜桑建立了紧密的关系。作为巴永的车夫，杜桑实际上变成了他的左右手，有权以他的名义行事，在殖民地各处做公务旅行。一位法国军官在当地对杜桑的早年生活进行过深入的调查，依据他的说法，"巴永'完全信任'[杜桑]，并且向他咨询有关种植园工作甚至个人生活方面的事情"。[60]

杜桑从未完整透露过他作为巴永的车夫时的活动，但是他可能在布雷达种植园里拥有相当高的权威，同时还在很多其他生意活动上协助老板。因为那些生意，巴永有大量的时间都不在布雷达种植园里。1778年，他自己在附近的兰贝教区购置了一座拥有280个奴隶的甘蔗种植园，1782年买了一块土地，1789年又买了一幢房子，同时还在另外两座种植园中拥有股份。[61]1799年，杜桑接受法国《环球箴言报》（Moniteur Universel）驻当地记者的采访，他负有一定职责的工作岗位可能也解释了这次采访中的内容。他将参加革命前与苏珊的婚姻生活描绘得犹如田园牧歌一般："富足的生活不仅能让我们留下积蓄，当种植园里的黑人工人有需要的时候，我们随时都乐于向他们提供食物。星期天和假日，我和妻子及亲戚们去做弥撒；一回到家里，享受了愉悦的晚餐之后，全家人会在一起度过余下的时间，最后以我们共同进行祷告作为这一天的结束。"[62]

这段很有教化作用的讲述向早期的杜桑传记作者提出了一个明显的问题：他为什么没有利用其"富足的"资源为自己赎身呢？[63]杜桑在1797年给法兰西督政府的一封信中做了某种程度的解释，他在其中承认，早在"20年前"，布雷达种植园的经理，"善良的巴永·德·利伯塔"就已经将"奴隶身份的负担"从他的肩头卸下。[64]他并未明言，是巴永正式地将他解放，抑或仅仅是给他事实上的自由，使他成为所谓的"大草原上的自由人"（liberté de savanne）。[65]很长时间以来，人们都认为是后一种情况。而新近对法国档案的研究得出了结论：到1776年，甚至更早的时候，杜桑就已经被正式解放。[66]更为戏剧化的是，公证文件显示，在从奴役中解放出来以后，他至少拥有过一名奴隶，并且从他的女婿菲利普-雅斯曼·德西尔（Philippe-Jasmin Désir）手中租下了一座有13名奴隶的种植园，时间是在1779~1781年。[67]这些发现又引发了大量新的问题，即杜桑在革命前的社会地位如何，以及其后来反对奴隶制度是否出于真心。

布雷达种植园的档案提供了一些答案，为革命之前的几十年间杜桑在庄园里的地位给出了新的线索。[68]虽然我们还没有发现他被解放的官方证明，但是看起来杜桑的确是因为巴永·德·利伯塔的干预而获得了自由。按照最合理的解释，巴永与路易-庞塔莱翁·德·诺埃（Louis-Pantaléon de Noé）伯爵进行了接洽，后者是布雷达种植园主的侄子，在 1769~1775 年住在法属圣多明各，后来继承了这座庄园。巴永告诉路易-庞塔莱翁，在 1770 年代的大动荡后，正是他的这个车夫发挥了关键的作用，才使这个聚居地的秩序得以恢复，作为回报，路易-庞塔莱翁应该将他解放。[69] 1773 年，一个名叫德尔利伯（Delribal）的人暂时替代巴永任布雷达种植园经理，为了抗议此人的粗暴对待，很多奴隶逃亡。身为种植园里的一个车夫，杜桑成为庄园管理层和劳动者之间重要的调解人；很可能是在他的帮助下，双方达成了妥协，结束了这次逃离事件，让奴隶回到了种植园。协议内容包括撤换德尔利伯，停止其对待奴隶们的残酷手法，并请巴永复职——这样的结果也就解释了后者为什么对他的车夫心怀感激。[70]

杜桑也同样对巴永满怀谢意。出于感念之情，在 1791 年革命爆发的时候，他帮助这位经理的家人逃离了种植园。1790 年代，巴永流亡到美国，杜桑甚至还定期为他从前的老板提供资金。后来，在杜桑的支持下，巴永回到了圣多明各，一边称颂着法国当局，一边取回了他在兰贝被没收的地产。[71] 杜桑还征召了巴永的一个侄子吉尔贝（Gilbert）作为他的私人副官。[72] 后来，巴永的后人甚至声称布雷达的经理像"对待亲儿子一样"[73] 把杜桑养大——这几乎可以肯定是在夸大其词，尽管两人之间的关系的确是真诚而持久的。成为一个自由人以后，杜桑却没有把他的解放看作一个信号，标志着他的利益从此就与圣多明各的奴隶主们的利益取得一致了。这件事更说明了，他是凭借着自己作为调解人的才能，在布雷达努力争取到了一个具有影响力的地位。有证据表明杜桑与巴永之间的密切关系容许他在奴隶待遇上推动一些更人道的做法：布雷达种植园的记录显示，革命之前的10年间，用于种植园劳动者的医疗服务支出相当多。例如1788年，巴永在治疗奴隶感染的疾病上共用去3703里弗尔（livres）①;[74]之后一年，在布雷达种植园的150名劳动者中，医务室的登记册上果然只有区区20多个人的名字，这一数字远远低于殖民地平均水平，即全部奴隶的四分之一到三分之一。[75]

如此说来，在1799年的《箴言报》采访中，杜桑的自我描述虽然简单扼要，却也显得相当准确。他现在已经跻身自由黑人中那个小小的贵族阶层（在1776~1789年，法兰西角和太子港共有不到750名自由黑人），[76]可是被解放的状态并没有使他的生活方式发生根本改变。和通常的自由黑人一样，他的生活条件要比种植园奴隶更加舒适，房间有窗户、床和帘子，可以享受更大的分配份额。但是，与后来的谣言相反，杜桑当时并没有积累下大量财富或置办自有的地产。[77]事实上，在殖民晚期的法属圣多明各，白人社群眼中的自由黑人仍然是下等人，他们利用一切机会阻止黑人的融入。像有色人一样，黑人被禁止参与博彩游戏，（从1770年代开始）也不被允许到法国旅行；他们的着装受到严格限制，被禁止使用原主人的名字。[78]近期从布雷达种植园发现的文件表明，杜桑在1780年代仍然住在种植园里：1785年的登记簿还把他列为奴隶，形容他是"一个聪明人，擅长对付牲畜，举止温和，但是固执，并且偏重宗教灌输和改宗"。[79]

一个自由人却选择继续住在他以前当奴隶的地方，这可能

---

① 法国的古代货币单位之一。最初作为货币的重量单位，相当于1磅白银。作为货币名称最早出现于查理曼大帝时代。

有些奇怪。其实答案很简单。杜桑当时已经被解放,但其他家庭成员还没有,苏珊、普拉西德和伊萨克的名字也出现在1785年的登记簿上。很明显,他的选择是与自己的妻儿在一起,利用他的影响力去提升和保护他们,即使那意味着自己仍在形式上被列为奴隶;同一份文件里苏珊被注明为"种植园里最勇敢的黑人女子"。[80] 杜桑继续照顾着他的大家庭,特别是他的外甥穆瓦斯(Moyse)的一大家子,穆瓦斯的母亲玛格丽特(Marguerite)是苏珊的姐姐;他的父亲吉勒(Gilles)是一个石匠;还有他的兄弟姐妹路易松(Louison)、亨利(Henri)、让娜(Jeanne)、夏尔(Charles)和玛丽-诺埃勒(Marie-Noëlle)。[81] 如此一来,布雷达的车夫就可以让他的许多亲戚都被调到属于经理巴永的庄园大屋里,做厨师、男仆、管家、裁缝和洗衣女工,这些都是享有特权的岗位,工作轻松且待遇较高。和他对子女的关照一样,早在为他深爱的佩拉吉赎身之前,杜桑就想办法替她争取到特别好的工作条件,这也在一定程度上说明了他在种植园里的权威。1785年的登记簿上特别注明,鉴于之前为巴永家提供的服务,杜桑的养母可以"免除所有体力劳动";她显然也是在种植园里讨人喜欢的一个人,再加上她"体魄强健,且家乡风格的舞蹈跳得很好"。[82]

有关杜桑的革命前生活,历史学家面对的最大挑战就是为他的政治理念描绘一幅清晰的图画。没有发现任何1791年之前的记录能在杜桑与某些特定的事件、团体或情感之间建立可靠的联系,而他本人在后来所宣称的,很多都显然是为了与其法国杰出革命领袖的地位保持一致。从1785年布雷达的登记簿中,我们仅能窥见他的"温文尔雅"和"对天主教的热情",但是我们不应当对这些说法做过度解读——尤其是做这些注释的人甚至都不清楚杜桑早在10年前就已经被解放了。毫无疑问，巴永的车夫能够适时给人以温顺的印象，而且已经熟练于掩饰其外表并保持低调——这种特质在他的政治生活中将会非常有用。

根据口头传说，对塑造杜桑的世界观最具影响力的作品是纪尧姆-托马·雷纳尔和德尼·狄德罗的《两印度哲学史》，这是一部具有广泛影响力的作品，控诉了欧洲殖民主义，谴责了殖民主义的残暴和野蛮。两位作者发出警告，如果欧洲人继续"屠杀、囚禁和掠夺"本地居民，就会有一位"复仇者"崛起并打碎这束缚人类的制度。[83] 后来，杜桑在圣多明各的法国崇拜者将他比作这样的解放者，而他也欣然接受此项荣誉——直至最终成为"黑斯巴达克斯"。如引言部分所述，尽管这本书在殖民地广为熟知，却好像并未影响到杜桑对自己在革命前的奴隶地位的想法。更确切地说，他后来以此作为一种方式，向他的法国同僚保证自己对共和主义的坚定信仰。令人产生怀疑的根本原因是《两印度哲学史》这本书并没有号召黑人奴隶拿起武器，只是对殖民地当局和蓄奴阶层发出了警告。即使对于欧洲哲学权威中最激进的一派来说，由黑人奴隶以共和主义原则的名义发动革命，并在殖民地带来黑人族群的集体赋权，这种想法也简直是"不可想象的"。[84] 正如哲学家路易·萨拉-莫林斯（Louis Sala-Molins）① 带有讽刺意味的说法："[杜桑]怎么可能从启蒙运动中捕捉到启蒙运动从来没有梦想过的东西呢？"[85] 而且，杜桑的宗教观点与狄德罗的反教权主

---

① 1935~ ，法国图卢兹大学教授，研究道德和政治哲学，在殖民地和奴隶制的历史研究上建树颇丰。

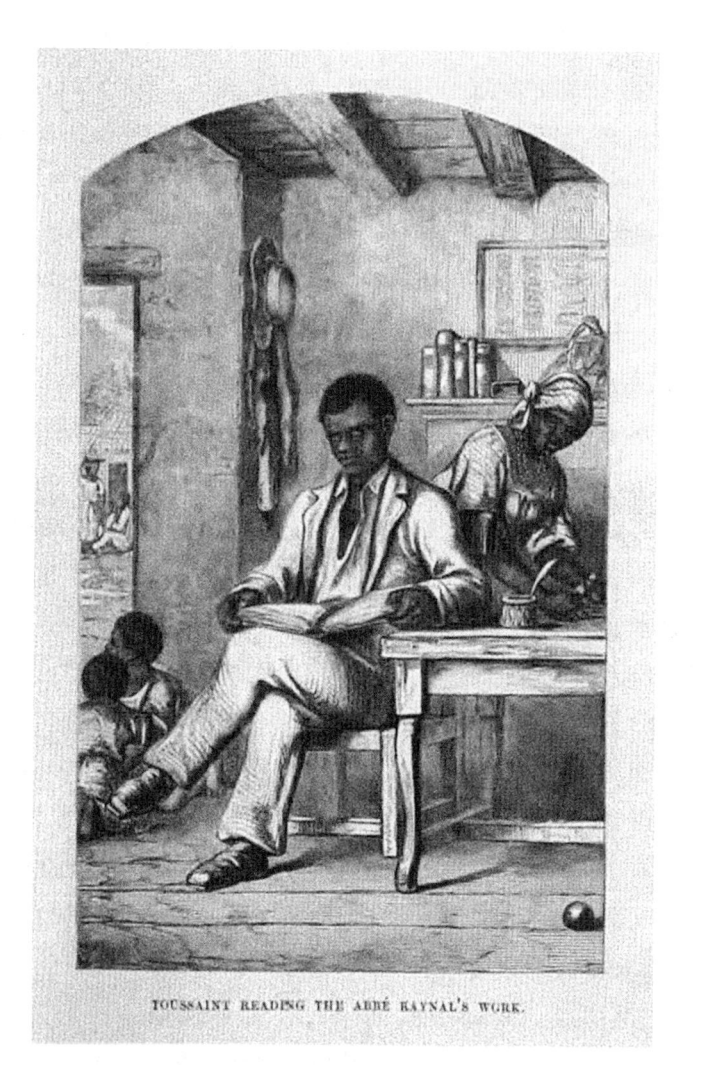

TOUSSAINT READING THE ABBÉ RAYNAL'S WORK.

纪尧姆-托马·雷纳尔和德尼·狄德罗的《两印度哲学史》谴责野蛮的人类束缚制度,并宣告拯救奴隶的"解放者"即将出现。这幅 19 世纪的插画描绘了杜桑正在阅读这本书的场景,背后是他的妻子苏珊。

义截然相反。雷纳尔本人在1785年特别针对法属圣多明各出版了一本小册子，其中并没有废除人类束缚的呼吁，只是号召更人道地对待奴隶，采取"不那么严酷"的惩罚措施。[86]

杜桑早期的政治思想可能更多来自家庭。实际上，他所在的布雷达种植园就靠近18世纪中期圣多明各第一次奴隶起义的中心地区。在极富感召力的首领弗朗索瓦·马坎达尔（François Makandal）领导下，据信在1740年代中期到1750年代末，逃奴群体组成了遍布殖民地北部的秘密团体，以打破殖民者的控制并实现奴隶解放为目标。马坎达尔于1758年被逮捕并公开处死。关于这次密谋的规模，甚至它是否真的存在，历史学家并没有达成一致。在海地的传说中，马坎达尔被誉为这个国家早期的自由斗士。一位历史学家将他领导的运动比作"黑人烧炭党"（black Carbonarism）①，其成员互通信息，协调彼此的行动，把下毒作为他们的惯用手段。[87]有人认为他们对伏都教的宗教仪式加以改进，以加强相互联系，在北部的城镇和种植园间建立了一个复杂的网络；[88]而且马坎达尔本人据说就是一个来自刚果的伏都教祭司，他的代理人包括小商人及监工和车夫一类地位较高的奴隶。[89]不论对马坎达尔本人和他的组织持何种观点，[90]有很多书面证据表明，他在殖民晚期的圣多明各已经成为一个传奇，在白人中间激起恐慌，激发了黑人异见者和反叛者的想象力。很多支持者相信他们的首领拥有超自然的能力，可以使他死里逃生。这些秘密团体的活动波及范

---

① 烧炭党（意大利语为Carbonari）是19世纪上半叶活跃在意大利各国的秘密民族主义政党，追求建立一个统一、自由的意大利，在意大利统一的过程中发挥了至关重要的作用。

围很广，他们甚至还拥有自己的神灵，即伊兹利·卡沃鲁（Ezili Kawoulo），每年都庆祝他的周年纪念日。[91]

难以确切了解杜桑所在的布雷达种植园在这些革命暗流中受到多大的影响。特别是所有反叛者都不得不暗中活动，而且"抵抗"有各种各样的形式，从冷嘲热讽和消极怠工到"逃离"、罢工和公开的造反。在1773年起义期间，庄园主人和管理层之间的通信中提到，奴隶们组成"小团伙"（cabals）以对抗惩罚，表明当地存在某种形式的奴隶组织，同时还伴有逃离事件的大量发生（圣多明各北部地区的逃离事件要比其他地区更多）。[92] 同一年，巴永·德·利伯塔提到，种植园奴隶们向"占卜者"进行咨询，这说明伏都教习俗开始和传统的天主教仪式一起传播开来。[93] 几年之后，巴永再次提到，有两个名叫伊波利特和让-雅克（Jean-Jacques）的奴隶监工在诺埃的种植园组织了大规模的罢工行动。到1780年代中期，罢工已经遍及圣多明各的北部平原地区。其他资料告诉我们，巴永曾经奖励"逃离"后又返回的两个奴隶，其中一个是名叫拉加龙内（La Garonne）的阿拉达妇女，另一个是马提尼克①出生的有色人约瑟夫（Joseph）。[94] 有个恼火的法国官员在写给布雷达种植园主人的报告中，告发了种植园里的无序状态，将它比作一场"嘉年华"，因为旷工的奴隶经常连续几天消失在附近的法兰西角；信中还提到家仆中的"懒惰、淫乱和不听话的倾向"。[95]

乍看上去，这些马坎达尔主义者生活当中的非洲棍战、晚

---

① 法国的海外大区，位于小安的列斯群岛的向风群岛最北部，自然风光优美。

间的奇卡舞（chica）①和卡林达舞（kalinda）②、伏都教仪式和种植园里的兄弟会，似乎已经远离杜桑的日常关注范围，更不用说他有着坚定的天主教价值观。但是，伏都教和天主教之间（还有这二者与非洲草药科学之间）的边界却是能够轻易穿越的。[96] 杜桑与马坎达尔在信仰和个性特征方面存在大面积的重叠，尤其是他们的自然神论、发自内心对奴隶制度的反对、对自然医学的熟练掌握、号召力，以及最重要的，对博爱理想的忠诚——所有这些都被杜桑的追随者们欣然接受。再进一步，作为巴永的车夫，杜桑的职责要求他与种植园劳动者保持非常密切的接触；很明显，在这一阶段，他想尽办法得到他们的支持与信任，而且我们已经看到，他在劳动者与德尔利伯发生冲突的时候为工人就劳动条件重新谈判。如果不接触或不能完全理解持不同意见的奴隶的政治-宗教文化，他肯定就不可能维持这样的地位。

实际上，我们对杜桑后来的行事方法的所有了解都表明，他与马坎达尔主义的关系并不是完全的认同，而是创造性的调适。根据其个人经验，他相信可以与欧洲殖民者群体进行合作，而这种合作对于殖民地经济的前景尤其重要。他也曾经反对某些马坎达尔分子屠杀黑人奴隶的行为：流血，特别是让黑人流血，总是令他憎恶。最重要的是，马坎达尔在1785年最终被捕以后，年轻的杜桑可能目睹了他在法兰西角的公开处

---

① 源自西非（特别是刚果）的一种黑人舞蹈，由奴隶传播到南美和西印度群岛，至今还经常在宗教仪式中出现。
② 一般作"Calinda"，是一种源自非洲的武术，类似于棍操，亦指与之有关的音乐和舞蹈，通过奴隶贸易传播并盛行于加勒比地区和美国的黑人中间。

决。或许，他认为马坎达尔的失败证明了，全面对抗现存统治秩序的努力不太可能成功。与此同时，杜桑随后的政治思想显示，他所受到的鼓舞来自马坎达尔主义者在黑人奴隶中创造共同意识的雄心，来自这场运动对奴隶们自由渴望的呼吁，也来自他们通过打造高效的革命组织，将其影响力投射到殖民地不同地区的远大目标。

杜桑的才能正是在于有能力接纳现有的社会和政治形式，将其全面吸收并重新利用它们服务于自己的目标。在1790年代末，他对于天主教教义也采取了同样的方式，将耶稣会创建于18世纪中叶的宗教网络进行改造以适应自己的政治目的。正像他在马坎达尔主义者的神秘主义中寻出自己独有的形式一样，他还通过特殊的修辞表达和对比手法（光明与黑暗、苦与甜、善与恶、天与地）以及他对生动的自然符号的偏爱，创造性地借用了伏都教文化的元素。马坎达尔主义者的仪式通常以这样的吟诵结尾，"上帝保佑，我是马坎达尔"，而1790年代的杜桑也常在他的讲话中使用这一句式（只是把"马坎达尔"换成其他名字）。他也借用了马坎达尔以展示不同颜色的物质来表达政治思想的技能，利用各种各样的诡计迅速地现身和隐匿行踪；再加上已经笼罩在他身上的超自然气息，他被自己人尊为由马坎达尔转世而来的一位巫师。[97]

杜桑说自己在参加革命以前就获得了自由的心灵，这种描述得到了充分的证明。这是一趟艰难的旅程，如弗雷德里克·道格拉斯后来的评论："其他解放者和救世主都是来自天上，这个人却来自奴隶制度的深渊。"[98] 但是他也在孜孜不倦地奋力将自己从社会地位所带来的物质和精神束缚中解放出来。这种精神上的独立是其性格中最具吸引力的特点，并进一步延伸为他在政治上的决定性特征。用海地诗人罗歇·多桑维尔（Roger Dorsinville）的话说，他的"自由使命"表现在"持续不断地突破别人企图强加于他的限制的"努力之中。[99]

这种挣脱外部控制的追求始终贯穿于他在革命之前与之后的生活。1790年代以前，杜桑就已经是圣多明各为数不多的几个克服重重困难，想方设法摆脱了人类束缚制度的黑人之一。出于明显的政治原因，他后来并没有为此扬扬自得。事实上，在对黑人兄弟的演讲中，他特意强调，他曾经是"一个和你们所有人一样的黑人奴隶"。[100] 杜桑在晚年总是以自己的外表为傲，我们可以猜出他穿得一定很体面——特别是因为有记录显示，巴永·德·利伯塔很慷慨地分配物资给布雷达种植园的上层劳动者，其中包括上衣（一般是蓝色的）、帽子和纽扣。[101] 更重要的是，杜桑后来的很多性格特点早在革命之前就已经形成了，从他的生活习惯（将自己逼到极限、总是处在运动中、尽量少的睡眠时间和更少的食物）到他的骄傲、节俭、宗教虔诚、善于妥协的才能以及深藏不露。从布雷达的岁月中还可以清楚地看到他最迷人的个人品质，即对暴力的憎恶，这可能是源于他作为一个自然治疗师的医疗行为和他所持的人文主义宗教价值观。

人们认为，杜桑具有殖民晚期圣多明各的自由黑人所共有的思想体系，在反对奴隶制度和白人统治的同时，也强调个人努力、艰苦奋斗和以成就获得提升。[102] 这种观点虽然低估了博爱在杜桑的价值体系中的重要性，但还是有一定道理的。圣多明各的各种文化和宗教传统都深深地蕴含着友爱的理念，而早在1791年法国大革命爆发之前，杜桑对这些理念就已有不同程度的认同。对他来讲，博爱与其说是一个哲学概念，不如说是一种表现为积极参与各种社会交往的生活经验。杜桑以布雷达种植园为原点，在各个相互重叠的人际圈子之间不断穿梭往来，从各方汲取力量，包括他的大家庭、他的阿拉达文化、他的克里奥尔人和博萨拉人兄弟，以及与他共享天主教信仰的男女老少。到1780年代，他已经在法兰西角的教堂中获得了一席之地，每到星期天或节假日，他就会带着全家一起来到这里。[103]作为一个家长，他将理想主义、慷慨大方与实用主义、利己主义结合在一起。他一方面关心着自己的个人利益，另一方面参与他的老板巴永·德·利伯塔的各种复杂事务。有的时候，他又会踏入自然治疗师、伏都教信徒，以及串联起种植园和城镇的马坎达尔主义的流动贩卖者所构成的朦胧世界，[104]在所有这些活动中，他与那些对他往后的事业大有裨益的人们建立了宝贵的联系。

在1780年代的某个时间点，如我们将在下一章中提到的，他还与圣多明各北部平原地区同为上层奴隶的一些人（车夫、司机、贴身仆人）建立了紧密的关系。他定期参加每个周日的聚会，最终这些聚会为1791年8月的起义奠定了基础。近年的档案研究进一步揭开了这种兄弟般的社会交往的更深层次。在1780年代，有多位后来的圣多明各黑人起义者曾经在布雷达与杜桑有过密切的交往，包括两位早期的革命领导人让-弗朗索瓦·帕皮永（Jean-François Papillon）和让诺·比莱（Jeannot Bullet），以及后来成为杜桑部队中高级指挥官的博萨拉反叛者桑-苏西（Sans-Souci）。[105]有关这些革命家相互之间尚在发展中的关联，可能最令人惊奇的就是最近才发现的杜桑和让-雅克·德萨利纳（Jean-Jacques Dessalines）① 之间的联系，后者是杜桑最出色的将军，后来成为独立的海地共和国的第一位领导人。事实证明，在杜桑照管其女婿菲利普-雅斯曼·德西尔的事务时，德萨利纳很可能就是他手下的 13 名奴隶之一，后来也被杜桑的女儿玛丽-玛尔特（Marie-Marthe）所继承。[106] 这个惊人的事实再度强调了，在革命之前的圣多明各，黑人奴隶之间存在多么复杂的网络。

与后来的某些批评者对其含沙射影的说法正相反，杜桑并没有因为自己的黑人民族性而受到自卑情绪的影响，而且他对圣多明各旧体制下的白人奴隶制度极为蔑视。他对这种制度的残忍、非人道、种族歧视性和不道德性都有着亲身的体会，特别是在法兰西角这样的地方，对奢侈生活的邪恶追求是殖民主义的贪婪和富有的可怕象征。与此同时，他的人性观点不具有种族化倾向，这对于像他这样清楚地知道在圣多明各对黑人同胞犯下了种种暴行的白人移民尚未受到惩罚[107]的人来说难能可贵。杜桑与耶稣会士，以及后来与巴永·德·利伯塔的接触，在他的心中滋养出一种持久的观念，即相信所有人类都具有向善的能力。这也许就是杜桑通过伏都教和天主教传统与土著泰诺印第安人的文化建立精神联系的一个领域，后者素以温和友善和热爱自然而闻名。[108]

他尚未成为一个革命者。但是，在布雷达度过的岁月里，

---

① 1758~1806，出生于法属圣多明各的奴隶，1791 年参加奴隶起义，屡建奇功，成为杜桑·卢维杜尔的亲密助手。1802 年杜桑被法国远征军击败后，拿破仑恢复奴隶制。德萨利纳等人发动起义，在英国的支持下将法国人赶走。1804 年 1 月 1 日，德萨利纳以总督名义宣布国家独立，定国名为"海地"。同年 9 月，他自立为皇帝，称雅克一世。其政策引起白人不满，导致叛乱。1806 年 10 月 17 日他在太子港附近遇刺身亡。

杜桑已经深深沉浸在一种反叛的氛围当中，这无疑塑造了他的性格和价值观，为他后来崛起并成为这块殖民地上的"黑斯巴达克斯"铺平了道路。拥有很多大种植园且集中了大量博萨拉奴隶的圣多明各北部省，成为殖民地所有重要起义的中心，从18世纪中叶马坎达尔的地下密谋，一直到1791年开启了圣多明各革命的奴隶起义，最后是1802年反抗法国侵略军的人民起义，这里发生的一切并非巧合。换句话说，随着杜桑的成长，一种成熟的革命文化已经活跃在殖民地：它以自由和独立的名义抛弃了奴隶制度，促进了一种黑人友爱的激进观点，鼓舞了大批的奴隶。[109]

即使杜桑并未完全认同其政治诉求，这种革命文化也对杜桑性格中的主要特征产生了影响。这帮助他培养了默默工作而不暴露真实意图的才能，锻造了惊人的体力和意志力，使他能够超越身体的极限。这也给他带来了内在的道德力量，使他能够对抗外部世界的压力，即使是在最极端的情况下。不论殖民制度怎样竭尽全力摧毁他的精神，并剥夺他的人格，他仍然像其他具有非洲血统的人一样，成长为一个具有健全人格的成年人，满怀着对自由的强烈渴望。对天主教的信仰加深了他的友爱感情，也使他坚信社会复兴的可能性，坚信人类的存在有着深层的意义和目的，所有的男人和女人都值得上帝赐予恩泽，无关乎种族和肤色。最后一点，其富于策略性的智慧使他可以利用种植园体制的弱点保护他的挚爱亲朋。后来，当他在一个更广阔的舞台上努力发展圣多明各与法国关系的时候，这种于一个限制性的架构中创立总体自由的能力将得以再现。

我们还应当注意到杜桑所讲的主要语言是克里奥尔语，这也是他在5岁以前日常所讲的语言。一位圣多明各殖民晚期的回忆录作者曾经听到杜桑的讲话是多么准确，看到他的表情是多么生动。[110] 混合着法国的、非洲的和当地的特色，还有含糊其词、冷嘲热讽和风趣机智的才能，这种语言绝好地反映了影响杜桑个性和思想的文化力量。圣多明各北部的克里奥尔语与西部或南部有所不同，它吸收了一系列非洲语言的影响，更加丰富多彩，也更有力度。这是一种统一的语言，将来自城市和乡镇的黑人民众与种植园里的奴隶们联系在一起，并表达出他们与白人社会的区别。它还借鉴了奴隶们受压迫的普遍经历和对美好未来的共同希冀——从这个意义上讲，它也是自由的语言。[111]

第2章 命运之门

"我是杜桑·卢维杜尔。你们可能听说过我的名字。兄弟们,你们知道,我已担负起复仇的大业,我要让自由与平等主宰圣多明各。我从一开始就致力于实现这个目标,以成就我们所有人的幸福。"[1] 这些话语被杜桑在公开活动中用作开场白,颇具个人特色。1789年的法国大革命,以及其宣布的《人权宣言》(Declaration of the Rights of Man)中主权在民的理念和自由、平等、博爱的原则,在殖民地掀起了一场激烈的政治较量。1790年代,在向有色人赋权的支持者和反对者之间,在法国效忠派(白绒球派)与殖民地自治派(红绒球派)之间,以及在整个殖民地的三个主要族群——白人、混血和黑人之间,都展开了斗争。对待奴隶制度的态度就像一块试金石,而杜桑最终将成为黑人解放和革命友爱理想的支持者。

作为布雷达的车夫,杜桑在其生命的前50年里所熟知的世界,到1790年代初开始分崩离析。1791年8月爆发了大规模奴隶起义,摧毁了白人的道德和政治权威及其经济势力。到1790年代中期,已经有几千名白人逃离了殖民地,到邻近的加勒比各岛屿、美国或者法国寻求庇护,北部平原上繁荣的种植园生产基本停滞。随着1793年法兰西角被焚毁,法国、西班牙和英国的正规军和辅助部队激烈争夺对这块领土的控制权,圣多明各的法国行政当局的崩溃使这种无政府状态进一步恶化。有关在这种内忧外患的背景下杜桑在1791~1794年的早期政治活动,长期以来一直存在争议。他在这不断变化的一系列重大事件中的位置，通常被认为"充满了神秘色彩"，[2]而他在每一个重要阶段的角色几乎都引起了争论。他参与1791年起义的确切性质是什么？他在多大程度上忠实于全面自由（liberté générale），即人们熟知的"解放"原则？鉴于当时西班牙军队控制着圣多明各北部的主要地区，而他又在一年多的时间里打着西班牙的旗号作战，那么他对西班牙王室的忠诚又有着怎样的意义？在法国当局于1793年8月宣布废除殖民地的奴隶制度很久以后，他仍拒绝参加共和派一方的动机何在？他在1794年归附共和派阵营的确切日期和潜在原因是什么？批评者将整个这一阶段的杜桑描绘为一个缺乏自身明确原则的模糊形象，认为他仅仅是一个见风使舵的机会主义分子。

然而，通过对法国和西班牙的档案资料进行认真查阅，我们描绘出一幅更清晰的杜桑早期革命岁月的图画。怀着对天赋自由的不可动摇的信仰和对人民解放事业的全身心投入，他的首要目标就是保持自身的行动自由，避免陷入任何其他个人或集团的阴谋。他的政治风格已经开始成形：更倾向于谨小慎微，而不是鲁莽自负；尽可能寻求共同点，团结所有种族；有限地使用暴力，必要的时候依靠计谋。他还不遗余力地掩饰自己的目标，让他的支持者和反对者都相信他不会构成威胁，从而消除他们的不满。实际上，尽管1791~1794年这一阶段实际上还只能算是他在公共生活中的学徒期，杜桑作为革命领袖的许多观点却已经显而易见了。

例如，其中一个坚定的信念就是，对黑人解放的追求离不开兼顾殖民地白人和有色人的利益。在1793年8月29日公告中，他清楚地表达了这一点，呼吁人们尊重那些愿意合作的白人地主的权利和财产。他明确地提醒混血族群不要形成"独立派别"。最后,他以一个发人深省的句子结尾:"没有自由就没有平等,为了实现自由,我们必须团结一心。"同样清晰可辨的是,杜桑结合了克里奥尔人的、共和主义的和天主教的价值观。他把自己定义为服务于"公共利益"的,遵循"善良、团结和人道"原则的"真正的兄弟"。同时,他也呼吁宽恕的原则,将蒙蔽敌人的"黑暗"和他要带给敌人的"光明"区别开来,并进一步指出,上帝会"惩罚真正的恶人,而宽恕那些误入歧途的无辜者"。[3]

更加引人注目的是,杜桑为自己选择的新名字中所蕴含的那份自信,很快就成为一个传奇。在起义的初期阶段,他使用的是作为奴隶时的全名。起义军营地里的一个目击者看到他的名字是"布雷达种植园的黑人奴隶杜桑"。[4]而建立起一位起义军指挥官的权威之后,他就变成了"杜桑先生"。1793年出现了"卢维杜尔"这个姓氏,一个华丽炫目的签名也很快随之而来。据说在1793年,当这位起义军指挥官夺取了几个战略据点以后,一位法国专员曾惊呼:"这个人怎么到处都能找到机会呢!"(Comment cet homme fait donc ouverture partout!)[5] "Opening"这个词隐喻的确切含义尚在争论之中:① 有些意见认为,法国官员首先用这个词来描述杜桑拥有的调解抚慰的才能;或者是相反的说法,指杜桑从他们手中抢夺领土的惊人能力。

---

① 上一句话中的"ouverture"的意思相当于英语中的"opening",既有"开放"的意思,可以形容思想上的开通,也有"空缺、缺口或机会"的意思。杜桑为自己选定的姓氏"Louverture"就源自这个法语单词。正因为如此,本书作者才说这个词背后的确切含义尚存争议。

当故事流传开来，杜桑将这个头衔据为己有，并把它当作一枚个人荣誉的徽章。除此之外，它还有更多的含义。"卢维杜尔"象征的不仅是他的个人抱负，还有他为黑人民众创造更光明未来的志向："开端"就意味着开始一段新的旅程。他应该明白，在这层含义中，最受尊敬的伏都教神灵是负责掌管十字路口的巴巴·莱格巴（Papa Legba）；在每次仪式开始时都有一首流行的克里奥尔歌谣，"巴巴·莱格巴，为我开门吧！"[6] 当杜桑骑马驰骋在圣多明各的大地上，他正时刻准备着打开命运之门。

1791年起义是由法属圣多明各的黑人奴隶及其领导人物构想和实施的。但是，法兰西本土发生的重大事件，特别是1789年大革命带来的直接后果，也充当了重要的催化剂。在参与任何有意义的殖民地改革的过程中，身在巴黎的法国革命者们一次次无能的表现——特别是在将自由和平等的原则落实到自由的混血和黑人群体方面——给杜桑留下了深刻的印象，使他更坚定了只有夺取政治上的主动权才能保障圣多明各黑人公民权利的信念。

"黑人之友协会"（Société des Amis des Noirs）在1789年革命的一年前在法国成立，它是这场革命之软弱无能的标志。激进的启蒙运动理想在法国带来了封建主义制度的废除和《人权宣言》的发布，在这一理想的激励下，黑人之友协会公开谴责奴隶制度，呼吁在殖民地实现更广泛的平等，承认在殖民地与白人数量相当的自由有色人的公民权利。该协会在原则上支持废奴主义，但仅限于将它作为一个长远目标，却并不包括赋予黑人任何权利——特别强调这无论如何都不能是一场

"革命"。[7]如此一来，尽管有布里索（Brissot）、米拉波（Mirabeau）、拉法耶特（Lafayette）和孔多塞（Condorcet)①等杰出人物的雄辩口才，该协会也没有对公众观点和革命早期的政治法令产生多大的影响。1789年年初，在总共6万份革命陈情书（cahiers de doléances）中，仅有60份拥护废除奴隶制度。[8]而且，作为全国性的革命立法机构，制宪议会被奴隶拥有者和商业资产阶级的利益相关者把持；同时，在1789年，各殖民地在法国的海外贸易中占到了三分之二的份额。他们的代表群集在马西亚克俱乐部（Club Massiac），尽其所能对法国议会施加影响。[9]

这个殖民地游说团体坚决反对种族平等原则，害怕看到将《人权宣言》的适用范围扩大到有色人，他们监督颁布了1790年3月8日法令。这项法令将任何对奴隶制度的批评定为犯罪行为，并将殖民者的"财产"——包括他们的奴隶——置于国家的保护之下。一年以后，在1791年5月15日法令中，制宪议会承认了奴隶制度的宪法基础，并做出决定，"非自由"居民的地位只能根据"殖民地议会的提议"才能进行讨论，这就使白人移民对任何改革都拥有实际上的否决权。做出这一决定的理由是，奴隶属于"某一个外国的个人"，改变他们的境遇可能会违背其自身利益和"共同利益"。[10]尽管格雷瓜尔神父曾经预先发出警告，所有被剥夺了自由的人终究都会重获自由，法国革命还是明白无误地站在了奴隶主一边。[11]

在巴黎取得成功以后，这股反革命势力迅速蔓延到法属圣多明各。在1789年8月，混血群体的一个重要代言人发出

---

① 上述四人都是法国大革命时期的著名政治人物。

警告，法国人已经"为自由所陶醉"，他要求殖民地当局逮捕来自法国的"可疑"人员，并收缴任何出现"自由"一词的文章。[12] 北部省的法兰西角、西部省的太子港和南部省的莱凯，迅速成立了殖民地议会，为圣多明各种植园主和商人的利益提供保护。北部省的议会由律师和大商人把持，大体上还保持着对法国的忠诚；而圣马克的总议会则采取了越来越具有反叛倾向的立场，其成员代表了大部分中等种植园主，多数来自西部省和南部省。[13] 经过1790年4~7月的运作，圣马克总议会通过了一部宪法章程，宣告自治的权力"在根本上必须属于"殖民地；[14] 议会成员秉持独立和自由贸易的原则，并拒绝赋予黑人和混血人群政治权力。[15] 各地议会之间存在一致的看法，认为1789年的《人权宣言》不能适用于圣多明各，因为它会破坏殖民地三个不同族群之间保持界限的"绝对的必要性"。[16]

　　白人移民对变革的反对如此激烈，以至于那些被怀疑同情奴隶的人也受到谴责，遭受公开羞辱，甚至在很多时候被杀害。恰如白人移民中的一个重要人物声称的："在圣多明各只能有主人与奴隶。"[17] 尽管发布了维护种植园制度的严正声明，新的殖民地议会拒绝授予有色人"所有公民应得的权利与特权"，[18] 虽然混血群体的代言人在这一阶段还没有挑战奴隶制度的意图。这丝毫不令人吃惊：在革命的前夜，有色人拥有殖民地全部奴隶的四分之一，特别是在南部省；而且他们在太子港这些主要城市中拥有大批有价值的地产。[19] 实际上，富有的混血商人樊尚·奥热（Vincent Ogé）特意在其诉求中对"奴隶制度下黑人的苦难命运"未予考虑，并呼吁白人与有色人结成同盟以防范黑人革命。[20]

混血的改革者所使用的主要论据是，殖民地的等级制度应该建立在财产的基础之上，而不应基于肤色，而且白人和混血群体的同盟可以巩固奴隶制度。[21] 这一反革命联盟的提议遭到白人的拒绝，奥热在 1790 年 10 月发动了叛乱。他的助手是另一位自由有色人，即曾经参加过美国独立战争的让－巴蒂斯特·沙瓦纳（Jean-Baptiste Chavanne）。由于其领导人没有号召奴隶加入斗争，起义很快被遏制，继而遭到镇压；被认为支持起义的黑人和混血者被白人民兵组织以绞刑或肢解等方式残杀。奥热和沙瓦纳最后也双双被擒。1791 年 2 月初，法兰西角，在北部省议会成员面前，他们被残忍地以车裂方式杀害；奥热和沙瓦纳在死后被砍下头颅，他们的首级被挂在树桩上，分别在通往东栋（Dondon）和格朗德里维耶尔（Grande-Rivière）的道路旁示众。1791 年 7 月选举出来的法属圣多明各新殖民地议会，由白人至上主义者控制，他们拒绝任何对其特权的削弱；太子港和法兰西角的顽固分子势力尤其强大，那里的示威者焚烧了格雷瓜尔的画像。为了继续颠倒黑白，白人移民采用爱国主义、天赋自由和反对压迫的共和主义语言粉饰其反革命主张。[22]

虽然 50 万黑人构成了殖民地人口的主体，他们却完全被排除在官方政治进程之外。1789~1791 年，黑人依旧根本没有出现在当地各个白人议会的讨论中，不论这些议会是忠于法兰西还是支持独立的。这便证实了在殖民者的心目中，奴隶实际上是根本不受重视的。然而，黑人民众已经对革命有了相当多的了解，特别是目睹了殖民地议会通过地方选举和集体审议积极推进民主。来自法国的激进思想也鼓舞了他们。在殖民地的各个港口，刚刚到达的士兵和海员们热情洋溢地重复着来自法国革命团体的关于自由和平等的最新语汇，与码头上的奴隶们进行分享。[23]一个心怀不满的白人移民，在其回忆录中将当时圣多明各的沿海城镇描述为"暴动的培训学校"；他还亲眼见到奴隶们购买并携带革命者的画像和具有颠覆性的文章，如雷纳尔和狄德罗的《两印度哲学史》。[24]尽管殖民当局全力压制，革命出版物——书籍、册页和报纸——依然从各种途径流入圣多明各，并由白人中的雅各宾派及识字的黑人和有色人广为传播。做家仆的奴隶通过偷听主人的谈话也了解到这些文章，并在殖民地的市场、道路和田野上将这些内容散播开来。1790年10月，某种植园经理报告说，他发现了革命的标志，有一只蓝、白、红三色的公鸡在给他的奴隶"出谋划策"，而且"还有从法国传来的消息在明目张胆地传扬"。[25]一个从欧洲到访殖民地的人吃惊地听到，他的白人东道主当着奴隶的面，公开谈论自由和平等的观念："在这样的人面前谈及人权，只会让他们明白，权力来自力量，而力量取决于数量。"[26]

与法国的情况一样，革命更加激发了人们的集体想象，为各种谣言在殖民地生根发芽提供了一片沃土。流言四起，称国王不顾巴黎制宪议会的反对，已经给予圣多明各的奴隶以自由，但是他们的白人主子拒绝执行；1790年和1791年年初，几名被捕的奴隶在审讯中证实了这一点。[27]更重要的是，奴隶们对法国革命加以改造，契合他们自己对自由的渴望。一个在圣多明各广为流传的说法是"法国的白人奴隶杀死了他们的主人，现在他们自由了，可以自我管理，并且重新获得了对土地的所有权"。[28]有一位黑人起义者在1791年年末被捕，从他的随身物品中可以看到这种法国和克里奥尔革命观念的混合。

他的脖子上挂着一个伏都教的崇拜物，包括"一小撮头发、草药和几小片骨头"，同时，他的口袋里装满了"法语印制的小册子，上面满是有关人权和圣战的老生常谈"。[29]

1791年8月的奴隶起义始于几千名起义者攻打圣多明各北部的一些种植园。在最先被大火焚毁的种植园中，有一座加利费种植园（Gallifet plantation），按照白人的种植园神话，奴隶们在那里过着极为富足的生活。[30]几天之内，整个北部平原都被点燃了，出产殖民地最好的蔗糖的种植园都遭到破坏，从法兰西角就可以看到熊熊的大火。那里的一个居民写道，他从来没有看到过这种"可怕的情景"。[31]虽然个别人幸免于难或者得到手下奴隶的保护，但还是有几百个白人男女老少被处死，其他人则遭到囚禁。[32]起义者对一个俘虏说，他们的目标是"消灭所有的白人，除了那些没有财产的人，以及一些教士、医生和女人，并成为这片土地的主人"。[33]8月底，黑人起义者的数量已经达到1万人，11月更是达到8万人，几乎是北部地区全部黑人的一半。虽然三次试图攻占法兰西角都失败了，但起义军在10月的第二波进攻中还是成功地向东推进。截至1791年年底，他们已经控制了圣多明各北部和东部的大部分地区，直抵西班牙控制的圣多明各领土的边界。

圣多明各的1791年黑人起义是在两次会议之后启动的。第一次集会是在8月14日举行的，有来自大约100座北部种植园的上层奴隶代表参加；几乎可以肯定这里面包括了我们在前文中提到的来自兰贝的那位阅读雷纳尔的叛军司令官。第二个是大约一周之后的著名的布瓦-卡伊曼（Bois-Caïman）仪式，在这个汇聚了各种各样宗教习俗的仪式中，举行起义的密谋

第 2 章 命运之门 / 65

1791年8月奴隶起义的爆发导致整个法属圣多明各北部对白人移民的大屠杀，很多种植园被毁。杜桑保护了布雷达种植园，并将巴永·德·利伯塔的妻子护送到安全的地方。

确定下来。³⁴ 这个仪式后来成为海地文化中的创始神话，它标志着已经在北部平原上持续一段时间的"庞大网络"运转的最高潮。³⁵ 在这些革命的初始阶段，杜桑所扮演的角色仍存有争议。在起义的第一个星期，他阻止了对布雷达种植园的践踏，并保护了当时住在那里的巴永·德·利伯塔的妻子。包括他最热烈的崇拜者在内，人们长期以来都相信杜桑并没有积极参与8月起义。舍尔歇认为，当时的杜桑是一个"秩序的维护者，一个出于本能的保守主义者"。³⁶ 而C. L. R. 詹姆斯，以一个很少见的笔误，评论杜桑"缺乏一个起义军中普通一兵的魄力"①，并"坐视局势的进一步发展"。³⁷

按照这一观点，杜桑是在那一年的年底，先安排自己的兄弟保罗·卢维杜尔（Paul Louverture）将巴永夫人送到法兰西角，又将自己的妻子和孩子送到西班牙控制的领土上的安全地带，之后他才正式加入起义军。但是，杜桑本人在1793年8月29日公告中说，他从初起时就成为革命的一分子——这就给了其他历史学家一个理由，坚持认为"他在起义的秘密筹备阶段发挥了主要作用"，即使他当时还继续住在布雷达种植园。³⁸ 造成更多困惑的是，很多法国共和主义者相信，奴隶起义是由"国王的代理人"煽动的；³⁹ 这种说法里还有一个有趣的转折，19世纪海地历史学家塞利尼·阿杜安（Céligny Ardouin）② 声称，基于一位圣多明各战争老兵的口头证词，杜桑曾身处1791年起义的核心位置，却是作为法国保王党派来

---

① 这句话的原文是"lacked the boldness of the rank and file' rebels"，其中在file后面多写了一个引号。所以，作者说他出现了一个很少见的笔误。
② 1801~1849，全名为夏尔·塞利尼·阿杜安（Charles Céligny Ardouin），海地政治家和历史学家，曾任参议员和政府部长等要职。后因与时任总统不合，于1849年被处死。

的破坏分子。这种观点认为，通过巴永·德·利伯塔，杜桑与法兰西角保王派民兵中的某些人取得了联系，他帮助策划起义以消灭殖民地的地主阶层，当时这些人已经有效地控制了圣多明各的地方议会，并且正在煽动更大程度的自治甚至独立。如此看来，他的目的并非使黑人民众夺取权力，而是恢复总督鲁克塞尔·德·布朗施朗德（Rouxel de Blanchelande）① 的权威，在殖民地与法国本土离心离德的轨道上踩下刹车。[40]

在殖民地的档案中却找不到这种阴谋论的任何证据。事实上，这似乎也远远超出了那位倒霉总督的智力水平和实际能力，他的政府已经彻底垮台（1790 年，有一封从太子港寄给布朗施朗德的信件用了两个月才到达法兰西角）。[41] 然而，西班牙的档案中包含一份杜桑在 1793 年 7 月签署的"证明"，他在其中承认，在奴隶起义的时候，他参与了一个意在使法国国王复辟王位的阴谋。[42] 可是，杜桑的个性特征之一就是误导其对手的能力：在 1791 年年中那种动荡不安的背景下，他很可能与来自保王派阵营的代表进行了接触，并诱使他们相信奴隶起义可以为他们的利益服务。持阴谋论者还指出，黑人起义军使用了保王派的标语和徽章，其中很多人还自称"国王之友"。但是，杜桑后来以令人信服的常识澄清了这一点，1791 年的法兰西还是一个君主政体而非共和国，"那么我们自然要向作为一国之君的国王陈情"。[43] 对黑人公民来说，保王主义观点和对自身解放的信仰并不冲突。如上文提到的，1780 年代，保王派的行政官员试图在殖民地进行劳动改革，包括降低奴隶管

---

① 1735~1793，全名为菲利贝尔·弗朗索瓦·鲁克塞尔·德·布朗施朗德（Philibert François Rouxel de Blanchelande）。从 1790 年 11 月至 1792 年任法国驻圣多明各总督，在其任期内爆发了奴隶大起义。

理的残酷性。但是这受到白人移民的阻挠——如此一来，认为国王是对种植园主的制衡就成为普遍的看法。[44] 无须提醒，奴隶们知道，1789~1791年，巴黎的革命政权在推进奴隶解放事业上根本没有任何作为，而在圣多明各，即使最热心的奴隶制度的捍卫者都在出于自己的目的使用革命的语言。

这种保王派阴谋的理论含混不清的根本原因是，围绕着1791年起义的计划和实施而发生的那些重大事件中有很多印记此后也成为杜桑风格的一部分。在很多方面，这次起事都是卢维杜尔联合阵线各方的第一次正式集合：奴隶和自由黑人［早期首领之一让-巴蒂斯特·卡普（Jean-Baptiste Cap）是一个拥有大笔财产的自由人］；出生于非洲的黑人和克里奥尔人；家仆和逃奴；奴隶监工和种植园工人；军人和教士——圣多明各北部教区的绝大多数天主教神父都支持奴隶暴动，包括东栋的本堂神父阿贝·纪尧姆·西尔维斯特雷·德·拉艾（Abbé Guillaume Sylvestre de Lahaye）。[45] 1791年8月14日的聚会在勒诺尔芒·德·梅兹种植园（Lenormand de Mézy plantation）举行并非偶然，马坎达尔在"逃离"以前就是那里的奴隶，之后他成为圣多明各黑人想象中的一个神话人物。这种象征符号的使用也正是杜桑所擅长的，而且很有可能与马坎达尔之间的这种联系催生了以伏都教盟约的方式确定起义计划的想法。

同样具有代表性的是，杜桑在起义的早期阶段一反常态地保持低调。如我们将会看到的，即使在正式加入起义军以后，他继续使用一系列的化名，模糊了他在一些事件中的重要作用。一位法国军官后来不无钦佩地总结道："正是躲在幕后的杜桑亲自布置了这一阴谋的方方面面，就是他组织了这次叛乱，准备了这场大爆炸。"[46]

从出席8月14日会议的领导人的名字和背景中，可以轻易推断出杜桑对1791年起义的真正影响。这些人都是从上层奴隶的圈子中挑选出来的，杜桑从1780年代起就与他们保持着经常的联系；一个来自兰贝的亲历者说，大体是"贴身仆人和车夫等与主人很亲近的人打出了第一记重拳"。[47] 实际上，被委以起义指挥任务的四个人中有三个和杜桑一样是车夫：杜蒂·布克曼（Dutty Boukman）①、让-弗朗索瓦（Jean-François）② 和乔治·比阿苏（Georges Biassou）③。人所熟知的"赞巴"·布克曼（'Zamba'Boukman）④ 曾在首先被纵火焚烧的克莱门特种植园（Clément plantation）工作；在变成一个逃亡奴隶以前，让-弗朗索瓦受雇于一个来自北部省的名叫帕皮永（Papillon）的地主；而比阿苏是与杜桑关系密切的一个有色人，曾是运营法兰西角军医院的嘉布遣会的奴隶。如上一章所述，第四位起义领导人让诺，也是杜桑在1791年之前就很熟悉的，当时他在纪尧姆·比莱（Guillaume Bullet）的庄园里干活，此人又恰是巴永·德·利伯塔的妹夫。杜桑是将这四个人串联在一起的唯一关键环节。[48]

---

① 死于1791年，自学成才的黑人奴隶，可能生于加勒比地区的牙买加，后被卖到法属圣多明各，成为奴隶监工和主人的车夫。他的名字来自其英文绰号"book man"，这个词有"穆斯林"的意思，所以也有人认为他出生在西非的塞拉利昂-冈比亚地区，是穆斯林的神职人员，被作为奴隶卖到牙买加。

② 死于1805年，全名为让-弗朗索瓦·帕皮永（Jean-François Papillion），出生于非洲，原为圣多明各北部帕皮永种植园的奴隶，后逃离种植园，直到参加1791年起义。他是圣多明各刺客兄弟会的成员。在布克曼牺牲以后，成为起义军的最高领导人。

③ 1741~1801，作为一个奴隶的儿子出生在圣多明各，也曾是圣多明各刺客兄弟会的成员。

④ 布克曼的另外一个名字，一般写作"Samba Boukman"。

这四个人并不仅仅是名义上的起义领导人。特别是布克曼，他是一个勇敢坚定的战士，其非凡的感召力令对手胆寒；[49]1791年11月初，他在战斗中的牺牲（他的头颅被割下来，用长矛挑起在法兰西角游街示众）令起义军哀痛不已，他们为纪念布克曼举行了宗教仪式。[50]但是，此后作为起义的公开领导人出现的比阿苏和让-弗朗索瓦这两人都不是特别厉害的角色。作为他们的随行人员中少有的几个识字的人之一，杜桑从一开始就占据了有利的位置，对起义的战略战术发挥影响力。在1791年10月给比阿苏的一封信中，可能就存在他试图这么做的证据。这封信写于格朗德里维耶尔的一处起义军营地，写信人的签名是"总医官"，这可能是杜桑当时的化名之一，因为他具备植物医学方面的知识。如果这封信的确是他所写，[51]那么这就是杜桑在革命早期所留下的第一篇政治文章。不论真实情况如何，这封信都给当时的起义行动涂上一层迷人的光彩。它透露起义者与西班牙特使保持着联系，可能得到了后者供应的武器弹药。[52]起义军正在筹划营地的防御，并根据一个间谍提供的情报设计了一套夺取海角高地火药库的巧妙计划（此类秘密手段日后也成为杜桑的特点之一，这也就增加了这封信确实出自其手笔的可信度）。信中也有一种卢维杜尔式的幽默风格，在结尾处对让-弗朗索瓦发表了贬损的评论：以性格轻浮著称的他，"假装会写字"以后没有几天，大概就忙着"和他那些贵妇人驾着马车去兜风了"。[53]

作为一位革命领袖，杜桑具有一种后来广为人知的能力，即务实地评估自己的处境，并在必要时实行战术退却。1791年11~12月，在越来越担心法国援军即将到来的时候，杜桑劝说让-弗朗索瓦和比阿苏与总督及刚刚抵达殖民地的法国专员进行谈判。从1791年12月12日的信中尤其可以看出他的作用，信中保证，起义军协助安排奴隶复工，以换取对起义军高级将领的特赦；为了努力达成协议，杜桑经特意斟酌后将特赦的人数限定在50人。尽管这封信呼吁"温和与理智",[54]并对结束敌对行动的日期提出建议（1792年1月1日），该提议还是遭到殖民地议会中顽固分子的拒绝，并在参加起义的普通奴隶们中间引起了恐慌——尤其是女性起义者，她们经常鼓吹最激进的、毫不妥协的立场。

但是，鉴于杜桑进行战略层面思考的能力，他不太可能认为这次停火就是斗争的最后阶段。相反，他可能视其为使起义获得合法性的政治进程的开端；而且，这一提议很明显是在努力使法兰西角的白人移民中的务实派与顽固派分化。杜桑深深地知道，奴隶们通过起义获得的自由并非不可逆转的。据两个白人囚犯亲眼所见，他以克里奥尔语发表了充满激情的讲话——这是他那充满魅力的华丽修辞手法所留下的第一次记录——充分解释了他的判断，并呼吁起义者予以支持。毫无疑问，他一定提到了自己作为一个奴隶的过往经历，并承诺他将为黑人兄弟姐妹的权利而战斗。他"感人至深的讲话"取得了"激动人心的效果"，奴隶们宣布，"只要司令官下令"，他们愿意"返回种植园"。[55]

对于自己在白人面前显示出的特有的宽宏大量，杜桑后来曾做出解释。他这种人道主义情怀在奴隶起义的初始阶段就已经显而易见。另一个在1791年10月被捕的白人囚犯的描述，为我们清楚地证实了这一点。1792年，加布里埃尔·勒·格罗（Gabriel Le Gros）的故事第一次发表于圣多明各，以很多令人胆寒的细节描写展现了起义者对白人移民犯下的暴行。但是，格罗自己还是忍不住对他遇到的那些"强盗"做出正面的评价，例如起义军指挥官米肖（Michaud）对其表示同情并"尽可能减轻其痛苦"。[56] 还有许多对让-弗朗索瓦的好印象，他后来任命格罗为他的秘书；有一次，他向格罗明确表示，自己无意争夺起义的领导权[57]——然而这位不情愿的最高统帅并未提到他已经让当地一位神父加冕自己为国王。[58]

在格罗的故事中，真正的英雄是杜桑。1791 年 12 月，与殖民当局谈判破裂的消息公开的时候，比阿苏怒火中烧，下令处死全部囚犯（包括格罗）。他们立即被带出来排成一队，看似已难逃厄运。面对比阿苏的怒火，杜桑斗胆进行干预。他劝告说，草草地将囚犯立即处决并不能很好地反映起义军的立场，只有对他们进行恰当的审判才能伸张正义。这位将军同意了，囚犯们的命也保住了；无疑，在杜桑进一步劝说之下，比阿苏第二天赦免了这些人。在返回法兰西角的路上，囚犯面临着愤怒的起义军战士的威胁，又是杜桑亲自护送他们安全到家。[59] 有其他亲历者证实了这件事情，其中一个人提到"所有白人囚犯的生命都是这个布雷达种植园的奴隶拯救的，在各个营地首领的怒火中，杜桑保护了他们"。[60]

1792 年，当冲突再起，让-弗朗索瓦（虽然他并非海军，却自称"伟大的海军上将"）和比阿苏（自封为"大总督和王室总督"）对仍在起义军控制下的领土进行了划分。虽然名义上还是比阿苏的下属，但杜桑开始逐渐加强自主行事的地位，开始指挥一支仅 600 人左右的队伍。在起义的最初六个月中，他已经取得了相当好的成绩，对领导层的决定产生了影

RÉCIT HISTORIQUE
SUR
LES ÉVÉNEMENS

QUI se sont succédés dans les camps de la Grande-Rivière, du Dondon, de Ste.-Suzanne et autres, depuis le 26 Octobre 1791 jusqu'au 24 Décembre de la même année.

Par M. GROS, Procureur-Syndic de Valière, fait prisonnier par Jeannot, chef des Brigands.

AUGMENTÉ

DU Récit historique du Citoyen THIBAL, Médecin et Habitant de la Paroisse Sainte-Suzanne, détenu prisonnier, par les Brigands, depuis 16 mois;

ET de la Déclaration du Citoyen FAUCONNET, faite à la Municipalité le 16 Juin 1792.

———

AU CAP-FRANÇOIS,
Chez PARENT, Imprimeur, au coin des rues Royale et Notre-Dame.

═══

1793.

格罗的奴隶起义亲历记录首次出版于 1792 年，包含有关杜桑在起义最初几个月中的角色的很多细节，赞扬他成功地保护了白人囚犯。

响，塑造了起义的初步方向，推动了和解，遏制了高级军官和普通战士中都存在的滥用暴力的倾向。

起义军面对的根本问题是对于奴隶解放的态度。长期以来，人们相信杜桑对此的早期观点——总体来说也是起义领导层的观点——是最好采取含混不清的态度，而最坏的情况是对其表示反对。在法国人对海地革命的标准评价中，圣多明各的废奴主义通常被描述为是"法国大革命的春风吹来的"，尤其是通过1793年8月桑托纳克斯（Sonthonax）专员对奴隶制度的终结而实现的，而并非反叛者激进思想的体现。[61] 然而，有一点已经被证明是可信的，即只有黑人革命者的坚持战斗，才使桑托纳克斯的法令成为可能。[62]

早期的奴隶宣言对解放的要求非常坚决。当总督布朗施朗德在1791年9月呼吁叛军投降的时候，让诺做出激烈的回应，反驳说他们追求的"唯一珍贵的目标就是自由"，并准备为了保卫它而"流尽最后一滴血"。[63] 奴隶战士的共同心愿是看到"白人的末日"[64]，这意味着通过对其最积极的代理人进行肉体消灭而铲除奴隶制度。然而我们知道，一些起义军领导人并不支持废奴主义，也不认为它在短期之内是可取的：让-弗朗索瓦对他的秘书格罗承认，"全面自由"是"痴心妄想"，它不仅是法国人所不能接受的，而且对于大多数"未开化的"奴隶来说也是不合时宜的。[65] 而且，当起义军的要求发生了更具政治性的转变，战术上的考虑有时候要求他们提出更温和的目标。于是，在1791年11月，当起义军做出第一次和平提议时，他们的主要诉求是"大赦所有奴隶"。[66] 其含义就是，一旦被赦免，工人们就会返回种植园——依然是以奴隶身份，但是希望能够享有更好的条件，如每周能有三天的私人时间，这是广大起义军战士的普遍要求。还有一点值得注意，从圣多明各奴隶起义爆发到1792年年底，几乎没有任何来自法国的所谓"黑人之友"的废奴主义者的支持。相反，1791年10月，当起义的消息传到法国，布里索惊愕地断言，这一定是一场反革命的阴谋，因为黑人奴隶的道德、智力和物质上的能力不足以发动如此大规模的起义。[67]

正是在如此背景下，出现了海地革命早期最重要的一份文件：《黑人起义领袖的最初信件》（*Lettre originale des chefs nègres révoltés*）。这是一封1792年7月写给殖民地当局、法国专员和圣多明各公民的信件，它指出了1789年《人权宣言》与在法属殖民地维持奴隶制度这二者之间的矛盾，从而为废除奴隶制度提供了哲学上的理由。这封信大声疾呼，既然"自由、财产、安全和反抗压迫"作为"天赋人权"为1789年宣言所颂扬，法国又怎么能够拒绝将同样的权利给予殖民地的50万黑人居民呢？如果说合法权利理应建立在"道德与人性"的原则上，那么将黑人视作财产的想法岂不是奇哉怪哉？这封信的签字人要求当局承认"全面自由"的原则，他们发誓决不接受通过部分赦免将他们分化瓦解的企图：黑人的团结现在已经成为首要的原则。权利的平等是殖民地全体居民有望享受美好未来的唯一基础。这封信特意向白人族群承诺，得到解放的奴隶在对待他们时，会带着善意、尊重和感激之情，将允许他们"充分享有"自己的财产和收益。但是，与起义者在1791年年底的文字相反，这封信中的语气不再恭顺，而变得坚定有力。信的结尾处对奴隶制度的拥护者发出了警告，如果这些人拒绝满足起义军的要求，他们将面临"彻底的毁灭"，起义者宁愿"牺牲千千万万"也决不屈服。[68]

1793 年，这封信最先发表在由雅各宾派废奴主义者克劳德·米尔桑（Claude Milscent）在巴黎编辑的《克里奥尔爱国者报》（Le Créole Patriote）上。这个人曾是圣多明各的种植园主，后来在革命中变得十分激进。[69]但是这封信的作者依然是一个谜团。信的末尾有三个人的签名：让-弗朗索瓦、比阿苏和加布里埃尔·贝莱尔（Gabriel Belair）。有些历史学家认为就是这三个人拟出了这份文件，但这个可能性很小。[70]领导起义军的两位将领都不可能为其内容做出多大贡献，因为没有证据能说明他们熟悉激进的启蒙运动思想。并且，如我们所知，让-弗朗索瓦并不相信全面解放，而比阿苏在一封信中曾表示，他在当时只对设计一部君主主义的宪法感兴趣。[71]事实上，平等、正义和自然法则的理念并未出现在让-弗朗索瓦和比阿苏的任何同时期文章中。[72]贝莱尔则只是比阿苏手下一个年轻的副官。[73]有一些线索暗示东栋的一位激进神父阿贝·德·拉艾是这篇文章的作者，但是其语言和口气并不符合他当时留下的记录中的一些观点。[74]那么，鉴于杜桑"布置了这一阴谋的方方面面"，这篇文字是由他撰写的或是在他的支持下写成的，就显得很有道理了。他不仅要在这个关键问题上将起义军的立场变得更加激进，而且要让黑人革命远离马坎达尔主义者要看到"白人的末日"的立场。这封信中对平等社会理想的明确诉求，使我们第一次瞥见后来展现在卢维杜尔愿景中的那个多种族的圣多明各。

在这封信与杜桑后来的风格和形象之间存在明显的相似性：从他对谦逊的颂扬（信中声称是在代表"不说大话的人"发言），到他独特的措辞（"我们的生活仰赖你们的一时之念"），还有他对自然的推崇（"乐于将人类的颜色变得多种多样"），以及他那标志性的共和主义和基督教平等主义的结合（"我们也是由天父按照同样的意象创造出来的，在自然法则面前当然就是和你们一模一样的人"）。这封信中还有一段有关樊尚·奥热的内容，与杜桑在1793年8月29日公告中的措辞几乎如出一辙，将这位混血烈士描绘为"只因站在了自由的一边而被处死"。最后但同样重要的是，杜桑在此后与法国人打交道的时候更喜欢使用华丽的辞藻，这封信恰好预示了他这种转变的一个原因，就是要让对方保持对自己最好的印象。而在那些刚刚乘船抵达圣多明各与起义军作战的法国士兵中，很多人都怀着献身革命理想的热情，[75]杜桑提醒他们记住自己为争取自由和平等而进行的斗争，认识到黑人兄弟只不过是在追随他们的脚步，摆脱遭受奴役的生活，为自由而欢呼雀跃。[76]

奴隶起义爆发一年之后，1792年8月24日，杜桑作为主宾参加了比阿苏在格朗德里维耶尔组织的致敬国王路易十六的纪念仪式。这位将军（当时比阿苏也授予自己一个响亮的头衔"圣路易皇家骑士团骑士"）的邀请函上强调，全体起义军军官及部属应当全副武装准时出席，并且穿着最好的服装。杜桑非常乐意服从这一命令。[77]鉴于那封信所标志的他对自由平等观念的坚定支持，此刻杜桑自己对君主制度的公开拥护一时颇令人困惑。在他投入废奴事业的整个过程中，这一时期杜桑身上的保王主义引发了人们的思考，有人认为这代表了他真实的想法，而其他人则认为这仅仅是一种策略性的立场。

有证据指出，杜桑在通常情况下具有一种更复杂更独特的思维模式。比阿苏和让-弗朗索瓦热情挥舞着保王党的旗帜，如果杜桑在此阶段公开与这两位起义军指挥官保持距离，那就是一种失策。此时，革命中的欧洲在政治上正处于相当不确定的状态中，而君主制恰好为起义者提供了一个广受欢迎的象征性的泊位；其实在短短几个月后，法兰西就变成了一个共和国。保王主义也是一个有用的集合点，因为它以强势而务实的统治者为核心，对很多出生于非洲的奴隶有一种持久的吸引力；还因为它给这些"强盗"戴上了一枚值得尊敬的徽章，这是他们在圣多明各的白人对手一直试图拒绝授予他们的。杜桑确实天才地利用了保王主义的某些观点，尤其是关于天赋的领导才能及责任、牺牲和荣誉的价值理念、谨守礼貌文雅的举止，当然还有强烈的宗教虔诚。一位当时和起义者有联系的西班牙保王派官员说，他参加过一次天主教弥撒，那是由一位高级黑人军官在神父的陪同下主持的；他并未明确指出此人是谁，但那很可能就是杜桑，他以总是喜欢跳上讲坛闻名，这是一种比喻，但有时也确实就是字面上的意思。[78]

杜桑也利用这一时期稳固他的军事地位，在拉坦纳里（La Tannerie）的筑垒兵营训练自己的部队；比阿苏在一封信中暗示了他逐渐增长的权威，称呼他"元帅先生"，说他在起义军控制的地区四处巡视，"建立秩序、和平与安宁"。[79] 这是我们第一次窥见他对于遵守纪律这一重要美德的信仰——毫无疑问，他在这项工作中得到了自己的弟弟保罗、让-皮埃尔（Jean-Pierre）和外甥穆瓦斯的帮助，他们都是杜桑随行人员中的重要角色；此外还有他在此时招募的让-雅克·德萨利纳，这人后来成为他麾下的一位将军。1792年10月，6000名法国士兵登陆圣多明各，发动了一场反攻，给起义军把守的据点，尤其是位于西属圣多明各边境上的瓦纳曼特（Ouanaminthe）

和东栋，造成了重大伤亡。这时候，杜桑的增援来得非常及时。在防守莫尼比利（Morne Pélé，保护拉坦纳里的前哨阵地）的过程中，他承受了极大的压力，虽然他在战斗中表现得十分英勇，最后还是不得不在遭受重大损失后撤退。对于连步枪的两端都分不清的比阿苏，杜桑在军事上的勇敢无畏给他留下深刻印象。1792年12月，他将杜桑提升为将军；从那一刻起，杜桑便以"我们的将军"这一称呼出现在比阿苏的公告中。[80]

1793年年初，来自法国人的军事压力达到顶峰，起义军开始正式向控制邻近的西属圣多明各的西班牙一方示好。如之前提到的，有证据表明，1791年8月的起事得到当地西班牙代理人的暗中协助，他们总是乐于给卑鄙的法国人制造麻烦。虽然西属圣多明各当局在形式上保持中立，但是很多地方的军队和宗教官员都与起义者之间存在联络，尤其是在边境地区。根据一个囚犯在1792年的证词，起义军营地定期收到西班牙提供的军火、酒、香烟、鱼干、盐和鲜肉。[81] 我们也发现，比阿苏在1792年年初的几个月里与西属圣多明各总督华金·加西亚-莫雷诺（Joaquín García y Moreno）保持通信。[82] 路易十六在1793年被处死，导致西班牙对法国宣战，此时的条件正好有利于结成真正的同盟。

在1793年的最初几个月中，杜桑被派去联络西班牙人，双方如期达成了令人满意的条款：所有奴隶战士立即得到解放，编入西班牙军队作为辅助部队，并享有西班牙国民的全部"自由、豁免、财产和特权"。[83] 到了1793年6月，杜桑已经成为西班牙辅助部队的一名将军，指挥着一支4000人的队伍。[84] 一个月之后，他以出色的战绩夺回了瓦纳曼特，得到西班牙政府奖励的400比索。[85] 法国人企图让杜桑承认他们的权威，被他轻蔑地予以拒绝。他回复说，他的人马"受到西班牙国王的庇护"。[86] 到了1793年9月，杜桑的书信中出现"天主教陛下陆军上将和圣路易骑士团骑士"的抬头。[87] 在这几个月中，杜桑津津有味地与法国人展开较量。东栋、马尔梅拉德（Marmelade）、韦雷特（Verrettes）、小河镇（Petite-Rivière）和普莱桑斯（Plaisance）相继落入他的手中，而他依靠的往往是计谋而不是军力：法国军队中的大部分普通士兵都是黑人，他不惜一切代价避免让他们流血。例如，他夺取马尔梅拉德是通过招降了城中主要的混血共和派守军将领安德烈·韦尔内（André Vernet）。这个人立即加入了杜桑的秘书班子（而且后来又娶了他的外甥女）。[88] 这场机智狡猾的战役在12月达到高潮，又是守城的共和派军队恭请杜桑入城，使他占领了戈纳伊夫这座海滨城市。他作为胜利者受到欢迎，从这一时期开始，这座城镇成为卢维杜尔派的堡垒。[89] 加西亚总督非常满意杜桑"不同于其肤色"的"效率和技能"，将他誉为"勇敢的战士"，并代表西班牙国王授予他一枚金质奖章。[90]

与此同时，法国的政治形势开始发生变化。支持殖民主义的制宪议会被一个更进步的立法机构取代，于1792年4月颁布了在各殖民地彻底废除种族歧视的法令。法国大革命用了将近三年的时间才实现了这个基本的目标。1792年9月，法兰西变成了一个共和国，新政权的专员抵达了法属圣多明各，其中有一位叫作莱热-费利西泰·桑托纳克斯（Léger-Félicité Sonthonax），他是殖民地革命历史中的关键人物之一，他在1792年12月正式宣布共和国的成立。[91] 他被视作殖民地改革的拥护者，且早在1790年就写了一篇文章谴责奴隶贸易和奴隶制度，并乐见其灭亡。[92] 法国使团和起义军之间建立了联络，杜桑和比阿苏在桑托纳克斯到达殖民地以后的几个月里与他互通信件。[93] 然而，杜桑此时还无意与法国人联手，因为他几乎没有理由相信共和主义者。其中一个专员到达圣多明各后的第一份声明重申了"奴隶制度是殖民地的文明和繁荣所必需的"。而且他们无意挑战种植园主在这方面的"特权"：桑托纳克斯甚至不辞辛苦地将《黑人法典》翻译成克里奥尔语（委婉地将名称改为《共和国农奴法典》）。[94] 这种姿态旨在消除白人群体的疑虑，却并未给黑人奴隶带来丝毫安慰。并且，在这段时间里，法国阵营不具有丝毫的吸引力，其行政管理一片混乱；一年的时间里，连续有四位总督被派往殖民地。这种无政府状态在 1793 年 6 月达到顶点，互相对抗的法国部队之间发生了严重的内讧，造成几千人死亡，随后法兰西角惨遭大火焚毁。[95]

即使在这样异常困难的条件下，杜桑也不曾放弃废奴事业。为了将整个伊斯帕尼奥拉岛统一于西班牙的控制之下，他设想了一个大胆的军事计划，其前提条件是西班牙同意解放所有的，而不只是加入其军队战斗的这一部分黑人奴隶。他将这份计划提交给直接上司阿莫纳的马蒂亚斯侯爵（Marquis Matias de Armona），后者在与加西亚总督商量之后拒绝了这个提议。[96] 1793 年上半年，杜桑试探了法国人的态度，希望以类似于向西班牙人提出的条件与他们结成同盟：完全赦免所有起义者，并全面解放所有黑人奴隶。即便法国人正在朝向废奴的目标前进，他们也仅同意有限程度的解放。杜桑在 1793 年 8 月初发表的公告中发泄了他的愤怒。他指责共和主义者"背信弃义"，"残害了成千上万最可怜的人"，并且"用可恶的断头台杀死了一位无辜的国王"。他并非特别关心可怜的路易十六的命运，但这是一个好机会，把法国人惯用的对于野蛮行为的指控抛回他们头上，他们的国家现在已经变成"犯罪和屠杀之地"，信教者的"无辜鲜血""以共和国的名义"流淌。他抨击新来的法国驻圣多明各专员们，将他们描绘成"派来禁锢［黑人］的坏蛋"，要对起义者发动一场灭绝性的战争，将"折磨与苦难"加诸其身，并且"像对待野兽一样"对他们进行追捕。[97] 这一连串咄咄逼人的词句不能仅从表面看待，我们还从其他资料中了解到：杜桑当时与几个法国军官保持着联系，甚至允许他们把食物通过他控制的地区运往法兰西角；他还有计划在1793年8月初与共和派指挥官会面。[98]

杜桑在这个时期的公开讲话中试图使他的人民相信，与其他起义领导人或法国共和主义者相比，他本人才是那个最热情拥护为他们废除奴隶制度的人。他还不断地强调，自由必须被视作一个普遍的原则。几个星期以后，在向仍然支持法国人的有色人发出的呼吁中，他又回到了这一主题，竭力主张除非"所有人都获得自由"，否则圣多明各就不会有真正的自由。发动了1791年8月起义的那些人是废奴斗争的"鼻祖"，已经为之埋下了"基石"。他又补充说，"对于我始终坚持的这项事业，我是第一个赞成的人"；然后总结道，"我们一定要有始有终"。[99]

可是，只要杜桑还是比阿苏和让-弗朗索瓦的下属，而且哪怕是名义上的西班牙王室军队的辅助部队将军，他就不可能担负起黑人革命的领导责任。不论堂加西亚先生及其手下对他们这位新盟友多么不吝赞扬，但双方之间的通信显示，他们看待杜桑时依然持有怀疑态度，带着对黑人起义者的轻蔑和对全面解放观念的深恶痛绝。从1793年年中开始，随着桑托纳克斯在8月单方面废除圣多明各北部的奴隶制度，法国人的立场也发生了决定性的转变。杜桑把这一变化仅仅视为一个噱头，这并非毫无道理。桑托纳克斯专员意识到，欲赢得殖民地北部黑人民众，特别是站在法国一方战斗的黑人的支持，废除奴隶制度就是一个必须付出的代价，所以他才打破了之前做出的维持法属领地奴隶制度的保证。杜桑也注意到，桑托纳克斯从一开始就努力说服他的专员同僚们这项法令是必要的，但即使在名义上由他控制的领土上该法令也无法实施。与此同时，绝望的白人蓄奴殖民者为了保护自身的利益，最后竟背信弃义地邀请英国人来控制圣多明各：热雷米、莫勒圣尼古拉（Môle Saint-Nicolas）和圣马克这几座城镇被移交给英国军队，随后很快又是阿尔卡艾（Arcahaie）和共和港（Port-Républicain）。新的占领者最终达到2万多人，所有这些地方的人类束缚制度都被予以保留。[100]

当1793年临近结束，奴隶制度问题在圣多明各已经成为一条重要的分界线，杜桑现在需要重新考虑他的立场。第一场决裂发生在他与让-弗朗索瓦之间。这两个男人的关系没有任何传奇色彩，在杜桑的声望和权威持续增长的过程中，这位大元帅不断试图纠正他的行为，引起了与其部队间的一些小冲突。在1792年年底，让-弗朗索瓦甚至将他抓起来囚禁在瓦利耶尔（Vallière），后来不得不由比阿苏把他从那里解救出来。[101]杜桑很感谢比阿苏的干预，后来曾说这是救了他的命。但是到了1794年年初，他与比阿苏的关系也开始急剧恶化。这位"王室总督"相信杜桑正在抢他的风头，就暗中给这个

在殖民地黑人革命者的压力之下，法国专员桑托纳克斯在 1793 年 8 月发布了废除奴隶制度的法令。当时，这份克里奥尔语版本的公告广为流传。

下属设下圈套：他安排自己的人假装奉了杜桑的命令，殴打布雷达的一个起义军哨所的指挥官托马（Thomas）。杜桑赶来以后，托马的手下开枪打伤了杜桑，并打死他手下七名副官，其中包括骑马跟在哥哥身边的让-皮埃尔。[102]

在1794年3月20日那封长长的、让人透不过气的信中，怒不可遏的杜桑向西班牙当局痛斥比阿苏。他说这位将军是一个"浅薄、脆弱的无知小人"，"轻易被身边的坏蛋引入歧途"，尤其他的秘书是个"一心想着在人群中制造混乱的危险人物"。比阿苏最大的弱点就是他内心的软弱（"他的想法总是受到最后跟他讲话的那个人的影响"）及"鲁莽、混乱和蠢笨的性格"。他将这次造成他弟弟死亡的残忍袭击归咎于比阿苏的教唆，并指责他蓄意挑拨辅助部队内部的不合。此时，杜桑才正式宣布他在军事上独立。在位于马尔梅拉德的司令部里，他自称为黑人部队的"总司令"，比阿苏"不再是，也从来不曾是他的上司"。这后一句话中不乏一种带有诗意的放肆，此刻，杜桑的口若悬河正难以抑制。[103]

一周以后，杜桑又写了一封同样辛辣尖刻的信。这次，他严厉斥责比阿苏拒绝了他提出的和解，再次密谋在"文森特交叉路口"（Carrefour-à-Vincent）加害于他；杜桑肯定是通过他安插在比阿苏营地里的间谍听闻了这一计划，于是改走了另一条路。比阿苏也派人偷他自己的牲畜和塔菲亚酒，并在他控制的地区进行劫掠，同时再次企图让杜桑背这个黑锅；此外，他还宣称杜桑"计划拿起武器反对西班牙国王"，并将以对圣拉斐尔（Saint-Raphaël）的进攻为开始，因为杜桑的妻子儿女都在那里作为西班牙当局的客人。他的目的明显是让杜桑失去西班牙人的信任。[104]在这些与比阿苏和让-弗朗索瓦的冲突背后，隐藏着双方在对待奴隶制度上的根本差别。不仅因为这个问题对各方来讲都相当重要，而且令杜桑愤慨的是，这两位黑人起义领导人自己竟然还积极参与买卖奴隶。对于比阿苏涉及"令人发指的女人和儿童的贸易"，杜桑提供了具体的细节：当起义者在前线执行战斗任务的时候，他会派出自己的爪牙去抓捕起义者的家属"并把他们卖为奴隶"。[105]

震惊于如此卑鄙的行径，杜桑在戈纳伊夫、埃内里、普莱桑斯、马尔梅拉德和东栋等地支持奴隶解放事业，鼓励奴隶们逃离种植园加入他的部队，并承诺给予他们自由并提供保护。这种与让-弗朗索瓦和比阿苏极为不同的立场，将杜桑推入了与居住在西班牙属地的反革命白人移民的冲突。此时，这些地区大部分都居住着来自法属地区的心存怨恨的白人难民，他们公开支持（在西属圣多明各仍然合法的）奴隶制度；他们组织了武装民兵，鼓吹以恐怖手段"让黑人回归秩序"，有些人甚至梦想着重新征服法属领地。[106]1794 年 4 月，当地白人移民的一个代言人让-巴蒂斯特·拉普拉斯（Jean-Baptiste Laplace）在给堂加西亚的信中谴责杜桑"宣扬抗命不从"，并"向那些返回种植园干活的奴隶承诺给予他们自由"。对这种"背叛和煽动"的犯罪行为，拉普拉斯发出一声断喝，应该让杜桑"人头落地"。[107]

来自各个方面的压力骤增。1793 年年底，杜桑与其西班牙保护者的关系也开始瓦解。表面上还是一幅平和欢快的景象：杜桑还像个勇猛的武士一样受到当局的欢迎，他也继续保证无条件拥护西班牙王室。1793 年 11 月，他参加了西班牙人在圣拉斐尔组织的与让-弗朗索瓦和比阿苏的"和解"仪式，同意与这两位将军言归于好；三个人签署的详细备忘录包括保证停止互相攻击,"忘记从前的分歧",最后还庄严地承诺他们将继续作为"所有君主中最伟大和最优秀的西班牙国王的忠实奴仆"。[108] 甚至和解失败以后,在他攻击比阿苏的 1794 年 3 月的信件中,杜桑还在重申自己支持君主制度的事业,将为之"流尽最后一滴血"。他称自己对波旁国王①的忠诚"不可动摇""坚如磐石";除此之外,他还援引其天主教信仰,把他对君主主义的信仰比作一种"宗教",将自己受到的折磨与耶稣基督的痛苦相提并论。[109]

但是这个殉道者的十字架愈加沉重。对于组成辅助部队的从前的奴隶,加西亚的军队几乎毫不掩饰其种族歧视。1794 年年初,派去防守戈纳伊夫的西班牙部队与杜桑的战士们不断发生冲突,粗暴地对待他手下的几个前共和派高级军官——这一次,意识形态上和种族上的明显差异完美地契合。而更糟糕的是,杜桑的主要联络人,即已经和他建立友好关系的阿莫纳侯爵(与让-弗朗索瓦和比阿苏的和解仪式就是在他的房子里举行的),被堂胡安·包蒂斯塔·赫米尔-列奥纳特(Don Juan Bautista Gemir y Lleonart)取代。后者更乐于接受白人移民对杜桑的抱怨,并公开地蔑视黑人辅助部队。重要的是,在 1794 年年初,当杜桑与比阿苏的冲突加剧的时候,列奥纳特和他的上司站在了比阿苏一边。当地西班牙军队一度将杜桑的妻子和孩子软禁在家中,并拘留了他的外甥穆瓦斯,这引得杜桑勃然大怒,他说西班牙指挥官对待他家属的方式令他"忧心忡忡"。[110]

虽然还不清楚杜桑的忠诚从西班牙转向法国的确切日期,

---

① 当时的西班牙国王应是波旁王朝的卡洛斯四世。

但是很显然,他在 1794 年 5 月初就与法国殖民地当局存在紧密的联系,而在这个月的中旬,有清楚的信号表明他接受了法国人的思想。[111] 杜桑小心地安排他的妻子和孩子离开圣拉斐尔搬到自己身边,还厚着脸皮让西班牙人承担了这笔旅行费用。杜桑这次转向的一个关键节点是 4 月底在戈纳伊夫爆发的冲突。黑人辅助部队要求西班牙守军投降,而后者在 5 月初夺路而逃,大约 150 名白人移民被杀。杜桑写信给戈纳伊夫的代理主教和白人社群,对这场杀戮表示遗憾,[112] 但其实这很可能是一次有预谋的打击,针对的就是殖民者中最强硬的反革命分子。据传说,在下达屠杀命令之前,杜桑去做了弥撒。

这次事件还佐证了杜桑反复无常的性格,虽然他现在还未完全割断与从前的西班牙盟友的关系,以便让他们相信他可能仍然是值得合作的。他写信给比阿苏,请他忘记双方过去的分歧,并邀请他一起加入法国人的阵营(为了让这个邀请显得更热情,他还对刚刚结婚的比阿苏表示祝贺)。这位黑人指挥官拒绝了杜桑的提议。但是堂加西亚和列奥纳特似乎中了这个计策,即使杜桑已经大胆地在曾经的西班牙占领区里竖起了法国的旗帜,从戈纳伊夫、埃内里和小河镇到东栋和马尔梅拉德。杜桑声称他的立场转变只是其敌人散播的一个"谣言",还假称戈纳伊夫受到的威胁并非来自法国人,而是英国人。不清楚列奥纳特是否相信了这些假象——但是他的确容易受骗上当,不仅继续与杜桑通信,竟然还给他发去牲畜甚至军火,而当时杜桑早已投靠了法国一方;[113] 迟至 1794 年 10 月初,杜桑还在承诺他对西班牙的"忠诚"。直到此时,这个被列奥纳特斥为"怀恨在心、傲慢自大的黑鬼"终于向西班牙人发出了最后通牒,并粗暴无礼地将列奥纳特踢出了圣米歇尔(Saint-

Michel）和圣拉斐尔。[114] 堂加西亚只能一边舔舐伤口，一边怒斥他这位从前的部下"欺骗误导和背信弃义的冲动行为"。[115]

到 1794 年年中，杜桑作为一个革命者的激烈动荡的学徒生涯接近了尾声，他即将踏上另一段意气风发的征程。从加入 1791 年起义起，一直到"归附"法国人，他始终将思想的指南针指向一个焦点：他的"兄弟"，即圣多明各黑人的解放。他们所有的非凡特质始终激励着杜桑，包括他们在智识上的创造力、他们的勇气和人道主义，以及最重要的，他们的自由精神，这恰恰映射了杜桑对天赋自由的信念。与此同时，杜桑致力于使他们脱离马坎达尔主义者反对殖民地所有白人移民的方案，转向黑人、白人和混血民众可以和平共处的政治平等的社会愿景。这个博爱的理想还远远不能够得到普遍接受，更不用说真正实现——但是此时，它的轮廓清晰地铭刻在杜桑的心中，也已经体现在他如今所拥有的 6000 多人的革命军队的价值观和实际行动中。

从这个角度看，杜桑加入法国人的阵营，可能会让我们错误地认为这是他向雅各宾派共和主义者的一种"转变"，或者说是对西班牙的一种"抛弃"。从 1791 年参加起义开始，他的思想观念就是通过自身的思考而形成的，结合了圣多明各的革命传统和他本身的、土生土长的保王主义和共和主义因素。如我们在下文中将会看到的，杜桑的立场与 1790 年代法属殖民地的共和主义之间存在巨大的鸿沟。举例来说，虽然法国革命者废除了奴隶制度，他们却从来没有承认过 1791 年圣多明各奴隶起义的正当性。更笼统地讲，他们没有给杜桑任何理由去相信他们，不论是作为一个集体还是某一个人：杜桑认为他们拒绝将1789年《人权宣言》适用于殖民地，这就是对革命的背叛。他们还任凭其殖民地政策完全由商业蓄奴资产阶级和极端种族主义的殖民者制定。即便作为一项标志性的行动，桑托纳克斯专员在1793年废除奴隶制度，也更多是迫于压力，而不是出于原则，这反映了他过晚地承认这一现实，即如杜桑从一开始就已经做出的判断，正是奴隶自己，通过他们的起义，使奴隶制度不可能再继续存在。因此，在当地一个法国指挥官邀请他加入共和派阵营的时候，杜桑轻蔑地回答："如果你承认我的国王，我就会向你伸出双臂。"这大体上可以视作他对保王派的同情，但这个回答中最说明问题的部分是他称呼自己为"布雷达的杜桑"——这是他作为奴隶的名字。[116] 同样，法兰西国民公会1794年2月的废奴法令对杜桑来讲也是无关紧要的。直到1794年7月，他加入法国阵营几个月之后，有关这个法令的消息才传到圣多明各。

还有一位法国上层人物与杜桑的互动是至关重要的，在他随后的政治生涯中起到了关键的作用。那个人就是艾蒂安·梅农·德·拉沃（Étienne Maynaud de Laveaux），一位热情拥护法国大革命的激进贵族，作为法军中的一名军官来到圣多明各。这两个人之间的关系并非始于良好的开端：1793年1月，拉沃突袭了拉坦纳里的筑垒营地，迫使起义军撤退；在这几千名"强盗"中，他遇到了杜桑。几乎可以肯定，这两个人曾隔着战壕相互射击。[117] 但是，几个月之后，杜桑与这位已经被任命为殖民地总督的法军指挥官建立了联系。[118] 杜桑感觉这位拉沃"老爹"是法国外交官中罕见的一个人，对共和主义和献身黑人解放事业有着发自内心的真诚。在回复拉沃刚开始写给他的某封信时，杜桑承认他是被"共和国和人类的公敌"

西班牙人"引入歧途"的。但是，他同时向拉沃指出，法国人也在1793年拒绝了他提出的结盟倡议。为了让他和手下战士得到自由和保护，他曾迫不得已投靠西班牙人；现在他才明白，那些"卑鄙的君主制度拥护者"只想分化削弱黑人民众，为了最后把他们重新推入"任人奴役的深渊"。杜桑请求拉沃"忘记过去"，并保证自己从此以后将"一心一意击垮共和国的敌人"。[119] 当听说了巴黎的国民公会推出废奴法令，杜桑向拉沃表示，这是"对人类的所有朋友的巨大慰藉"。但是他并没有在这件事上多费口舌，这封信的主要内容是他在与其老对手让-弗朗索瓦的作战中取得了胜利。[120]

对这个法国事业的新加盟者，拉沃心中却没有多少热情。他亲眼看到了杜桑对全面自由原则的虔诚信仰，也注意到杜桑之所以从西班牙阵营中反叛过来，主要原因之一是他意识到让-弗朗索瓦和比阿苏"把那些注定是'坏国民'的男人、女人和孩子卖作奴隶"。[121] 在与杜桑见面以后，总督向上级赞扬他是"勇敢而卓越的公民"。拉沃还表示，如果圣多明各要重新组织宪兵队，此人将是"一位理想的指挥官"。[122] 假如杜桑知晓这种居高临下的称赞，他一定会觉得可笑，因为他的野心远远不止于此。

第3章 共和主义勇士

1795年年初,因为手下的军官没有遵守他的命令,杜桑对他们严厉地说:"我已经清楚地告诉你们,一个优秀的士兵应当外表冷漠,而内心有条不紊、忠心耿耿、激情似火。"[1] 这些劝诫实际上就是概括了他自己的性格,同时也突出了他正在面临的挑战。彼时,他已经投身于共和主义事业,致力于将西班牙人和英国人及其盟友——反叛的法国殖民者赶出圣多明各。在威廉·皮特(William Pitt)① 及其内政大臣亨利·邓达斯(Henry Dundas)② 于1793年实施的大战略中,英军对法属圣多明各的入侵是一个重要环节:占领法国在西印度群岛最富庶的殖民地,消除法国海军在该地区造成的威胁,并维护种植园奴隶制度体系。[2] 到1794年年中,英军已经占领了马提尼克、圣卢西亚(St Lucia)和瓜德罗普③,还夺取了圣多明各的太子港;如上一章所述,他们最终将控制西部省的很大一部分,包括圣马可和莱奥甘,以及南部省海滨城镇热雷米周边的狭长地带。作为英国

---

① 这里指的是小威廉·皮特(William Pitt the Younger),1759~1806,他是活跃在18世纪晚期至19世纪早期的英国政治家,公认的英国历史上最伟大的首相之一。1783年第一次任首相,时年仅24岁,是英国历史上最年轻的首相。1801年,他辞去首相一职;但在1804年,他再次出任首相,却在1806年任内去世。为了把他和他的父亲,即也曾担任首相的老威廉·皮特区分开来,人们通常会在他的名字前面加上"小"(the Younger)。
② 1742~1811,出生于苏格兰爱丁堡的英国政治家,曾先后在小威廉·皮特的内阁中出任多个职务。
③ 这三个岛都在加勒比海上,属于构成小安的列斯群岛南弧的向风群岛,在19世纪都是法国的殖民地。

人的盟友，西班牙军队则控制着北部省的很大一部分，以及靠近西属圣多明各边界地带的大部分东部领土，从多凡堡（Fort-Dauphin）一直到米尔巴莱（Mirebalais）。

杜桑是在一个特别关键的时刻加入了法国一方。除了仍然忠诚的南部省，当时只有法兰西角与和平港（Port-de-Paix）周围的几片飞地还在共和派手中。对于杜桑来说，把敌人逐出自己的祖国是绝对优先的目标，更何况与他们在马提尼克等其他地方的做法一样，英国人控制这些地区以后立即就恢复了奴隶制度，得到了法国保王派殖民者的热烈拥护。一个加入英军队伍的白人移民说："拿起武器抗击圣多明各的暴乱奴隶并非背叛自己的国家，反而是为国效力。"[3] 英国人处于有利的战术位置，在拥有制海权的同时，在装备和财政资源上也占有优势（众所周知的"皮特的金子"，被慷慨地拿来贿赂当地人）。[4] 如此一来，以他那迫不及待的语气来说，杜桑面临的最大挑战就是如何把那些大部分来自逃奴群体的衣衫不整的战士培养成一支出色的战斗力量。他在三年时间里实现了这个目标，击败西班牙人以后，又把英国人及其法国保王派盟友赶出了圣多明各殖民地，在此过程中，造就了一支纪律严明的黑人军队，黑人士兵成为他领导下的"共和主义勇士"。[5]

杜桑迅速地展开战斗，首先在对抗其从前的盟友西班牙人时取得了一系列胜利。他的部队重创了他曾经的同志让-弗朗索瓦。此人仍然保持着对西班牙国王的忠诚，但是在1795年西班牙与法国签订了《巴赛尔条约》（Bâle Treaty）以后，他很快被迫离开了殖民地。在这个条约中，西班牙放弃了在圣多明各的所有据点，正式将邻近的原西属圣多明各割让给法国人。[6] 阿蒂博尼特地区的西部是杜桑的根据地，他在90英里的范围内建有30多处营地。他从这里出击，对英国人及法国保王派辅助部队展开凶猛的进攻，在第一个月里就发生了200多次战斗；这次攻势成功地把敌人赶出了西部省的大部分地区，随之便形成了僵持局面。此后，英国人在1796年重新夺回一些地方，但是到了当年年底，敌人私下里承认他们的阵地已经无法维持了。实际上，到1797年年中，在杜桑的共和军的又一波攻势下，保王派就被逐出了主要的战略要地，尤其是米尔巴莱、格朗布瓦山（Grand Bois）和拉斯卡奥巴（Lascahobas）地区、巴尼卡（Bánica），以及圣-让（Saint-Jean）地区。杜桑的部队此时已达到15000人，他们将对方压制在沿西海岸线的一个狭长地带，包括太子港和圣马可，以及西北部的莫勒圣尼古拉（Môle Saint-Nicolas）和南部的热雷米。

经过1798年年初的最后一次战役，杜桑与筋疲力尽的英国人达成了停火协议。对方尽管牺牲了15000人，花费了超过1000万英镑的代价进行防守，最终却不得不同意撤出在这块殖民地上的全部据点。到1798年10月，杜桑终于成功地实现了他的目标，使共和派圣多明各挣脱了英军和法国保王派军队之手。本章将主要讨论杜桑及其部下是如何取得这一英勇战绩的。他们的成就是惊人的，这些顽强的黑人战士用他们的胜利推翻了盛行一时的种族主义刻板印象，即认为欧洲人在军事上具有优势，而黑人士兵作战能力不足。在18世纪末，很多人都抱有这种看法，不仅是杜桑在军事上和政治上的对手，还包括他的大部分法国盟友。和一些现代历史学家一样，阿道夫·梯也尔（Adolphe Thiers）[①] 便执着于此类观点，他认为杜桑的

[①] 1797~1877，全名为路易-阿道夫·梯也尔（Louis-Adolphe Thiers），法国政治家、历史学家，奥尔良党人。1830年代的七月革命后，先后担任内阁大臣、首相和外交大臣等职。1871~1873年，他在担任法兰西第三共和国首任总统期间残酷镇压巴黎公社。

军事才能"平庸无奇",以"伏击战法"为主。[7] 此看法认为,相较于1790年代初期的奴隶起义所体现的源自底层的游击战风格,杜桑在作战方式上的"现代化",以及他对部队正规化和欧洲训练技术的重视,只是一个短暂的间隔。后来,这种游击战的方式在抵抗法国入侵的海地独立战争中再次得到应用。[8]

作为一名指挥官,杜桑以其对每一次军事行动的周密计划而著称。举例来说,他用亲临前线并把自己暴露在危险之中的办法激励手下将士。他还发明了一套与众不同的、极具创造性的军事技术,结合了游击战和传统作战方式,并运用了他那些出生于非洲的战士的技能。这体现了他在军事方面的博采众长。同时,杜桑的目标并不局限于传统的获得领土和建立政权,而是着眼于一套更广泛的原则:平等、政治自主、人道,以及摆脱外国占领。这可以算是卡尔玛·纳布勒西所说的现代"共和主义战争传统"的早期表现。[9]

杜桑总是不厌其烦地提醒他的战士和圣多明各的国民,与西班牙人、英国人及他们在当地的蓄奴走狗们的战斗是一次政治解放。正如他向手下指挥官们所指出的,"在敌人占据的那些领土上,我们的同胞还在惨遭压迫,我们要把自由带给他们",这就是他们斗争的焦点。在杜桑的博爱思想中,铲除人类束缚制度一直处于核心位置,它同时也带给圣多明各的黑人民众一个展示其荣誉感的机会,证明"从奴役中走向尊严的人理应享有自由所带来的好处"。[10]

理解其战争技巧的一个主要渠道是杜桑与拉沃之间的通信。这位法国派来的总督见证了杜桑在1794年年中归附法国阵营,并一直任职到1796年10月。杜桑定期给他递送有关其军事行动的全面报告。如同巴永·德·利伯塔在杜桑革命前的生活中扮演了重要角色，拉沃在杜桑的早期革命生涯中也是一个关键的人物。从一开始，这位总督就意识到与他打交道的是一个有着极高天赋的人。1794年，杜桑被任命为西部省的前线司令官。很快，拉沃就为杜桑向法国当局做出一个斩钉截铁的背书："这是一位如何赞扬都不为过的公民。他富于美德、天赋和军事才能；他充满了人性，彻底征服了众人，是一个不屈不挠的勇士。"[11]

作为回报，杜桑不断将拉沃称为他的"教父"——虽然这位总督至少比他年轻5岁；杜桑把自己形容为"充满敬意的儿子"，将满怀"感激"和"无条件服从"地执行其上司的命令。[12] 1796年，杜桑以如此诗意的话语表达他的仰慕之情：

> 毫无疑问，世上的确存在真正的友谊，但是我相信没有任何人的友谊能超越我与您之间的，也没有任何人的友谊比我们之间的更加真挚。是的，将军，杜桑就是您的儿子！您是他挚爱的亲人。他与您同生共死。他将用自己的生命来保护您。他的双臂和头脑都任由您驱使。在走近生命终点的那一天，他会因为保护了一位父亲、一位品德高尚的朋友和自由精神的化身而感到无比的甜蜜与满足。[13]

拉沃广泛阅读了18世纪的欧洲军事战略著作，而杜桑也很乐于利用他在这方面的知识专长；[14] 杜桑最为欣赏的是总督以共和主义博爱原则为坚实基础的政治和军事实践。在位于和平港的基地里，拉沃善待他的士卒，帮助他们完成必要的任务，并在欧洲士兵和黑人士兵之间平等分配稀缺的口粮配给。[15] 杜桑也很欣赏拉沃在保护新自由人（nouveaux libres）的

英军士兵马库斯·雷恩斯福德（Marcus Rainsford）于1799年来到法属圣多明各，并遇见了杜桑。他写的《黑人帝国海地历史记述》（*Historical Account of the Black Empire of Hayti*）第一次出版于1805年，向杜桑作为政治和军事领袖的才能致敬。

经济利益方面的努力，这些从前的圣多明各奴隶构成了殖民地人口的主体。1793年得到解放以后，他们已经成为雇佣劳动者：如果他们在种植园里劳动，他们将分享（缴纳政府税收以后的）种植园收入的四分之一。[16] 拉沃在法国控制的地区到处旅行，成功地对付了那些拒绝向劳动者支付报酬的土地所有者和经理人。[17]

杜桑敬重拉沃，简单来说，就是因为拉沃"格外关爱黑人民众"。[18] 杜桑的帽子上插着一支法国将军送给他的羽饰，以示对后者的友谊和尊敬，也是为了让自己得到保护。这是一个很好的例证，说明了杜桑多么乐意将欧洲的象征意义和当地的神奇传统相结合（羽毛饰物广泛应用于伏都教的仪式）。他也感到，拉沃的性情并非建立在家长式的屈尊俯就的基础之上，而是出于对共和主义平等观念的真正信仰。1795年，当一个富有的美国商人斯蒂芬·吉拉德（Stephen Girard）请求拉沃归还其奴隶克里斯平（Crispin）的时候，他的原则受到了检验。这个奴隶是从费城逃亡到和平港的。总督愤慨地做出答复："你一定是对我一无所知，才胆敢有此奢望，以为我会无视我们的'光荣宪法'（Glorious Constitution），同意违背一个人的个人意愿而强迫他离开这块庇护他的自由领土。在费城，[克里斯平]曾经是一个奴隶。我有权命令他重新戴上枷锁吗？当然没有。"[19] 后来，杜桑在一封信中称赞拉沃"不是把黑人当作无知小儿"，而是"引导并鼓励他们为公共利益行事"，这也正符合杜桑自己的哲学。[20]

这种共同的价值体系也偶见于杜桑在这段时期的一些军事文稿中，他经常自称是"以总督麾下将军的名义"讲话。例如，1795年年初，在呼吁一群反叛的法国人投降时，杜桑意识到他和拉沃秉持着同样的"人道"与"和平"的原则,并且都愿意"引导我们的弟兄改正错误并向他们伸出援手"。杜桑又补充道:"像所有的共和主义者一样,强烈的愿望驱使我寻找兄弟和朋友,无论我率领手下的部队走到哪里。"[21] 为致敬法国大革命,杜桑将他的一个团命名为"无套裤团"(sans-culottes)①,而且士兵的音乐曲目中还包括一些法国大革命的歌曲,如《马赛曲》(*Marseillaise*)和《卡马尼奥拉》(*Carmagnole*)②。[22]

杜桑期望他的战士们在战场上表现出来的奉献精神能超越指挥官做出的榜样。杜桑是典型的天才军事领袖:作为一个时刻保持清醒的人,他每晚只睡几个小时,从不喝酒,身体耐力比任何一个手下都更强。[23] 他的日常饮食只是普通的一盘蔬菜、一两块鸡肉或腌牛肉——没有肉的时候就换成鸡蛋或奶酪。他通过一套高效的通信系统保持对军事行动的了解,无论他走到哪里,也不管是白天黑夜,信件随时都能送到他手里;参谋们奉命在有紧急函件的时候可以将他从睡梦中叫醒。[24]

确定杜桑所在的位置并不容易,因为他总是不断地移动,而且他骑马的速度非常快,时不时就把自己的警卫人员远远甩在身后,即使他们还都是根据骑术特长挑选出来的。他好像总是无处不在,以至于总司令无时无刻不在身旁的感觉使部队深受鼓舞;而且他对地名和人名有着惊人的记忆力。对一些地方的地理知识,他经常比派去那里的侦察兵了解的还多;即使是多年前匆匆见过一面的军官和士兵,他也几乎可以叫出每一个

---

① "无套裤汉"是法国大革命期间人们对普通民众的称呼,因为他们不像贵族那样穿着套裤。
② 一支流行于法国大革命期间的舞蹈和歌曲。

人的名字。这些特质使他在部下的心目中带着一道近乎神奇的光环,很多人都把他们的司令官当作神一样看待。杜桑的权威同样也来自他能够唤起手下人的超自然信仰。例如,他经常围在脖子上的红色手帕,两个角精巧地打成结,这可以被看作象征着伏都教的战争和愤怒之神,率领信徒战斗并庇护他们安全的奥贡菲尔(Ogoun Fer,在西非人的宇宙体系中,这个神灵还代表着铁匠,并与治愈和顺从有关)。[25]人们普遍相信杜桑的军事决策是由他的守护神教给他的。[26]

勇敢也是杜桑作为一名指挥官的特征之一,在指挥对敌进攻的时候,他常常冲在第一线。有太多的例子可以彰显他的英勇行为,其中有许多在他有生之年就已经成为传奇的内容。1794年10月,当他从昔日盟友西班牙人手中夺回圣米歇尔的时候,杜桑发现敌人的阵地由一个配备重炮的居高临下的堡垒守卫着,周围还环绕着一道宽阔的壕沟。他的共和军骑兵部队发动了两次冲锋,但是都被密集的火力逼退,伤亡超过200人。最后,在一阵猛烈的射击和炮火之下,杜桑剩余的骑兵发起第三次冲锋,成功地冲进敌营,最终打垮了敌人。[27]与此类似,为了夺回西班牙人和英国人手中的米尔巴莱地区,在1795年8月的战斗中,杜桑亲自指挥攻击拉斯卡奥巴一座由400名全副武装的敌军驻防的堡垒,并带领骑兵冲锋,打死了四分之一的敌军士兵。[28]

杜桑这种像前线战士一样的勇敢还体现在很多方面,他采取了可以利用的各种军事手段。1794年7月,杜桑攻占了让-弗朗索瓦在东栋和多凡堡"严阵以待"的几处阵地,将逃跑的敌人追进丛林,迫使他们丢弃了全部装备、给养和文件;恰如他兴高采烈地向拉沃所报告的,"让-弗朗索瓦只剩下衬衫和裤子了"。[29]他也充分发挥了自己作为一个神射手的高超枪法：在对另一个西班牙前哨阵地的进攻中，他追击躲进树林的敌人，诱使对方暴露位置，率领他的龙骑兵以步枪瞄准敌人，将其逐个击毙。[30]1795年年初，在夺取圣马洛（Saint-Malo）要塞的时候，起决定作用的行动是一场由杜桑率领的白刃战。[31]当所有其他手段都失败后，就只剩下他那坚决彻底的，几乎可以说是莽撞蛮干的大胆行动。在与英军的一场战斗进行到高潮时，杜桑的队伍反复进攻敌人顽强防守的最后一块阵地。战士们数次冲锋都未能撼动固守的英军龙骑兵，杜桑和他的总参谋长皮埃尔·阿热将军（General Pierre Agé）率领一支小队以肉搏战制服了敌人。杜桑拥抱着阿热，说他"既是一位出色的将军，也是一名英勇的步兵"；[32]而作为他的指挥官，杜桑本人也同样如此。

除却非凡的勇气，这些战斗还需要大量的体能储备。杜桑提到，有一次他曾经连续战斗了15天；杜桑本来每晚就只需睡几个小时，这肯定对他在这个过程中有所帮助。[33]但是，如此长时间的战斗，再加上持续暴露于战火之中，有时候杜桑的健康的确受到了影响。一次，受到保王派进攻的小河镇地方指挥官请求支援，杜桑不顾自己正在发烧，急忙上马连夜出发，率领他的共和军打退了保王派的一连串进攻。[34]1795年12月，前往阿蒂博尼特地区巡视归来以后，他向拉沃汇报，这次旅行"让他压力很大"，甚至发起了"高烧"。[35]在圣多明各北部和西部的汹涌大海上旅行也同样令他不安；在另一次巡视中，乘船的行程使他"非常不舒服"。[36]

1796年7月，在试图夺取英军在阿尔卡艾周边据点的战斗中，杜桑承认他已经"重病了七天"。[37]曾经有几十匹马战死在他眼前，他在作战中受过17次伤，这些伤口中最显眼的（也是永久性的）一处是他大部缺损的门牙，这是因为一颗炮弹在他身边爆炸——所以，有一个广泛流传的错误说法，说他的名字"卢维杜尔"指的是他口中门牙的缺失。杜桑两次对英国人控制的圣马克展开包围，而他在这两次战斗中都曾受伤：第一次是因为他帮助战士爬上一门大炮，炮管倒下来砸碎了他一只手的全部手指；第二次是手臂严重受伤，他不得不吊上了绷带。但是这次受伤并没有妨碍他率军进攻一队英军，并将其击退。[38] 拉沃恳请他休息一段时间，杜桑却淡然地回答："我受点苦不算什么，能做点好事就是最好的。"[39] 1799年，这位总司令承认，腿上"一处已经痊愈的伤口令他痛苦不堪"，那还是前一年在对英军作战的最后阶段中负的伤。[40]

杜桑如此活跃多动，再加之战场上他那貌似屹立不倒的身躯，使战士们确信他一定是与伏都教神灵有着紧密的关系，从而获得了超自然的力量。一些碰巧发生的自然事件曾奇迹般地为他逆转了不利的局面，更加印证了这种神秘性。1797年，在与德索斯（Dessources）的保王派军队的战斗中就发生过一次这样的事件。该指挥官是一个白人移民，为了避免与杜桑的进攻部队交战，他正在从圣马克向其在韦雷特的基地撤退。当保王派队伍行经一条开阔的道路时，突然一阵倾盆大雨浇在他们头上，所有的武器都被淋湿而无法使用；可是，这场雨却放过了仅在2英里之外的杜桑人马。由于手里只剩下刺刀用来自保，这群孤立无援的保王派被悉数消灭。[41] 德索斯一定觉得自己受到了诅咒。三年之前，经过一场7小时的战斗，杜桑打垮了他的部队，使他"丢尽大炮辎重，光头赤脚，用一句话说，就是灰头土脸地"跑回了圣马克。[42]

长期以来，有许多关于杜桑的谜团，其中之一就是，这样一个在革命前毫无军事背景的人，其身体条件也并无典型的尚武气质，怎么能够获得如此令人敬畏的战斗技巧呢？和大多数伟大的革命领袖一样，他也是主要依靠自学，并从自己的经历中获得知识。根据杜桑的儿子伊萨克的回忆录，在1791年起义之后，杜桑就立刻开始接受军事训练。杜桑从法兰西角请了一位前军官传授击剑和军事战略。每天早上，在这位教官的监督下，他一丝不苟地练习"武器操作"。这个初学者上手很快：不久，他就可以指挥比阿苏警卫营的行动了。当时还有另一个人帮助杜桑进行军事训练，他是一位名叫吉勒·拉韦特（Gille Lavette）的黑人军官，曾经在圣多明各的殖民地民兵中服役。杜桑在1794年加入共和派阵营后，有多位法国军官向他传授了基础理论，尤其是埃德姆·德富尔诺将军（General Edme Desfourneaux），他以法军的标准手册指导杜桑，如关于军事防御的《克莱拉克骑士论述》（*Chevalier de Clérac's Treatise*）。[43] 杜桑的藏书中有大量共和主义军事传统的历史经典，如希罗多德（Herodotus）的《希波战争史》（*History of the Wars of the Persians against the Greeks*）、韦格蒂乌斯（Vegetius）[①] 的《兵法简述》（*Scriptores de re militari*）、恺撒的《高卢战记》（*Commentaries*）、奥尔良公爵（d'Orléans）的《英格兰和西班牙革命史》（*History of Revolutions in England and Spain*），以及不可或缺的普鲁塔克（Plutarch）[②] 的《希腊罗

[①] 古罗马军事著作作家，生卒年不详，主要活动期约在4世纪。
[②] 约46~120，罗马帝国时代的希腊作家、哲学家和历史学家，其最著名的传记作品是《希腊罗马名人传》，采取一个希腊人物比较一个罗马人物的方式。

马名人传》(Lives)。[44]

杜桑在军事战略方面的最大优势——和其他许多领域一样——是他富于创造性的调适能力。他能够利用全部可用的物质和技术条件，不论是出自遥远的历史记载还是当下的实践经验，也不论是来自成熟老练的欧洲军事专家还是圣多明各的起义逃奴，更不论是取自最亲密的战友还是最仇恨的敌人。举例来说，1794年，当他开始组建自己的部队时，杜桑写信给拉沃，请求得到一份总督的军事训练手册副本，以便自己可以"对包括步兵和骑兵在内的部队进行教育，并可以让军官学习条令"。[45]这本共和派的权威著作并不是非常有效，而杜桑在一年之后透露，他从一个保王派军官那里得到了一份指导手册，是德索斯军团在训练中所采用的。他认为这对自己的目标非常有用，于是就计划予以采用，即便它将"损害大不列颠国王陛下的尊严"。[46]短短几年之内，他手下最好的士兵就已经具备了出色的武器操作技能。一个前英国军官曾在1790年代末造访圣多明各，杜桑的步兵在使用刺刀时的熟练敏捷令他大吃一惊："这种可怕的武器，装在步兵手中长长的来复枪上，无论骑兵还是炮兵都无法将他们制服，虽然二者的实力相差甚远；当这些步兵在纵队方向上遭到进攻的时候，没有人可以战胜他们。"[47]在弹药总是短缺的情况下，这种训练还是十分有效的，因为它根本不需耗费弹药。

同时，与这个前英国军官的传统战争哲学观点相反，杜桑并不认为欧洲人的技术是其唯一的来源；他的战略战术思想是富于想象力的，经常偏离欧洲的军事传统。他坚持让自己的部队轻装，训练他们依靠夜晚的星星指路，迅速行进。杜桑还对训练方法进行了调整，以适应圣多明各广布树林灌木、到处是高山峡谷的地形，其中也突出强调了部队的机动性。这些方法旨在提高战斗技能，目的是实现灵活的运动方式，同时战士们之间也不会失去集体凝聚力。这种结合所体现的创造性，也是颇为引人注目的。在杜桑的共和军进行军事演习的时候，人们看到：

> 每个将级军官指挥半个旅的部队……［他们］在适用于各自部队的不同作战方法的几次演练中表现得都同样出色。一声哨响，整个旅跑出去三四百码，然后散开，平卧在地，又转向背后和侧方，与此同时一直保持着强大的火力，直到他们被召回；然后他们在一瞬间又重新组成惯常的队形。[48]

杜桑作为一位军事战略家的创造性不仅在于以非传统的方法训练常规部队，而且包括采取新颖的方式使他的队伍具备非常规作战的能力。在这方面，他大量应用了在圣多明各的逃奴起义中掌握的各项技能，系统地利用地形优势，设下圈套夺取敌人的装备，伪装掩饰，以多种方式对敌人进行心理上的威吓，还包括使用假停火和假投降等计谋。[49]杜桑的战术计划经常以对敌人的误导为基础，在这方面他也十分精通。有一个最精妙的计谋后来成为关于他的传奇的一部分。1794年8月，杜桑制订了一个计划，要捉住一个最能干的英国军官——托马斯·布里斯班少校（Major Thomas Brisbane）。在转身加入共和派阵营几个月以后，杜桑假装又对法国人有了二心，考虑投入英国人的怀抱；他让自己的助手们交出共和派控制下的韦雷特和小河镇，手下人遂听命而行。双方之间的敌意得以缓解，士兵们也友好地来往，杜桑在八天之中与布里斯班及其参谋人员举行了一系列的会谈，其间还互通了17封信函，他在信中表示拥护乔治三世国王（King George Ⅲ）[①]。但是，杜桑争取到对方的秘书莫林（Morin）投入共和派事业。于是，在这几天的时间里，杜桑一直在秘密筹划通过莫林的帮助为布里斯班设下圈套。他向布里斯班承诺让出戈纳伊夫，并请对方带着一群随从前来接收；这位英军指挥官派去了作为自己副手的一个保王派分子。两天以后，杜桑带领大军而至，重新夺回了这个城镇，擒获敌人的多名高级军官，只差一点点就连布里斯班也一起捉住了。[50]

成功的诱敌行动还涉及伏击敌人的护卫队。比如1795年年初的一次，杜桑的队伍布好阵形，等待一支从圣马克出发为周边营地运送给养的保王派分队。他们夺取了"七辆满载食物的马车"。运气不好的德索斯匆忙赶去救援，却白忙了一场，还损失了60多个士兵，他自己的大腿也中了共和派的一颗子弹。[51]一年之后，在靠近小山镇（Petite Montagne）的位置，500名英军遭到杜桑人马的伏击，受到相当大的损失，还被夺走"七辆满载食物的推车"。出其不意的攻击和精心布置的人马，使杜桑仅依靠不及敌人一半数量的部队就取得了这次胜利。[52]这样的战术贯穿抗击英军的整个战争期间。在1798年年初的最后一战中，他派出一支小分队现身于太子港外围沙博尼耶（Charbonnière）地区的英军前哨阵地，并"佯装即将对

[①] 1738~1820，全名乔治·威廉·弗雷德里克（George William Frederick）。大不列颠和爱尔兰国王，1760~1820年在位，同时也是汉诺威选帝侯和汉诺威国王。在他任内，英国赢得了七年战争，成为一个帝国，但是同时也失去了美洲殖民地，此后经过法国大革命和与拿破仑的斗争，成为欧洲主要强国之一。

这些阵地发起进攻"；同时，他的大部人马布置在从这个镇子延伸出来的道路两旁，以便在英军赶来救援被围同僚的时候予以打击。"尽可能让你自己变小，"杜桑嘱咐他的指挥官们，"因为耐心等待的人要远远强过大吃一惊的人。"[53]

这些骗局还结合了杜桑所偏爱的另一项战术，那同样也直接来自起义奴隶们惯用的技巧：对敌人进行连续不断的恐吓。在给拉沃的一封信中，他甚至将自己的大部分胜利都归因于这种精神作战。[54] 如果我们对照来自敌人方面的证据，就能够增强他这种说法的可信度。其中最明显的就是约克轻骑兵团（York Hussars）的霍华德中尉（Lieutenant Howard）的《日志》（Journal）。他参加了英军在圣多明各最后一年的战事。他的日志告诉我们，英国人在杜桑"这帮强盗"手中遭受折磨，其中最值得注意的就是那种无时不在的恐惧，他们害怕被"从灌木丛后面射杀"，担心对方"利用能找到的任何机会将[我们] 弄死"。[55] 更具破坏性的是，杜桑在深夜派出小巧灵活的作战单位袭扰英军据点，这种做法会造成混乱，让英军士兵无法在夜间得到正常睡眠。霍华德描述了其中的一次，"一支只有几个人的小部队"在晚上 11 点接近他所在营地的大门，打了几枪便溜进黑暗；英军指挥官集合起一队人马猛追了 5 英里，却没能发现任何袭击者。霍华德回来以后就去睡觉，可是凌晨 4 点又被一阵枪声惊醒了；这一次，他把手下的所有人都叫起来，搜索了营地周围的整片平原，却"连一个人影都没有碰到"。后来他才知道，当天夜里，杜桑那些看不见的战士也采取同样的方式攻击了另外一处英军营地。[56]

这种骚扰战术被杜桑及其属下完善到了极致，在英军中造成一种长期的不安状态，不断削弱他们的士气，尤其是英国人明白自己处于对手不间断的监视中,自己却根本看不见也听不到敌人在哪里。杜桑非常善于收集有关敌人行动的情报,不论是通过间谍和告密者,截获敌人的通信联络,还是利用来自难民、逃兵及农民和渔夫这类当地居民的第一手信息。[57] 这些他所谓的"大量情报"为他提供了非常宝贵的对于敌人计划的了解,使他可以据此规划自己的行动。[58] 例如,杜桑养成了一个在雷雨天气,特别是在圣多明各特有的雷电交加的狂风暴雨中攻击英国人的习惯。霍华德记述了这样一次持续了6小时的暴风雨中的进攻,那是"我经历过的最恐怖的一次":狂风暴雨和猛烈进攻的结合显然在敌军中造成了恐慌。[59] 在某些战斗行动中,杜桑的人马也经常发出1790年代的逃奴起义者创造的那类具有威吓作用的声音,如"尖叫声、嘶嘶声和巨大的鼓声";在一次遭遇战中,面对这种"震耳欲聋"的声音,英军在极度恐惧中逃之夭夭。[60]

正是得益于所有这些本领,杜桑的部队有能力对英军控制领土的中心地带发动大胆的突然袭击。在1797年4月16日,霍华德记录道,"一伙儿强盗"趁夜色"神不知鬼不觉地侵入圣马克团的中央",偷走了六匹带鞍鞯的驯马。这一针对兵营的偷窃行为震惊了英国人,霍华德将它形容为"《军事历史年鉴》(Annals of Military History)中记录的最大胆的行动之一"。[61]

杜桑的文字让我们有幸目睹其军事指挥艺术的风采,但是他很少留下对战役的全面叙述。在一封后来的信中,针对1794~1798年与西班牙和英国军队的作战,他罗列了50次以上的胜利。[62] 尽管我们可以通过他与历任法国总督的通信大致拼凑出他在这些战事中的移动轨迹,但是仍然缺乏具体的日期和位置、有关他的战略规划和部队调动的信息,以及准确的战斗描述。唯一的明显例外是在 1797 年 4 月,杜桑经过 15 天的战斗成功夺取了米尔巴莱盆地,之后他写了一封详细的报告。

这一地区具有相当重要的军事意义,因为它是一座天然的堡垒,扼守着从北部、西部和南部各省进入内陆的门户,也是逃往西班牙领地的重要通路。这里有白人和自由有色人耕种的大面积牧场,是牛肉的重要产区,还有棉花、靛蓝和咖啡种植园,这些种植园却都在革命初期遭到破坏。[63] 英国人侵略并占领这一地区直到 1795 年年初,使得保王派势力的控制范围向东一直扩展到西属圣多明各的边界。1795 年 6 月,杜桑发起反攻,夺回了其中的大片地区。但是,英国人及其盟友重新集结反扑而来,在 1796 年 8 月给他的部队造成重创:保王派聚集了他们在格朗布瓦山、阿尔卡艾、克鲁瓦德斯布凯(Croix-des-Bouquets)和太子港的全部兵力,占领了共和派在拉斯卡奥巴周围的据点,几乎将共和军的第 4 团全歼,仅有 50 人幸免于难。[64] 1797 年的前几个月里,在杜桑准备向对方发动反击的时候,英国人已经巩固了在该地区的态势,建立起一系列呈网格状分布的营地,均由居高临下的碉堡拱卫。

3 月 15 日,杜桑离开戈纳伊夫,沿西部战线进行巡视,视察了他的部队,并从第 4、6、7、8 团中抽调出 1.2 万人,于 3 月 24 日集结在韦雷特附近。在去小河镇的路上,他的坐骑经过一条很难走的路,不小心把杜桑摔下马来,导致他严重受伤,于是他不得不坐马车赶往韦雷特。他在那里建立司令部,将他的部队组成三路纵队,其中一支由克里斯托夫·莫尔内(Christophe Mornet)指挥,负责占领连接米尔巴莱和太子港的主干道,以阻击任何可能出现的英国援军。莫尔内的部队一路奋战到达指定位置,守住了阵地,击退了一支保王派的辅助部队;在这场战斗中,敌军在该地区的指挥官德斯布鲁日(Desbruges)的儿子被击毙。杜桑命令另外两支分别由克莱沃(Clervaux)和德萨利纳指挥的纵队立即前进,攻向英军的两处主要据点。这两处位于布黑(Bourré)和塞勒山(La Selle)的要塞都建立在高地之上,守军高唱着"国王万岁"奚落着进攻者;共和军的战士们一边以革命歌曲回应,一边将大炮分拆成一个个部件拖过狭窄的山路。这些堡垒无法抵挡德萨利纳的大炮,试图逃往阿蒂博尼特河的保王派分子被共和军骑兵切成了碎片。米尔巴莱很快落入共和派的手中,保王派缩回格朗布瓦的大山里。杜桑发现英国人并没有努力防守米尔巴莱,虽然它有一座雄伟堡垒的掩护,但敌人"在共和派的刺刀前仓皇而退"。[65]

此时,虽然伤口尚未痊愈,但杜桑依然亲自参加战斗,如他在报告中所说:"我还在剧痛之中,但是共和派武装的胜利使我忘记了疼痛,我渴望大获全胜,将敌人赶出这一地区。"[66]他在战术上的一个关键优势是他本人对这片土地的了解,他将这一优势发挥到了极致。他接过克莱沃纵队的指挥权,又加入了他自己的骑兵团,深入格朗布瓦山区追击败逃的保王派分子;科蒂诺(Cotineau)、库佩(Coupé)、盖里耶(Guerrier)、博班(Bobin)和圣维克图瓦(Sainte-Victoire)的英军营地中的碉堡被杜桑围困长达36小时,最后都被大火烧毁。同时,德萨利纳也清除了卡耶特(Cayettes)、达蒂(Dattis)和巴西勒(Basile)三处营地中的设防阵地。到战役结束时,杜桑及其手下攻占了米尔巴莱并扫荡了格朗布瓦山区;这一地区的蓄奴白人移民已经投降,几百名保王派分子被杀,共和军缴获了敌人相当数量的物资,包括各种口径的火炮、步枪、手枪和弹药。当杜桑得知在英军撤离巴尼卡、拉斯卡奥巴和内巴（Neyba）这几座城镇以后，当地居民已经洗劫了英军的仓库，他便要求他们立即将所有军火上缴给他的部队；如果对方拒绝执行，他威胁说将挨家挨户地进行搜查。[67] 抓获的60名俘虏被带回戈纳伊夫：主要是法国保王派分子和黑人雇佣兵，还有个别的英国人和德国人。

如何巩固这些胜利常常是令人头疼的事情：米尔巴莱大捷之后不到一个月，英国人就悄悄地卷土重来，杜桑不得不率军再去将他们赶走。[68] 杜桑经常提起，还有一个因素造成他的人马难以守住到手的领土，那就是他们落后的装备：作为一名军事指挥官，尤其是在对西班牙和英国作战的第一年，他常常要担心的一件事是战士们缺乏武器和补给。在1797年米尔巴莱战役的整个过程中，他的士兵每天分到的口粮仅有三块饼干。[69] 杜桑在写给拉沃的信中总是抱怨他面临的这些困难。他曾经提到，阿蒂博尼特地区的部队没有咸肉，而且非常缺乏衣物，四分之三的人"没有衬衫或裤子"，很多人"像蚯蚓一样赤身裸体"。[70]

虽然他的官兵以真正的共和主义精神坚韧地承受着这样的匮乏，但偶尔也会发出怨言。1796年1月，杜桑收到一封来自驻扎在偏远的东栋地区的第5团军官的请愿书，向他汇报正在面临的"巨大困难"。他们一直没有领到军饷，口粮也即将耗尽，仅靠着一点点香蕉和咸鱼勉力支撑。[71] 这样的困境绝不是个别情况：另一位地方指挥官告诉杜桑，他无法控制手下人，因为生活物资和衣物已经耗尽，他们"被迫到其他地方去抢掠以艰难度日"。[72] 1796年7月，杜桑通知自己的上司他还没有准备好对英军据点发动一场进攻，因为部队已经有三个月处于缺乏给养的状态。他的面粉储备减少，倾盆大雨毁掉了他一贯依赖的大部分收成，包括香蕉和红薯。于是他不得不派出士兵去地里收获甘蔗。一个人每天的口粮已经缩减到一块鲱鱼或腌鳕鱼。[73] 一年之后，尽管西部战线的供应依然十分短缺，当得知让-拉贝尔（Jean-Rabel）部队的"迫切需要"，他还是能够向法兰西角运去250桶面粉；而在听说向他所在地区运送给养的船只失事的时候，杜桑竟然落泪了。[74] 即使是在击败了英国人以后的1798年，局面也没有显著改善：杜桑汇报说他的西线部队面临着"极度的食物短缺"，且被迫依赖当地"并不充裕的"供给；[75] 他向上司抱怨，他的士兵们仍然极端"缺少外衣、衬衫，或者裤子"。[76]

就好像这些情况还不够糟糕似的，装备也十分短缺。杜桑时不时地向上司抱怨他的马匹缺少鞍鞯。[77] 弹药的供应也持续存在问题，在杜桑与拉沃的通信中，这已经成为一个绕不开的话题。他在1794年曾紧急报告，"我已全然没有弹药，弹药在上次的对敌进攻中已消耗殆尽"；不久之后，在准备对圣马克的攻击时，他声明需要相当于他军需仓库中现存数量"两倍的弹药"。后来，当杜桑考察戈纳伊夫的防线时，他又要求获得"加农炮、迫击炮及炮弹"，且正在"惊恐不安"中等待它们的到来。[78] 他将供应400磅火药的承诺比作一次神奇的拯救："就如同病中的我"，他这样告诉拉沃，"得到您寄来的对症良药"。但是，有时的确也出现麻烦。1796年，他提出要求并得到了2000支步枪。但是，他发现这些枪支"质量很差，还少了大约150把刺刀"。杜桑保证尽最大努力"把它们拼凑起来"——这种东拼西凑的本领也是他的战争技艺中不可或缺的一部分。[79]

不仅要克服有限的物质条件，杜桑在某种意义上还把它们转化成优势。他告诉拉沃，士兵"没有充足的理由"不会开枪射击，而且他对于浪费弹药的训诫"非常严厉"。杜桑曾对一群地方指挥官说，他们"有责任将火药用到最后一格令①"。[80] 他还坚持要求，所有从英国人及其盟友手中缴获的枪支弹药都必须上缴军火库，以便重新用于战事。他要求军官"睁大双眼"确保他的命令得到切实的贯彻执行。[81] 对于杜桑来说，将敌人的武器弹药反用于敌人头上，这样取得的胜利似乎格外富有诗意。

这体现了杜桑向手下灌输的坚韧不拔的精神，他们在数量和战术均处劣势的情况下充分展现了英勇无畏的气概。无论自然的还是人为的障碍，就如同竖立在防御工事或高地外围的诸如柴束或拒马这类传统的防御壁垒，都不能轻易阻挡他们的前进。1795 年年初，杜桑外甥穆瓦斯的部队向邦比堡（Fort Bamby）发动了攻击。敌人的一个据点建在难以接近的陡峭山顶上。战士们把枪背在肩头向上攀登，前方的弹雨不停倾泻，他们根本无暇还击；虽然牺牲了一些同志，但他们终于登上顶峰，用刺刀杀败了敌军。[82] 1798 年，杜桑以精锐部队突袭英国人在丘吉尔堡（Fort Churchill）的据点，官兵们发现自己的梯子太短，就一人站在另一人的肩头，坚持了半个小时之久，付出了重大牺牲，最终在敌人的阵地上打开一个缺口。[83] 人梯的使用显然是一个有效的办法，在顺利攻下英国人的另一处阵地，即位于阿尔卡艾的马蒂诺营地（Camp Martineau）的过程

---

① 格令（grain）是欧洲历史上曾经使用过的一种重量单位，最初英格兰将一颗大麦粒的重量定为 1 格令，等于 64~65 毫克。所以在英文里，格令和麦粒是同一个词。

中,他们再次用到了这个办法。用杜桑的话说,"我们的人不得不叠在一起才够到它高高的围墙"——这堪称友爱精神的最高境界。[84]

杜桑的部队常常发现,自己面对的敌人是一支兵力更强大的分队。举例来说,1794年年末,他派30个人去击退保王派对韦雷特的进攻。当这些人到达那里时,遭遇了十倍于己的敌人对他们发起的三次冲锋;每一次敌人都被打退,保王派指挥官比斯凯(Bisquet)也在第三次进攻中被打死。[85]一年以后,杜桑接到报告,穆瓦斯的队伍在东栋地区与让-弗朗索瓦民兵的战斗中遇到困难,又是对方兵力在数量上占优。当杜桑只率领50名"无套裤团"士兵赶到的时候,穆瓦斯的人马已经陷于绝境,所有弹药都已用尽,只剩下"一桶火药"。杜桑感动地发现他的部队还在坚持抵抗,竟然用石头砸向敌人。他重整队伍,向敌人发起了猛烈的攻势,让-弗朗索瓦的部队四散逃窜。[86]

这种英勇作战的例子还有很多,显示了杜桑常常将己方的劣势变成一种武器,一方面是通过强调士气的重要性,另一方面也是由于他的部队不断树立起对于自身事业正义性的坚定信念:为解放黑人兄弟而战斗的军队是不会被敌人打败的,无论敌人的装备多么齐全、资金多么雄厚、武器多么先进。让-弗朗索瓦曾向他们发出邀请,放弃法国人的事业而转投西班牙国王,这时就出现了一个例证,完美地展示了杜桑如何以共和主义哲学教育他的士卒。他们以一篇漂亮的满含蔑视的宣言回应这一叛变的召唤。"我们的自由与你们的大不相同,"他们答复道,"你们只是一个国王的奴隶,而我们这些自由的共和主义者鄙视你们的君主制度。"对于让-弗朗索瓦从其国王那里得到的大批武器弹药,杜桑的人讥笑道:"那是为了收紧你们身上的枷锁,而我们只需用棍棒和石头就能让你们跳起卡马尼奥拉舞。"[87]

军事上的博采众长也包括纪律方面,这在杜桑的军事指挥中占有中心地位,连他的敌人们都承认,这是杜桑的军队在战场上奠定胜利的基石之一。一个后来曾与他在战场上相遇的法国将军甚至明确地肯定,在战士们中间形成的团结一致是"卢维杜尔最了不起的成就"。[88]

这种凝聚力首先体现在他的军事指挥系统的最高层级。杜桑培养出一批颇有才干的高级军官,他们被逐级提升到军中的指挥岗位;其中几人后来成为海地革命的重要人物。他们中的一些人,如亨利·克里斯托夫(Henri Christophe)就是一位天才的黑人指挥官,在第一次负责西部战线的作战行动时,他被委派指挥他自己创建的一个团。克里斯托夫最后成为法兰西角的军事指挥官,杜桑称赞他的"爱国精神""智慧与精明",以及他对"命令"的坚决执行。[89]杜桑的高级军官中最引人注目的就是让-雅克·德萨利纳。从一开始被任命为圣米歇尔的指挥官时,他就成为杜桑最信得过的副手之一。坚强、无所畏惧、毫不退缩,他是一个令人敬畏的战士,在对西班牙和英国的作战中都曾被委以重要的军事行动。在1797年夺取米尔巴莱后的报告中,杜桑特意提到德萨利纳的"坚定、果敢和谨慎"。[90]如果地方上的混乱状态需要使用优势兵力进行弹压,杜桑也会把他派去。德萨利纳骑在马上,带着他的第4团战士执行"整肃"任务的时候,最好不要在附近闲逛:[91]犯下严重暴力罪行的人会当场接受军法审判,如果被判有罪,就会被立即处决。[92]

杜桑的军事随员中有几位是他的亲属：最有名的是他的弟弟让-皮埃尔（在西班牙军队中就开始跟随杜桑）和保罗（后来成为一位将军），他的妹夫克劳德·马丁（Claude Martin）上校，以及他的外甥穆瓦斯、夏尔·贝莱尔（Charles Bélair）、贝尔纳·尚西（Bernard Chancy）和雅克·尚西（Jacques Chancy）。[93] 但是他同样欢迎任何具备才干的人加入，这就如同一个缩影，象征着杜桑期望未来在圣多明各建设的博爱社会。他的高级军官中也包括颇具天赋的混血战士，如奥古斯丁·克莱沃（Augustin Clervaux）、莫里塞上校（Colonel Morisset）和精锐的骑兵团首领加巴赫上校（Colonel Gabart，他后来成为宪兵队的指挥官），以及另外一位也叫德萨利纳的上校（与那位同名黑人将领没有关系）。杜桑的内部军事圈子里也包括几个欧洲白人——最有名的就是他的参谋长阿热将军，我们已经看到过他发挥的作用。另外还有他的几名副官，如迪比松（Dubuisson）、比雷特（Birète），以及他最信赖的下级奥古斯丁·德埃贝科特（Augustin d'Hébécourt）。[94] 与人们普遍的看法正相反，杜桑的军官群体并非由出生于圣多明各的克里奥尔黑人占据主导地位，他的军事干部中有很多是出生在非洲的博萨拉人。杜桑将不同的黑人起义力量团结在自己麾下，其中从圣多明各最大的非洲民族"刚果人"（Kongos）中征召的战士，有很多都是过去的逃奴。这些人里有杜桑在布雷达的老熟人桑-苏西，他被提升为上校，并且自始至终狂热地追随杜桑；其他有名的博萨拉指挥官有雅斯曼（Jasmin）、诺埃尔·普里厄（Noël Prieur）、拉比内（Labelinaye）、麦德莫塞拉（Mademoiselle）、西拉（Sylla）和拉普吕姆（Laplume）。[95] 杜桑所称的"勇敢的拉普吕姆",是一位举止温和的军官,他之所以成为公众视线的焦点,是因为他拘捕了自己的老板——民兵头领皮埃尔·迪厄多内(Pierre Dieudonné),并将他这位同僚送进共和派的军营;拉普吕姆马上被授予上校军衔,最终在杜桑的军队里成为一名将军。[96]麦德莫塞拉是在第12团升至上校军衔的,这个团全部由另一个非洲族群"德库人"(Docos)中的前逃奴组成;杜桑特别偏爱这些强壮的战士,称之为"不屈不挠的山地人"。[97]

为了在这些不同组成部分之间激发兄弟般的"团队精神",杜桑不断宣扬共和主义的团结美德。早期阶段,在白人和非白人之间、黑人和混血者之间,又或者克里奥尔人与博萨拉人之间,常会出现紧张情况。一旦出现这种苗头,杜桑就会把部队召集起来,发表一篇言之有物、滔滔不绝的讲话。有一次,他向拉沃汇报说,他在巡视部队的时候对手下官兵进行了一番"慷慨激昂的训斥",然后"他们现在开始逐渐有了""团结的思想"。[98]另外一次,一些黑人士兵不满于杜桑任命一个白人上校担任圣路易(Saint-Louis)的军事指挥官;杜桑对这些牢骚未予理睬,告诉他们这个人曾经在圣马克周边的一次战斗中救过自己的命,所以他把这个人看作"他的长子"。[99]部队中的白人成员向杜桑递交了一份请愿书,向他们的总司令保证,他们对于自己的同志是黑人还是混血"丝毫都不介意",而且与他们的关系是基于"友谊和兄弟情谊的"——这种保证揭示了部队内部的种族和民族团结是杜桑始终关心的问题。从这件事情上,我们也可以看出杜桑那种高谈阔论的长篇演讲的正面效果。[100]

杜桑还提醒他的同志们注意"服从上下级关系和遵守纪

律"的绝对必要性。他告诉他们："这是曾经使罗马人最具有战斗力的两项军事素质,今天,它们也同样让我们在欧洲的共和主义军队能够打败敌人。"[101]每次军事行动之前,他都向高级军官发布准确详尽的指示,并要求他们在行动期间定期向自己详细汇报。例如,1798年年初,当他派手下去与英国人作战的时候,他给德萨利纳的进军命令具体说明了每一支纵队需要采取什么战术动作、应当在哪里设伏、要据守的战略位置在哪里、在向导带领下应当走哪一条路、每一个行动应当使用什么类型的人员、发起协调动作需使用什么秘密信号,直到对于执行最危险任务的士兵应该给予什么样的鼓励。[102]

杜桑对其高级军官要求很严。在对英国人作战的最后阶段,克里斯托夫未经他的允许就擅离岗位返回了法兰西角。他对其进行了严厉的训斥,指出这种行为是让"地方上的小阴谋"妨碍其"作战职责"。[103]他还提醒所有人协调行动和通信联络的重要性。杜桑告诉德萨利纳,他的具体战术动作的时机很关键,他对此出现的任何"最轻微的疏漏"都"会导致整个行动的失败"。[104]杜桑有时也会刺激甚至奚落手下的指挥官。他命令德萨利纳去攻占英国人的一座堡垒,不仅详细指示应当如何展开行动,还要求德萨利纳挑选"可靠、勇敢和有经验的战士",因为他们会"毫不犹豫地冲锋在前",而非"只是一边走一边向敌人射击"。[105](人们可以想象,一贯在战斗中将生死置之度外的德萨利纳,在接到这样的命令时会有多么恼火。)杜桑也是很有人情味的,他会关心手下战士们面对什么样的危险。如果只能通过大量牺牲才能夺取敌人的要塞,他一般都会命令指挥官将据点包围,把敌人困在里面,而不是冒险浪费战士们的宝贵生命。如果他认为军官们的行动没有受到公平的对待，他也会去支持他们：1797年与英国人在东栋交战的时候，当手下一个上尉被指控有背叛行为时，杜桑坚决维护他。[106]

杜桑总是对属下的军官抱有很高的期待，任何未能遵守他的一些具体命令的军官都会受到严厉的批评，特别是在——就像经常发生的那样——他亲临战场对必须采取的具体措施进行布置的时候。1795年1月，小河镇的军事长官没有认真执行渡过阿蒂博尼特河夺回英军控制下的对岸阵地的命令，杜桑气得火冒三丈："我三次命令你展开这次行动，你竟敢公然违抗我的指示……我告诉你要用18磅和12磅的炮弹，甚至亲自到场明确指出炮火应当射向哪个方位……你的态度是如此疏忽大意。"[107] 这位总司令倒并非总能遵守自己的命令，做到"外表冷漠"。

对待手下的士兵，杜桑同样坚持纪律严明；实际上，这一点对他构想的有效军事行动是很关键的。每次行动之前，他都要重复的首要原则就是服从命令。他在每一次长篇大论中都突出强调纪律的绝对必要性。1798年对英军的最后一战之前，他在激动人心的号令中提出，法国革命军队的纪律是"他们打败欧洲暴君的最重要武器"。他要求自己的部下以此为榜样："无条件听从上级的命令，最严格地遵守纪律，并且尽最大努力服从你们的指挥官，只有这样，我们才能够消灭共和国的敌人。"[108]

杜桑对于英国人腐蚀其手下战士的企图一直加以留心。早在战役初期，英军派了两个有色人来试图收买杜桑；他将此二人交给了拉沃，后者对他们进行审判并以叛国罪处决。[109] 保王派分子明白杜桑是他们收买不了的，但是这更进一步刺激他们去尝试贿赂杜桑的下属,也就迫使杜桑实行更严格的规定以杜绝任何潜在的变节行为。1798年年初,在进攻一座英军堡垒的过程中,英军邀请杜桑的八个士兵进入他们的院落,用绳子把他们拉进去,拿出食物、酒水和钱,问他们是否愿意在回去以后试一试将更多的同伴争取过来。这一叛变计划被指挥官发现,这几个士兵被押到堡垒附近,就在英国侵略者的眼皮底下被处决了。[110] 他的高级指挥官通常都会将英国间谍处死,但是杜桑本人在可能的情况下总争取饶过他们。有一次,他听说拉普吕姆将军发现了两名间谍并处决了其中一人,于是急忙赶到现场,不仅阻止了对另一人的处决,而且说服了这个间谍相信"共和主义理想的正义性",然后把他放回太子港,让他把这番道理讲给那些为英国人作战的黑人同僚听。[111]

禁止掠夺是杜桑军事品德中的基本原则。他在这方面的规定是相当严厉的:他在军中施行的军事行为守则规定,任何进行掠夺的军官和士兵,一旦被发现,将受到军法审判,裁定有罪者将被执行死刑;同时具有叛变行为者,将被"立即当场"执行死刑。[112] 而且,军队中的每一个人都要保持最高警惕,一旦发现任何掠夺行为,无论涉及士兵还是指挥官,都要立刻向杜桑本人报告。掠夺行为的定义很宽泛,包括"出于个人目的私吞枪支、马具、弹药和来自军营、堡垒或城镇的任何军事装备";对这种行为的惩处也是死刑。[113]

但是,杜桑在士兵中培养纪律性时并非单单依靠惩罚措施的震慑,也通过共和主义美德进行教育。意志坚定是其中最重要的一项,他经常提醒下属,他们应当保持信心,尤其是在面对挫折的时候。"一个好的共和主义者,"他给一位刚刚被狡猾的敌人打败的军官写信说,"一定不能丧失信心。"[114] 他还要求一定要悉心防守被解放的领土。"现在，我们已经在这些地方种下自由之树，"他对手下人说道，"我们就要成为这份财富的第一守护者。"杜桑反复劝告他的官兵，不要焚烧任何房屋和种植园。[115] 更重要的是，他强调，他们正在进行的战争中存在的"物质利益的诱惑"是不值一提的。事实上，他将对掠夺行为的禁令转化为一堂道德教育课："我们不是在为自己的利益战斗。在我们把敌人赶出我们的土地、我们的家园以后，有充足的时间去考虑个人利益。我们是为自由而战，这才是我们渴望的最大财富，我们必须为我们自己、我们的孩子和我们的弟兄保住这份财富。"[116]

这种对崇高道德水准的呼吁取得了惊人的成效，表现在杜桑的士兵们在交战地区能够善意地对待平民，尤其是其中的白人。攻下西班牙人的营地以后，他们发现一群饥饿的欧洲妇女，便对其实施了保护，为其提供食品和衣物，虽然他们自己也已经几天没有吃什么东西了。[117] 在米尔巴莱附近发生过数次战斗，其中一次结束以后，杜桑的部队抓获了一支有 20 个白人移民的小队，他们正带着全部家当准备逃离共和派控制的地区，包括满载珠宝首饰和各种贵重物品的 200 匹马，以及他们的奴隶。杜桑下令把他们带到自己面前，首先就询问他们是否有任何随身物品被自己的士兵拿走。当这些人证实士兵们一个金币都没有碰过时，他便告诉对方可以带上全部财产自由地继续自己的旅程——但是把他们的奴隶留下，并立刻宣布解放这些奴隶。[118]

这种行为结合了共和派的奴隶解放的实际行动、严明的纪律和对交战区平民的人道待遇，成为杜桑麾下士卒的标志。1796 年 3 月末，当他们开进法兰西角，扑灭了针对拉沃的一场混血群体的叛变时，这些"几近赤身裸体的人"身上表现出的一丝不苟和泰然自若非常引人注目。[119]1798年再次进入太子港和圣马克的时候，展露出同样风采的那支队伍是总司令杜桑从其精锐部队中认真挑选出来的。[120]杜桑称赞了他派出的一位代表于安（Huin），正是因为于安对太子港当地居民做出的保证避免了一场大逃亡，尤其是考虑到这些选择留下来的人曾受到撤离的保王派警告，说他们将被屠杀。[121]地方行政官员特地向杜桑赞扬了他们看到的"纪律和良好秩序"。[122]一位当地居民看到进入太子港的共和军没有任何劫掠行为，虽然他们在前两天已经耗尽了口粮，他若有所思地说："在同样条件下，一支欧洲军队也能够保持如此严明的纪律吗？"[123]英国人在1794年占领太子港的时候，情况完全相反，几十名共和派人士惨遭屠杀，举世震惊。[124]

更具有挑战性的是如何对待敌军战斗人员。作战往往非常激烈，对于战败的一方，避免全军覆没是明智的选择。1794年10月，杜桑向拉沃报告，他突袭了西班牙人在圣拉斐尔外围的筑垒营地，之后"杀死了大约90个西班牙人"；他又补充道，这些人"绝大部分"拒绝投降，但我们不清楚这些人的意愿是如何被确定的。[125]1795年9月，他的部队进攻迪比松营地（Camp Dubuisson）的保王派阵地时，敌人的抵抗如此激烈，以至于当营地最终攻陷以后，杜桑承认"部队的狂热变得无法控制……营地中被发现的人都被打死了"。[126]落败的敌人有时候会成为可怕的战利品。让·让东（Jean Jeanton）是一个"狂热的"保王派指挥官，在一个法国大革命的周年纪念日，他在圣马克山区遭到伏击并被击毙。胜利者举着他的头颅和肩章在周边地区巡游，杜桑幸灾乐祸地把这个消息汇报给上司。[127] 有时候，这些敌人的残骸会由副官送交总司令以证明他们的革命热情。有一个地方指挥官报告杜桑，他的战士"割下了13个保王派的首级"并送交给他。[128] 1796年，在杜桑部队占领原由西班牙控制的城镇巴尼卡期间，有人声称他的黑人部队实施了报复行为。[129]

但是，在反抗外国占领军及其辅助部队的战争早期，这种事件更为常见；后期更多的则是杜桑及其共和军所表现出来的一以贯之的人道主义行为。尤其是对待黑人战俘，他们总是尽可能地予以优待，并将其"视同兄弟"；那些志愿加入者被编入他的部队，其中很多人后来在战场上都表现优异。[130] 为英国人作战的黑人士兵被积极鼓励开小差——例如，1797年5月，太子港有250名战士投奔共和派的营地；[131] 在战役的最后几个月里，这一数字稳步上升。[132] 无论以任何标准来衡量，其中展露的英勇无畏都是超乎寻常的。1797年，保王派军官德索斯的部队在一次遭遇战中被打垮，他自己落入共和军手中。但是，战斗结束以后，杜桑的地方指挥官让他在10个自己人的陪同下回到圣马克的城门外，当场将他释放，允许他回到自己的大本营。[133] 总司令本人经常指示他的部队，所有战俘都应当按照"战争法则"予以人道的对待；他自己在这方面通常都是很谨慎的。如果战俘保证放下武器，他常常会将其释放。1795年第一次攻占米尔巴莱以后，他发现有300名来自圣多明各北部的法国白人加入了保王派的民兵；在他们做出忠于共和主义的誓言以后，杜桑准许这些人回家；他告诉拉沃，他这么做是出于"人道主义"。[134]

在一次有名的事件中，刚刚在战场上被击败的法国保王派分子马基·迪斯巴维勒（Marquis d'Espinville），得到杜桑允许，带着全套指挥班子离开圣多明各前往古巴，同时其留下的部队被杜桑编入自己的军中。然而，从技术角度讲，这些人都应当被处决，因为他们以武力对抗法兰西，犯下了严重的叛国罪。[135] 在这些事例中，杜桑总是安排得很细心，他的仁慈行为可以说近乎带有表演性质。1798 年，他的部队抓获了四个投靠英军一方的法国人，他下令在周日把这几个人带到他的教堂里；并没有人告知他们的命运，这些人正等待着因为罪大恶极的叛国行为被处死。但是，正当神父在布道中赞美基督徒的宽恕美德时，杜桑走了进来，他来到战俘们的座位旁，向聚集在教堂里的会众宣布赦免这些人。[136]

杜桑也会与英国人交换俘虏，在他与属下官员的通信中，可以看到双方定期进行谈判，而且这些谈判的结果通常都能得到真心实意的履行。譬如说，1795 年 11 月，他从英国人手中接收了 14 名共和派战俘，同时也放回了一个名叫达维（Davy）的年轻有色人，此人的父亲在保王派一方战斗，当时正驻扎在牙买加。[137] 这种交换一直持续到 1798 年，虽然杜桑对于英国人只交换白人战俘的做法非常恼火，他肯定怀疑对方要把黑人战俘扣下作为奴隶。[138] 但问题是，战场上的保王派士兵并没有表现出任何彬彬有礼的做法，尤其是当他们由法国的白人移民或流亡者指挥的时候。在杜桑给上司的汇报中，他特意强调了在两次不同的战斗中，有两位英勇的指挥官——比雷（Biret）准将和米肖准将遭保王派俘虏并被草草处决。比雷已经放下了武器，但还是死在刺刀之下；而处死米肖的方式更是如此残酷，以至于杜桑只能汇报说他被"极其残忍"地杀害。[139]

这样的事件受到保王派军官明目张胆的鼓励。这一点在下述事件中可以得到确认。在攻占英军一座堡垒的过程里，杜桑发现了嗜虐成性的指挥官让-巴蒂斯特·拉普安特（Jean-Baptiste Lapointe）给手下军官的一封信，结尾处写道："对待强盗不能表现丝毫的仁慈。不留战俘。"[140]拉普安特是一个蓄奴的混血种植园主，来自圣多明各的南部，在将阿尔卡艾献给英国人以后，他被委派指挥保王派军队的一个团。他厌憎杜桑，视其为一个"可怜的奴隶"。[141]拉普安特在阿尔卡艾和圣马克屠杀了200人以后，愤怒的杜桑给英军驻圣多明各总司令约翰·怀特少将（Major-General John Whyte）写了一封长长的控诉信。在这封信的开头，他便以"人道主义与共和主义的道德准则"的名义，痛斥对其军官的屠杀以及拉普安特对他的部队下达的"野蛮"命令是"与战争法则相违背的"。他接下来列举了他本人和下属对保王派的战俘所做出的一系列仁慈的举动，还补充说，"圣多明各的共和主义者是不会对战败的敌人进行冷血杀戮的"。实际上，尽管对自己的手下被杀害感到"悲痛"，他还是将爱尔兰军团的六个士兵和一个上尉遣返圣马克。杜桑又对英国军官进行了严厉的谴责："虽然我是一个黑人，虽然我没有接受过你们和你们的军官那样优雅完美的教育，但我依然为如此有损名誉的行为感到难过。如果这是我方军队所为，那将玷污我们国家的荣誉。"[142]

1798年9月，英国占领军被逐出圣多明各，这一胜利将杜桑及其坚强的共和主义战士的声誉提升到一个新的高度。英军士兵从殖民地撤出后不久，法兰西执政的代表菲利普·鲁姆（Philippe Roume）向巴黎的上司写了一份报告，他承认杜桑的"桀骜不驯"有时令他很难驾驭，然而，他又补充道：

这个反叛者会赢得圣多明各九成人口的支持；这个反叛者在殖民地战争中所表现的勇气、纪律和战略思想已经战胜了英国人的实力和计谋；这个反叛者几乎不用睡觉，而且似乎可以形成多个化身，同时出现在不同的地方；这个反叛者对这块遍布山脉河流和小径的领土了如指掌，熟知伏击战的理想位置；这个反叛者指挥着一支不知疲倦的军队，他们能以任何可消化的东西果腹，也不在乎衣不蔽体。[143]

杜桑作为一位军事指挥者的伟大并不仅限于在战场上取胜的次数。其实，虽然经常获胜（他在打垮西班牙人的过程中起到了决定性的作用），但他也遭遇过失败，尤其是在与英国人的作战中。尽管他付出了坚决的努力，要把英国人从西部的根据地（主要是太子港、圣马克和阿尔卡艾）赶走，却一直未能如愿。英军最后的撤退主要是通过谈判实现的，并非无条件投降。也就是说，杜桑集结起来的大部队是迫使英国人进行谈判的主要原因之一，而且他的牵制和不断骚扰敌人的战略毫无疑问达成了心理战的主要目的，到1798年，英军的士气已经非常低迷。[144]杜桑军中有一个欧洲军官从头至尾参加了对英军的作战，在有关这场长达5年的战役的文章中，他断言：打败占领军的力量来自"我们的刺刀和总司令的勇气、精神和智慧"。[145]当然疾病也在其中扮演了重要角色，大部分英军官兵感染了黄热病，而圣多明各的共和军却并没有因感染疾病而遭受同样程度的损失。部分原因在于当地出生的战士已经具有天生的免疫力，也是因为他们的总司令有更好的准备，特别是能够维持一个军事医院的网络，让士兵们得到有效的治疗。[146]

显然，拿破仑所谓的一位将军在战场上最重要的特点——好运气，在杜桑身上得到充分的体现。他无数次死里逃生，包括挫败多次暗杀企图。另外，与拿破仑不同，杜桑并不崇尚武力：虽然他乐意承认非常喜欢军乐，特别是管乐和打击乐，但他的基督教信仰带给他同情的美德（他将自己形容为具有"开阔的胸怀，总是愿意宽恕"的那种人）；[147]就像他自己说的，他有时也会非常恐惧那些"偏爱鲜血四溅的斗士"。[148]如果他能够找到非暴力的途径实现他的目标，他会愿意采纳。杜桑总是在进攻开始以前向对手发出最后通牒，要求对方投降并承诺只要放下武器就会得到宽大处理。1798年3月，针对阿尔卡艾的法国保王派分子，他要求他们"为了共和国的利益团结在我军旗下，以避免冲突将导致的任何不便；用这种方式，你们就可以保全你们自己的生命和财产"，他"以一个诚实者的名誉"[149]保证不会采取任何报复行动。

从这个意义上说，衡量杜桑军事成就的真正标准在于其远大的政治目标——尤其是他在共和军中建立的博爱精神，这支军队在1798年已经达到了2万人。他打造出一个能干而坚定的军官群体，可以忠实地执行他的命令——虽然，他也像每一个军事统帅一样，相信亲临战场才是取得胜利的唯一有效保障。在一名下级遭遇战事不利后，他曾经对拉沃说过："最主要的指挥官不在，战斗就不会顺利。"[150]而那些下级军官和普通士兵，将总司令作为偶像崇拜，每次军事行动胜利以后都会高呼他的名字；无论杜桑指向何处，他们都会跟随，跨过平原、高山与河流，冒着酷暑和暴雨，通常只靠微薄的口粮维生。而作为一个严格纪律的奉行者，他也会和官兵开玩笑，经常讲他在布雷达种植园时的故事让他们高兴，也会告诉他们自己的绰号叫"细棍子",每每都能惹起一波哄笑。[151] 杜桑像父亲一样爱着这些人,他自己说,"他们是我的孩子";[152] 作为回报,他们也学着杜桑最爱用的表情,戏谑地模仿他的鼻音,喊他"杜桑爸爸"或"杜桑老爹"。[153]

父亲的类比很恰当,因为杜桑真的是在像父亲一样培养这些人,将他们塑造成能够展现所有他寄予厚望的军事素养的一支战斗力量,包括纪律、勇气、坚韧和集体荣誉感。在这一过程中,他不仅克服了重重困难,也超出了他自己的盟友和对手的想象。甚至作为杜桑最重要的崇拜者,拉沃也认为"需要很长时间,可能是一代人的时间,才能将非洲人训练成出色的战士";[154] 同时,他认为,共和主义在圣多明各的统治需要有"一支可观的欧洲军队"[155] 予以保障。由其高级军官在 1795 年发表的一份声明,对于杜桑这支黑人军队的自尊心是一次最显著的宣示,当时杜桑还只负责西部的封锁线。在这份致法兰西国民公会的声明中,他们表达了与共和国的敌人作战的不可动摇的决心,要以战场上的胜利表明"安的列斯群岛(Antilles)的法国士兵与他们的欧洲兄弟一样,懂得拿起武器并有效地利用"。对于在这封信上留下签名的勇敢的男人们来说,这是他们最早写下的一篇文字,这些人后来都成为杜桑的主要军事将领——韦尔内(Vernet)、莫勒帕(Maurepas)、诺埃尔·普里厄、穆瓦斯、克里斯托夫和德萨利纳。[156] 到 1790 年代末,黑人在军事上具有优势的观念已经深入人心,甚至在圣多明各有一个针对白人的克里奥尔语警句:"黑人的作战能力无人可及。"[157]

同样重要的是,杜桑的部队热情满怀地消化吸收被教授给他们的优秀军事品质。他不断地申明,"荣誉感是第一位的",[158] 他属下的官兵竞相在这方面效仿他。他们的团结精神也非常突出。他们互相支持，为彼此而战，失去同志只会让他们更加坚强。作为成功突袭马蒂诺营地的指挥官，拉普吕姆确信，鼓舞士兵英勇战斗的一个因素就是他们心目中的英雄——比雷准将的牺牲给他们带来的满腔愤怒：在发起进攻之前，他们聚集在一起，发誓要报复那些怯懦的杀人犯。拉普吕姆的报告中，最让杜桑感到欣慰的是，军中所有不同的群体——欧洲战士、常规部队和当地博萨拉战士组成的民兵——能够高度协同地作战，如同"真正的共和主义者"。而一个更重要的事实是，我们在前文已经提到，拉普吕姆本人是一个刚果人。[159]

拉普吕姆又补充了值得注意的一点，他的人马像"优秀的法国人"一样战斗。在一定程度上，这说明了共和主义的博爱和良好公民原则具有普遍性，也已经被圣多明各的革命者完全接受。但是，其中的法国特质在很大程度上得到了本土化的修正，在杜桑对敌西班牙人和英国人的战争中，这是杜桑将手下人成功动员起来的一个关键因素。他们明白这不仅是一场抵抗外国占领者的斗争，更是一场在殖民地彻底扫除奴隶制度的斗争。这种共和主义精神激励着杜桑的队伍，就像马蒂诺营地战斗中另一个动人时刻所象征的：在战斗进行到最激烈的时候，一个名叫加布里埃尔（Gabriel）的中士，冒着枪林弹雨，攀上飘扬着英军旗帜的旗杆，"扯下那面象征着无耻暴政的旗子"。[160] 对于他和他的战友们来说，法国特质就是圣多明各的黑人获得自由并抵制任何重建奴役企图的坚定决心。在他对战士们作的长篇大论中，杜桑常常将自己比作一只捕猎的猛禽，只要"他的兄弟们的自由"还受到威胁，他就无法寻到落脚之地。[161]

杜桑的共和军的凝聚力还体现在对道德的高标准要求，他的属下严格执行对掠夺的禁令，并且给予战俘人道的待遇。他高调夸耀部队的表现堪称榜样："战士都努力表现得比军官更宽宏大量，而军官也想要比司令官更慷慨大方。"其中难免有些修饰的成分，但是杜桑显然有理由赞扬部队的纪律性。其实，最令他欣喜的是这种同情心不只存在于他的军队里，共和派控制的领土上的黑人民众都注意到了他对人道主义的呼吁。有几次，当地农民偶然帮助了受伤的敌军士兵。杜桑就讲过一个英军士兵的故事。这个士兵说，在一次战斗结束后，他可怜地躺在地上，多亏一个种田人发现了他，救了他一条命。这个种植园工人——几乎可以肯定曾是一个奴隶——把他安顿在自己简陋的窝棚里，给他处理了伤口，还送给他食物和水，最后把他护送到最近的共和军阵地，交给了杜桑的部队。

这位总司令的满面笑容中洋溢着骄傲："尽管敌人残暴野蛮，但圣多明各人民正是通过这种高尚的行为让全世界相信，虽然刚刚踏上重生的道路，但是他们明白如何理解自由的真谛，如何实践共和主义的美德。"[162]

第二部分
卢维杜尔秩序的建立

第4章　友爱的大家庭

1796年4月1日，共和派总督艾蒂安·梅农·德·拉沃在法兰西角的主广场组织了一场盛大的仪式，向他刚刚任命的副手杜桑·卢维杜尔表示敬意。此时此刻，共和派已经收复了曾被西班牙人控制的领土，正在英国人掌握的一些飞地上积极与敌作战。但是，在拉沃与一些混血指挥官之间，紧张关系正在加剧，最终，一群混血反叛者发动了一场针对拉沃的未遂政变。在这次风月三十日（3月20日）的阴谋中，拉沃被指控将黑人利益凌驾于有色人群体之上；他遭受粗暴的对待并被拖进监牢，密谋策划者们发表宣言，要求以北部省的混血军事指挥官让·维拉特将军（General Jean Villatte）取代拉沃。由于维拉特的含糊其词，但更是因为幸运地有杜桑麾下黑人部队的干预，政变被挫败。杜桑赶来与叛军对峙，强迫对方释放了拉沃。[1] 法国殖民地军队的高级军官出席了这个仪式，在邻近要塞的礼炮轰鸣中，拉沃向这位"合法政府的救星"致敬，将杜桑誉为"黑斯巴达克斯，即哲学家雷纳尔所谓的，为对其种族犯下的罪行进行报复的斗争领袖"。[2]

这是人们第一次在公开场合把杜桑与斯巴达克斯联系在一起。革命时代瞬息万变，即使他在1791年投身奴隶起义的时候，可能也难以想象，仅仅5年以后，法属圣多明各的总督会将他比作这样一位光辉耀眼的色雷斯人先辈。历史学家也并未将此刻仅仅视为杜桑个人事业的转折点，庞菲勒·德·拉克鲁瓦（Pamphile de Lacroix）① 认为，这是"对法兰西宗主国政府的致命一击；正是从这一宣言开始，白人统治的终结和黑人政权的诞生指日可待"。[3] 同样，在 19 世纪中叶，托马·马迪乌（Thomas Madiou）② 认为风月三十日事件是"我国历史上最重要的时刻之一，对于确保黑人在北部地区和阿蒂博尼特地区取得优势发挥了决定性的作用"；他又补充说，从此以后，混血公民在这两个地区只能发挥"次要的"作用，而法国白人的代理人政府已经"失效"了。[4] 对于 C. L. R. 詹姆斯这些进步历史学家来说，还存在另一个维度：杜桑的讲话证实了他就是雷纳尔口中"新世界的复仇者"，是法国大革命的真正子嗣——他的政治思想涵盖了雅各宾派共和主义的全部特征，包括其对理性的崇尚、对人民大众的广泛动员，以及对这个世界上善与恶的划分标准。[5]

如我们在前一章中所见，捍卫黑人奴隶赢得的"全面自由"在杜桑的革命思想中居于核心位置。即便启蒙思想对他的影响并非决定性的，他也乐于自豪地接受拉沃把他作为雷纳尔的追随者展现在公众面前。据一个到访圣多明各的法国人说，这位激进哲学家的半身像在杜桑的办公室里占据了显眼位置。[6] 与此同时，他在思想方法上并非简单模仿。实际上，为了应对圣多明各的特殊环境，尤其在种族问题上，杜桑对于公

---

① 1774~1841，法国军官，全名弗朗索瓦-约瑟夫-庞菲勒·拉克鲁瓦（François-Joseph-Pamphile Lacroix）。他在法国大革命期间开始从军生涯，在 1801 年作为法国远征军的参谋长被派往法属圣多明各，并曾在这场战争中受伤。

② 1814~1884，海地历史学家，全名为安托万·贝尔纳·托马·马迪乌（Antoine Bernard Thomas Madiou）。著有《海地历史：1799~1803》（*Histoire d'Haïti: 1799-1803*）和《刺杀德萨利纳皇帝》（*The Assassination of Emperor Dessalines*）。

民权的观点比法国雅各宾派更凸显了博爱的一面。在归附法国事业以后，让圣多明各将来能够摆脱外国控制的理想驱使他与西班牙人和英国人展开不屈不挠的战斗，抵制任何恢复白人霸权的企图。但是，这也促使他向法国人那种不易察觉却同样丑陋的家长制作风发出挑战，政府中的大佬们间或试图将杜桑收为己用。

因为杜桑既是一名战士，也是一位政治家，更是一个思想者，他可以根据不同场景而采取相应的言辞。他的博爱理念通过共和主义和基督教思想，以及非洲的和当地的一些观念予以表达；尤其是在对农民群体讲话时，他通过给博萨拉兄弟们讲述生动的克里奥尔寓言和比喻来进行表达。当时，有一个崇拜者写道，杜桑具有"非洲人的天赋"。[7]最重要的是，杜桑对黑人政权的理想并不是排他的，也同时伴有对拉沃的钦佩和对其随行人员中的白人的"尊重和爱慕"之情。其中就包括平民工程师夏尔·樊尚（Charles Vincent）。杜桑总是用克里奥尔语同他讲话，他也得到杜桑家人（尤其是杜桑的夫人苏珊）的喜爱；[8]杜桑在给他的一封信中说，樊尚等"真诚的共和派兄弟"所给予的支持使他深感慰藉。[9]事实上，杜桑的愿望就是，在圣多明各的各种各样的白人、黑人和混血人群之间，创造出一个"朋友和兄弟组成的大家庭"。[10]

粉碎政变几天以后，被释放的拉沃小心谨慎地从法兰西角退到邻近的海滨城镇小昂斯（Petite-Anse）。有一群100人左右的支持维拉特的混血妇女悄悄地四处散布谣言，说总督和他的白人盟友用两条船运来了成箱的奴隶锁链。她们声称这批货物已经被卸下船，而这还只是殖民者更大阴谋的一部分，他们要在圣多明各恢复人类束缚制度。随后发生了大规模的骚乱，黑人战士和当地居民手持武器聚集到拉沃藏身的房子前面，与其展开对峙，高呼着1791年奴隶起义中马坎达尔主义者的口号——"杀死白人"。场面简直如同一幕完美的戏剧，拉沃现身于阳台上，面对人群袒露出胸膛，向众人发出警告，如果把他打死，他们就是杀死了"始终维护他们自由的父亲"。杜桑再次赶来解围，所幸弑父情节并未上演。杜桑最终稳定了小昂斯的局势，并向大家担保，这位被围的总督是"黑人的朋友"。他还敞开当地仓库的大门，表明里面并没有储存奴隶锁链，只有面粉和咸肉。

这次事件表明，面对奴隶制度在圣多明各复辟的可能性，黑人民众是多么敏感和脆弱，同时，他们对自身处境的担忧又是多么容易被当地首领无耻地操纵，不论这些操纵者是白人还是黑人，或者就像这次事件中那样是混血者。杜桑与维拉特的冲突可以追溯到1794年，当时杜桑建议他放弃西班牙人的事业而投入法国阵营，但是遭到后者无礼的拒绝，理由是他不能与一个"可怜的奴隶"共事。[11]维拉特随后不实地指控杜桑以死亡胁迫戈纳伊夫地区的农民在法兰西角出售其农产品，而更严重的是，他鼓励杜桑手下士卒开小差，逃到他自己的北方团，承诺提供更好的薪水和生活条件。杜桑向拉沃发牢骚说，这种阴谋诡计不是一个"真正的兄弟"所为。维拉特也是南部省的混血将军安德烈·里戈的亲密盟友（1779年，两人曾同在圣多明各的美洲军团作战），且杜桑怀疑里戈也参与了意在削弱法国总督的阴谋。[12]起初，对杜桑有关混血首领阴谋的警告，拉沃置若罔闻。而在风月三十日事件之后，他也没有掩饰其轻蔑的态度。"有色人，"他写道，"受到一种难以克制的对白人的仇恨驱使……在他们看来，他们应当独自控制这个国家，并支配其法律。但是，在为自由和平等事业做出如此巨大的牺牲以后，法兰西不能把权力交给一帮愚笨的行政人员。"[13]

杜桑一定完全同意，维拉特这个"狡猾的家伙"[14]只不过是他参加革命以来遇见过的一长串声名狼藉的混血者之一。在他眼中，维拉特在1796年的篡权企图与殖民地混血首领施行的受到误导的战略如出一辙，他们拒绝支持奴隶解放运动，而宁愿与白人移民达成妥协。在给拉沃的一封信中，杜桑特别提到了作为"所谓的烈士"的1790年起义领导人樊尚·奥热和让-巴蒂斯特·沙瓦纳（Jean-Baptiste Chavanne），他们的驱动力不是对全面自由的热爱，而是其所在阶层本身的狭隘利益。杜桑还声称握有其两面派行为的证据。虽然他们遭受的残忍处决受到谴责，但是他们还不配享受与那些为自由献身的黑人革命者一样的地位。[15]早在1793年，当他努力争取混血首领支持的时候，杜桑就已经对这一点做出注解——但是，如今维拉特对共和派政权发出的挑战则使它确凿无疑。杜桑没有忘记，1791年奴隶起义爆发以后，有色人群体曾短暂地与黑人革命者为共同事业并肩战斗，而在1792年4月法令授予有色人政治权利以后，他们便转而反对黑人革命。其领导人物公开呼吁白人和混血者建立同盟，以便"摧毁"起义军，将奴隶赶回种植园。[16]对杜桑来说，这种奸诈的背叛行为是出自混血首领对黑人根深蒂固的种族偏见，而且这些人担心奴隶制的废除会给他们的利益带来不利影响。[17]法国官员也同样认为有色人不是靠得住的盟友，尤其是在1796年维拉特的未遂政变之后。[18]

在对西班牙人和英国人的战斗中，当地混血群体的表现更加深了杜桑对他们的不信任感。1794年10月，他将韦雷特地区几个据点的失守归咎于有色人士兵的"叛变行为",他们在战斗的关键时刻投靠了西班牙人,并企图让敌人抓住杜桑本人。他斥责了"该地区的有色人群背信弃义,他们表现得非常具有欺骗性,证实了他们确有令人作呕的性情"。[19]1795年1月,当地一群共和派人士再次设计了一个抓捕英国军官布里斯班并将圣马克交给法国人的计划;这一计划未能成功,因为其中一个密谋者,一个有色人,背叛了他的同志。[20]次月,在卡奥(Cahos)山区,一个混血指挥官勃朗·卡泽纳夫(Blanc Cazenave)被杜桑逮捕,因为他处死40名白人战俘、窃取物资、鼓励士兵开小差、恶意传播对拉沃和杜桑不利的谣言,并企图建立一个自己一手把持的独立王国。[21]卡泽纳夫"因暴怒而窒息",死在了牢房里。[22]为了压制这类煽动叛乱的行为,杜桑抓捕了一些与风月三十日阴谋有牵连的地区指挥官:小河镇的居伊(Guy)、特雷诺沃(Terre-Neuve)的舍瓦利耶(Chevalier)和格罗莫讷(Gros-Morne)的当蒂(Danty),这些人也都是有色人。当蒂的妻子,在"100个有色女人"的陪伴下,请求杜桑释放她的丈夫,但未能如愿。[23]1796年6月,杜桑又发现了一个企图将韦雷特地区出卖给英国人的阴谋,领头的是一个名叫瓦勒里(Vallery)的混血指挥官。[24]

杜桑并非总是对祈求宽恕充耳不闻,尤其是涉及易被上级误导的普通战士的时候。例如,1796年3月,杜桑夺取了大卡奥(Grand Cahos)地区的一座敌军堡垒,发现大多数敌军士兵都是有色人。虽然他们都因"向三色旗开枪"而犯下了叛国罪,但是在他们妻子儿女的苦苦哀求之下,杜桑将他们全部赦免。[25]关键是,杜桑并未让这些反叛事件改变其对混血者的总体观点,也没有削弱他对不同族群之间的团结友爱的看法。他尽力强调，混血社群被他当作自己的"兄弟"，尽管发生了风月三十日事件，他依然认为圣多明各有很多"高尚的"混血公民。[26]访问杜桑在戈纳伊夫地区的根据地期间，拉沃高兴地看到"男人、女人、小孩，白人、黑人、有色人，军人、农民和有产者，所有人都心平气和，秩序井然"。[27]他还将杜桑在戈纳伊夫的主要白人盟友夸赞为"献身于全面自由原则的忠诚爱国者"。[28]风月三十日事件之后，杜桑得到允许从"军中最锐不可当的士卒"中挑选90个人组建一支自己的骑兵团。这时，他选择了一个混血军官作为这个团的首领，这位"勇猛的莫里塞（Morisset）"终其一生效力于杜桑。[29]

1794年之后的一段岁月中，在多数出生于非洲的圣多明各黑人族群中培养团结的意识是杜桑的当务之急。这在军事上十分必要，尤其是因为西班牙和英国军队严重依靠从当地招募的以黑人为主的雇佣兵。但同时在政治上，杜桑也需要这种团结意识来巩固1790年代初奴隶们取得的革命胜利果实。在杜桑的心中，博爱是一种多层次的理念：圣多明各的所有黑人都可以成为他的"兄弟"，但是这样的兄弟情谊不仅局限于单一族群，还应当包括白人和有色人、来自法国的共和主义者，以及大西洋两岸所有参与反对奴隶制的正义战争的人。听说1795年牙买加的逃亡奴隶发动了起义，他表示，希望"我们在那里的兄弟能够实现他们的目标；我衷心地祝愿他们"。[30]

"我唯一的目标，"他告诉拉沃，"是全体共和主义兄弟的团结和幸福。"[31]然而，挑战也是非常严峻的。他的"无套裤团"装备很差。[32]他根本付不起西班牙人所支付的一个"普图盖斯"（portugaise）① 的月薪，他无可奈何地评论道："他们给雇佣兵支付如此高的薪水。"[33] 而英军则毫无信义可言。在有关1796年年初卡奥高地的一次战斗的报告中，杜桑提到英国人"不仅对我们反复发动袭击，而且还向小山镇的民众派出密使，妄图不择手段地对他们进行收买和引诱"。[34] 反对共和主义的"恶人"给一些谣言添油加醋，这也削弱了杜桑获得当地社群支持的努力。到1796年年中，有些流言已经迅速地传开："我已经变成了一头白狼。对某些人来说，我要设法摧毁黄色［有色］人种；而另一些人认为，我企图把殖民地拱手交给英国人，让黑人再次沦为奴隶。"[35]

杜桑如何反击这些极具破坏性的谣言，促进圣多明各黑人民众更广泛的团结呢？在其军事架构中，如我们在前一章所见，他凭借富有感召力的领导人地位和具备严格纪律性的管理方法，同时也在士卒中培养共和主义同志关系的意识。种植园中发生的工人骚乱有些是由反对法兰西的势力煽动的，在处理的过程中，杜桑不得不采取更多的外交手腕。此刻，他作为一个调停人的才能得到最好的发挥。1796年年初，在和平港地区，一群"不幸的兄弟"因为受到白人和有色人的虐待而发动叛乱。杜桑建议拉沃小心处理：只有采取"最为谨慎"的行动，才能够将他们重新拉回"正确的"道路上来。[36] 在一份长篇报告中，杜桑解释了如何获得当地种田人的信任，他与这些人进行了一系列的会谈，承诺偿还拖欠他们的所有款项，如果他们遭到种植园经理肆无忌惮的压迫，可以向他寻求保护；

---

① portugaise 原意是葡萄牙人或葡萄牙的，这里是作为黄金的单位。根据本书作者在书后的注释，一个普图盖斯等于半盎司黄金，价值相当于8古德。

杜桑请求他们忘记从前的冲突，从此以后"就以兄弟关系，像真正的法兰西公民那样生活在一起"。[37]一位名叫朱利安·雷蒙（Julien Raimond）的混血首领，后来成为杜桑的亲密盟友。他多次看到杜桑介入此类事件，惊异于杜桑在对普通民众发表讲话时的修辞天赋，将恰到好处的严厉与家长式的作风结合在一起。[38]这些场合下，他对克里奥尔语中通俗易懂的谚语格言也是信手拈来；在他喜欢用的说法中有这样一句，"必须光脚走路的人一定要留神路上有没有荆棘"，它的意思是警告人们不要以危险的方法行事。[39]

一个更紧迫的问题是使黑人民兵保持中立。这支队伍主要是由1791年奴隶起义中遗留下来的逃奴战士组成。这些民兵可能表现得唯利是图，比如杜桑的老战友让-弗朗索瓦领导的部队，他在1795年多次发布公告，邀请黑人"兄弟"背弃法国的事业。杜桑曾经这样形容努瓦尔山（Montagne Noire）和格朗德里维耶尔地区的局势："该地区时常受到让-弗朗索瓦那帮强盗的攻击；但是只要对方一现身，我们英勇的法国军队就将他们击退。"[40]此外，这些战士对白人有一种发自心底的不信任感，对杜桑投身的法国事业也存在矛盾的心理，且往往是出于正当的个人原因。杜桑试图与他们在思想上协调一致，特别是借助共和主义和种族之间的团结。1796年2月，在给民兵指挥官皮埃尔·迪厄多内的信中，杜桑说自己不相信一个像他这样的"高尚的共和主义者"竟会考虑去支持英国人，因为那是"与他的自由和平等不共戴天的敌人"。杜桑还用自己举例："我已经归队了，受到法国人敞开怀抱的欢迎，而且他们已经回报了我的服务；我恳请你，亲爱的兄弟，以我为榜样吧。"鉴于他们双方都是黑人，并且应该以此为基础相互信任

("我亲爱的兄弟,你是不会拒绝给予我友谊的,因为我是一个和你一样的黑人"),他认为,双方武装力量之间的争执应当通过协商而不是武力解决。"共和国是我们所有人的母亲,她不希望看到我们兄弟阋墙。"最后,他以一句特别的格言作为总结:"兄弟之间争斗,结果总是穷人受苦。"[41]

为了使这些人相信法国共和主义事业的真心实意,杜桑付出了异乎寻常的努力。有一次,在1796年4月,他与一位名叫诺埃尔·阿尔托(Noël Artaud)的民兵首领共度了几个小时。此人对杜桑甚是怀疑和生气,因为杜桑带了"太多的白人"来参加会谈。"我不得不骑着马赶上他,亲自消除他的疑虑,向他证实我的意图是发自内心的。"于是,这两个人坐在一处河岸上,进行了深入的交谈,其中在有关共和主义和种族团结的问题上,杜桑利用了类似于曾向迪厄多内表达的理由;他又补充说,黑人民众之间的内讧只会让共同的敌人受益。最后,杜桑也向阿尔托部下的军官发表了讲话;而当他将"四瓶塔菲亚酒"送给阿尔托的龙骑兵时,双方大概才达成协议。[42]为了拉近与黑人听众的距离,杜桑在讲话时也会插入一些有关白人和有色人的笑话。他将新自由人的坚定不移与有色人的反复无常进行对比:"给有色人看一片火腿,你就能让他追着你跑遍整个殖民地。"[43]

另外一次,在1796年年初,杜桑成功地控制住艾蒂安·达蒂(Étienne Datty)。这位黑人民兵首领在和平港的山区领导了一场暴动,反抗白人种植园经理的剥削。杜桑赶赴那个地区,找到了起初难觅其踪的艾蒂安;这时,杜桑考虑是否动用武力,但是他断定这将对局势"有害无益"。他最终追捕到这位起义首领并与其多次交谈,用他高超的修辞技巧说服对方归附共和主义事业。首先,他警告艾蒂安,要小心自由的敌人,包括英国人及其蓄奴支持者的诡辩，他们通过歪曲共和主义事业的目的和价值观进行诽谤中伤，"使高尚看似邪恶，而邪恶看似高尚；混淆了痛苦与甜蜜；让人分不清是光明被黑暗掩盖，还是黑暗中看似有一缕光明"。他补充道，《圣经》教导人们在任何情形下，都要"去爱他们的敌人，以善行回报邪恶"。杜桑也激发艾蒂安的"博爱"意识，把自己描绘成一个"追求圣多明各全体黑人幸福的兄弟"。他用第三人称指代自己，又说："杜桑·卢维杜尔是那些与他相同肤色者的真正朋友，他如此热忱地献身于他们的事业，将他们从专制暴政下拯救出来，他宁愿牺牲 1000 次也不愿看到他们重新落入其轭缚。"在利用了这种克里奥尔、天主教和共和主义价值观的独特组合以后，杜桑还为这次谈话注入了一股神秘的力量："我就是黑人注视镜子的时候能够看到的那个人，如果他们要享受自由的果实，就一定会求助于我。"[44]

为了和解，杜桑还与艾蒂安的博萨拉人部队及当地黑人农民进行了多次面对面的交谈，他向这些人宣扬他所谓的"理性的道德观念"。一次，在这些人暴力反抗当地法国政权后，杜桑严厉地责备他们引起的混乱，又借助宗教观念："神说，'你们求，就必得着'，而没有说'你们靠作恶去得着所需的'。"杜桑告诉他们，即使他们的不满是正当的，他们对暴力的诉诸也使他们和他自己同样"蒙羞"，而且只会向圣多明各的敌人证明，"黑人不适合自由"。这些反叛者请求宽恕并把杜桑称为他们的"父亲"；他们非常惊异地看到这支军队中的黑人、白人和混血战士之间盛行的和谐气氛，如一个农民所说，所有人都像是"一母所生的兄弟"。[45]

在对广大黑人群体进行讲话的时候，杜桑反复提到，相比于圣多明各已经废除奴隶制度，它在西班牙人控制的领土上依然延续，而且英国人在1793年刚刚来到这里就又将它恢复；在给拉沃的信中，他写道，"绝大多数公民，不论男人还是女人，都逃离了圣马克、蒙特-鲁伊（Mont-Rouy）、韦雷特和其他敌人控制的地区，放弃了所有财产，只为来到共和主义的仁慈法律下生活"；几个月之后，他看到这种归附事件每天都在发生。[46] 杜桑经常发表这类讲话。为了某封信太过简短，他向拉沃表示歉意，说他"忙于和农民及监工周旋，向他们灌输努力工作的热情，让他们明白这与自由是两回事"。[47] 有时候，这种说教是通过受到信任的宗教使者来进行的。"受过教育的人"被派往农村地区"对黑人民众进行指导，使他们认清谁是他们的朋友，谁是他们的敌人"。[48]（虽然他也注意到他本人亲自到场比这些替代者要更有帮助。）[49] 这类讲话大多数都很成功——但也并非总是如此，1795年6月的一次，听说当地农民反叛法国官员后，杜桑来到了一个山里的社区。他刚刚开始"布道"，这些种田人就举起武器瞄准了他；"我的所有努力换来的只是胳膊上的一颗子弹，它到现在还使我痛苦不堪"。[50]

在争取新自由人的过程中，杜桑面临的最大困难就是他们中的多数人并非出生在圣多明各。在革命之前的动荡和分裂形势下，很多非洲博萨拉人首先是忠诚于自己的民族和部落。他们认为自己是刚果人、阿拉达人、伊博人（Ibos）①、达荷美人（Dahomets）②、塞内加尔人（Senegalese）或者莫桑比克人

---

① 西非主要黑人民族之一，主要分布于尼日利亚东南部尼日尔河河口地区，另在喀麦隆也有较多分布。
② 西非埃维族的一支阿贾人于17世纪建立了一个封建国家，全名为"达恩·荷美·胡埃贝格"，意思是"建在达恩肚子上的国家"，简称"达荷美"。1899年为法国所灭。

(Mozambiques），而并非法兰西公民（他们之中几乎没有人讲法语）。民兵的组成经常是按照这些"民族"来划分的，其领导人都拥有一定的号召力，并且是杜桑和共和派当局试图安抚的对象。其中最气度不凡的是阿拉乌（Halaou），风度翩翩的库尔德萨克反叛首领，身形高大，"像赫拉克勒斯般力大无穷"，总是带着一只大白公鸡，他声称这只鸡能直接传递上天的旨意。1794年2月，桑托纳克斯专员邀请阿拉乌到共和港参加一次谈判，他带去了1.2万名战士。在他们的注视下，这位巫师国王几乎全身赤裸，佩戴着护身符，在官邸中享受了一顿丰盛的宴席，而他信任的白公鸡就坐在他的身边。[51]

这类难以解释的体验，伴随着伏都教的神秘主义、秘密社团和非基督教的吟唱，看上去与共和派的哲学理性相去甚远。历史学家常常将这种特殊的、具有神秘色彩的、博萨拉人的非洲民族主义与杜桑的"来自欧洲的"军事和政治文化相比较。[52]他的语言有时就反映了这一矛盾，其常用的一个表达方式就是要让黑人"听从道理"。[53]杜桑无疑很厌恶某些非洲人民兵滥用暴力，也反对他们意图消灭圣多明各白人移民的策略。偶尔，对于"我们那些太懦弱、太容易被诱惑的、不幸的非洲兄弟"，杜桑也会表达他的沮丧之情。[54]不过，他有能力与这些非洲战士进行沟通。他愿意以重视和尊敬的态度对待他们所有人，并以同样的精神与他们展开对话：即使他们受到了误导，或者甚至已经犯下了罪过，圣多明各的博萨拉人依旧是他的"兄弟"。他努力避免让他们受到语言的侮辱，为此公布了一道法令，禁止称呼劳动者为"强盗"或"反贼"。[55]作为这一策略所取得的一项显著成就，杜桑与从前在布雷达的熟人、如今小河镇地区的一个首领桑-苏西结成了同盟；在给拉沃的一封信中，对于成功地使其归附共和主义事业，他表示满意。一直到1802年海地独立战争爆发，桑-苏西始终是杜桑的忠实盟友。[56]

杜桑还将自己的士兵和军官在部落和宗教上的隶属关系为己所用，尤其是与非洲人民兵首领建立了沟通渠道，并且鼓励西班牙和英国阵营招募的博萨拉人倒戈。1795年7月，他向拉沃解释说，"通过智谋和关系"，他将来自圣马克的一些出生于非洲的战士争取到了己方阵营。这暗示他利用了伏都教中的联系（极有可能是交换护身符和独特的吟唱表演）——毫无疑问，这是他在很多场合都曾用过的。[57]在米尔巴莱地区与逃奴首领麦德莫塞拉及一群"德库人"勇士的会谈中，杜桑高兴地看到其中有一些非洲人来自他自己所属的阿拉达族，便用埃维①-芳语（Ewe-Fon language）向他们做了热情洋溢的长篇大论。我们可以想象，这种语言上的多才多艺在争取麦德莫塞拉加入共和主义事业的过程中发挥了多么重要的作用。[58]

从杜桑与刚果出生的马卡亚（Macaya）之间不稳定的关系中，可以看出他与这些非洲人民兵首领的联系是多么复杂。1790年代，在位于阿克拉（Acul）地区的行动基地，马卡亚自豪地庆祝他的君主政权成立，并自称为法兰西、西班牙和刚果三国臣民的国王。几年之后，杜桑将他逮捕并囚禁在戈纳伊夫，但是他逃脱以后回到了阿克拉。杜桑向拉沃抱怨说：

---

① 埃维人是西非的一个民族，主要分布在加纳东南部、多哥中南部和贝宁西南部。

"每天他都与同族的非洲人聚会跳舞,给他们出坏主意。"[59] 1796年年初,马卡亚似乎将自己置于维拉特的保护之下,肯定是因为他们都仇恨欧洲人。[60] 然而,马卡亚本人及其追随者的保王主义意识形态中还包含很多杜桑可以认同的内容——特别是虔诚的基督教信仰,还有对个人主义和物质欲望的坚决反对、相信普遍的正义原则以及致力于黑人群体中各民族的和谐。只需稍加调整,这些理念就可以很方便地表述为共和主义的博爱思想。这就是杜桑在与黑人民兵首领打交道的时候试图寻找的共同基础,而不是马卡亚建议的实施一场"对白人的全面屠杀"。[61]

于是,在争取黑人民众投入其事业的过程中,杜桑关于共和主义兄弟情谊的华丽辞藻成为一件有效的工具。1796年4月,在北圣路易(Saint-Louis-du-Nord),他的"非洲兄弟们"以拒绝加入国民卫队服役的方式激烈地反抗共和派政权。在随后向他们发布的公告中,杜桑的这类言辞得到最充分的展示。他沉痛地说,他们流淌的鲜血属于那些为"全面自由、个人权利和整个人类的幸福快乐"付出了巨大牺牲的人。拿起武器反抗法国人这种方式使他们的行为像是"被误导的孩子",让他们自己在"罪恶的怪物"引领下偏离了正确道路。结尾时,杜桑不仅呼吁他们保持"理性"意识,还要求他们具备集体力量的观念:"我们黑人,是最强大的,应当由我们来维护秩序与和平,树立正确的榜样。"但是,只有在他们对"首领"的正确指导做出反应的情况下,这才有可能实现;这句话没错,圣多明各的黑人国民现在有了一个这样的"首领",虽然他的领导地位还需几年时间才能最终确立。[62]

拉沃于 1796 年 10 月离开了圣多明各。在杜桑的鼓励下，他被选为殖民地的代表之一进入五百人院（Conseil des Cinq Cents）①，即督政府（Directory）② 时期的法兰西国会下院。[63] 当 1795 年宪法下的法国政治局势向更加保守的方向转变，杜桑认为在巴黎拥有强有力的代表对于圣多明各革命至关重要。作为"黑人民众的真正朋友"，[64] 拉沃正是这一角色的理想人选。他是法兰西立法机构中重要的进步代表，对于共和六年雪月十二日（1798 年 1 月 1 日）法令的通过发挥了关键的作用，这部法律旨在巩固殖民地的革命成果；[65] 刚一回到巴黎，拉沃就在他定期参加的黑人之友协会的会议上对杜桑的领袖地位表示拥戴。[66]

拉沃的继任者是之前的法国驻殖民地代表莱热-费利西泰·桑托纳克斯，他在 1793 年 8 月宣告了终结奴隶制度。因为他的名字与奴隶制度的废除直接联系在一起，而且在法国政府的圈子里也有很多人脉，所以桑托纳克斯是一个颇具实力的人物。他在一部分黑人群体中相当受欢迎，反过来也受到圣多明各白人移民的痛恨，特别是那些被放逐的保王派流亡者，革命摧毁了这些人的生活方式，他们在种植园中的财产也被冻结。之后的一整年里，杜桑与这位自封的"全面自由的缔造者"[67]之间的互动成为殖民地政治的重要内容，他们之间的冲突最终以桑托纳克斯返回法国而告终。对于杜桑而言，这场胜利意味着韦雷特事件之后的又一块里程碑。但更重要的是，它

---

① 法国大革命时期的立法机构下院，存在于 1795 年 8 月 22 日至 1799 年 11 月 9 日。它享有法案的创制权，以及讨论和三读通过法案的权力。因由 500 人组成，所以称五百人院。
② 指拿破仑统治前期的共和制政府，存在于 1799~1804 年。

首次突出反映了杜桑和与之地位相当的法国殖民者对于圣多明各的未来设想存在的差距。

虽然这两个人此前从未谋面——杜桑在1794年归附法国共和派阵营一个月之后,桑托纳克斯就离开了殖民地——他们在1796年的第一次接触就颇具积极意义。桑托纳克斯给杜桑写了一系列满腔热忱的书信,宣布他已经到达殖民地,"满怀信心地支持"杜桑保卫法兰西领土,并"组建全面自由的政权"。[68] 作为回报,杜桑在给法国政府的信中说,桑托纳克斯的出现"对于圣多明各的健康发展,以及它的全面复苏和繁荣前景都是至关重要的",并且补充道:"这个人得到了黑人民众的完全信任。"[69] 两个人之间还互相赠送礼物:法国专员知道杜桑爱好音乐,就送给他一支小号,而他自己则收到了杜桑馈赠的一匹骏马。[70] 来到这里几个月之内,桑托纳克斯就将杜桑提升为少将(division general),并在上司面前将杜桑形容为"一个勇敢的人,他的勇气、他的人性和他对自由的执着值得共和主义者的尊敬",[71] 他在"公德和私德两方面都堪称典范",而且将"所有人都视为他的兄弟"。[72]

杜桑在抵抗西班牙人和英国人的过程中取得的军事成就深深打动了桑托纳克斯,他夸赞杜桑的"不屈不挠",又将他称作"最好的朋友"。[73] 他还特意与杜桑的家庭建立了亲密的关系。通过拉沃,他得知杜桑希望把两个孩子送到法国接受教育,桑托纳克斯便致信他在巴黎的一位重要盟友,即海军部部长、进步的共和主义者洛朗·特鲁盖(Laurent Truguet);[74] 年轻的伊萨克和普拉西德于1796年7月初启程前往法国。[75] 杜桑和桑托纳克斯之间甚至还有着更加私人的联系,后者的妻子是一位有色人妇女,名为玛丽·欧亨尼娅·布雷贾(Marie

Eugénie Bléigat），而她的第一任丈夫曾经在革命前做过布雷达种植园的经理，杜桑对他很熟悉。[76]

然而，从一开始就很明显，这两个人之间存在巨大的鸿沟，并不仅仅是他们在外形（桑托纳克斯丰腴微胖，而杜桑瘦高结实）和年龄（桑托纳克斯比杜桑年轻20岁）上的差异。就像杜桑在1798年的一封信中告诉拉沃的，他自己总是一副"干净利落的军人"形象，[77]喜欢简单朴素而富有条理。桑托纳克斯则更像是一个政治家，一个陶醉于密谋策划和模棱两可的雅各宾派。他们两人的脾气也截然不同。杜桑天性矜持内敛，言辞谨慎；桑托纳克斯是一名专业的律师，活泼开朗，讲话滔滔不绝，有时近乎鲁莽（克里奥尔语的说法是"他的舌头在星期天也不歇着"）。[78]而且，桑托纳克斯还是一个感情溢于言表，看得见摸得着的人；杜桑后来直言不讳地说，他们第一次见面的时候，法国专员紧紧握住他的手，他却并未对这一明显的亲近表示做出热情的回应。1790年代初，桑托纳克斯在第一次任职圣多明各期间，曾坚决维护奴隶制度和白人特权，这一记忆加深了杜桑对他的怀疑。正是由于这个原因，杜桑起初对法国向废奴主义的转变深感疑虑，相信那只不过是一个"花招"。[79]简单来说，虽然杜桑很容易信任拉沃"老爹"，因为他对杜桑及其黑人解放事业的真诚是无可争议的，但是对桑托纳克斯缺乏信心。

还存在另外一个困难。从一开始，桑托纳克斯在杜桑面前的举止就带着屈尊附就的意味。与大多数来自法兰西本土的同事一样，他的平等主义在抽象层面是没有问题的；但是他无法让自己真正平等地对待像杜桑这样的人——特别是因为他在1793年废除了殖民地的奴隶制度，便把自己视作了黑人民众的解放者。在二者关系破裂之后,桑托纳克斯在给法国政府的报告中透露了真实想法,他将杜桑形容为"一个笨蛋,卑贱如其作为第一份职业的牧马人;平时只讲克里奥尔语,几乎不懂法语"。在同一份报告中,他也鄙视杜桑的宗教信仰,将之视为道德上的缺陷:"极端的无知使他完全听命于神职人员,而圣多明各的这类人,和其法国同类一样,利用一切可能的机会破坏我们的自由权利。"[80] 隐藏在共和派平等主义面目后面的是他对黑人民众的蔑视,他曾经对一个法国白人军官说过:"黑人想要在军队中升官是为了给他们自己弄到更多的美酒、钱财和女人。"[81]

桑托纳克斯并没有公开流露这些想法,只是在与他人的日常谈话中表达了对杜桑的不屑之意。而圣多明各是个小地方,杜桑在所有恰当的地方都有耳目,这些话全部会传到他的耳朵里。无论如何,这种泄露不会只限于桑托纳克斯的言辞,其傲慢态度也偶见于书信之中。比如说,在杜桑的一篇讲话发表之前,他替换了其中的开场白,称这一修改能使它更"得体"。[82] 杜桑给桑托纳克斯写信为他那衣不蔽体的部队要求更好的装备,收到的回信却像是一堂华而不实的关于革命品德的历史课,他和他的属下所经受的匮乏,在所有为实现自由而反对专制统治的战争中都是无可避免的,况且"史书中的每一页上都满是这样的事例"。这位专员教授又继续罗列了各种数不清的例子,在法国革命和美国革命中,处于劣势、装备很差的人民军队战胜了他们的敌人。之后,他又指示杜桑"提醒其麾下的共和主义者牢记这些英雄特质"。甚至桑托纳克斯还提到英国人对杜桑的黑人士兵的污蔑性称呼——"赤裸的刚果人",把它与法国大革命中的无套裤汉相提并论,作为一个带有赞扬性质的比喻，但是其中流露出贬低的意味。对杜桑来说，这样的话语不应当出自一个真正信仰博爱精神的人。[83]

他们之间也暴露出政治上的重要差异，尤其是在对待流亡者的态度上。杜桑热衷于推进一项宽容的赦免政策，鼓励那些接受新秩序的白人种植园主和有产者返回殖民地参与重建工作。桑托纳克斯却更加教条，认为流亡者是死不悔改的革命敌人，于是便对他们的回归抱有敌意。当杜桑邀请他在布雷达种植园时的经理，即正在美国过着流亡生活的巴永·德·利伯塔回来的时候，他和桑托纳克斯之间对待博爱精神的不同方式得到了最充分的体现。杜桑安排给巴永汇一笔钱，答应将他从流亡者的名单中删除，并且归还他在兰贝的财产。[84]杜桑极力请求桑托纳克斯解除对巴永财产的扣押，并请驻费城的法国领事协助安排这位"值得敬重的老人"返回圣多明各；[85]他甚至还致信督政府，为巴永提供了一份热烈赞扬的证明，形容他是一个"高尚的"经理，人道地对待手下奴隶，被工人们当作一位"父亲"。[86]然而，当巴永抵达圣多明各的时候，桑托纳克斯却下令将其逮捕并解往法国，根据他在革命初期与英国方面的复杂关系，以叛国罪对他提出指控。[87]杜桑急忙赶往法兰西角，向专员求情，但是遭到断然拒绝。经过一番看在杜桑情面上的"仔细考虑"，他仅仅同意将巴永驱逐回美国。[88]之后，桑托纳克斯又试图做出调整，允许杜桑为其前老板提供金钱支持，但是继续坚持巴永的回归是"违法的"，不仅是由于他与保王派卖国贼的联系，还因为有关流亡者的法律条文要求对其处以死刑。[89]

反革命并非只是过去才有，从1796年起，在巴黎，拥护君主制度的势力开始在政治上回归。如我们将会看到的，这些保王分子对圣多明各殖民地的革命政权怀有咄咄逼人的敌意。杜桑和桑托纳克斯自然都同意必须遏制他们的挑衅，但是对于如何达成这一目标，二人的观点再次大相径庭。杜桑试图把主要精力集中在本地，同时依靠巴黎同道（比如拉沃）的有力呼吁。而桑托纳克斯则考虑着将圣多明各变成"法兰西共和主义爱国者坚固的前哨阵地"的宏伟计划。[90] 他还继续发动思想上的进攻，委托创作了一部戏剧，名为《全面自由，除了巴黎的殖民者》（*La Liberté générale ou les colons à Paris*），于1796年在法兰西角上演；它攻击了巴黎的殖民主义派别及其圣多明各盟友（其中许多人在剧中以真名指代）。[91] 更有戏剧性的是，他似乎怀有这样一种想法，即殖民地可以通过实行自己的宪法而走上一条与法国不同的道路。杜桑后来借用了这一观点，但在当时，他对此予以谴责并以之攻击桑托纳克斯的声誉。[92]

军事问题使两人之间的分歧更加严重。抵达圣多明各以后一个月内，桑托纳克斯就被委任负责全面的军事行动，他的大量通信都是有关军队事务的。他在其中的表现却很不称职，特别是造成了当局与里戈控制的南部省的疏离。更糟糕的是，他还插手杜桑的职责，引发后者的恼怒。[93] 他质疑杜桑赦免"强盗"诺埃尔·阿尔托的决定，称杜桑部下控制的一个地区"处于极端混乱之中"。[94] 他对革命的痴迷让他在任何地方都能发现阴谋，做出的决定反复无常而又武断专制，例如对德富尔诺和皮埃尔·米歇尔（Pierre Michel）两位将军的拘捕。他指责这两个颇受欢迎的人阴谋反对他的权威，却又拿不出确凿的证据。[95] 米歇尔的案件尤其引发了争议：这位黑人军官曾在1792年领导一群奴隶起义，后来又与英国人进行了英勇的战斗，获得了国家层面的嘉奖；[96] 因为在粉碎风月三十日阴谋的过程中表现出色，他刚刚被提升为准将军衔。虽然桑托纳克斯在1797年5月任命杜桑为圣多明各军队总司令，但是他笨拙而混乱的干预给杜桑留下苦涩的回味，而丝毫无助于鼓舞其信心。

杜桑对桑托纳克斯的耐心终于耗尽了。在1797年的一次会面之后，杜桑说服他同意离开圣多明各返回巴黎，与拉沃一样，取得五百人院的一个席位。但是，难以捉摸的桑托纳克斯后来改变了心意，他动员起他在法兰西角的支持者，其中既有平民也有军人。这些人走上街头，高呼他的名字；来自北部师的士兵和军官（其中包括杜桑的外甥穆瓦斯，桑托纳克斯与其结成了紧密的关系）签署请愿书和演讲稿要求他留在殖民地。[97] 令杜桑失望的是，这位"全面自由的缔造者"因为从前的废奴主义者形象，在黑人国民中显然还拥有相当多的支持；甚至在杜桑自己的地盘上，戈纳伊夫市政当局也要求桑托纳克斯留在圣多明各。[98] 法兰西角的治安法官（未来的市长）夏尔-塞萨尔·特莱马各（Charles-Cézar Télémaque）听说桑托纳克斯要离去的消息，写下了自己的"深深遗憾"，认为没有人能够像他那样"确保秩序"；[99] 甚至还有传闻说，一些家庭为桑托纳克斯的健康快乐而祈祷。[100]

但是，考虑到杜桑拥有更具优势的资源，将这场争斗公之于众是一个错误。杜桑给桑托纳克斯写了一封措辞强硬的信件，坚称"人民和军队是信任我的"，并警告桑托纳克斯，如果否认双方之间的协议，那么桑托纳克斯将对由此引起的一切冲突负责。[101] 对于公开要求桑托纳克斯留任的法兰西角市政当局，杜桑也发出一份严厉声明，[102] 警告对方，"阴谋集团"正在造成混乱,市政当局有责任阻止再发生任何支持专员的公众示威活动。如果不能做到,他暗示,就会有不祥的"后果"。[103]当桑托纳克斯还在举棋不定时,杜桑派参谋长阿热将军去见专员的混血同僚朱利安·雷蒙,通知他如果不能劝说桑托纳克斯自愿离开,杜桑将命令2万人的部队开进法兰西角,将桑托纳克斯强制驱逐。[104]杜桑及其主要军事将领签署的一份公告将这一信息表露无遗。[105]甚至在桑托纳克斯上船以后,杜桑还在担心他有可能试图在邻近的和平港上岸,并集结军队对付自己;他命令当地指挥官以武力阻挠桑托纳克斯。[106]他敦促法兰西角的市民和北部平原的种植园工人摒弃各自的派别,团结成"一个志同道合的民族"。[107]

　　杜桑与桑托纳克斯冲突的核心是对于圣多明各黑人革命的领导权,以及应该在多大范围内实践博爱的原则,这两个人对此有着截然不同的想法。后来,在给拉沃的信中,杜桑详尽地历数了桑托纳克斯的"罪行",他尽力排斥桑托纳克斯是"一个对于黑人来说比我更好的朋友"的想法。[108]这并不是因为他们的肤色不同,而是由于杜桑自己对于博爱观念有更全面的理解。桑托纳克斯在本质上是一个开明的白人家长主义者,他真心地憎恨奴隶制度,同时却并不认为黑人和他自己是真正平等的。事实上,他认为缺少了欧洲精英阶层的英明指导,圣多明各不可能独自存在下去。清楚地表明了这一点的,除了他对待杜桑的专横行为,还有他经常流露出来的对于黑人士兵战斗力的保留意见,他认为他们是比不上欧洲人的。在与其巴黎上司之间的私人通信中,他甚至更强调了白人至上的观点:"为了更有益地规划全面自由,避免使这片土地上的居民成为一群无法无天的野蛮人,圣多明各一定要由欧洲人掌控。"[109]后来的一封信又断言"野蛮人"是没有能力在政治上实行自主的，他预言，如果将权力完全移交给黑人，殖民地将永远在艺术、文明和农业上落后下去，它将变成另一个几内亚，唯一剩下的商业活动就是奴隶贸易。[110]

杜桑的观点当然是完全不同的。桑托纳克斯离开以后，杜桑在向督政府递交的一份长篇报告中阐明了他的观点，详细地提供了几个月来他与这位法国代理人秘密谈话中难以启齿的细节。这份长达44页的文件是一部极富创意的虚构作品，其中杜桑与桑托纳克斯之间的对话几乎算得上为戏剧表演进行的创作；在殖民晚期的圣多明各，戏剧是一种盛行的公共娱乐形式。这份文件有力地回击了桑托纳克斯对杜桑的智识水平（及语言表达能力）的贬低，它尖锐却又往往机智地陈述了桑托纳克斯性格上的瑕疵，而且对其博爱观念的局限性发动了致命攻击。杜桑指称，桑托纳克斯向他提出一项计划，要宣布圣多明各从法兰西独立，以便"为了黑人"行使权力；他显然还认为殖民地的所有白人都是"自由的敌人"，应当被"全部杀死"。

桑托纳克斯强烈否认曾表达过这些观点，虽然他可能无意间说过这样的话（尤其是在与黑人官兵的谈话中，他喜欢对这些人"粗鲁地"讲话），但是没有任何证据表明他打算消灭殖民地的全部白人。然而，如我们所见，有关他对殖民地自治的希望，以及他长久以来对圣多明各白人移民的蔑视，几乎不存在任何疑问，他在这些人中没有任何朋友，更谈不上有什么盟友。而杜桑这份报告的真正目的是打出一张阴谋牌，他认为这能引起巴黎那些法国革命者的想象，同时诋毁桑托纳克斯所声称的作为黑人民众真正朋友的名声。他突出强调，桑托纳克斯以种种方法挑拨黑人官兵与他们的总司令之间的关系，尤其是称呼他们为"强盗"，克扣他们的给养和装备，并派出密使到他在西部的队伍中播撒仇恨的种子；杜桑声称，这些活动导致他不得不逮捕了自己手下 67 名违抗命令的军官。

但是，最具效果的是杜桑对自己和桑托纳克斯谈话的描述。杜桑通过虚构桑托纳克斯所说的话，将后者描绘为一副鄙视黑人的尖刻嘴脸。他虚荣自负（"我是黑人的唯一朋友"），他傲慢地假装无私（"我的行为都是为了黑人，我自己别无所求，我的父亲是法国的富翁"），他既自恋又不自信（他一遍遍地问杜桑是否"喜欢"他），他那明显言不由衷的奉承（"我认为你是殖民地的大救星"），以及他那夸大其词的幽默感（他"总是实话实说"，对黑人的喜欢使他随时准备与黑人一起"撤进大山里"，"靠草根维生"），这些都证实了他的真实面目。杜桑还让他像莫里哀（Molière）① 剧中的一个小丑那样不断地重复："我是个不图名利的人。"桑托纳克斯的唯一目标就是将杜桑置于自己的掌控之中。甚至他促进圣多明各独立的计划也是一个自私自利的花招。"我们将成为殖民地的主人，"他向杜桑宣称，"将由你来领导武装力量，而我作为你的顾问。"但这并非平等的伙伴关系，专员又补充说："我会监督你。"

然而，最后是桑托纳克斯闪开了道路，就像是把他先前惯用的话语颠倒过来，杜桑现在宣布，这位法国官员的离去"对于圣多明各的福祉至关重要"。针对桑托纳克斯曾贬损他

---

① 1622~1673，本名让·巴蒂斯特·波克兰（Jean Baptiste Poquelin），法国喜剧作家、演员、戏剧活动家。法国芭蕾舞喜剧的创始人。代表作品有《无病呻吟》《伪君子》《悭吝人》等。

使用克里奥尔语，杜桑引用了一句本地的谚语，说的是一头猪在品尝过鸡肉的滋味以后，即使将它的眼睛蒙上，它也总是想在触手可及的范围内再吃一只。[111]这个故事既是对桑托纳克斯肥胖外表的一种不太巧妙的恶评，也是对他道德缺陷的总结："坏蛋总是屡教不改。"与此同时，杜桑强调，他并不认为恶行和美德与种族存在任何关联："所有肤色的人种里都有好人和坏人。"[112]

作为对桑托纳克斯的进一步羞辱，杜桑把他的官方报告摘录出版于法兰西角，当然包括了他那些有争议的主张。[113]这样做的目的是要使桑托纳克斯在其圣多明各追随者中声名扫地。杜桑特意邀请他在各个市政府中的盟友发表声明支持自己的领导地位，以此打击桑托纳克斯的反动"小集团"。这些信件都是以华丽的共和派文字写就，并且步调一致地寄给巴黎的督政府。后来，这种办法成为杜桑最有效的政治动员方式之一，导致让-拉贝尔（Jean-Rabel）的市政府对"毫无信义的桑托纳克斯的下作方案"，特别是"谋杀所有出生于殖民地的法国公民"的计划进行谴责。[114]值得庆幸的是，杜桑一直关注的小河镇的市政官员们赞扬杜桑的"纯正高尚的心灵，宁可随时准备着抛洒最后一滴鲜血，也决不愿苟同犯罪行为"——在罗伯斯庇尔被铲除的三年后，虽然他们把他形容为"无法收买的"，但是这也正说明了他们与巴黎政治的最新转变多少有一些脱节。[115]

督政府收到的信件中，最真情流露的恐怕就是来自兰贝市镇（commune）① 的治安法官拉蒙塔涅（Lamontagne）的那一

---

① 指法国等几个国家中最小的一级行政单位。

封。他称赞杜桑将"严谨"与"活力"完美地统一,并认为,有鉴于他只有"这么少的权力,能用到的方法又是如此有限",他在与"外部敌人桑托纳克斯"的斗争中表现了"真正的英雄气概"。在这场由人们的想象再现出来的、法国的歌利亚与圣多明各的大卫之间的战斗①中,杜桑那多达2万人的武装力量被搁置在一旁。[116]但是其中还存在深层次的事实,杜桑"维护其兄弟的自由"的坚定思想本身就是一项有力的武器,从某种角度来说,是所有武器中最具杀伤力的。

面对混血的无赖、西班牙和英国卑鄙的帝国主义者、雇佣兵或者被误导的黑人民众,以及傲慢的共和派政府——为了在圣多明各的不同族群之间形成博爱意识,杜桑不得不在多条战线开展斗争。但是他还要密切注视法国发生的重大事件,尤其是重新出现了一个代表着几千个白人移民利益的颇具实力的殖民地游说团体,这些人回到法国以后试图反转1790年代初期的前进步伐。通过阅读从1796年年中开始定期收到的法国共和派刊物,杜桑密切关注这一反革命潮流。[117]保守派最直言不讳的支持者是与保王运动联系在一起的,他们在1797年立法机构选举中赢得了多数选票,这让杜桑尤其警觉。他们在五百人院中的代表齐声反对督政府的殖民地政策,特别是授予圣多明各的黑人国民以公民和政治权利的措施。其中有人声称,旧制度下殖民地的奴隶受到优待,享有"充足的食物、干净的

---

① 大卫和歌利亚的史诗级战斗记载于《圣经·撒母耳记》第17章。歌利亚是传说中著名的巨人,却被年轻的大卫击败。这个典故在这里是比喻杜桑与桑托纳克斯的较量是一场实力悬殊的比拼,但是弱小的杜桑最终战胜了强大的桑托纳克斯。

宿舍和方便的医疗服务",并且他们总体上"比法国农民更加幸福";此人得出的结论是,恢复秩序的唯一办法就是派一支远征军平定殖民地,就如同在旺代省(Vendée)所取得的成功①。[118] 在有关法国殖民地未来的持续讨论中,出现了一些为重建奴隶制度进行辩护的小册子。有一个作者曾经在1791年奴隶起义中当过黑人义军的俘虏,他一言以蔽之:"没有奴隶制,就不会有殖民地。"[119]

沃布隆伯爵(Count of Vaublanc)樊尚-马里·维耶诺(Vincent-Marie Viénot)② 于1797年5月29日发表的讲话引起了极大的震动。作为一个激情似火的演说家和善辩者,维耶诺是保王运动中最主要的反动知识分子之一;他来自一个在圣多明各失去了全部财富的蓄奴者家庭。不仅在法国被驱逐的殖民者圈子里,而且在美国的法国流亡者的庞大群体中,他都是一个重要角色。尤其在费城,流亡的殖民主义律师莫罗·德·圣梅里经营的一家书店,成为反革命分子发泄愤恨的集会地点;杜桑收到的维耶诺讲话的一份副本就是从宾夕法尼亚首府发来的。[120] 让这个讲话引起更大反响的是,在谴责据称是圣多明各殖民政府的失败时,维耶诺用到了一些从法国官方来源泄露出来的,尤其是来自多纳西安·德·罗尚博将军(General Donatien de Rochambeau)③ 的报告。对连续几任法国代理人

---

① 指1793年3月发生于法国旺代省的、反对共和政府的农民暴动最终遭到镇压。
② 1756~1845,法国贵族、保王派政治家、作家和画家,出生于圣多明各的多凡堡。曾在法兰西立法议会中作为塞纳-马恩省的代表,后来还成为立法议会的主席。
③ 1725~1807,即让·巴普蒂斯·杜纳坦·德·维缪尔(Jean Baptiste Donatien de Vimeur),罗尚博伯爵。法国元帅,以曾率领法国志愿军参加美国独立战争而闻名。

（特别是拉沃和桑托纳克斯）的无能而专横的治理，维耶诺做出了一系列极具破坏性的指责，并猛烈抨击了圣多明各在这些"鲁莽之徒"的管理下出现的"无政府状态"。维耶诺哀叹白人族群经受的"极端不安和痛苦"，声称欧洲人现在沦为圣多明各的贱民：他们被排除在殖民地政府以外，作为反革命分子受到法国代理人的逼迫，在军队层级中被边缘化，遭到南部的有色人和北部的黑人叛乱者的屠杀，而且他们受到虐待和剥削，基本财产权受到损害。甚至在法兰西角的戏院上演的革命戏剧中，他们也被公开地嘲弄和辱骂，并因为打算杀死整个黑人族群而受到谴责；最为恐怖的是，维耶诺还戏剧性地宣称，那些演出"有黑鬼参加"——这位法国贵族的世界观显然被颠覆了。

可是，还有更糟糕的。以"最丑陋的革命平等主义信条"的名义，拉沃和桑托纳克斯之流的法国官员处心积虑地"取悦黑鬼"，造成的结果就是圣多明各在事实上落入黑人军事将领的控制之下。"何况这是一个什么样的军政府啊！"维耶诺高声责骂，"它由无知而粗野的黑鬼组成，他们没有能力分辨极其恶劣的放纵行为与受到法律约束的严谨的自由观念。"杜桑也没有被放过，虽然维耶诺曾经称赞他及时插手将巴永·德·利伯塔从桑托纳克斯的复仇之手中解救出来。他所引用的一份报告指称这位黑人将军"现在向法国派驻殖民地的代表发号施令，而不再接受他们的指令"。在讲话的另一部分，维耶诺更是得寸进尺地说，杜桑的策略是煽动本地叛乱者恐吓法国代理人，逐步控制主要城镇，插手食品供给和武器装备，并"有组织地屠杀全部白人"。[121]

维耶诺的讲话令杜桑非常恼火：朱利安·雷蒙曾在很多场

合与杜桑讨论过这个问题,他看到杜桑的脸上失去了"习惯性的安详沉静"。[122]这位司令官明白,维耶诺为干涉殖民地事务而发表的这篇讲话,包括其中的诽谤中伤和对黑人的轻蔑刻画,是一篇彻头彻尾的反革命宣言,是对黑人早在1790年代初就已获得的"全面自由"的威胁。雪上加霜的是,作者并非那些牢骚满腹的白人移民,而是一个有影响力的法兰西立法机构成员,他试图打击圣多明各革命的核心。针对维耶诺的讲话,在法国出现了一些批评的声音,尤其是此时已经在立法机构获得一席之地的拉沃的反击。[123]虽然这位昔日的总督为杜桑堆砌了大量溢美之词("一位具有无数美德的出类拔萃的男子汉"),赞扬了黑人国民为法国保卫圣多明各而做出的重要贡献,但是他的回答主要集中于为他自己在任期间的行为辩护。[124]于是,杜桑决定亲自予以反驳,直面维耶诺的"诽谤中伤"。[125]他写了一本小册子,并立即将一份手写副本寄往巴黎的督政府。[126]这是一篇基于最优秀的共和主义传统的雄辩文章,勇敢地揭露了维耶诺那些显而易见的错误;它捍卫了圣多明各革命和黑人民众在其中所扮演的爱国主义角色;最重要的是,针对维耶诺种族主义的含沙射影,它有力地重申了博爱的理想。

维耶诺讲话的中心思想利用了欧洲人想象中对于黑人的刻板印象,认为他们嗜好暴力。他声称,自从圣多明各的黑人从奴隶制度下解放出来以后,他们无恶不作,抢劫、偷盗、杀人,还焚烧建筑物和种植园;他特别提到1793年对法兰西角的破坏,以及让-弗朗索瓦的民兵实施的大屠杀。[127]作为回应,杜桑承认在内战中发生了法兰西角黑人族群的可怕暴行。然而,他认为,正是当地的欧洲人把火炬递到了他的"穷弟兄们"手中，所以这些欧洲人才是杀人事件的煽动者。而且，黑人民兵的残忍暴行只是一小撮无法无天的"强盗"所为。在任何情况下，应当依据他们此后渴望成为遵纪守法的法国公民的热切之情来判断圣多明各的黑人公民的行为。"通过善意和人道的行动，对秩序和正常工作的回归，还有对法兰西的忠诚，他们已经在一定程度上弥补了此前在敌人的诱导下，或是出于自身的无知而犯下的罪过。"杜桑回忆起，1790年代初发生在法国的专制和自由之间的斗争，也曾经引发暴力行为，尽管这个国家拥有文明和友善的悠久传统。如果"无知而粗野"的圣多明各黑人在争取自由的斗争中并没有做出更多的恶行，且对其压迫者在很多方面表现得相当克制，那么是不是"任何公正无私的法官"肯定都会做出对其有利的判决呢？[128]

在铺陈开这段流畅的推理之后，杜桑坚决地驳斥了维耶诺的指控，即圣多明各陷入了彻底的混乱，因为黑人士兵接管了军队，因而军队变得腐败低效、士气低落。这又是一个广为人知的修辞手法，如我们之前看到的，桑托纳克斯也曾采用过，它断言非洲人不是合格的战士，只有欧洲人才真正具有战斗力。杜桑没有浪费时间去提醒维耶诺，正是他的那些法国保王派朋友们背叛了自己的祖国，在1790年代初将殖民地的大片领土拱手献给西班牙人和英国人，而恰恰是非洲人"用他们的武器和双手为法兰西保住了这块殖民地"，黑人士兵"为共和国抛洒热血，为它赢得了胜利"。也是这些黑人战士，在风月三十日的阴谋中，集合起来保护了拉沃总督，将权力留在正义者的手中。[129]杜桑也指出，1794年，由欧洲白人军队驻守的马提尼克殖民地轻易地落入英国人之手，而由黑人和混血战士守卫的圣多明各，始终坚定地站在法国一方。他借着这个机会，厚着脸皮把他的部队实力翻了一番，声称他在圣多明各指挥着"5万"士卒。[130]

在奴隶主令人困惑的妖魔论中，黑人不仅暴力混乱，而且好逸恶劳。维耶诺充分地利用这种印象，认为自革命以来，圣多明各的种田人放弃了土地，导致了种植园的无政府状态，使整个殖民地的农业生产遭遇重大危机。杜桑回击说，黑人离开种植园不是因为懒惰，而是为了拿起武器打击敌人，保卫共和主义的自由以及法国的殖民地利益。尽管存在这样的干扰，所有证据却都表明，整个殖民地，包括北部省、西部省和南部省的农业生产都在增长；在杜桑所处的戈纳伊夫地区，罗尚博将军看到了种植园中的"良好秩序和纪律"，对他表示了赞许。（罗尚博却在他的报告中陈述了相反的意见，这就向杜桑证明了他并不是一个诚实的人。）对于杜桑来说，绝大多数黑人民众都明白，没有劳动就不会有自由，他们全身心地致力于恢复圣多明各曾经的经济繁荣。但是，法国也应当领会，此种社会契约得以持久的前提只能是，黑人民众可以保有他们通过斗争赢得的自由；任何将他们重新推入奴役深渊的企图都必然遭到坚决反抗。杜桑提醒督政府，不要忘记牙买加蓝山（Blue Mountain）① 中的逃奴，他们迫使英国人不得不"尊重他们天赋的权利"。[131]

对待白人又如何呢？杜桑直截了当地否认了维耶诺的指控，即所谓圣多明各的黑人试图消灭殖民地上的所有白人。杜桑将那些做出背叛行为并已受到正义惩罚的少数"反对共和

---

① 牙买加最长的山脉。天气晴朗时，太阳直射在周围蔚蓝的海面上，山峰上反射出海水的蓝色光芒，所以得名蓝山。因其反殖民主义文化和生物的多样性被联合国教科文组织列为世界自然与文化双遗产。

主义的白人"，区别于"在一定程度上真诚地"接受了革命以后的新秩序，因而在返回时"受到公开欢迎和保护"的大多数欧洲人。[132] 为了戳穿维耶诺关于在欧洲人口中实行种族净化这种意味着世界末日的论点，杜桑指出，法兰西角的白人数量与混血和黑人的数量是相当的；在肥沃的北部平原上，超过半数的甘蔗种植园依然掌握在白人移民手中；这种"所有不同肤色人种之间的团结和友爱"在军队中更是显而易见，在殖民地的北部省，大多数军队指挥官是白人，包括由杜桑亲自提拔担任参谋长的阿热将军。在行政和司法系统中同样如此，几乎全部行政领导职务都是由白人担当的。杜桑还提到，这样的领导层得到圣多明各黑人公民的认可，因为他们知道自己还不具备这些岗位所需要的技能。他们的全部要求就是，可以按照平等的原则在军队中服役，以生命捍卫他们的祖国。[133]

维耶诺的整体态度下暗藏的是旧日奴隶贩子们的观念，即黑人并不完全属于人类，他们缺乏道德判断的能力——杜桑相信这样的观点依然在法国得到广泛认可，于是他就必须揭露其虚伪本质。他首先引用了卢梭的观点：圣多明各的黑人的确缺乏正规的教育，但是他们贴近自然，并从自然中得到教育和启发；这种与自然环境的亲近使他们对正义和善良拥有强烈的直觉。[134] 杜桑补充说，这就是圣多明各黑人民众的人性，他们对从前的白人主子仍然表现了极大程度的温暖和热情，还是愿意把对方当作自己的兄弟，尽管可怕的奴隶制度的遗迹仍旧残存。[135]

维耶诺还宣称黑人缺乏任何形而上学的观念，无法理解法律概念：他们只是从个人的角度来理解权威，就如同体现在他们主人身上的那种权威。当然，这也是直接来自奴隶主们的行为指南，就好像是受害者总是咎由自取这种有悖常理的主张。在维耶诺的心里，关于黑人堕落行为的决定性证据就是他们愿意将自己的孩子卖作奴隶，就像发生在格朗德里维耶尔山区的农民群体中的那种情况。杜桑回答说，即使这种令人憎恶的事情真的还残存在英国人控制下的圣多明各领土上，它也绝对不会发生于任何共和派掌握的地区。此外，这种行为当然不应怪罪这些因贫穷和无知而被迫如此的人，那些建立、经营奴隶制度并从中获利的欧洲人才更应当为此负责。真正的"恶魔"，杜桑总结道，不是遭到妖魔化的格朗德里维耶尔黑人群体，而是像维耶诺这样的人，他们自称是"文明人"，但是曾出于"野蛮人的贪婪"派船到非洲海岸去奴役当地人民，现在还要把这种可憎的制度重新加诸圣多明各。[136]

对于维耶诺的种族主义计划来说，宣称黑人并不完全属于人类也是为了服务其中一个政治目的，即拒绝承认他们的法国特质。"他们不只是声称拥有这片土地，而且希望在这片土地上看不到任何白人：他们也表达了对白人，实际上也就是针对法国人的由来已久的仇恨。"[137] 这是法国大革命时代的早期语言的怪异回响，当时的法国政府以黑人奴隶属于"外国人"为借口而拒绝给予其平等的公民身份。[138] 杜桑给维耶诺上了一堂公民共和主义的课：爱国主义无关种族或肤色，而是一种以政治意愿表现出来的品质，即人们愿意"在内心里和精神上遵守法兰西宪法及其宝贵的各项法令"。这才是圣多明各黑人公民的感受，他们将一直珍视自身的法国特质，因为这就等同于他们的自由。[139]

当杜桑的小册子到达法国的时候，督政府已经对极端保守

RÉFUTATION

De quelques Assertions d'un Discours prononcé au Corps législatif, le 10 Prairial, an cinq, par VIENOT VAUBLANC.

TOUSSAINT LOUVERTURE,

Général en chef de l'Armée de St-Domingue,

AU DIRECTOIRE EXÉCUTIF.

CITOYENS DIRECTEURS,

Au moment où je pensais que je venais de rendre un service éminent à la République et à mes Concitoyens ; alors que je venais de prouver ma reconnaissance de la justice du Peuple français à notre égard ; alors que je croyais m'être rendu digne de la confiance que le Gouvernement a placée en moi, et que je ne cesserai jamais de mériter, un Discours prononcé dans le sein du Corps législatif, dans sa séance du 10 Prairial, an cinq, par Vienot Vaublanc, vient de m'être adressé des États-Unis, et j'ai la douleur, en le parcourant, d'y voir à chaque page mes intentions calomniées, et l'existence politique de mes frères menacée.

Un pareil Discours, dans la bouche d'un homme à qui la révolution, à Saint-Domingue,

A

在维耶诺发表对法属圣多明各革命的攻击之后，杜桑对他的主要观点提出了有力的回击，他的反驳也赞美了殖民地黑人公民所发挥的作用。

的保王派分子采取了果断的行动。此前，督政府发现其中一些人密谋推翻政府，在共和五年果月十八日（1797年9月4日）政变中，他们中的很多重要人物遭到逮捕并被驱逐到圭亚那，维耶诺本人则被迫逃亡意大利。杜桑欣喜地收到这个消息，并写信给督政府。他认为这次阴谋是一场以在圣多明各复辟奴隶制度为目的的更大规模反革命运动的组成部分，得到了流亡在法国和美国的白人移民的支持。[140] 他把小册子的一些副本寄给夏尔·樊尚和萨农·德方丹（Sanon Desfontaines），这两个人已经受他委派横渡大西洋，去为他对待桑托纳克斯的行为做出解释。杜桑要求他们如有必要可以再多印制一些副本，以便让法国行政和立法机构充分知晓其意图的"纯洁性"。[141] 杜桑还把他这篇回应沃布隆伯爵的文章寄给了国务委员德尼埃尔·莱斯卡利耶（Daniel Lescallier）①。这个人是复苏的黑人之友协会成员，也是杜桑在巴黎殖民行政机构中的坚定盟友之一，此时他已经提起笔来"捍卫他的黑人兄弟的荣誉"。[142]

杜桑热切期望他对维耶诺论点的反驳能在法国得到尽可能广泛的阅读。其中为博爱精神描绘的非凡景象、对维护初尝自由滋味的黑人民众权利的坚决承诺，使这封信成为对法国政府的有力请愿，要求对方支持圣多明各的革命新秩序。作为对启蒙运动晚期出现的博爱思想的最激进表达，杜桑的理想是在一系列的反抗斗争中形成的。这些斗争针对的是混血首领为自身利益摘取革命果实的企图，是唯利是图的保王派分子危害黑人公民新自由的计划，是傲慢的共和派殖民主义者自命不凡地对

---

① 1743~1822，法国外交官和军事作家，绘制了西印度群岛的地图，曾经到访法属圣多明各。

黑人总体上的鄙视，还包括白人种族主义者拒绝黑人进入他们的政治圈层、实际也就是拒绝承认黑人属于人类大家庭的想法，这些想法在圣多明各和法国废除了奴隶制度之后才短短几年就又重新抬头了。杜桑对这些问题的答复是，一个共和国里的全体公民都是平等的，那么真正的分别就在于谁履行了他们的公民义务，谁没有履行。"黑人、有色人和白人，当他们遵守法律的时候，就应当受到法律保护；而在违犯法律的时候，他们也应当受到相同的惩罚。"[143]

博爱的思想就是要建设这样一个社会，即各种肤色的公民都可以从容不迫地生活在其中，进而可以选择按照一套共同的价值观生活，诸如平等和尊重法律。如其子伊萨克所言，肤色对于杜桑而言"正是一个机会"。[144] 在革命初期的法国，当时的博爱思想有时与排他性和某些暴力联系在一起；相反，杜桑的博爱理想是与同情相关的：1799 年，继承了杜桑曾经作为奴隶生活过的布雷达种植园的诺埃伯爵，在逃亡以后发现自己"因为革命给他带来的不幸而陷入悲惨的境地"，便致信杜桑请求金钱上的帮助，杜桑允许他的法律代理人来到圣多明各领取他自己的地产上产生的收入。[145] 杜桑宣称："命运改变了我的地位，但是并不会改变我的内心。"[146] 虽然受到同事的反对，但他还是选择了这种慷慨的方式。他意识到殖民地还有大量白人依然用蔑视的眼光看待新自由人。与此同时，杜桑对待白人移民的友好态度中还有一层战略因素：他明白，只有这些人掌握着重建圣多明各所需的物质资源和技术才能。

通过将桑托纳克斯的价值体系描绘为"虚伪的共和主义"和"变质的爱国主义"，[147] 杜桑对于法国大革命思想和共同价值观与圣多明各特殊情况的结合产生了怀疑。因为同在信奉共和主义的框架内，还要小心地避免太过偏离法兰西母国的警觉注视，他对于公民秩序提出了新的概念。在这一概念中，公民身份不仅来自平等和博爱这类抽象概念，而且根据其是否积极参与保卫共同体的活动；在这个过程中，他也对1791年的奴隶起义进行了合法化，使之成为他希望中的共和主义圣多明各的一个支柱。他特别指出，黑人国民为了他们自身的解放而进行了战斗，尽管经常要面对来自白人和有色人的竭力阻挠；为争取自由而斗争的黑人值得与1789年推翻法国旧制度的革命者相提并论。[148]通过颂扬他们为圣多明各革命做出的实际贡献，杜桑为黑人同胞赋予了权力与合法性，而这是从大革命时代开始一直到第三共和国①时期，法国殖民主义政权始终拒绝给予的。[149]

但是，将这个博爱的梦想在殖民地变成活生生的现实并非易事，因为在杜桑的行动方案中，黑人民众的优势地位几乎没有带来任何权利，却带来了很多义务。这是杜桑自己和他的人民所面临的真正挑战。现在轮到他的同胞们，通过在他领导下的共同努力，让世人看到他们有能力超越其内部分歧，成为一股统一的政治力量；以他们的集体榜样，让世人信服他们值得拥有已经获得的自由；透过宽恕曾经的白人压迫者的意愿，让世人明白他们同样具备共和主义美德和基督教仁慈的高尚理想；还要以他们毫不妥协地誓死捍卫自由的精神，让世人知道他们是圣多明各未来的最坚强卫士。之后，杜桑在结束对维耶诺的反击时，用挑衅的语气说：他的人民宁可葬身于这个国家的废墟中，也不愿看到奴隶制度复辟的景象。[150]

---

① 指法兰西第三共和国，存续时间为1870~1940年。

第 5 章　无能的代理人

1798 年 10 月，杜桑驱逐了督政府的代理人加布里埃尔·德·埃杜维尔（Gabriel de Hédouville），这成为殖民时期的圣多明各历史上的一道分水岭。随着拉沃在 1796 年离去，一年之后桑托纳克斯也归国，杜桑的权势得以确立，而埃杜维尔事件进一步使之巩固。从那时开始，杜桑看起来更有能力，也更有意愿公开挑战法国当局。黑斯巴达克斯有了更加明确的主张和更为开阔的视野。

感谢法国殖民档案馆完整保存了埃杜维尔和杜桑之间的官方通信，使我们可以仔细地审视二人之间的争执。我们能够近距离地观察杜桑，进而理解他如何对下属和盟友施加影响，又怎样通过维护其共和派武装的利益，推动民族和解，使人民免遭英国人的奴役，以积极捍卫他所珍视的博爱原则。埃杜维尔事件也体现了他的某些性格特点：骄傲、自信和恶作剧时的幽默感，以及敏感易怒。在与法国代理人的冲突达到高峰时，我们可以对他身为一个革命政治操盘手的能力做出评判：敏锐的判断力和对时机的精准把握；为达目的而独辟蹊径的创新能力；以及在利用对手弱点的同时发挥自身优势的本领。

与埃杜维尔的这场冲突之所以重要，还因为此时恰逢杜桑第一次涉足外交舞台。1798 年，当驱逐英国占领军离开圣多明各的战斗接近尾声，杜桑抓住机会与当地的英军司令官就撤军问题直接进行谈判。杜桑作为一位独立自主的领导人的地位通过这些对话得以巩固，从而加剧了圣多明各黑人革命在整个加勒比地区殖民统治者和蓄奴种植园主中间引起的焦虑。尤其是在距离圣多明各仅有 14 小时航程的英属牙买加，人们对革命的潜在传播性忧心忡忡；从 1795 年起担任英国驻牙买加总督的一位苏格兰贵族——巴尔卡雷斯伯爵（Earl of Balcarres）亚历山大·林赛（Alexander Lindsay）此时宣布，法属殖民地已经沦为"强盗之岛"，存在向"我们的黑人"传播叛乱思想的风险，并将最终危及这座岛屿的"安全"。[1] 读者将会看到，这种观点使杜桑获得更大的影响力，拓宽了他与各种地区势力和法英两国当局的回旋余地。

杜桑还利用与埃杜维尔的争执提高他在国内的地位，首次公开动员他的支持者。关于上一章中讨论过的杜桑对殖民地新自由人开展的政治教育，1798 年事件提供了进一步的解读，再次凸显了他的价值观体系对来自克里奥尔、欧洲和非洲的各种概念的兼收并蓄。在杜桑与他最忠实的支持者——占人口大多数的博萨拉人打交道时，这一点尤为重要。与埃杜维尔的冲突鲜明地勾勒出圣多明各的革命政治文化，以及成为自由公民的黑人男女对崭新身份的热烈拥护。他们与杜桑的紧密联系体现在一种不言而喻的社会契约中，杜桑向他们许下一个可以世代拥有的更美好未来，捍卫他们的新权力，保证社会秩序和谐稳定，为他们提供在必要时可以寻求帮助的家长式权威，以及防止奴隶制度复辟的坚强堡垒。用当地话语来说，杜桑结合了巴巴·莱格巴的无限可能与奥贡菲尔的勇士精神。这些黑人公民和他们的领导人共同代表了一股强大的势力，能够对法国在圣多明各的权力基础予以沉重打击。

杜桑对埃杜维尔不抱任何幻想。根据对巴黎政治最新发展的了解，杜桑知道这位新代理人受到保守派的青睐，他们认为法国大革命对白人种植园主过于严厉。[2]督政府明确指示埃杜维尔缚住这位总司令的羽翼，使黑人陷入与有色人的争斗。[3]对埃杜维尔的这项任命，身在费城的保王派分子和流亡的法国反革命殖民者也七嘴八舌地表示欢迎，纷纷向这位"白人移民的朋友"表达敬意，认为他将"让黑人安分守己"。[4]42岁的埃杜维尔是来自洛林（Lorraine）地区的一个贵族，穷困潦倒的他曾参加法国大革命，在西部的法兰西陆军中担任参谋长并获得了军事上的声誉。其间，他积极参加在旺代省与反共和的朱安党人（chouans）①的战斗。抵达圣多明各的时候，他的随行人员中包括几百名文职人员，表明其主要任务之一就是重新控制殖民地的行政事务。[5]

与此同时，鉴于杜桑已经占据了强势地位，并受到殖民地各界民众，包括白人的普遍尊重，埃杜维尔明白自己必须小心行事。在出发前往圣多明各之前，他给一个熟识的白人移民写信，想要得到有关即将共事的主要行政和军事官员的私密信息。他所收到的有关杜桑的简报提到，这是"一个优秀的人"，"非常矜持内向"，但"能够全面衡量与之打交道的人"。[6]起初，杜桑也表现得足够热情，就该项任命向法国政府表示祝贺，[7]并且向他的法国支持者莱斯卡利耶保证，埃杜维尔将军会发现他是"一个顺从和忠实的"守法者。[8]他又以同样的态度写信给埃杜维尔，强调自己愿意以任何方式协助对方，虽然他只有"微不足道的"智谋，不可与"接受过极好教育的人同日而语，而仅仅拥有至高无上的主的恩赐"。[9]这场谦逊质朴的表演无疑令法国特使产生一种错误的安全感。杜桑甚至还要求埃杜维尔做自己的

---

① 指法国大革命时期发动叛乱的保王派。

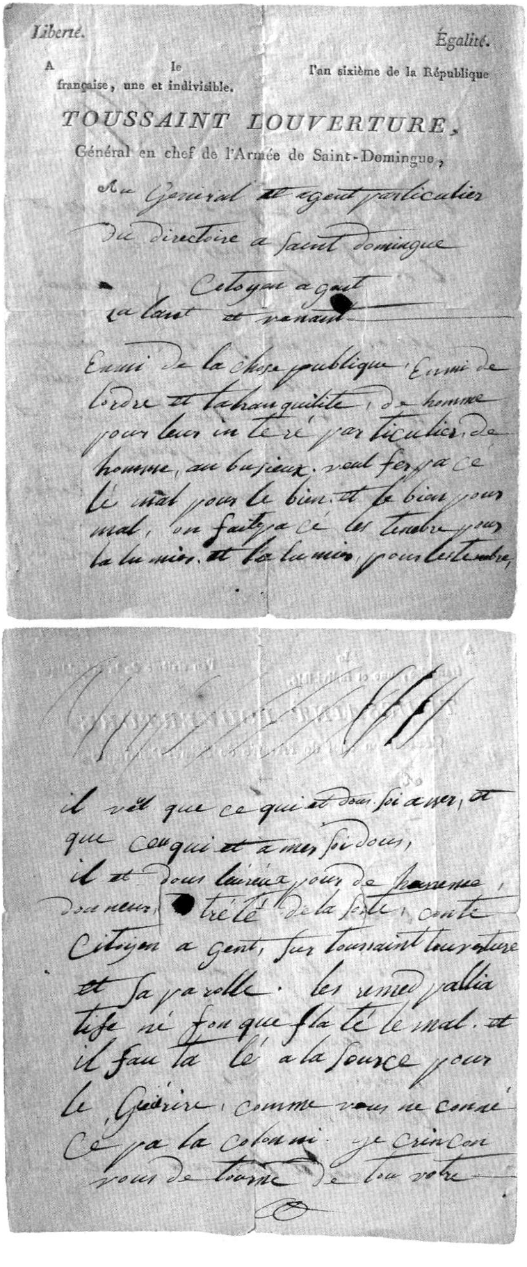

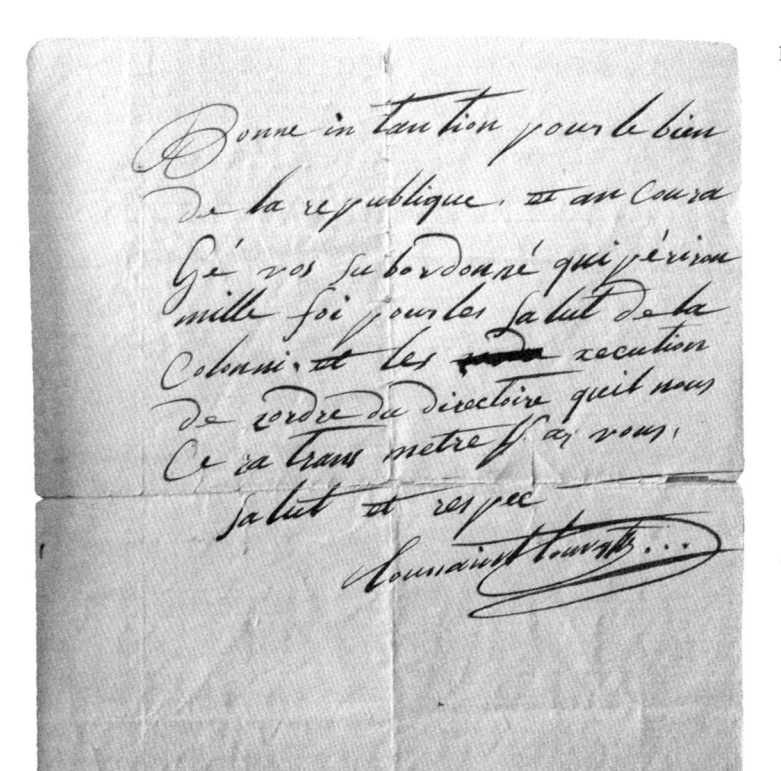

这封手写的信件体现了杜桑使用的表音法语和对对比手法的偏好（善良与邪恶、光明与黑暗、甜蜜与苦涩）。它直言不讳地提醒埃杜维尔他是殖民地的新来者，要求他不要怀疑杜桑的善意并为了共和国的最高利益而与之一同工作。

导师："因为缺乏一个有修养者的智慧，我时常出现失误，所以我才会将您当作能够对我犯下的错误做出警示的人。"[10]

但是，在最初的一封信中，杜桑也禁不住带着一点点傲慢地告诉埃杜维尔："我也会像对待法兰西共和国的其他代表一样尊重您"[11]——一种对其前任桑托纳克斯的命运的尖刻提醒。实际上，早在两人于1798年6月第一次面对面以前，胆气十足的杜桑就向这位法国官员发出一个直白的警告："您不应当只听信那些受个人利益驱使的人，却对代表整体利益的共和主义者置若罔闻；您也不应当被那些受个人野心诱导的人欺骗，却对由共同利益激励的人视而不见。有些人表面声称忠实于'全面自由'，内心深处却是它不共戴天的敌人。"[12] 这是一封极其重要的信件，以至于后来与埃杜维尔的关系恶化以后，杜桑又再次提起它。

而当埃杜维尔到达圣多明各的时候，这位总司令却避而不见。要赢得杜桑的信任将会遇到什么样的困难，无论之前有何想法，此时的埃杜维尔都更怀疑虑。虽然杜桑在信中表示"渴望见到"自己的新老板，而且自己其实就在附近的埃内里居所中，他却一直回避。几天变成了几个星期，杜桑还是不见人影；他称前线战事需要他紧急处理，所以无法成行，埃杜维尔需要更有"耐心"。[13] 继续坚持了几个星期，埃杜维尔有些底气不足地说："尽可能迅速来见我，为了提高工作效率需要你这么做，没有什么比得上我急于同你见面的迫切心情。"[14] 杜桑回复说一周之内赶到。可是他依然没有出现，从此以后，他的借口开始显得傲慢而敷衍：要么是某一天要参加一次在共和港为他举行的盛大宴会，要么是传递重要信息的马匹死掉了，更有甚者，暴雨导致阿蒂博尼特河涨水，致使这位殖民地技艺最高超的骑手无法渡河。[15]

1798年6月，在法兰西角举行的官方胜利庆典仪式上，两个人终于见面了。杜桑当众对埃杜维尔极尽赞美之词，向"刚刚获得旺代省平定者美名"的埃杜维尔致敬，并郑重承诺将绝对忠诚于这位共和国的官方代理人。但是，一个目击者注意到，总司令在宣读讲稿时全无热情，整个活动期间始终保持冷漠："脸上没有浮现出一丝笑容"。[16] 他在讲话中强调圣多明各历史的特殊性，希望法国代理人予以尊重："与其他所有殖民地，甚至与欧洲相比，这里的人民经受了最为深重的苦难，肤色的深浅将压迫者与被压迫者区别开来。"[17] 这是要让埃杜维尔明白，他仍然处在被考察的阶段。

为了进一步迷惑对方，杜桑开始向法国代理人释放出欣然合作的诱人信号。这种做法一部分是出于自身利益的考虑。为了保持其日益增长的政治任免权，他需要埃杜维尔的认可，以继续他对于各个行政职位的人选提名。从二人之间早期的通信看来，杜桑在这方面是成功的。他还请埃杜维尔致信法国政府请求同意巴永·德·利伯塔返回殖民地。与桑托纳克斯的阻挠截然相反，埃杜维尔同意照办。[18] 有关戈纳伊夫地方市政当局对于杜桑的重要性，他也了然于胸，于是他谦和地请杜桑提出两个人选担任该市议会的官方特派员。[19] 锁定了对其亲密盟友萨农·德方丹（"一个高尚的人，一个善良的共和主义者"）的任命以后，杜桑虚情假意地向法国代理人表示感谢："甚至在遇见您之前，我就对您充满了信心，而认识您之后，这一信心更加坚定，从您的所作所为中，我感受到真正的友谊，它值得我格外珍惜。"[20]

带着同样的口气，杜桑从前线写来的第一批信件都冗长而细致，并且语带恭敬，反复强调决心服从埃杜维尔的指示。[21]

在杜桑的早期信件中，突出纪律性成为一个主要话题。他的意图不仅是要让埃杜维尔对自己放心，还要表明在民事和军事两方面，自己都具备尊重上下级关系和良好秩序的品格。当埃杜维尔要重新命名刚刚解放的圣马克主要街道的时候，德萨利纳却推迟执行该命令，于是他下令对此抗命行为予以惩处，将德萨利纳禁闭4日；然而杜桑决定采取更严厉的处分措施，改为禁闭15日，并命令德萨利纳给埃杜维尔写一封俯首帖耳的道歉信，以示对抗命行为的"真心悔改"，并保证从此以后要做出服从命令的表率。[22]

1798年7月，在刚刚回到共和派手中的共和港，举行了种植自由之树的仪式，杜桑发表了一次更加引人注目的演讲。他告诉参加集会的种植园工人，他们现在已经从奴隶制度下获得了自由，没有时间再沉溺于"懒散懈怠"；他郑重地宣布"一个人只有通过劳动才能实现他的自由"。作为对曼德维尔（Mandeville）① 作品《蜜蜂的寓言》（Fable of the Bees）的热烈响应，他将完美的共和国比作一个蜂巢："蜜蜂给我们提供了一个勤劳和幸福的极好样本。它们聚集在一个蜂巢里，组成了一个共和国。它们都在工作，每一单独个体都通过自己的努力参与集体幸福的创造，它们甚至赶走那些拒绝劳动的成员，不能容忍它们中间出现任何闲散松懈的情况。"[23] 我们将会看到，这种对劳动力系统化管理的赞誉，在某种程度上，就是为毫无戒备的埃杜维尔设下的一个陷阱，旨在鼓励他推动规范圣多明各种植园工作条件的计划。但是其中的基本理念，即强调

---

① 全名为伯纳德·曼德维尔（Bernard Mandeville），1670~1733，英国古典经济学家和哲学家。

无限的集体努力、严格的纪律性和服务于共同利益,毫无疑问都具有卢维杜尔式的特色。

杜桑和埃杜维尔之间的亲切友好关系看上去并不会持续太久,事实也的确如此。一俟到达圣多明各,这位法国代理人经过全面衡量后意识到,杜桑的实力不仅限于军事领域,而且已经渗透到民政管理的所有部门,包括当地的整个政府系统。如同他在一份初步报告中所指出的:

> 农村地区的议会由来自种植园的男人们组成,他们根本没有能力为自己做出任何决定,只能完全听命于杜桑在各地的军人同僚。在那里,我发现所有的司法、民政和军事权力都统一掌握在杜桑手中,而且他还将治安法官和市政当局削弱到完全无足轻重的地位。[24]

作为控制杜桑的第一次努力,埃杜维尔试图限制他对行政事务的干预。他了解到,这位总司令对圣多明各的各种机构的控制,在一定程度上,既是习惯使然也是出于军事上的必要性(特别是在一片片英军占领区与敌军作战的需要)。他提醒杜桑,在共和国的政府体制中,军事将领要服从文官的领导;在圣多明各的非作战区或邻近地区,杜桑不可以擅自行使与交战区域相同的权力。"相对于在敌国领土上作战的总司令,所属部队处在共和国领土上的总司令的权力是大不相同的。"[25] 不同地区之间财政资源的分配立即成为一个引发二人争议的问题。杜桑下令将沙博尼耶和努瓦尔山地区的税收从南部海滨城镇莱奥甘(Léogâne)转移到共和港,但是该指令被埃杜维尔予以撤销。在这一看似平淡无奇的命令背后，杜桑企图达到一举两得的效果，一方面抢夺控制莱奥甘的混血对手里戈将军的资源，另一方面把这些资源转移给自己驻守共和港的部队。埃杜维尔的反应直截了当："除了我本人，没有任何其他行政长官可以下达此类命令。"[26] 杜桑立即抽身而退，称整个事件是一场"误会"（malentendu）——或许就如同他在此处犯下的拼写错误"预料中的不幸"（mal attendu），既幽默有趣，又似乎预示了一个不好的结局。[27]

但是，杜桑并非总是这样遵循正常的行政程序对埃杜维尔的指示做出恭顺的回应。有一次，因为涉嫌盗窃农场牲畜，杜桑下令逮捕一个名叫布尔热（Bourges）的种植园主。埃杜维尔认为这是归属宪兵和司法部门的事务，与军队指挥官无关。为了缓和语气，他又说，杜桑可能是未经仔细审阅就签发了这个命令。杜桑的回答十分强硬："以为我会在没有亲自阅读或口授的情况下就发布一道命令，是严重的侮辱，相当于说我在人格上存在重大缺陷，对我的如此描述令人无法接受。我向尊敬的阁下再说一遍，我不会未经阅读或口授就在任何文件上签上我的名字。"[28] 事实的确如此，但它也是杜桑典型的文字花招，最精妙的以攻为守。埃杜维尔立刻为暗示总司令行为不慎而表示道歉。至于布尔热，不幸的他只好继续待在监狱里。

只要埃杜维尔不去挑战杜桑在行政部门中的亲信，这些小小的争论就都能想办法解决。然而，他最终还是这么做了。譬如，他将杜桑的亲密盟友——总军医官拉科斯特（Lacoste）解职，代之以他自己的医生费里埃（Ferrié）。到了这一步，他与总司令之间的冲突就无可避免地升级了。杜桑特别关心一个名叫沃利（Vollée）的财政官员，此人就任职于他的戈纳伊夫根据地，而且是他的一位重要下属［这是一个罕见的人才，与他的财政主管和外交特使约瑟夫·比内尔（Joseph Bunel）一样，对其财务状况了如指掌］。听闻埃杜维尔怀疑财务上存在违规行为而正在对沃利进行调查，杜桑亲笔写下一封长信针对这一"诽谤性的指控"为沃利辩白，并为他的能力和诚信做担保；根据杜桑的说法，沃利本人其实并无任何收入来源，只能依靠自己的女婿勉强维持"一大家人"的生活，他是圣多明各"最贫穷的，但又是最尽职的行政人员"。[29] 尽管杜桑为沃利的无辜一再做出声明，沃利仍然被撤职并面临起诉。埃杜维尔威胁说："在这里犯下的罪行对公共秩序造成极大影响，我必须通过严厉的法律追究其始作俑者。"[30] 现在，双方终于要放手一搏了。

给埃杜维尔和杜桑的关系造成最大损害的一个问题就是如何应付与英国人的谈判，这事关英军撤出在殖民地的最后据点，尤其是共和港和滨海要塞城镇莫勒圣尼古拉（Môle Saint-Nicolas）。在1798年年初的几个月里，英国政府意识到，他们在法属圣多明各的阵地已经守不住了，于是派遣托马斯·梅特兰将军（General Thomas Maitland）以任何"不失体面"的方式尽可能迅速结束这场冲突。[31]

梅特兰是一个精明的军官，他知道自己到达莫勒圣尼古拉时几乎是两手空空的——到了这一阶段，如我们在第3章已经看到的，战争形势已岌岌可危。但激化埃杜维尔和杜桑之间的关系是他手中仅剩的几张牌之一，于是他便努力要把这张牌打好。举例来说，他对这两个人都信誓旦旦地保证，只愿意与对方单独进行谈判。埃杜维尔向他的总司令发出警告："很明显，梅特兰将军企图在你我之间播下分裂的种子，以从中渔利；除了涉及双方手中战俘的事宜，我们绝对不应该与他进行其他交涉。"[32] 杜桑明确表示同意："英国人的意图是令我们产生分歧，我不会与他们进行书信往来，没有首先征求您的意见并得到您的允许，我也不会采取任何行动。"这就不只是一点点不诚实了，杜桑此时已经与梅特兰开始了关于停火的讨论，并"全权委托"他的谈判代表于安在共和港与英国人达成协议。[33]

梅特兰很快就搞明白了，在战术和战略两方面，杜桑都是更值得与之打交道的人物。4月底，总司令发现，他的前老板和保护人巴永·德·利伯塔到了共和港，但是被英国人扣留；他写信给梅特兰，要求释放这位布雷达种植园的前任经理，并立即把人交给他。梅特兰礼貌地表示同意，巴永如期到达戈纳伊夫，受到杜桑的热情欢迎。[34] 于安和梅特兰的谈判很快就圆满结束，作为其结果，英军有组织地撤离了共和港、圣马克和阿尔卡艾；杜桑也乐于接受英国人提出的主要条件，即保障曾经支持过保王派的白人移民的生命和财产安全。[35] 有关热雷米和莫勒圣尼古拉的协议也随后达成。虽然受到牙买加总督巴尔卡雷斯（Balcarres）和英国海军司令海德·帕克爵士（Sir Hyde Parker）的激烈反对，英国人从这两个城市的撤退还是按约执行了。用杜桑的话说，帕克拼命想在圣多明各保留一个立足点。[36]

上述协议的达成为1798年8月底的重大突破铺平了道路，届时杜桑和梅特兰之间将签订一项"秘密协定"。它远不止终止双方的敌对行动，还在英国政府和圣多明各革命政权之间搭建了一套和平共处的机制。梅特兰保证，英国不会对法属殖民地的内部事务进行军事或政治干预，而杜桑则答应不会向邻近的牙买加输出革命。他还得到了英国人的承诺，即允许给养物资运抵圣多明各港口，英国巡洋舰不会进行干涉。[37] 在向巴尔卡雷斯解释这项协定的时候，梅特兰认为它"非常"符合英国人的利益，并要求对方就如何重启与法属殖民地的贸易关系与杜桑展开"友好的"谈判。[38]

杜桑还设法散布这样的消息，说英国人把他视为专属联络人，而且已经把共和港、莫勒圣尼古拉和圣马克移交给他的部队，而不是交给埃杜维尔。[39] 杜桑又在对方的伤口上撒了一把盐，说英国人在莫勒圣尼古拉送给他一座房子（曾由梅特兰居住）；几天后还给埃杜维尔发去一份兴高采烈的报告，说他在梅特兰离开殖民地之前受到了这位英军指挥官的盛情款待："英国人以全套军事礼仪对我致以最隆重的欢迎。考虑到我对英国战俘的人道待遇，以及我在战争期间和谈判过程中的慷慨大度，为了表示敬意，梅特兰将军请我接受一把青铜手枪和两支设计精巧的双管霰弹枪作为礼物。"即便知道这样做效果不佳，杜桑还是假装对这种接待方式非常惊讶："我根本没有想到会受到如此礼遇。"[40] 这份报告的日期与其内容同样重要：杜桑是在接受梅特兰赠送礼物的整整4个月之后才给埃杜维尔写的这份报告，这在一定程度说明了他日益增长的自信心。[41]

与英国人的谈判结果并不仅仅是其个人的外交成功。它表明，杜桑开始贯彻一种建立在精妙平衡基础上的独特战略。他继续忠实于共和主义基本原则，结束英国人在祖国的土地上的占领，积极捍卫黑人公民的利益。以其神圣的博爱精神的名义，他向梅特兰提出要求，将英军招募的所有黑人士兵和奴隶留在圣多明各，而不能让他们跟随主人撤退到牙买加；被移交给杜桑之后，这6000人中的大部分将被派往种植园成为领取薪酬的劳动者。[42]与梅特兰达成的协议说明，杜桑不仅希望遵从法国的方针政策，而且要通过一种有利于圣多明各未来政治和经济利益的方式予以执行。如果这二者之间出现矛盾，那么他显然会将殖民地的利益放在首位。

另一个与此类似的优先考虑驱使杜桑追求一个更具争议性的目标，即适用于新近解放的领土上的大赦条款。从一开始与英国人就退出共和港进行谈判的时候，埃杜维尔就告诉杜桑，作为总司令，他有责任坚持1795年法兰西宪法第373条，即禁止对武装反对共和国或主动支持敌人的任何人予以赦免。[43]我们曾看到在与桑托纳克斯打交道的时候，杜桑对待这些流亡者的态度更加灵活，也可以说更富有远见，他非常希望出于社会安宁与和解的目的对这些人予以宽恕。在开始谈判从莫勒圣尼古拉和热雷米撤军的时候，埃杜维尔再次申明其立场，他发出一份严厉声明，有鉴于对任何流亡者的赦免都将构成对公共秩序的"严重威胁"，决不允许出现一丝一毫对法律的逾越。[44]

杜桑不仅对埃杜维尔的命令置之不理，而且公开宣布他有意宽免那些曾在殖民地沿海城市中支持英国占领军的人。在共和港举行的一次弥撒上，他答应对一群来自热雷米的法国流亡者予以全部赦免；根据目击者的说法，他首先将自己比作以圣父的名义赦免罪人的耶稣基督，然后宣布"以共和国的名义"原谅他们。[45]几天后，在给埃杜维尔的信中，他高傲地引用圣路加①的话："赦免我们的罪，因为我们也赦免凡亏欠我们的人。"[46]这是一个三重挑衅，因为他不仅没有遵从这位法国代理

---

① 指《圣经·新约》中《路加福音》和《使徒行传》的作者，圣保罗的伙伴。

人的指示，而且以这种公开赦免的方式对他进行奚落，更何况是在一场宗教仪式上，他一定知道此举会激怒这位反对神权的旺代平定者。埃杜维尔（与其前任桑托纳克斯一样）倾向于将神职人员视为潜在的"扰乱和平者"。[47]果不其然，埃杜维尔针锋相对地回信，称杜桑没有权力承诺赦免，特别是在一个教堂中，这直接违反了共和国宪法的规定。杜桑又答复，他的大赦政策只针对少数"不幸而无辜者"，他们受到误导而追随了英国人；他诚恳地问道，"慷慨的原谅"难道不正是对这些人的一项更合情合理的政策吗？

杜桑还宣称，他所赦免的人大部分是妇女、孩子、老人和种植园工人；只有极少数的例外，比如被遣散的德索斯保王团的一些黑人操炮手，他说这是出于军事上的需要。之所以要让这些士兵重回现役，是由于他自己的队伍中缺乏合格的炮兵。[48]然后，不出所料地，杜桑继续发动攻势：他告诉埃杜维尔，即便只是暗示他的行为有悖于宪法，也是一个骇人听闻的说法；任何情况下，表达对上帝的信仰都不可能违反了法兰西的法律。接着，他又发人深省地说："我把我在政治生活中的所有善行都归功于全能的主，世间万物的唯一创造者，但愿我们的兄弟也都能认同我的宗教观点：他们畏怯的良知将被引领向善；否则，法国将不再有人热情地拥戴宪法，而这部宪法也将不再有狂热忠实的捍卫者。"[49]

埃杜维尔颁布了一项法律，重申法国对待流亡者的政策，希望以此夺回对局势的掌控。如他对杜桑的解释，宽恕共和国的敌人将是非常危险的，就像这些曾与英国军队进行合作的军官，他们有可能趁机在圣多明各"植下纷争的种子"。他的这项法令拉开了一张大网，试图将尽可能多的人从赦免的对象中排除：任何流亡者和曾经主动为英军服务的人，以及"所有那些在动乱前并未生活于圣多明各，之后却来支持英国占领的人"。[50] 他后来意识到，在杜桑的怂恿下，该法令遭到圣多明各殖民政府各个部门的有意妨碍。[51] 到1798年年底，杜桑不但赦免了当地的流亡者，而且邀请被驱逐出圣多明各的反共和派分子返回殖民地。[52] 他在地方报纸上发布了一则公告《做共和港的诚实市民还是散布谣言之徒》（*Le Citoyen véridique, ou gazette du Port-Républicain*），其中包含一项赦免在美国的一群法国流亡者的命令。作为对埃杜维尔的响亮一击，他高傲地宣布，使迄今分裂的家庭团聚，让曾经的敌人"如浪子回头一般"重新融入社会将有助于实现"共和国的最高利益"。以其特有的、符合天主教义和共和主义价值观的表达方式，杜桑又说道，他的宽容政策也符合"博爱精神的高尚情操"。[53]

于是，这场有关是否施行大赦的对抗，以埃杜维尔受到公开而严重的羞辱画上了句号。这也暴露了他对自己的政府控制能力有限，杜桑不仅能够直接违抗他颁布的法令赦免大批流亡者，而且向已经被埃杜维尔贴上叛徒标签的人发放护照，允许他们返回几座港口城市（包括法兰西角），甚至让他们在圣多明各到处招摇过市，以生动地彰显他对宽容政策的承诺。同样致命的是，这次冲突让杜桑可以开始散布有关埃杜维尔的负面谣言。只可能是出自杜桑及其随行人员的一些故事到处流传，说埃杜维尔仍然充满贵族式的偏见，与其总司令不和，这些争执破坏了政府的团结；当然，上述问题都要归咎于埃杜维尔的"僵化"和"傲慢"。[54]

埃杜维尔自己后来承认，这些谣言损害了他的声誉。其中一则传闻是，有人看见他化装成一个女人，为了制订一项让这座城市向英国人投降的计划，鬼鬼祟祟地拜访法兰西角的港口指挥官。[55]另一个故事首先流传于北圣路易属于坚定共和派的种植园工人中间，后来传遍了殖民地的北部和西部，它声称，埃杜维尔企图带着"满满两大箱子钱"（当然是卑鄙的英国人送给他的）离开圣多明各，却被善良而警觉的法兰西角市民拦住了。然后，故事继续发展，他试图让英国人抓住杜桑，梅特兰将军不仅予以拒绝，而且把这封背信弃义的信件转交给总司令。[56]在民众的想象中，埃杜维尔开始被塑造成一个腐败、狡猾且极其无能的人物，而杜桑则是巧妙、坚定而胜券在握的。

所有这些意见上的分歧终于导致两人关系的破裂。但是，按理说他们有可能克服这些问题，如果不是埃杜维尔选择在军事领域，也就是杜桑的主要职责范围内与其展开较量的话。埃杜维尔来到圣多明各的时候就已接到指令，要缩减这里的共和派军队的规模，扑灭别人口中所称由黑人官兵犯下的"普遍的恶行"，并最终挑战杜桑作为武装部队总司令的权威。[57]这个带有挑衅性质的议题必然激起杜桑的强烈反应，再加上他与外来帝国主义占领军的长期斗争在1798年上半年达到了高潮。杜桑有充分的理由将英国人撤出圣多明各看作他个人在军事上的胜利，并认为他的英勇将士们有资格得到法国官方代表的敬仰与尊重。

可是，埃杜维尔颁布了一道穑月九日（6月27日）法令，取消了各级公职人员，包括杜桑的士兵的食品配给。这个措施并非基于必要性，而只因为埃杜维尔相信配给制度是多余的，且法国的公务人员并未享受。[58]可以想见，这项法令在军队中招来一片恐慌,特别是伴随它而来的严格命令要求军队管理机构停止向杜桑的高级军官提供面粉和干肉的配给。他事先并未征求杜桑的意见,为了向他求情,杜桑马上指出,这些部下都部署在新近解放的地区,面对着"极端的困难",因为那些地区的食品供应短缺而且价格畸高;[59]当共和派部队在英国人撤离以后到达圣马克时,官兵们不得不把他们那一点可怜的薪金凑起来购买食品。[60]最后,埃杜维尔勉强同意允许杜桑对拉普吕姆(他当时有8个孩子)这类高级军官给予特殊待遇,但是必须尽量减少此类特例。他拒绝撤销该法令,声称很多士兵把分到的面包都卖掉了——这样的可能性非常小,因为他们每日的定量只有区区8盎司。[61]像拉普吕姆这些黑人共和派的战斗英雄,深知奴隶制度的极端残酷性,在战场上无数次不顾生命安全保卫殖民地上的法国阵地,而埃杜维尔却迫使他们为了供养家人而恳求食品配给,这说明他做出了一个非常错误的判断。伴随这个小插曲,埃杜维尔与杜桑的黑人军队之间的关系开始步入一片黯淡。

埃杜维尔对杜桑的部属毫不体恤,反而似乎有意采取一种轻蔑的态度。在起初写给这位总司令的一些信件中,他抱怨说,军官和士兵们犯下"无数的、持续的、每天都在发生的恶行",包括盗窃农场牲畜和从当地种植园抢夺食物,驻扎圣马克的德萨利纳团因"强盗"行为受到明确指控。[62]杜桑在他的答复中愤愤不平地指出,他军中的士卒受到最为苛刻的纪律约束,任何违反军纪的士兵都会受到严厉惩处。他颁布过严格命令,驻守城镇和种植园的士兵,哪怕仅仅是向普通百姓讨要食物,被发现以后也要关禁闭。[63]对德萨利纳团的责难令他勃然大怒,他从邻近的三座种植园主管那里获得宣誓证言,确认他们从来没有遭受过任何值得一提的抢掠。[64] 我们对杜桑的所有了解都表明，他一贯主张属下官兵应当成为道德上的榜样，因此这些有关大规模违纪行为的故事似乎非常缺乏真实性。特别是埃杜维尔也自相矛盾地埋怨德萨利纳下令枪毙了手下一个有偷窃行为的士兵。[65]

埃杜维尔还拒绝提升克里斯托夫·莫尔内和杜桑的弟弟保罗·卢维杜尔的军阶，这两个人因为在与英军作战时的英勇表现而受到总司令极力推荐。埃杜维尔声称自己"未得到许可"将任何军官提升到准将军衔，这听起来就是个站不住脚的托词；杜桑不满地回答说，他"非常愤怒"。[66] 同样，在为了解放圣马克和共和港的备战阶段，杜桑向胜利在望的部队承诺，在那些地区（主要从蔗糖贸易中）取得的财政收入中，将有四分之一作为"战争赔偿"交给他们；他向埃杜维尔解释说，为了他的士兵在这场战役中所经受的艰难困苦，他们完全有资格获得这样的犒赏。[67] 埃杜维尔没有批准这个要求，他认为从被解放的领土上得到的每一分钱都应当上缴公共财政，用于支付全体士兵的薪饷：这可以算是一个符合共和主义原则的回答，但是无法让杜桑的手下高兴起来，特别是他们的薪酬和物质条件都还处于令人十分懊恼的状态。[68]

杜桑在与埃杜维尔的通信中，一再提起士兵的薪酬问题，这几乎成了一个萦绕不去的主题，与他早先向拉沃发出的请求相比没有什么变化。杜桑不时地发牢骚，说他的英勇士卒没有领到薪水，甚至缺乏包括服装在内的最基本装备。他用埃杜维尔关于平等待遇的观点反击对方，如果所有士兵都应该享有平等待遇，为什么南部里戈的军队可以按时发薪，而且装备齐整，却让他的部队处于极端匮乏的状态呢？[69] 在得到一连串的含糊保证以后，带着日渐增长的恼怒，杜桑又写道，其部队的物资形势是让他"极其担忧"的一个问题："他们所处的悲惨境地能够让每一个和我一样体恤下情的人感同身受；看到自己的部队在忍饥挨饿的同时，还要冒着最大的危险为驱逐英国侵略者而战斗，对一个指挥官来讲尤比痛苦；我再说一遍，看着这些士兵连遮体的破衣烂衫都没有，实在是太痛苦了。"[70] 他在另一封信中告诉埃杜维尔，对他个人来讲，局势已经变得十分难堪：他曾向士兵们保证他们将会"军容齐整地开进城市"，可是他们依然还赤身裸体，拖欠的薪水也没有收到。杜桑最后总结说，作为承受打击的那个人，他"非常痛苦"地向对方转述来自士兵们的不祥警告："把自己的毒药喝了太多，魔鬼也会被毒死。"[71]

1798 年 10 月 17 日，杜桑给埃杜维尔写了一份欢欣鼓舞的报告，宣告全部领土获得了解放："我已经取得最终的成功，达到了为自己设定的目标，即从圣多明各的土地上赶走英国人，以象征自由和法兰西行为准则的旗帜代替了专制统治的标志。我已别无他求。"[72] 这种爱国主义的自豪表述毫无疑问是真心实意的，但是对于自己的抱负，他也并未和盘托出。在寄出这份报告的时候，杜桑已经决定精心谋划将埃杜维尔赶出殖民地。

杜桑究竟是在什么时候得出的结论，认为与埃杜维尔的关系已经完全破裂而无法修补，对此我们只能猜测。批评者认为，从很早的时候开始，杜桑就打算推倒埃杜维尔，但是并没有证据支持这种观点，而二人之间的早期交流反而暗示实际情况恰恰相反。此前一年，桑托纳克斯刚刚离开，一向谨慎的杜桑不希望这么快就又与督政府之间再出一次大事故，尤其是因为他不想为巴黎的保王派和保守派敌人提供更多的弹药。于是，他努力与埃杜维尔建立一种工作关系，但是随着时间的推移，他明显感觉到双方观点在太多方面都存在差异。他也意识到，这位法国特使带着官方命令来对他进行有计划有步骤的挑战，以便削弱他的政治影响力。他在一封信中沮丧地说："您对我做的每一件事情都表示反对，对我的每一个举动都进行诋毁，对我的每一步计划都加以怀疑。"[73]

杜桑逐渐相信，这些冲突不仅来自埃杜维尔本人，还有他从巴黎带来的几个高级行政人员，他们也都在倾尽全力破坏双方关系；杜桑在各处都有耳目，埃杜维尔后来才知道，他自己的一个混血副官就是告密者。[74] 举例来说，这位法国代理人的一个同僚告诉杜桑，自己很乐意把杜桑送到法国，在那里他可以得到"他所需要的一切"。杜桑刻薄地回答："你们那条船太小，不够把杜桑将军带到法国去。"[75] 他告诉埃杜维尔，这些"与公共领域及秩序与安宁为敌的人"，正试图"混淆邪恶与善良、黑暗与光明、甜蜜与苦涩"；他说，"对一个有尊严的人来讲，受到这样的对待是痛苦的"。[76] 到1798年9月，杜桑公开抱怨这个"阴谋集团"发挥的邪恶作用，它的成员包括"与黑人势不两立的敌人"；他还说，这位法国代理人一直被"一心盼望全面骚乱者的阴险报告"所误导。杜桑怀疑有人在酝酿一个阴谋，不仅要遏制他的影响力，而且可能甚至要同时解除他的总司令职务。在纪念共和国成立的一次官方讲话中，埃杜维尔意有所指地宣称，如果武装部队不能完全服从命令，"公共秩序将受到威胁，很快就会被无政府状态取代"。[77] 这只是对杜桑的一次稍加掩饰的攻击，而杜桑也抱怨说——事实证明此言不虚——埃杜维尔企图鼓励南部的混血将军里戈向自己发出挑战,以削弱自己的军事实力。[78]

杜桑可能是在 1798 年 7 月的某一时间开始与埃杜维尔公开对峙的,就是在这时,他决定给对方设下圈套。他鼓励这位法国代理人进一步实行农业劳动体制改革的各项计划,并与其深入讨论这些计划,还在私下里把它们形容为"对农业发展非常有利和实用的"[79]——以至于埃杜维尔对他的帮助一再表示感谢,并且对于二人共同制定了这项新章程的主要条款感到庆幸。[80] 然而,杜桑并没有将自己的名字与这项新法令公开联系在一起。他这么做是有充分理由的,埃杜维尔在 1798 年 7 月底颁布的这个《种植园治安法令》(*Arrêté concernant la police des habitations*)在种植园工人中激起了普遍的不满,因为该法令迫使他们与雇主签订具有强制约束力的协议。这套新制度的设计有利于种植园的所有者,协议期限最少三年,如果劳动者想到其他地方就业,必须提前一年通知雇主。新规对未经协商同意便离开种植园的种田人予以非常严厉的惩罚,第一次违规监禁一个月,第二次六个月,第三次则为一年。[81]

种植园工人们普遍认为这些新举措威胁了他们的劳动自由,而这种自由从废除奴隶制以来基本上是不受限制的。杜桑起初并未着手转变这样的认识,而是在自己拥有影响力的所有地区,悄悄煽动种田人对这个法令的愤恨。埃杜维尔手下官员并未努力向劳动者解释这些新规定(该法令是以法语传达给各地市政当局的,却没有准备克里奥尔语版本),杜桑对此情况加以充分利用。既然人们担心其目的在于限制劳动者自由的同时也削弱他们的物质利益,他便极力渲染这种担忧。经由杜桑遍布各地的政治和军事网络,可怕的谣言开始流传,把这项法令描述为威胁了圣多明各黑人公民通过革命获得的"全面自由";甚至出现很多观点,认为捍卫黑人自由的唯一方式就是"杀死所有白人"。出于对这种马坎达尔主义弦外之音的担心,埃杜维尔请杜桑给他的军事指挥官们同时发送信件,要求他们平息此类"荒谬的"谣言。[82] 杜桑遵命而行,甚至还向这位法国代理人保证,无论何时见到他这些"黑人兄弟"偏离了正确的道路,他都会"把他们引上正道"。[83] 但是,实际情况却恰恰相反,他积极地——但还是悄悄地——促使人们对埃杜维尔措施的不安日益增长。举例来说,在小瓜夫(Petit-Goâve)地区,一位名为森格拉(Singla)的起义者领导了一场针对该法令的反抗。[84] 此人在当地颇具号召力和影响力,而他与杜桑之间的联系被小心翼翼地隐藏起来,以至于当地种植园工人在 1798 年 9 月举行罢工的时候,手忙脚乱的市政当局还向杜桑求助,丝毫没有意识到他正是这场动乱的始作俑者。[85]

考虑到这些地方军事将领在鼓励各地反对埃杜维尔的叛乱中所起的作用,杜桑显然曾经向他们示意,与对手的公开摊牌已迫在眉睫。既然这位法国代理人未曾付出任何努力去博得圣多明各共和派军队官兵的青睐,他们自然也就满心期待这种局面的到来。事实上,截至 1798 年 9 月,已经有大量证据表明,反埃杜维尔情绪正在从普通士兵到军官团体的各层级黑人中被煽动起来。来自圣马克的一份报告称,德萨利纳的第 4 团"极不安稳",而且"白人军官正命悬一线"。[86] 埃杜维尔与杜桑的外甥穆瓦斯进行了一系列激烈的交锋,他通过指控穆瓦斯的"恶行"(又是涉及食品供应的问题)与其展开对抗。这场冲突以来自埃杜维尔的严厉指责而告终:"想成为共和国军队的指挥官，他就应该懂得服从命令。"[87]

杜桑等待埃杜维尔犯下一个严重的战术性失误，然后才将冲突升级。1798年10月，法国代理人送给他一个黄金般的宝贵机会。埃杜维尔下令裁撤北部省由700人守卫的利贝泰堡（Fort-Liberté）要塞，那里是由穆瓦斯的第5团驻防的。埃杜维尔派出一支几百名欧洲士兵组成的队伍去解除这个要塞的武装，那里的守军由来自多凡堡的一个黑人治安法官马尼加（Manigat）指挥。在随后发生的暴力行动中，穆瓦斯的兄弟夏尔·扎莫赫（Charles Zamor）和超过200名黑人士兵被杀。埃杜维尔的代表还拘禁了该团的几十名黑人军官，把他们押往法兰西角，使冲突进一步加剧，并且下令将穆瓦斯以违抗命令为由解职。忠于杜桑的部队最后能够夺回对要塞的控制权，主要是因为得到了3000名武装农民的大力支持。这支队伍是杜桑的盟友让-巴蒂斯特·桑-苏西（Jean-Baptiste Sans-Souci）从格朗德里维耶尔、瓦利耶尔和圣苏珊（Sainte-Suzanne）的山区里召集来的。[88] 对埃杜维尔采取行动的时候到了。

1798年10月中旬，正当利贝泰堡事态升级时，杜桑抓住机会对埃杜维尔发起了一场全面的起义。后来，他对法国政府解释说，该代理人的行为激起了普遍的愤怒："在这次不幸事件中，捍卫领土的斗士们泼洒的鲜血重新点燃了纷争的烈火，包括殖民地的最边远角落，到处都回荡着复仇的呼声。"[89] 从位于德埃里古种植园（d'Héricourt plantation）的司令部里，杜桑通过他的军事指挥官对这些抗议活动进行协调，组织了几千名种田人向埃杜维尔及其官员盘踞的法兰西角进发。当大规模的人群——包括相当数量的妇女——接近城镇的时候，在恐慌的居民尤其是白人族群中间开始出现对可能发生劫掠行为的担忧，有消息说抗议者带着口袋、篮子和绳子而来，许多人都高喊着"感谢上帝不会让他们白跑一趟"。[90]

对紧靠法兰西角外围的拉福塞特（la Fossette）的"骇人"景象，一位法国来访者这样形容："想象一下，不同年龄和性别的上万名黑人，几乎赤裸着身体，一群群围着篝火，无拘无束地纵情欢娱，放荡地舞蹈、扭动、尖叫着。"[91]空气中明显弥漫着伏都教的气氛，埃杜维尔后来汇报说，受杜桑鼓动的种田人在仪式中对他施加法术，包括"围绕着一个经过彩绘的牛头跳舞"。[92]法兰西角的市政当局派出一个代表团就示威者的不满进行谈判。这些自封的"人民军"做出了不祥的回答，他们是来为第5团官兵在利贝泰堡的遭遇"报仇"的，并威胁要摧毁整座城市。他们还宣布，如果杜桑·卢维杜尔能够来干预并恢复秩序，就"可以避免一场流血冲突"。[93]这些沟通情况立即被汇报给总司令，为他的介入提供了一层掩护。

杜桑迅速采取行动，首先向法兰西角市政当局发去一份声明，要求对方官员采取一切必要措施维护秩序，并承诺为他们提供支持，以确保"共和国的各项法律及宪法得到充分地尊重"。这里面包含一个绝妙的反讽，因为就是他本人正在采取行动罢免法国驻圣多明各的官方代表。[94]紧接着，杜桑与聚集在市政厅外面惴惴不安的法兰西角市民公开见面，宣布他"非常高兴"能够及时赶来，并看到安全措施已经恢复。他警告大家，的确存在"全面动乱"的危险，但是又保证他将以最大努力使一切恢复"井然有序"。他的第一个步骤是命令手下军官去控制城市周边的军事哨所。为了安全起见，他还派出部队进入海角高地的旧社区，以"保护所有居民和财产的安全"。[95] 但是，即使这种再三保证的姿态，也是在威胁恐吓的遮掩之下，骑马走在第 4 团队伍前面的军官恰恰是令人生畏的德萨利纳。这次行动的真正目的是困住埃杜维尔，防止他从法兰西角逃跑，尤其是不能让他带着法国代理处的官方文件离开圣多明各。[96]

一面处理法兰西角骚乱事件，一面集中精力于利贝泰堡的危机，杜桑又采取步骤削弱埃杜维尔在种植园中的权威。1798 年 10 月，在殖民地北部省和西部省一系列经过协调的行动中，杜桑发动几千名劳动者放下工具，在各地掀起一波抗议浪潮。这些罢工行动是对埃杜维尔的热月六日法令的直接抵制。按照这项法令，"在工作场所煽动纷争，破坏秩序和纪律"的种田人将被处以两年的监禁。但是在这次事件中，首要的煽动行为主体不是别人，正是杜桑，所以种植园的工人也就没什么可担心的了。他也确实在这次行动背后施以全力，走遍每一个抗议地点，向罢工工人慷慨激昂地演讲，督促他们向市政当局传达自己的不满，以便他们的诉求获得更广泛的知晓和分享。

在杜桑的庇护下，种植园工人和市政官员之间的对抗为圣多明各的地方政府系统注入了一股大众革命的能量。譬如，抗议者推动了一种市议会代表和当地选民进行对话的新形式。在一些社区中，抗议者成群结队来到市政机关，而在另外一些地方，他们委派选举产生的代表去会见市政官员；在戈纳伊夫，一丝不苟的政府接待员记录下来有 22 位市民抗议者。[97] 反过来，这些会见也使市政当局更为激进地描绘其自身角色，他们现在通常以革命的语言形容自己为"人民的机关"。面对"一大群具有公民身份的种植园男女工人"，小河镇的市政官员宣布他们自己是"人民的哨兵"，[98] 而且他们有神圣的职责去倾听和转达人民的呼声。

按照杜桑的指示，种植园工人的请愿书被地方市政当局誊录下来并转交给埃杜维尔在法兰西角的办公室。看着这些要求，已经四面楚歌的法国代理人感到更加沮丧，每一条都以对他表示坚决不信任的方式开头。经过与选民的商议之后，普莱桑斯的市议员和官员宣布：埃杜维尔已经对圣多明各"的环境造成了毒害"，引发了"无政府"状态；唯一的解决办法就是让他离开圣多明各，"越快越好"。[99]马尔梅拉德的请愿者以一种宽宏大量的姿态，仅要求这位代理人"暂时停职"[100]——但这只是少数人的意见。被动员起来的公民大多数都坚持埃杜维尔必须离开。为了避免任何歧义，来自格罗莫讷的示威者讲得更清楚："埃杜维尔激起了种植园工人的怒火，他在这里的出现就是造成这场运动的原因。"[101]

与法兰西角的抗议不同，埃杜维尔的农业改革是外省示威者的主要议题，他们在各项声明中均对埃杜维尔的《种植园治安法令》予以谴责。来自戈纳伊夫的抗议者认为，这种雇佣契约制度就是企图"侵害我们的自由"，他们要把这些被迫签下的合同立刻撕成碎片。[102]这并非普通的劳动争议，因为它的终极目标是实现政治上的变革。皮芒港（Port-à-Piment）和特雷诺沃（Terre-Neuve）的劳动者庄严宣告："除非埃杜维尔离开殖民地，否则我们决不会复工。"[103]杜桑卢维杜尔（此时，已经有一个城镇以这位革命英雄的名字命名）的种植园工人的表达方式则更加戏剧化："我们宁愿在树林中度过余生，也不会在这种条件下工作。"[104]

与此同时，杜桑有意让利贝泰堡的戏剧性场景不会被外省抗议者忽视。实际上，当穆瓦斯被捕和黑人部队被缴械的消息传到各个种植园里,谣言进一步歪曲了事件,抗议者对穆瓦斯官复原职的要求混杂了更加危言耸听的故事,比如说整个第5团都将被屠杀,所有忠于杜桑的部队都会被缴械。杜桑试图激起当地人对埃杜维尔的愤慨,其中可能包含故意误导的成分。但是此类担心并非空穴来风:如我们此前已经注意到的,有相当多的黑人死在利贝泰堡,而法国代理人前来圣多明各的明确目的就是缩减杜桑军队的规模。这才是问题的核心,它解释了为什么杜桑能够如此成功地通过利贝泰堡的血腥冲突发动几千名种植园工人。在很多种田人的心目中,黑人军队是捍卫其利益的最主要屏障,任何削弱它的企图都是对他们的基本权利发动攻击的前兆。在一份地方公告中,这一联系得到明确的表述:"我们要求穆瓦斯将军重新获得指挥权,以便他能对抗那些企图重新奴役我们的人,并为我们提供保护。"[105] 杜桑的外甥开始成为北部省最具影响力、最受欢迎的人物之一。

杜桑的外省支持者拥有惊人的能量、决心和纪律,当皮芒港和特雷诺沃的军事指挥官发现这些人在他的房子外面排成整齐的队列时,禁不住对他们的这些特质心生景仰。[106] 同时,这些百姓也见证了杜桑在黑人公民中的广泛影响:他能够发动桑-苏西领导的山区农民,包括普通的农业工人,无疑还得到了一大群监工的支援,他们是杜桑在种植园里的重要代理人。从这些人群对于杜桑命令的服从和表现出来的严格自律,都可以观察出他们的凝聚力。他们的身上结合了革命群众的经典特征,即节日般的喜庆、嬉笑怒骂的幽默与声色俱厉的威吓。其实,有关这些人,最令人吃惊的是他们的自信和对共和主义理念的强大接纳能力。在向市政官员发出的宣言和请愿中,他们并不是以私利和种族差别来表达对埃杜维尔的不满,而是以自由、公正和平等这些革命语言，通过对公益原则的响应来表达，而且还经常提及宪法。比如，在小河镇，他们申明"人的权利是不可被剥夺的，也是不可被改变的，这是宪法向每一个人做出的保证"。[107]

宪法赋予圣多明各人民的最神圣权利就是他们的公民身份。杜桑的支持者表明，这对他们来说不是一个抽象的概念，而是活生生的现实。在与市政官员的交涉中，他们并不是像卑微的祈求者那样讲话，而是作为通过革命斗争赢得了合法权利的种田人和农夫；在法兰西角和外省都有大量妇女参与进来，这个现象尤为引人注目。他们的表现也可能有一些放肆无礼，既然拥有这么一位特别的守护神，杜桑卢维杜尔镇的请愿者便抓住机会，要求敬爱的首领晋升为他们当地的军事指挥官。[108]

他们要求把自己的名字附在市政公告中，进一步体现了他们的自信，就像杜桑在回答沃布隆时所强调的，这并非出于获得认可的个人愿望，而是对集体力量的颂扬。譬如说，和那些市政官员姓名一起出现在马尔梅拉德公布的文稿中的，还有100多名种植园工人的名字。毫无疑问，这是第一次在此类公共文件中看到科菲、莱斯比昂索、桑斯法松、庞波姆、菲代勒和格拉西亚这些名字。他们的一些声明还被转写成克里奥尔语。小河镇种植园工人的文稿中有一半以上都以本土语言发表，包括关于埃杜维尔被撤职的简短一句话："我们对他不满意，就是因为他不能维持我们的国家秩序，其实他似乎只会挑起动乱。"[109]

受到圣多明各革命群众的谣言中伤，又被他们的领袖杜桑派出的部队围困在法兰西角多日，埃杜维尔只能甘拜下风。[110]1798年10月底,埃杜维尔和他那多达1800人的民政和军事随行人员,终于被真正赶出了殖民地。在以后的岁月里,他不断回想自己在停泊于法兰西角的"勇气号"(*Bravoure*)上度过的那段日子。因为害怕最后几天待在岸上不安全,他拒绝了杜桑上岸会谈的邀请,唯恐被扣留,由此可见埃杜维尔是多么软弱无能。[111]在令人难堪的境况下,埃杜维尔结束了他在圣多明各的短暂任期,用其继任者鲁姆的话讲,他"被当作一个被迫放弃阵地的败军之将对待"。[112]

在离开之前,埃杜维尔发表了一个颇具戏剧性的声明,将他的被迫离去归咎于返回圣多明各的流亡者,是他们毒害了政治环境。他指责这些人将一场"诽谤性指控"的矛头对准了自己,尤其是声称他们意图从根本上动摇黑人族群的"全面自由"。这些谣言之所以变本加厉,是因为政府中"卖身投靠英国人"的那些人推波助澜。针对杜桑的这种攻击是可以预见的,况且还不止于此。埃杜维尔称,那些寻求"独立"的人,现在终于露出了本来面目,尽管所有的表象都显示他们本身就是圣多明各自由的"残酷敌人"。[113]在同一天写的另外一封信中,埃杜维尔又免除了杜桑的混血对手里戈继续服从总司令的义务,他指责这位总司令"接受英国人、流亡者和美国人给的钱"。他要求里戈"取得南部省的控制权",这样的做法直接鼓励内部的争斗,最终导致了一年之后的刀锋之战(guerre des couteaux)。[114]

但是,此时此刻,杜桑的胜利还未成定局。他的各种天赋中有一项就是政治上的表演才能。在加勒比海闷热难耐的夏天,迫使这位法国代理人登上法兰西角海湾中的一艘船,而这艘船恰恰就位于运奴船靠港前被抛下去的成千上万奴隶的遗骸上方，这是一种典型的杜桑风格。如此羞辱一个"大白人"（grand blanc）将会受到他的黑人士兵，尤其是博萨拉士兵的欢迎，此举恰恰是一个具有象征意义的报复，既为了此人在之前几个月中轻蔑对待杜桑的手下，也为了他们和家人在从非洲前往圣多明各途中曾遭受的苦难。收复利贝泰堡以后，在一次振奋人心的讲话中，杜桑向他的士兵强调了这层关系，他发誓保卫圣多明各的革命成果，特别是使黑人摆脱受奴役状态的解放。他用一个生动的对比嘲弄了对手："谁是你们自由的更伟大的捍卫者，是从前的侯爵和圣路易骑士埃杜维尔将军，还是来自布雷达的奴隶杜桑·卢维杜尔呢？"[115]

战胜埃杜维尔，并与梅特兰达成1798年协定，使杜桑跨出了走上外交舞台的第一步。这项协定提高了杜桑在该地区的威望，首次将殖民地利益与法国利益正式加以区分。它也逐渐开启了圣多明各与大不列颠之间的友好和睦关系，不仅出于双方共同的利益，也是基于对杜桑日渐增长的尊敬——虽然他所代表的立场在每个方面都与大英帝国相反。梅特兰总结了他在法属殖民地的经历，猛烈抨击了埃杜维尔（"一个以才能著称的人，而据我了解，他并没有表现出任何才能"），同时认为杜桑具有令人敬畏的军事和政治实力。但是还有更根本的因素。梅特兰敬佩杜桑作为一个统治者的"节制和忍耐"，既有他在战争中表现的"人道主义"，也涉及他给予白人流亡者的体面待遇，还包括敦促英国政府继续与他进行建设性接触的政策。[116]梅特兰派往圣多明各的特使爱德华·哈考特（Edward Harcourt）同样认为，英国政府给予杜桑的优惠政策是为了回报他向英国人展露的"诚意"。[117]

一篇热情洋溢的文章刊载于1798年12月的《伦敦公报》

上，其中也表达了对于该协定的正面印象。此文将英军撤出圣多明各描述为一次外交上的胜利，因为它带来了与该殖民地的"独家贸易权"，并保证该殖民地脱离法国控制实行"独立"。其中最引人注目的是对杜桑的描写，文章称赞他是"这样一个黑人，他生来就是为了证明其种族权利的正当性，同时也说明一个人的声望与其外在的肤色无关"。这位"首领"在圣多明各竖立起"黑人的旗帜"，这个事实本身不亚于一场"革命"，受到"所有自由的英国人"赞扬："每一个善良的人听到黑人族群如今被认同为兄弟，都会感到欣喜。"[118] 对于杜桑和梅特兰之间的关系，这多少算是一种乐观的看法，我们还将看到，在英国的军政两界中，仍有许多人顽固地反对圣多明各革命。但是《伦敦公报》上的这篇文章表明，在开明进步的英国舆论中，这位黑人将军的吸引力日益增长。

杜桑和埃杜维尔之间的斗争说明革命领袖的影响力体现在很多方面。埃杜维尔相信，法国政府的高级代表有丰富的军事经验，依靠他所掌握的传统方式奋力一击，就可以完成遏制杜桑并着手将黑人军队解除武装的任务。毕竟，他曾经使旺代的农民乖乖就范。他终归是一个白人。可是一个从前的黑人奴隶，苦于"极度的无知"，[119] 怎么可能与如此具有优势的对手相抗衡呢？然而，杜桑却制服了他的对手，而原因正是他在如何利用自己的影响力上有更加丰富的想象力和灵活性。他总结了埃杜维尔失败的原因，认为对方"做得不够好"，应该更加"能屈能伸，才不会站得高摔得狠"。[120] 这是一个非常敏锐的观察，反映了杜桑小步前进的思想，以及必须精巧地使用权力，只有在万不得已的情况下才动用强制力的观点。

埃杜维尔离开殖民地之后，杜桑很快就给督政府发去一份长达27页的报告，当中也闪现着这些精妙之处。这是一篇卢维杜尔式的极具感染力的文章，结合了一丝不苟的细节和令人信服的语言，再加上不止一点点的言过其实。他极力否认自己对于前几个星期中发生的混乱事件负有任何责任，甚至在文章开始便要求从现有岗位上"光荣隐退"。杜桑声称并未参与法兰西角和种植园的动乱，而且"没有任何法国政府的代理人"从他这里得到过比埃杜维尔所得"更大的支持"。他佯称听说一大批抗议者向城市进发而感到"十分忧虑"，并"惊讶地"发现埃杜维尔及其随从已经准备登船驶离殖民地。法国当局当然不会被这种假装清白的声明愚弄，但是杜桑接下来的观点很难反驳：圣多明各的动荡主要是由过去几个月里埃杜维尔在思想和政治上的失误所引发的，特别是他企图挑战杜桑在军事上的权威；埃杜维尔在理解当地敏感问题方面有所欠缺；还有他对待忠诚的行政官员的"专横"态度，这些官员中许多人未经杜桑同意就被撤职了。埃杜维尔"贵族式的"偏见也遭到严厉批评，尤其是他倾向于接待那些带着"反叛的仇恨"来向他请愿的普通公民。

对于督政府为圣多明各派来这样一位明显无能的官员进行了如此一番抱怨之后，杜桑才发出真正的一击。他将整个事件描绘为站在白人至上的立场上挑战黑人政权的一次负隅顽抗。他提醒法国当局注意1797年沃布隆的"反自由讲话"在殖民地引起的"大范围恐慌"，并认为埃杜维尔正是打算步沃布隆的后尘——所采取的路径显然就是实行根据此人的种族主义思想特别设计出来的农业改革方案。杜桑引用埃杜维尔演讲中的一句话，关于"使黑人留在种植园里"的必要性（他当然不会提到他在这件事情上曾悄悄地鼓励埃杜维尔）；劳动制度改革被种植园的黑人工人视作"一条奴隶制度的新锁链"。报告还多次提及果月十八日反保王派政变,将埃杜维尔刻画成与那些密谋策划者同流合污的人。

埃杜维尔曾竭力在圣多明各的黑人、白人和混血社群中间有计划地制造分裂,其方式包括质疑军队中黑人军官的爱国主义,迫害行政机构中的黑人官员,以及挑战杜桑赦免德索斯团黑人操炮手的决定,只是因为这些人曾受到英国人的训练,而杜桑认为他们可以光荣地为共和国服务(与此同时,埃杜维尔却允许里戈为他的南部军队招募此类士兵)。埃杜维尔还试图通过大幅削减黑人士兵的数量,以达到圣多明各的防务由"纯粹欧洲人"部队承担的目的;通过诽谤杜桑"将自己出卖"给英国人,并制造虚假的故事说他渴望独立,还声称在所有他控制地区的官方建筑物上飘扬的并非法国的三色旗,而是他自己的军旗,"一面带有黑人头像的白旗"——这是对杜桑"荣誉"的一种侮辱。[121] 杜桑补充说,任何这类行为当然都意味着背叛,之后他又强调指出"黑人的伟大力量足以粉碎任何阴谋"——这是对督政府的一种间接而又明白无误的警告,任何解除其武装的进一步企图都将遭遇最激烈的抵抗。

然而该报告的最终目的在于安抚他的法国上司,而并非与之发生对抗。在危机期间,杜桑尽一切努力防止出现对于人身和财产的严重威胁,没有发生平民流血事件。实际上,他的报告夸大了种植园工人在通过市政机构传递其不满的过程中所采纳的"符合宪法的"方式——他以这种精明的办法暗示,埃杜维尔并不是被杜桑个人所拒绝,而是遭到人民和他们选出的代表的抛弃。报告称,市政官员和抗议者双方都依据共和主义的原则行事,遵守了法兰西宪法的精神。这种对市政机构在危机时期依法履职的强调,以杜桑对法兰西角市政当局的指令结束:既然埃杜维尔已经离开,他们就应当"全面接过民政事务的权力"。[122] 这又是杜桑经常采用的典型方式,在官方机构层面尽可能推进他的革命事业;他对自己在巴黎的支持者突出强调这一点,特别是对那些立法机构的成员,明确否认任何有关"独立"的野心。[123]

毫无疑问,杜桑是在钢丝上行走。可是,没有人能比这位"德高望重的总司令"更精于此道。[124] 在埃杜维尔离开不久后,有一份寄给法国政府的未具名报告指出,杜桑就像是有"一种神奇的力量"来把控民众,显然,现在殖民地已被他的魔咒控制。这种影响力"要么会遏制殖民地的发展,要么可以将它推向革命的道路"。报告还总结道,尽管杜桑有种种缺点,但他仍然是"唯一能够确保这块殖民地继续归属法国的人"。[125]

第6章　高尚的公民

在与埃杜维尔进行对抗的最后阶段，杜桑能够将他在种植园中的支持者动员起来，这并不是偶然的成功。法属圣多明各的奴隶革命带来一种生机勃勃的大众民主运动的模式，体现在公民集会、种植园中的友爱关系，以及从前的逃亡奴隶所形成的网络——他们通常在圣多明各的内陆和山区组成小股民兵。在1790年代后期，这种草根传统依然存在，而当它对杜桑构成广泛的支持，尤其是在他与法国当局冲突并与不同政见派别进行斗争的过程中时，它便成为一股从未完全受到杜桑控制的、独立的社会力量。

部分出于这一原因，同时也因为城市化水平偏低，杜桑努力在殖民地各处发展他自己的人际网络。他明白，而且很可能比任何人都更明白，北部省、西部省和南部省的分隔，以及他的同胞们所特有的针对不同地区的归属感，有时可能在相邻社区间造成激烈的对抗。他知道，在革命前的圣多明各，政治在很大程度是具有地方性的。小范围的对抗看起来容易迅速升级为大规模的危机，就像在1798年利贝泰堡冲突中发生的那样。任何情况下，在本地居民中间建立一个稳固的基础自然符合他作为一个领袖的本能，包括他在细节上的小心关注、他对每个人名和地名的惊人记忆力，以及他与圣多明各的自然地理的精神联系。对大自然的亲近是他性格中的一个重要特征，在亲密同事的眼中，他是"加勒比地区的非凡人物，是大自然造就的、治理其杰出人民的领袖"。[1] 他的机动性也是一个传奇。杜桑总是处在运动之中，不论是计划之中的地区间巡行，飞速赶往各地处理骚乱，还是视察某个地点或即兴拜访某人。曾有一次，他从戈纳伊夫前往法兰西角，凌晨3点出发，在12小时内马不停蹄地奔波30法里（90公里）；他意外到来的消息引来一大群人聚集到他的房子里。[2] 宣布他将到访某个地区会令人们激动不已，并为了向他致敬而开始一波过节似的准备工作，包括因为他缺损了门牙而准备一些易咀嚼的食品，如海绵蛋糕。[3]

杜桑的批评者坚信，他的权威完全建立于他的军事力量、他所受到的广泛支持和他在追随者中激发一种近乎宗教形式的献身精神的能力之上。他的对手特别强调了杜桑身上笼罩的救世主般的光环。用法国将军庞菲勒·德·拉克鲁瓦的话说："属下士兵将他视作非凡的人物，而种植园工人则把他像神一样膜拜。"[4] 然而，杜桑的吸引力远不只是能够唤起人们的恐惧或盲目忠诚。从一开始，他的策略就是笼络各地区的人群，同时利用既存的社会和政治机构，从教会官员、国民卫队到政府行政人员，在他对人类善良本性和博爱理想的信仰中，这正是一项共和主义的重要事业。但它也是一种克里奥尔人的共和主义，是欧洲、非洲和本地元素的独特结合。

这种混合形态充分表现在各地为他举行的多种庆祝仪式当中。它们五彩缤纷地展示集体的热情，致敬杜桑的才能，作为社会新秩序的明证，打动了圣多明各的全体国民。这些仪式往往使市政当局和宗教势力结合在一起。就如同在1798年，英国人撤离之后不久，杜桑第一次进入刚刚解放的共和港。在城郊，有位神父率领着一大群衣着考究的男女向他表示欢迎，他们举着十字架、香炉和横幅。他们邀请杜桑走在一顶华盖下面，由该市四位最有钱的白人种植园主高高地擎着它。但他表示拒绝，说只有神才配得上如此荣耀。[5]然而，这些显贵为他准备的厚礼却是无法推辞的。在通往市中心的道路上，行经一连串庆祝胜利的拱门之后，杜桑见到了市政官员，他们隆重欢迎这位圣多明各的解放者，并授予他一枚勋章，上面镌刻着"在上帝之后，就是他"。[6]

这真是一个美妙的时刻。马坎达尔的支持者曾计划用下毒的办法消灭圣多明各的白人种植园主，在为此举行的伏都教仪式达到高潮时为马坎达尔吟唱的就是这句口号。现在，它作为一种象征被重拾起来，转而用在他们的新英雄身上。[7]这种马坎达尔的翻版反映了天主教和加勒比两方面的情感，同时也表现了共和主义更为理性的一面。杜桑对本地政治活动的态度完全符合他的风格，即逐步使既存机构适用于自己的目的，并随着时间的推移，抓住机会创造新的政治格局。于是便有了他喜欢的一句克里奥尔谚语："慢慢来。"[8]

杜桑重整这些本地社群的方式不仅多种多样，而且颇富想象力。共济会就是这样一个群体。没有证据显示杜桑本人参加了共济会，但是他在革命年代的华丽签名中包含了标准的共济会符号：两条斜杠中间有三个点。他的前老板巴永·德·利伯塔是法兰西角共济会的一位重要成员，该分会在革命之前的10年间相当活跃；[9]共济会的基本价值观——团结、慎行、友爱和慈善——与杜桑自己的价值观有很大的重合。共和港分会"东方希望会议"（La Réunion Désirée à l'Orient）的成员名单显示，他的几位亲密伙伴都是共济会的活跃会员，其中有作为分会仪式主持人的杜桑的弟弟保罗，还有一位深得他信任的下属——共和港的军事指挥官克里斯托夫·于安（Christophe Huin）；隶属于这个分会的还有很多支持杜桑的行政、司法、商业领域和种植园中的白人精英。[10]杜桑的随行人员中包括几位来自加斯科涅（Gascony）地区的官员，其中重要的有他的秘书帕斯卡尔（Pascal）和迪皮耶（Dupuis）、他的口译员内森（Nathan）和殖民地总医官拉科斯特（埃杜维尔曾试图将他解雇），这些人中有很多都隶属于共济会网络。在圣多明各行政系统中，夏尔·樊尚是杜桑最狂热的崇拜者，他也是一位热忱的共济会成员。[11]所以，即使杜桑自己可能并不是，但是在他周围有很多共济会成员，他也有办法利用他们的网络来加强自己的领导地位，促进其目标和价值观的落实。

杜桑的本地政治风格在他的根据地戈纳伊夫表现得最为突出，他从那里赶走了西班牙人，重建了整座城市，铺设了主要道路，拓宽了运河，装潢了重要的建筑物。在拉沃于1796年离开以后，杜桑使戈纳伊夫地区成为自己的政治和军事指挥下"一块多少带有些独立性的飞地"。[12]他保证行政机构由忠诚干练的人员组成，并密切注意市议会的审议过程。他还与富裕的商界人物建立并保持联系，如一位名叫卡兹（Cazes）的富商（也被称作"胖子卡兹"）成为他的财务顾问和最可靠的密使（他就是被派往巴黎递交杜桑关于埃杜维尔事件的共和七年雾月二十二日报告的那个人）。[13]在附近的埃内里市镇，杜桑把自己的司令部设在一座从德斯卡豪夫人（Madame Descahaux）手中租来的宅院中，此人出身于殖民地最有权势的一个白人家族。[14]这个非常著名的地方，以其长长的小巷、芬芳的玫瑰花园和华丽恢宏的主屋而闻名，是杜桑最喜欢的静修场所：一个他可以秘密会见自己的代理人或外国使节的隐秘所在；一个军事活动的中心，有圣多杜桑将他的儿子伊萨克和普拉西德送到巴黎接受教育。在这封1799年的信中,杜桑告知,他们的小弟弟圣-让的家庭教师格朗维尔的儿子即将来到。杜桑提醒他们养成虔信宗教和勤奋学习的品格,他们的表现关系到家族的荣誉。

明各各地的军官到这里领受他的命令；还是他力图重建殖民地种植园体系的一个基地。[15] 这里也是他组织文艺晚会和社交聚会的地方。他在音乐演出尤其是军乐表演中体会到"妙不可言的愉悦"，经常在晚餐后立即召集号手和鼓手来演奏。[16]

杜桑还在他所谓的大聚会（受邀者参加的）和小聚会（面向大众的）上，带着"礼貌、友好和尊严"接待来访者，包括行政人员、殖民者、美国和丹麦船只的船长、种植园主或商人。在这里，那些曾陷入困境的人，尤其是曾经的白人流亡者，可以涕泪横流地直接向总司令陈述他们的案情。[17] 1790年代末，一个本地客人形容杜桑"外形很有男子气概，中等偏高的身材，面目轮廓突出而醒目，温文尔雅，非常讨人喜欢——令敌人胆战心惊，但是吸引着朋友和爱人"。他在这些场合的着装总是相同的："一款蓝色上衣，肩上披着一件大红斗篷；红色的袖口，手臂上有八道蕾丝，肩带一对金色的大肩章；鲜红的马甲和长裤，配着半高的靴子；圆形帽子上插着一根红色羽毛，别着一枚国徽。"[18]

从1796年开始，杜桑的地位得到了巩固，他提出的一系列人选获得了调查员、神父、医务人员、宪兵和治安法官的职位。[19] 他不断地为手下各种亲信向历任法国代理人和法国政府进行斡旋。举例来说，他致信海军部，为和平港一位"高尚"公民格朗维尔（Granville）的儿子请求获得巴黎国立学院（Institut National）的录取，杜桑自己的儿子伊萨克和继子普拉西德就在那里学习。作为一个经济困难的混血者，格朗维尔是杜桑最小的儿子圣-让的家庭教师；[20] 很多重要的黑人军事将领也把他们的孩子交给格朗维尔教导。[21] 杜桑还密切关注圣多明各妇女可能会陷入的危险境地，特别是当她们与民事和军事管理机构发生冲突时。1798年3月,他采取措施解决了弗拉内夫人(Madame Flanet)遇到的问题。她是托尔蒂岛(La Tortue)的一位白人居民,有四个子女。她的丈夫是退役军官,曾在杜桑的共和军中服役,现已返回法国;他走了以后,他们的房产被当地的一个军事指挥官勒苏瓦(Lesuire)占据。在勒令勒苏瓦交出房产的时候,杜桑指出:"在法律面前,富人和穷人、公民个人与公共行政机关都是平等的,都同样有权得到保护。作为一个领导者,看到人们处于困境就要伸出援手,这便是他对自然法则的实践。"[22]这种独特的支持态度在数不胜数的事例中反复出现,为杜桑赢得了富有同情心而慷慨大度的领袖声誉,尤其是在来自欧洲的白人移民群体中。就像一个法国行政人员所说的,因为这位黑人将军"对白种人最为人道",[23]他受到人们广泛的敬仰。

在从本地视角出发解决这些民生问题的时候,杜桑所采取的方式充满了各种创意:对于弗拉内夫人,他采用了共和主义的平等和公正的理念。但是,杜桑的哲学也受到他那非常独特的克里奥尔自然道德的驱动,通常表现为寓言的形式。举例来说,为反抗专横跋扈的白人和混血领主,一群小河镇的农业工人发动叛乱,杜桑急忙从戈纳伊夫赶到了事发地点,率领的随行人员中包括白人、黑人和混血的军官。面对手持棍棒、步枪和长矛的愤怒工人,杜桑首先采取了缓和气氛的措施,指着他的军官,称赞他们之间兄弟般的和谐关系。然后,他把水倒入一杯红葡萄酒,在人群面前举起杯子。他对众人说,在殖民地的所有城镇和村庄,圣多明各的人民就如同这只杯子中的混合液体,他们有机地融为一体,彼此无法分开,注定要相亲相爱;利用带有颜色的物质传播政治信息原本是马坎达尔主义者的方式,现在已经被杜桑完全掌握了。[24]

在这种带有本地风格的说教中,杜桑经常强调要具备更加温和的美德,如同情与宽恕,这些都是他的共和主义价值体系、加勒比神秘主义和基督宗教信仰的重要组成部分。尽管法国革命中存在反教权主义,天主教仍然是杜桑一个重要的灵感来源,既表现于个人层面(他着意让自己的孩子在天主教的教导下成长),也体现在圣多明各的城市振兴工作当中。在这一点上,他也着意发展强大的网络,从他在戈纳伊夫的势力范围向四处延伸。在与法国的格雷瓜尔神父的通信中,他偶尔会抱怨法国派驻圣多明各使团的反教权主义。[25] 而且,他与本教区的教会上层人物,并通过他们与殖民地各处的天主教神职人员都建立了紧密的联系。每个周日,在高级军事将领的陪同下,由一队向导随行的杜桑,都会从埃内里赶到戈纳伊夫参加宗教仪式。他有时候会坐马车,但是通常更喜欢骑马而行,这样他就可以一路与向导赛马。不用说,他总是比向导们率先到达目的地。[26]

杜桑手下有几位神父服务于他的参谋人员,其中主要有告解神父安托姆(Antheaume)和莫里哀(Molière),这两人同时也是他的市议员。他把重要的任务交给他们,包括向军事和民政当局递送他个人的信息[27]——这种做法使他在圣多明各和法国的仇敌们(包括我们前面所见的桑托纳克斯)指责他受到神职人员的过多影响。但这只是反教权主义和种族主义固有的刻板印象,它错误地理解了杜桑对宗教的教育和社会功能的认知。在殖民地各处的战略要地,杜桑拥有颇具规模的女性宗教助理的网络:这些社会服务人员(aumonières)的职责是向有需要的市民(特别是贫穷的、养育大家庭的妇女和受伤士兵)提供慈善援助,并向年轻孩子讲授教理知识。她们来自不同的种族，都以其宗教热情和对深受爱戴的总司令的狂热追捧而闻名于整个圣多明各：其中有法兰西角令人敬畏的名人巴尔塔扎（Balthasar）夫人、特雷诺沃富有的白人女子加里亚德特（Gariadete）夫人，以及马尔梅拉德的黑白混血女子纳内特（Nanete）小姐，她总是不知疲倦地骑马奔波于当地，为有需要的人往来运送食物、饮品和医疗用品。[28] 这支妇女队伍中的另一个重要成员是玛丽亚·方谢特（Marie Fanchette）夫人。这位自由黑人嫁给了杜桑的财政主管约瑟夫·比内尔（Joseph Bunel），有传言说她曾经是杜桑的情妇，[29] 她在法兰西角还以"穷人的保护者"广为人知。[30]

杜桑的宗教信仰是精神上的理想主义和世俗中的利己主义的结合。如我们之前所见，他完全沉浸在伏都教文化和神话故事当中，且有很多人认为他需要伏都教祭司作为占卜者为他预言未来。他用当地语言进行演讲的时候能够将伏都教的概念信手拈来，既可以提出严肃的观点，偶尔也用来打趣：他常常开玩笑说，他是因为一个祭司的咒语而使用鼻音讲话的，这个咒语不许他用嘴说话。[31] 他真诚地相信基督宗教价值观，时常撰写自己的祈祷文，做弥撒时走上祭坛宣读。[32] 他真心实意地宣称自己在政治和军事上的胜利是在全能上帝的引导之下取得的。当被任命为军队总司令的时候，他宣布自己只是一个"体现上帝意志的工具"，他手下的士兵是上帝"复仇"的执行者。[33] 同样，英军撤出圣多明各以后，他在胜利宣言中把自己的成功归于"勇士之神"，并且补充说"失去造物主的帮助，人类将一事无成"。[34]

在这片遭受过奴隶制度和战争荼毒的殖民地，他也清楚宗教所拥有的治愈能力。从务实的角度出发，他强调天主教作为一种纪律和社会秩序根源的重要性。他与市政当局进行交涉，确保神职人员可以从事宗教活动而免受过分的限制，[35]也时常告诫手下士兵，他们的首要职责（甚至比守卫祖国领土的职责还要重要）是"荣耀上帝"。[36]杜桑下达命令，所有营级指挥官每天都应当带领部队进行早晚两次祈祷，而且周日要带领军容齐整的队伍"秩序井然"地参加弥撒。[37]当被问到为什么要带领军官们随他一起去教堂，杜桑回答，他希望祈祷仪式和宗教赞美诗能教导他们"热爱和崇拜上帝，并对主心生敬畏"；他一面眼中闪动着光芒，一面又补充说："这样他们才能更好地学会服从军纪。"[38]

在他向官兵高谈阔论的时候，总有这样一个主旋律："你们的所有行为都要遵循神圣和宗教的真正原则；因此，正如指挥官要求下属服从命令，每个凡人都必须顺从神的意志。"杜桑冀望这支品德高尚的军队能够以其榜样作用，鼓舞圣多明各的百姓遵守福音书的教诲，进而为公众利益做出贡献。他在1797年向士兵发表讲话："崇敬上帝，在宗教活动中一丝不苟，这将激励殖民地的所有人，从地主到农民，都成为高尚的公民。"[39]

除了共济会、慈善和宗教网络，杜桑还大力支持市政机构。他将这些机构形容为"共同利益"的代表，宪法和法律的维护者，"明智、谨慎与平和"的保证。[40]他利用市政典礼的机会直接向当地百姓发表讲话，阐述他对圣多明各社会经济复苏的希望。1798年，在西北部海滨城镇莫勒圣尼古拉的郊区，举行了一次这样的集会。在杜桑与梅特兰签订停火协议后，当地居民刚刚从英国人的统治下解放出来。他利用这个场合种下一棵自由之树。围绕着这棵树，杜桑建构了他的整篇献词——作为一个精心策划的辞藻华丽的开场白，他在讲话中以这棵树为契机，加入了伏都教的神圣森林保护者大木神（Gran Bwa）的典故。

对于杜桑来说，莫勒圣尼古拉的"神圣树苗"代表着各个不同年龄段的、不同职业和肤色的普通男女正式获得了"公民这一光荣称号"。杜桑在法国特质与自由之间画上了等号，他进一步提醒听众，从英国人统治下获得的解放，使他们挣脱了"奴隶制度的束缚"。参加这次集会的很多士兵都来自附近的卫戍部队，杜桑高度赞扬了他们在这场英勇斗争中的"大无畏精神"。但此刻还不是扬扬得意的时候，杜桑特意提醒战士们，希望他们像他自己一样，养成坚忍和无私的品德。他们也不能指望因为战场上的胜利而得到物质上的回报。看着莫勒圣尼古拉的这些曾经的奴隶如今成为自由的百姓，安安稳稳地聚集在这棵自由之树的周围，他们更应当体会到一种"充分的满足感"。[41]

与此同时，这株自由之树所象征的自由不只是对权利的享受，还包括对责任的承担。曾经作为城镇旧秩序一部分的人们——为占领军作战的民兵，或者与英国人合作的种植园主和商人，甚或是参与奴隶买卖的人——有责任为他们过去犯下的错误而"真心地悔过"，"诚心诚意地"许诺踏上共和主义美德的正路。这也包括所有被共和派政府谴责为流亡者，但是得到杜桑慷慨赦免的法国公民。不团结的时代结束了，出于"和谐"与"博爱"的理念，杜桑邀请这些新法国公民"同心同德，将从前的分歧永远埋葬在这株象征自由的神圣之树下"。对于在场的大多数黑人公民来说，这句话又一次明显地提到了大木神，与伏都教神灵一样，共和主义的大树也象征着治愈和保护。但是对于从前的奴隶，杜桑也还有一句特殊的话语，我们几乎可以肯定他是用克里奥尔语说出来的，以确保它能够被清楚地理解："希望你们看到这棵树的时候就能够想起，没有劳动就没有自由。"紧接着又是他的一个中心思想："没有耕作，就没有商业；没有商业，也就没有殖民地"。[42]

通过共和主义和克里奥尔要素的有效结合，杜桑的莫勒圣尼古拉演讲振奋人心地勾画出他对圣多明各未来的展望，以及在实现它的过程中，他期望当地社群应当扮演的角色。这个前景为人们许下国内和平的希望，通过民族和解治愈从前的伤痛，并为所有公民提供安全和平等权利的保护，不论是男人和女人，白人、黑人或混血者，还是地主、商人抑或劳动者，也不论是来自北部省、西部省还是南部省。但是它也向人们提出了要求，杜桑明白无误地说，权利是伴随政治、道德和经济上的责任而来的，他期望品德高尚的共和国公民能够不辜负这些责任。

从一开始，杜桑就对市政机构的行为予以特别的关注。自1794年起，他在与桑托纳克斯的通信中会定期更新有哪些地区回到了共和派的掌握之中。譬如，1795年，他告诉总督，他已经呼吁米尔巴莱的公民选举他们的市政代表。[43]议会能否发挥正常作用是他始终关心的问题之一。如圣多明各一位知识最渊博的回忆录作者写道，与地方行政机关的"私下通信"是"杜桑的权势之秘密所在"。[44]市议会中的关键人物，如戈纳伊夫的萨农·德方丹，在杜桑与地方政治显贵之间发挥了联络作用，有时还前往法国本土向总司令在那边的盟友传递消息。[45]

杜桑与殖民地的地方官员维持了紧密的关系,这些人为他提供了关于社会和政治事件的详细情况,也包括各种小道消息和谣言。他悉心阅读地方议会的记录,从戈纳伊夫开始,还会定期要求各地军事指挥官向他汇报议会会议的最新情况。[46]虽然从技术上讲,市政管理属于法国驻圣多明各代理人而非军队的职责范围,但是杜桑手下的指挥官实际上监督着地方议会的运转,这种情况反映在他们于1798年年末写给市政当局的一份声明中。它是由杜桑的高级军事人员签署的,要求地方官员全力以赴支持杜桑的领导,提醒他们杜桑始终"为了他们的自由而战斗"。[47]杜桑还时常出面就一些问题发表意见,从个别官员的表现和教士及口译员的任命,到城镇的重建、运河和河流的疏浚、船只的停泊、码头地区重新设计的具体规划和街道的布局,甚至包括本地居民的护照发放。

在发生政治动荡的时候,杜桑也直接向市政官员发布指示。例如,在1796年针对拉沃的未遂政变中,他要求法兰西角议会成员警告当地居民不要支持正在妄图损害共和国利益的"阴谋集团"。[48]当得知韦雷特的市政当局正在散布"不实"信息,杜桑当即予以谴责。[49]几年之后,他召集了80名法兰西角和周边地区的官员到他的家里,斥责这群人没有满腔热忱地执行他的法令;[50]他还处理一些地方议会提出的豁免某些具体行政法规的要求。[51]这些干预行为让我们可以对他的社会经济政策约略一瞥。他向格罗莫讷市镇发布的1794年12月条例,坚持认为当地农业不应当以"私利"为导向,并要求该地区的军事将领"采取一切必要措施将劳动者留在种植园里,使他们能够为重建殖民地的繁荣做出贡献"[52]——总的来说,这正

Les Généraux & Chefs de Brigade de divers Régimens Coloniaux des parties du *Nord*, *Est* & *Ouest* de Saint-Domingue, tant en leurs noms qu'en ceux des Officiers, Sous-Officiers & Soldats desdits Régimens.

Aux Administrateurs Municipaux des divers Départemens de Saint-Domingue.

CITOYENS MAGISTRATS,

SI les défenseurs de la Patrie ont des inquiétudes ; si les atteintes réitérées que l'on porte à leur liberté & à celle de leurs frères les cultivateurs, leur font craindre pour elle, à qui doivent-ils s'adresser ? Dans le sein de qui peuvent-ils épancher les chagrins qu'ils éprouvent ? Dans celui des Magistrats du Peuple, qui doivent, par la place qu'ils occupent, non seulement les rassurer, mais encore déjouer les projets liberticides des oppresseurs, par des mesures sages & fermes.

C'est aux Magistrats du Peuple à être leur organe & l'interprète de leurs sentimens auprès du Directoire exécutif, lorsque le salut public l'exige. Oui, citoyens Magistrats, non-seulement le bonheur du Peuple de Saint-Domingue exige de vous que vous rendiez au Directoire, compte de la conduite de ses Agens à Saint-Domingue, & de celle des Défenseurs de la Patrie ; mais votre devoir vous en fait la loi. Comme Magistrats du Peuple, vous êtes sa sentinelle, & comme chefs de la force armée, nous sommes la vôtre ; & la loi nous ordonne de maintenir votre autorité. Que l'amour de la liberté vous anime ! embouchez sans partialité la trompette de la vérité, & dévoilez sans crainte, aux yeux du Directoire, la perfidie de ses Agens. Si vous teniez, dans cette circonstance, une conduite pusillanime, vous perdriez la confiance du Peuple, sans laquelle vous ne pouvez parvenir à rendre, à Saint-Domingue, sa tranquillité. Si, au contraire, toujours vrais, vous développez cette mâle énergie qui doit caractériser toutes vos actions, en conservant la confiance du Peuple, vous concourrerez sans peine, au bonheur de cette infortunée Colonie ; rendus à eux-mêmes, les cultivateurs s'adonneront à leurs travaux agrestes, & les militaires concourront, de leur côté, à faire respecter votre autorité & chérir les Lois bienfaisantes de la République.

Prenez en main la balance de la justice, & vous verrez que notre conduite n'avoit pour but que le maintien de la liberté & le désir de rendre à la France, ses possessions. Que celle des Agens, au contraire, ne tendoit qu'à anéantir la liberté, & à priver la France de ses Colonies.

Que l'homme impartial, ami de la liberté, analyse la conduite que nous avons tenue, les services que nous avons rendus depuis l'époque où la France, nous rendant nos droits politiques, que la cupidité & la soif de l'or nous avoient ravis, nous reçut au nombre de ses enfans, & il verra que jamais nous n'avons trahis la Mère-Patrie.

Ayant à cette époque, à notre tête le Brave Général en Chef TOUSSAINT LOUVERTURE, n'avons nous pas combattu sans relâche les ennemis de la liberté ? Sans secours, sans moyens, sans d'autres armes que celles que nous prîmes sur l'ennemi, ne sçûmes nous pas conserver notre liberté & défendre nos droits ? n'est-ce pas à son bras, à l'expérience de notre Général, à notre valeur & à celle des Soldats, que nous dûmes les conquêtes multipliées que nous fîmes sur l'Espagnol & les Anglais ? qu'elles ressources avions nous ? Qu'elles étoient alors nos moyens ? Aucun ;

Cependant, supportant, à l'exemple du chef qui nous commande, toutes les fatigues & les privations, endurant la faim & la soif, nous sûmes par notre persévérance & celle des soldats de la République, non seulement atterrer la puissance Anglaise, mais nous parvînmes à l'expulser pour jamais du sol de la Liberté.

La conduite du Général en Chef, la nôtre, & la valeur de nos soldats, méritoient, à n'en pas douter, la sollicitude de l'Agent du Gouvernement : Nous devions espérer la tranquillité à laquelle nous soupirons depuis si longtems ; l'éloignement des Anglais devoit nous la faire espérer ; en Officiers d'honneur, nous ne demandions pour toutes récompense que l'approbation de l'Agent du Directoire : Et certes nos prétentions étoient bien fondées ; au lieu de nous l'accorder, l'Agent HEDOUVILLE, du fond de son cabinet, prépare le deshonneur des Officiers supérieures qui avoient si bien défendu la cause de la liberté, & trame l'assassinat des détenseurs de la patrie.

Un Général recommandable par son amour pour la liberté, qui a répandu son sang pour la défendre ; qui perdit un œil en combattant pour elle, est destitué, mis hors de la loi. La majeure partie d'un régiment est assassiné, & le vertueux Général en Chef est accusé de viser à l'indépendance ; on projette son assassinat. Le deshonneur ou la mort sont la récompense des services qu'il a rendus. Nous nous arrêtons, parce qu'en écrivant, nous frémissons de toutes ces horreurs.

Que ces cruelles vérités vous fassent faire de sérieuses réflexions ; qu'elles vous fassent déployer l'énergie nécessaire dans de pareilles circonstances ; qu'elle vous oblige à dire la vérité : Car nous ne pouvons, ni ne devons nous le dissimuler ; si nous espérons tout du Directoire, nous craignons tout de la perfidie de ses Agens qui nous ont si souvent & si cruellement trompés.

Nous vous supplions donc, au nom de la troupe que nous commandons, & au nom de l'humanité, de donner au Directoire les renseignemens basés sur la vérité, & dictés avec l'énergie qui doit les caractériser : en leur donnant la publicité que nous donnons à la présente, vous repandrés dans nos seins, dans ceux de tous les amis de la liberté, le baume consolateur de la tranquillité, & vous nous prouverés que comme Magistrats du peuple, vous savez défendre ses droits, lors qu'ils sont attaqués. Salut & respect, ont Signé.

Dessaline, général de brigade, Commandant l'arrondissement de Saint-Marc,—Clervaux, Commandant en chef les dépendances du Môle & du Port-de-Paix. — Laplume, général de brigade, Commandant en chef à Léogane.—Henry Christophe, chef de brigade, Commandant en chef l'arrondissement du Cap.—Joseph Flaville, Id. Commandant en chef de la Cul. — Charles Mauvesin, chef de brigade, Commandant en chef au Port-Français. — Noël Prieur, Idem, Commandant à Caracol.—Romain, Idem, Commandant au Limbé. — Rodney, Idem, Commandant au Borgne.—Jean-Pierre Dumenil, Idem, Commandant à Plaisance.—Jean Baptiste Papare, Idem, Commandant à la Marmelade. — Vernet, Idem, Commandant aux Gonaïves.—Jean-Pierre Imbaud, Commandant au Gros-Morne.—Ignace, chef de bataillon à Commandant à Terre-Neuve.—Julien Audigé, Idem, Commandant au Quartier-Louverture.—Rousselot, chef de brigade, du 4e Régiment.—Dominique, Vaillant, Ferbos, chefs de bataillon dudit Régiment.— Adrien Zamor, chef de brigade, du 5e Régiment.—L'Africain & Charles Simon, chefs de bataillon dudit Régiment.—Laurent Bouché, chef de brigade du 6e. Régiment.—Raphaël, chef de bataillon du même Régiment.—Charles Belair, chef de brigade, du 7e Régiment, Commandant à l'Arcahaye.—Alexis & Montauban, chefs de bataillon dudit Régiment.—Christophe Mornet, chef de brigade du 8e Régiment & Commandant en chef l'arrondissement du Port-Républicain.—Pierre-Louis Valet & Pierre-Louis Maffon, chefs de bataillon dudit Régiment.—Maurepas, chef de brigade du 9e Régiment Commandant au Port-de-Paix.—Gallard & Baudin, chefs de bataillon dudit Régiment. ==Paul Louverture, chef de brigade du 10e Régiment, Commandant en chef l'arrondissement de la Croix-des-Bouquets.==Lacroix, chef de bataillon, du 11e Régiment, Commandant aux Verrettes.— Lafortune, chef d'escadron, Commandant en chef la Gendarmerie de l'Ouest.—Gingembre Trop Fort, Jean-Pierre Pavaut, chefs d'escadron du 1er Régiment de cavalerie.

Pour Copie Conforme,

Port-Républicain, le 19 Frimaire l'an 7e. de la République Française, une & indivisible.

Le Général en Chef.

TOUSSAINT LOUVERTURE.

1798年年末，由杜桑的高级军事人员签署的致市政当局的声明。它要求地方官员全力以赴支持杜桑的领导，提醒他们杜桑始终"为了他们的自由而战斗"。

是他在1790年代末一心追求的目标。

圣多明各的地方政府是一个金字塔形的结构。由当地公民组成的议会任命每个市镇的市政官员。这些议员是从有产阶层中遴选出来的，而杜桑总是活跃在幕后，以确保所挑选的人有利于建立革命后的秩序；殖民地北部省和西部省的重要地点的市长，一般来讲都是他的紧密盟友，例如共和港的贝尔纳·博吉拉（Bernard Borgella）。杜桑也明白，从当地社群中招募有能力并具备公益精神的人是至关重要的。鉴于圣多明各自1791年以来的动荡历史，尤其是革命初期的政治和种族冲突，这并不是一件容易的工作。对于这些官员应当具备的道德素质，他总结如下：

> 明智、诚实且积极进取的人，首先要对共和国、人道主义和自由充满激情；不存偏见的公民，在理智和美德两方面都值得嘉许；开明，也乐于接受同胞们的建设性意见，并有助于将其转化成能够促进共同利益的具体措施；不受阴谋和腐败的影响，至少是在他们的光荣任期内，有决心避免那些削弱集体精神、败坏社群名誉的小小冲动。[53]

杜桑不相信"小小冲动"能够从市政生活中完全消除，对于官员们通过各自伎俩想达成什么目的，他并没有脱离现实的过高期望。譬如说，需要关切的一个重要问题就是在圣多明各更偏远的城镇和村庄中维持公共秩序，特别是在1790年代后期种植园中的低层次犯罪惊人增长的背景下。杜桑试图解决这一问题的办法是依靠桑托纳克斯建立于1796年的宪兵连队，这些连队设置在每一个市镇中,以当地税收供养。[54] 令人高兴的是,他遇到一位名叫费雷的宪兵团军官,后者就是1754年他在利纳斯种植园的一棵橘子树下与之打斗的那个年轻白人,现在已经成为宪兵连队中的高级指挥官。两个人热情拥抱,开玩笑地提起他们年轻时的莽撞行为。[55]1797年,作为法兰西角宪兵指挥官的费雷前往戈纳伊夫为部队购买马匹的时候,杜桑为他提供了建议。[56]

费雷和他的同事们在打击犯罪上无疑做出了贡献,但即便如此,宪兵的数量依然不足,而且往往对其派驻的地区缺乏足够的了解,不能有效地维护治安。杜桑的一份公告既显示出他对各处地形的深入了解,也展现了在努力处理不断发生的犯罪行为过程中他那些富有创意的办法。他注意到小河镇、圣米歇尔、圣拉斐尔、安什(Hinche)和巴尼卡(Bánica)的周边地区已经出现了大规模的盗窃行为,并发现这些盗贼习惯带着赃物经过小河镇的一条固定道路。于是,他命令所有通过那条公路的公民都必须携带有效的通行证,当地农场主有责任确保这些旅行证件受到最近的地区军事当局的检查。作为一贯注重细节的人,杜桑将负责公共安全的职责委托给某个种植园〔马里恩大宅(habitation Marion)〕的主人和经理;他还明确规定,旅行者的通行证必须包括"对他们拥有的全部牲畜的准确描述"。[57]

杜桑力图通过普及小学教育在全体公民中培养一种热心公益的意识,这是他为圣多明各的社会复兴而制订的共和主义计划中的一项重要内容。他努力保证每个地方都有一名老师教授孩子们读书写字。[58] 他加强了各地教育机构的建设,包括法兰西角的教师集中培训学校。由于它的作用,有几千名8~15岁的黑人小孩接受了国家教育。[59] 1799 年，给法国政府的一份有关扩大黑人种植园工人教育的报告，进一步说明了这些价值观是如何在当地被接纳并进而发挥其作用的。报告指出，自从革命以来，这些劳动者只需从工资中拿出四分之三古德（gourde）①，他们的孩子就可以上学，这种情况已经变得司空见惯了，他们也乐于如此，即便孩子们有时不得不走上好几英里的路才能到达最近的学校。[60]

各地社群也受到领袖的诸多劝诫，要秉持正当的社会行为，包括与革命军队中的士兵保持团结。当雅克·莫勒帕上校（Colonel Jacques Maurepas）被提升为准将的时候，这种聪明能干的高级军官获得晋升的实例引起了地方社群的注意。杜桑派他的助手奥古斯丁·德埃贝科特去这位军官所在的莫勒圣尼古拉主持授衔宣誓。一群热情的当地人观看了仪式的举行，他们听到莫勒帕被杜桑称赞为"满腔热情的爱国主义军事天才"，而且出色地"维护秩序、遵守纪律、服从命令"。[61] 持续不断的军事冲突使杜桑的共和军遭受严重损失，他常常号召本地社群为受伤士兵提供慈善救助——主要是向军事医院捐赠能够用作绷带的旧衣物。[62] 不论是恶习难改的懒汉、怠于职守的议员、缺少爱国思想的公民，还是没有正当文件而行走在通往小河镇道路上的动物，在杜桑高风亮节的共和国里，都没有藏身之地。

我们应当在这里停下来思考一下，杜桑关于圣多明各复兴的观念是如何被市政官员所接受的。我们现在能够做到这一

---

① 法属圣多明各的货币单位。

点，多亏了有幸保存下来的详尽的莫勒圣尼古拉市政当局法令。这些文件的时间范围是1798年到1802年年初，1802年也就是杜桑统治的最后一年。它们提供了一个难得的机会，让我们可以领略到这里的官员们如何看待杜桑，又是如何解读他的社会和政治哲学——以及他的命令是如何付诸实施的。

莫勒圣尼古拉坐落在一个美丽的海湾，有着适宜的气候条件，正是杜桑希望在圣多明各建立新型社会的象征。同时它也说明了杜桑所面临的严峻挑战。莫勒圣尼古拉是一个缺乏自然资源的地方，当地经济和城市基础设施都在对英作战中受到严重破坏，很多居民背井离乡，以至于当杜桑要求所有市镇以地方税收承担其宪兵队的开销时，莫勒圣尼古拉的市政官员在一次不同寻常的会见中请求例外处理，认为这一做法对他们已经极度困难的财政是过于沉重的负担。[63]杜桑也需要保持当地有产者的信任，避免他们离开殖民地；为了缓解他们对未来的担忧，杜桑发布了一项公告，承诺他们都将得到豁免，向他们保证"共和国将充分保护"其人身和财产安全。[64]

莫勒圣尼古拉的官员在任职以前都经过了杜桑的审查，是其影响力在当地的有效转达者。有个名叫罗什福尔（Rochefort）的市政书记官是热情的共和主义者，由于他在档案保管上的细致入微，我们不仅掌握了整个这一时期议会构成的准确细节，而且了解了这些议员所来自的大部分社区的情况。应一丝不苟的杜桑的正式要求，罗什福尔于1800年11月拟就了一份报告，标题为"最有能力管理莫勒圣尼古拉市镇事务的人员名单"，其中包括对这一更广泛群体的描述。这份18个人的名单囊括了莫勒圣尼古拉这些重要人物的职业详情，还有对其道德水平和政治观点的评价。其中很多人都是非常富裕的，诸如地

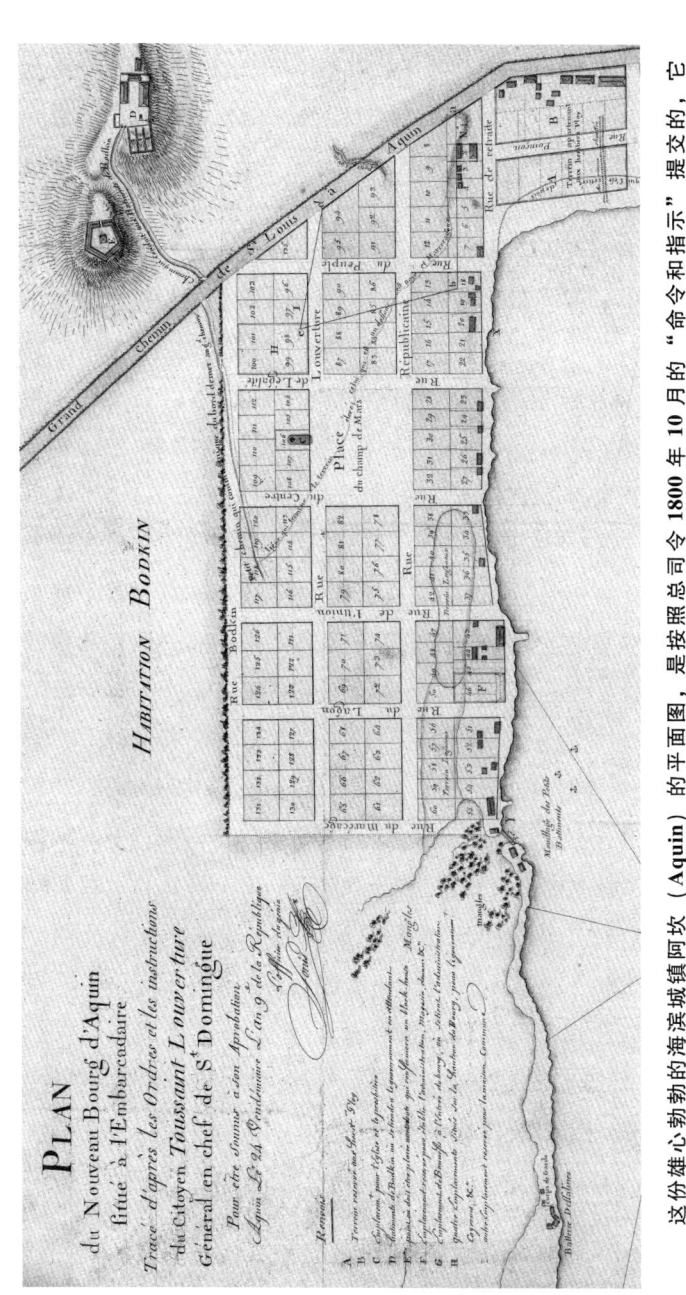

这份雄心勃勃的海滨城镇阿坎（Aquin）的平面图，是按照总司令1800年10月的"命令和指示"提交的，它说明了杜桑对城市规划和重建的热衷。

主、商人和有产者。还有两位银匠、一位建筑师和一位卫生官员。其中占压倒性多数（15 人）的是白人，而且有多位是大白人，他们已经在圣多明各的各个地方向杜桑表示了效忠，包括政府专员皮埃尔·拉马杜（Pierre Ramadou）、首席治安法官皮埃尔·普雷沃（Pierre Prevost）和议会主席约瑟夫·朱贾迪（Joseph Jujardy）。后者是一位富有的种植园主，最初曾为英国人服务。[65]

与这些社群核心人物一起的，还有几位小白人，如布尔热·菲斯（Bourgeau fils）、雅克·鲁米拉特（Jacques Roumillat）和纪尧姆·卡纳波（Guillaume Kanapaux）。市政书记官形容他们"生活朴素，以满怀激情弥补了自身在智识上的局限性"。（年轻的布尔热还曾作为国民卫队的上尉出现在莫勒圣尼古拉档案的其他部分，他显然是一个喜欢体育活动的人。）同类人物还有一位"献身于一切美好事业的"政府雇员皮埃尔·诺埃尔（Pierre Noël）和一位"以貌似有理的方式行事的"有产者巴泰勒米·布瓦西厄（Barthélémi Boissieu）（这并非一个光彩的评价，布瓦西厄可能曾在与英国人打交道时做出妥协）。尼古拉·杜马伊（Nicolas Dumai）和夏尔·利斯特（Charles List）这两位混血议员是该市登记在册的仅有的两个有文化的有色人。还有唯一的黑人市议员"公民托尼（Toiny）"也属于同样的情况，他被描述为"莫勒圣尼古拉仅有的会写自己名字的黑人"——而他的名字也的确引人注目地列在每一份市政法令的下面。[66]这三个人出现在一个由白人占主导地位的议会中，表明杜桑的目标就是要从各个族群中吸收有才华的公民参与公共生活——但是步伐要谨慎，这才能合乎他"慢慢来"的箴言。

在杜桑的地区军事指挥官克莱沃的密切监督下,莫勒圣尼古拉的市议会倾尽全力推进杜桑振兴城市的重要任务。比如说,他们召开了一次特别会议,赞同杜桑关于解除已破裂的婚姻关系的一个全面公告。他们明确地表态,把尽可能广泛宣传这一法令视作自己的"绝对责任"。[67] 在1800年8月的另一场特别会议中,他们向法国海军部发送了一份声明,盛赞了他们的领袖的英雄气概,从而为杜桑提供了宝贵的政治支持。罗什福尔写道,这封信的目的是反驳敌人在巴黎散布的对杜桑的"污蔑"。几乎不用怀疑,是杜桑鼓动他们这么做的,以此向法国政府表明,杜桑在当地社群中受到广泛而有力的支持。信的开篇将他形容为天赐的人物,"他来到世间似乎就是为了领导他的同胞"。继而,它罗列出杜桑作为一位领导人所具有的许多杰出品质,又呼吁法国政府将"掌管殖民地的责任"托付于他。值得注意的是,其中一个显著的优势是"他对当地情况的了解",这是领导一个新兴民族所必须具备的,就好像这里的独特气候和灼热阳光与欧洲不同,这些人民的习惯也与欧洲的风俗传统相异。[68] 此后,在制定其1801年宪法的过程中,这种倾向于自治的情绪被杜桑加以利用。

莫勒圣尼古拉的市政官员也通过借用杜桑在共和主义美德上的浮夸辞令,对他的市政项目给予支持,在纪念圣多明各废除奴隶制周年的公开活动中,我们可以对此有所领略。这项周年纪念活动被称作"全面自由节",定于雨月十六日(2月4日或5日),这一天标志着法国国民公会于1794年在巴黎通过废除奴隶制度的法令。莫勒圣尼古拉市政府以一份公告宣布了这个节日,称这一天是"法属加勒比的第一个解放日"。活动

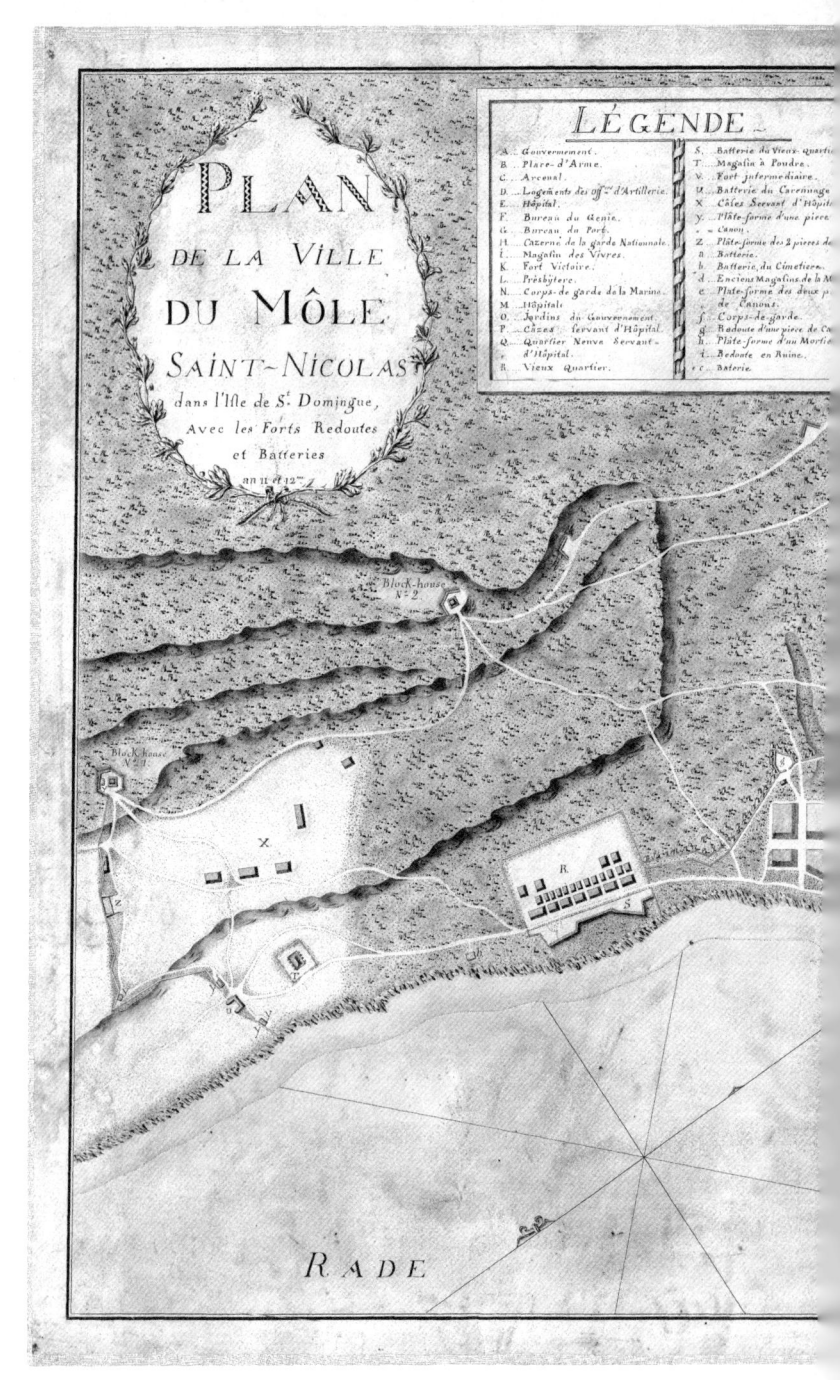

这幅19世纪初期的莫勒圣尼古拉地图展示了在杜桑统治时期的最后几年里，该镇的重建情况，以及新近修筑起来的军事要塞。

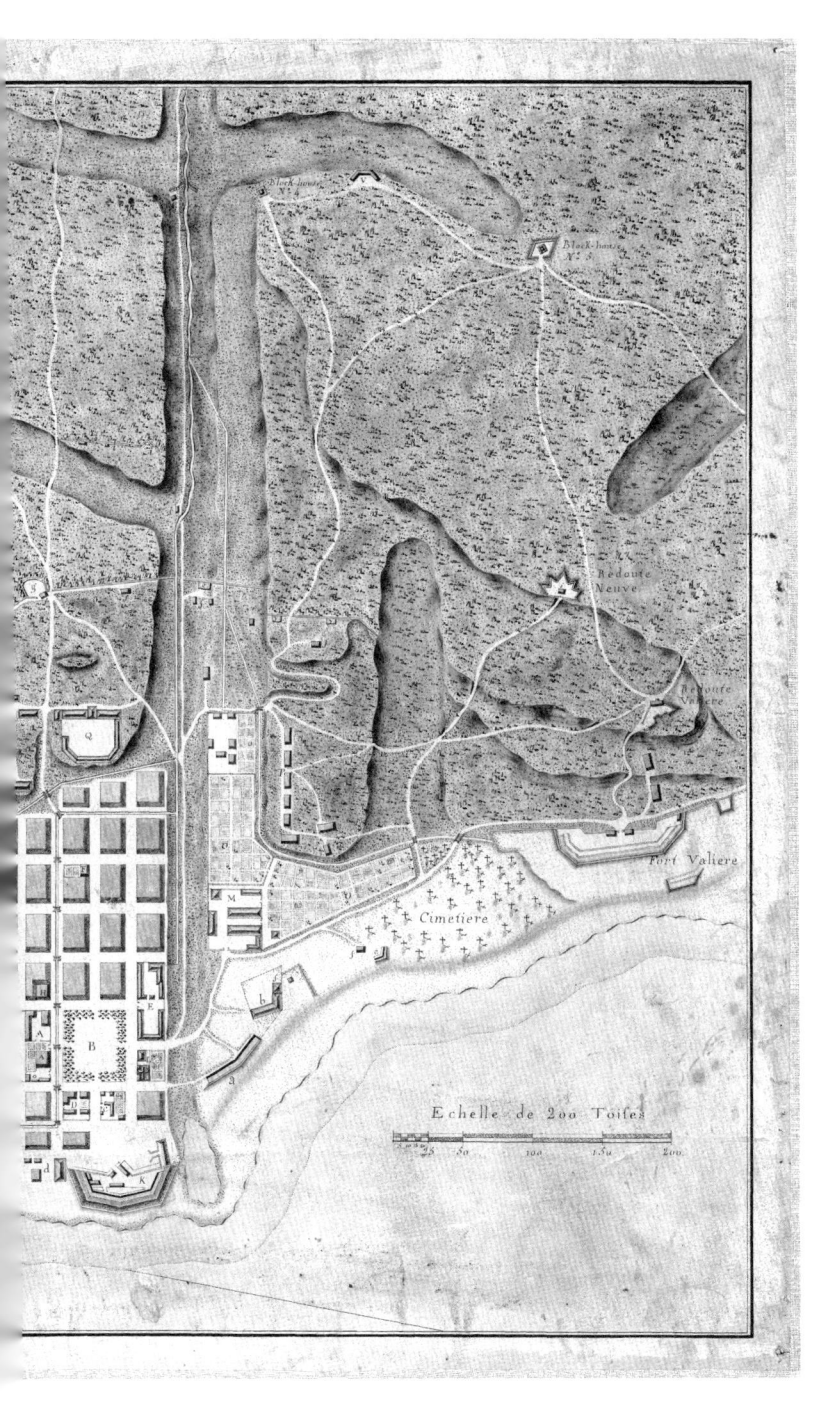

Echelle de 200 Toises

于清晨 7 点钟就早早开始了，国民警卫队在镇上的主广场集合；随后，当地知名人士从市政府行进到一个专门设计的"爱国圣坛"，上面题写着 1793 年版《人权宣言》第 18 条："任何人都无权出卖自己或被出卖；人身并非可以转让的财产。"莫勒圣尼古拉的市民在热情邀请之下出席活动，他们沉浸在"宗教冥想"的气氛中。为了突出这一时刻的庄严，市政当局下令所有商店、公司和工厂都应当暂停营业。[69]

仪式的高潮是该市书记官罗什福尔的演讲；莫勒圣尼古拉的官方记录囊括了他在连续三年（1799 年、1800 年和 1801 年）仪式上的讲话。这些都是共和派演讲中的精彩杰作，同时也让我们看到，杜桑是如何激励了地方官员，让他们努力将刚刚过去的残酷分裂的这一页历史翻过去，使革命变革与社会秩序相互协调。对罗什福尔的考验是怎样将废除奴隶制度呈现为生动的革命原则，同时又不会以此削弱法兰西宗主国的利益，更不用说破坏殖民地的社会和政治体制。于是，他便将不断进行的歌功颂德与对重大事件的理想主义再想象结合起来，为圣多明各的美好未来开辟了一条总司令英明领导之下的道路。受到杜桑 1798 年市郊演讲的启发，罗什福尔在开篇把奴隶制度的废除比喻为"象征自由之树"，它"如今已在殖民地各处枝繁叶茂"。奴隶制度的终结标志着"通过平等博爱原则的胜利"而实现的"民族复兴"，以及通过"消除偏见"而在圣多明各形成的全体公民的团结。

颂扬了奴隶制度终结的普遍意义之后，罗什福尔继续对废除奴隶制度进行去历史化，并弱化其可能蕴含的激进政治含义。他并未将雨月十六日事件描述为一个变化过程，而是当作一个独立的事件；不是作为各色人等行为的产物，而是人类完美"自然"状态的回归；也不是作为一场奴隶自身参与的革命斗争的结果，1791年圣多明各奴隶起义虽然在奴隶制度的废除中发挥了关键作用，却被从他的叙述中完全抹去。相反，1794年的废奴法案标志着启蒙哲学思想，"雄辩而无畏的理性之声"的胜利。这是法兰西精神的重要特征，它宣告了雨月十六日值得纪念的真正原因：它见证了法国受到全世界人民的普遍拥护。在这场爱国主义的浪潮冲击之下，罗什福尔看到这个伟大国家的声誉已经突破了地理上的局限："即使是阿拉伯的游牧部落，也在沙漠中敬仰地说起我们的巨大成就。"

对于一个有着良好秩序的社会，自由和平等的革命原则是必要的基础。直接面对着曾经的奴隶、他的"同胞手足"，罗什福尔找到了一个巧妙的办法调和革命带来的变化和政治上的稳定性。他将人类束缚制度的终结刻画为一场更广泛的社会变革的起始阶段。"完美的复兴不仅是摧毁奴隶制所产生的一种效果，"他认为，"它还必须建立在实践所有美德的基础上。"从希腊和罗马城邦国家的旧日辉煌一直延续至今，共和主义精神在"美德的神圣帝国"中繁荣兴盛。其中最重要的是对于自由的正确理解，避免对它进行"危险的扩展"，因为这只会导致"对它的疯狂滥用"。自由是一项"神圣的责任"，它只能存在于"对法律的遵守和对立法机构权威的服从，这些机构负责确保各项规范得到切实的尊重"。

杜桑·卢维杜尔就是革命原则与公正秩序相互融合的完美象征。罗什福尔在1799年的演讲中并没有提到这位总司令，[70]但是在之后的两次演讲中，他大大地弥补了这个疏漏。他将杜桑誉为"斯巴达克斯的接班人"，具有典型共和主义者的杰出品格。他具有"一种无穷无尽的活力，积极投身于维护社会和谐","一种出自敏感心灵的针对所有人的天然情感",以及"一种不畏任何险阻的男子汉的坚定"。同时，杜桑也是公正的立法者的化身，为殖民体制带来了"一股崭新的道德力量"，促进"我们的法律坚定而热情的进步"——这就是为什么每个共和主义公民都必须严格遵守法律。通过这一番循环论证，罗什福尔将进行革命的奴隶变成了维护殖民地稳定和繁荣的卫士，又用更具修辞效果的手法称杜桑为"我们这些殖民地定居者所珍视的大恩人"。[71]

莫勒圣尼古拉的官员们支持向市民传达这一信息，并提出切实可行的建议，以推动集体社会责任感的树立。杜桑对于共同利益的信念也在其中起到了激励作用。举例来说，该市国民卫队指挥官罗兰（Rollin）认为，在当地官员"于社群中代表总司令"的职责范围内，他们有责任促进人们更好地理解"如何实现美好的生活"。这不仅仅是一个"被动"遵守法律的问题，也是对个人美德的热情拥抱。"因为没有人能成为一个好公民"，他说，除非这个人也像杜桑一样，是一个"好丈夫、好父亲、好朋友"。[72]

关于教育问题，市政当局也传达出一个强有力的信号。在共和派开始管理这座市镇不久之后，莫勒圣尼古拉市政当局就建立了本地第一所小学，"无差别地向所有居民的孩子开放"，四分之一的入学儿童来自"贫困"家庭。市政府的学校教师招聘广告正好呼应了杜桑关于初等教育目的的共和主义观点："保护儿童免于无知的危害，使他们准备好为个人幸福和集体利益做出贡献。"莫勒圣尼古拉的教师们还有一项任务是每两年准备一份关于其学生发展状况的报告，"突出那些在操行和勤奋上表现优异的学生"。利用这些从圣多明各各处递交来的报告，杜桑对优秀学生予以奖励，并将其中的佼佼者送往法国深造。[73]

莫勒圣尼古拉的官员还根据杜桑的指示邀请本地居民担负社会责任，执行民事任务。市政当局热衷于公共卫生，号召居民打扫房屋周边堆积的垃圾，将其处理到城外的山沟里；[74]他们还要求必须经常清扫烟囱，以避免可能会对整个街区造成毁灭性后果的火灾。[75]他们定期组织志愿者清理市镇周边的运河，移除堵塞河道、污染水体的垃圾。他们发布了很多义务劳动的命令（从事公益劳动的章程），要求市民带着自己的锄头和铲子在该市一位民用工程师监督下开展工作——这可不是一件怯弱者能完成的任务，尤其是这些志愿者清晨 6 点钟就要集合。[76]这些公告在言辞上的变化表明，单单的劝诫并不能完成民众的动员，之后有一份告示提出了警告："任何人不按规定参加劳动，都将被处以相当于三天劳动价值的罚款。"[77]

不仅是莫勒圣尼古拉的百姓要承担公共卫生责任，杜桑也在 1800 年下达命令，要求法兰西角各种年龄和肤色的居民参与清理城外一条峡谷的工作；对拒不参加的男子的惩罚措施是为期一年的兵役，但是允许市民们以交钱的方式代替服役。[78]官员们还采取措施约束商人肆无忌惮的牟利行为。面包、肉类和水果这些基本商品的价格由市政府确定，一系列的法令向商人发出警告，如果他们不遵守这些法令，他们的商品将会被没收；法令甚至还细致地规定，没收的鸡蛋会被捐献给军队医院，而香蕉和无花果会被转交宪兵队。[79]后者显然是特殊优待的受益者，另一项命令警告居民要将猪关在栏中，并规定如果发现牲畜在社区中游荡，将只会把躯干部分交还主人，而猪头将会被切下来交给宪兵队。[80]

最重要的是，市政当局力图支持杜桑努力推行的一种清醒节制的道德规范，采取特殊办法约束百姓对狂欢作乐的嗜好，这种活动经常危害公共秩序。在莫勒圣尼古拉的城墙边上打猎的这种"不顾及他人的娱乐活动"遭到禁止，因为住户们会受到枪声的惊吓——这反映了战争创伤对圣多明各各地平民造成的持久影响。[81]在公共建筑设施内部禁止赌博行为，特别是轮盘赌和掷骰子。[82]一项法令规定，舞会最迟必须在"日落以后两个小时"内结束，而且，显然是为了遏制伏都教仪式，还禁止任何未经批准的集会，禁止市民"在日出之前跳舞"。这项规定出台一年多之后，杜桑就颁布了对伏都教的全面禁令。这又一次印证了，他的政策在作为法令于整个殖民地颁行之前经常要先在某一个地方试行。[83]

与杜桑本人一样，莫勒圣尼古拉的官员们发现，对高尚情操的呼吁只能取得有限的作用，他们越来越多地诉诸监管手段。针对人员流动有一套严格的管理措施，公民要向当地政府报告任何来访者，也就是非本地居住者；[84]为了努力控制流浪行为，所有受雇作为家仆的男子和妇女都要进行登记，并持有一张标明雇主姓名和地址的卡片；[85]为了制止军官们不住在军营中而在城里找住处的普遍做法（被形容为"严重破坏秩序和纪律"），禁止莫勒圣尼古拉居民向军人出租私人住所——这项法令表明，远离战场以后，杜桑的英勇之师也并不是总能恪守铁一般的纪律。[86]

虽然偶尔也会向市政官员和当地百姓吐露自己的挫败感，但是杜桑非常清楚，实现其社会复兴的远大目标需要忍耐与克制。法国政府询问他是否推荐一位名叫富科（Fouqueau）的公共检察官担任圣马克的市长，他的答复是："我从未认为他是一个特别坚定的共和主义者，但我一直愿意相信他是一个非常诚实的人。"[87]富科被委任到圣马克的特别上诉法庭任职，后来又被杜桑委以圣多明各司法部的领导岗位。杜桑实行的是一种民族和解的政策，相对于思想和种族，正直和才能是更重要的考虑。这一点在致克里斯托夫有关地方议会的一封信中，以另一种方式表达出来，问题的关键是他们选举出来的成员应当是"自由的真正朋友"；那些人了解自1791年以来圣多明各发生的革命变革的规模，不仅接受了这种变化，而且一定程度上在他们的公共和私人生活当中体现出这种态度。[88]

他对黑人官员的提升是适可而止的。虽然议会选举了一些非洲裔成员，且在革命后的圣多明各出现了几位重要的黑人市长，尤其是法兰西角的夏尔-塞萨尔·特莱马各；但杜桑并未致力于在行政部门和市政精英中塑造任何形式的"黑人势力"：莫勒圣尼古拉只有一名黑人议员，这就是一个清晰的例证。杜桑的办法是让非洲后裔的领导人自然而然地出现，同时推进公民平等，并力求避免让残存的种族主义思想不受挑战地存在下去。他在这方面所采取的办法，与其他很多方面一样，是耐心劝导和以身则。所以，当听说共和港的一些白人移民仍然轻蔑地对待黑人和混血公民时，他举办了一场音乐晚会，由他的一位混血副官库佩上尉（Captain Coupé）与在竖琴上颇有造诣的黑人副官长梅达尔（Médard）一起演奏。这场完全由杜桑出资的晚会取得圆满成功，包括两位市政府长官及其夫人在内的观众们都尽兴而归。[89]

当然，这个办法也有缺点，特别是它容忍传统白人种植园主和商人保有不成比例的影响力,而对黑人公民利益的代表则有很大局限性。在杜桑统治的后期,这将成为一个更加严重的问题。但是,在此时,不要忘了可兹他利用的实际手段有限,所以他的市政管理政策毫无疑问是成功的。具体到莫勒圣尼古拉的废除奴隶制纪念活动,它强调革命已经从根本上改变了圣多明各,而且这种变化是无法逆转的。它将很多有能力的人送上公共事务的舞台,他们真诚地献身于共同利益,提高其所在社区的道德和福利水平;这些引人注目的成就包括卫生水平的提高和对轻微犯罪行为的更有效打击,以及使当地人民免受敲诈勒索性的商业行为的侵害。最重要的或许就是,杜桑的市政机构使遭受战争蹂躏且常常严重分裂的社区看到宁静社会秩序的第一缕曙光。莫勒圣尼古拉的百姓绝不会忘记,在 1799 年年中,一场由持不同政见者煽动的卫戍部队叛乱,短暂地将该市置于敌对势力控制之下。朱贾迪随后提醒他的选民,不要忘了他们在英国人离开之后所取得的成就,告诫他们不要以为社区和谐秩序的获得是理所应当的。[90]

　　从杜桑自身影响力的角度来看,这种地方政策也给他带来了丰厚的回报。在 1798 年将英国人赶出殖民地的时候,他已经在所有社群中赢得了相当大的支持。某位亲历者跟随杜桑在殖民地做了一次纵马疾行,如他所言,"在每一个经过的城镇村庄、每一个到访的港口,这位将军所受到的热烈欢迎都足以满足最骄傲的君主的虚荣心"。[91]海地历史学家普拉西德·达维德(Placide David)主张,对于他遍布殖民地各处的很多情妇来说,杜桑的吸引力中最关键的因素是他的本地人相貌,加上一身威风凛凛的打扮,还有他的骑兵卫队一并带来的令人兴奋不已的效果。[92]踏遍圣多明各的旅程对他的领导地位至关重要,他甚至向英国购置了一艘护卫舰,以便更进一步加速行程。[93]

1790年代末,杜桑建立在圣多明各地方社群中的权力体系具有独到之处,这在他与各个社群之间的关系中得到了体现。我们在前面已经看到,通过呼吁共和主义与天主教原则的结合,融入他自己的克里奥尔形式的自然道德,并以其朴素的寓言加以丰富多彩的展示,杜桑在圣多明各的普罗大众中铸成了紧密的社会联系。然而,这种即兴的融合在思想上也是具有连贯性的,因为这是出自他对天性善良和共同利益的信仰,并由他的博爱思想予以整合。他系统地利用兄弟友爱的理念促进他认为重要的价值观——友谊、团结和种族联合,慷慨、同情和宽容大度,无私、纪律和吃苦耐劳。

我们不应当过分地以为杜桑只是以其个人的言谈举止就使圣多明各公民展现了如此高尚的情操。但是他对共和主义美德的精妙修辞的确使之强化,并赋予其公开的合法性。进一步衡量其成就的一个标准是,他在本地民众中受到支持的程度成为一个自我应验的预言。深深受到杜桑感染的市政当局将雪片般的大量信件和声明抛向法国殖民官员,后者接纳了这些信息并开始转达给巴黎的上司。就像一份给督政府的行政报告中所述:"这位总司令拥有十分之九人口的信任、尊敬和热爱。"[94]随着时间的推移,杜桑在1790年代里从革命英雄演变为建国之父,他在本地的形象也发生了变化。在圣多明各的城镇和村庄中举行的官方庆祝活动上,他仍然经常被描绘成当代的斯巴达克斯,是奴隶解放的象征、祖国的解放者,体现着英勇无畏、永不疲倦的斗士品格。[95]1797年5月,埃内里的市政官员在他们"对品行高贵的杜桑的崇敬"中采用了一个文学性的说法,称颂他为"人类的复仇者",完全就像路易-塞巴斯蒂

安 · 梅西耶（Louis-Sébastien Mercier）① 在他的小说《2440年》（*The Year 2440*）中的描述。[96]

但是当地人选择越来越多地关注他的道德和政治领导地位，比如念念不忘他那种代表基督宗教圣徒的方式；他们赞赏杜桑下令在整个殖民地庆祝天主教节日，例如基督圣体节（Feast of Corpus Christi）②。[97] 其他人也对他大加赞誉，称他为社会稳定性和宪法合法性的化身；阿尔卡艾地方议会将他作为一位受到"白人移民完全信任"的首领致以敬意；[98] 同时，特雷诺沃市政当局敬畏他"政治家的品质"并津津乐道于他的"高超谈判技巧"；[99] 以一种大胆的经验论者的说法，他们继续声称"杜桑那令人叹服的经历使他获得了最精妙的理论也无法提供的知识"。[100] 在共和港，他被尊为一个"父亲和解放者的角色"，市政府甚至还为他提供了一块土地，以向其杰出的领导能力致敬；[101] 同时，在埃杜维尔离开以后，《共和港公报》（*Gazette du Port-Républicain*）上一首向杜桑致敬的诗将他颂为"新阿尔西德斯"（new Alcide）③，[102] 人们要求法国政府将"对政府的把控交予杜桑之手"。[103]

对于戈纳伊夫的市政当局来说，杜桑是共和主义者的绝佳保护人，坚定不移地支持"所有肤色的兄弟"，还是一位"立法者、父亲和朋友"；[104] 两年之后，他变成了"从天堂下凡而来的英明天才，保护穷人，向危害人类的罪行复仇，捍卫所有

---

① 1740~1814，法国最早的中产阶级戏剧作家之一。
② 亦称"耶稣圣体瞻礼"，天主教规定恭敬"耶稣圣体"的节日。始于13世纪比利时的一些教区，后来逐渐推行至各地天主教会。
③ 作者在这里似乎指的是希腊神话中的大力神赫拉克勒斯，因为他刚出生时的名字叫作"阿尔西德斯"。

人的自由，并巩固共和国的体制"。[105] 他们在法兰西角的同僚也对杜桑不吝溢美之词，称赞他对地方事务的了解无与伦比，说他的驱动力仅仅是促进"公众利益"。[106] 这些赞扬在 1801 年法兰西角的庆祝仪式上达到高潮，一群不同肤色的妇女对这位本土英雄致以"问候和拥抱，并为他戴上花冠"，热切地祈求他能将手帕抛向她们的方向；同时，男人们"把他团团围住，都希望能靠得更近，可以握一握他的手"；一位目击者称，这场仪式足以和"一位殖民地的元首"相称。[107]

图1 / 尼古拉-厄斯塔什·莫兰的杜桑肖像石板印刷画，1832年在法国首次出版。按约瑟夫·圣雷米的说法，它是根据卢维杜尔送给法国代理人菲利普·鲁姆的一幅画而创作的。鲁姆在离开圣多明各的时候将那幅画带回了法国。

Q^r DU LIMBÉ
QUARTIER DE L'ACUL
Q^r DE LA PETITE ANCE
Q^r St LOUIS du MORIN
QUARTIER DE LA GRANDE
QUARTIER du DONDON
Terrein contesté par les Espagnols
TERREIN ESPAGNOL
PLAINE
LA PORTE
Montagne Noire
St Raphaël
LES SAVANNES ESPAGNOLLES

图2 /《圣多明各北部省地形图》(Carte topographique du Nord de Saint-Domingue, 1760)展示了圣多明各肥沃的北部平原,该殖民地最大和最富庶的一些种植园都位于那里。海角高地村庄的南边就是杜桑出生的布雷达种植园。他在这里度过了革命前的五十年人生。

颇有几分理想化的对殖民地农业种植园生活的描绘

图 3 / 画面中间是甘蔗种植园,左边是蔗糖粉碎和提炼设备,右边近处是奴隶们居住的棚屋,远处是种植园主的房屋。

图 4 / 奴隶们在加工烟草和木薯，背景里是主人的房屋。

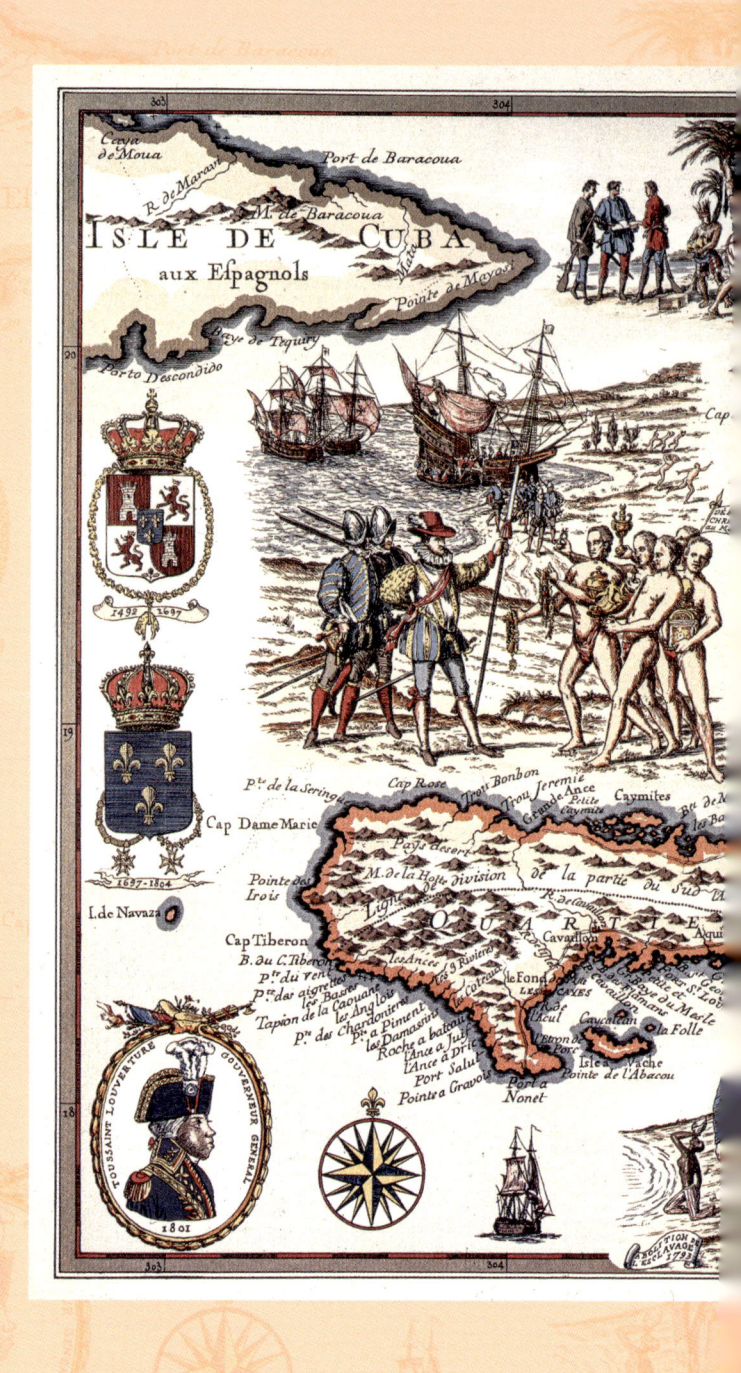

ISLE DE CUBA aux Espagnols

Cerro de Moua
R. de Marari
Port de Baracoua
M. de Baracoua
Pointe de Mayasi
Baye de Tequry
Porto Descondido

1492 1697

1697-1804

I. de Navaza

P.te de la Sering
Cap Rose
Trou Bonbon
Trou Jeremie
Grande Ance
Petite Caymites
Caymites
Cap Dame Marie
Pays desert
M. de la Hotte
division de la partie du Sud
Pointe des Irois
Ligne
QUARTIER
Cap Tiberon
R. de Cavaillon
B. du C. Tiberon
Cavaillon
Aqui
P.te du vent
Anses
P.te des aigret
les Basse
Vers 9 Rivieres
Tapion de la Cavou
les Anglois
Coteaux
le Fond
P.te des chardonier
a Piment
les Cayes
P.te Damassin
St. L
Roche a baton
Baie de
L'Ance à Jute
Cavallean
la Folle
L'Ance à Drie
Estron
Port Salut
Pointe a Gravois
Isle a Vache
Pointe de l'Abacou
Port a Nonet

TOUSSAINT LOUVERTURE GOUVERNEUR GENERAL
1801

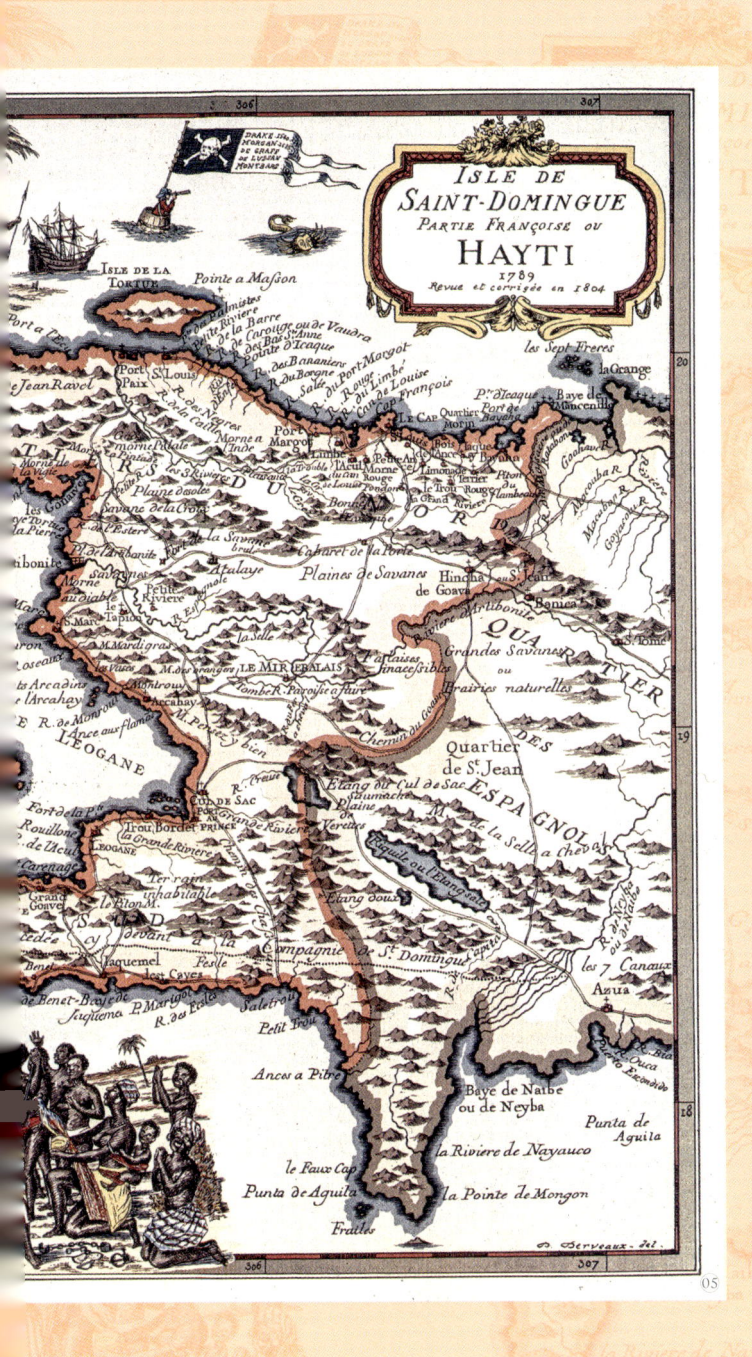

图5 / 这幅20世纪初的圣多明各法文地图是丹尼尔·德尔沃根据一幅18世纪的地图绘制的,它反映了共和主义者对于过往的殖民时期重大事件的想象。

06

在革命的最初几年中,圣多明各和法国的不同景象的对比

图6 是《1793 年 6 月 21 日法兰西角大火》;图7 描绘的是 1794 年 2 月,雨月十六日废奴法令颁布后法国立法机构里的情形,前景是欢庆获得解放的黑人,从讲台上看着他们的一位黑人妇女估计已有百岁高龄。

杜桑的主要对手和敌人

莱热 - 费利西泰·桑托纳克斯（图8）和加布里埃尔·德·埃杜维尔（图9）都被他以谋略战胜。

英国使节托马斯·梅特兰（图10）凭借英国当局的力量给予他支持；法国远征军司令夏尔·埃马纽埃尔·勒克莱尔（图11）于1802年将他逮捕并解往法国。

曾由杜桑后代保存的三幅肖像，描绘了卢维杜尔家重要的成员

图 12 / 杜桑的继子普拉西德·卢维杜尔。

图 13 / 杜桑的儿子伊萨克·卢维杜尔。

图 14 / 伊萨克的妻子，也是杜桑同父异母的姐姐热纳维耶芙的女儿路易丝·尚西。

图15 / 海地画家路易·里戈 1877 年创作的杜桑肖像。

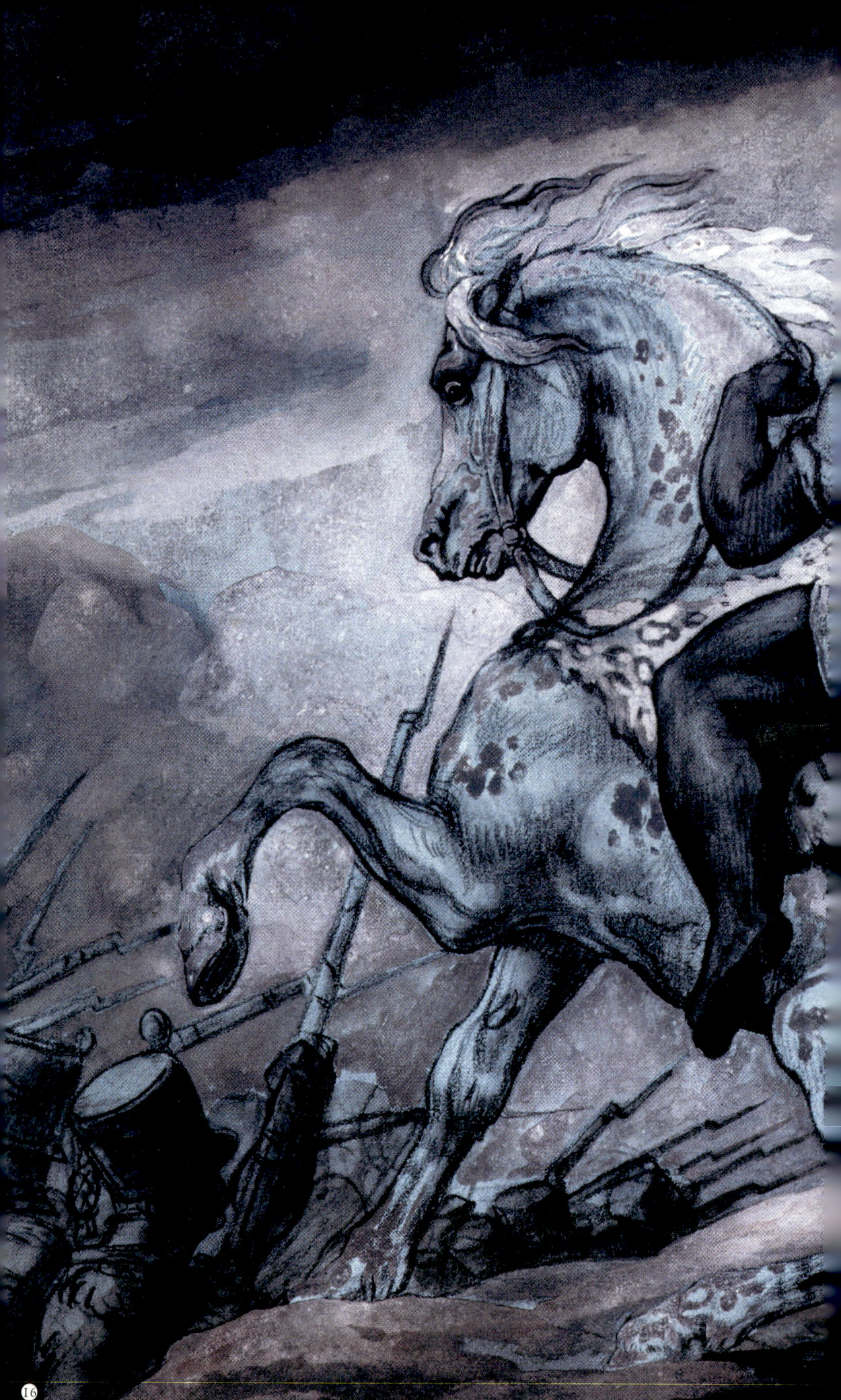

图16 泰奥多尔·热里科的《殖民战争的片段：骑在高头大马上的黑人，1818~1819》。作为一个狂热反对奴隶制度的人，热里科塑造了一系列动人的黑人形象。据信这幅画描绘了海地独立战争中的一场战斗，表现了杜桑军队士兵的英勇气概。

17

图 17 / 德尼·沃洛松在 19 世纪初绘制的肖像画,展示了杜桑骑在名为"漂亮银币"的战马上的经典军人姿态:他的五官特征明显类似莫兰那幅肖像;这幅画与大卫在 1801 年绘制的著名的波拿巴翻越阿尔卑斯山的肖像也有显而易见的相似之处。

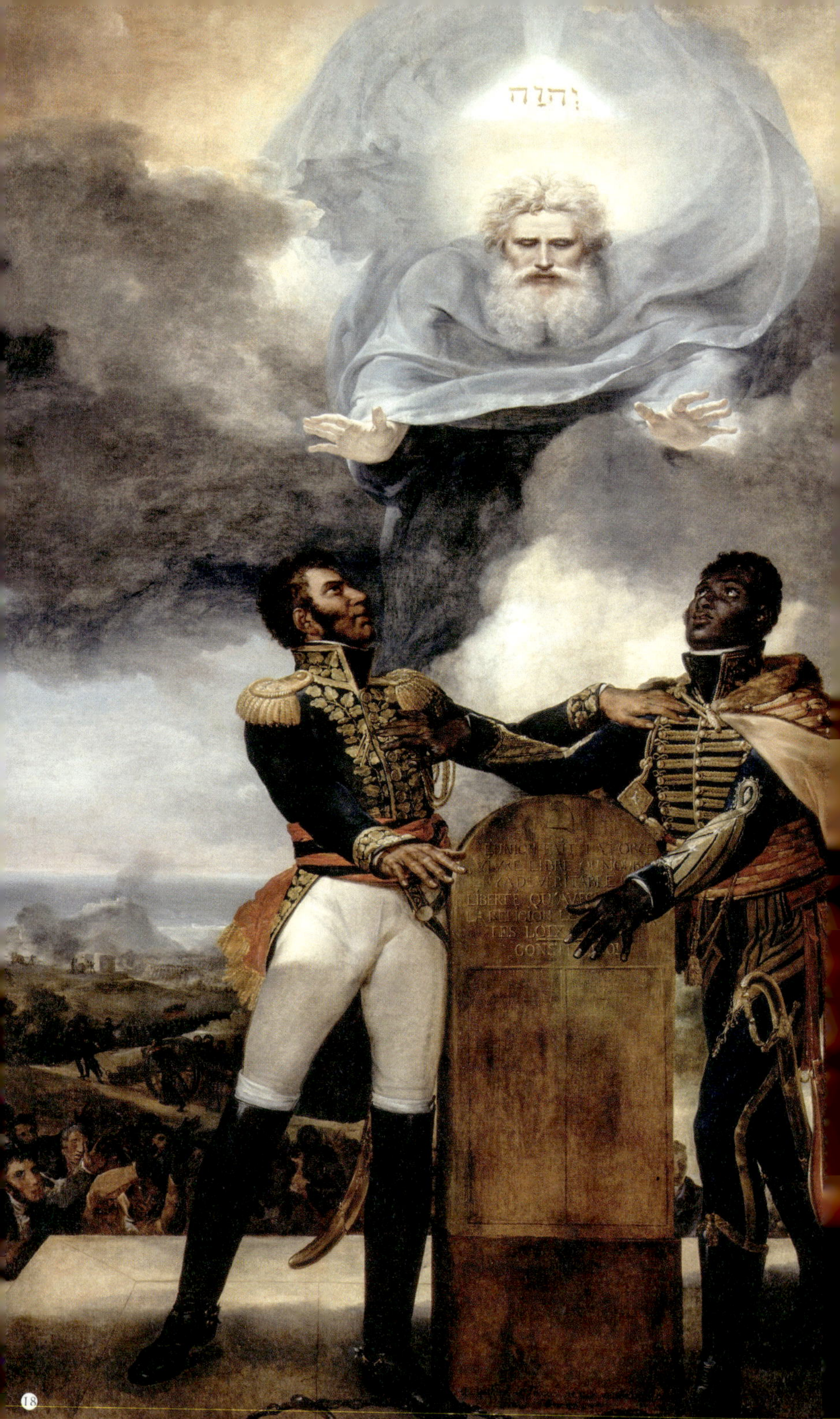
יהוה

图 18　纪尧姆·吉永-勒蒂埃的《祖先的誓言》,作于 1822 年,它表达了通过黑人和混血公民的联合实现独立以后民族和解的理念,画中的让-雅克·德萨利纳(右)和亚历山大·佩蒂翁(左)分别是其族群的象征。

这两幅画作突出了杜桑对 20 世纪中叶非裔美国人经久不衰的吸引力，他已经成为领袖魅力、种族平等和反抗帝国主义占领的象征性符号

图 19 ／ 出自雅各布·劳伦斯 1938 年绘制的《杜桑·卢维杜尔的一生》系列作品。

图 20 ／ 威廉·H. 约翰逊 1945 年绘制的《海地 杜桑·卢维杜尔》。

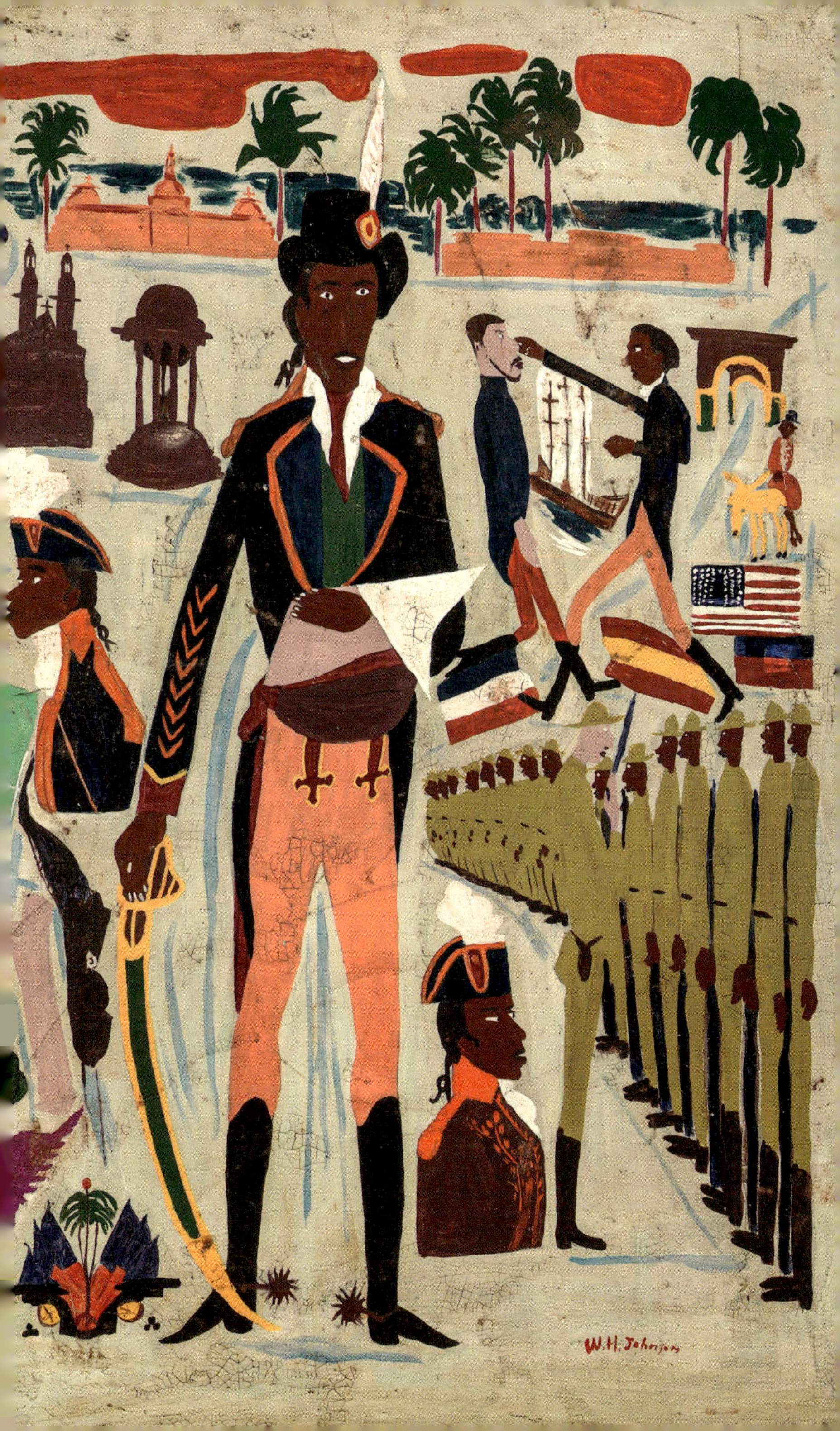
W.H. Johnson

21

图 21 /《泛黄的杜桑》，2008 年。出生于海地的画家爱德华·杜瓦尔-卡里耶巧妙地再现了具有克里奥尔和加勒比特征的迷人杜桑，并向现代海地活跃的政治和宗教（尤其是伏都教）传统，以及作为其深厚根基的非洲精神文化致敬。

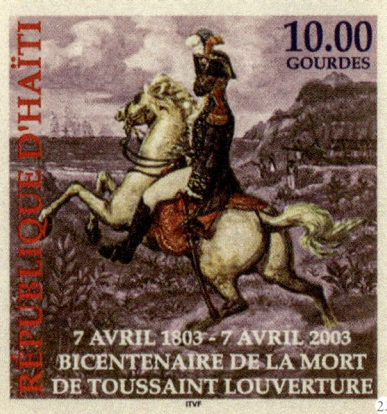

邮票中有大量纪念杜桑和海地革命的品种

图 22 / 1954 年发行的海地革命 150 周年纪念邮票，画面中的主要人物是皮埃罗山脊战斗的拉马蒂尼埃和他的妻子玛丽－让娜。

图 23 / 2003 年发行的杜桑逝世 200 周年纪念邮票。

图 24 / 来自达荷美的一枚邮票（1963 年）。

25

26

图 25 / 一枚法国邮戳（1991 年，右上为一张戴高乐的纪念邮票）形容杜桑为"海地的解放者"。

图 26 / 1991 年古巴发行的圣多明各奴隶起义 200 周年首日封。

杜桑的形象经常出现在钱币上

图27 / 1968年的海地10古德银币,基于古斯塔夫·阿洛(Gustave Alaux)绘制的杜桑肖像铸造。

图 28 / 2001 年的 20 古德纸币。

图 29 / 2007 年为纪念 1807 年废除奴隶贸易法案 200 周年而铸造的塞内加尔硬币。

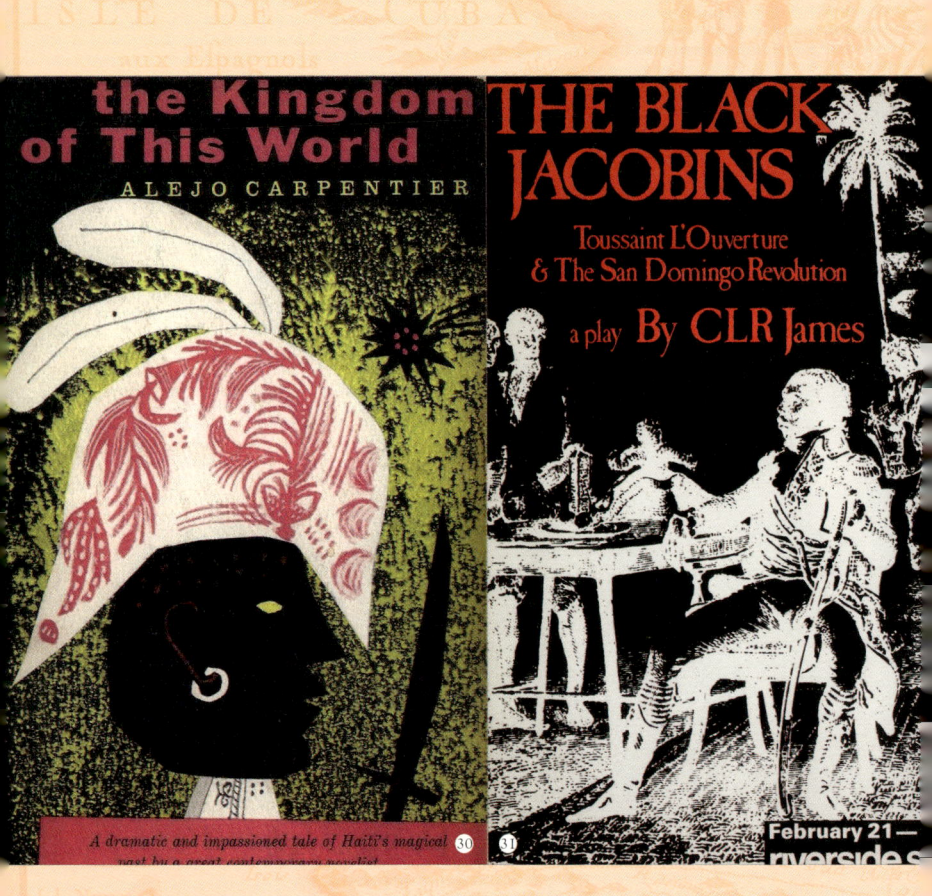

杜桑和海地革命已经成为加勒比地区、欧洲和美洲各地的很多戏剧、小说和电影的主题

图 30 / 阿莱霍·卡彭铁尔的《人间王国》(1957) 第一版英译本的封面。

图 31 / C.L.R. 詹姆斯的戏剧《黑皮肤的雅各宾派》1968 年的演出海报。

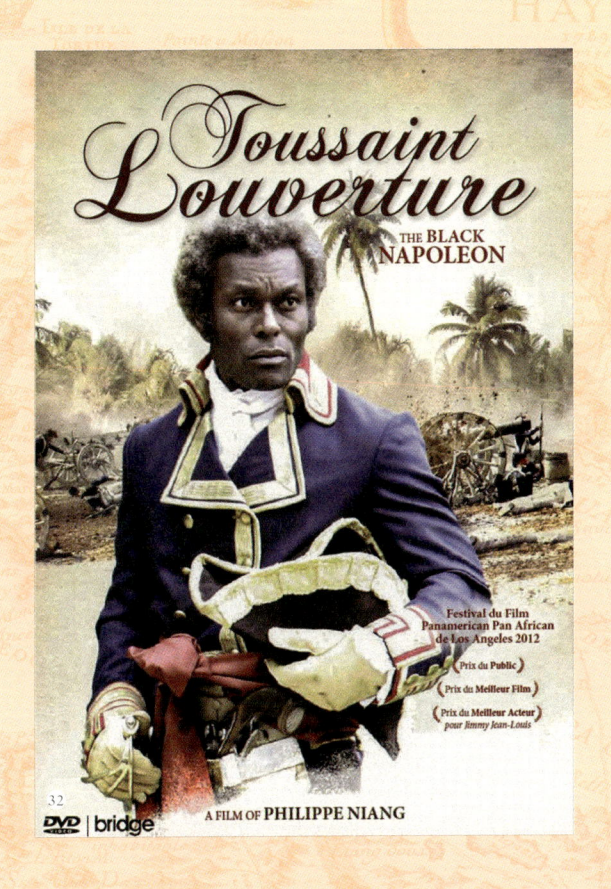

图 32　2012 年菲利普·尼昂执导的电影《杜桑·卢维杜尔》的宣传海报。

杜桑的传奇故事在当今仍然继续流传。这些雕塑作品分别展现了他的战斗姿态（图33，贝宁阿拉达，1989年），他在茹堡牢房中的坚强不屈（图34，法国茹堡，2002年），他浏览1801年宪法时的全神贯注（图35，法国拉罗谢尔，2014年，由获奖艺术家奥斯曼·索乌制作），以及他的果敢刚毅（图36，加拿大蒙特利尔，2017年）。

Toussaint Louverture
(1743 - 1803)

图37 / 海地出生的当代画家妮科尔·让-路易描绘了1791年8月举行的伏都教的布瓦-卡伊曼仪式,这是现代海地民族的创始神话之一。为了起义,很多奴隶手持着刀子;他们后背上的伤疤是他们遭受主人残暴对待的明证。画面左边是逃奴领袖杜蒂·布克曼,他穿着一套白色衣服,举着一本书(这便是他名字的由来),正在向聚集起来的奴隶发表慷慨激昂的演讲。用画家本人的话说:"海地人民将自己从奴隶制度下成功解放出来,因为他们相信上帝创造的人类都是平等的。"

第三部分
杜桑掌权

第7章 纵横捭阖

"对法国和我们自己来说,这是多么不幸啊,"1798年9月末,杜桑在给督政府的信中写道,"圣多明各距离祖国如此遥远,相互之间的联络这般稀疏,有时甚至连续几年不通音信。"[1] 这一表述说明,从1791年年中开始,殖民地和法国之间的联系总体上是松散的,而且杜桑与连续几任法国总督的关系愈加冷淡:他与拉沃的亲密关系中那种温暖人心的相互忠诚让位于他与桑托纳克斯之间的深深裂痕,继而又是与埃杜维尔的戏剧性决裂。与此同时,杜桑并未坦率承认,这种相互隔绝也意味着某种机会。他相信,圣多明各需要与法国维持紧密的联系,但也要建立自治,以便与邻近的岛屿和加勒比地区的各方势力形成新的关系。

很容易理解他为什么会得出这一结论。到1790年代中期,经过几年革命带来的动荡,殖民地的经济已经损毁殆尽,种植园遭到破坏,存量资产(特别是工厂和复杂的灌溉系统)处于完全抛荒的状态,几万名劳动力在冲突中丧生。这几个简单的数字可以衡量产品下跌的巨大幅度:以1789年的数值为参数100,到1795年,咖啡出口量下降到2.8,蔗糖下降到1.2,棉花下降到0.7,靛蓝则下降到0.5。[2] 所以,杜桑迫不及待地想要重启与周边国家尤其是美国的贸易。从1770年代起,美国已经成为圣多明各的面粉、腌鱼和腌肉、木材及马匹的重要来源国。继而,如果不与英国取得进一步谅解,就无法实现这一目标,因为对方牢牢据守着牙买加，拥有制海权。

在他与梅特兰于1798年8月签署的协定中，杜桑获得了保证，英国允许补给物资输入圣多明各，不会受到英军的干涉。但这只是恢复与区域内各国完全贸易联系的前奏，它的必要性得到圣多明各经济界的精英人物和法国消息灵通的观察人士的普遍认可。作为杜桑在巴黎的一位盟友，国会议员路易·拉利耶（Louis Rallier）强调指出："［圣多明各］殖民地可能面临的最大灾难是种植园因为无法获利而停止生产并完全放弃耕作。因此，无可避免地，殖民地不仅要与法国，而且要与法国的敌人以及中立国家保持对外商业联系。"他的结论是，圣多明各在针对其工业、农业、税负水平以及贸易关系进行决策的过程中，需要被赋予"充分的行动自由"。[3]

无论在革命爆发之前，还是在它刚刚结束之后，圣多明各的白人移民长期以来一直在渴望这样的结果。杜桑欣然接受，并出于自己的目的对它进行了独特的改进。但是出于谨慎，他并未公开宣扬，因为实现这一目标的过程将是非常复杂的。驱逐埃杜维尔导致他与法国之间出现一道罅隙，杜桑明白尽快恢复友好关系的必要性。此外，他力图取悦的本地区各方势力的利益也是在不断变化的。西班牙人控制着附近的古巴岛和毗邻的西属圣多明各，理论上来讲，自1795年以来，他们是法国的盟友。可是，他们小心翼翼地警惕着革命带来的变化，鉴于奴隶制度是其种植园体系的根基，西班牙人没有意愿在废奴的道路上跟从法属圣多明各的脚步；事实上，古巴当局于1799年叫停了向杜桑的使节出售一艘大尺寸纵帆船的行为，而且在圣多明各废除奴隶制度的第二年，古巴的奴隶制度反而变本加厅。[4]尽管如此,杜桑还是与圣地亚哥(Santiago)①的西班牙总督建立了联系,这是利用了圣地亚哥远离首府而产生的疏离感,那里与最近的圣多明各港口的距离反而短得多;1800年,当该市的基本食物极端匮乏时,杜桑甚至提出向该市提供给养。[5]

英国人仍然因为被杜桑击败而感到痛心,现在正陷于两难之中。一方面,他们对这位黑人指挥官抱有种族上的蔑视(英国海军司令反对与殖民地任何"有色人种②的交流"[6]);另一方面,他们又渴望能从法国人手中攫取圣多明各。正是出于这样的心态,梅特兰向杜桑提出"诱人的条件",并馈赠厚礼,甚至要将他视作一位独立君主。[7]同样,美国人中间也存在分歧。一部分人担心杜桑的奴隶革命蔓延到本国的城市和种植园,特别是以来自殖民地的"黑色法国人"难民充当媒介。另一部分人,包括主要的美国报纸,从1797年起就开始刊载杜桑及其同志们的故事,尤其是关于他们的军事斗争。[8]此外,他们的商人渴望与圣多明各建立获利丰厚的贸易关系。[9]法国虽然相隔遥远,却一直心怀嫉妒地注视着,杜桑任何偏向美国和英国的公开举动都可能会被认作潜在的背叛行为——尤其是为了报复法国私掠船对美国船只的袭击,美国国会在1798年6月对法国及其殖民地实施贸易禁运之后。除了这场"准战争"之外,法国督政府和英国人在欧洲、黎凡特和加勒比海的敌对行动也都在持续当中。

在杜桑心中,外交是国内政治通过别样方式的延伸。与美

---

① 古巴第二大城市和港口,位于古巴岛的东南海岸,与圣多明各隔海相望。
② 英国人在这里所说的"有色人种"指的是包括黑人和混血者在内的所有非欧洲白人。

国重建一种健康的贸易关系不仅是巩固其领导地位的途径，而且能强化他与国内敌人展开较量的手段。在离去之前，埃杜维尔公开唆使南部的混血领导人里戈拒不接受杜桑领导；到1799年年中，这种抗命不遵发展成一场全面的叛乱，杜桑设法利用他的外交优势从地区间的各方势力获得政治和军事支持以抗衡里戈。但是这位总司令明白，他在此时也必须谨言慎行，与英国人大张旗鼓地和解会削弱他在黑人种田人中间的地位，因为他们对于在英国人控制下的圣多明各所遭受的奴役都有刻骨铭心的记忆，真心接受了共和派为英国刻画的那种腐败嗜血的残暴专制形象。

杜桑并未被这些挑战吓倒，他开始专注于自己的目标，清醒地意识到他需要富有创造性地，甚至还要通过一些阴谋诡计来达到他的目的。他经常严词斥责自己的对手，但是当他相信事情关系到圣多明各重大利益的时候，他也同样可以表现出马基雅弗利主义的一面。技巧与灵活是杜桑在外交工作中的座右铭，他独具特色地将其归纳为"优化策略"。[10]

杜桑最紧迫的外交任务是找到一位埃杜维尔的继任者作为法国驻圣多明各的代理人。他理想中的人选是法国驻西属圣多明各的官方代表菲利普-罗斯·鲁姆·德·圣洛朗（Philippe-Rose Roume de Saint-Laurent）。鲁姆在加勒比地区颇受赞扬（他是来自格林纳达的一个克里奥尔白人）；他对圣多明各非常熟悉，曾经在革命初年短暂服务于法国派往殖民地的使团；[11] 他是一位理想主义者，全身心地投入充满同志情谊的新型社会秩序；他的伴侣，且后来与他结婚的玛丽-安妮·伊丽莎白·罗沙尔（Marie-Anne Elizabeth Rochard）是一位混血女子［杜桑的名字作为见证人出现在他们二人的女儿罗丝-玛丽（Rose-Marie）的出生证明上］。[12]鲁姆是一个安静平和、温文尔雅、富于同情心的人，既没有桑托纳克斯的轻率鲁莽，也不像埃杜维尔那般傲慢自大；作为一个热忱的共和主义者，他对杜桑怀着极大的敬仰之情。从他们最初的书信往来中可以看出二人之间的亲密关系，尤其是鲁姆将这位总司令称颂为"圣多明各的大救星"，并请求他注意自己的身体，一定要避免过多的"纵马疾行"；他的书信结尾是"我深深地爱你"。[13]杜桑送给鲁姆一幅自己的肖像，鲁姆把它带回了法国。后来，人们认为尼古拉·莫兰（Nicolas Maurin）在1832年根据它创作了经典的卢维杜尔肖像石板印刷画（请见彩色插图1）。[14]

关键的一点是，鲁姆就在近旁，在法国政府有时间集思广益拿出一个不那么合适的人选之前，杜桑就可以用他迅速填补空缺。尽管意识到自己在这件事情上并没有正式的权限，杜桑还是巧妙地使鲁姆的任命变成一个既成事实。他派夏尔·樊尚将几封书信带到原西属圣多明各，向鲁姆表明这是一场人民主权的危机。在"失去了人民的信任"以后，埃杜维尔被迫返回了法国。有鉴于鲁姆"秉承真正的道德原则、高尚的行为举止，以及对法兰西和共和国的挚爱"，他显然应当成为继任者。杜桑以个人名义向鲁姆发出的邀请，是基于他作为军队总司令的职权，也是出自一个"现在不会，且永远不会停止珍爱共和国及其宪法的人"。[15]为了进一步强调这符合共和国的法律程序，樊尚也带去了一封法兰西角市政府应杜桑要求拟出的信件。"以公共安全和爱国主义的名义"，这封信坚决支持邀请鲁姆前来法属圣多明各，并补充说杜桑"无意于受托领导一个政府，这会使他更加担心自己无力承担此重任"。[16]杜桑还认为，他"非常感激自己的祖国"，决不能允许自己有任何偏离法兰西爱国主义的行为——可是，从他使用"我的祖国"（mon pays）① 这个词语中能够看出他的雄心，因为这个词也可以被理解为指代圣多明各。[17]

这些对法国代表宣示效忠的严肃声明，如我们将会看到的，与杜桑的真正意图并不完全相符。真正能衡量他和鲁姆和睦关系的，是杜桑决心要将代理处办公室从共和港转移到法兰西角，前者是殖民地传统的行政权力所在地。的确，杜桑为欢迎新代理人的到来，为他举行了盛大的阅兵游行。即便如此，这种敬意里面也包含另一重意味，因为它同时也提醒人们注意到杜桑所拥有的强大实力。[18]鲁姆假装不在意这种地理意义上的职位降低，他承诺与这位作为"圣多明各保护者"的"伟人"紧密合作，并保证支持他维护全体国民公共利益的努力。鲁姆还明确表示自己愿意做他的好朋友，弥补前任给他带来的"麻烦"，但是当他发现总司令偏离了正确道路的时候，也会毫不迟疑地"实话实说"。[19]然而，尽管他们之间存在分歧，且这种分歧最终变得无法弥合，但鲁姆仍然对杜桑十分着迷。这位法国官员惊叹于杜桑的精力和智识，感动于他对穷人困境的关注；鲁姆常常称赞对方是一位"品德高尚的哲学家"，告诉对方他已经成为扬名法兰西乃至整个欧洲的传奇。鲁姆写道，杜桑应当作为"一位超越了所有类型的领导人、一位杰出的法兰西国民、一位卓越的政治战略家，以及世界上最伟大的将军之一"受到人们的崇敬。[20]

在18世纪行将结束之际，杜桑并不是唯一吸引了公众注

---

① "pays"在法语中既有国家的意思，也有故乡和家乡的意思。

意力的伟大将领。对于他在圣多明各的地位，鲁姆的判断恰好契合了法国历史上的一个转折点——拿破仑·波拿巴在军事和政治上的地位攀升。正是鲁姆提醒了杜桑关注波拿巴，他时常在书信中提起这位正在冉冉升起的科西嘉明星，而且发现他与杜桑之间存在很多相似之处；在某个场合，鲁姆提到杜桑"甚至比波拿巴还要伟大"。[21] 知道杜桑热衷于共和主义榜样且有能力学习他人的军事经验，鲁姆突出强调了拿破仑在1799年埃及战役中的英雄事迹。他给这位总司令寄去巴黎流行的由鲁（Roux）撰写的册页副本，里面详细记录了波拿巴军队的战绩，以此指出杜桑和拿破仑的可比之处："同样的勇气，同样的胆量，由天赋造就；同样地能够即刻现身于任何地方，观察、判断、前进、行动，在敌人还没有意识到正在发生的事情之前就将其摧毁；最重要的是同样的远见卓识，牢记过去，把握当下，拥抱未来。"[22]

这样的比较是对杜桑的一种奉承，但是进一步来讲，波拿巴身上更加政治性的一面同样强烈地打动了杜桑，那就是他的锐意创新和胆大敢为。在拿破仑向腐败的督政府发出的挑战中，这一特点开始显露，并在雾月十八日（1799年11月9日）政变的时候达到了顶点。他通过此次政变攫取了权力，成为执政府的三巨头之一。就在事件发生的当天，樊尚从巴黎写来一封信，杜桑是从这封信中得知了波拿巴的政变。同时，鲁姆也写来一封长信，详细讲述了新成立的执政府采取措施恢复巴黎的秩序，并力图结束与法国的对手们的军事敌对行动。对于杜桑这位政治战略家，拿破仑跃升至权力顶峰所带来的经验是很清晰的，将会影响他在以后几个月甚至几年里所展现的丰富创造力：与曾经的敌人谋求和平而不伤害共和国的威信，这就是合法的行为；通过制定一部新宪法而形成新的社会契约也是适当的；某人以共和国的名义，为结束"混乱状态"并促进"和平与安宁"而获取权力也是恰当的。[23] 与其法国同道一样，这位"圣多明各的波拿巴"做好了准备，打破常规而欣然接受自己的独特使命。

在争取到对鲁姆的任命之后，杜桑转向了作为其战略核心的经济问题，即重新建立圣多明各与本地区邻国的商业联系。殖民地需要进口绝大部分的粮食和包括火药在内的军用物资。法国官员约瑟夫·伊德拉吉（Joseph Idlinger）于1796年5月来到法兰西角就任北部省的行政长官。他这样形容其目睹的严峻形势：英国战舰封锁了港口，阻止任何中立国船只进入，仓库里"粮食已完全耗尽"。[24] 到了1798年年中，局势更加严峻：在与英国的海战中，法国商船队遭到重创，导致出口瘫痪，圣多明各面临着食物短缺的状况。令即将到来的灾难雪上加霜的是，由于美国国会对法国产品实施的禁运，原本作为殖民地与外部世界主要联系的美国商人现在被正式禁止进入圣多明各的港口。[25]

为了圣多明各的革命不被扼杀，杜桑需要立即采取行动。他决定与1797年3月就任的美国总统约翰·亚当斯（John Adams）① 直接取得联系，并派出财政部部长约瑟夫·比内尔前去觐见。作为法兰西角一位富有的白人商人，比内尔在杜桑内部圈子里扮演着重要角色。他是一位出使美国的理想人选，是一个精明而冷静的人，自负且行事诡秘，已经在合众国建立

---

① 1735~1826，美国第二任总统，之前是首任总统华盛顿的副总统。

了一个庞大的商业利益网络。比内尔先是会见了同情圣多明各黑人革命的国务卿蒂莫西·皮克林（Timothy Pickering）①。之后，他又在1799年1月接受亚当斯的宴请。他对见到的每一个人称赞杜桑是一位高效而务实的领导人，并向亚当斯递交了总司令的一封友好信件。[26]在这封信中，杜桑提到美国船只"令人十分惊异地"舍弃了圣多明各的港口，其结果对双方都不利。国会实施禁运所依据的理由很多都是无关紧要的。他对亚当斯说，美国船只重返圣多明各港口"既符合你们的利益，也符合我们的利益"。杜桑也承诺保护美国船只免受法国私掠船的袭击，并保证每一艘美国船上的货物都将以"恰当的价格"出售。杜桑总结道，通过这种方式，他们可以携起手来，努力恢复美利坚和法兰西这两个共和国之间本应存在的和谐关系。[27]

杜桑以其机敏的文字引起了美国商界的渴望，同时他小心行走在忠诚于法兰西和维护圣多明各自身利益这二者之间的分界线上。虽然亚当斯没有做出直接回复，这使杜桑感到失望，但是很快他就得到了所希望的结果。1799年2月，美国国会通过一项法案，解除了对包括圣多明各在内的一些法属殖民地的贸易限制。作为对发起者的致敬，这项法案甚至被称为"杜桑条款"。在法案通过之后的几个月里，爱德华·史蒂文斯（Edward Stevens），一位西印度群岛出生的费城物理学家，同时也是国父亚历山大·汉密尔顿（Alexander Hamilton）②的儿时

---

① 1745~1829，美国联邦党人，曾先后担任邮政部部长、战争部部长、国务卿和参众两院议员。
② 1755~1804，美国国父之一，制宪会议代表，参与了美国宪法的起草和签署，是美国第一任财政部部长。

伙伴，作为美国外交代表——或称"领事"——来到了圣多明各。"领事"通常用于称呼主权国家之间互相派遣的外交使节，用于此处并非偶然。史蒂文斯接受的指示是达成一项协议，保护美国船只免受"法国私掠船的劫掠"，并发展与圣多明各的商业关系——而且，从长远来看，还要促使杜桑宣布圣多明各从法国独立；[28] 在商人和国会议员中有一种广为流行的观点，认为圣多明各是正在等着美国人去开发的"一座金矿"。[29]

杜桑无意与法国彻底决裂，但是在和史蒂文斯的交谈中，他也没有不假思索地排除这种可能性。从这位美国领事踏上殖民地那一刻开始，杜桑就倾尽全力让他感觉到自己受到高度重视，而且与合众国建立特殊关系是杜桑最为优先的考虑。杜桑接到史蒂文斯登陆的消息后立即赶到法兰西角与他会面。如我们所见，这样的礼貌是他不曾给予埃杜维尔的，他曾让那个人苦等了好几个月。在将史蒂文斯送到法兰西角的代理处驻地与鲁姆进行初次会见之前，杜桑还与他进行了长时间的单独谈话。相比于法国代理人在场的情况，在这种私人交谈中，杜桑可以更加坦诚地承诺让美国人重返圣多明各。与鲁姆的第一次会见中，双方的主要精力放在讨论如何保护美国船只免受法国私掠船袭击的细节问题上，杜桑一再地站在史蒂文斯的角度，利用自己的影响力劝说持怀疑态度的法国代理人，让他相信，美国人的要求并不会损害法国的根本利益。杜桑还提出了一个巧妙的解决方案，并使双方最终取得一致：不会公开发布对法国私掠行为的禁令，但是做出一项承诺，取消所有仍在进行中的私掠行动，且不会再发布新的命令。兴高采烈的史蒂文斯给皮克林国务卿写信汇报，称这位总司令提供了"有力的支持、敏锐的洞察和精准的判断"。[30] 杜桑显然给他留下了深刻的第一印象。

杜桑尽其所能保证这项安排得以执行。他对鲁姆进行了大量说服工作。起初，鲁姆对美国人的出现怀有敌意，总是将美国船只在圣多明各受到的待遇与法国船只在美国的命运联系在一起；他甚至一度主张应当将史蒂文斯及其同伙扣留并监禁，以报复在美国海岸外捕获任何法国船只的行为。[31] 杜桑对自己的策略很有信心，他争辩说这种更广泛的外交策略不应当损害殖民地本身与美国的经济安排。最后，他终于获得了鲁姆的首肯——以至于这位法国代理人公开赞赏了史蒂文斯领事这种有益的实用主义，并大大表扬了杜桑"重启与美国进行贸易的爱国主义行为"。[32]

鲁姆的满意是合乎情理的。在与史蒂文斯达成协议之后的几个月里，几十艘美国船（同时还有悬挂西班牙和汉堡旗帜的船只）开始陆续抵达圣多明各，给当地商铺和市场补充了大量食品。他对杜桑表示感谢，并憧憬着"充裕的日子"；[33] 他也高兴地从史蒂文斯口中得知，美国派出三艘护卫舰保护他们的商船，并将不会"容忍"英国人的"任何无礼行为"。[34] 一位当地目击者对再次出现"极为丰富的粮食供应"表示欢迎，并提到，竞争的加剧导致面粉等主要商品的价格显著下降，这对普通市民来说不啻大大的福音。[35] 美国对圣多明各的出口，曾在1799年降到270万美元，到1800年则重新跃升至510万美元，继而在下一年达到710万美元。[36] 来自圣多明各的殖民地商品贸易也再度繁荣，一份1800年法兰西角的报告表明，蔗糖出口总量的四分之三和咖啡出口总量的三分之二都流向了美国；[37] 木材出口也大幅增长，同时美国商人特别渴望染指当地的染料木材。[38] 从其书信中可以发现，杜桑不遗余力地希望美国人在圣多明各受到欢迎,例如,当一艘船的船长请求他允许自己在法兰西角海湾中以一轮火炮齐射来庆祝周年纪念时,他欣然予以同意。[39]

杜桑放宽了对美国人融入当地社群的限制,向他的军事指挥官发布命令,保护美国人的人身、利益和财产。他促成了内森·利维(Nathan Levy)和罗伯特·里奇(Robert Ritchie)分别被任命为驻法兰西角和西部省的美国领事,甚至提名一些美国商人担任行政职务:尤金·麦克马洪·谢里登(Eugene Macmahon Sheridan)被任命为莱奥甘法院的助理法官。[40]一个美国侨民社区迅速发展起来,尤其是在法兰西角,其代表人物经常表达他们对杜桑的热情赞誉,而且这些赞誉也被传回了美国:赞扬"清廉的杜桑将军"的文章时常出现在费城的报纸上。[41]总司令来到法兰西角的时候,经常拜访共和国饭店,美国人和圣多明各人中的大人物们在这家酒馆里欢聚一堂。[42]

杜桑给史蒂文斯留下的正面的最初印象继续得到加强。史蒂文斯与他愈加亲近,经常在他位于埃内里的住所中过夜——这是罕见的款待。[43]杜桑把写给鲁姆的信件交给他;美国军舰提供的保护非常可靠,史蒂文斯甚至还帮助将官方邮件通过费城中转传递给法国政府。他有关杜桑的报告充满溢美之词。他告诉皮克林,对于杜桑始终致力于履行与美国的协议,保护美国在圣多明各的利益,他是"非常有信心的"。[44]杜桑通过其"慈爱温暖的行为"从不同社群中获得的支持也深深打动了史蒂文斯;他特意向带有种族意识的上司强调,杜桑不仅得到了"大多数黑人公民"的支持,也得到了"全体白人"的支持。[45]他几乎毫不怀疑,在杜桑的领导下,圣多明各一定会繁荣发展起来,无论是在贸易和农业方面,还是在建立健全的行政管理方面。[46]

作为一种公然违反礼仪的做法,杜桑狡猾地将他与法国代理人通信的副本出示给史蒂文斯,包括一封"措辞严厉的信件",他在其中指责上司"软弱无能、举棋不定,并玩忽职守"。[47]此举的关键作用当然是削弱鲁姆的权威,同时造成杜桑才是美国人在圣多明各的可靠盟友的印象。实际上,杜桑具有一种在与人讲话时投其所好的本领,他怂恿史蒂文斯相信他正在积极地考虑与法国分道扬镳。这个花招奏效了,在随后给上司的一封信中,史蒂文斯汇报说"与法国之间的所有联系将很快中断",杜桑不久就会宣布殖民地的"独立"。[48]在杜桑的明显鼓励之下,史蒂文斯还参与了针对鲁姆的阴谋。他还与后者所称的一个法兰西角的"亲英派阴谋集团"建立联系,该组织的目的是动摇这位法国代理人的地位,并最终逼迫其返回法国;这些阴谋者中包括法兰西角的军事指挥官克里斯托夫。

面对鲁姆,史蒂文斯退缩了,并承诺将来不再参与此类非外交活动;作为一种表示友好的姿态,他邀请这位法国代理人登上他的座舰,在法兰西角海湾中进行一次和解之旅。鲁姆表示接受,但是又过于偏执地怀疑英美两方密谋对他进行绑架,于是下达命令,一旦发现该舰驶向牙买加方向,便即刻将其击沉。[49]

杜桑意识到,虽然在外交上与美国打破僵局具有重要的意义,但是如果不将英国人也纳入进来,他的策略终将成为无用之功。1799年年初,英国人发表一份声明,允许牙买加与圣多明各建立商业联系,这一举动表明他们愿意与杜桑继续保持接触。英国人在该地区拥有巨大的现实利益,所以非常关切从圣多明各传播开来的革命理念，尤其是开始出现说督政府计划入侵牙买加的传言后。这些谣言进一步强化了杜桑的作用，他也意识到了自身的弱点。虽然英国人已经被从圣多明各赶了出去，他们依然有能力给当地带来危害——特别是通过怂恿与杜桑不和的南部省的里戈。英国的海上力量足以对殖民地实施有效的封锁，遏制美国与圣多明各之间刚刚重启的贸易联络。

1799年1月，梅特兰从伦敦写信，宣布他已经接到英国政府的命令，重返圣多明各，就延长双方协议的期限展开谈判；他在信的结尾重申了他对杜桑"个人的尊重"。[50]同年4月在费城与皮克林会谈之后，这位英国特使便启程前往圣多明各，于5月中旬抵达。[51]杜桑想到，在圣多明各出现身穿制服的英国军官可能会令自己的很多支持者不安，并且有必要甩开鲁姆而与梅特兰进行单独会谈，他便机敏地突然抽身前往戈纳伊夫。[52]他委婉地拒绝了鲁姆将英国特使逮捕并作为"俘虏"押到法兰西角的建议。他的回答是，这一举动将是对其国家的背叛，既有损他个人的"声誉"，也违背一个"文明国家"的惯例。为了突出法国代理人的无能和他自己的权势，杜桑将鲁姆的信件以及自己的回复都展示给梅特兰。[53]在开场说明中，他向英国特使陈述了自己的立场，宣称自己的行动是出于"祖国的利益"。这并不是一时的口误，因为他现在已经开始习惯于将圣多明各作为一个独立于法国的实体进行考虑。[54]

经过历时几周的艰难讨价还价，1799年6月13日，两人终于在史蒂文斯见证下签署了著名的《梅特兰协定》（Maitland Convention）。[55]该协定将1798年协议的条款予以展期并使其正式化，规定法兰西角和共和港将对盎格鲁-美利坚的航运业开放，不列颠与合众国不会妨碍任何驶往这些港口的船只（前提是不得运载武器），并且不会参与任何针对杜桑控制的领土的敌对军事行动，亦不会干涉其政治事务。作为回报，总司令保证圣多明各不会被用作基地开展任何损害英国在该地区的殖民利益或反对美国的行动。事实上，杜桑向史蒂文斯和梅特兰承诺将尽其全力反对督政府入侵牙买加的计划，并再一次提出完全摆脱法国控制的前景。牙买加总督巴尔卡雷斯明白，让杜桑明确表态是多么棘手的一件事。在1799年年末的报告中，他说："根据我对［杜桑］行为的观察，我不得不怀疑他是在玩弄诡计，不仅是针对我们，而且也是在和督政府耍花招，而他的目的就是要独立。"[56]

《梅特兰协定》包括了一份详细的清单，罗列了对于杜桑使用和装备自己的海军力量的各种限制——这是一项令人痛苦的妥协，特别是考虑到，如我们很快将要看到的，他与里戈之间的冲突正在愈演愈烈。[57]但是这位总司令也做成了一笔艰难的买卖。出于担心英国外交和商务代表的出现可能引起争议，杜桑要求英国商人打着国际或中立国的旗号进入殖民地，而且，根据协定的设想，（与美国代表不同）英国驻圣多明各的主要使节不会正式拥有领事的头衔；起初，他还拒绝认可第一位英国代表格兰特上校（Colonel Grant）。[58]有人甚至劝说梅特兰向巴尔卡雷斯建议，牙买加应当在军事方面援助杜桑，提供火药、枪支和火石。[59]虽然有些勉强，但总督还是同意了。这批军火，包括100桶火药、200套枪械和7000块火石，按期交货。[60]不论其中包含了什么样的内容，这一协定本身就是杜桑的标志性胜利，因为他在外交上的合法性得到了国际承认。

在地区内部推动革命性变革为检验杜桑与英国人的互不侵犯条约提供了第一次机会。在革命年代里，法国共和派曾为解放英国和西班牙在加勒比控制的殖民地制订了一系列的计划，但是无一得到彻底的执行。然而，1799年，鲁姆受到督政府上司的积极鼓动，设想出一个大胆的计划，欲将英国人赶出牙买加。计划包括动员蓝山上的逃奴反叛者，促成一次本地人的起义，同时还要争取该岛上的法国黑人和白人流亡者的支持；在圣多明各训练和装备的4000人将由混血将军马夏尔·贝斯（Martial Besse）指挥，组成一支法国远征军发动致命的打击。这次行动的一个关键因素是来自法兰西角的、充满理想主义的犹太纺织品商人伊萨克·萨斯波尔塔（Isaac Sasportas），他志愿"承担起将死亡与破坏加诸英国敌人的光荣任务"。[61]1799年7月中旬（《梅特兰协定》签署以后一个月），鲁姆向萨斯波尔塔发出一份正式指令。他在信中严厉抨击英国人，谴责他们是同类相噬的马基雅弗利主义者，在全球范围内反对法国革命事业，并在其殖民地上奴役"非洲人民"，捕获自由人并将他们"如牲畜般地"拘禁起来；他还指责英国人向圣多明各派出代理人和间谍以制造混乱。[62]鲁姆尚不清楚杜桑所达成协定的确切条款，但是梅特兰最近在圣多明各的出现显然激怒了他：在1799年8月底，他颁布一条法令，禁止英国和美国船只离开圣多明各的港口。[63]对于杜桑向英国人实行的怀柔政策而言，牙买加远征计划构成了一个直接的挑战。

现在，杜桑陷入了十分严重的困境。远征军是经过督政府高层同意的，所以杜桑没有办法公开表示异议。事实上，他还假装附和这一计划，并积极地参与准备阶段的工作。他和鲁姆一起会见萨斯波尔塔，并同意此人是领导这次行动的最佳人选；他帮助安排了这个年轻的密谋者第一次前往牙买加，其间，萨斯波尔塔与蓝山反叛者取得了联系，制订了发动起义的计划（包括在巴尔卡雷斯总督的早餐咖啡中下毒），又回来报告说这些人愿意在法国军队即将给予的支持下发动反抗英国人的起义；杜桑还负责监督出征牙买加的战斗部队的训练与装备。迫于鲁姆的一再追问，杜桑表示支持这次入侵行动，甚至将该部队称为"我们的远征军"。[64] 杜桑提出一个令鲁姆十分震惊的观点，即虽然很担心牙买加的白人移民会被起义军屠杀，但是他相信那些人最终不会进行任何有效的抵抗，重要的原因是他们不想遭受与革命初期圣多明各的白人移民同样的命运。[65]

当然，从原则上来讲，杜桑真诚希望牙买加的黑人同胞能够从英国人的统治下得到解放。在1798年年末致樊尚的一封信中，他将英国人形容为"压迫者"，而"如果仅凭我的个人意愿就能决定，牙买加应当迅速获得自由"。[66] 但是，在与其随行人员的私下讨论中，杜桑尖锐地批评了督政府的计划——不仅仅是出于他对梅特兰的承诺。该计划在他争取自治的战略上投下了一片阴影，而且在他需要集中力量遏制国内反叛的时候，也是一种军力的浪费。他同时还怀疑，法国政府内部的某些势力图谋以这次行动将他和他的黑人军队投入一场巨大的对外军事冒险——颇像督政府派遣波拿巴远征埃及，意在希望他有去无回。假如杜桑战败，督政府就可以趁机以一个更加驯顺的领导人取代杜桑的地位，此人也就可以在殖民地放手恢复奴隶制度。这不仅是他一个人的想法，他的高级将领们也普遍持有相同观点，还有一些同情他们的旁观者也如是，前法国专员雷蒙就警告说，远征牙买加将会危及圣多明各革命所取得的全部成就,指出这个计划的首要目的就是"除掉杜桑本人、他的主要将领和他的军队"。[67]

在这种进退两难中,杜桑采取了一系列异乎寻常的动作。他首先将牙买加计划透露给一个英国在圣多明各的代理人查尔斯·道格拉斯(Charles Douglas),后者当即将其转交给巴尔卡雷斯总督;这些文件包括马夏尔·贝斯写于1799年9月25日的一份12页的报告。[68]然后,杜桑又向美国领事泄露了这些计划,后者在1799年12月30日的汇报中称,这位总司令"决意不会发动这场入侵",之后再补充道,"他看似在促进这一计划,而其实是在阻止它"。杜桑要求史蒂文斯"运用一切可能手段对鲁姆的行动予以反制"。[69]他的愿望迅速得到了满足,萨斯波尔塔在11月底到达牙买加之后很快就被抓获,经过审判于12月23日遭到处决——比计划中起义开始的时间还早了三天。[70]毫无疑问,对于这样的结果,杜桑的泄密行为负有直接的责任,而且,把有关即将开始的一场法国军事行动的机密资料交给外国政府的代表,他很可能受到叛国罪的指控。[71]

为了信守不侵略牙买加的承诺,杜桑做出这番杂技表演般的努力之前,如果他预计这可以为他赢得英国人的好感,那么恐怕他要失望了。在给史蒂文斯的信中,巴尔卡雷斯总督说他相信"杜桑·卢维杜尔总指挥官的真诚信念和高贵意愿"。[72]伯爵甚至在给上级的报告中赞扬杜桑采取"一切努力拯救牙买加"。但是,他又执拗地补充说,杜桑之所以这么做,只是"为了有利于实现他自己的野心"。[73]杜桑提出要求,希望再次获得武器和军火的供应,包括6000支步枪。巴尔卡雷斯直截了当地予以拒绝,声称牙买加拿不出这些物资,并将他的清单转交伦敦那边的英国政府——这当然是拒绝对方要求的外交辞令。[74] 后面还有更糟糕的情况。抓捕萨斯波尔塔之后不久，英国人动用其海军力量，截获了杜桑的四艘军舰，这原本是他为了协助对抗里戈的战事派往南部的。虽然被俘虏的船只都持有英国驻共和港代表休·卡思卡特（Hugh Cathcart）和史蒂文斯签署的正式授权书，但它们还是被拖至牙买加。尽管杜桑火速向金斯顿（Kingston）派去一位特使，英国人仍然出售了船只，没收了他们在船上发现的武器和弹药，并扣留了船员。[75] 在这次事件之前，杜桑的海军部队由十三艘舰船组成，现在损失了其中的四艘，以及接近一半的水手，这无疑是一次重大挫折。[76]

杜桑向卡思卡特怒斥英国人的行为非常"无耻"，"虽然自己是个黑人"，但是做梦也想不出如此做法。[77] 其实几个月之前，他也曾拒绝释放一艘法国海盗捕获的英国船。[78] 在给巴尔卡雷斯的抗议信中，他形容这是一个"令人极端痛苦的"消息。[79] 他承认这四艘军舰上的武器装备超出了《梅特兰协定》规定的限度；然而，他强调这些舰只仅用于防御目的。他只不过还没有为它们获得必要的证明文书，但是已经致信英国海军司令——海军上将海德·帕克爵士（Admiral Sir Hyde Parker），通报了己方舰只的动向，其中根本不存在欺骗的意图。[80] 到1800年1月底，杜桑还在愤愤不平地向当地英国代表抱怨这起事件，并宣布，虽然他将梅特兰视作"圣多明各的朋友"，英国舰队司令对待他的方式还是令他感觉"受到了伤害"，他将对方形容为"残忍的野兽"。[81] 他提醒使节们记住，英国人"亏欠了他"，因为他曾对入侵牙买加发出过警报。他们非但没有把自己当作"恩人"，反而像"仇人"一样对待自己。

"鉴于这种行为，"他故作伤感地发问，"让我怎么还能相信你们英国人呢？"[82]

这恰恰是鲁姆想要的结果。他心满意足地看着英国人夺走了杜桑的船只，从而暴露出他们的本来面目。他针对杜桑的天真教训道："现在，你再也不能对这些魔鬼的谎言和许诺给予一丝一毫的信任了，他们的目的就是要以此打击我们的殖民地，还有你本人。"[83]杜桑接连回复了两封书信，严厉地责备鲁姆在这次行动上"不够慎重"，并声称法国代理人对入侵牙买加计划的有关信息没有做好保密工作；在1799年9月，关于即将发起行动的消息已经到处传播，在法兰西角甚至妇孺皆知。[84]杜桑大胆地声称这次泄密引起法国密谋者在牙买加被捕，并导致自己的军舰遭扣押。他抓住机会向鲁姆宣布，鉴于英国人已经完全获悉法国的计划，并且非常担心进一步爆发革命的可能性，以至于驱逐了岛上所有的法国公民，现在，入侵牙买加的计划将被无限期搁置。就像是在伤口中又拧了拧刀子一样，杜桑把这场惨败完全归咎于鲁姆："你制订了计谋，却不能保守秘密，对我们造成的损失远大于收益，我们实际上已经一败涂地。"[85]

杜桑和鲁姆在远征牙买加行动上的冲突，突出地反映了两个人对于圣多明各的未来所持有的不同观念。法国代理人的战略目标是与其本国政府的利益完全保持一致的，那就是"消灭英国的海洋专制"；圣多明各全体法国公民的职责就是团结一致"采取一切手段破坏英国政府对其殖民地的影响力"。[86]而对于杜桑而言，不需要提醒他英国人的腐败没落：他曾与英国人毫不妥协地战斗，"作为一个从前的奴隶"，他永远不会忘记英国人是人类束缚制度的支持者；[87]在几个月之后的一封信中，杜桑又向鲁姆重复提到了这一点。[88]他肯定没有打消与英国人在牙买加的势力抗衡的念头。1800年年初，他悄悄向西班牙人建议，为对方提供"武装志愿者"重新夺取牙买加（英国人是在17世纪中叶占领该岛的），以换取对方向他供应2万支步枪。这项提议是由杜桑的助理米格尔·德·阿兰巴里（Miguel de Arambarri）传达的，遭到古巴总督萨默鲁埃洛斯（Someruelos）的拒绝。[89]然而这件事表明，杜桑志在实行坚定自信的对外政策，只要这种政策不是在孤立中执行的。鲁姆的政策是对英国在加勒比地区的利益做出单方面的挑衅，由于没有考虑到圣多明各在面临外部威胁和内部颠覆时的脆弱性，这种政策对杜桑来说似乎是非常危险的；正像他已清楚表明的那样，他的优先目标是"**我的祖国**的安全"[90]——仅仅几个月之前，他也对梅特兰说过这句话。

在此后给鲁姆的一封"坦诚的"信件中，杜桑更加直率地表达了立场，坚称他会毫不犹豫地"对英国人加以利用，即使他们是最残忍的敌人，只要我相信这符合圣多明各的最高利益"。法国代理人荒谬地相信，一次"决定性的进攻"就可以打击英国人在加勒比的利益，因为圣多明各缺乏海军力量。对于杜桑来说，共和主义并不是仅仅发出慷慨激昂的宏大宣言，而是要为了殖民地民众的利益采取切实的行动。考虑到力量上的不对等以及对方的"马基雅弗利主义思想"，与英国人周旋的唯一途径就是通过安抚与计谋的结合，杜桑对此的阐释是："我准备以有利于殖民地安全、存续和繁荣的任何方式利用他们。"对于自己为阻止牙买加远征采用的极端手段，他或许感到了一种自责的痛苦，他最后总结道："时间会证明我们的决定是否正确。"[91]

鲁姆对杜桑的一番推理无动于衷，继续反对英国在圣多明各进一步扩大商业利益；他甚至一度要求夺取在圣马克、阿尔卡艾和共和港的所有英国人和牙买加人的商业资产，以及任何悬挂中立国或美国旗帜的英国商船。[92] 代理人和总司令之间的争执在 1800 年年初的几个月里达到顶点，当时鲁姆了解到，有两位英国使节，即休·卡思卡特和查尔斯·道格拉斯，已经于杜桑的保护之下，在共和港工作多时——尽管杜桑一直否认他们的存在。他对杜桑大发雷霆，并发布一项公告，下令将这两个人及殖民地中的其他所有英国公民立即逮捕并驱逐出圣多明各。[93] 杜桑拒绝了鲁姆的要求，认为这是"不可取的"，并且"会损害殖民地的商业利益"，还补充说，他不能允许鲁姆这种"欠考虑的政策"得到执行。[94]

201　　杜桑与他在南部的竞争对手里戈之间爆发的大规模冲突，使他针对美国人和英国人的外交策略进一步复杂化。如我们前面所见，在离开圣多明各之前，埃杜维尔免除了那位混血将军在军事上服从总司令指挥的义务，并公开鼓励他的不同政见。两个人之间的关系愈加紧张。1799 年年初，在雨月十六日圣多明各废除奴隶制度的周年纪念仪式上，鲁姆试图协调双方达成一项妥协。在共和港的会谈中，里戈对他的忠诚做出保证。作为善意的表示，他同意将位于南部和西部两省边界上的大、小瓜夫这两座城镇的控制权移交给杜桑的部队。

然而，里戈继续默默地准备着发起挑战，与忠于杜桑的部队交锋：在热雷米的一次事件中，40 名士兵被杀；而在另一次更血腥的暴行中，有 31 位杜桑的支持者（其中有 30 个黑人和1个白人）在关押他们的狭窄牢房中窒息而死，这些人的尸体被抛入大海。[95]当紧张态势升级以后，里戈在1799年6月初发表一项声明，指责杜桑的部队正在准备向南部省发动攻击，并将殖民地交给流亡者和英国利益相关者，且推动"内战"。[96]几天之后，里戈打碎了和平，以武力夺回了大、小瓜夫的控制权；又一次，几十个忠于杜桑的人遭到屠杀。7月初，鲁姆正式宣布里戈为叛国者，授权杜桑使用"一切战争手段和计谋消灭叛军"。艰苦的"刀锋之战"开始了。[97]

激烈的言辞交锋立时爆发。双方领导人都发布了一大堆小册子和互相谴责的公告，杜桑在一份公文中将里戈描绘成"善于诽谤、欺骗并诡计多端，傲慢、嫉妒又固执己见，邪恶、无情而毫无信义，残暴、专横且恶意报复，制造分裂、凶残和背信弃义"。[98]对于杜桑而言，南部人抗命犯上的驱动力是里戈"赤裸裸的野心"和他"统治全部领土的欲望"。这并不是刚刚才有的现象，如他在一封信中对鲁姆所说，早在1796年的风月三十日事件中，里戈的煽动倾向就可见一斑。当时他教唆韦雷特的反叛者罢免拉沃总督并破坏法国在殖民地的合法政府。据杜桑说，里戈对共和主义博爱理想的信奉是一种假象，他受到内心中对白人族群的深仇大恨的驱使。他声称里戈曾经告诉自己，只有黑人和有色人才是圣多明各的"天生居民"，他心中隐藏的抱负就是"消灭"殖民地上的所有白人；这当然与杜桑理想中的场景完全相反。[99]在这场战争期间，杜桑接到很多有关南部叛军虐待白人的报告。例如，在热雷米，大量欧洲人被杀害，许多幸存者逃往古巴；留下的人大部分被强行征入里戈的军队。[100]

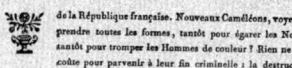

杜桑的这份声明发表于 1799 年 7 月末，谴责"不虔敬的叛国者联盟"在混血将军安德烈·里戈的领导下反叛自己的权威；叛乱者的目的是消灭白人族群，脱离法兰西并重新奴役黑人民众。

兄弟阋墙的意味加剧了杜桑与里戈的这场战争的惨烈程度。在冲突初起时给樊尚的一封私信中，杜桑断言他只能对圣多明各的"白人和黑人完全相信"，针对他的阴谋是支持里戈的那些"忘恩负义的、失去自然属性的"混血者的所作所为；他发誓，只要他还活着，殖民地就永远不会变成"有色人的财产"。[101]很快，听闻叛军对无辜平民的凶残袭击以后，杜桑又写信告诉樊尚"四分之三的有色人都是罪犯"；[102]在公开声明中，他宣布，混血族群的"主体"都任凭他们自己被"一个人的恶毒伎俩所引诱"。[103]而里戈则将自己打扮成受到围攻和牺牲的整个殖民地的混血民众的领导者。他要求各地同胞团结起来支持他与杜桑战斗，他指责对方意图消灭混血族群——特别是据说1799年2月，杜桑在共和港的主教堂所做的演讲中宣布，如果有色人行为出格，他就将毫不犹豫地消灭他们。杜桑认为，他们就像是餐桌旁的贪婪食客准备享用大餐；但是他们不可能触碰杜桑·卢维杜尔的盘子，因为那会"烫"到他们。[104]

面对鲁姆的质疑，杜桑声称他所指的是从事蛊惑行动支持"国王里戈"的那些人。他又说，不可否认，有一些有色人不愿意让自己服从"杜桑·卢维杜尔，这个黑人和曾经的奴隶"的命令。[105]尽管如此，他拒绝把他与里戈的冲突视作种族战争，着重说明他仍然绝对相信那些"忠于职守的高尚的有色人"。他通过举例的方式指出，准确来讲，他每天都把自己的生命托付给混血军官，这些人在他的随行人员中担任副官或隶属于精锐的教导团，在他军中的高级指挥岗位上还有几十位混血军官。他总结说，这恰恰反证了里戈所指责的，他具有一种"对有色人的由衷的憎恶"。[106]

确认这场战争根本不是一场种族战争，主要是基于里戈叛乱的整体规模，它并非局限于南部省。随着一系列经过仔细协调的行动，这位叛乱将军的煽动活动至少已经酝酿了半年时间，[107] 杜桑认为这是确定无疑的。叛乱在北部省和西部省各地同时爆发，尤其是阿尔卡艾、让-拉贝尔、戈纳伊夫、圣马克和莫勒圣尼古拉这些地区，甚至杜桑控制下的法兰西角也受到暂时的威胁。在这些地方，背叛杜桑的市政和行政官员"几乎全部"都是有色人。[108] 然而，令他大失所望的是，有一部分自由黑人也加入了叛军，而且还有他的高级黑人军官，包括对英作战中的英雄克里斯托夫·莫尔内上校，此人最近才因其"坚毅和勇气"[109] 被杜桑提名晋升，但是他图谋打开共和港的城门把杜桑交给叛军。追随里戈的叛乱者也执行了几次针对杜桑的暗杀行动，包括一次在圣马克郊区，另一次在戈纳伊夫附近。前一次，杜桑乘坐的马车被打得弹孔累累，幸好他当时骑着马走在后面，这才侥幸逃过一劫；后一次，有两颗子弹击穿了他的帽子，走在他身旁的两名军官被打死了。他有理由感谢拉沃在1796年赠送给他的小羽饰，从那以后他一直把它戴在帽子上以祈求好运。[110]

最令杜桑不安的是，像皮埃尔·米歇尔这样的黑人高级指挥官，以及一些地方的黑人公民也加入了反叛。譬如，和平港的"整整一群"黑人种田人都转投了叛军；杜桑将此归咎于来自让-拉贝尔和穆斯提克（Moustique）的一伙混血的麻烦制造者对这些农业工人进行了欺骗，再加上煽动者总是为当地带来"纷争和破坏的因素"。[111] 的确有很多人加入叛军是出于一些实际的原因（个人升迁、金钱回报或是可以进行劫掠的许诺），但是还有一个更重要的原因使殖民地各处的黑人社群开始对杜桑的统治感到不安:里戈的宣传工作者有效地利用了杜桑与英国恢复外交关系这件事情,尤其是声称他与梅特兰的协定包含一个在圣多明各重建君主统治和奴隶制度的秘密条款。[112] 按照某个故事的说法,这样做的价码都已经商定:每个男性奴隶值三个古当(gourdin)①,女性奴隶值两个古当。1799 年,还有另外一个谣言在南部的黑人农民当中广为流传,即由于他与英国人结盟,杜桑在共和港已经不再悬挂三色旗;另有各种传言说鲁姆已经被杜桑拘押了。[113] 行政机构所在的首府显然集中了最丰富的想象,加入里戈一方的某个欧洲军官声称,他亲眼看到杜桑在一场盛大的宴会上与英国军官称兄道弟,"狠踢黑人和混血军官的屁股,撕掉了他们的肩章"。[114]

讽刺的是,英国人不仅没有在镇压反叛的战斗中给予杜桑支持,反而幸灾乐祸地增援里戈以削弱杜桑。按照他们的帝国主义原则,一个为内战所分裂的圣多明各才最符合他们的利益。如帕克海军上将的解释:"只要里戈和杜桑互相争斗,就不必担心任何一方会给我们带来危险。"[115] 梅特兰与杜桑结束谈判离开圣多明各的时候,他注意到里戈"完全由牙买加供应武器和军火"。[116] 于是,在指责杜桑把自己出卖给背信弃义的阿尔比恩(Albion)②的同时,里戈自己反而正在接受英国人提供的武器、金钱和补给——这就使得他自己的士兵虽然在数量上少于杜桑的部队,但是比共和军中的同级官兵拥有更好的装备(和报酬)。[117] 英国人还向里戈提供了一支海军舰队,用于切断杜桑的交通联络。他们还对法国和美国的船只发动了

---

① 圣多明各的货币单位,等于四分之一古德。
② 古时指不列颠或英格兰。

多次私掠行动,将船员杀死,把乘客投入海中。[118]杜桑向鲁姆痛斥英国人对里戈的这种纵容,并指出古巴的西班牙当局,包括不友好的圣地亚哥总督,也在向叛军提供协助。[119]

刀锋之战是针对杜桑的社会、政治和军事力量的全面挑战,他的反击也同样是毫不留情的。鉴于反叛者对他与英国人进行勾结的指责产生了效果,杜桑发表了一连串的声明,极力否认自己与英国人达成了任何可能侵犯人民自由权利的安排。"我拿起了武器,你们才能获得自由,"他告诉莫勒圣尼古拉卫戍部队中的反叛者,"我不仅将英国人赶出了圣多明各,而且我和你们一样,都曾经是一个奴隶。"[120]为了动员他的支持者,杜桑允许种植园工人额外休息一天,并组织了天主教的巡游和卡林达舞,人们在这种活动中会戏谑地选出国王和王后。为了对抗里戈的宣传攻势,他还向殖民地各处派出使者去安抚忧虑中的民众。在博萨拉黑人中极受爱戴的拉普吕姆将军被派去平息所谓莱奥甘镇已被交给英国人的挥散不去的谣言。[121]杜桑还利用他在各个市政府中的代理人网络将他的根本优势发挥到极致:他是合法政府的代表,反叛共和国的是里戈及其追随者,用北圣路易市长的话说,这就将他们本身置于"篡权者"的位置。[122]

杜桑立即从他自己的根据地指挥对叛军的军事反击。他在各个不同的骚乱地点之间迅速移动,在一个地方击退已经拿起武器的叛乱者,在另一个地方发动奇袭让对方来不及有机会组织起来。有许多次,他都及时赶到解救了自己被围困的官兵,使他们免于一死。比如说,在和平港,当地指挥官雅克·莫勒帕已经自行退入了主堡垒,而且弹药几乎都用光了,杜桑恰在此时赶来,果断发起一次骑兵冲锋,击溃了叛军。[123]虽然这位总司令抱怨说,这么多行动搞得他"筋疲力尽",[124]但是他很快就占得了上风。到1799年8月底,整个西部和西北部地区重新回到了他的手中:在莫勒圣尼古拉,实际上被叛军当作人质的居民获得解救,像过节一样张灯结彩地向他致敬。[125]之后,杜桑便把注意力集中到南部,将收复叛乱领土的任务交给他信赖的助手德萨利纳。之所以挑选他,是因为他的"细致、勇敢、谨慎和完美的共和主义道德准则"。[126]德萨利纳的部队将需要整整一年的时间才能打败里戈。他们的第一次重大突破是在1800年3月攻陷了雅克梅勒(Jacmel)的港口,又在4月拿下了大瓜夫。然后,杜桑在8月初进入了南部省首府莱凯。里戈在几天前逃离了殖民地。直到1802年,波拿巴为推翻杜桑政权派遣了一支远征军,他才又作为其中一员重返圣多明各。

因为杜桑在人员数量上的优势,这次胜利是一个合乎逻辑的结果,但是也反映出他的共和主义军队的坚韧精神。德萨利纳提交的报告中记载了一些非凡的勇敢事迹。如无套裤团第3营(在拉普吕姆的支援下)被派往阿坎地区,清除敌军建在陡峭的山脊顶部的一座要塞。不顾迎面而来的密集火力,他们毫不畏惧地前进,"端着刺刀"在城墙上杀开一条血路,夺取了阵地,同时缴获了大批武器弹药;德萨利纳说他手下的军官从战士手中及时救出四个敌军士兵,使他们成为俘虏,而其他人都"被剑刺死了"。[127]在这个场合下,战士们的怒火来自为第7半旅的100多名同志复仇的渴望,这些同志是在里戈手下发动的一次伏击中牺牲的:叛军伪装成被强行征入里戈军队的农场劳动者,正在试图开小差返回种植园,当第7半旅赶来增援的时候，便发生了这场大屠杀。在就该事件向鲁姆递交的报告里，杜桑指出，此事的所有元凶都是有色人。[128]

种族之间的仇恨、自相残杀的冲突和心中遭到背叛的感觉，正是所有这些叠加在一起，形成一种爆发性的组合，才能解释这场刀锋之战中存在的骇人暴力。杜桑手下的军官们条分缕析地为里戈的残暴行为列出一个长长的清单，里戈尤其针对南部的白人群体，除了热雷米，在莱凯也发生了大规模屠杀，种植园主成为有系统的大肆屠戮的目标，甚至妇女和小孩也无人幸免。[129]虽然杜桑从来没有实行过这种无情的民族清洗，但他也同样被拖入了暴力的旋涡——尤其是叛乱者曾试图刺杀他。甚至连温文尔雅的鲁姆也敦促他"彻底根除"这些叛乱者。[130]杜桑对待那些背叛他的军官是不讲任何情面的，克里斯托夫·莫尔内和皮埃尔·米歇尔，同时还有他们很多被指控煽动"内战"的下属，都被处死。[131]至少米歇尔还面对着行刑队，莫尔内是被刺刀捅死的，而在戈纳伊夫阴谋造反的人是被大炮轰死的：第一次轰击后，其中一个人还没死，就只好再由行刑队完成处决。[132]无论是在杜桑控制的领土上，还是南部那些过于狂热的军官控制的领土上，都有一些关于大批处决的传闻。根据法国侨民的说法，在共和港、阿尔卡艾、圣马克和戈纳伊夫，当叛军失利以后，都发生了针对有色人士兵和平民的报复行为，很多人被行刑队杀害，有些人被一个个绑在一起投入了大海；[133]法国海军部收到的一封信估计，被杀死的有色人多达6000，其残忍堪比圣巴泰勒米岛（Saint-Barthélémy）①大

---

① 加勒比海中小安的列斯群岛的岛屿，位于向风群岛的北端，现为法国的海外省。

屠杀。[134] 杜桑本人也承认，"一些可怜的无辜者"[135] 在战斗中丧生，并将他们的不幸归咎于里戈。

甚至是同情杜桑的人，如他的特使樊尚，也注意到他试图"用可怕且异乎寻常的例子来恐吓那些不服从命令的人"。[136] 这也就是为什么，当他责备手下一个军官杀人太多的时候，几乎听不出来他有多么认真："我让你修枝剪叶，不是让你把树连根拔掉。"[137] 或许并不令人惊讶，这个军官以杜桑喜欢用的一句话简短地回答："露在外面的部分都会淋湿的。"但是，并非人人都如此嗜血，特别是德萨利纳，尽管有着残暴的名声，他却尽力保护有色人平民。随后，杜桑试图约束部队的暴力行为。在后来的一份公告中，他对南部所有准备放下武器回归本职工作的人给予赦免，他承诺"原谅并忘记这一切"，[139] 还派樊尚去莱凯与里戈就结束冲突进行谈判。[140] 他也一直坚守人道的美德。在针对雅克梅勒的一次进攻之前，军官向士兵宣读了一条总司令的训诫，提醒他们将要与之战斗的敌人是他们的兄弟，其中很多人拿起武器是因为受到了里戈的误导；杜桑要求他们"尊重战败者"，永远不要"因为让那些已然放下武器者流血"[141] 而玷污了他们的荣光。

德萨利纳的部队发动的这次进攻被叛军击退。为了阻止共和军攻入他们的城镇，对方修建了 7 座堡垒，每一座都有深沟环绕；对地形进行了一番侦察之后，杜桑承认必须采取"大动作"攻克这些防御工事。[142] 决定性的贡献来自美国海军的支援：美国海军"格林将军号"（*General Greene*）轰炸了雅克梅勒的要塞，里戈的人马在坚守了 6 个月之后终于投降了；"实践号"（*Experiment*）和"奥古斯塔号"（*Augusta*）也参与了封锁。[143] 实际上，从南部的战争爆发那一刻起，史蒂文斯领事就毫无保留地对杜桑伸出了援手,承诺为其装备低劣的部队提供食品给养和武器弹药。[144] 史蒂文斯同时还谴责了里戈对美国政府表现出的"反复无常和专横跋扈",强调"以所有合法手段支持杜桑的绝对必要性"。[145] 他的呼吁得到了响应,合众国的慷慨支援不只是带来了雅克梅勒的决定性胜利:美国的舰只〔包括美国海军"宪法号"(*Constitution*)〕将杜桑的部队和火药运到南部前线,当德萨利纳的部队展开地面进攻的时候,它们也封锁了里戈的港口;它们还在海面上游弋,与里戈的驳船交战,给叛军造成严重的损失。[146] 杜桑向美国海军的指挥官们表达了他的喜悦,强调自己对他们的无比感激之情。[147] 这些行动也给美国商人甚至海军军官带来了巨大的收益,"格林将军号"的舰长克里斯托夫·佩里(Christopher Perry)收到总司令赠送的 1 万磅咖啡,以表彰他对解放雅克梅勒做出的贡献。[148]

1800 年 8 月踏入南部省首府莱凯的时候,杜桑的头脑是冷静的。他呼吁圣多明各的各地同胞继续保持警惕,因为"相比于向善",人们总是"更倾向于作恶"[149]——这是一个明显的迹象,显示刀锋之战也给杜桑带来了伤害。他任命拉普吕姆作为南部地区的指挥官。这是一个明智的选择,说明他渴望尽快让一切恢复正常。[150] 他表扬了手下士卒的英勇作战和风纪严明,命令他们参加周日的弥撒以铭记胜利——这或许算是为他们采取过的极端暴力行为赎罪。[151] 他将这场战争完全归咎于里戈的"犯罪行为",着重指出是里戈"向共和国宣战",而他自己的动力则来自"人道主义、宗教信仰和关爱同胞的原则";本着这样的精神,他向南部的百姓伸出了宽恕与和解之手，保证从此以后将他们当作自己的"朋友和弟兄"。[152] 这些完全都是共和主义者的措辞，一直到以民众的语汇表达博爱的思想原则，不再提及白人、黑人或混血人。为圣多明各正在走向和平与繁荣的未来，杜桑向"至高无上的主"表达了他的感激，最后他神秘地说："没有主的指引，人类的作为将很快湮灭，他们的设想比汹涌的海浪还要短暂。"[153]

从驱逐埃杜维尔开始，到取得对里戈的胜利，经过这22个月，杜桑有充分的理由应当感谢全能的主。他打破了圣多明各在经济和政治上的孤立状态，从对其权威的严峻挑战中挺了过来，维持了殖民地在本地区的独立外交机构。在这个过程中，他巩固了对圣多明各殖民官僚机构的掌控——尽管在名义上服从于鲁姆——以至于，举例来说，现在所有办理护照的申请都必须由杜桑亲自批准。[154] 他也完全掌管着殖民地的财政事务，其明证除了他控制着所有地产的租赁，[155] 还有他向一位高级财政部官员发布的简明扼要的指示："没有我的许可，一分钱都不许离开金库。"[156] 他在思想上，同时也在行动上，已经进一步疏远了法兰西。1800年年初，他告诉英国驻圣多明各的代表们："他所拥有的权力并非源自法国。"[157]

但是，这些成就也是以不菲的代价换来的，包括人员和政治两个方面。他的行为方式变得更加诡秘，更多依赖自己内心深处的直觉，对同僚的信任也减少了。成百上千的共和主义战士死在刀锋之战中。对他的许多崇拜者来说，他与英国人往来，他背叛了本国政府针对牙买加的秘密计划，他在历任法国代理人背后进行有步骤的密谋，这些更像是受到强权政治的鼓舞，而不是出自基督教或共和主义道德的规范。然而，驱动杜桑行为的是一些强有力的原则，它们之间的内在一致性在他看来是不言自明的。就像他对鲁姆的解释,他会坚定不移地追求圣多明各的理想,它仍然是法兰西共和国的一个组成部分,但是它也有权追求自己的特定利益——即使这些利益与法国的外交路线和政治目标相互排斥。

杜桑并不只是向法国代理人表达了他心中的法兰西和圣多明各的不同。樊尚写信来请求允许他离开殖民地返回宗主国,杜桑在回信中说自己"出于对国家的挚爱"而不愿意让这位工程师返回法国,这就是一种很能说明问题的区别对待。[158]这种冲突在他对牙买加远征的反对中表现得最为突出。在他的心目中,拒绝参与这场行动完全出于他自己的革命衡量——既包括牺牲萨斯波尔塔一个人的性命避免手下成百上千共和主义战士的牺牲,并保存他的军事力量应对里戈的卖国叛变,也包括故意破坏一项考虑不周、成功概率很小的法国计划,以保障经过数年耐心努力才在圣多明各实现的共和主义的牢固基础。他并未完全放弃解放受奴役同胞的梦想。根据他儿子的回忆录,杜桑在晚年经常谈起想率领一支远征军开赴非洲结束奴隶贸易。[159]

无疑,在多次与英国人打交道的过程中,杜桑都没有丧失信心。他那被俘获的四条船和遭囚禁的船员再也没有回来,尽管巴尔卡雷斯曾努力向海德·帕克求情。牙买加的民事和军事当局一直对圣多明各的革命感到忧虑,特别是在杜桑战胜里戈之后。[160]因为在与英国的当地代理人,尤其是视其为"敌人"[161]的帕克的交涉中毫无进展,越来越感到挫败的杜桑决定尝试直接与英国政府接触。他派遣一名特使前往伦敦〔一个名叫佩纳捷(Pennetier)的白人移民〕,再次声称自己是为该地区带来稳定的一股力量。[162]在伦敦的梅特兰支持下,[163]佩纳捷强调，杜桑的兴趣仅在于"他的人民的幸福"[164]，这给人们留下了良好的印象——以至于外交大臣波特兰公爵（Duke of Portland）终于开始接受这种观点，认为与圣多明各的统治者"建立一种相互理解的关系"符合英国的利益。[165]

这个消息迅速传递到英国商人中间，其中很多人在1799年以后都在共和港和戈纳伊夫创立了利润丰厚的事业。杜桑在外交上的精妙策略还体现在他有能力取悦英国驻圣多明各的使节，说服他们向上级做出正面的汇报。其成功的例子包括，第一批使节中的一位，赞扬杜桑在履行其承诺的过程中所表现的"严谨和诚信"；他还称赞杜桑的"和善与仁慈"，并指出他"受到人民的深深爱戴"。[166] 杜桑并不是个容易击败的对手，特别是1799年年底他的船只被夺走以后，他非常想对英国人加以约束；共和港的英国代理人不仅被拒绝保持"领事"身份，而且被要求自称美国人，有一种"勉强被容许"留在那里的特殊感觉。[167] 与英国人的关系缓和也并没有减少杜桑的放肆无礼：当另一位英国驻当地代表问他为什么最近一批从牙买加运来的货物还没有付款的时候，杜桑"冷静地"回答"他又不是行政部门"，而且"作为一名战士"，他才不负责这些琐事。[168]

杜桑高兴地看到，他所采取的与美国建立外交关系的策略在亚当斯总统的任期内取得了丰厚的回报。正是由于和史蒂文斯领事之间的紧密关系，他才得以绕过《梅特兰协定》为圣多明各的海军行动设定的限制，并最终利用美国的帮助摧毁了里戈的叛军。1800年9月，通过与美国的交易，杜桑获得了一批军火，包括2万支步枪、1万对手枪和6万磅火药。[169] 美国人在革命后的圣多明各颇受欢迎，被称作"好白人"。[170] 美国的商船把成百上千的非裔美国人带到圣多明各,这些人回到合众国以后广为传颂这里的革命及其勇敢坚强的领袖。[171] 美国报纸上出现许多关于杜桑的热情文章:《国民通讯员和华盛顿广告报》(*National Intelligencer and Washington Advertiser*)① 将他誉为"一位杰出人物"。[172]

当杜桑在莱凯胜利结束了刀锋之战,一件发生在他个人身上的事情,确凿地证实了上帝的确是站在他这一边的。他的同父异母姐姐热纳维耶芙,也就是他父亲伊波利特第一个妻子阿菲巴的女儿,几十年来一直音信杳然。在杜桑还很小的时候,这个姐姐就被从家人身边强行带走,卖给一个住在南部的奴隶主。杜桑打听到她可能生活在莱凯,于是便找到了她,发现她已经幸福地嫁给了贝尔纳·尚西(Bernard Chancy)②。这位富有的白人种植园主解除了她的奴隶身份,并和她育有9个孩子。杜桑与热纳维耶芙共享了一些非常幸福的时刻,回忆他们的父亲以及他们一起在布雷达种植园的日子。很快,他将热纳维耶芙的一个儿子招募为自己的副官,并邀请她的女儿们来与他生活在一起。她们听从了他的吩咐,其中,谦谦有礼的路易丝·尚西(Louise Chancy)最后嫁给了他的儿子伊萨克。[173] 杜桑成功地用一条自己的警句来总结了这件事情:苦尽总会甘来。

---

① 1800年10月31日创立于刚刚建成的美国首都华盛顿的一份报纸,最初是每三周一期。
② 根据第3章的内容,杜桑有一个外甥的名字也是贝尔纳·尚西(Bernard Chancy),说明他就是热纳维耶芙的一个儿子,并且他们父子同名。

第 8 章　时不我待

雾月十八日政变后，法兰西执政府取代了督政府。1800年6月，一个来自法国的三人代表团抵达圣多明各。表面上，这个代表团的目的是向当地政府通报执政府的意图。在共和八年霜月二十二日宪法第91条中，法国的新统治者们规定，对各个殖民地的统治应当依据适合殖民地习惯和利益的"特殊法律"。[1] 这是对保护地方习俗这一理念的傲慢认同，而背后则有着清晰的意图，即在第一执政波拿巴的领导下恢复中央政府对圣多明各事务的控制：在新的安排之下，殖民地不再有权任命它们自己在立法机构中的代表。意识到他们的计划会在殖民地的"新自由派"中招致负面反应，执政官公开保证："黑人享有的自由和平等的原则不会受到侵害或改变。"[2]

作为进一步安抚杜桑的方式，该代表团的成员之一正是杜桑自己的特使夏尔·樊尚。虽然这位年轻的工程师不满于对埃杜维尔的驱逐，但他依然为杜桑所看重。对此心知肚明的波拿巴，在1799年年底听取了樊尚有关殖民地形势的汇报之后，便将他派回了大西洋对岸。经历了最初的一些困难——在前往法兰西角的路上，他被一支过分热心的武装巡逻队扣押，经历一番殴打之后被投入监狱关了三天，靠着很少一点香蕉和水活了下来——之后樊尚抵达了共和港，并在1800年6月底终于见到了杜桑。随后发生在樊尚与杜桑之间的交谈留下了详细的记录，为处在殖民地历史关键时刻的圣多明各革命领袖刻画了一幅饶有趣味的肖像。[3]

最令樊尚印象深刻的是杜桑的慎思笃行："没有人比他更执着于法兰西的共和主义理想。"同样显著的是他那"惊人的活力"：普通一天的办公时间经常持续16小时。还有他那"不知疲倦的热情"，以至于他的每一位随行人员——不管是总参谋长阿热将军，还是随从参谋或秘书们——都"在工作的重压下疲惫不堪"。他平均每天发出200封信件，而在旅行中，一天之内能够全速前进40法里[4]，其耐力无人可比。这位法国使节亲眼见过一次，杜桑在凌晨2点钟突然从共和港出发，命令四个秘书骑马随行，然而只有一个人能跟上他狂奔的速度。削弱了鲁姆的权威之后，杜桑现在要同时负责民政和军事两方面的所有事务。为了应付这种权力的集中，他将马车变身为一个小办公室，并仰赖一套迅捷的通信系统。[5]无论什么时间抵达某个地方，他都会命令该地区的军事指挥官立即呈上任何新来的便笺和信件——不论是来自他的办公室、行政官员，还是一般民众。他在阅读这些信件的时候总是站着，并对其中一些做出即时回复。一队队信使穿梭于整个殖民地，紧急传递着最高统帅的往来信件。樊尚对此惊叹不已："没有哪个地方的信件可以像在圣多明各一样递送得如此快捷。"

法国使者到来的时候，正值南部的战事接近尾声；如我们在上一章所见，杜桑抓住樊尚现身的这个机会，派他去向里戈提出和平建议。这项任务虽未成功，但是使得樊尚可以近距离观察杜桑的官兵。他们的高昂士气和对总司令的极度忠诚令他十分惊讶，杜桑被他视作"一个基本美德的典范"。他们的纪律和勇敢也同样给人留下深刻印象，在与里戈交战的最后几个月中，他们夺取的每一块敌军阵地都是经过激烈的肉搏战才攻下来的。杜桑与普通民众的互动也吸引了樊尚的目光。除了回复民众的来信，他每天晚上 7 点钟都要在"小聚会"上接待 30 名男子和同样数量的妇女，耐心聆听他们的请求。如果对方的要求合理，他就发出指令迅速予以解决。樊尚跟随杜桑走过很多市镇，发现各种肤色和背景的公民都出现过，从卑微的劳动者到富有的商人，其中很大一部分来访者都是欧洲人，杜桑也同样受到他们的尊敬和爱戴。他们把他作为自己的"守护者"来崇拜，将他形容为"白人移民的父亲"。

在观察忙于工作的杜桑时，樊尚瞥见了他在另一方面的效率。有一次，他去取一封来自法国海军部的信件，在杜桑的办公室里，他看到所有的文件都被仔细地归档，他那封信一下子就被从一大堆文件中找出来了。和其他与这位总司令近身接触过的人一样，樊尚对其智识水平十分敬畏，包括记忆力和专注力，以及迅速下定决心的能力。樊尚唯一有所保留的是关于杜桑的"坚定而不容置疑的性格"，因为他完全相信，自己的判断"不会使他误入歧途"。然而，这种自信也可能存在问题，"当他对一个计划下定了决心，他就会径直去做，而不再充分考虑执行过程中的障碍和代价"。实际上，樊尚不能不注意到最近发生的一些事情——发生在心脏地带的叛乱，南部省漫长而艰苦的作战，以及与法国政府派驻全国和各地代表之间愈加令人不快的关系——都给杜桑带来了危害。他抱怨种田人的劳作不够努力，保证说战争一结束，他就有必要采取"措施"对付他们。虽然毫不怀疑自己终将战胜里戈，杜桑却仍然被焦虑笼罩。

尤其是，对于他与法国未来的关系，杜桑似乎很不乐观。他认为法国的政治是"残酷的"，又阴郁地补充了一句："我不了解法兰西，也永远无法了解它。"即使按照他那种节俭的标准，他对食物的消耗也已经下降了很多，正餐常常只有一片腌肉，人也变得极为消瘦。鉴于针对他的多次未遂刺杀，其中多数发生在最近的刀锋之战期间，即使在其内部圈子里，他也变得更加隐秘而多疑。樊尚注意到，杜桑的向导和马匹总是处于随时可以出发的待命状态，无论日夜。但是，他旅行的确切目的地直到出发之前 10 分钟才会传达下去。杜桑的身上依然显露出一种革命的坚定，但是樊尚也有一种不祥的预感，以他常用的一个说法概括起来就是："时不我待。"[6]

樊尚觉察出一丝紧迫感。在与这位法国使节会晤的时候，杜桑已经开始他最新的军事和外交冒险，由他的共和派军队接管西班牙控制下的圣多明各领土。

根据 1795 年的《巴赛尔条约》，西班牙同意将这个位于伊斯帕尼奥拉岛东部、面积相当于法属圣多明各两倍的省份移交给法国。可是，当时的法国政府决定延迟接收这笔财产，起初是为了避免法属圣多明各已经相当糟糕的不稳定局势继续恶化：事实上，在 1790 年代的大部分时间里，对于已经给法属殖民地带来严重破坏的这些冲突，西属圣多明各在很大程度上是置身事外的。虽然如此，有关各方却都明白，一旦法属圣多明各的秩序得到重建，法国人就会介入西属殖民地。消灭了里戈之后，杜桑显然相信是时候全面履行 1795 年条约的规定了——特别是当他认为，凭借其共和派无套裤团的勇猛顽强，打败圣多明各的西班牙人已经成为可能。更为根本的一点，也是来自加勒比的克里奥尔人杜桑的独特之处在于，他认为，伊斯帕尼奥拉岛从逻辑上来讲是一个整体，其政治和行政管理的统一符合"自然法则"。正是在此基础上，杜桑于 1799 年 5 月向美国和英国代表宣布了他要"获得**整座岛**的唯一最高权力"的雄心壮志。[7]

但是,此时的局面已经变得更为错综复杂:地区的,国家的,还有欧洲外交方面的。的确,英国人可以勉强接受杜桑得到西班牙的领地,虽然他们并非乐见其成:一向胆战心惊的巴尔卡雷斯总督担心,这可能会成为法国和圣多明各携手进攻牙买加的前奏。[8]然而,法国督政府已经对杜桑的势力越发感到忧虑,甚至为了削弱他而公开怂恿里戈的分离活动;与此同时,法国驻西属圣多明各的代理人安托万·尚拉特(Antoine Chanlatte,一个有色人),为"他的朋友"里戈提供了积极的支持。[9]雾月十八日政变之后,新的巴黎执政府也秉持了同样的遏制政策,他们显然不愿意看到杜桑的影响力在周边地区高涨——特别是波拿巴,至少是在当时,他试图摈弃督政府的革命扩张主义,所以并不想惹恼西班牙人。

对于派部队进入,而且是迅速进入西属圣多明各,杜桑自己有着令人信服的理由。一方面,他知道法兰西的新政府反对这一行动,而他则想要先发制人。执政府的海军部部长皮埃尔-亚历山大-洛朗·福尔费(Pierre-Alexandre-Laurent Forfait)写信要求他,出于"全面的政治和现实"考虑,"无论如何不要对西班牙领地采取任何行动"。[10]他也非常清楚,圣多明各城经常作为法国人登陆的港口。在执政官派出三人代表团的时候,埃杜维尔已经在1798年到过西属圣多明各。如果将来远征军展开入侵行动,便可以将这块领地作为一个潜在的基地。

这一点并非纯粹从理论出发,对于反对圣多明各平等主义秩序的各方势力而言,巴黎政府向保守主义的转向打破了它们之间的平衡,现在开始有人叫嚷着要派遣一支军队去推翻杜桑的统治。举例来说，在 1799 年年中，海军部的一个高级官员戈达尔（Godard）的报告提出警示，说圣多明各的黑人正在失去控制，在他们的总司令鼓励之下，"相信他们现在已经胜过了我们白人"。他继而将杜桑的统治形容为一种"残暴的专制主义"形式，法兰西政府的官方代表已经完全失去了作用；他进一步声称殖民地的欧洲人正生活在"一种不亚于奴役的恐怖状态中"。进行规劝的时机已经过去了，按照他的观点，让局面恢复正常状态的唯一办法就是"对这些叛乱分子采取高压手段，让他们学会尊重和服从共和国的法律"。[11] 正如我们已经看到的，杜桑在圣多明各的白人移民中间获得了相当大的支持，但是也有一些不满的当地人持同样的观点。譬如说，土地拥有者保罗·阿利奥（Paul Alliot）在 1800 年向海军部去信，他断言，让杜桑重获理智的唯一途径是向殖民地派遣"1万人的欧洲部队"。[12]

杜桑之所以认为共和主义统治向西属圣多明各的扩展是势在必行的，还存在更深层次的原因。在那里，人类束缚制度仍在实行，发源于西班牙人控制地区的帮派分子经常袭击法属殖民地边境一带的定居点，抓捕黑人男女青年，将他们卖作奴隶。弗朗索瓦-马里·德·凯尔维索将军（General François-Marie de Kerverseau）作为法国驻西属圣多明各代理人，不仅对这一行为视而不见，而且允许从法属圣多明各抓捕而来的奴隶被卖到加勒比地区的其他殖民地，尤其是古巴。[13] 杜桑要求古巴当局将这些非法交易的受害黑人全部归还。[14] 得知此类"无耻的贸易"每天都在进行，[15] 鲁姆要求尚拉特专员予以调查。后者最终对杜桑的说法做出确认，他在报告中说，他发现了一个名叫弗洛尔（Flore）的年轻女子被卖给西属圣多明各的某个西班牙人，又被法国人用200古德买了回来；[16]一个月之后，尚拉特说他又发现另外几个这样的案例，以及存在有组织犯罪网络的证据，而且他已经正式向西班牙当局提出抗议。[17]按照杜桑本人的要求，从法国和西班牙公民两方面搜集到的证言说明，这种交易不是在西属圣多明各的主要城镇中进行的，而是在更加偏远的地区，如南部城镇阿苏阿（Azua），那里的政府对此毫不理会。[18]杜桑的批评者认为，奴隶制度是他编造的借口，用作侵略西班牙领地的理由，但是他指控的问题的确存在。[19]

对于杜桑来说，法国共和主义者获得西属圣多明各的控制权，是一件关乎历史正义的事情，是战略上的急迫需要，也是道义上的必然。早在1795年，《巴赛尔条约》签订之后不久，他就已经提醒拉沃"老爹"，西班牙殖民者是根本不值得信任的，他们激烈地反对废除奴隶制度，宁愿将领土交给英国人也不愿意接受法国共和派的统治。[20]1796年，逐步向法国当局进行的移交被迫推迟，西班牙人的违约行为开始显现，在法国军队到来的时候，他们唆使当地百姓进行反抗。[21]但是，杜桑还面临着一个重大障碍，即他不可能在与鲁姆达成正式协议之前采取行动，而鲁姆对这一接管行动持反对态度。樊尚的推测是正确的，一旦杜桑对某个计划下定了决心，就没有什么能够阻止这位总司令。杜桑将一意孤行，不过付出的代价是再一次与法国政府代表的关系破裂。

杜桑倾尽全力使鲁姆相信，西属圣多明各的共和主义时代已经到来了。他以大量的信件向对方详述吸引其注意的强制奴役事件，不断地把问题提升到个人层面，怂恿其高级军官一同进行游说。面对如此密集的火力,鲁姆岿然不动。例如,针对穆瓦斯的请求,鲁姆说,只有"在法属圣多明各实现完全和平,甚至可能是欧洲的全面和平"之后,法国才能对西属圣多明各实施占领。利用他曾在那边做过三年法国专员的经验,鲁姆补充道,入侵行动会激起当地白人的大规模抵制,可能至少会有"1万人"动员起来武装对抗杜桑的军队。[22]

于是,杜桑尝试其他办法。在由其副官德埃贝科特亲自递交的一封信中,杜桑说,如果不能指望占领整个西属圣多明各,鲁姆至少应当批准法国军队占领毗邻地区,如阿苏阿及其周边地带,这些地方显然已成为非法奴隶贸易的运转中心;"为了让我们的黑人公民免于束缚",[23]至少应该采取这一行动。意识到自己在解决这个问题上可以更具建设性,这位法国代理人几天之后做出答复:杜桑有权逮捕任何来自西属圣多明各的、涉嫌参与此类奴隶贸易的人,并将嫌犯解往法兰西角予以关押和审判;他们还要交出其拥有的奴隶,或将已经出卖的奴隶赎买回来交给法国当局释放。但是在涉及控制更多领土的问题上,鲁姆仍未改变主意。鉴于法属殖民地的持续动荡,对西属圣多明各任何地区的占领都将是"对法兰西和法属圣多明各的背叛,也是对你本人和你领导下的军队的背叛"。他提出了三点主张:阿苏阿地区的百姓已经"受到英国人的强烈影响",因此任何法国的长期军事存在都将招致敌意;已经成为一个叛徒的前法国专员凯尔维索在他离开之前四处散布谣言,说法国人的侵略迫在眉睫,以此在西属圣多明各激起反共和主义的情绪;而且,未来的任何法国占领都应当由欧洲人组成的军队执行,而现在法属圣多明各尚不具备足够数量的欧洲部队。[24]

杜桑那严守纪律、英勇作战的部队，曾将殖民地从西班牙人和英国人的占领之下解放出来，如今却被暗指不适合执行这样的行动。不用说，这一定让杜桑感觉受到了冒犯。从1800年2月底开始，他多次在共和港劝说鲁姆，殖民地的福祉正受到威胁。[25]鲁姆拒不接受，于是杜桑决定采取强制手段。按照曾成功用来对付埃杜维尔的模式，在4月的第一周，他组织了一场全民动员，他的支持者们从东栋、小昂斯、格朗德里维耶尔、格罗莫讷、圣苏珊和利莫纳德（Limonade）纷纷赶来。这些社区的几千名国民卫队成员——很多都携带着武器——迅速汇集到海角高地。他们在那里集会要求面见杜桑，并威胁说，如果法国政府的代表不能立即听取他们对鲁姆的不满，他们就要向法兰西角进发。在鲁姆关于事件发展的日记中可见，[26]4月11日，他在穆瓦斯的护送下会见了示威者，陪同他的有法兰西角的全体市政官员。这是典型的革命日的政治方式，即利用公众示威强迫当局做出某种让步。只不过，现在杜桑为它引入了一些加勒比式的改进：相较于典型的巴黎革命日只持续一到两天，这里的运动长达十四个昼夜。在这样的折磨之下，鲁姆及其同伴被囚禁在一个仅有100平方英尺的鸡舍里，暴露在恶劣天气之中。薄薄的顶棚难以遮蔽雨水，根据日记作者的凄苦文字，滂沱的大雨接连下了四天。

一系列民众请愿书适时地出现，都是以绚丽的共和派文体写就，并由各地的民事和军事代表签字。他们援引了杜桑在早先致这位法国代理人的书信中提到的公益原则，对鲁姆投出了不信任票，指控他对共和国犯下了十恶不赦的罪行，包括支持里戈，勾结牙买加的英国代理人（这是杜桑的一点黑色幽默），挥霍公共资金，与流亡者密谋，而且不顾杜桑的一再请求拒绝与其见面。与此同时，抗议者的声调是乐观的，格罗莫纳的宣言表达了民众对归属于法国的骄傲，因为法国"为欧洲所有国家，甚至为全世界制定了法律"。[27]

在这整个革命舞台的中心，主角本人——遵循他一贯的领导风格——却并未现身：来自东栋的请愿者迫切地提出，他们已经有几年没有见到杜桑了。[28]他们接连发出三封信件，请求杜桑能到海角高地来。但是他托人传话说，他身不由己地受到更急迫的军事问题的羁绊（的确，这件事发生的时候，南部正在进行收复雅克梅勒的战斗）。杜桑感觉到已经有效地软化了鲁姆的态度，便宣布他正在赶来的路上，甚至还呼吁动员起来的公民返回他们的种植园。终于，在一个多星期之后，杜桑骑在马背上走进了热烈欢呼的人群，而此时鲁姆看到，群众的规模已经达到了8000人。为了结束这场动员，杜桑装模作样地宣布他将采取必要措施"带来和平与安宁并回应人民的关切"；[29]4月24日，他命令穆瓦斯护送鲁姆返回位于法兰西角的代理处。至少这位法国代理人还能勉强骑马，而那些市政府的代表只能步行返回。

鲁姆垮台的最后一幕在三天之后上演了。花月七日（4月27日），他在上午9点被召到杜桑的住所，这次又是由穆瓦斯护送，法兰西角市政府的代表们又一次在场，陪同的还有杜桑的财政部部长比内尔。杜桑用阴郁的语调再次要求鲁姆同意占领西属圣多明各的计划。这位法国代理人又一次重申了他精心准备的反驳理由，并加上了一个新的观点：他已经听说西班牙政府正急于保留西属圣多明各，但是准备以放弃路易斯安那作为交换，这对法国来讲是一个十分有利的建议。杜桑简捷地回答，"不能仅仅为了一个可能的好处而牺牲一项确定的收益"。

他又草草地打发了鲁姆的其他反对理由，尤其是对于法国的占领可能会激起骚乱和武装反抗的担心。这时，杜桑开始发脾气。他斥责鲁姆是"殖民地的敌人"，然后戏剧性地转向法兰西角市政府的成员们，用凶狠的口气问道："对这样一个人我该怎么办呢？"随着飘浮在空气中的威胁意味，他打发走目瞪口呆的代表们，也把鲁姆送回了代理处，让穆瓦斯把他锁进底层的一个小房间，并恐吓他说，如果不立刻做出让步，就把他和他的妻子及年幼女儿的"脑袋割下来"。鲁姆回答说，他准备像一个共和主义烈士那样死去；而穆瓦斯此时说，他一定会发动一场全面的军事入侵，让西班牙领地遍布死亡与毁灭。鲁姆最终还是屈服了，他起草了一项法令，宣布法国对西属圣多明各的接管。在表情严峻的杜桑现身几个小时以后，这项法令就得到了签署。[30]

现在，与鲁姆关系的破裂已经无可挽回了。杜桑将他事实上囚禁在法兰西角的代理处，对他的通信进行监控，派士兵看守着房子，不许访客进入。鲁姆的妻子玛丽－安妮也不被允许进城。有一次，士兵甚至连鲁姆的换洗衣服都不让带出去。[31] 然而，一旦拿到了他想要的签字，杜桑便试图修补他和这位法国代理人的关系，至少是在私人层面上。他邀请鲁姆夫人到他家里，向她承认，他对强加给她丈夫的无礼举动深感羞愧，但事实是他再也无法相信鲁姆了。此后不久，鲁姆因过度紧张而垮掉，患上了重病。在他卧床不起的几个月里，杜桑多次前来看望。其病情一度恶化，医生判定他已处于危重状态。杜桑赶到他的病床前失声痛哭——但是他无意中说出，他悲伤的主要原因是担心敌人会把鲁姆的死亡怪罪到他的头上。[32]

西属圣多明各行动的开局简直是一团糟。自以为他的使节不会遭到西班牙人的反对，杜桑派总参谋长阿热将军孤身前往，甚至连卫队都没带，只拿着400份鲁姆的花月七日法令和自己写的一封悦耳动听的信件，承诺法国会"尊重所有人员和财产，以及西班牙居民的风俗和习惯，只是将他们置于共和国的法律之下"。[33] 阿热如愿被引荐给堂加西亚。杜桑因为在西班牙旗帜下服役的那些日子而对这个狡猾残忍的年迈总督记忆犹新。[34] 加西亚假惺惺地欢迎杜桑的使者，又贪婪地收下了他作为礼物带来的漂亮珠宝。他完全认可法国有权根据1795年条约取得对西属圣多明各的全面控制，甚至声称这个行动对他而言也是一种解脱，那样他便可以安稳地退休并返回哈瓦那。然而，他请求给他一些时间，以便向上级请示并为"有序"撤离做出必要的安排，因此，他无法"按期"满足杜桑的要求。[35]

堂加西亚的答复只是一种拖延战术。他第一次获知杜桑的计划时，就已经向他在西班牙的上司们去信说："这个黑鬼会在我们的居民中间遭遇意想不到的坚决抵抗。"[36] 实际上，阿热来到几天之后，当地反对法国接管的势力就开始在该领地的各个市政委员会（cabildos）中汇集起来。在加西亚的支持下，西属圣多明各克里奥尔人达官显贵中的领袖人物签署了一份请愿书，呼吁"暂缓"这项行动，因为这件事牵涉到法兰西和西班牙两国政府，他们将派出一支代表团前往巴黎要求得到波拿巴的接见；它还援引了第一执政的观念，即应当依据符合当地习俗的法律治理殖民地。[37] 另一份宣言指出，鉴于法属圣多明各的现实局面，法国的接管将会造成"不便"——这种说法隐晦地表达出那些名流对于失去他们的奴隶并接受黑人共和派管辖的恐惧。[38] 在该领地反革命统治阶层的支持鼓舞下,再加上法国代表尚拉特的默许,加西亚颁布一道法令,在事实上暂停了接管行动,并要求所有法国军队从西属圣多明各撤离,直到争议获得全面解决。[39] 当紧张局面加剧时,杜桑的使者在其下榻的圣克拉拉(Santa Clara)女子修道院不得不接受武装保护,而门外的人群高喊着"处死阿热"。很快,总督护送着这位法国将军出了城,同行的还有一个市政委员会的代表团。杜桑的使者得到的是羞辱,而堂加西亚留下了珠宝。

此时的鲁姆已经从病中康复,他提醒杜桑,自己曾预见到事情会变糟,应该听从他在那场不愉快的讨论中提出的反对意见。[40] 他赞同加西亚建议的折中办法(而这个办法最初是由杜桑自己提出的),推迟接管,但是在阿苏阿和圣地亚哥派驻法国专员,防止非法奴隶贸易再次抬头。他还不无恶意地推荐阿热为驻阿苏阿的专员,这对于杜桑的总参谋长来说是一项粗鲁无礼的建议。[41] 鲁姆变本加厉地将整个失利归罪到阿热的头上,他声称此人的"轻率鲁莽"造成了西班牙人的不安,而且,他那出了名的"爱喝酒"可能也没带来什么帮助。[42] 随即,鲁姆发表了一项声明,鉴于激起了西属圣多明各的"大规模反对",并可能导致法属圣多明各与其邻国的"交战",他宣布自己的花月七日法令"作废";他还对西班牙当局提出的防止进一步非法贩卖法国奴隶的相关安排表示欢迎。[43]

可以想见,杜桑对形势如此变化感到十分恼怒。他告诉鲁姆,自己"非常忧虑",尤其是对于奴隶贸易将在边境地区持续的前景。他认为西属圣多明各当局的所作所为是"欺诈性的",对阿热的强制驱逐不仅是对共和国也是对他本人的"严重侮辱"。他特别谴责了对方的市政委员会制造"阴谋"气氛，散布关于法国接管可能带来恶果的谣言。他尖锐地指出，当地这些总是温和平静的显要人物不太可能不约而同地采取行动，他怀疑在法国和西班牙官员之间存在针对他的暗中共谋：有件事情很难说是个巧合，鲁姆的一个雇员，即名叫冈萨雷斯（Gonzalez）的自然科学家，在动乱发生时恰好被人看见就出现在西属圣多明各。[44]

在随后一封信中，他更加直言不讳，指责鲁姆因为发自内心地反对接管西属圣多明各而亲自煽动了西班牙人对阿热的反感。他还为自己的总参谋长的名誉进行辩护，说他已经"明智而谨慎"地执行了自己的任务；自从他娶了"一位好女子"以后甚至戒了酒（媒人当然就是杜桑，他已经养成了一种为手下军事和行政随员选择配偶的习惯）。[45] 他最后又以平和的口吻结束了这封信，声称自己现在只好接受对西属圣多明各的接管行动无限期推迟："我不再去想它了。"[46] 这与实际情况完全不符，如我们将会看到的那样，但是至少杜桑暂时决定让鲁姆和圣多明各的官员们相信，自己已经将注意力转向其他问题了。即使是在革命的紧要关头，有时也需要明智地等待时机。

鲁姆明白，在西属圣多明各问题上的分歧已经给他和杜桑的关系造成了裂痕。但是，他仍旧热切地关心着殖民地的未来。与杜桑一样，他也对法国政府内外的反革命势力非常担心。对于新政府有关圣多明各的政策，这些势力正在发挥着影响，特别是他们越来越多地考虑对杜桑动用武力。1800年6月，他就另一套行动方案形成一个长篇建议并递交给巴黎。这份报告明显地提高了调门，它对局势做出了深入的分析，对未来进行了乐观的预期，为圣多明各和法国设想出一种能够取得共识的关系。最重要的一点是，它在贴切地刻画杜桑的领袖身份并强调其权力根本来源时极富洞察力。与此同时，它还用一种家长式的口吻揭示了即便是最善意的法国殖民官员也与圣多明各革命领导人之间存在的错位。

鲁姆首先强调了杜桑的权力在很大程度上扎根于圣多明各的革命政治文化。奴隶们通过反对压迫者的起义获得了自由，并争取到法国政府的承认。在这一过程中，他所称的"非洲人"发展出来的一套丰富的民主实践经验是以"群众集会"为中心的，他们通过这种方式"精明而活跃"地处理不同事务。在革命之后的年代里，即便杜桑的权力已牢固确立，这种生机勃勃的地方民主依然存在，并被赋予共和主义的形式，尤其是在圣多明各国民卫队等机构中，它们扮演着审议大会的角色，是一个"市镇最高委员会"。其中的公民参与所有的重要决策，鲁姆坚持认为当他们普遍遵从领袖指示的时候，并不是在"盲从"；事实上，他们有时候拒绝采取规定动作。鲁姆刚刚在他最近的14天海角高地冒险经历中见识过这些行动原则。他在那里聆听了许多慷慨激昂的长篇大论，但对于这些种田人的坚定的共和主义情操，他是十分赞许的。他说，秩序、宁静与保守秘密是这种非洲民主精神的特有之处，它们也并非偶然地标志着杜桑的影响力。[47]

对于鲁姆来说，杜桑拥有圣多明各黑人公民的"无条件"支持恰恰是因为他始终热情地维护他们的权利。他也得到殖民地欧洲族群的"绝对尊重和信任"：鲁姆曾在无数的场合亲眼得见，而且他愉快地注意到，即使白人对杜桑的某项决定不满，他们也只是怪罪其随行人员误用了他的"善良"。杜桑先后领导了从殖民地驱逐西班牙人和英国人的斗争，共和国要永远地感谢他。此外，根据鲁姆的观点，正是因为杜桑把这些成就归功于他本人和来自大自然的个人素质，他并没有掌握任何欧洲军事训练的传统；实际上，他在政治和军事上的胜利"将他的自尊心提升到超出理性的限度"。[48] 受"不屈不挠的性格"和"卓尔不凡的天赋"驱使，还有对法国革命可能被它在欧洲的敌人扑灭的担忧，杜桑正在把殖民地导向其自身命运不再仰赖法兰西的一条道路：他不希望他的人民被"分割"。就是在这封信中，鲁姆对法国以任何形式军事入侵法属圣多明各发出了警告，称这样一场战争将会旷日持久，耗费大量人力物力，黑人公民一定会"抵抗到底"。[49]

为了避免这场灾难，鲁姆提出了一项分两个阶段实施的计划。第一步，由法国政府从殖民地正式召回其代理人——也就是他自己——并将军事和民政两方面的管理职能交付杜桑。其中的想法是让杜桑能放心法国对他的态度，并且迫使他尽快做出决定。尤其重要的是给他的委任状一定要由波拿巴亲自签署，这样才能"让这位总司令心中充满感激"，"使他能够与自己言归于好"，并且"令他对第一执政崇敬不已"。随着这封信而来的应该是海军部的详细指示，提醒杜桑他对于法兰西的职责，以及以严格公正的财政管理殖民地事务的必要性，并警告他不要与卑鄙的英国人走得太近。在短期内，对于圣多明各来说，这是"唯一可行的办法"。[50]

当法国实现了与其欧洲对手们的更全面和平，就可以启动该计划的第二步了。还是需要波拿巴致信杜桑，这次是郑重要求他访问巴黎，以表彰他的功绩并"请他向法国政府阐明对殖民地未来的建议"。基于他对法兰西思想的特殊信仰，鲁姆相信造访这座世界之都的机会一定能对杜桑产生神奇的效果。

在"为期一个月"的停留期间，杜桑可以"完全设想出有关殖民地自治的计划"，[51] 并使他自己"达到最优秀的法国公民的水准"。同时——当杜桑离开了圣多明各——就可以着手制定新的"组织规范"，经过殖民地不同种族和地区的代表们协商之后予以公布，对殖民地的政治和行政管理进行全面调整。在这项工作彻底完成之前，不能允许杜桑返回。

这可真是有些天真了，鲁姆梦想着杜桑和波拿巴携手并辔，在巴黎人的欢呼声中进入协和广场（Place de la Concorde），在圣母院大教堂（Notre Dame Cathedral）参加感恩赞仪式（Te Deum）。他没有让他与杜桑之间在此前几个月中的激烈分歧——不要说他在海角高地的鸡舍里度过的14天——影响他的判断力，这应该算是他的一项功劳。尽管事情发生了完全不同的转变，鲁姆的远见卓识依然提醒了我们，法国和圣多明各的关系破裂并非不可避免，以维系合作为基础的替代方案是有可能的，而且在大西洋两岸的人们确实都曾对此有过充分的预想。与此同时，鲁姆的这个计划把杜桑当作一个小孩子，又对高卢文明过于迷信，表明了与圣多明各的革命魄力相比，法国共和派在想象力上的局限。杜桑不是一个摇尾乞怜的热带乡巴佬，把他召到巴黎，让执政官拍拍他的脑袋就可以将他降服。对于他自己和他的人民应该享有什么样的美好生活，杜桑有着自己的想法——这些想法与法国人是截然不同的。

此时的杜桑也在发挥其创造性天赋，开创出一条与执政府进行沟通的途径。他决定将克劳德-艾蒂安·米歇尔将军（General Claude-Étienne Michel）作为他的主要渠道，此人是从巴黎派往圣多明各的三人代表团的首领。杜桑准备动摇这位法国特使在心理上的稳定,命令穆瓦斯一俟米歇尔到达就将其逮捕并拘禁在一个偏远村庄的恶劣环境下长达5天。当米歇尔终于到达法兰西角后,穆瓦斯(明显是在杜桑的命令之下)又阻止他与鲁姆进行联系,即便这是他任务中的关键部分,而且也不许他会见杜桑。几周之后,米歇尔终于见到杜桑,他对这个见面机会感激不尽,革命领袖便在这场交锋中率先占据了很大的优势。[52]

这还仅仅是一个开局。在他们的两次长谈中,杜桑为米歇尔上演了一场精彩的演出。这位法国使节已经对穆瓦斯产生了非常负面的看法,形容对方"自负、残暴而专横";杜桑声称自己也有同样的看法,他太害怕自己这个外甥了,不"敢予以反驳",他的其他高级将领也如是,像德萨利纳和克里斯托夫,都只能时刻注意穆瓦斯的一举一动。他认为随行人员中唯一可以真正信任的是他的总参谋长阿热,还有他的宗教顾问安托姆神父;而其他的人则都是"寄生虫"。他吐露说自己的个人处境是危险的,他那些野心勃勃的部下可能"随时夺走他的权力",他们正在极力要求他对西属圣多明各采取果断行动。他夸张地补充说,下属将领的权力已经失控,甚至在以他的名义进行"勒索和施暴"(他在这里提到了针对里戈的军事斗争);此刻,米歇尔注意到,杜桑泪水涟涟地嘟囔着,他"担心自己的生命安全"。[53]

这场戏剧性表演的目的是让法国政府意识到必须毫不含糊地对杜桑予以支持。他告诉米歇尔,只有在这种情况下,他那"摇摇欲坠的权力大厦"才能稳定下来。他的策略奏效了,这位法国使节在结束他的报告时指出,杜桑是殖民地唯一可以赢得各群体的百姓支持,同时又服务于法国政府利益的角色,他对法国政府是"真心拥护的"。他建议,赋予杜桑"所有权力",使其可以有效应对他的反对者,而且应该以"波拿巴将军手书的一封信件"来使这一措施官方化,因为杜桑非常渴望接受他的指示。[54]米歇尔在这个问题上的建议与鲁姆相仿,尽管在寄出报告前,他们两人并未交换看法。

为完成这项任务,杜桑把致波拿巴的一封书信委托给米歇尔。显然,他认为波拿巴是他在巴黎的一位恰当的对话人,比海军部部长福尔费更合适,他经常拿后者的名字开玩笑。[55]杜桑在信件开头便表示遗憾,因为米歇尔来到殖民地的时候连第一执政的一张便条都没有带来,这样一封"宝贵的信件"本可以成为"一种巨大的安慰,在他的血液里注入舒缓的香膏"。他相信他们两个人从此以后可以进行持续的沟通。他已经向米歇尔"全面而坦诚"地介绍了圣多明各的形势,表达了他对所面临挑战的"忧虑和担心";他还特意提到阿热在西属圣多明各受到的"屈辱待遇",谴责那里的西班牙当局的"阴谋"。意识到法国政府里面某些官员在散布有关自己的恶意传闻,杜桑再次保证他对法兰西的忠诚和他个人的诚信:他并没有大笔的财产,实际上他认为金钱是"一种令人败坏的金属"。[56]为了加强他想要与法国新统治者建立起来的个人联系,他还骄傲地提起他的两个年纪最大的孩子,即伊萨克和普拉西德,正在法国的国立学院深造,请求波拿巴能够对他们表示一些"父亲般的慈爱",同时把其中一个人送回圣多明各。[57]

但是,即便他力图建立直接的对话,杜桑却并没有对波拿巴抱有任何幻想。大约就在他发出这封信的同一时间,他派遣副官于安和德埃贝科特前往法国执行一项秘密任务:把两个孩子一起带回来。[58]杜桑还断然拒绝了波拿巴通过樊尚提出的,在圣多明各国民卫队的旗帜上绣上如下铭文的请求:"勇敢的黑人,记住,只有法国承认你们的自由和平等权利。"他向樊尚尖锐地说:"我们不希望只享有一种有条件的、仅凭别人施舍的自由。我们想要的是对这一原则的认可:任何人,不论他是红种人、黑种人还是白种人,都不能成为他人的财产。我们的自由来自我们的斗争,因为我们更加强大。执政官在波旁岛(Bourbon island)① 上还蓄有奴隶,那么如果他足够强大,我们也会变成他的奴隶。"[59]

于是,在给波拿巴的信中,杜桑对于西属圣多明各危机给出了他自己的版本。他"竭力地劝说,但并未强迫"鲁姆签署花月七日法令——这是对实际情况的一种别出心裁的表达方式。他对阿热将军受到的毫无尊严的对待表示痛惜,当时他试图"以法兰西共和国的名义"占领这块领地,并指出西班牙人的反对得到了来自法国方面的"暗中纵容"。他用了很长的篇幅为这次接管正名,谈及整个殖民地的民众对于法国公民遭到抓捕和贩卖感到义愤填膺。米歇尔将军可以证实这个情况真实与否,实际情况是,在从西属圣多明各前往法兰西角的旅途中,这位法国使节遇到三个法国黑人被一帮西班牙人带到码头上准备卖作奴隶;米歇尔拦下这些非法贸易者并与之对峙,最后释放了他们的俘虏。[60] 这封信的含义很清楚:在西班牙控制的领土上形成的僵持局面不会持续太久。

在阿热难堪地离开西属圣多明各之后的几个月里,事态处

---

① 留尼汪岛的旧称。位于非洲的马达加斯加岛以东的印度洋上,是法国的一个海外省。

于一片平静之中。杜桑似乎急于缓解紧张局势。除了致信鲁姆，保证自己不再考虑接管行动，他还心平气和地写了一封信给堂加西亚，表示现在事情已经交到法国和西班牙政府的手中，对自己是一种解脱，并承诺自己会耐心等待他们的决定。

接下来，他采取了一系列大肆张扬的掩护行动，以加强他如今已经自转向国内事务的假象。在1800年10月，他颁布了一项重整农业劳动力的公告，其目标是消除劳动者的"闲置和流浪"，最终将经理、监工和劳动者置于严格的军事管控体系之下。这明显是在暗示，如今军队的工作是监督地方经济提高生产效率。[61] 他命令樊尚前往位于莫勒圣尼古拉的殖民地最西端，视察当地的防务，以免他会碍事。杜桑对他的担心是有道理的。在他最终于1801年返回法国的时候，樊尚向法国政府提供了殖民地的详细地图，以及杜桑团队的每一个成员的情况。[62] 杜桑也庆祝了圣多明各恢复和平。1800年11月底，他在戈纳伊夫受到英雄般的款待，然后他访问了法兰西角，参加了一个以罗马人凯旋的方式为他举行的盛大招待会。为了对他表示欢迎，法兰西角竖起了一座凯旋门，一位"特别漂亮的"白人妇女庄严地把一顶桂冠戴在他的头上。市政代表们还没有忘记几个月前与鲁姆一起经历的恐怖场面，显然认定阿谀奉承才是最明智的办法。他们一个个陆续发表演讲，纷纷把杜桑比作巴克斯（Bacchus）①、赫拉克勒斯②和亚历山大大帝；作为很好的类比，他们也提到了波拿巴的名字。[63]

但是，就在对手们放松警惕的时候，杜桑发出了致命一

---

① 古希腊神话中的酒神，又称狄奥尼索斯（Dionysos）。
② 古希腊神话中的大力神，最伟大的英雄。神王宙斯与阿尔克墨涅之子，天生力大无穷。

击。在法兰西角庆祝仪式上的一片谄媚之中,他给鲁姆写了一封信,指责他在殖民地加剧"不和与混乱",他的身边围绕着"恶毒的阴谋家",他们腐蚀弱者的思想,还散布更多关于他与英国人合谋的谣言,并在其法国上级面前对他进行无耻的控告——这项指控证实杜桑曾经看过鲁姆的信件(正像一位美国外交官的委婉说法,圣多明各的信件"很容易损坏")。[64] 在西属圣多明各的问题上,他重复了自己的观点,鲁姆与加西亚和法国专员尚拉特进行勾结,羞辱阿热并阻止了对西班牙领地的接管。[65] 鲁姆应该已经听到过所有这些内容,但这次最狠一招留在了信的末尾。杜桑命令法国代理人在军队(必然还是穆瓦斯)护送下,与其妻子女儿一起转移到偏远潮湿的东栋地区,并一直待在那里直到法国政府将他召回;而代理处在法兰西角的办公室将被关闭。虽然杜桑答应鲁姆不会对他造成任何肉体伤害,但这种对法国政府官方代表的流放仍是一种最极端的惩罚,尤其是杜桑还立刻将此消息公开宣布。[66]

几个星期以后,当杜桑给加西亚发去一封严厉的信件,上述做法的根本原因才浮现出来。对于西属圣多明各当局对待他的使者阿热的"侮辱性"方式,他要求对方做出"补偿",同时宣布他控制该领地的新意图,再次承诺尊重西班牙人的人身和财产,以及他们的宗教习俗。这次,展开行动的将是一支"拥有强大实力的武装部队,足以保证〔1795 年〕条约的执行,并保护整个殖民地免于共和国敌人的阴谋诡计"。[67] 他警告当地居民不要进行任何抵抗,简单地让他们在"幸福与不幸之间做出选择"。[68] 不会再有更多外交上的繁文缛节了,杜桑再次踏上战争的道路,这一回,他已经确保鲁姆不会再成为绊脚石。

为了这次军事行动，杜桑动用了1万人的部队，他们组成三个共和师，以钳形攻势逼近西属圣多明各的首府。北方纵队由穆瓦斯指挥，奉命取道圣地亚哥镇扑向圣多明各城，杜桑自己率领第二支队伍经过圣胡安（San Juan）和阿苏阿占领南部，由交给他弟弟保罗指挥的第三支分队提供支援。[69] 穆瓦斯在埃尔波特苏埃洛（El Portezuelo）击败了一支相当规模的西班牙部队，然后于1801年1月中旬到达圣地亚哥；他把这个市镇交给弗朗索瓦·帕若准将（Brigadier-General François Pageot），自己带队继续快速推进。[70] 在取得军事进展的同时，黑人共和派军队号召种植园奴隶们起来反抗他们的主人，并保证他们将获得完全解放。[71] 杜桑于1801年1月初进入圣胡安，他在那里再次致信堂加西亚，对方并未理会他的前一封信。这后一封信在主显节（Feast of the Epiphany）① 当天送抵首府，但这绝对不是西班牙总督所期待的那种启示。加西亚做了一个含糊其词的回复，并派出一支部队迎击杜桑的队伍。到此时为止，杜桑已经攻克了阿苏阿和巴尼（Bani），距离首府只剩12法里。那些志愿为西属圣多明各一方战斗的人包括法国专员尚拉特，加西亚指派他率领部队去迎战杜桑。这样一来，共和派接管西属圣多明各过程中最主要的一场战斗就在两位法国指挥官之间展开了。尚拉特被任命为其前任专员凯尔维索的参谋长，后者当时恰好就在西属圣多明各，而且正渴望抓住这次机会与杜桑大战一场。

即使有了这些背信弃义者的加盟，西班牙人的民兵也无法

---

① 亦称"显现节"，Epiphany 源自希腊词 epiphaneia，字面的意思为"显现"或"为人所知"，意指耶稣曾三次向世人显示其神性。

与杜桑的部队匹敌。他的步兵部队行进如此之快，达到每天25法里的速度，甚至超过了骑兵，半数以上的马匹都赶不上这么狂野的步伐。[72] 由于从当地百姓中征募了大量线人，组成了高效的情报网络，杜桑一方可以精确地了解敌人的位置。他命令部队在尼斯奥河（River Nizao）右岸扎营，并坚守阵地，以便把尚拉特的人马吸引过来。一俟西班牙军队集中于对岸，杜桑的人马便悄悄渡河，藏在树林中过夜，然后在1月22日早上发动了突然袭击。在杜桑的几支纵队从三个方向展开的攻击之下，惊慌失措的西班牙民兵四散奔逃。用尚拉特自己的话说，他们"被彻底打垮"。杜桑展示了他的仁慈——还有他高超的谋略——立即释放了所有西班牙俘虏，发给他们安全通行证，以此强调他的军队不希望西属圣多明各公民受到任何伤害，并要求他们放弃所有抵抗。[73]

这条信息被迅速地接收到了，堂加西亚不久之后就停止了抵抗。两个变节者——尚拉特和凯尔维索明智地乘上最早一班船逃出该领地前往危地马拉。[74] 获胜的部队与穆瓦斯的手下重新会合以后，在1801年1月26日进入圣多明各城。杜桑骑在自己最喜欢的战马"漂亮银币"上缓缓走进城门，好像是为了祛除早先加诸阿热头上的屈辱，他在埋葬了克里斯托弗·哥伦布的兄弟的大教堂前停了下来。伴随着音乐和号角声，由各种肤色的妇女组成的代表团走上前来向他致敬，她们也都骑在马上，手举着横幅、桂枝和花冠。杜桑被护送到政府办公室，当地名流又从那里陪同他前往总督加西亚的办公室。[75]

从1791年开始，杜桑的生命中已经有了很多次非比寻常的桥段，但是从来没有一次能比得上这一刻。杜桑曾经为这位西班牙总督效劳，然后在1794年转投法国阵营羞辱了他，此时这位黑人革命领袖又再次由他陪伴在身边。他邀请杜桑郑重宣誓保卫西属圣多明各，对方的拒绝进一步强化了对加西亚民兵的决定性胜利——杜桑驳斥他说："那将是第一次，一个胜利者向被消灭者做出让步。"[76] 杜桑傲慢地要求加西亚交出首府的钥匙。这位总督将他领到议会大厅，把摆在桌子上的一套礼仪性的钥匙指给他看，希望杜桑会自己拿起来；但是，由于意识到这是政治权力的象征，杜桑便要求加西亚亲手把钥匙交给他。之后，他又提醒这位总督，早在1790年代初，当他还是为西班牙王室服务的一名军官时，他就曾为入侵和征服这座岛屿属于法国的那一侧制订了一个巧妙的计划。加西亚轻蔑地拒绝了这个话题；时过境迁了，现在轮到他将圣多明各城的钥匙交给一位法国军官。杜桑又傲慢无礼地说："如果你采纳我原来的计划，我现在可能还在为你的天主教陛下服务呢，那么或许就是西班牙拥有整个圣多明各岛了。"[77]

"时不我待"，在他取得西属圣多明各战役胜利之后的几个月里，他对这句革命箴言的信任从来没有如此强烈过。1801年2月，在金库中留下了29.8万古德以后，加西亚及其一伙随员被匆匆赶出了该岛；[78] 唯恐这些钱落入英国人之手，杜桑狡猾地写信给加西亚说："一个古德都不许"从殖民地带走。[79] 带着典型的沉着自信，他愚弄了西班牙政府，让对方以为自己对西属圣多明各的入侵得到了不列颠和合众国的全力支持。[80]

这位征服者也给波拿巴发去一份快报，告知他整个伊斯帕尼奥拉岛现在都归于共和主义者的统治下了，并请求他将鲁姆召回法国，因为这位法国代理人的头脑已经受到了"阴谋与怨恨"的毒害。[81] 同一天，在给第一执政的另一封长信中，杜桑任由自己高调地炫耀，赞扬他的士兵在西属圣多明各战役中的英勇和坚韧。他还告知对方，他已经将穆瓦斯和德萨利纳晋升为准将——后者在打败里戈的过程中发挥了关键作用，而前者在对西班牙人的战斗中表现神勇。[82] 杜桑对穆瓦斯的称赞是一种悲剧性的讽刺，因为这个外甥很快就背叛了他。但是，无须质疑穆瓦斯受到的嘉奖，即使他的敌人也承认这是一位勇猛无敌的斗士。[83]

在杜桑的心中，迫使西班牙和法国使节们停职，已经将法属圣多明各进一步推到了前途未卜的自治之路的边缘。1801年4月，若无其事地将西属圣多明各的消息告诉鲁姆，又问候了对方及家人的健康状况之后，杜桑命令鲁姆离开圣多明各——但这封信的真正要点是强调，相对于鲁姆的反对意见，杜桑一直都是正确的。[84] 鲁姆已经被严密监禁了五个月，无法进行任何活动和交流；如果不是美国领事史蒂文斯小心提供的帮助，他和家人可能都要挨饿了。他满腔怒火地回复杜桑，又给了杜桑最后一次残酷对待他的机会。杜桑通知法兰西角市政府，代理人的精神已经不正常了，鉴于其年事已高又体弱多病，他需要即刻离开殖民地。[85]

对这片领土上的劳动力施加保护是杜桑优先考虑的事项之一，尤其是当他了解到西班牙家庭正在纷纷抛弃种植园并带走他们的家奴和农奴。在1801年1月底，估计有超过3000名男女奴隶被其主人强行带离，去往邻近的以古巴为首的其他西班牙领地。杜桑立即采取行动，提醒西班牙人，这些奴隶中有很多都是被非法抓捕的法属圣多明各公民。当他得知一艘名为"三桅号"（Trois Mâts）的船满载着一大批奴隶，正要从西属圣多明各起航时，他下令将这些奴隶释放，并补充说，"为开垦土地而保有这些劳动力"是他的一项职责。[86]

如杜桑的批评者声称的那样，这是否意味着，他并非真正渴望给西属圣多明各的奴隶们带来自由，而只是对他们的劳动能力感兴趣呢？首先是阿杜安，他认为并不存在有关解放的正式公告；其次，一些学者也质疑，西属圣多明各的奴隶是否真的获得了自由；[87] 最后，另外一些人甚至主张，通过承诺允许他们继续拥有奴隶，杜桑得到了西班牙种植园主的支持，而人类束缚制度"即便不是在法律上，也是在事实上"继续存在。[88] 然而，有清楚的证据表明杜桑解放了西属圣多明各的奴隶。在他从加西亚手中正式获得这片领地的那一天，有1.5万名奴隶获得了自由。[89] 他坚决要求种植园主向这些人支付工作报酬，并禁止再出现任何本地种植园主携带奴隶离开的现象；杜桑也清楚地认识到，种族主义制度已经不能再存续下去了。[90] 当地贵族们的回忆录支持了这种观点，他们愤愤不平地抱怨所面临的新困境，事实是，他们突然发现自己不得不忍受一种新形式的社会平等，而他们一贯视之为耻辱。在为法国军人举行的舞会上，一个西属圣多明各贵族受邀与他从前的一名奴隶共舞，他闷闷不乐地写道："就是因为黑人进入了这个国家，她才享有了自由。"[91]

实际上，杜桑在取得对这片领地的控制权以后，立刻对西班牙殖民社会的种族主义专制制度发起了挑战，尤其是任命黑人和混血者担任军队、行政部门和市政当局中的公共官员。例如，新的圣地亚哥市政府由三位全职成员组成：一个白人、一个混血官员和一个名叫卡西米罗（Casimiro）的黑人军官。[92] 杜桑在1801年2月初发布了一项公告，承诺赋予西属圣多明各的所有奴隶自由。他特别指出，他们将得到全部收成的四分之一作为工资，与该岛法属领地的规定一致。与此同时，他还小心地警告种植园工人，他们的新权利是伴随着责任一同而来的：

> 这是一位好父亲在对他的孩子们讲话，他为他们指明了通往幸福之路，为了他们自己和他们的家人，他想要看到他们心满意足。我从来不相信自由等同于放纵，自由的人就可以任由自己懒惰或混乱；我的明确意图是，所有种田人都应该留在各自的种植园里，他们应该在那里获得四分之一的作物收入，对他们施加的任何不公正待遇都应该受到制裁；不过，我也希望他们比以前更加努力地工作，温顺服从，恪尽职守。[93]

在同一天发布的另外一项法令中，杜桑宣布，所有西属圣多明各的居民从此都将受到法国法律的约束，明确禁止奴隶制度。他说"共和国的敌人"正在散布有关西属圣多明各新秩序的卑鄙谣言，借以怂恿西班牙居民逃离。特别是，有人暗示，他允许自己手下的士兵进行"4小时的劫掠"，而且他的部队已经开列出一个将要处死的西班牙重要人物名单。在否认了这些传言之后，杜桑宣布他本人对"所有人员和财产"的安全做出担保。最后，他说"所有公民，**不加区别地**"自此以后"被置于共和国的保护之下"。[94] 这些话说得再清楚不过了。

在随后的几个星期，继而又是几个月的时间里，杜桑把他的全部精力投入了西属圣多明各，引入了一系列彻底的改革，触及了公众和私人活动的方方面面。他为公共档案馆任命了一个新馆长，重组了首府的商业法庭，带来了新的市政官员，在每一座市镇建立宪兵队（其中有一项特别规定，就是每支宪兵队都要有一个号手）；设立公立学校，任命了八位公共辩护人（圣多明各城四位，圣地亚哥四位），修建新的道路［尤其是连接相距 8 法里的圣多明各城与莱克瑟温（Laxavon）的道路］；又在六个港口开放对外贸易，同时降低国内税和关税以吸引外来投资；他还将马匹牵引的四轮车引进这个地区，很快它就以卢维杜尔式的速度奔驰在西属圣多明各。[95] 他甚至还抽出时间扮演了婚姻顾问的角色，给加西亚去信，要求他的一位官员信守承诺，迎娶格雷罗夫人（Doña Guerrero）的女儿；他认为"必须维护道德准则"。[96]

在这一波连续发布的公告中，最引人注目的是邀请法属圣多明各的"新殖民者"抓住这片领地提供的机会。这展现了杜桑身上令人惊叹的不拘一格的特质：富有远见的奔放激情、与大自然的紧密联系，以及在这种情况下的一点点殖民主义的创业精神。他称赞"萨马纳（Samaná）大平原"的优点，"仿佛造物主赐予它所有的恩惠"。这是一个黄金国度，"适合各种形式的农业生产，土壤惊人地肥沃，温度比法属圣多明各其他任何平原都更适宜；它的交通也很方便，从各个方向而来的河流灌溉了这里，特别是从内陆长途奔来的尤纳河（River Yuna），它注入了美丽的萨马纳湾，形成该地区最大最安全的天然港口"。杜桑许诺向有意在该地区定居的"所有勤劳的法国公民"授予一块土地的特许权，保证他们的投资和劳作能够获得"百倍的回报"——这项保证说明，他认为，在可预见的未来，法兰西与圣多明各的命运将密不可分地缠绕在一起。[97] 与此同时，为了避免法属地区出现种植园黑人工人突然间大批离开的情况,他禁止出售任何小于 50 卡沃(carreaux)(相当于 150 公顷)的地块。[98]

杜桑身上还有另外一个特点,即他对细节的痴迷,这种特质刚好可以成为他钟爱宏大计划的补充,并且也在他承担西属圣多明各管理工作的过程中得到了充分的证明。西班牙人撤离以后,他迅速巡视了这片领地的各个地区,对其农业潜力进行了细致的评估,并委托法属圣多明各的林业部门制作一份详细的报告。[99]他还授权法国自然科学家米歇尔-艾蒂安·德库尔蒂(Michel-Étienne Descourtilz)对该地区的植物进行归类。[100]在他自己遍及西属圣多明各的旅行中,杜桑对这里明显的欠发展状况感到震惊:只有 22 座蔗糖提炼厂,看不到靛蓝和棉花;咖啡和烟草的种植仅能满足当地消费。他发布了一项公告,要求民众集中生产经济作物,特别是蔗糖、咖啡、棉花和可可。他建议农民放弃种植他们传统的生活必需品,如香蕉、红薯和木薯;只有实现这种转变,他们才能摆脱贫困。[101]

杜桑还对红木的命运特别感兴趣。根据他早先到访西属圣多明各的记忆,这里曾经到处都是红木,但是这次他连"1000 立方英尺"的红木都找不到。他十分恼火地发现,西班牙人过度开采这种木材资源,为了出口而大肆伐木;他非常愤怒地看到,树木遭到这种方式的砍伐之后,已经不可能再次种植。于是他便发布一条法令,禁止出口红木,将其使用限制于本地建筑业;[102]后来,在接到当地种植园主的抱怨以后,这项法令做了修改,但是杜桑极力要求他的海关官员对红木出口保持警惕,确保出口关税足额缴纳,杜绝任何欺诈行为。杜桑警告新近任命的阿苏阿海关高级官员,他有一项"非常严峻的职责",哪怕出现最轻微的违规行为,他都要"用自己的脑袋"来负责。[103]

在1801年入侵西属圣多明各之后,杜桑号召当地民众集中生产经济作物,并特别列举了蔗糖、咖啡、棉花和可可。右侧是该公告的西班牙语译本。

这位总司令的行事劲头丝毫不减。他将西属圣多明各古德的币值调整到与法属圣多明各古德持平;[104] 他找到了自己旧日的指挥官比阿苏将军的遗孀,给她定期发放一份养老金,并请她回到法属圣多明各的首府,让她在那里感受到更多公众的尊重;[105] 在牲畜盗窃出现大幅度增长以后,他禁止了家畜的买卖,并发布命令,任何人在不同市镇之间转移牲畜,一旦被抓住就会立刻遭到逮捕,除非他们对这些牲畜持有"有效的通行证",或者获得了他本人或两个省的军事总督签发的许可。[106] 听说圣地亚哥周边地区的宗教礼拜安排不尽人意,他迅速成立了四个新的教区,并规定了每个教区主持礼拜的神父的确切人数、出席的频率和应提供的服务。[107]

和他的革命理想一样,杜桑的宗教信仰当然也是其政治诉求的一个重要基础;这一点在信仰虔诚的西属圣多明各也得到了证实。某些怀有种族偏见的神职人员显然对新政权不满,在西属圣多明各的天主教会中,也发生了一些白人与黑人之间的敌对事件;根据一位目击者的说法,杜桑用一种离奇的干预方法将事态平息下来。他说自己"很不幸地"是一个黑人,但是"没有人在科学知识上能够超过他"。[108]大多数神父至少勉强在表面上顺从。在许多城镇和村庄为新总督举行的纪念仪式上,神职人员敲响教堂的钟声,举着横幅和熏香出来迎接他;女人们把王冠戴在他的头上。[109]

杜桑的政权得到社会各个阶层的支持,从黑人和混血人群到白人商业资产阶级;只有抱持种族偏见的贵族表现出强烈的敌意。[110]于是,他在1802年1月再次来访的时候,整个领地都欢天喜地地迎接他;一个目击者记录,"从前的奴隶们以充满热情和欢乐的最盛大的游行欢迎"他的到来。[111]一位圣地亚哥的西班牙居民,在给她的神父的信中称之为"至高无上的杜桑",她说:"我们就像对待我们自己的君主一样热烈地欢迎他。"[112]他从西属圣多明各的菲霍营(Fijo battalion)里招募了一群乐手,将他们送回共和港编入自己的仪仗队。[113]或许正是这种民众的狂热情绪促使杜桑在不久之后下令,由名叫泰西耶(Tessier)的法国金匠指导,在西属圣多明各铸造三种硬币。新的两埃斯卡林(double-escalins)、一埃斯卡林(escalins)和半埃斯卡林(demi-escalins)① 在整个岛屿范围内合法投入使用。它们一

---

① 埃斯卡林是旧式荷兰的一种银币的名称。一个埃斯卡林银币等于五个斯托弗铜币,或二十分之一杜卡特金币。

面装饰着"法兰西共和国"的铭文,另一面是"圣多明各殖民地"。[114]传说有些硬币上还刻着"杜桑·卢维杜尔"的名字,但这或许只是表明他已经在当地人的狂热想象中随处可见。

第9章　雄鹰之地

在行动的过程中，杜桑的想象力最为活跃。1801年2月初，正当他的一系列法令开始给西属圣多明各带来变革，杜桑又向岛上的全体国民发布了一项公告。他首先祝贺其军队以"勇气和智慧"完成了他的命令，并表达了他对圣多明各（他现在惯常称之为"祖国"）幸福的期许；然后，他要求各地市政当局选举代表参加将在3月中旬于共和港召开的中央议会（Central Assembly）。它的任务将是起草一套"适合我们的习惯、我们的风俗、我们的气候和我们的勤劳，与此同时进一步加强我们与法兰西共和国的联系"的法律。文件将会提交巴黎政府批准，之后成为这片土地上的法律。杜桑从殖民地赶走了外国军队，建立起总司令的军事权威，制伏了南部的叛军，剥夺了连续几任法国使节的权力并将他们轰走，战胜了西属圣多明各的西班牙当局，并将整个伊斯帕尼奥拉岛置于法国共和主义统治之下。现在，他开始进行迄今为止最大胆的冒险：制定一部新宪法。[1]

这是一个特别富有想象力的卢维杜尔式的策略，令每一个人都措手不及。共和八年霜月二十二日宪法第91条规定，殖民地应当按照"特殊法律"治理，其目的在于使巴黎政府更紧密地控制各个地方。为了本身的革命目标，杜桑对此做出自己的解读，其实就是颠覆了它的本意。他也借用了反革命的西班牙克里奥尔人关于历史和文化特殊性的主张，几个月之前，这些观点刚刚被用于反对杜桑接管西属圣多明各。制定一部新宪法的念头完全契合杜桑对归纳和编纂的偏好，也符合他一贯打破规制的能力。这一举动在他迈向权力巅峰的道路上也是一个自然而然的高潮——就像他在讲话中坦承的，他"无法放慢自己急速的步伐"，而且他发现自己"被一种无法抗拒的神秘力量所驱使"。[2]

杜桑的传记作者普遍将其制定宪法的行动视作争取独立事业的合乎逻辑的发展。对于这位"狂热的非洲人正式切断了连接殖民地和宗主国的纽带"，[3]首先是路易·迪布罗卡在1802年发出了痛苦的哀号，保守派批评者又将杜桑此举描绘成典型的背信弃义，明白无误地证明了他断绝自己与法国之关联的野心。进步的仰慕者则把这美化为反抗奴隶制度斗争的巅峰，尽管因为他没有就其真实意图与人民沟通并陷入专制主义而对此造成了玷污。[4]对其他人来说，杜桑的立宪计划是迷失了方向的冲动者的狂妄自大，他"眼花缭乱于命运的眷顾，受到一种志在崇高的宿命论驱使"。[5]更晚近以来，学术界对这部1801年宪法重新产生了兴趣，特别是针对其更广泛的哲学含义。[6]

然而，这一波争论与反驳却没有涉及杜桑思想中最充满活力的本质。在他的心中，将圣多明各与法兰西拉开一段距离是不可避免的。为了促成更好的国内统治和保护殖民地免受法国政局不稳的影响，免于未来某些立法可能对其社会经济结构造成破坏，这是一个必要的步骤。正如我们看到的，反对各殖民地革命秩序的势力正在巴黎逐步发展壮大。到1799年4月，黑人之友协会实际上已经被取缔，[7]波拿巴政变之后，霜月二十二日的新法兰西宪法没有包含《人权宣言》，也没有承认出生于法国以外的人自动获得公民身份。更糟糕的是，它造成了一个法律上的灰色地带，对某一类人，比如家庭雇员，可以容许实行奴隶制度。很多人相信，第 91 条的模糊性就是打算为各殖民地铺平道路，在全面恢复奴隶制度的同时只承认白人拥有完整的民权——就像 1802 年在马提尼克、瓜德罗普和圭亚那相继发生的那样。[8]

圣多明各的宪法也是杜桑与法国政府的关系在刀锋之战的过程中愈加紧张所带来的一个后果。与里戈的争斗使他得到一个深刻的教训，虽然他只是对这位混血领导人攻击其合法政府做出了反击，但法国政府并没有提供任何帮助，而且在事实上还助长了冲突——之后又将冲突的延宕归罪于他。所以，他才在 1801 年 2 月致法国海军部部长的那封言辞激烈的信中说："我拿起武器镇压了里戈的叛乱；如果我不这么做，殖民地仍处于内战的恐怖之中。在这一重要情势下，政府却没有告诉里戈，他不应当将授予他的武器掉转枪口向共和国发起攻击。我仅仅是在以暴制暴，如果不得不流血，那也只是一种合理的自卫。"[9]

如此一来，如果法国人甚至对他与内部敌人的斗争都不能提供任何帮助，杜桑相信他就只能依靠自己来保存圣多明各的革命胜利果实，保护殖民地免受外来侵略。他的宪法在精神和文字两方面都受到这种共和主义目标的启迪，如其中第 3 条所述："这片领土上不会再有奴隶，奴役制度将被永久地废除。在这里，所有人从出生直到死亡，都是自由的法国人。"[10] 这种高尚思想也体现在他的一句典型的生动比喻中："我已从雄鹰之地开始飞翔，必须小心地落回地上。我只能落脚在一块岩石上，它应当就是宪法这一宏大的架构，只要我还活在人间，它就能保障我的权力。"[11]

到 1800 年代初，有关圣多明各宪政的未来以及杜桑在其中的地位，世界上的不同地区间已经发生了激烈的争论。如我们在前一章所见，鲁姆相信他应当参与讨论，为殖民地创建一套新的组织规范。亚历山大·汉密尔顿把杜桑想象成封建军事政权的首脑。[12] 而对于那些曾与其激烈抗争企图逆转黑人解放潮流的、流亡的蓄奴种植园主而言，杜桑仍是"一个反叛的奴隶"，需要不惜一切代价废止他的权力，否则其权力就会延伸到"本地区其他所有殖民地的黑鬼身上"[13]——这一点恰好反映在西班牙治下的危地马拉总督的一份报告中，这位总督形容杜桑的政治新秩序"盗取了各国的权利与安宁"。[14] 大西洋地区某些更好战的奴隶和自由黑人中的支持者的确认为杜桑正在将殖民地转变为一个单纯的黑人共和国。英国人开始把他想象成独立的圣多明各的国王，而当地的白人移民悄悄地祈祷他能够主持一场审慎的旧种植园秩序的重建。到 1801 年年中，为了戏要一些英国人的那种"愚蠢的轻信"，[15] 狡猾的杜桑让派驻伦敦的使节有意传播一些闲话，使对方以为自己可能很快会在圣多明各任命一个"白人政府"。[16]

尽管他乐于看到圣多明各未来的宪政成为人们揣度的议题，却还没有一种拟议中的方案对杜桑的想法产生直接的影响。事实上，有令人信服的证据表明，他所遵循的立宪进程，最初是在他与亲密盟友和前专员朱利安·雷蒙的谈话中构想出来的。这位重要的混血人物是代表团的第三位成员（另外两位是米歇尔将军和夏尔·樊尚），该代表团是在 1800 年由执政府派往圣多明各的，目的是消除当地精英阶层的疑虑，申明法兰西宪法第 91 条向殖民地承诺的"特殊法律"。在其本人向波拿巴的报告中，雷蒙对于法国和圣多明各之间实行不同法律制度的观点表示欢迎,并起草了一个包含三个条款的简短文件:关于殖民地的特殊地位、它与法国的排他贸易和禁止奴隶制度。最后一条的表述如下:"在所有已经废除了人类束缚制度的法属殖民地,永远不允许该制度恢复。"雷蒙补充说,这些他定义为"组织条例"(organic laws)的特殊行政规章,一定不能由距离遥远的法国立法机构起草,而要交给具有本地知识和经验的人来制定。雷蒙设想,圣多明各的组织条例由一个三人主持的"特别委员会"草拟,其中一个主持人应该是杜桑,还要有一个"通晓殖民地知识并受到当地居民信任的""代表执政官的欧洲人",并由来自各个省份的一些代表辅助他们。[17]

杜桑按照这封信中的建议起草了他的宪法,却颠覆了那种审慎的忠诚态度。中央议会的成员确定以后,1801 年 3 月,他将这些人召集到共和港,着手文件起草工作。议长职位被交给了这里的前任市长贝尔纳·博吉拉(Bernard Borgella),一位有影响力的白人种植园主,同时也是杜桑的亲密政治盟友。拥有类似背景和观点的是加斯东·诺杰里(Gaston Nogérée)和安德烈·科莱(André Collet),他们为南部白人种植园主的利益代言。还有来自西属圣多明各的三位委员:当地名流莫格诺兹(Mugnoz)和罗哈斯(Roxas),以及一个天主教神父曼塞沃(Mancebo),他们三人都是革命的热情支持者(第四个被提名人在第一次会议开始之前就去世了)。[18] 除了雷蒙以外,还有两位有色人:一个男子姓拉库尔(Lacour),但是名字没有被记录下来;另一个是杜桑的助理,即身为秘书的艾蒂安·维亚尔(Étienne Viard)。唯一的黑人成员是穆瓦斯将军,他被选出来作为北部省的代表,因为他在当地的种田人中非常受欢迎。但是他拒绝在议会中任职，因为担心它会向白人移民做出过多的让步——这是穆瓦斯第一次公开展现反抗的姿态。

有关杜桑与这九名议会成员之间的关系，存在许多的猜想。对于一些历史学家来说，草拟的过程只是走一下过场，文本的真正作者是总司令的秘书亨利·帕斯卡（Henri Pascal，朱利安·雷蒙的女婿，很可能受其影响），并由他的神父马里尼（Marini）和莫里哀协助。[19] 对于其他人来说，这些议会成员的一番努力，只是执行了其主人的命令而已。一位当时的观察者把他们轻蔑地称作"傀儡立法者"，而桑农认为："这些人其实更应该说是代表了杜桑·卢维杜尔，而不是圣多明各的人民。"[20] 还有另一些人以为，是杜桑在受到议会的操纵，所以它过多地代表了圣多明各的种植园拥有者的利益，将服务于移民和流亡者利益的财产和劳动法律予以法典化，为某种经济上的专制主义铺平了道路。于是，洛朗·迪布瓦（Laurent Dubois）便主张，1801年宪法是一部"新殖民秩序的宪章"。[21]

像通常一样，与杜桑有关情况的真相往往更加复杂。在议会的开幕式上，他告诉立法委员们不要泄露他们讨论的内容，并提醒对方的议案只有被他接受以后才能够生效。他还给他们提供了一幅精确的路线图——正如唯一留存下来的第一届会议记录中所记载的。[22] 杜桑说，这部宪法的基调就是要创制一套"由经验教训和对各个地方的了解所催生的"法律原则；它的"必要性"来自1795年和1799年两部法兰西宪法在殖民地管理方面故意留下的法律空白。[23] 向这些立法者发布了指示以后，杜桑便任由他们自作主张了。每天的会议从上午9点开始，直到下午2点；他们的讨论经常十分活跃，在对圣多明各未来的展望和杜桑权力的集中化这两个方面，都有发人深省的看法。

废除奴隶制度条款的措辞里面，明显有雷蒙参与其中的痕迹，因为其语言风格与他本人早先交给波拿巴的草稿非常相似。然而，在捍卫与法国之间的殖民地专属贸易的意见上，他的运气并不好。杜桑小心地赋予总督"为殖民地获取供给的一切必要权力"，[24]从而规避了专属贸易的条款。与此同时，杜桑以他一贯的狡猾在简报中略去了这最基本的一点。议会的首要功用是对外的，向法国政府递出一条消除疑虑的信息。他需要这些体面人物来证实，他的确致力于在圣多明各维护法国的利益；而事实上，他们的第一次讨论恰恰是关于"圣多明各岛与宗主国在道义上的联系"。[25]

议会拟就的草案中包括几个不同的章节：有关圣多明各的农业和商业的第六章，有关其首席行政长官和省长职权的第八章，关于全面改革司法体系的第九章，涉及市政府改革的第十章，以及规定殖民地财政合理化的第十二章。草案也反映了杜桑全神贯注于公众道德问题：它的第三章规定天主教为官方宗教，第四章提到"为了鼓励和增进家庭团结"而禁止离婚；第39条规定，省长的职责包括对"有可能败坏集体道德的"破坏性文章的禁绝；第69条还赋予他们监督对"公共意志和国民的安全、健康或财产"具有潜在威胁的任何行为。[26]

加斯东·诺杰里的个人文件保存至今，从他的笔记中可以发现一些有意思的证据，反映了立法委员们的思想；他本人在团体审议中发挥了积极的作用，也参与起草了在1801年7月中旬至8月中旬与宪法同时生效的一系列"组织条例"。诺杰里并非革命狂热分子，而是一个所谓的大白人。1798年10月，他在共和港第一次见到杜桑。当时英国人已经撤离了热雷米，像大多数南部白人种植园主一样，他与杜桑积极地进行合作；1791年之前，他也曾拥有很多奴隶。杜桑忠于自己的民族和解信条，对诺杰里没有丝毫恶意，允许他创建了一所数学学校，前提条件是他要向四名出色的黑人学生发放奖学金。这也是杜桑典型的共和主义道德规范：他容许人们以慈善行为补偿其曾经的罪恶。[27]

从那时起，诺杰里开始成为卢维杜尔的信徒。他满怀惊奇地注视着，在这位从前的奴隶的主持下，秩序、繁荣与和谐重新回到圣多明各。"我看到，凡是他能够施加影响的地区，都可以逐渐获得和平与安宁。"幸亏有总司令发布的命令和做出的榜样，他那些"可怜的同胞，那些殖民者"又开始得到黑人的体贴对待，这让诺杰里尤其感动。他发现，在长时间离开以后，杜桑无论什么时候回到共和港，都能受到百姓的热情欢迎，居民们会"自发地点亮彩灯，并一直持续两三天"。有关白人移民对待他们的保护人的态度，他以动人的方式概括为："如果他生病了，我们都会忧心忡忡，我们相信没有他我们都活不下去。"[28]

作为仅存的有关殖民地立宪讨论的另一份记录，诺杰里的笔记让我们对议会的讨论获得了令人好奇不已的一瞥。他记录了杜桑在1801年3月第一次会见时向立法委员做出的庄严指示：他们要把自己当作"担负着确保圣多明各福祉的重大责任的法官"。诺杰里十分严肃地对待自己的职责，甚至在某次与杜桑意见相左的时候，他还匆匆记下一笔，说他"非常感激上帝赐给他们的领袖"，杜桑的首要目标是为他的同胞百姓"获得尊重"。诺杰里首先是对法兰西忠心耿耿的，他完全接受杜桑所说的前提，他们取得一致的文本仅是一个草案，只有经过法国政府批准才能具有法律效力。诺杰里还志愿将文件送交波拿巴；杜桑哄骗他相信自己是执行这一爱国任务的"理想"人选。[29] 在他向法国政府介绍诺杰里的信中,杜桑说他已经"见证了革命爆发以来圣多明各发生的所有重大事件",所以"非常适合向政府通报殖民地目前的局势"。[30]

诺杰里的记录确切地说明了为什么杜桑相信他是一个合适的使节,有助于接触法国政府及其在法国殖民游说团体中的盟友。诺杰里是一个偏爱秩序的白人种植园主,其社会观点相当保守。他赞赏重建天主教信仰的计划,将杜桑视为一个"宗教虔诚的典范"。他高调捍卫第六章遵奉的种植园经济理念,尤其强调优先发展农业,并将庄园定义为"一个井然有序的勤劳家庭的宁静庇护所,庄园经理则必须扮演父亲的角色"。[31] 他责备一些黑人种田人购买小块土地的做法,尽管有了杜桑的正式禁令,这种行为仍在持续。他不仅对各种黑人小商小贩抱有明显的敌意,还严厉谴责"在主要道路两侧售卖劣质甜酒和食品的简陋棚屋"。他认为克里奥尔黑人和有色人通常很"傲慢",也不赞同圣多明各的家仆和种植园工人的那些娱乐习惯,还说传统的卡林达有可能演变为"以火枪和军刀进行的血腥打斗";毫无疑问,在这种友好聚会中,被挑在几把长矛尖端的模拟人像中,肯定也会出现他的头颅。[32]

在诺杰里的所有想法中,最有趣的是关于圣多明各的未来行政长官的设想。他强烈支持应当任命杜桑为终身总督(这最终成为草案的第28条),这一提议无疑得到议会全体成员的一致同意。拉库尔在首届会议上的讲话中称颂杜桑为"殖民地的拯救者和修复者"。[33] 诺杰里不仅同意,而且希望他至少在"未来20年"能够继续统治——"保障殖民地和我的家庭可以享受20年的和平与安宁"。但是,诺杰里惊愕于有人建议授予杜桑指定继任者的权力。他宣称,该项特权属于"君主制度的理念"。[34] 诺杰里的反对或许是基于他对可能的继承顺位的评估。他相信，在杜桑的军队中，没有哪一位军事将领具有与总司令同等的政治地位和智识水平。可能取代杜桑的最有力竞争者是德萨利纳，但是鉴于后者那可怕的名声，这种可能性使诺杰里满心忧惧。

而这种担心很可能也在杜桑的想法中占有一席之地，同时也是杜桑将诺杰里派往巴黎的一个主要原因——让他复述所听到的有关德萨利纳的故事。其中有一个故事他曾告诉杜桑和另外一个议会成员。众所周知，1800年，在与里戈交战的尾声中，德萨利纳告诉他的部队，还有两场战争摆在圣多明各共和军的面前。先是一场简单的，针对西属圣多明各的西班牙人，然后是针对法国人的，假如他们真的派遣一支武装远征军来恢复奴隶制度的话。果真如此，德萨利纳警告说，那将是一场歼灭战，将会是"一场无论男女都会参加的全民暴动"。[35] 虽然诺杰里接受派遣，带着宪法草案前往巴黎，他却并没有如杜桑希望的那样，把这种全民暴动的预警转告波拿巴。这的确是一件不幸的事，1802年，法国侵略军来到圣多明各之后，德萨利纳的话果真应验了。

杜桑在1801年5月初收到议会送来的文本。以一个完美主义者的态度，他对这份文件及其相关的"组织条例"进行了长达两个月的悉心斟酌，然后才感觉可以将它们公布了。他注意到立法委员们在一些问题上有所保留，特别是关于对其继承者的任命和总督的权力范围。但是他明白，自己必须夺取全部行政权力——尤其是因为任命一位集民事和军事职能于一身的总督的想法开始在巴黎越来越为人们所接受。[36] 这一方案中的总督几乎总是一个欧洲人，而杜桑当然相信，他本人才是这一职位的合适人选。实际上，过去几年里，他一直都是这么认为的。在这个问题上，与其他许多方面一样，对他来讲，宪法仅仅是正式确认圣多明各业已存在的政治现实而已。

所有证据都显示，对于杜桑的领袖地位，整个殖民地都存在广泛的热忱。如前文所见，在西属圣多明各，情况同样如此，没有人会怀疑他在殖民地白人族群中的巨大声望。如其中某人所言，杜桑"只是为了白人移民的利益和殖民地的复兴"[37]而行使其权力；另一个人称赞他的"人道主义和对宗教的尊重"，还有他对于欧洲人的存在之于"保护商业和艺术"的重要性的理解，其结论就是"如果他去世了，那将是整个殖民地的灾难"。[38]这样的感情在黑人公民中同样有着广泛的响应，在踏遍圣多明各的旅途中，杜桑已经亲眼看到了这一切。各个地方社区在传达其政治观点的时候，也都积极地表达了他们对杜桑掌管全部行政权力的支持。举例来说，在1799年针对鲁姆的动员中，格罗莫讷市政府发表了一份要求将这位法国代理人送回法兰西的声明，其中他们在国家统治方式上的观点很清楚："我们不需要［鲁姆］，或者任何其他的代理人。我们只信任我们的总司令，他的坚定不移和对法兰西的执着，他捍卫我们自由的热情，以及他的人性和美德，都赢得了我们的信任。"最后，该声明要求法国政府"将所有行政权力授予总司令"。[39]拉克鲁瓦德斯布凯（La Croix des Bouquets）的议会宣布："只有总司令可以重现圣多明各曾经的辉煌；只有他知晓不同地区因气候各异而具有的不同特点；只有他理解生活在这块殖民地上的人民的思想、性格、风俗和习惯。"[40]此类事例还有很多。

在他的宪法颁布之前的准备阶段，杜桑对自己的声望是如此满怀信心，以至于他向里戈那些残存的支持者也伸出了宽恕之手，这些人中有几个还被关在他的监牢里面。1801年5月底，他安排将这样一群人带到法兰西角的教堂。杜桑站在讲坛上以典型的说教方式对他们发表讲话，"像一位父亲"般对他们说话，对他们经受的痛苦表示遗憾，让他们平静地回到家人身边去，获得抚慰，因为他们已经被"慷慨地"赦免了（杜桑总是很在意这种具有宣传效果的活动）。为了确保这个信息能够切实传达给有色人群和自己的部下，他在几天之后写信给德萨利纳，让他放出话去，就说这些混血的里戈分子现在已经成为他的"兄弟和孩子"了，他对这些人的唯一期望就是"走上正确的道路，践行基督徒的信仰，培养孩子们敬畏上帝"。[41] 我们可以肯定这个信息传达出去了，与德萨利纳给人带来的恐惧相比，神的报复算不了什么。

7月初，杜桑终于发出了举行立宪庆祝仪式的通知，它将在7月7日于法兰西角举行。[42] 当地民众在前一天夜里没睡多少觉，因为杜桑骑兵部队中的鼓手和铜管乐手在凌晨3点就发出了集合的号令；5点钟，军容整齐的正规军和国民卫队集合在练兵场（Place d'Armes）上。以一队军政官员为先导，杜桑本人在5点5分准时莅临。此时，现场已经聚集了大量的人，包括很多老师和学生，他们在官员站台四周围成一圈；重要来宾中包括议会成员，新任美国大使托拜厄斯·李尔（Tobias Lear）及其前任，即还在殖民地并接受了杜桑私人邀请的爱德华·史蒂文斯。穆瓦斯也在场，没人容忍他总是那样生闷气，而且杜桑显然希望他出现在公众视野中，以便让每个人都明白到底是谁说了算。

杜桑精心筹划了整个庆祝仪式，试图从思想和实践两个层面证明圣多明各以制定一部新宪法的方式，将从法国收回来的权力授予杜桑本人这一行为的正当性。此时，他的口气已经

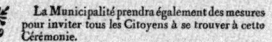

1801 年 7 月初，杜桑要求圣多明各百姓参加在法兰西角主广场举行的仪式，庆祝他们的新宪法颁布。这部宪法将"巩固公众的自由，决定殖民地的命运、和平与繁荣"。

和与议会成员进行讨论时相去甚远。虽然对文本的起草过程秘而不宣，这次活动却在整个岛屿范围内被广为宣传：对活动过程的详细记录立刻由法兰西角市政府整理出来并送往各地市政当局。活动中有三个人发表讲话，首先是博吉拉，然后是杜桑本人，最后是民事法院的院长富科（Fouqueau），每个人都对这一文件的基本原则做了一些补充说明。从他们各自讲话的语言、意象和精明老练的特点上，我们可以发现，杜桑不仅对另外两人的发言进行过认真的审核，而且其实就是在通过博吉拉和富科表达他自己的观点。[43]

博吉拉的演讲即将结束，就在要接着宣读宪法第77条之前，他的一个大胆举动或许将这种"腹语术"表现得最为明显。这位议会主席宣布，虽然最初的计划是将此宪法草案"提交"法国政府批准，但是圣多明各的"法律缺失"已经造成一种"迫在眉睫的危险"局势。在这种情况下，不得不要求杜桑"将这部宪法立即付诸实施"。杜桑别无他法，只能对此迫切要求做出正面回应——更何况这部宪法显然就是出自他的意旨。于是，草案文本在法兰西角的仪式上就得到了正式批准，杜桑也同意提名自己为总督（这次的戏剧性效果在人群中略微有所削弱，他的自我批准被湮没在一片热情的喝彩声中，其中还掺杂着一种解脱感，因为博吉拉的冗长讲话终于结束了）。为了证明这一批准行为的合法性，有人甚至提出了一种更大胆的观点，认为如此迅速决绝的行动是有必要的。博吉拉称，因为法国政府未能让人明白其有关圣多明各的态度，且又"沉默太久"。这又是一个卢维杜尔式的绝妙把戏，实际情况是，法国政府受到了严厉的批评，因为没有足够快捷地针对一份尚未收到的文件做出反应。

中央议会在政治上的象征意义完全就是为了使法国能够对其国家利益和白人移民的利益感到放心；相反，在1801年法兰西角的仪式上为这部宪法的合法性所做出的努力，则全部是直接面向圣多明各公民的，其中充斥着有关自由的经典共和主义观点。博吉拉认为，在1790年代的大部分时间里，法国那些掌权者忽视了殖民地公民的要求，在某些时候还破坏了他们的基本自由；更糟糕的是，从共和主义者的视角来看，他们还强迫殖民地人民接受那些"既没有参与制定也没有表示同意"的法律。任何情况下，公民通过亲手创制的法律进行自我统治的权利不仅是法兰西宪法所认可的，而且是一项"自然法则"。因此，杜桑在有关第3条废除奴隶制度的表述中说道，这不是某种与可以褫夺的公民权联系在一起的形式上的权利，而是在这块殖民地上出生的每一个男人和女人生而享有的。博吉拉颂扬了杜桑身上的自然和谐精神，它引领着杜桑与"由来已久的偏见"进行抗争，使他得以加强圣多明各公民之间那"最为美好的博爱精神的纽带"。[44]

除了同意原则外，这部宪法的正当性还在于通过良好法律治理殖民地的需要。富科认为，因为与法兰西相距遥远，又缺少圣多明各代表的直接参与，在巴黎通过的法律往往并不适应殖民地的情况，有时甚至还危害到它的利益；实际上，这就是在过去几年间由五百人院那种声名狼藉的无能所造成的，法国人在有关殖民问题上所表现出的"缺乏条理"，实际上导致法属圣多明各缺少适宜的法律，落入一种"全然无序的"状态。中央议会即将出台的组织条例会彻底改变这种局面。富科说，作为机构混乱的进一步证明，连续几届法国政府都曾试图把军事将领与民事长官的权力区别开来。幸好，他又补充说，杜桑发现了其中的无条理性，认识到"如果权力分配缺乏明确的规则，不同的部门之间又不断发生冲突，那就不可能有名副其实的政府"（这是一种非常合理的对孟德斯鸠三权分立信条的反驳，虽然它并没有说出关键的事实，杜桑本人在此处就是导致冲突的主要根源）。这样，富科就选定了杜桑，这位殖民地的"解放者和保护者"，也是它的立法者，凭借其非凡的美德和为整体利益行动的能力，解救殖民地民众于混乱动荡之中——这直接出自卢梭的《社会契约论》(*Social Contract*)[1]。[45]

杜桑在作为殖民地总督的首次演讲中，对自由这一主题进行了详细的阐述，强调了共和主义的要旨。他赞颂了法兰西，郑重宣誓要与法国人民建立一种基于"博爱和友谊"的关系。然而，衡量1801年宪法的激进主义的一个真正标准是，殖民地的自由再也不会依赖于法国的政治思想和实践了。再次间接提到废除殖民地奴隶制度的条款，他说道，如今这是圣多明各自己的宪法，它将捍卫其公民的自由，不论他们的"年龄、处境和肤色"，这一文件的本来目的就是在殖民地"建立永久的自由"。杜桑小心地避免得意扬扬的口气，与其说这是一场胜利演说，不如说它是在号召全体国民保持警惕，动员他们起来捍卫圣多明各的集体主权。杜桑对他的同胞讲出了"蕴含真理的话语"，告诉他们宪法将会维护他们的权利，同时他们也必须承担起"践行美德的义务"。这里面包括个人的品质，尤其要具备"正确的品德和对耶稣基督的信仰"，而最重要的

---

[1] 法国思想家让-雅克·卢梭（Jean-Jacques Rousseau, 1712~1778）于1762年出版的政治著作，其主权在民的思想是现代民主制度的基石，深刻地影响了欧洲的革命运动和殖民地的独立战争。

杜桑的1801年宪法确认了殖民地继续作为法兰西帝国成员的身份，同时指出它的统治是遵循"特殊法律"的。第3条规定，"永久"废除奴隶制度，并且，所有公民，从出生直到死亡，都是"自由的法国人"。

是大众的美德，包括对共同利益的追求。[46]

这个问题直抵杜桑自由理念的核心：一种社会各阶层都能够关心整体利益的、积极主动的公民权利。他号召公职人员保证，始终服务于大众，举止得体，诚信正直。同样，他也告诉种田人，宪法第16条保障他们获得种植园收入的合理份额，并大力维护他们的权利免受侵害，但是宪法也要求他们履行"克服懒惰这一所有恶行之母"的义务。在杜桑向手下官兵传达的信息中，这种坚实的自由概念表达得最具说服力。他们的责任不仅是践行纪律与服从的品德，还包括"保护宪法免遭内部和外部敌人的攻击"。[47] 个中的含义再清楚不过：圣多明各作为一个政治实体的完整性是与捍卫革命分不开的。宪法倒数第2条强调了这一点："当法律需要他们来捍卫，为了维护自由和平等的财产份额，每一个公民都有义务服务于为他提供了生计和滋养的国家。"[48]

庆祝活动之后，在法兰西角的教堂里举行了感恩赞仪式。最后，这一天以总督府举行的一场有600位宾客出席的盛大宴会结束。人们纷纷向总督、议会成员、法国和美国政府以及克里斯托夫和穆瓦斯两位将军祝酒（说来奇怪，没有人向德萨利纳祝酒，就好像他没有出席这次活动）。据一位目击者说，穆瓦斯想方设法地鲁莽插话，请来宾们为"法兰西共和国"举杯——以此向新任总督发出含蓄的挑战。[49] 不用说，官方记录未曾提及这个短暂的不谐之音。但是记录中说当杜桑细细品味着凭其"绝对的人格力量"所取得的非凡成就时，他的"眼中闪烁着满足的光芒"。这毫无疑问是真的。但是，或许他的喜悦还有另一个来源。当他环顾周围的桌子时，看到殖民地军政两界的大部分白人显贵都在和一些名叫埃克托尔（Hector）、让-路易、隆让（Granjean）和拉弗里卡（Lafricain）① 的客人一起进餐。[50] 这些黑人出生时就是奴隶，或者来自奴隶家庭，然而，多亏他如巧妙戏法般地创制出这部宪法，他们现在可以在圣多明各享有平等的公民权利，而且再也不会遭受奴役之苦。

法兰西角的仪式过后不久，杜桑招来夏尔·樊尚，委派他将这部宪法送交法国政府。虽然樊尚对其中的一些内容非常不认同，尤其是它的前提条件，即圣多明各应当施行一个独立的宪法章程，但他还是同意执行这个任务。后来，他称那是他得以离开殖民地的唯一办法，这很可能是他为了避免在法国政府那里陷入大麻烦而在事后给自己找的一个借口。无论如何，他与杜桑就宪法所进行的交谈，被他以通常的一丝不苟的态度记录下来，提供了关于总督在此问题上的意图和心态的令人信服且颇具洞察力的材料。

选择樊尚这件事本身就值得讨论。从某一方面来说，他是理所当然的人选。作为一个非常诚信正直的人、无可挑剔的共和主义信徒，他是革命的热忱捍卫者，法兰西角的军事指挥官亨利·克里斯托夫把他描述为"唯一热爱圣多明各人民的欧洲人"。[51] 我们在前一章的开始部分已经看到，樊尚已经三次代表杜桑出使巴黎，最近才受波拿巴委派（与朱利安·雷蒙一起）来向殖民地申明法兰西宪法的意图所在，于是，他便成为双方之间理想的沟通渠道。雷蒙曾告诉樊尚，杜桑在很久以前就决定挑选他来完成这一使命——这证实了雷蒙的观点对杜

---

① 这些都是黑人经常使用的名字。

桑的想法产生了影响，也表明杜桑一直在有条不紊地筹备他的宪法。同时，杜桑也对樊尚产生了疑虑，感觉他待在殖民地可能会成为一个麻烦。樊尚曾反对西属圣多明各行动，相信那是出于杜桑"独占这块殖民地"的野心。[52] 重要的是，樊尚还是殖民地的首席市政工程师。1801 年，在推进立宪工程的同时，杜桑发布指令，要重新加固所有的海岸要塞。即便樊尚是一个最有资格监督这项工程的人，杜桑也不想让他参与其中。他显然是担心樊尚会把有关岛屿防御的敏感信息透露给巴黎的军事高层。于是，从各个角度来讲，派他把宪法送回法国都是一项非常明智的操作。

杜桑虽然早就打算让樊尚执行这一重要任务，起初却并没有向对方透露任何想法。在法兰西角庆祝仪式的几天之前，为了转移樊尚的注意力，他甚至让樊尚前往戈纳伊夫去问候卢维杜尔夫人，也就使他错过了这次活动。杜桑为从法国获取自治规划了道路，显然不希望樊尚了解太多他为证明这条道路的合法性所付出的努力，无论其中有多少内容是以共和主义者的话语表述的。结果，樊尚第一眼看到这份文件就大吃一惊。尤其令他不安的是第三章规定的政府形式，它授予总督以绝对的权威，他的感觉是这一文本抛开了"殖民地对宗主国（métropole）的全部义务"。他马上向杜桑提出了反对意见，并向杜桑发问，鉴于该文本实际上免除了法国政府任命殖民地官员的权力，那么杜桑期望对方收到这样一份文件之后能够做何反应呢？杜桑堂而皇之地回答："他们会派出专员来与我谈判。"这是一句非常重要的回答，它证实了杜桑早就预想到会就文本内容与法国进一步互动。樊尚又从另一个角度进行了尝试，这部宪法一定会鼓励其他国家，包括美国、西班牙甚至还有英国，与圣多明各建立正式外交关系，这会不会削弱它与法国的联系呢？凭着他与梅特兰进行交涉的正当性，杜桑努力向他保证："我明白，英国人对我来说是最危险的，对法国来说是最不可信任的，他们用尽心机要在殖民地获取排他的通商权利，但我只给了他们一些无法拒绝的东西，因为当时我需要他们。"[53]

杜桑在这种答复中试图传达的不仅是它本身的目的，还有那种一切尽在掌握的感觉，他仍然相信自己能够把控事态的发展，并使之转化成自己的优势。但是，樊尚进一步向他施压，他们的谈话开始升温，他也渐渐失去了冷静。杜桑承认，把已经印刷出来的宪法版本而不是手书的草案交给法国政府，可能是一个错误。草案或许能少给人一些已成定局的印象（其实这一点毫无意义，因为杜桑在法兰西角的仪式上已经公开批准了这部宪法）。当樊尚对他说，他手中的权力来自"法兰西政府的保护和欧洲人刺刀的力量"时，他变得非常激动，断然拒绝这种说法，因为这明显伤害了他的自尊；这一说法的确也是不准确的，因为它贬低了圣多明各革命的民众合法性。樊尚不断批评他的抗命不从和忘恩负义，杜桑轻蔑地说，他不相信自己在尊重法国当局的问题上存在任何形式的错误。想到自己就要离开殖民地了，樊尚鼓足勇气坚持自己的立场。他反驳说，圣多明各的宪法不啻一则"向法国政府发出的宣言"。[54]

这是樊尚与杜桑之间的最后一次谈话，它注定不会有一个好的结局。樊尚的质问丝毫无助于改善局面，他问这位总督是否愿意从法国当局得到荣誉和满足。这听起来太像是在企图以体面退隐的前景收买或安抚对方，就像鲁姆在此前的想法一样。杜桑生硬地回答："我自己别无所求。我知道，法国人想让我下台，我的孩子们将无法享受我想方设法准备好的果实。但是我不愿意变成在敌人面前俯首帖耳的猎物。"他进而补充了一些感想，樊尚并未详细记录下来，只是提到那给他带来"最难忍的痛苦"。两人之间的最后一次见面以杜桑特有的夸张举止画上了句号，他突然从一扇边门跳了出去，跃上备好的战马，以十分危险的速度奔驰而去，留下了困惑的樊尚和他那些吃惊的向导人员，他们不得不把杜桑离去的消息告诉一大群正在耐心等待他接见的人。[55]

7月21日，樊尚从圣多明各启程。杜桑为他写了一封给法国驻美国总领事路易-安德烈·皮雄（Louis-André Pichon）的介绍信，请他协助安排樊尚迅速前往法国，因为他身负一项"重要使命"。[56]在出发之前的几天里，樊尚继续向杜桑的随行人员发表他对宪法的意见。他的意见与总督的秘书帕斯卡尔不谋而合，后者称他完全同意樊尚的批评——但是凭着一个官僚磨炼出来的自我保护意识，帕斯卡尔认为，把他的反对意见直接告诉杜桑才是更好的办法。[57]

在被樊尚问到对这部宪法的看法时，杜桑的教父皮埃尔-巴蒂斯特并未直接回答，只是说："种土豆的人也必须吃土豆。"[58]樊尚也和两位议会成员，拉库尔和议长博吉拉，进行了诚恳的交谈，告诉他们，如果他们当时能在总督权力的问题上站出来反对杜桑，那么他要带往巴黎的这份文件就会对法国政府更具吸引力。这两位议员并不同意，他们为自己的行为进行了激烈的辩护。而他与亨利·克里斯托夫的谈话又表明，即使在忠于杜桑的人里面，也已经产生了不和谐的氛围。这位法兰西角的军事指挥官"感觉良好"地说，这部宪法是由"圣多明各最危险的敌人"制定的,因为它盗用了"根本不属于我们的权力"。脾气暴烈的穆瓦斯也提出了同样的批评,他听说杜桑向樊尚抱怨,波拿巴没有对他的信件给予回应,同时这位第一执政却在给法兰西最大的敌人英格兰国王写信。穆瓦斯火冒三丈,称他的舅父是"一个疯狂妄想的老家伙",现在又以为自己是"圣多明各之王"。[59]

尽管他们的谈话以那种突然的方式结束,但樊尚并未放弃劝说杜桑改弦更张的希望。在从法兰西角上船以前,他给杜桑写了一封信,确认从博吉拉和杜桑的秘书手中安全收到了宪法文本。但是,他批评对方没有交给自己一些向他在巴黎的忠实盟友表示问候的信件。包括当选代表拉利耶和国务委员莱斯卡利耶,这些人都对他十分欣赏,相信殖民地应当获得更多自治的理念,在争取宪法得到法国政府批准这个颇具挑战性的任务中,他们可能会被证明是有非常有帮助的。樊尚还对杜桑的状况表达了"深深的忧虑",将之比作一种"疾病":不再能够相信任何人,似乎是把自己与那些最关心他的人隔绝开来。他警告杜桑这种孤立状态的危险:"对一个人来说,最为残酷的莫过于认为自己在这个世界上没有朋友,变成孤家寡人。"[60]

一个月之后,樊尚抵达新英格兰。他首先启程前往乔治敦(Georgetown)会见法国总领事皮雄,后者为他签发了旅行文件。这两个人早就熟识,也都秉持着进步的共和主义观点。听取了樊尚对圣多明各局势发展的简要介绍,皮雄也生出同样的不安,并决定把它表达出来。他在致杜桑的书信中指出,这部宪法的全部内容已经发表在美国报纸上,人们一致认为,这预示着圣多明各将与法兰西"分道扬镳"。[61]对所有相信杜桑真心实意地忠诚于法兰西的人而言,这样的行动将会造成极大的

"痛苦"。这种分离只能导致殖民地被孤立,皮雄警告说,圣多明各已经被它的敌人视作"加勒比的阿尔及尔",现在将要面对其他所有欧洲国家的强烈反对;没有法兰西祖国的支持,它就会毁灭。[62] 皮雄几天以后的第二封信则显得更加私人化,这次他敦促杜桑不要忘记法兰西为他和他的子女所做的事情;他还提到,杜桑已经从殖民地赶走了前后三任代理人,他这种反复无常的行为似乎与法兰西给予他的信任和期望恰成反比。他强烈要求这位总督退出那条与他的"荣耀、名誉和利益"相背离的道路。[63]

樊尚一定是受到与皮雄的谈话鼓舞,在离开新英格兰之前,又给杜桑写了第二封信。这封信的重要性在于,樊尚更为坦率地回应了他在法兰西角与杜桑最后一次谈话中提及的一些问题,这是他最后一次说话的机会。在信的开头,他和皮雄一样,先哀伤地说道,这部宪法的内容已经在美国发表,法国政府显然会在他回到巴黎之前就听到风声。更具灾难性的情况是,美国人普遍认为它已经达到了一个脱离法国的"正式的独立宣言"的程度。现在,樊尚已经完全领会了它的内容,他的意见也就更加严厉。他告诉杜桑,圣多明各的宪法只是对法国版本"相形见绌的模仿",[64] 并未包含任何真正体现殖民地特殊性的内容。

樊尚进一步提醒杜桑,总督的权力比第一执政还要宽泛,因为他将终生任职,并且有权挑选自己的继任者——诺杰里也同样反对这一点。颇具讽刺意味的是,樊尚并不知道波拿巴自己正打算在这些方面模仿杜桑。他继续说,虽然宪法中正式确立了议会的角色,但它只是一个软弱无力的机构,完全听命于总督,只能对他提交的法律进行表决,而不能左右其决定。这个批评很公平：虽然第 12 条保证所有公民的自由，第 63 条保证公民居所的安全，但是杜桑那无所不包的权力有可能对这些保护构成潜在的威胁，尤其是他有权禁止他认为具有煽动性的文章和公众集会，并可以逮捕"破坏殖民地和平安宁的任何阴谋的发起人及其同伙"。[65] 如此措辞含糊的表述可以容许任何专制的行政行为。

以樊尚的共和主义观点来看，更令人忧心的是为殖民地种植园体系设置的条款（在第六章中阐明），它对于殖民地的黑人种田人具有强制性，实际上将他们与庄园捆绑在一起；在他看来，这种方式不能带来稳定，也并非出于博爱的理念。将从圣多明各的新安排中得到最大好处的不是那些最积极捍卫革命的黑人男女，而是英美两国的企业家、流亡者和欧洲殖民者——恰恰就是这个群体蔑视法国大革命有关人权的信条，他们认为，像圣多明各这样，白种人、黄种人和黑人各个种族平等和谐地生活在一起是无法想象的。樊尚曾经遇到过的美国商人对黑人所表现出的粗鲁的、带有种族偏见的观点，促使人们产生一种诅咒式的评价："你已经遭到绑架，我亲爱的将军，绑架者是那些法兰西和自由的敌人，是那些只贪恋殖民地的财富却对它的居民满怀蔑视的卑鄙之徒。"[66]

再回到杜桑的准独立宣言所产生的国际影响，这也是他们在法兰西角争议的一个主要方面，樊尚认为总督在事实上为殖民地制定了一个宏大的目标。与皮雄的观点相呼应，他认为，一个黑人共和国将被帝国主义国家视作威胁，不仅是英国人，还有西班牙人、葡萄牙人和荷兰人，他们在与黑人打交道的时候都曾以"残暴的主人"而闻名。他们将会把杜桑的宪法当作可以用来"引燃他们自己的定居点"的一支"火炬"，还会认为当务之急是尽一切力量"扑灭"革命火焰。[67]这并不是一个错误的推断。据驻费城的一位法国专员说,有关这部宪法的消息在传到牙买加时就的确触发了警报,尤其是在种植园主中间,他们相信,这是杜桑为实现向英属殖民地发动进攻并"征服整个加勒比地区"的野心而采取的第一个步骤。[68]

樊尚一再向杜桑重复他的根本观点,认为杜桑选择了一种错误的战略:尽管他在与法国政府的交往中处在一种"微妙"的地位,但他最好是"秘密"地将宪法草案递交给他们,真诚地表现出对于法国的依附和感激。樊尚天真地宣告:"法兰西只会做出对你有利的安排。"他十分沮丧地看到杜桑以错误的方式对待波拿巴这位"如今博得了全世界尊重和敬仰的、卓越不凡的伟人",他声称波拿巴对圣多明各颇有好感。1800年,在他接受委派的时候,对于殖民地保存了革命成果,特别是黑人公民的自由和平等,波拿巴感到"完全令人满意的慰藉"。但是,杜桑轻蔑地拒绝了波拿巴的友好姿态。樊尚的结论是,这是一个严重的错误。杜桑不仅应当抓住已经向他伸出的友谊之手,而且应当相信第一执政能够制定出最符合圣多明各人民利益的法律。[69]

正如樊尚似乎在说的那样,杜桑尚未公开与法国决裂,也没有打算用殖民地的新宪法来切断圣多明各与法国的联系;如同他在私下场合所表示的,他非常期待法国人与他进行谈判。这个假设并非没有道理,毕竟,连不共戴天的仇敌英国人,波拿巴都曾准备与之谈判,为什么就不能和他的盟友——圣多明各的黑人谈判呢?但是,杜桑没有樊尚那种错觉,以为波拿巴真的对他本人,或者同样对圣多明各的革命心怀仁慈。在他心里，波拿巴对奴隶制度的矛盾立场，以及对他发去的问候信件至今保持沉默的做法，都充分地证明了这种担心的合理性。他既不能不理睬波拿巴，又不愿以樊尚和鲁姆期待的那种自降身份的方式向他宣誓效忠。面对这种左右为难的窘境，总督想出了自己的办法：一种奇异、大胆和放肆无礼的独特结合。

这些特点都体现在他委托樊尚转呈第一执政的那封信中。杜桑在信的开头告知波拿巴，在统一了法属和西属领地，使圣多明各成为"同一个政府治理下的统一国家"后，他已经着手制定宪法；考虑到法国政府曾经反对他吞并西属圣多明各，严格来讲，这不能算是一个表示和解的开场白。然而，杜桑强调殖民地的新法律是完全遵循共和八年霜月二十二日宪法第91条的，从而为他的行为做了一些积极的掩饰。他说他的目的是提出如实反映"本地利益和习俗"的计划。既然文件已经备好，杜桑继续说，他将文件提交给政府供"批准或认可"。这种忠诚马上就经受了一次考验，他又补充说，议会要求他"暂时性地"实施这部宪法，他答应了这个要求，而且该决定已经"为社会各阶层愉快接受"。按照这种方式，这份文件似乎只需要波拿巴盖一个橡皮图章，而根本没有任何修订或改动的可能。为了强调这一点，杜桑自信满满地以"圣多明各总督"抬头的信笺发出了这封信，并轻轻地提醒第一执政，他已经寄去多封信件，却仍然期盼着"收到回信时的愉悦"。这不像一个下级致函他的上司，这封信在表明双方的平等地位。[70]

1801年8月底，杜桑又给波拿巴写去另一封信；这次是由议会成员诺杰里带去的，如我们之前看到的，他很乐于接受这项使命。有人认为杜桑派他去是因为对樊尚失去了信心。与此观点相反，杜桑的计划中总是有这种双保险的做法。派遣两个不同的中间人分别执行同样的任务是他的典型方式。樊尚的共和主义有望安抚他那些进步的盟友，同时，诺杰里则会吸引波拿巴的随行人员中更保守的和反革命的成分，特别是殖民地游说团体。于是，不同于他上一封信中略显无礼的口吻，杜桑为诺杰里写的介绍信将他不折不扣地呈现为殖民地一个重要的土地拥有者，"在个人素养和社会品德上都值得被尊敬"的一个人，"像献身于法兰西一样忠实于殖民地"。与樊尚传递的那封信相反，杜桑并没有在这封信里提及法兰西爱国主义。

除了那部宪法，诺杰里还随身携带了由议会在1891年7月中旬至8月中旬出台的一系列"组织条例"。杜桑指望波拿巴仔细检查这些冗长的法律细则，以便他能够发现"他想知道的一切"有关圣多明各的安排。（肯定有人告诉过杜桑，第一执政也痴迷于细节，这算是两个人共有的秉性之一。）简而言之，诺杰里的使命旨在向波拿巴重申杜桑对法兰西的忠诚，并确认在"一位黑人的治理下"，这片土地正走上一条通往和平与繁荣的大道。即使这算是其书信中的最佳态度，杜桑也忍不住要做一点小小的嘲讽——但其间的重点是要驳斥他的敌人正在巴黎散布的对圣多明各的"诽谤"，这些人正在推动"使殖民地已经确立的秩序瓦解的一些措施"。[71]

写完给诺杰里的这封信的第二天，杜桑又拿起了笔，这次是通知波拿巴他将允许鲁姆离开圣多明各。杜桑这么做并非出于偶然，从他决定解除这位法国代理人的禁足令到现在已经过去了几个月的时间，他选择此刻宣布这件事情，显然有重大意义。和通常情况下一样，同时存在几个动机促使杜桑这么做。最显而易见的原因是他不希望体弱多病的鲁姆死在拘押中，特别是有关其处境的消息已经传到了美国,甚至说他已经被处死的谣言也开始四处传播;鲁姆被拘押的环境十分恶劣,其细节说出来可能会使杜桑难堪,法国总领事皮雄借此不断游说他释放鲁姆。[72]但是,杜桑想发出的是一个明白无误的信号,随着其代理人离开殖民地,法国与圣多明各的关系开始朝着一个新的方向发展——所以,波拿巴最好认真对待他的宪法。更间接的一层意思是,在杜桑心中,鲁姆的释放与他自己孩子的命运无疑是联系在一起的。在早先的一封信中,他已经要求法国政府把他们送回来,至今还没有结果。实际上,他们在法国已经成为人质。通过释放鲁姆,杜桑拿出示好的姿态,希望能得到法国政府的回报。

事实上,杜桑急于表明他仍然在法国的指挥系统内运作。他告知海军部部长福尔费,应中央议会的要求,他的宪法已经"暂时地"生效了(这是对事件真相的一种简洁说法),[73]并请对方提供一个名单,列出有哪些流亡者,按照新宪法第73条,应当被拒绝取得其在圣多明各的原有财产。[74]在另一封致波拿巴的书信里,杜桑甚至承认对方与自己是一种上下级的关系,并两次提到他希望接到有关鲁姆的"指令"。[75]他还没有收到这样的指令,但已主动释放了鲁姆,"考虑到他的年龄和性格上的软弱",这当然是杜桑强调自己的人道主义的一种方式。但是,就这样宣布他允许鲁姆"自由地登船"前往美国,其实也暗含着一丝威胁的意味,即提醒波拿巴,以免他忘记,圣多明各的统治者对殖民地上的法国人拥有生杀予夺的权力。

这位国父对他的宪法相当满意。他慷慨大方地回报了议会成员的努力,将他们任命到司法系统和财政管理的高级职位上：博吉拉成为共和港的法官；雷蒙则是财政总监，但是他在1801年10月就死了，还没来得及充分享受他的新官职。[76]

杜桑确保被印制成口袋大小版本的宪法副本在整个岛屿上广为流传，又以他的名义组织了一些公共庆典，让公民们在这些场合宣誓遵守新法律。他在频繁巡视各地的过程中，也总是忘不了拿出这部宪法来吸引他的听众们注意。到后来，他都为此变得有点烦人了。某一次，在访问位于从前西属领土上的圣地亚哥的时候，他利用"大聚会"的场合，得意扬扬地从上衣口袋里掏出一本宪法。然后，他邀请一位军事委员——公民阿特海勒（Hatrel）进行全文朗读。阿特海勒不得不频繁地停顿，让总督插进来，对某些章节或条款的重要性予以深入评论。讲解赢得了本地客人的热烈掌声；到最后，唯一看起来有些不堪重负的是可怜的阿特海勒，他"非常需要恢复一下精神"。[77]

这部1801年宪法已经得到很多人的解读，既有杜桑的同时代人，也有后世的历史学家、政治学家和更晚近的政治哲学家。人们在各种背景下讨论其重要意义，比如法国革命与海地革命、启蒙思想向欧洲以外的传播、全球范围内对奴隶制度的抵制，还有后殖民主义的出现。从一部传记的角度来看，对于这位新官上任的总督在当时的心绪，它又能揭示出什么呢？杜桑的想法既不是出于狂妄自大，也并非异想天开，而是一如既往的理性政治推断。

最终，波拿巴答复了杜桑，这封回信是由他的侵略大军带去的。他认为，这部宪法的最大缺陷是它没有承认"法兰西人民的主权"。[78]这句话由他说出来可就显得太厚颜无耻了，因为就是他在雾月十八日政变中践踏了共和主义制度，他要恢复奴隶制度，他的帝国将背弃革命的大部分遗产。但波拿巴的主张是站得住脚的,而且也是对这部宪法的主要批评点之一。然而,这意见又太过武断,以至于没有抓住这份文件或者杜桑意图中的精妙之处。诚然,文本中将圣多明各称为"国家",这种语义上的悄然变化反映了杜桑对殖民地已经获得解放的地位愈加自信。但是他组建议会的最初目的是令法国政府安心,并试图不断将其注意力吸引过来;他的两位特使,樊尚和诺杰里,都是坚定的法兰西爱国者。也没有人会怀疑,在文本的最开始部分设置有关种植园秩序和天主教信仰的几个章节是一个精心设计的动作,用以表明他决意留在法兰西这个伟大国家之中。宪法的标题和开篇一句,加上它承认法国人的继承权适用于殖民地的财产,这些都重申了他渴望保留圣多明各作为法属殖民地的地位,甚至可能还包括整个文件中最重要的一个条款,即废除奴隶制度。它将自由等同于法国特质,成为圣多明各的公民就是同时成为"自由的法国人"。[79]

在回复法国总领事皮雄的来信时,杜桑的秘书帕斯卡尔写了一封长达12页的回信,证实了总督的意图。[80]这封长信写于诺杰里被派往法国之后不久,帕斯卡尔以总督的话语概括了他的想法。指责杜桑率领殖民地走向独立的说法正在费城和巴黎甚嚣尘上,作为回应,杜桑坚称与法国的决裂是"不可能的、不切实际的,也是荒谬绝伦的"——尤其是因为圣多明各并没有海军,还因为杜桑无意"背叛"法兰西,使自己"成为英国人的走狗"。殖民地与法国之间存在历史联系,它们共同为自由而战,拥有共同的语言,最重要的是,圣多明各有一位在对法关系上"从未有过丝毫迟疑"的革命领袖,他在过去10年里全身心投入与"共和国敌人"的战斗,"将他们赶出了我们的土地"。[81]

但是杜桑并没有过多地沉迷于过去或主权的问题。1801年宪法和与之相伴的组织条例主要是关注良好治理的问题，例如殖民地财政和司法制度的合理化，其民政和宗教机构的组成，以及教育设施的建立。议会制定的所有法律都经过了总督的认真梳理，这证明他一丝不苟地专注于圣多明各的正确治理及其人民的福祉。[82] 举例来说，经过重组的民事和商事法庭由10位非常受尊重的人士组成，其中3位是黑人。[83] 任何细节对他来说都算不上琐碎，不管是各省教区的准确数字、上诉法庭的运作、教堂中家庭座位的分配、非婚生子女的权利（有一项法令是针对父亲依然健在的情况，另有一项法令针对的则是父亲已经故去的），还是公证人、土地测量员、卫生官员、药剂师、公共资源供应商、狱警和门房等人员的活动，抑或是有关债务的规则、没收财产的管理，以及对诸如盗窃、抢劫、纵火和人身攻击，包括强奸这类犯罪行为的（严厉的）量刑指南。[84] 杜桑的奇特风格也很明显，他为所有公职人员的着装要求制定了一项特殊的组织条例。市长要戴"一顶圆形的帽子，每一边都要向上翻卷，配一个三色羽饰"。[85] 他还在宪法中规定，他将把继任者的名字藏进"一个密封的包裹"，但是会给议会成员"留下有关其位置的明确指示"。[86] 对下一任总督的任命将从一个卢维杜尔风格的寻宝游戏开始。

显然，杜桑的1801年宪法符合卢梭的服务于集体利益的标准。从共和主义者的观点出发，还有两个非常有争议的问题：相当大的、几乎没有制约的权力被授予这位总督；而且殖民地的生产体系以这样一种方式向土地所有者的利益倾斜，其各项措施好似在强迫圣多明各的种田人进入种植园体制。这两方面都受到激烈批评，并经常被指责为后独立时代的海地挥之不去的专制主义传统。[87]杜桑的共和主义统治是建立在高度家长制的社会观念之上的。他被人们称颂为天降的奇才,他也把自己视作圣多明各之"父"。他的讲话和文章经常提到这个"大家庭",这是一种将共和主义、加勒比特色和天主教这三种价值观结合在一起的方式。在宪法中有关种植园体系的描述也融入了这种家长制的观念。种植园是以家庭理念为核心建构的,庄园主人或经理在其中充当"父亲"的角色。但是这很难说明,杜桑真的像一些批评者所经常断言的那样,抛弃了博爱的原则,让黑人听天由命。宪法明确规定,总督的职责之一就是强制要求种植园主承担对劳动者的责任。[88]

杜桑巩固殖民地庄园的更广泛的理论基础,也应当依据革命的博爱精神加以看待。他的农业政策还不止于此。杜桑优先考虑的是保护圣多明各免遭外部侵略,而在他心里,实现这个目的只能通过种植园经济的复苏,蔗糖和咖啡这类有利于"共同利益"的经济作物的出口将产生关税和出口收入。这也就是宪法第73条的逻辑之所在,它试图吸引那些已经离开殖民地的土地所有者返回。唯一能替代杜桑体制的办法就是将大面积的庄园拆分成小块的地产。虽然这会受到殖民地很多黑人公民的欢迎,但是会疏远法国政府和当地的白人种植园主,进而在短期内破坏圣多明各的生产力。如我们将在下一章中看到的,在杜桑的随行人员中,有一些人相信这是一项值得付出的代价,可是杜桑并不同意,而且从严格的革命观点来看,我们很难指责他的思维方式。我们还应当在心里记住,虽然宪法中没有形式上的权力划分,但是在现实中存在一种占主导地位的白人精英与黑人军队之间的社会多元化。前者握有殖民地的经济大权,后者将产生杜桑的继任者,并将是圣多明各政治安排的终极捍卫者。[89]

1801年宪法也使我们聚焦于杜桑性格中最令人着迷的一个方面：他对于时间的复杂观念。就当代所有伟大的革命而言，时间总是令人困扰：它是一个无法逆转的开始，从此通往进步变革的道路；它无限延展，见证着人类追求完美的无限潜力；它是一件宝贵的商品，容不得丝毫的浪费；它是一种物理限制，只有付出近乎超人的努力才能克服；它还充满了各种机会，需要人们悉心把握。所有这一切，都如一曲华丽的复调，在这部宪法中相互碰撞、反复激荡。这一文本的灵魂就处在一种特有的焦躁不安之中。因此，没有等待波拿巴的首肯，它就立即在法兰西角的庆祝仪式上颁布。还有第14条中的急迫措辞，拒绝殖民地农业生产的"哪怕最轻微的中断"。又因此，第3条规定，所有居民生而自由，直至死亡，呼应了法国的革命口号"自由、平等、博爱，否则宁愿死亡"，它将一种积极的、持续的共和主义的爱国责任灌注于对圣多明各公民身份的理想之中。

但杜桑的制宪也是一项持续进行的工作，议会为宪法的定期修订做出了规定，这是一个很少被提及的特点，也说明杜桑真的认为它需要不断的完善。于是，宪法便规定其继任者的任期以5年为限，这表现出杜桑的精明，还有他坚持要对任何事情都有发言权，甚至进了坟墓以后也一样。在他这段快乐时光中，虽然对波拿巴的疑虑与日俱增，杜桑仍然认为圣多明各与法兰西的关系会长期存在下去，即便它不再像拉沃总督在任时那般平静，会少一些志同道合的革命联盟的性质，更像是一种基于利害关系的结合。同样，"终身"的总督职位也说明了一种对延续性的乐观态度，正呼应了诺杰里所谓的杜桑统治下的

"20年和平与安宁"的愿景。在这一光谱的最远端是奴隶制度的"永久"废除，反映了杜桑相信圣多明各革命已经催生出一套崭新的政治安排，它独特地结合了非洲人的无限活力、欧洲人的现代性和加勒比人的志愿奉献精神。

第四部分
领袖及其神话

第10章 迅疾难料的行动

杜桑的宪法也带来一份对他个人的敬意。根据1801年7月13日的第一份组织条例，一个以卢维杜尔命名的新省份诞生了。[1]这个主意是由中央议会的成员们率先提出来的，杜桑也几乎没有推辞，他现在已经习惯于这一类来自支持者们的阿谀奉承。但是，该项荣誉也有其真正的历史意义，因为这一地区包括杜桑取得许多著名军事胜利的地点，如格罗莫讷、普莱桑斯、马尔梅拉德和东栋。

为这个省份设立的首府是杜桑所钟爱的戈纳伊夫，他希望将之打造成殖民地首屈一指的城市。杜桑很高兴能有这个机会为它增光添彩，他委托制定了一个雄心勃勃的规划，重新设计了它的商业区。为了吸引投资，他颁布了一道法令，对所有为建设目的运进该镇的木材予以免税，对其他商品也大幅减税。这种特殊待遇对别的城镇来说并不是完全公平的，但杜桑毫不在意，他真的是志在高远："这个新建省份的全体居民，特别是戈纳伊夫的居民，一定要倾尽全力证明自己没有辜负授予他们的这份荣誉。他们必须以双倍的热情和竞争的意识把新省份的首府建设成殖民地最繁荣昌盛的重要城镇。"[2]

杜桑的自我膨胀带有传染性。1801年宪法实施以后，空中立刻就开始弥漫起一股真正的自信。从各种兴盛的娱乐活动中就可以发现，在各个主要城镇，剧院中大多数主要演员都是黑人，喜剧和哑剧演出大受欢迎。商业活动也开始大幅激增，在7月初那一期的《圣多明各官方公报》（*Bulletin Officiel de*

Saint-Domingue)上，与通常的船只到达和离开殖民地的消息一起，它宣布格拉耶（Graille）五金店有一批门锁和铜制橱柜衬板刚刚到货，普尔桑（Pourcin）公司的生、熟石灰库存充足。拉福格（Laforgue）自称，他的店铺"面积很大，空间充足"，满是来自波尔多的精美食品；于兰（Hulin）也不甘示弱，告知客户他有最全的法国园艺良种，另有意大利面和通心粉以及"其他优质食品"；玛尔特·盖农（Marthe Guenon）宣布，她拥有治疗坏血病的独家神药。那也是盗贼们的一段欢乐时光，离任的美国领事爱德华·史蒂文斯贴出一则警示，说窃贼闯进了他的卧室，拿走了他的英国金表、七把银茶匙（"上面标有'EHS'"）、一个银质大汤匙、一对金耳环和一顶女士帽子。[3]

在从前的日子里，这些奢侈品只能供应白人移民群体。然而，到了杜桑时代后期，在商业领域、行政部门和军队高层，开始出现一个黑人中产阶层：其成员间或大肆炫耀财富，但同时令人惊讶的是，这些人的举止中也有了一些宽厚和优雅。[4] 在1801年下半年，杜桑跑遍了全岛，出台了许多法律，在北部和萨马纳地区建立了一套邮政系统，参加新教堂的落成典礼，视察种植园和要塞，下令拓宽道路、挖掘排水沟并建设新桥梁。为了跟上他的疯狂步伐，手下的工作人员比平时更加紧张，从他寄出的大量信件中也能看出这一点。[5]

杜桑在外交方面也依然保持活跃。1800年年底，他写信给英国政府，建议进一步加强现有关系，以促进双方互利。本着这种建设性的精神，他将约瑟夫·比内尔派往牙买加，让他在那里停留几个月，与巴尔卡雷斯及其继任者乔治·纽金特（George Nugent）总督进行谈判；他的一个主要目标是将《梅特兰协定》的适用范围扩展到殖民地南部的港口。[6] 此外，作为对法国驻美总领事皮雄的一封来信的反应，杜桑尝试通过官方渠道加强与美国商人的贸易联系。同时，居住在美国的前圣多明各白人移民中，越来越多的人申领护照，返回圣多明各并要求收回他们的财产，杜桑对此十分谨慎：他肯定是希望这些白人回来的，但也不会为此而不惜任何代价。看到大部分人还没有摆脱"旧日的偏见"，他请皮雄给自己提供这些人的名单，以便能够首先确认他们的到来是否会对"已建成的秩序"构成任何威胁。[7]

在国内方面，杜桑遭遇了新的掣肘，在黑人种田人、白人社群中的少数人，甚至他的革命队伍中的高级军官中间，他的权威受到越来越大的挑战；在这一年年末，他将不得不采取无情手段扑灭北部地区发生的一场叛乱。对于他的批评者来说，如此展示武力只能说明杜桑政权的破产，以及他对于革命原则的背叛，而这些原则曾作为其革命生涯的指引。然而，即便是偏离了共和主义道路，驱使杜桑采取行动的还是他所认为的，圣多明各的最高利益及其人民在精神和物质上的福祉——在这一时期，他所有重大决策背后的指导原则依然是共同利益。他从来没有忘记自己在法兰西角庆祝仪式上发出的誓言：保卫圣多明各免遭内部和外部敌人的攻击。

在这几个月里，赶上杜桑的步伐简直是不可能的，不但他那些疲惫不堪的随从做不到，连试图跟踪他的间谍都不行。一份法国外交报告沮丧地写道："他总是骑在马背上，连个固定居所也没有；经常从一个地方突然冲到另一个地方。"[8]7月初，在与杜桑见面的时候，新任美国领事托拜厄斯·李尔大吃一惊，将对方称为"一个非比寻常的人"。他也认为杜桑的行动"非常迅速而又难以预料"。[9]关于拖欠美国商人的债务一事，杜桑善意地帮助李尔进行斡旋，[10]又请他帮助自己置办了一匹马。总督对他言明，马的颜色无所谓，只要它"聪明"就行。[11]作为对这一时期杜桑性格的总结，帕斯卡尔列举出他"对每一项任务的勤勉刻苦，聪明才智，性格上的优势，神秘难测，无比清醒，充沛的精力，以及在必须采取行动时那种近乎鲁莽的勇气"，当然，还有他"全情投入的活力"。[12]

1801年，杜桑针对殖民地公共管理颁布了一系列法令，从中我们可以明显地看到他坚韧不拔的精神。以其特有的急不可耐，杜桑甚至都等不及他的宪法正式开始施行，就展开了这些改革措施。他的1801年5月《公职人员行为指南》（*Instructions aux fonctionnaires publics*）向所有官员宣传为"殖民地公众利益"而"服从命令和严守军纪"的品德。这个公告最有意思的一个方面是，杜桑明显在努力防止他的高级军官侵犯行政部门的职权范围，尤其是涉及司法、财政和公共土地管理的时候。出于这种目的，他甚至从孟德斯鸠的三权分立观念中找到了长处："军事首领和高级民政公务人员必须绝对地各司其职，互不干涉。只有各个部门权力明晰，才能有一个好的政府。"[13]毋庸讳言，这位总督默默地将自己作为这个普遍原则的例外。

仿佛缺少了离奇古怪，卢维杜尔式的规章就不完整了。杜桑为圣多明各的高级出纳员增添了一套堂而皇之的复杂控制体系，因为其中有些人在公共资金的核算中显然并不诚实。按照新的指南，殖民地的首席出纳员将设立一个备用现金箱，与日常开支分开，装有两把独立的锁，其中一把锁的钥匙由杜桑保管。省级出纳员也采取同样的方式，只不过他们的箱子装有三把锁，有一把锁的钥匙由首席出纳员保管，另一把也由杜桑保管。当需要从总箱或省箱中支出款项时，总督的那把钥匙就会"由他信赖的助手"送过去。[14] 可是，钥匙的唯一总持有人可能从公众视线中消失几天，有时甚至是几个星期的时间，章程却并未规定如果这些官员找不到他该怎么办。

这种置身事外的态度无疑是有意为之的，因为杜桑对于批准从公共财源中支出款项一向非常谨慎。他最喜欢说的，也是他的高级行政官员们听了无数次的一句话："钱是个聪明的精灵，你用手一碰，它就无影无踪了；所以，打开保险箱之前，我们一定要慎之又慎。"[15] 然而，这种财政上的保守政策并没有妨碍他帮助那些有需要的人。这一时期的来往信件显示，面对经济困难者特别是妇女的求助，他还是一如既往地乐于帮助。其中有一个想要拿回自己地产的"不幸的人"，杜桑把这个案子推荐给了国家地产管理官员；[16] 还有那位弗拉内夫人，他手下一个军官的妻子，此前就已经得到过他的帮助。[17] 当这位夫人想回到法国与亲人团聚却付不起旅行的费用时，她就来向杜桑求助，后者为她支付了到美国的旅费，又委托法国总领事皮雄予以照看，并提供回法国的船票。如他自己所说，向一个法国军人家庭伸出援手关乎他的"人道与荣誉"。[18]

在杜桑强化手中权力的同时，殖民地的财政收入成为他优先考虑的一项。针对拖欠政府的税收或地产租赁而形成的债务，他要求举行一次全面的审计，并任命了两个特别专员负责催收；但是此处并未提到任何特别的手段。[19] 在听取了

"捍卫共同利益的学者们的意见"后,他颁布了一道全面改革海关和关税制度的法令。根据消息灵通的英国驻共和港代表的说法,1801年,圣多明各每个月的进出口关税收入大约为10万美元。[20] 外国商船往往只申报一部分货物,为了减少这种司空见惯的欺诈行为,杜桑要求每一批货物都必须由法国商业机构提供担保;他有权授予外国公司经营许可,但是只能依据"他们能够为殖民地做出的贡献,他们的良好声誉、信用能力和道德水准"。杜桑也念念不忘穷人的需求,他把面粉、饼干、腌肉、建筑用材、绳子和农具这些"基本商品"的进口关税从10%降到6%。在保守派和进步派两方面的批评者虚构的荒诞说法中,杜桑在其统治后期只关心有产阶级。事实恰恰与此相反,普通民众的福祉一直都是他最主要的关切。[21]

另一个让杜桑在1801年集中精力的重要领域是已经变得一团糟的圣多明各司法制度的改革。5月底,他重组了北部省的民事法院,任命称职的官员取代好心而无能的在职人员。整个殖民地建立了16个县级法院,负责处理民事、商事和刑事案件。[22] 在刑事司法体系内,有大量的案件积压。宪法施行以后,杜桑立即要求全面清查圣多明各的各个监狱,以便列出一个完整的在押犯人名单及每一个人的入狱原因。他的目标是赦免其中的轻罪犯人,并确保那些被控谋杀和盗窃(他眼中的一项重罪)等严重危害治安行为的罪犯,能够"在三个月之内"接受法庭审问。对杜桑来说,司法的公正是"圣多明各宪法的一项重要成果"。[23]

为了给司法制度打下良好的基础,杜桑在法兰西角、圣马克和圣多明各城设立民事法院,并在共和港建立最高法院。在后者的盛大落成仪式上，他宣告："上帝为我们带来正义！"[24] 但是，对他来讲，真正能够衡量司法机构有效性的是他们能否诚实服务大众。在1801年7月末的一项法令中，他忧虑地指出，对圣多明各的民众来说，被迫为民事证书甚至法庭判决这类法律文件付费已经成为惯例。维持这一腐败制度的既有提供这些收费服务的"投机者"，也包括无良的公务人员，他们收到钱后才交付这些文件。杜桑宣布，从此以后，除护照需收取适当费用外，"正义将得到免费的伸张"，任何公职人员都不允许为出具官方文书而收费。同时欢迎公众检举违反这项法令的官员，他还打趣地说道，即便这些人只是索取"7分或6便士"，也会被指控为"盗窃罪主犯"。[25]

从杜桑宪法中的某些条款，我们可以看出，他在1800～1801年优先考虑的一点就是防止圣多明各遭受可能的外来进攻，所以他继续采取了一些必要措施，甚至派遣特使到法国去安抚波拿巴。他雇用了很多曾跟随英国人一起撤到牙买加的平民工程师，他们同意返回圣多明各为他工作。1801年5月，他下令对殖民地的防御设施进行一次全面检查（他显然是抱着审计的态度），并命令他的高级军官确保麾下全体官兵保持戒备状态，任何必要的修整工作都必须"以尽可能低的成本"进行；作为一种激励手段，他承诺将亲自视察这些地点，并表彰那些执行情况最好的军官。[26] 于是乎，在宪法公布之后的一个月里，杜桑走遍北部和西部的沿海地区，查看了主要城镇的要塞，探访了邻近的制高点，下令在某些特定位置增加火炮配置。他还亲自监督成千上万人组成的劳动大军为几座城镇加建了第二道防御工事。[27]

在发布于 1801 年 7 月末的通告中，杜桑宣布，从此以后，除护照之外，出具所有官方文书一律免费；任何公务人员违反这项规定，将被指控为"盗窃罪主犯"。

加强圣多明各的防务并不只是基于假想的威胁。在巴黎，在圣多明各恢复秩序的好战言论甚嚣尘上，尤其是在波拿巴的随从圈子里、高级军官之间和殖民游说团体中。[28] 从1800年年中开始，发生了多次英军舰只拦截圣多明各当地船只的事件，这些船是沿圣多明各海岸进行商业航行的，却经常被英军夺走货物，有时对方甚至登上海岸向渔民社区发动袭击。杜桑徒劳地请求巴尔卡雷斯与英国海军当局交涉，让他们约束这个心腹之患——海德·帕克，此人不仅纵容这类海盗行为，而且继续对杜桑的政权采取敌视态度。[29] 1801年年初，保罗·卢维杜尔在致兄长的报告中说，这样的袭击每天都在发生，公然违反了《梅特兰协定》。杜桑向英国代表抱怨这种"无礼"行径，并指出，己方船只未予还击的原因只是他"认真"地遵守着与梅特兰达成的协议条款，这项协议禁止圣多明各武装自己的船只。[30] 杜桑要求英国人停止这种冷血的袭击，并且说自己对英国的"信任"已经"消耗殆尽"；[31] 1801年4月，他发表了一项声明，提醒"在外国船只的屡屡侵犯和凌辱中变得一片荒凉的"殖民地沿海地区要保持警惕。[32]

为完成这些准备工作，杜桑命令军队配备崭新的制服，[33] 又在1801年4月向手下官兵发表了一个鼓舞人心的公告。他说，整个岛屿现在都已统一在"遵循法兰西法律的一个共和主义政府"之下，他赞扬了殖民地在击败外国敌人的过程中取得的军事成就，将它的解放战争与其个人追求共和主义自由的斗争联系在一起："从革命一开始，我就为自由而战，我已经通过行动证明了，我不是只为了自己的自由。我一向把你们当作我的孩子，我的职责就是带领你们始终走在这条光辉大道上。"他向他的军队保证，不会向远方发动军事冒险，"我们不会在外国的土地上战斗"，而只会"保卫我们自己的领土"。他提醒他们要小心某些"和平的破坏者"可能试图分裂他们，使他们相信"黑暗就是光明，而光明就是黑暗"。他要求部下保持"一支兄弟之师"，永远不要彼此背叛，"你们手中的武器要用来维护你们的权利，捍卫自由与平等的原则，并保卫你们的国家"。[34]

公民的道德教育，和保护他们的人身安全一样，一直都为杜桑所重视。在权力达于顶点时，他孜孜不倦地提倡宗教信仰，将它当作社会秩序的根基。甚至在宪法实施以前，他所组织的每一次仪式都包括一场弥撒，其间人们会高唱感恩赞美诗。在这一时期，殖民地的显要人物对教会活动的参与达到前所未有的高潮，尤其是如果有机会在杜桑面前接受圣餐。在全岛各处，每个星期天，惯常的部队检阅之后，军队将领就带着他们的士兵去往教堂。他们尽情地高唱赞美诗，向总司令致敬。在一些主要城镇，杜桑积极促进成立宗教团体，其中的年轻妇女大力传播上帝福音和总督的善行，这两者很容易在公众的想象中融为一体。甚至杜桑的情妇们也不能免除这种宗教义务，当她们进入他的房间时，他首先要问的一个问题就是她们是否领了圣餐。[35]

不足为奇，议会早期制定的有关宗教机构团体的一项组织条例，使总督牢牢控制了对各地神父的任命。[36] 这只是将业已存在的做法条文化而已。截至 1801 年年中，在杜桑的暗中监督之下，由殖民地教会当局进行管理，形成了一个新的黑人神职人员阶层；如一份法国人的报告所称，这些"新型神父"出现在岛上的各个地方，且"完全忠诚"于总督。[37] 其中，杜桑再次从法国的政治惯例中获取了灵感，并将它用于自己的目标。1790年革命以来，神权机构服从世俗权力的原则就得以实行，它带来了教会的分裂，催生出一群独立的"宣誓派教士"（prêtres assermentés）；而实际上，早在1797年，在给他的热情盟友格雷瓜尔神父的信中，杜桑就要求对方，为了"寻回那些迷途的羔羊"，而向殖民地派遣12位"行为可堪典范"的神父。[38]

1801年年初，与政府签订政教协约（Concordat）之后不久，法国宗教当局派遣纪尧姆·莫维埃尔（Guillaume Mauviel）前来接任圣多明各大主教，但是杜桑拒绝任命莫维埃尔——不只是因为他注意到此人对黑人抱有种族偏见。莫维埃尔刚刚抵达前西班牙属地上的圣地亚哥，便被杜桑关押起来。之后，杜桑又怂恿殖民地本地神父们进行请愿，反对出现任何并非全心全意忠于教宗的神父。[39] 傻乎乎的莫维埃尔一直被困在圣地亚哥，并进一步领教了杜桑的诡辩本领。后者的宗教使者利用了圣多明各天主教徒中教宗至上和反对革命的思想，将法国人描绘成一伙"丑陋的无神论者，缺乏信仰和道德"；相反，杜桑被刻画为笃信宗教、敬畏上帝的领袖。[40]

当然，杜桑并没有把促进宗教价值观的任务完全交给神职人员，他的很多法令都直接关系到塑造同胞的道德思想。1801年5月，"为了提高道德水准，规范商业运作，维持公共秩序，并保护家庭生活"，他取缔了赌博场所；不仅是严惩任何容留此类行为的人，他还保证要严惩那些参与赌博的公务员和军官。[41] 除了规定天主教为殖民地的官方信仰，宪法及其组织条例还确认了杜桑在1800年7月法令中对伏都教的禁令，该法令取缔了"夜间集会和舞蹈"。[42] 这与其说是一种出于道德的反对态度，倒不如说反映了杜桑不能容忍任何不在他完全掌控之下的社会习俗。[43]

如果缺失了艺术审美的维度，一个秩序井然的国家也是不完整的。于是乎，在此前为公务人员着装发布条例的基础上，杜桑又为他身边的助手们设计了全套服装，从秘书长帕斯卡尔、外语口译员内森，以及他的私人秘书，直到其团队中最辛苦的成员——抄写员，都有了各自的制服。这位首席设计师还奖励属下高级官员每人一把金色的佩剑，让他们将其挂在白色马甲下面的吊带上；内森还在"他的马甲左手边"戴了一枚奖章，上面的一句铭文概括了杜桑对所有同僚的期望："不负信赖，谨言慎行。"[44]

杜桑对于公众利益的信条强有力地——也是颇具争议地——贯彻在他的农业政策当中。1801年宪法的一个基本原则就是要恢复在1790年代中期已经完全停滞的殖民地农产品出口；如之前已经提到的，咖啡、蔗糖、棉花和靛蓝的生产，在其全盛时期曾是圣多明各的支柱产业，而奴隶起义之后的几年里早已彻底崩溃。在他的指南中，杜桑提醒民政官员和军官们注意，整座岛屿的繁荣完全仰仗农业产出，"它是实现我们的自由身份、我们国家的富强和所有个人幸福目标的条件，也是公共秩序的基础"。[45]

杜桑相信，使商品出口能够迅速增长的唯一途径就是恢复种植园经济。他从来没有认真考虑过将土地划分成一片片小块耕地，因为那种体制的运作需要有一个庞大而高效的官僚机构，以及高度发达的交通运输网络——这二者都不是18世纪末的圣多明各具备的。振兴种植园的任务不只是落在白人种植园主的肩上，有许多抛荒的地产被政府接管，然后租赁给那些有功的公务人员和军队中的上层人物。这一做法同时满足了公私两方面的利益。该体制的受益者包括像克里斯托夫、穆瓦斯和德萨利纳这一类人，他们由此积聚了大笔的财富（德萨利纳一个人就控制着大约30个甘蔗种植园，每一个种植园年收入都能达到10万法郎）。[46]杜桑自己也相当不错，他已经拥有多座种植园，又在法兰西角购置了一处大庄园，卖主是居住于美国的一个名叫勒菲弗（Lefevre）的富有地主；杜桑委托法国总领事皮雄代为办理这次交易。[47]有传言说杜桑在费城的银行里面存了一大笔钱，但是没有发现任何证据支持这种说法——这看似极不可能，因为现钞和黄金在1790年代的圣多明各十分匮乏。[48]

挑战无比巨大：在1790年代，很多种植园仍然处于一派混乱之中，劳动者不愿返回，他们在生产方面不存在任何利害关系。杜桑再次祭出"共同利益"的大旗，他宣称农业复兴需要"苦口的良药"，这是他"出于岗位的职责"所必须采取的措施。1800年10月法令是他的一项严厉举措，在事实上对农业生产实行了军事化管理，要求劳动者"谦遵谨从"。此外还有更多的内容，四处流浪将受到谴责，工人未经许可不得离开种植园，经理应当对劳动者施行军事化的管束；任何逃跑者将受到和擅离职守的士兵同样严厉的处罚，而给流浪者提供庇护的人，一经发现必将严惩不贷。杜桑的军队指挥官对劳动制度的运作负有"个人责任"，这一做法非常有效，因为高级军官都会从它的成功运作中获益。德萨利纳被授予首席强制执行者的任务，对殖民地西部和南部地区种植园的巡查使他声名狼藉。不仅是检查得非常深入彻底，而且对那些执行不力的经理和工头，他还乐此不疲地以痛打一顿的方式予以惩戒——尤其是，即便他们是白人也一样。[49] 德萨利纳还对共和港等主要城镇开展定期的清查，发现任何没有合法证件的人就立即将其遣送回种植园。[50]

如此严苛的管理难免会让圣多明各的广大黑人民众回想起奴隶制度，即便他们得到了法定比例即四分之一的收成充当劳动报酬。作为革命前种植园制度遭到痛恨的一个标志，鞭打依然被禁止，但是棍棒（cocomacacs）又被举了起来，而且似乎还得到广泛使用，导致极大的愤恨。很多白人种植园主相信，1800年10月法令使他们再次获得了对工人加以绝对控制的许可，而工人们不再享受任何法律保护——这就又迫使杜桑发布另一个公告，就此类"煽动性"言论对种植园主处以高额罚款，并将一名军官降为普通士兵。但是，很多军官使用这种恶劣的语言，这件事本身就很能说明问题。[51] 与奴隶制时期一样，劳动者对如此严苛待遇的反应就是成群结队地逃离种植园。对逃亡者人数的估算存在差异，而且在全岛范围内有各种不同的统计方式；但是有证据表明，到1800年，北部省某些地区的逃奴数量已经超过了1791年之前的数量。[52]

面对更加恶化的局势，杜桑努力寻求增加劳动力供给的办法，而1801年宪法第17条特别提到了，"为圣多明各引进劳动力"——其实这就是购买奴隶的一种委婉说法。他要求赴牙买加谈判的约瑟夫·比内尔取得英国人的帮助，从非洲获取劳动力。[53] 当然，一俟到达殖民地，奴隶们就会获得解放并享有领取标准薪资的权利。但是，鉴于正在施行的严厉的农业法规，这种公开的请求一定会在圣多明各的劳动者中敲响警钟，加速流言蜚语的传播，说总督有意重新建立人类束缚制度，而且现在竟然与革命的敌人相互勾结。在岛上曾经的西属地区，谣传杜桑打算买入多达 4 万名奴隶。这些虚构的故事进一步损害了杜桑在圣多明各黑人种田人中的地位。[54]

在宪法颁布之后的几个月间，杜桑也全力解决圣多明各黑人公民遭受奴隶贩子暴力劫持的问题。在 1801 年 9 月出台的法令中，他提到了一系列引起他注意的、发生在美国的案件。特别是其中一个叫作博诺姆（Bonhomme）的法兰西角居民，被卖到了南卡罗来纳的查尔斯顿（Charleston）。他号召港口管理部门一定要认真彻底地核对乘客名单，务必防止离开圣多明各的船只把任何人运送到美国，使他们陷入奴隶生活。[55] 他也写了很多信件给法国总领事，请求皮雄在其职权范围内尽一切努力找到那些被卖到美国的圣多明各公民，也包括处于流浪状态的人，并为他们返回殖民地提供便利。他对皮雄举出约瑟夫·珀蒂托尔（Joseph Petitoire）的境况作为例子：这个黑人公民被从海上掠走，卖给了北卡罗来纳威尔明顿港（Wilmington）一个名叫方丹（Fontaine）的法国人。[56]

但是，随着坚持不懈地努力复兴圣多明各的种植园经济体制，杜桑也在威权主义的道路上渐行渐远。他的语调愈加强硬，更少依赖敦促和劝诫，而更多地采取强制措施。现在，他的干预已经不只局限于民众在公开行为上的表现，也试图对其私人行为予以规范。最能体现他这种家长式专制的，是他为了在已婚夫妇中提升社会责任感而做出的努力。他在宪法中明令禁止离婚，又进而在 1801 年 10 月颁布两项有关婚姻的法令。在第一项法令中，杜桑说，受到他所定义的某种"道德败坏和见异思迁"思想的影响，这座岛屿上的神圣婚姻制度正在腐化变质。话锋一转，他又不无痛苦地承认，自己的军队成员也是造成这种道德缺失的原因之一，特别是他们对年轻妇女的骚扰。他下令，从此以后，除非他本人表示同意，任何军队成员不得结婚，而他的同意必须基于该省的军事指挥官对作为新郎的这名军官的"道德水准"予以担保，并确认新娘的父母同意这桩婚事。同样，各个种植园里的任何男女工人的结合，今后也需要杜桑亲自同意；希望结婚的夫妻要向当地政府提供有关其就业和财务状况的信息，政府再将这些信息连同一份"公正客观的"推荐信一起上报给杜桑。除非已经完成这些正式手续，否则法令"明确禁止"政府或教会官员主持任何婚礼。[57]

第二份公告主要针对婚姻破裂的问题。它也是面向所有市政当局的，他们在推进杜桑的社会政策中扮演着重要角色。公告开篇便指出，婚姻的不和谐会带来灾难性的社会和经济后果，导致"家庭内部的极大不幸"，对于年纪幼小的孩子们而言尤其如此，他们将更容易陷入"懒惰、放荡、淫乱和失去信仰"的生活。为了避免这些问题，总督要求尚未正式离婚的丈夫和妻子们尽可能进行和解。如果还是达不到"完美的和谐"，不得不离婚的夫妻应当向本地市议员充分说明双方的分歧，由后者写一份报告交给杜桑"裁决"。他还强调，父母有责任负担其子女的教育，未能完成该项责任的会被公开谴责为"坏公民"。[58]

就这样，杜桑把圣多明各的公民逼到了极限，试图完全靠自己革命意志的力量，使他们支持他在经济效率、社会和谐与共同利益上的理念。这种全面动员在复兴殖民地农业生产方面发挥了多少作用呢？杜桑的保守派批评者认为，他的经济策略是完全失败的。有人根据当时那些心怀不满的白人移民的记录总结出来，到1801年年底，圣多明各的经济呈现一派"非洲式的无政府状态",其种植园体系已"完全毁坏"。[59] 而杜桑的报告说,经过他自己的努力,殖民地的"种植业和商业"已经达到了前所未见的"极度辉煌"。[60] 其中可不只是有一点点的夸张。然而,即便在一些产品上,如靛蓝,没有显示出丝毫真正恢复的迹象,还需要投入更大的资本;但在很多其他方面,还是有一些明显改善的证据。1800 年的官方统计表显示,进出口关税的总收入达到了 830 万法郎。[61]

根据当时许多观察者所见,杜桑对农业生产的各项管理产生了立竿见影的效果,给某些种植园带来了 10 倍的增长;总体来看,蔗糖和咖啡生产都大幅上升,截至 1801 年年底已经恢复到 1789 年水平的三分之一;一年之后,棉花出口也达到了革命前水平的 60%。一份致法国政府的报告预测,1801 年,杜桑单单在货物税收上的岁入就会超过 2000 万法郎。[62] 以严格的经济学观点来看,这位总督的种植园体制可以说是"效率非凡的"。[63] 但是,就像我们很快要看到的,这些成绩的取得要付出政治代价。

种田人并非唯一感到不快的群体。在社会光谱的另一端,圣多明各的白人居民也在纷纷对杜桑发出怨言。不必怀疑,作为杜桑经济措施的主要受益者,种植园和城市及较大城镇的商业资产阶级中的那些大白人,依然强烈支持总督:他的慷慨赦免和民族和解政策并没有被忘记,尤其是在曾由英国人控制的地区。[64] 圣多明各殖民政府的上层都是白人,他们也都效忠于杜桑,其中包括一些关键的人物,如他的私人秘书阿利耶(Allier)和居伯(Guybre),他在共和港法律界的坚定拥护者博吉拉,他的财务主管沃利,财政部部长和外交使节约瑟夫·

比内尔，公共地产管理员约瑟夫·伊德拉吉，民事法院院长富科和政府专员拉加德（Lagarde）。

然而，这种来自白人的支持，与其说深厚，不如说广泛。它取决于杜桑能否持续得到法国政府的支持，相比于革命之后出现的社会和政治新秩序，它更多的是基于其堪称典范的个人素质。最为重要的是，它是出于个人的利益，而不是任何共同利益的概念，因为白人移民（他们更倾向于只考虑短期利益）指望着总督作为他们最可靠的守护者。在描述商界和种植园方面的白人重要角色时，夏尔·樊尚认为："他们只考虑自己的钱财，他们所关心的就是那种能最大限度增加其财富的政府。"[65] 与白人对杜桑的支持共生的，是长久以来的欧洲人至上论，以及对圣多明各黑人的根深蒂固的种族主义成见。革命之后的 10 年间，老一代白人移民精英的世界观已经有所变化，但是尚未彻底改观。

1800 年代初期，在个别白人移民向法国当局发出的信件、报告、回忆录和改革计划中，都可以看到这些观点。这些文件是非常宝贵的资料来源，帮助我们重新建构白人对杜桑所抱持的各种不同态度。有一点值得在这里指出，从 1790 年代末开始，杜桑就愈加关注寄往巴黎的信件，甚至在法兰西角采取搜查并扣押邮包的办法（举例来说，鲁姆的所有信件都曾经被杜桑读过）。[66] 虽然这并不是有组织开展的行动，但是它发生的频率也足以引起岛上那些杜桑批评者的担忧。其中就有一个人说，他就殖民地的局势写信给法国当局是冒着很大的个人风险的，因为"这里的所有通信都受到监视、阻碍和拦截"。[67] 这封信最后安全抵达了巴黎，当然也就证明真实情况是与之相反的。但是，这种夸张的说法本身证明了人们心目中杜桑所拥有的巨大权力。

从殖民者对杜桑政策的支持中，我们也可以看到这一点。相比于官方采取的那种公开的、轻快活泼的浮夸之词，他们的言论往往更加清醒和务实。1799 年 12 月，法兰西角的一位白人居民写信给在巴黎的朋友，他认为："我不得不相信，毫无疑问，杜桑将军是一个诚实的人。他想做好事。如果失去了他，我们将遭遇巨大挫折，厄运就会降临到我们头上。"[68] 这也就是我们在前一章中所提到的，南部种植园主诺杰里所持有的观点。1800 年 10 月，即与里戈的残酷作战结束几个月后，在另一封寄往法国的信中，也出现了对同一观点的呼应。在这里，对于杜桑的胜利，人们的主要感受被悉心地总结为：绝大多数的圣多明各公民"信任"他，认为他"不像其对手那般嗜血，是白人更好的朋友"。[69]

白人的热情是基于杜桑维护社会稳定，尤其是种植园稳定的能力；在这一时期，"欧洲人快乐平和地生活在他们的庄园里，而黑人在努力工作"。[70] 库尔德萨克平原上的一个种植园主在信中宣称革命领袖是神的使者："上帝的恩典是无限的，我们注定不会知道上帝选择什么方式发挥杜桑的作用；但完全有可能，一个黑人命定要成为第一个重新归顺天意的榜样。"[71] 这种力量经常被视作杜桑的一种"非洲"特质，用回忆录作者迪布瓦（Duboys）的话来说，杜桑的权威植根于一种"奴隶国家所固有的支配意志"。[72] 在杜桑的 1800 年 10 月劳动法规颁布一个月之后，有一位名叫吉尤（Guilhou）的共和港律师（也是一位经常投稿的通讯员）写信给第一执政说，这部"明智的法令"将会受到欢迎，因为它将"消灭漂泊流浪和混乱无序，重建种植园的秩序与勤勉"；如果有人想要破坏这些规定，他坚决相信杜桑和德萨利纳这两位将军会"对付他们"。[73] 吉尤也写信给总督，对他的"忠诚、坚定、智慧和人道"大加赞誉，对于他彻底战胜了那些"反复无常的和平破坏者"表示祝贺。[74] 这些赞赏绝不是全然出于政治需要的。对于他的宗教虔诚、宽宏大量和正派人格，已经有无数的赞美倾泻到杜桑的身上；正如在这块殖民地的环境中可以预料到的，他的骑术也吸引了众多的好评；南部省的总医官明显是一个热心的业余植物学家，在给法国当局的信中满怀崇敬地提起杜桑的植物知识，以及他在圣多明各成功推广了某些种子的栽培，如黄葵和大麻，此人还给法国方面寄去一些样品，建议说这些品种在法国南部的肥沃土壤中一定也能长得很好。[75]

杜桑的白人批评者也是各种各样的。他们总是毫不掩饰其观点，有些人更是对杜桑直言不讳。最有意思的一封信来自让-米歇尔·德瑟勒（Jean-Michel Deseulle），这是一位在法兰西角从业的医生，作为黑人社群的朋友而受到普遍的尊重，早在革命之前，他就献身于为黑人社群提供医疗服务。1797年，杜桑委托他去完成一项微妙的任务，向法国当局解释驱逐桑托纳克斯这件事情；[76] 杜桑非常热情地向鲁姆推荐这位"高尚的公民"。[77] 德瑟勒喜欢杜桑，但他也是一个热忱的共和主义者、一个虔诚的基督徒和一个充满激情的法兰西爱国主义者。1801年9月初，他在信中直率地反对殖民地新的政治安排，包括了全部三个方面。他毫不留情地指责总督屈服于"个人野心、鲁莽行为和干坏事的冲动"。借鉴了"教会之外没有救赎"这一经典名言，德瑟勒宣称，"共和国之外没有自由"，以此警告杜桑，不要堕入"专制统治"，视同胞为"奴隶"。[78]

作为一个善良的爱国者，这部宪法中与法兰西的明显割裂尤其使德瑟勒感到愤怒。对于杜桑以共同利益的名义竭力为自己的行为进行合法化，他引用卢梭的观点发出了挑战："一个共和国的法律是全民意志的表达，那么就不能想象少数人可以将其意志凌驾于多数人之上。"他又继续说："既然圣多明各是法兰西帝国不可分割的一部分，它怎么能够施行一部让自己孤立于宗主国和法兰西大家庭的宪法呢？"这是一个反问句，但是为了防止杜桑还有所怀疑，这位善良的医生又加了一个"不！"以示强调。如此一来，杜桑的宪法就成了非法的、代表了一种企图"脱离法兰西"的"政治不正确的行为"。他要求总督回到"祖国母亲的怀抱中"，在那里"所有罪恶都将得到宽恕"。[79]

这些文件经常提及杜桑的权力过分集中的问题。有一份写于1801年下半年的《关于圣多明各殖民地的回忆录》（*Mémoire sur la colonie de Saint-Domingue*），它的佚名作者认为，可以允许杜桑继续担任总督，但是应当卸去他对武装部队的控制，以便"军事指挥权能够尽快回到白人手中，因为它当初就不应当被夺走"。他的白人批评者（包括在殖民地和法国两方面的）当中有一种共同的想法，认为他意志薄弱，容易受到身边人的操纵。这个回忆录的作者强烈主张这一观点："因为杜桑·卢维杜尔像所有黑人一样迷信，我们必须尽一切努力赢得其教士的信任，并通过教士确保总督对法兰西的拥护。"[80]一份匿名的《关于杜桑·卢维杜尔的启事》（*Notice sur Toussaint Louverture*）更为尖刻，它说杜桑仅仅是"一个平庸之才"，只是利用了革命年代的混乱局面作为自己的优势，在很大程度上得益于英国人的阴谋诡计和连续几任法国代理人的无能。相信他有能力领导圣多明各独立的那些人，"对他太过赞誉了"。

作者向法国政府提出建议，应当赶快与杜桑"做个了断"。考虑到这位不幸的总督缺乏逻辑思考，所以这项工作不会太复杂："他讲不好法语，主要以克里奥尔语交谈，这种热带方言无法处理抽象的概念。"[81]

因为黑人不讲法语或其他欧洲语言，所以他们不能进行概念推理，这种想法是长期流传在白人殖民者中间的一个种族主义谎言，写于 1802 年年初的《圣多明各移民致第一执政的信》（*Lettre d'un colon de Saint-Domingue au premier consul*）对此做了详尽的阐述。这封信的作者亲身经历了整个革命年代，他声称类似于"公民身份、爱国主义、人权和自由"这些词语是殖民地普通黑人居民无法领悟的。一个黑人劳工能够理解的唯一自由就是他在田野里劳作一天之后，能够悠闲地坐在"他的小屋旁边那棵香蕉树令人惬意的阴凉下"。关于人类完美性的启蒙思想不是为他们准备的，"再多的教育也无法提高他们的才能，或教化他们的思想"。从这个意义上说，尽管杜桑被指责为"邪恶、不忠和嗜血的篡位者"，他也仅仅被视为圣多明各政治安排中更深层缺陷的一个表征：只有废除革命赋予黑人的权利，彻底恢复种族等级制度，才能够修正这个问题。这种对恢复社会"自然秩序"的强调完全契合了波拿巴从法国殖民游说团体那里听到的反动言辞。[82]

《有关圣多明各的想法》（*Idées sur Saint-Domingue*, 1801）也抱有同样的目标，虽然是更加隐晦的。文中并未直接提起人类束缚这个词，但是作者认为，欧洲人在殖民地的权力是建立在道德力量而非身体胁迫之上的。自革命以来，这一权威已经遭到无可挽回的破坏——这是殖民地的大、小白人的共识。在这篇文章中，杜桑的形象更加矛盾。一方面，他懦弱无能，对其欧洲顾问甚至英国人言听计从；另一方面，他又是一个军事强人，他的权势完全基于其军队的实力。他既不是一个君主主义者，也非共和主义者，只"采取最有利于他个人利益的政府制度"。对于恢复白人秩序，作者提出的解决办法是派出一支2.4万人的欧洲军队，在北部、西部和南部登陆，与杜桑的部队展开对抗；没有死于战斗的黑人士兵都应该被"运回非洲"，使岛上再也没有任何持有武器的黑人。剩下的农业劳动力就会"自由地"（其实他的意思是重新沦为奴隶）完全投身于种植园。[83]

自然科学家米歇尔-艾蒂安·德库尔蒂也为殖民地描绘了一幅同样暗淡无望的画面。他在1799年4月抵达法属圣多明各，并一直待到1803年。如我们已经看到的，杜桑既为他的研究提供了便利，也帮助他法国妻子的亲属收回了原有的种植园。[84]但是，在他的大量回忆文章中，德库尔蒂却丝毫没有对他的保护人表示任何感激。这些文章出版于1809年，当时，他的记忆力已经在圣多明各驱逐法国人的过程中受到影响（这也是他个人的损失）。德库尔蒂对自己与杜桑会面的描述中有一些有趣的场景，让我们可以看到，这位领导人的随行人员和军政两方面的顾问对他是多么尊重。其中还有一些有意思的段落是关于杜桑与其情妇们的暗中幽会——有一次，这对情人见面时，把守在房间门口的就是这位女士乐于助人的丈夫。德库尔蒂也注意到杜桑拥有对音乐的鉴赏力（截止到1800年，他的乐队已经拥有40名乐手），以及他要在礼拜日弥撒前对所有的教堂准备工作进行监督，就像典型的强迫症一样，还有他经常在神父布道的时候插入大段的感想。然而，尽管其语调令人生厌，德库尔蒂还是无法隐藏他对杜桑的非凡智识的崇敬，能够确认这一点的是,他曾经亲眼看到杜桑向几个秘书同时口授几封不同的信件,然后逐篇进行修改,直到每一个单词都准确地表达了他的意思。这种"文字上的深刻洞察力"令德库尔蒂折服,他断言杜桑"堪称哲学家雷纳尔所谓的天才"。[85]

在法国人雅克·佩列斯(Jacques Périès)的文章里,针对这几年的描绘是最为引人入胜的。1800年,他来到这里担任殖民地财政部的高级官员。与迄今大多数回忆录作者不同,佩列斯是个了解内情的人,在殖民地行政机构占据着核心位置;他也在法兰西角创办了一家小企业,使他得以跻身繁忙纷乱的圣多明各商界。1801年3月,法兰西角市政府为他提供了一个征税员的职位。佩列斯是一个接触过圣多明各公共生活各个方面的人,他和白人中的民事、政界和商界精英频繁往来,跟黑人高级军事骨干相交甚欢,在数不清的场合与杜桑发生过交集。在写于几年之后的一份未曾发表的回忆录中,他也掩饰不住好奇地说:"杜桑是这样一个人:具有非凡的记忆力、强烈的求知欲和无与伦比的雄心壮志,坚定不移,却又不会无理固执,敢于发挥想象力。鉴于他的体格和肤色,这些特点都使他成为一个非凡的杰出人物。"[86]

可是,佩列斯的幻想迅速破灭了。其主要原因是杜桑将他排除在自己的"白人圈子"之外。[87]虽然他们的关系很好,但一向谨慎的杜桑还是与他保持了距离,怀疑——后来也的确证实了——他的忠诚存在问题;看似杜桑也并未确认法兰西角市政府对他的任命。[88]佩列斯的不满还有其他原因:他一度希望能在从前的西属殖民地上租赁到一大块土地,但是他的申请遭到了拒绝;[89]他还经历了一些他认为是来自黑人军官的轻微迫害(特别是来自穆瓦斯的手下),尤其是他曾被要求参加清理法兰西角外面一条山谷的集体劳动。在内心深处，他无法接受白人官员在新圣多明各的地位丧失，在理智和情感两方面都对此毫无准备。到1801年4月，他已经急不可耐地想要离开殖民地，写了几封长信给海军部部长，多次请求在法国外交系统中获得另外的职位，并且承认他正在"遭受恐惧不安的痛苦折磨"。[90]

所有这些都还算不上特别，几乎可以肯定还有其他白人官员也处于同样的困境当中。异乎寻常的是佩列斯向他的上司传达他对杜桑的不满时所选择的方式，以及他的观点是如此迅速地转变为一种极端的、带有攻击性的种族主义。他抱怨说行政机构"彻底瓦解"，并断言法兰西角的商业贸易已经崩溃——这显然是不正确的。1800年7月，他有意歪曲了白人的痛苦，开始描绘他们受到"不断的折磨与羞辱"；[91] 一个月之后，他又说，杜桑的白人批评者被"监禁和屠杀在恐怖的监狱中"——对于这种说法，绝对不存在任何明示或暗示的证据，即使是1800～1801年寄往巴黎的其他批评性的白人回忆录中也没有。[92] 实际上，在1801年3月的一份报告中，英国首席代表还特意指出，白人受到很优厚的对待，所有已从牙买加返回圣多明各的人，他们的财产都得到了返还。[93]

对佩列斯来说，真正的问题是出现了一个新的统治阶层。他声称，现在，拜杜桑向高级官员出租流亡者地产的系统性政策所赐，圣多明各有"三分之二"的土地落入了黑人之手。[94] 这种状况的确在殖民地白人中间造成一些不满，就像一个殖民者在信中所说。听说杜桑承诺要向革命前的主人返还财产，这个人就回到了圣多明各，尽管屡次努力，但他的庄园还是被没收了。[95] 另一封致法国政府的信也提到"最好的农场现在都被交给了将军、部门主管和地区指挥官"。[96]而佩列斯表达得更加直白："黑人匪徒已经在这块殖民地上建立起暴虐的统治，他们独占了所有重要的军政岗位，白人的地位遭到贬损，甚至都不能再自称法国人，由此可见这群邪恶之徒是多么仇恨这个称呼。"[97]

佩列斯表现出来的最明显的不友好是他在描述黑人族群时所使用的恶毒言辞，这也正是他混迹其中的那个最极端的种族主义白人移民圈子的真实写照。他附和了这些人所宣称的，黑人"生下来就不配获得自由"，"他们的内心和身体一样黑暗"，而且天生就具有"抢掠和偷盗"的倾向。[98]利用莫罗·德·圣梅里的文章，他企图为其种族主义思想提供一个科学的根据，将殖民地上的刚果黑人与来自黄金海岸的黑人区分开来：后者更为平和，工作更加刻苦，而前者（在圣多明各占多数）"只知道使用暴力和犯罪，这种特征流淌在他们的血管中"——他告诉法国海军部部长，"同样的血液也流淌在杜桑的血管中"。[99]在参加了法兰西角的庆祝仪式并与殖民地领导人共享盛宴之后，佩列斯写道，这部宪法创造出"一种绝对的专制统治"，彻底打破了法律和秩序，"和农村地区一样，偷盗行为如今在城镇里司空见惯"。他又声称，有五个白人移民，"都是出自良好家庭的人"，因为胆敢对杜桑宪法提出批评而遭到关押。他说，只有通过法国的军事干预，并且将"所有戴肩章的黑人，不论什么级别"都驱逐出去，才能确保和平与安宁[100]——后来，波拿巴在向他的侵略军发出的指示中也使用了与此类似的危言耸听的表述。

所有这些对于杜桑权力的错误看法——对他过度集中行政权力的质疑，圣多明各黑人种植园工人对他的劳动管理方法的不满，少数白人中有关杜桑统治的暗中争论，还有他所提倡的道德价值观与其官兵们的物质欲望之间越来越大的反差——最终导致在1801年10月爆发了一场波及整个殖民地的叛乱。

10月中旬，杜桑的日程安排本来是到莱奥甘、圣马克和共和港参加一些官方活动。这些活动主要是他的职责所在，但是也包含一些休闲娱乐。他带着妻子苏珊回到圣马克，参加德萨利纳与克莱尔-厄勒斯（Claire-Heureuse）的婚礼，这是圣多明各社交活动中的一件盛事。在新郎的陪伴下，他又去往韦雷特，受邀出席一个新教区教堂的落成仪式。就是在那里，两人于10月22日得知，北部省的种植园中爆发了叛乱，出现了对白人男子、妇女和儿童的屠杀；大部分杀戮事件发生在兰贝、阿克拉、马戈港（Port-Margot）、马尔梅拉德、东栋和格朗德里维耶尔。[101] 根据一个英国领事的资料，大约有370人丢掉了性命。[102] 杜桑迅速采取行动平定这些地区，在马尔梅拉德瓦解了叛军，并追击到苏弗里耶尔（Souffrière）后把他们驱散；他委派德萨利纳向北部省的所有叛乱地区发动攻击。在法兰西角也曾有发动大规模叛乱的企图，包括要杀死全城的白人，这一阴谋被克里斯托夫及时粉碎。在随后的一份声明中，杜桑说，所有这些事件构成了"针对政府和北方地区白人"的更大规模叛乱的一部分。为了获取支持，反叛分子声称杜桑"将黑人公民出卖给白人"，而德萨利纳和克里斯托夫是其中的同谋；在兰贝，反叛者甚至向当地百姓展示了将用于再次奴役他们的锁链。[103]

这种编造的骇人听闻的谎言在整个殖民地造成了很大影响，尤其是在以杜桑的名字命名的那个省份，对他来讲是巨大的难堪，也标志着在1801年的最后几个月里，政治局势是多么动荡不安。有关他将失去军事领导权的谣言也开始流传；来自南部一位白人移民的报告甚至做出预测，"不利于杜桑的重大变故"很快就要发生。[104] 某些人相信，是杜桑本人煽动了10月的叛乱，目的是清洗他在军队中的反对者，并粉碎种植园工人对其统治的任何抵触，同时也提醒白人移民，杜桑是他们唯一可靠的拯救者和保护者。[105] 这些谣言一路传到远在费城的鲁姆耳中，又在那里被匆忙加工成一份激动人心的报告，呈送给他在巴黎的部长。鲁姆现在已经成为与杜桑势不两立的仇敌，他的结论是，杜桑正是这场叛乱的"编剧和导演"。所有的间接证据都指向杜桑，鲁姆写道：发动种植园工人，威胁对法兰西角进行焚烧劫掠，已经成为杜桑针对几任法国代理人，包括他自己的主要手段；同样很可疑的是，对密谋策划者并没有进行任何审判就立即予以处决，这种做法就是为了防止任何不宜泄露的信息被揭露。[106]

鲁姆补充说，杜桑上演这一幕是出于他对法兰西角市民的"憎恶"，后者是狂热的共和主义者，而不像共和港的"亲英派"，那才是他喜欢的一群人，所以他希望毁掉这座城市，从而在戈纳伊夫建设一座新首都，让"他的名字流芳百世"——如此说来，1801年10月叛乱就是在杜桑"暴虐的仇恨和野心"驱使下发生的。[107] 当然，对于这些奇谈怪论，鲁姆并没能提供任何证据。虽然杜桑有能力不择手段地采取任何行动，但是很难说他会蓄意破坏自己竭力维护的政治秩序的稳定。特别是对白人的屠杀，根本不符合他当时孜孜以求的政治和经济策略，这些策略是与让法国当局相信他的忠诚紧密相关的。但是，有关恢复奴隶制度的传言，虽然是假的，却也有其政治意义。它们显示在种田人和城市黑人群体中间，对白人的仇恨正在积聚；叛乱者的主要口号是"白人去死吧"。[108] 杜桑手下的一些地方军事指挥官煽动了叛乱，甚至其中一些人就是叛乱的领导者。黑人男女在旧日统治阶层所掌握的种植园里体会到对方的傲慢自大和愈加肆无忌惮的种族主义，这些暴行自然是对此的回应。

这种害怕再次遭受奴役的心理也反映了从前的核心支持者对杜桑的支持正在下降：新的黑人精英阶层的财富，他在劳动管理上的严厉政策，再加上对种植园工人拥有土地所有权的禁止——所有这些都损害了他在黑人社群中的地位。如之前所述，在北部地区的种植园中，发生了大量的逃离事件，一些反叛武装就是来自这些群体。但是即便在种植园劳动者中，杜桑身上的星光也开始暗淡。在被流放到东栋（这里也是叛乱的主要发生地）的几个月里，鲁姆就曾发现，当地民众里出现了对于杜桑的疏离态度，既包括博萨拉人，也有本地出生的人。这位法国代理人认为，"整体的非洲黑人和相当数量的克里奥尔人"都觉得杜桑背叛了他们，相信他们只是被当作他"登上最高权力的踏板"；对于向殖民地输入奴隶作为劳动力，他们也非常"愤怒"，认为它违背了革命的神圣诺言——这也被写进了杜桑自己的宪法——在这座岛上永远废除人类束缚制度。鲁姆当然不能算是一个不偏不倚的旁观者，但是他的看法无疑也体现了圣多明各种植园工人对总督的政策充满忧虑。[109]

真相很快浮出水面，1801年10月叛乱的主要策划者正是穆瓦斯。从来自下属军官的报告中，杜桑得知叛军不停地呼喊着这位北部司令官的名字。譬如说在普莱桑斯，他们高唱着"穆瓦斯将军就在我们身后"，以及"他就是支持我们的人，他是我们的领袖"。[110] 自从结束了与里戈的战争，杜桑这个年轻粗鲁的、只有28岁的外甥就愈加失意,毫不掩饰地反对其舅父的战略。他批评过杜桑的劳动法规对种植园黑人工人的严苛待遇。他也曾满腔热情地投身于反抗奴隶制度的战斗:对于被卖到西属圣多明各为奴的黑人公民而言,他是最热烈的维护者,[111] 他对于杜桑在殖民地引进契约劳动力的计划抱有深深的敌意。他已经就宪法中的这一条款向其舅父发出挑战,并且总体上更加认为,在保护他所憎恨的大白人利益方面,杜桑对共同利益的设想已经太过火了。

穆瓦斯告诉他在法兰西角的支持者,他们的时代来到了,"法国人在这个国家已经失势,他们是我们前进道路上的唯一障碍;我要让他们的生活无比艰难,以至于只能放弃财产离开这里"。[112] 如此观点,辅之以他的民兵对法兰西角白人居民的频繁恫吓,使穆瓦斯在北部的黑人社群中受到极大欢迎,甚至人们认为他支持更多民众获得土地所有权——虽然这更像是一种姿态,而非真正的承诺。穆瓦斯并非主张人人平等,他将北部省最好的土地留给了身边的军队同僚,自己也享受着奢华的生活方式;和杜桑的其他主要指挥官一样,他也通过土地和房产积聚了一笔相当可观的财富,据估算他的年收入在120万里弗尔左右。[113] 有关他的个人财富出现了各种谣言,其中广为流传的一则是,穆瓦斯被捕时,人们在他的家里发现了价值700万里弗尔的黄金。[114]

杜桑轻易地解决了穆瓦斯的未遂武力政变。虽然起因是一些原则性问题,穆瓦斯的反叛却计划不周,而执行得更是很拙劣。此外,整个殖民地显然不存在对白人发动一场全面种族战争的意愿;于是,这位总督所建立的政治秩序,至少是暂时地,依然保持不变。但是此类事件的确使杜桑心惊肉跳,他承认，这场叛乱"永远不会从他的记忆中消退"，而且令他"痛苦得心碎"[115]——特别是被杀死的白人里，有许多都是他自己认识的；也因为，叛乱者是黑人公民，其领导人不仅曾是一个革命英雄，还是一位被杜桑视作养子的近亲属。

但现在可不是失望后悔的时候。杜桑做出承诺，要为无辜者流淌的鲜血"报仇"，"正义，将以一种能令最大胆的恶棍都望而却步的方式得到伸张"。[116] 他说到做到。穆瓦斯被逮捕并押解到和平港。对他的审判由一个专门任命的军事委员会负责，委员会听取了杜桑及属下很多军官对他的不利证词。被告不被允许为自己辩护，最终被判犯有阴谋罪，在和平港的要塞中予以处决。他死得很勇敢，拒绝被蒙住双眼，而且自己亲口向行刑队发出命令。主持这个委员会的白人军官弗朗索瓦·帕若准将，立刻便被杜桑逐出了圣多明各：他曾试图允许穆瓦斯自己出庭做证（这位总督什么都不会错过或遗忘，他还指责对方曾拒绝赞同1801年宪法）。虽然帕若并未怀疑穆瓦斯有罪，但是他后来写道，判决书是被杜桑删减后以篡改过的版本发表的。[117]

杜桑对黑人所犯下的罪行表现得更为宽容的日子也一去不复返了。在北部地区重建秩序的工作是以非常残暴的方式进行的。几十个种田人被即刻处死，有些人仅仅是因为他们来自叛军指挥官控制的地点。举例来说，当他们重新夺回普莱桑斯的时候，德萨利纳和麾下士兵将马刀和枪刺对准种植园工人，刺死在战斗中抓获的俘虏。不愿被副官胜过一等的杜桑，也在1801年11月于法兰西角上演了令人毛骨悚然的一幕。他将百姓聚拢起来，观看对40名锁成一串的叛乱者的处决，其中包括北部地区的高级军事指挥官约瑟夫·弗莱维勒（Joseph

Flaville），他亲自指挥了其所在的兰贝地区的叛军。杜桑用威胁性的口吻向人群高谈阔论，宣布将立刻处决穆瓦斯；他保证，任何对公共秩序构成威胁的人都将遭到同样的下场，即使是他自己的儿子。然后，囚犯面前架起了排成一排的三门大炮，将他们轰成了碎片；人群在惊恐中四散而去。[118] 几个月前，当杜桑公布他的新宪法时，练兵场上是一派欢乐的庆祝场面——现在却血流成河。

穆瓦斯事件是杜桑的个人悲剧，揭示了他的领导权中存在的缺陷。因为里戈的叛乱，他看到了在他的高级军官内部出现的背叛行为，由此愈加依赖自己的家族血亲，即入侵西属圣多明各的三位主要指挥官：穆瓦斯、保罗·卢维杜尔和杜桑的外甥夏尔·贝莱尔。但即使在这个特权群体中，他看起来依然容易受到伤害。这也是他个人风格的问题。像大多数自学成才又极富感召力的领袖一样，他变得完全依赖自我；他在1801年年初说过，"整个圣多明各岛都统一在我的权威之下"。[119] 即使是与其主要军事将领，杜桑也非常不愿意就他自己的意图进行沟通，或是以任何方式主动分享权力。

战略方针的不同也逐渐显现：促使穆瓦斯反叛的部分原因就是他认为杜桑的政权对其天然的支持力量，即黑人种田人，过于苛刻，而对白人却太软弱；克里斯托夫则认为杜桑追求从法国独立是一个危险的错误。从1801年年初开始，这位法兰西角的司令官就开始小心地向法国人发出信号，想证明如果总督职位空出来的话，他自己可以成为一个比现任者更为灵活顺从的本地统治者。[120] 就这一点来看，因为包含指定继任者的条款，杜桑的新宪法反而带来一种动摇其领导地位的负面效果。

不只是克里斯托夫有取杜桑而代之的想法，德萨利纳也完全没有参与制定宪法的过程，这非常有可能就是将他排除在外的一个信号，表明他不会成为继承顺位中的热门人选。

对杜桑来说，造成不稳定的另一个潜在根源，是他在1801年的大部分时间里与英国政府间微妙的平衡行为。谈判缓慢的进展令他感到沮丧，同时连洛阿神似乎也在他背后捣乱。他的使者佩纳捷从伦敦返回牙买加时乘坐的船只遭遇了海难；杜桑一时拒绝相信这个消息，以为是英国人绑架了他（或者是，按照他典型的怪异说法，"使他无影无踪"）。[121] 利用欺诈和诱惑并用的特有方法，杜桑博得了英国代表的欢心，争取到他们支持自己的事业。驻共和港的副代理人 W. L. 惠特菲尔德（W. L. Whitfield）为杜桑的诚意做出担保，强调他无意破坏牙买加的稳定，他唯一的兴趣是巩固其"独立性"。[122] 总督尤其与爱德华·科比特（Edward Corbet）建立了非常和谐的关系，后者在1801年年初来到殖民地出任驻共和港的英国代理人。科比特是一位能力超群的官员，他的外交报告中充斥着对杜桑的工作效率、他给予白人移民的人道待遇和他的"完美专制"的敬意；从一开始，他就反对英国人对杜桑的船只进行任何袭扰。[123] 对于英国政府不再愿意继续与他交涉，杜桑表示"非常失望"。他告诉科比特，圣多明各"唯一"的朋友是美国人，这当然就形成了杜桑想要的一种恼怒的反应。总督又不断重复表示，他与法国人打交道时所做的一切，都是些"表面文章"，而且他和他的官员们肯定"除了现存的这个事实上的黑人独立政权，不会再接受这座岛上出现其他任何政府"；他补充说，如果法国企图再派来一个新的代理人，这位官员将"不会被接受"。杜桑以诱人的口气总结道，假若英国人"诚信"而"体面"地对待他,"他们就可能对整座岛发挥影响力";他甚至还让科比特对于英国人可以重返莫勒圣尼古拉产生了期待。[124]

这一策略获得了回报。在离开牙买加之前,巴尔卡雷斯郑重告知他的继任者纽金特及其在伦敦的上司:"英国人会以诚相待,这是由我向美利坚合众国和杜桑大酋长(chieftain)做出的承诺。"[125] 对于三年前将这位黑人将军斥为"强盗"的一个人来说,如此的表述着实令人瞩目,而且他曾认为在梅特兰的劝说下与杜桑达成的和解是一种"不得已的恶行"。在本国政府的首肯下,纽金特最终与杜桑的使者比内尔达成一致,延长1799年协议的有效期。这项由科比特代表英国一方谈判达成的协议在1801年11月中旬签署,[126] 按照此前针对法兰西角和共和港所达成的条件,协议允许英国船只驶入戈纳伊夫、热雷米、莱凯和雅克梅勒,杜桑又承诺准许英国人在这些地方设置代理人。1790年代在牙买加避难的法国流亡者也可以返回他们在圣多明各的庄园,有关这些物归原主工作的数量和步骤由总督酌定。[127]

我们很快就会看到,有些事件的发生将会超出这个协议的适用范围。但是,该协议的签署说明了杜桑在这一地区的声望无可争议。他的魅力甚至影响到牙买加的白人上层社会。新任总督的夫人玛丽亚(Maria)花了整晚时间听取英国驻圣多明各代表讲述杜桑的英勇事迹,之后她在日记中热情地写道:"晚餐后与科比特先生谈论了非常有趣的杜桑·卢维杜尔。他一定是个了不起的人,我真的相信他的目标是很好的。"[128]

在圣多明各,粉碎穆瓦斯叛乱即刻为法兰西角的普通居民带来一种合情合理的如释重负之感。城里的美国人社区发表了一份声明,感谢总督以"智慧和力量"重建了秩序;[129]市政府的官员也向杜桑和克里斯托夫表达谢意,感激他们"将这座城市从死亡的边缘拯救回来"——无疑,这些人也把当时的自己形容为站在了那道吓人的门槛上。他们赞扬"对罪犯的公正惩罚",称颂殖民地"一个崭新黎明"的到来。[130]戈纳伊夫的一个英国商人赞许杜桑为镇压叛乱而采取的"迅速有力的行动",他认为,如果没有杜桑,殖民地的安全将"面临严重的危险"。[131]

而对于杜桑来讲,穆瓦斯的反叛带来的直接教训就是,有必要采取进一步措施防止任何类似情况再次发生。在其11月10日的法令中,杜桑斥责法兰西角的"无业游民和不良分子":他们聚集在一起,造成"对公共秩序的威胁,给整个社会带来恐怖气氛"。这些流浪者主要来自种植园,因为不愿继续在田野中劳作,他们到殖民地各个城镇中寻求庇护;杜桑严厉地指出,"在一个自由的国度,自由也并不意味着随心所欲,它离不开践行自己的使命"。他命令法兰西角国民卫队的每一个部门在各自的管辖范围内立即展开普查,确认所有男人、女人和12岁以上的儿童有没有参加工作,是否拥有固定住所;并将不能满足这些条件的人立即送回种植园。任何在家中藏匿流浪者的人都将被罚款(富裕家庭将被罚25普图盖斯,穷人则是10普图盖斯);而窝藏任何"破坏和平者"或"已知的不良分子"的人将被起诉,并可能被判死刑。[132]

这些还只是前奏。在霜月四日(1801年11月25日)法令中,杜桑对穆瓦斯叛乱做出了全面回应。虽然它基于此前的多份公告,但从所有方面来讲,这仍然是一份异乎寻常的文件：它长长的篇幅（超过 7 页），它所针对的问题之全面，它多处采用的威逼和指责的口吻，还有它提出的压制措施的规模。它的高度个人化的、富于感情的语调也十分引人注目。在它出台的四天前，穆瓦斯刚刚被处决，那显然是一个非常痛苦的时刻。杜桑回忆起从前的快乐时光，当时穆瓦斯还是他的一个勇敢战士，把自己当作他的"好孩子"。[133] 就在几个月以前，穆瓦斯给远在巴黎的伊萨克和普拉西德写信，告诉他们，整个家族为他们的教育成就感到多么骄傲。[134] 杜桑在心里回忆着与这个外甥之间刚刚发生的和从前的各种争吵：他曾"上千次"地提醒对方，缺少了纪律和服从的品格，一支军队就无法发挥作用；他也曾向对方宣扬"我们宗教的圣洁箴言和一个基督徒的责任"，而且做了"自己职权范围内的一切"，想让对方"改变他邪恶的嗜好"并"回到正确的道路上来"。但是，穆瓦斯顽固地拒绝了杜桑"父亲般的"忠告，并最终"悲惨地死去"。[135]

值得注意的是，杜桑并没有明确提及他们之间所发生的争执，包括种植园工人待遇、圣多明各白人移民的合法地位以及殖民地从法国统治下独立这些问题。相反，穆瓦斯的叛乱被当作公众和私人道德全面沦丧的一个具有教化作用的反例。杜桑又回到了他在之前公告中提出的有关公民道德败坏的共和派主旨。但是这一次，他谁也没有放过，首先受到攻击的是粗心大意的父母，"尤其是在城镇之中"，他们听任子女在"懒惰"中成长，对他们的社会责任没有任何正确的理解；他说这些年轻人小小年纪就被允许佩戴"珠宝和耳环"，养成"一种闲散奢侈的品位"。他也严厉训斥了沦为妓女的年轻女子，她们的放荡态度是造成社会失序的一个重要原因；家仆们也需要严加防范，以避免他们行窃或陷入"懈怠"状态（这是杜桑眼中的一个重要缺点）；新近来到的外国人时而表露一些"危险的观点"，可能会导致不幸的后果；公务人员和军事指挥官不尊重他们的婚姻誓言，"家里养着三妻四妾"；"许多"种植园工人容许他们的孩子在城镇里过着放荡的生活，他们的怠惰对社会构成了潜在的"威胁"。杜桑再次以其共同利益的理念进行有力的断言："必须强迫这一阶层的人，即便是违背本人意愿，也要让他们成为对社会有用的人。"[136]

法令最后提出了许多措施，表现为一种包含了效率、激烈和怪异的典型的卢维杜尔式的混合物，从军事指挥官防止"煽动叛乱"的不可推卸的责任，到向全体国民发放安全卡片并每六个月更新一次（杜桑在1802年造访西属圣多明各时，下令必须立刻向每个国民发放这种卡片）。[137]对"煽动叛乱"的定义十分宽泛，包括"可能影响公众和平与安宁的表述"。殖民地的任何"克里奥尔"原住民，如果被发现有罪，将被判处六个月的苦役（"佩戴着脚镣"）；而如果一个"外国人"犯罪，则会被驱逐出境——这是杜桑第一次把殖民地的百姓按照这种标准加以区分。1800年10月劳动法令的"全面"施行得到进一步重申。但是，杜桑从穆瓦斯叛乱中吸取的教训是他以前所采取的措施还不够严厉。于是，他指示各地军事指挥官拟出所有种植园工人的准确名单，递交到总督办公室，以此为基础"将种田人固定于他们所在的种植园"。对逃离事件的更严格镇压措施也被宣布，任何未经许可离开其宅院的工人会由军队进行追捕，带回来以后将其通行证吊销三个月。为了进一步保护种植园免受外界的有害影响，任何非受雇人员均不得在种植园中停留，即便是军事人员，也只能在探望父母时才被允许进入。[138]

在所有这些压制手段中,杜桑也没有放弃他保护圣多明各的婚姻幸福的夙愿:不仅规定他的士兵、军官和种植园工人在结婚前获得他本人的许可,要求对不幸的夫妻进行调解,并限制每个家庭纳妾的数目,他还威胁说,将严厉制裁任何"被发现已经干扰或企图干扰他人婚姻"的人。这个卫道士在持续不断的斗争中,向殖民地上那些勾引女性之徒发出警告,他们要"亲自向总督负责"。[139]

第 11 章　黑人自由之树

　　粉碎了穆瓦斯的叛乱，并通过一场有力的武力展示在整个领土上重申了自己的权威之后，杜桑肯定希望能够获得一次喘息的机会。但结果证明这个空隙太短暂了。欧洲的外交形势发生了转变，1801 年 10 月初，法兰西和不列颠签署了预备协议，为这两个迄今均无胜算的对手铺就了一条通向和平之路。杜桑立刻明白，如果这次英法休战得到确认，那将会给圣多明各带来什么样的灾难性影响，它将使欧洲帝国主义列强的利益趋于一致，并削弱英国和它在本地区的盟友与自己维持特殊关系的动机。最糟糕的是，它将结束英国海军对大西洋的封锁，为法国远征军前来颠覆他的政权敞开道路。这个消息在 12 月初传到圣多明各以后，殖民地开始谣言四起，法国的入侵即将到来。[1]

　　这种灭顶之灾的故事已经流传了一段时间，通常都是出自比较顽固的白人移民一厢情愿的想法，或者醉酒之后的想象。而这一次，杜桑知道他们有了更多的根据。就像是一道凶兆，他和英国人之间的谈判原本一直进展顺利，却突然在 1801 年 11 月被纽金特总督叫停。英国战争大臣霍巴特勋爵告诉这位新任的牙买加总督，法国人正在派遣一支大军重新征服圣多明各，后者应当停止执行对该殖民地的怀柔政策。[2] 纽金特立即知会了杜桑，并下令所有在圣多明各的英国代理人和侨民撤回牙买加。[3] 虽然纽金特并未在信中明确提及法国人的入侵，但不必怀疑杜桑已完全领会到它的紧迫性：12 月初，在由德萨利纳陪同的一次会见中,他向英国代表惠特菲尔德抱怨,法国和英国正在共同策划针对他的"进攻措施",并发出誓言,对圣多明各的任何入侵都将遭遇"抵抗";他还说,自己永远不会放弃指挥权,也不会"遣散"自己的部队。[4] 一周之后,惠特菲尔德报告,杜桑"每日招募新兵,买光了所有能搜罗到的马匹",并总结道:"恐怕他真要与波拿巴的大军一决高下。"[5]

杜桑决定发布一项公告,让人民为法国的进攻做好准备。公告被印成大幅的白色海报,散发到全岛各处。他的"演说"以对谣言的质疑开始,这些谣言称法国军队正在赶来"摧毁殖民地和它所享有的自由";这样的故事只能是"不怀好意的"势力散布的。明确否认了这个谣言的真实性以后,杜桑又说,波拿巴已经聚拢了反对他的"所有生活在法国的黑人和有色人",要派遣他们回来和自己的同胞作战;法国政府将他的两个儿子扣作人质,尽管他们的父亲多次请求,却依然拒绝将他们释放回国;而且,这场入侵的目标是"消灭殖民地军队的官兵,将他们重新投入奴隶制度"。

杜桑把他的孩子形容为"属于我的一项合法财产",[6] 自己为了孩子们长期不在身边而"十分烦恼"。对于法国政府不顾"正义与公平"的原则,扣押其子女,他感到非常失望。"难以置信"——他用这个词表示它是多么令人意想不到——在它的革命公民为维护法国利益与其内外敌人战斗,并无私地奉献了自己的生命,将一个"混乱的殖民地"变成一片"繁荣乐土"之后,法兰西会向圣多明各发动进攻。他尖锐地指出,这种忘恩负义的行为不应当是法国人所为。与他前次公告中的威吓语调相反,他现在将无数的称赞献给圣多明各人民,"他们中间的绝大多数都［是］诚实的有产者、正派的百姓和善良的父亲"，他们渴望着"和平与繁荣"。他还呼吁部队官兵保持忠诚："服从"，他再一次提醒，"是最重要的军人品格"，而且他会为他们指明"前进的道路"。

在这份公告中，当杜桑停下来思考未来会怎么样时，他的语调变得阴郁。得知法国可能派遣侵略大军来对付他的时候，他已经私下宣布："法国没有权利奴役我们，我们的自由不属于它。那是我们的权利，我们知道如何去保卫它，否则就会灭亡。"现在，坦然面对着迫在眉睫的法国侵略，杜桑宣称，对圣多明各的进攻将是一种"丧失人性的行为"。他以克里奥尔和天主教的价值观做了一个类比，将这种可能性比作一对父母企图杀死自己的孩子。在如此"骇人"的情形下，子女应孝顺父母的伦理原则不得不暂时中止，孩子有义务进行自我保护，把自己的命运托付给上帝。他请求圣多明各的公民以他为榜样，以尊严和勇气直面侵略者。"如果我不得不在这种情形下死去，"杜桑最后说道，"我将光荣地面对死亡，就像一个拥有模范人生的战士那样。"[7]

杜桑为他的公告选择了一个很好的时机，在发布它的六天之前，一支庞大的法国舰队驶向圣多明各。伊萨克和普拉西德正在船上，杜桑为这两个孩子的平安返回已经祈祷了很久。他们就要回来与家人团聚了，但随行的是一支侵略大军（就像谣言所揣测的，还有一小撮圣多明各黑人和混血的异见者，包括杜桑的老对手安德烈·里戈）。杜桑期待已久的波拿巴的回信也在船上，但信中那些抚慰性的内容只是阴险的诡计。法国人的目标是重新占领殖民地，恢复白人的权势，消灭这位总督和在他领导下出现的整个统治集团。此刻，该由杜桑做出预判，采取何等应对措施将关乎他的个人命运，也将决定他在过去10年中勇敢捍卫的这场革命的前途。

人们经常批评杜桑，认为是他在最后几年统治中的放纵行为激怒了波拿巴，更笼统地说，还因为他没有做出足够努力安抚波拿巴。无论杜桑最终采取什么样的措施，都不太可能避免这场入侵，其原因很快就会明了。但是，指控他未曾试图与波拿巴搞好关系是没有根据的。如我们所见，杜桑从1800年起给他写了很多信件，却没有收到一封回信。波拿巴一家是亏欠杜桑的，约瑟芬（Josephine）① 来自马提尼克岛的博阿尔内（Beauharnais）家族，他们在圣多明各拥有可观的财产利益，尤其是位于莱奥甘的多座甘蔗种植园获利颇丰。革命初起的几年间，生产几近停滞，但是，听闻杜桑恢复了殖民地的秩序，约瑟芬在1798年直接写信向他求助；当时波拿巴正在远征埃及的途中。杜桑立刻进行干预，使这些种植园重新正常运转。不久，约瑟芬就又开始从圣多明各的庄园收到不菲的进项了。[8] 她对此心怀感念，几次邀请杜桑的两个儿子到她位于尚特雷纳街（Rue Chantereine）和维克图瓦街（Rue de la Victoire）的住所共进午餐和晚餐，并热情洋溢地赞扬杜桑将军；她对普拉西德尤为喜爱。[9] 波拿巴回来以后一定从妻子口中得知了杜桑的好心干预并为之感到高兴。在后来见到杜桑的孩子时，他说他们的父亲"是为法兰西做出卓越贡献的一位伟人"。[10]

杜桑在巴黎的支持者，包括国会议员路易·拉利耶在内，

---

① 指拿破仑的第一任妻子约瑟芬·博阿尔内（Josephine Beauharnais, 1763~1814）。她后来成为拿破仑的第一位皇后，但是在1810年与其离婚。

要求波拿巴支持杜桑，认为他是法国在殖民地利益的最有效的捍卫者。[11]波拿巴的随行人员中的一些进步人士也强化了这种对杜桑有利的观点，特别是洛朗·特鲁盖海军上将（Admiral Laurent Truguet）和国务委员德尼埃尔·莱斯卡利耶。前者曾经既是一位部长，也是波拿巴的首席海军顾问；后者在担任殖民事务局主管的同时，也是一位安的列斯群岛方面的专家。这两个人都真诚地崇拜着杜桑，也是秉持废奴原则的共和主义者，莱斯卡利耶早就是黑人之友协会的会员。在1801年年初的几个月里，第一执政似乎已经下定决心向杜桑提供支持。他草拟了一封信，任命杜桑为该殖民地法属部分的"总司令"，又向他保证巴黎政府赋予他"最大的信任"。[12]波拿巴承认收到了杜桑此前的所有信件，并向这位"共和国最重要的代表"致敬。他请求杜桑维护和平与秩序，并继续关注农业发展（有人猜测这里特指的是莱奥甘地区）。[13]他指派一位新的使节前往圣多明各，在他的详细指令中，要求此人对杜桑"不要生气"，应当使"所有居民团结在他的领导下"。波拿巴显然听取过有关杜桑的宗教信仰的汇报，所以他甚至指示这位官员要经常去教堂。[14]

但是，波拿巴的这封信并没有寄出，而且在1801年3月底，杜桑的名字悄然消失在法国军事将领的名单中。是什么原因造成了这样的反转呢？批评家们将第一执政的心理变化归咎于杜桑采取的某些行动，包括他对鲁姆的拘留，以及宪法的颁布。但是，这些事件发生的时间顺序并不支持此种观点。1801年年初，波拿巴已经获知鲁姆与杜桑的关系破裂，也正出于这个原因他才要派遣另一位使节。而宪法则迟至1801年7月才公布，而且消息又过了几个月才传到巴黎。如果真有一件事情激起了波拿巴的怒火，那就是杜桑对西属圣多明各领土的接管，这件事情他是在1801年2月中旬通知法国政府的。第一执政将此视为抗命不遵的行为；但是，正如许多历史学家所认为的，仅仅这一件事就促使波拿巴决定对杜桑发动如此大规模的远征，似乎是不合情理的。当得知这个接管行动时，法国海军部部长简短地回复杜桑说："既然这件事情已经做了，现在就让我们想一想怎么将它变成我们的优势吧。"在法国远征军登陆圣多明各的时候，他们也并未打算将该领土归还西班牙人。[15]

波拿巴在圣多明各问题上的转变，与其说是由某个单一事件引起的，毋宁说是一个逐步发展的过程。最早起于雾月十八日政变后的几个月内，伴随着一套系统化措施的执行，他罢免了那些被认为过于同情黑人事业的殖民地官员。1800年1月，向圣多明各派遣一支法国海军舰队的计划被搁置；其中一个重要原因是，将要成为殖民地首席行政长官的莱斯卡利耶与杜桑及其黑人革命的关系太过紧密。[16]波拿巴也取消了督政府任命拉沃担任法国驻瓜德罗普代理人的决定，同样因为他与黑人过分亲密。1800年3月，当杜桑的这位盟友到殖民地赴任的时候，他被地方官员逮捕，并按照波拿巴的指令被送回了法国。[17]1800年8月，在国务委员会关于殖民地事务的一次讨论中，波拿巴表示，他有意在类似圣多明各等废除了奴隶制度的地方"重建秩序并引入纪律"。[18]如前所见，法国政府从反对杜桑的殖民地官员和个人那里收到源源不断的有害信息，加剧了波拿巴对圣多明各的负面态度。现在，这些文章中暗含的种族主义昭然若揭。其中最响亮的声音来自变节的法国将军凯尔维索，他在1801年1月被屈辱地从西属圣多明各赶走，从此便一直愤愤不平。几个月之后,他给法国政府写了一份长长的备忘录,主张立即向"已被非洲人占领的"圣多明各派遣一支远征军;其目标应当是"一次白人的政治复兴",并且"将所有篡权之人赶出殖民地"——这里的"篡权"当然指的是黑人取得了领导地位。[19] 波拿巴把凯尔维索也编入了远征军,他的观点显然对形成远征军的政治目标发挥了重要作用。

在这场种族主义的两极分化中,另一个重要派别是重新在法国活跃起来的殖民地游说团体,1801年间,他们在波拿巴的随行人员中显得更为突出。此时,支持入侵和奴隶制的意见又在法国商人和资产阶级中流行起来,而波拿巴对此不仅毫不避讳——实际情况还恰恰相反。此类观点在他新近招募的国务委员中得到强烈的体现。其中的保守派角色有前任海军部部长弗勒里厄(Fleurieu)、殖民地律师和种植园主的拥趸莫罗·德·圣梅里、旧制度时期圣多明各最后一任总督(intendant)——仍在积极捍卫奴隶贸易的芭尔贝·德·马尔布瓦(Barbé de Marbois),[20] 还有为了重建人类束缚制度而曾在1793年之后请求英国人侵略殖民地的皮埃尔·维克托·马卢埃(Pierre Victor Malouet)。1801年10月,波拿巴任命德尼·德克雷斯(Denis Decrès)为海军部部长,此人对奴隶制度的观点与马卢埃相同,相信1794年宪法废除奴隶制度是一个错误。

1801年10月初,波拿巴转入与杜桑的完全对抗,他命令德克雷斯准备一支派往圣多明各的大规模远征军。后来,在圣赫勒拿岛(Saint Helena)① 上,拿破仑承认发动这场侵略是一

---

① 孤悬于南大西洋上的一个火山岛,隶属于英国。拿破仑第二次退位后被囚禁在这里,直至去世。

个错误，并指责国务委员会、约瑟芬和"殖民地游说团体的尖声叫嚷"荼毒了他与杜桑政权的关系。[21]但这是一个典型的回溯式的自辩；事实是，首要责任就在他身上。他甚至都不能以自己不知情作为借口，当杜桑的使者夏尔·樊尚于10月初抵达巴黎的时候，波拿巴正忙着下达入侵圣多明各的最后命令。樊尚两次觐见波拿巴，并接受指令，为协助法军的作战计划而提供该岛的详细地图，以及当地军事和行政人物的有关情况。[22]虽然对杜桑的"迷失方向"进行了谴责，[23]但樊尚还是向波拿巴和海军部部长就远征行动提出警告，并拒绝参与其中。在后来的一篇回忆录中，樊尚认为，第一执政完全被误导了，如果"见到杜桑本人或亲耳听到对方说话，哪怕只是很短时间"，几乎可以肯定，他就会采取不同的行动。[24]

实际上，樊尚预测到了接下来将发生的一系列事件：大多数黑人公民的抵抗；因为不熟悉地形，法国军队在战术和运输方面的劣势，以及在补给中存在的问题；气候造成的破坏性影响和疾病的侵袭——所有这些最后也都导致了殖民地本身的损失。波拿巴对己方的军事实力信心满满，希望将圣多明各作为包括加勒比地区各殖民地、圭亚那、路易斯安那和佛罗里达在内的法兰西经济帝国的核心，因而他漫不经心地忽略了樊尚提出的警告。[25]他对圣多明各的看法现在完全受到殖民游说团体的种族主义影响，他告诉樊尚他将"不会容许这些黑人肩上再佩戴肩章"，并且下令禁止来自各殖民地的黑人和混血居民进入法国。[26]1801年5月，法国在马提尼克、多巴哥（Tobago）和圣卢西亚（很快又包括了瓜德罗普和圭亚那）重启了奴隶贸易，波拿巴在与特鲁盖的一次谈话中更加直言不讳："我就是为了白人的利益，因为我是一个白人；没有别的，这一个原因就足够了。我们怎么能把自由授予非洲人呢?那些人完全没有开化,对何为殖民地以及它对法国的意义根本没有任何概念。如果国民公会的多数成员明白他们当时在做什么,并且对殖民地有足够的了解,他们还会[在1794年]废除奴隶制吗?我深表怀疑。"[27]

1802年1月29日,在西属圣多明各东北端的萨马纳角发现了法国舰队的主力舰只。作为其加强沿海防御工作的一部分,杜桑当时正在视察这片领土,他立即带领卫队纵马赶去现场。杜桑看到至少有25艘法国海军船舰已经下锚,其中包括当时最大的10艘战列舰,每艘能运载多达1000人。眺望海平面,他可以辨认出还有几十艘驶向圣多明各的战舰的剪影。杜桑马上意识到波拿巴展开的这次行动的规模。这不是一场意在恫吓的演习,也不是作为政治谈判前奏的战术性实力展示,法国军队前来作战的目的就是要彻底消灭他自己和他的人民。他转身面对手下军官宣布:"我们将要毁灭。法国人倾巢而出来到圣多明各。他们受到了误导,现在要来寻仇了。"[28] 他给在西属圣多明各的弟弟保罗写信说,现在到了决死抵抗的时候:"谁都不能例外,因为我们要么屈服要么死去。"[29] 杜桑最后的,也是最重要的一场斗争开始了。

波拿巴入侵舰队的庞大规模令他惊愕不已,但是杜桑已经为这种可能性进行了一段时间的准备。在加强海岸防御的同时,他还将部分关税收入用于从美国进口更多的武器弹药;[30] 整个1801年里,这些美国货物不断到港。[31] 还有观点认为,杜桑已经与牙买加达成了一种互惠互利的安排。根据一份法国人的报告中所引用的英国人在该岛上的消息来源,杜桑与牙买加当局达成了"利润丰厚的枪支弹药交易"。到达圣多明各以后，为了避免天气的不利影响，这些货物被装进特别设计的红木箱子，并转移到内陆山区的战略位置。存储这些武器弹药的仓库都被小心隐藏在山地中间，通往那里的道路得到拓宽，以便大炮部件能够通过。[32] 一份法国军事报告估计，到1801年年底，圣多明各的枪支多达14万支，其中至少3万支是由美国人提供给杜桑的。[33] 这些武器中的相当一部分都被隐藏起来，将在后续对抗法国人的战争中发挥重要作用。

虽然武器——至少是小型武器——相当充足，但是杜桑明白，他们的一个弱点是人力的短缺。到1801年年底，已经有成千上万曾经的种田人退伍，转而从事恢复种植园体制的工作，他只剩下大约2万名可以随时参战的兵力，而他原本希望这一数字能在1802年间显著增加。[34] 这些部队中有一大部分（约1.1万人）属于德萨利纳指挥的南部师和西部师，其余的分属克里斯托夫的北部师和奥古斯丁·克莱沃的东部师。[35] 杜桑的部队所面对的这支法国远征军，第一批部队来自布雷斯特（Brest）、罗什福尔（Rochefort）和洛里昂（Lorient），2月中旬登陆的第二批部队来自土伦（Toulon）和加的斯（Cádiz），两批部队总数达2万人。[36] 其中很大一部分来自莱茵军团（Army of the Rhine），这支精锐部队包括许多在革命战争中表现优异的士兵，而军官中有些人经历过欧洲与加勒比地区（圣多明各、瓜德罗普和马提尼克）的军事行动，以及波拿巴的埃及战役。

因为各个部队分散在领土各处，杜桑向他的副官们下达命令，严防法国人上岸占领任何重要沿海城镇，在必要时不惜一战；如果局势难以坚守，可以放火烧毁所在地方，然后撤向内陆。[37] 这一计划在共和港和圣多明各城未能实现——后者的情况是因为杜桑的弟弟保罗的无能，他中了凯尔维索的诡计而投降了。[38] 共和港的失守激怒了杜桑，法国人得到了存在那里的金库中的350万里弗尔，那个保险箱的位置是由约瑟夫·伊德拉吉告密的；[39] 杜桑要求将这笔资金返还给他。[40] 侵略者经过激烈战斗攻占了利贝泰堡，之后屠杀了将近600名已经投降的人——这是很多次战争罪行中的第一次。[41] 然而，和平港的军事指挥官雅克·莫勒帕将军展开了坚决的战斗。他召集士兵和当地农民组成一支队伍，宣称这些人"全都准备为他们的自由而战"，将以"炽热发红的炮弹"迎击侵略者。[42] 他说到做到，给前来夺取这座城镇的法军造成了严重伤亡。随后，莫勒帕遵照命令烧毁了和平港，撤退到附近一座筑垒的种植园，从那里，他又打垮了残余的法军；在这第一次对远征军的胜利中，女游击战士担当了重要的角色。[43]

侵略者的主要目标是法兰西角，杜桑一路飞驰，刚好在敌军舰队之前赶到那里。他首先采取了一个转移敌人视线的计谋，让对方船只驶向马戈港，那是在阿克拉湾西边很远的一个登陆点。根据很多目击者的说法，杜桑之后化装成一个刚果农民溜进了城里。[44] 在那里，他指示克里斯托夫拖延答复一个法国军官提出的登陆要求，说自己正在等候总督的命令——而总督此时正在隔壁房间倾听这场谈话。由此争取到的短暂时间被用来将这座城市焚毁。在疏散了居民之后，烧开的热油、蔗糖和加热的一桶桶朗姆酒被倾倒在街道和房屋上，大火很快就导致军火库爆炸。这座城市90%以上遭到破坏，包括粮仓——这是给侵略者的致命一击，甚至是在他们的双脚踏上圣多明各土地之前。[45] 一支法国先头部队试图散发一份波拿巴签署且被翻译成克里奥尔语——这一点很有帮助——的公告。它援引了共和主义的友谊和兄弟情谊的原则，承诺维护殖民地的自由与和平，同时敦促圣多明各百姓宣誓效忠侵略军。第一执政警告说，拒不服从者将被视作"叛徒"，会"像烘干的甘蔗一样被大火吞噬"。[46]到头来，反倒是波拿巴的公告被付之一炬。

第一执政可能曾期望再直接给杜桑写一封信对他进行笼络，或许会取得更好的效果。这封信写得十分机敏（可能是得到了樊尚的协助），为了奉承杜桑而把他形容为"这个世界上最伟大国家的最重要的公民"，是"和你同样肤色的人中第一个获得如此显赫地位的"。这封信就1801年宪法在某些方面的问题提出了责备，说它们"与法兰西人民的尊严和主权相悖"，同时又向杜桑保证了波拿巴将给予他"毫无保留的尊重""体贴、荣誉和财富"。[47]这封信是与杜桑的两个孩子一起送出的，同行的还有他们的导师夸农（Coisnon）。伊萨克和普拉西德如期启程前往埃内里，在那里与他们六年未曾谋面的父母重新团聚。尽管杜桑见到孩子时激动得说不出话，但他还是立刻识破波拿巴的诡计，将那封信扔在一边而根本就没有看。他告诉孩子和他们的导师，如果波拿巴真心想要和平，他就不会向圣多明各派来一支舰队。[48]

杜桑对波拿巴敌对意图的断言没错。在1801年10月底拟就的给圣多明各远征军的秘密指令中，第一执政非常细致地说明了他在殖民地重建法国政权的计划，其中特意包含了消灭这位总督的手段。只有对这份非比寻常的文件进行通读以后，才能觉察出它蕴含了多么大的反革命野心。波拿巴将法国占领划分为三个预想的"阶段"。在第一和第二阶段，要牢牢控制主要沿海地区，消灭任何对抗法国军队的反叛者。在这个绥靖时期，如果杜桑及其支持者能够合作，则"给予其善意对待"，但是如果他们抵抗，就必须"在24小时内"进行军事审判并予以处决。第三阶段应当于前两个阶段结束之后迅速展开，在此期间，杜桑和他的将领们"将不复存在"，而且远征军要对圣多明各的革命领导阶层进行大规模清洗。杜桑将被逮捕并送往法国，其他"可疑的"同情其政权的人也会被捕并驱逐出境——"不论何种肤色";[49]第一批被送往法国的人将包括杜桑1801年宪法的三位白人起草者：贝尔纳·博吉拉、艾蒂安·维亚尔和安德烈·科莱。

这种对法国秩序的恢复也包含着一剂文化帝国主义的猛药：关闭所有教育机构，将克里奥尔人的孩子送往法国；和那些"向黑人卖淫的白人妇女一起"，效忠杜桑的神父也要返回法国。这些被驱逐者的目的地是有一定等级顺序的，法国是为妇女和那些与入侵者合作的黑人准备的，向杜桑妥协的白人要被送往圭亚那，而波拿巴的家乡科西嘉岛则成为倾倒"行为不端的黑人和有色人"的垃圾场。在杜桑的1801年宪法上签字的"所有人"也都将落入强制驱逐的厄运（其目的地尚未明确，但可能也是科西嘉岛）。[50]殖民地的黑人士兵将被集体缴械并送回种植园，而且将不会存在黑人土地所有者阶层：在卢维杜尔政权下租赁的所有土地将被返还给原来的白人所有者。"黑人不可以获得上尉以上军衔"的规定将继续施行。这份文件只是简要提及了奴隶制度：法国政策的"政治目标"是使放下武器的黑人公民成为"自由的农民"，而西属圣多明各的黑人会再次成为奴隶。在杜桑废除奴隶制度一年之后，这个要在伊斯帕尼奥拉岛东部将之恢复的计划，显然证明了波拿巴的思想逻辑是多么混乱。他以为，在一块法国领地上重新实行奴隶制度，对其邻近地区不会产生丝毫影响；后来发生的事件证明，这种念头纯属痴心妄想。[51]

接受"确保法兰西对该殖民地的永久所有权"这一任务的将领是维克图瓦-埃马纽埃尔·勒克莱尔（Victoire-Emmanuel Leclerc），他是波拿巴的妹妹波利娜（Pauline）的丈夫。这是一项糟糕的任命。他是一个贪婪虚荣的人，完全不适合此次任务，没有在欧洲以外的战斗经验，对殖民地的革命文化也缺乏理解。他没有波拿巴的天赋，却拥有后者全部的缺点——尤其是对白人军队先天优势的迷信，以为黑人是"害怕打仗"的"懦夫"。[52]在法兰西角的失败登陆中受到羞辱之后（他最终在2月6日进入这座已被摧毁的城市），勒克莱尔又未能实现第一执政信中要求的目标——让杜桑表示效忠，于是在2月17日宣布这位总督是"一个不法之徒"。[53]为了隐藏其真实目的，他按照波拿巴提供的名单，试图取悦总督手下的一些高级黑人军官。[54]在得到许诺可以继续保有其职务（和财产）之后，很多人转身投靠了侵略者：最先屈服的人包括东部和南部领土的指挥官克莱沃和拉普吕姆，紧接着又是莫勒帕；北部地区的许多指挥官也站到了法国人一边，特别是在马戈港、阿克拉和普莱桑斯。[55]

到2月中旬，勒克莱尔的所有部队在利贝泰堡、法兰西角、和平港和共和港登陆，并牢牢控制了沿海地区，他便计划派出五个师的兵力去夺取戈纳伊夫和圣马克，对杜桑的军队形成包围，并会师于内陆，一举将杜桑击败。在阿迪（Hardy）、德富尔诺（Desfourneaux）、罗尚博（Rochambeau）、德贝莱（Debelle）和布代（Boudet）这几位将军的指挥下，法军迅速推进，攻占了马尔梅拉德、东栋、瓦利耶尔和圣拉斐尔。然而，克里斯托夫和德萨利纳的部队以后撤的方式粉碎了敌人的包围企图，同时克里斯托夫成功地将北部的种田人召集起来加入反抗侵略者的战斗。[56] 杜桑从未打算屈服，尽管部队因叛变行为而大大缩水——一位历史学家曾在海地广泛采访他从前的士兵，据他估计，杜桑的兵力在2月中旬已经不足6000人[57]——他却依然保持着自信与活力。这幅保卫圣多明各免遭法国侵略的图景再次鼓舞杜桑，重新披上民族解放者的外衣让杜桑欣喜地找回了1790年代的英雄气概。杜桑强而有力地重新展现了他的共和主义军事天赋，这在其统治后期曾被暂时搁置。在萨马纳角望见法国舰队后不久，他向战士们发表了长篇讲话，提醒他们不要忘记，他们的奴隶祖先在过去300年里遭受的"痛苦和野蛮对待"，更不要忘记他们在过去10年间"所拥有的光荣自由"。法国人并非为了爱国主义和自由来到圣多明各，而是要将奴隶制度带回这里，他们服务于"这位执政官的仇恨和野心，他是你们的执政官，所以就是我的敌人"。侵略者的下场已经注定："那些从我们的刀剑下侥幸逃生的，将会落入渴望为我们复仇的气候之手。"[58] 以类似的方式，他指示忠于自己的南部司令官多马热（Dommage）"发起一场种植园工人的总动员（levée en masse）"，告诫他们提防来自欧洲的白人，这些人"的目的昭然若揭，就是要把他们变成奴隶"。[59]

虽然这次南部起义因为拉普吕姆的叛变而没有成功，但是杜桑还可以指望恐吓者德萨利纳，如我们早先所见，他预见到法国人的入侵，并且在物质和情感两方面都进行了充分的准备。在给这位将军的一封短信中，杜桑简单地说明了自己的总体战略，等到午中的"雨季"到来，它将"消灭殖民地的敌人"，"放火和破坏"应当作为广大人民抵抗法国人的主要手段。他命令德萨利纳派出他最得力的一些部下去烧毁共和港，并开展一场消耗战，对法国人在平原上的据点进行袭扰。他有关"焦土政策"的指令宣称："这片由我们的汗水浇灌的土地，绝不能为敌人供应丝毫的给养。以炮击摧毁道路，将死马的尸体投进泉水，破坏并焚烧一切，让那些企图来重新奴役我们的人眼前只有一片他们应得的地狱景象。"[60]

这封信遭到了拦截，但是德萨利纳已经有所预见。他急速赶往南部，在那里，他的纵队正在烧毁和破坏沿路遇到的一切东西。莱奥甘镇在他2月9日到达时变成了一片灰烬，包括约瑟芬欣喜地收回来的殖民地财产；查看了现场以后，一位法国军官评论说，这些破坏是"以一种堪称庄重的特别的仪式感"进行的。[61] 圣马克也遭到同样的厄运，德萨利纳亲自点燃了他自己刚刚竣工的宫殿。德萨利纳屠杀了曾欢欢喜喜地对法国入侵表示欢迎的成百上千个白人，并禁止把他们掩埋，为的是要用这些腐烂的尸体给法国军队营造一种恐怖气氛。无论走到哪里，德萨利纳都将杜桑的全民抵抗的指令传达给当地战士和农民。在圣米歇尔，据一位地方指挥官的说法，德萨利纳集合起黑人部队，告诉他们："敌人已经到达法兰西角，正计划在殖民地恢复旧制度，夺走我们付出这么多牺牲才换来的自由，目的就是将我们抛回到可怕的奴隶制度之中。"于是，德萨利纳提醒他们不要忘了，在1791年奴隶起义的早期，他们还手无寸铁，而现在的形势已经不同了，他要求他们动员起来与侵略者战斗，告诉那些没有武器的人"拿起他们的刀子或是能找到的其他任何杀人武器"。[62] 幸亏有克莱尔-厄勒斯·德萨利纳（Claire-Heureuse Dessalines）的干预，自然科学家米歇尔-艾蒂安·德库尔蒂才幸免于难,他被前者藏在了床底下。他在那里听到德萨利纳复述了杜桑关于占领军缺乏长期生存能力的预言:"不要气馁,法国人会有一个良好的开局,但是他们很快就会病倒,然后像苍蝇一样纷纷死去。"[63]

1802年的春季战役持续了72天,这是杜桑最后也是最激烈的抵抗。他将自己和手下人都逼到了生理的极限,在安德烈·韦尔内和夏尔·贝莱尔这些指挥官的有力支持下,[64]杜桑充分利用了他丰富的军事知识和经验,并将传统战争的资源与游击战的技巧结合在一起。在不断的运动中,他每晚只能在木板上睡几个小时,却将法国人拖入漫长而疲惫的行军,让他们在群山中对自己进行追踪,尽管愈加频繁地疯狂努力,却始终难以得手。[65]烧毁了戈纳伊夫之后,他撤退到卡奥山区,取出了藏在那里的武器,并对法军据点展开无情的袭扰。不仅不给侵略者休息和补给的机会,他还对敌人进行了致命的伏击。一位法国指挥官报告说,他"在叛军手中损失了很多人,对手分散在树林里和大山中;他们打死所有在路上掉队的士兵,攻击我们的队列,然后利用他们对当地情况的熟悉迅速撤离"。[66]因为拥有自己的通信网络,杜桑十分了解这些攻击发生在何时何地。秘书诺文(Norvins)跟随着勒克莱尔穿行在内陆地区由森林、峡谷和高山构成的危险迷宫之中,他无法掩饰对杜桑那些高效的情报人员的敬佩:

在我们到达或离开时,他们低伏在岩石上或藏身于树后,然后跟随我们一起穿行在林中,沿着只有他们自己才知道的路径行进,在最黑暗的夜晚也能凭借自然的星光引路。通过这些人,杜桑可以在最意想不到的时刻向他的战士传达命令。他们永远不会泄露秘密,不论是什么样的命令,总是能够得到一丝不苟的执行——就如同杜桑亲临战场一样。[67]

杜桑及其部队实施的进攻造成的损失如何呢?在这样一场主要由非常规方式进行的战争中,"胜利"的概念十分宽泛,从杜桑的角度来说,它意味着部下都是勇猛的斗士,能迫使法国人紧张不安,并削弱其心中以为战役已经取得进展的任何错觉。他显然实现了这些目标,一个法国高级军官后来承认:"敌人就像是长着一千个头的海德拉(Hydra)①,每次遭到我们的打击之后都会重生。杜桑·卢维杜尔一声令下就足以让他的人马重新现身,遍布我们面前的全部领土。"[68] 即使按照传统的标准,人们也很快就发现这场战争的进程并未遵循波拿巴的总体设计。登陆一个月以后,勒克莱尔依然深陷于所谓的"第一阶段",而且短期内也看不到结束的希望。到 1802 年 2 月底,法国人自己也坦白,在与杜桑部队的多次交战中,勒克莱尔已经损失了 4000 人以上,包括阵亡、受伤和患病的人。2 月 27 日,他给海军部部长去信,要求"为了拯救殖民地"而紧急增援 1.2 万名士兵。[69] 一个月之后,意志消沉的勒克莱尔甚至写信给波拿巴,请求将他召回法国。[70] 到 4 月底,虽然他不断努力追踪杜桑并试图将其击败,但杜桑仍然指挥着一支 4000 人的部队和"一批相当数量的武装起来的劳动者",并重新取得了对北部和西部山区的完全控制。[71]

---

① 即希腊神话中的九头蛇,传说它拥有九个头,其中一个被砍掉,立刻又会长出两个。后来,大力神赫拉克勒斯运用其智慧,成功将海德拉斩杀。

第 11 章 黑人自由之树 / 405

这幅画描绘了 1802 年法国入侵圣多明各最初几个月里的一个战斗场面，它表现的是勒克莱尔的部队（左侧，着红色制服）正在与桑的殖民地军队作战。

无疑，杜桑的战役效果因其作战人员包含了广泛的人群而得到加强——他称呼这些战士为他的"孩子们"。虽然总参谋长阿热将军背弃了他，在共和港向法军投降，但还是有很多法国白人军官依然对他保持忠诚，如曾经担任法兰西角指挥官的巴拉达（Barada）。这些人与他并肩作战，有一些还在战斗中牺牲；德萨利纳的师里也有一些白人士兵。杜桑从特立独行的逃奴战士群体中招募辅助人员，例如东栋的珀蒂-诺埃尔·普里厄（Petit-Noël Prieur）、兰贝和阿克拉的马卡亚、来自马普（Mapou，靠近他自己的埃内里基地）的西拉，以及他的老同志——格朗德里维耶尔的桑-苏西。到1800年代初期，桑-苏西已经成为北部地区最有权势的军事领导人：他起初支持法国人，后来加入了起义并在杜桑的军队中官至上校；针对勒克莱尔部署在法兰西角的部队，他全力支持杜桑频繁展开小规模战斗。[72] 在转移到山区以后，杜桑又征召农场劳动者入伍，其中有很大一部分是出生于非洲的妇女。[73] 情形仿佛又回到了从前，在1791年起义的最初几个月，妇女也曾发挥重要的作用。

与这些白人、克里奥尔人、博萨拉人包括其中的女性战士一起的，还有杜桑手下那些光彩夺目的混血勇士，如巴泽莱（Bazelais）、拉罗斯（Larose）、莫里塞（Morisset）和加巴赫（后来发生在1803年11月具有决定性意义的韦尔提亚战役中的英雄），其中最勇敢的一个是路易-多尔·拉马蒂尼埃（Louis-Daure Lamartinière）。[74] 他是莱奥甘的南部白人农场主的私生子，是杜桑军中的一名旅长，有着强烈的爱国思想；他枪毙了一个要求投降的同僚，却未能成功阻止法国人在共和港登陆。杜桑任命拉马蒂尼埃为皮埃罗山脊（Crête-à-Pierrot）要塞的指挥官之一，这是在毗邻阿蒂博尼特河的大山里的一个战略重地，由大约 1200 名士兵防守，配有 9 门大炮和 15 英尺深的壕沟。法军在 3 月初发动的进攻和接下来进行的围困是春季战役中持续时间最长的一场战斗。先是德萨利纳将法国人击退；杜桑的骑兵在莫里塞的率领下发动反攻，击溃敌军并重伤法军指挥官德贝莱。法国人随后又发动了两次攻击，勒克莱尔和他的参谋长迪加（Dugua）和罗尚博都参与其中。这些进攻也均以失败告终，勒克莱尔腹股沟受伤。此时，杜桑下令在邻近的山丘上修筑第二座堡垒，以巩固己方阵地；拉马蒂尼埃受命进行指挥。[75] 虽然杜桑的部队损失了将近一半的兵力，阵亡的法国人却也多达 1500 人——实际上超出了要塞防守一方的总人数。尽管受到 1.2 万名法军士兵的包围，拉马蒂尼埃仍然进行了一次大胆的夜间突围，设法带领大部分幸存的战士爬过了敌人的防线。在突围的路上，他们差一点就俘虏了罗尚博，这位法国将军逃进附近的树林才躲过这一劫。在要塞的守卫者中，最勇敢的一个要数拉马蒂尼埃的妻子玛丽-让娜（Marie-Jeanne），她穿着一套马穆鲁克（Mamluk）①式的衣服，不停地为守军战士补充子弹和火药，也时不时地亲手向法国人射击。[76]

杜桑不仅进行防御作战，而且在 1802 年年初也对法军据点发动了一波连续的反攻，成功收复了圣米歇尔、马尔梅拉德、圣拉斐尔和东栋，几乎将勒克莱尔完全隔绝在法兰西角；他甚至希望能利用法军对皮埃罗山脊的围困，对法兰西角发动一次突然袭击，抓住法国司令官及其高级参谋人员，将他们遣

---

① 原意为"奴隶"，后指中世纪服务于阿拉伯哈里发的奴隶兵，主要效命于埃及的阿尤布王朝。后来逐渐成为强大的军事统治集团，并建立了自己的王朝，统治埃及达 300 年之久。

返法国。[77]杜桑并不是只让下属冲锋陷阵，就像与西班牙人和英国人战斗时一样，他总是身先士卒。举例来说，在靠近埃内里的哈文纳库勒夫（Ravine-à-Couleuvres），杜桑的人马2月23日与罗尚博的部队发生了一场激战，战斗最后演变成疯狂的徒手搏斗，在数次法国人似乎占据了优势的时候，杜桑激励自己的3000人马，让他们重新加入战斗；6小时的战斗中，他"承受着牺牲1000人的风险"。[78]在鼓舞部队的过程中，杜桑的个人魅力显而易见；最不寻常的一刻或许就是，他发现法军中有来自他自己的第9团的部队。这个团最近由莫勒帕指挥，此人刚刚叛变到法国一方。杜桑勇敢地走到他们面前，质问对方是不是准备杀死他们的"父亲"和自己的"兄弟"；尽管有一个军官向杜桑开枪，但这个团的大部分人都在从前的司令官面前放下了武器，很多人跪倒在地祈求杜桑的原谅。[79]

杜桑的确是个内行。为了戏弄自己的敌人，他在1802年3月1日发布一份公告，对勒克莱尔早前那个称他为不法之徒的法令做出回应。他逐条驳斥了法军司令官，宣布对方及其手下将领才是真正的歹徒。他嘲笑勒克莱尔虚伪地自称是和平地来到这里，如果真是这样，他的船上就应该装满货物而不是士兵。杜桑补充说，他已经准备接受波拿巴的"仁慈态度"——对第一执政的那封信来说，这是一种宽宏大量的解读；杜桑小心地没有在文章中直接攻击波拿巴。但是他说，勒克莱尔没有给他回信的机会，而这实际上都是勒克莱尔的失误：这是个无能之辈，他做出的选择给殖民地造成了"死亡和破坏"，甚至法兰西角被焚毁也是他的责任（这是一个明目张胆的谎言，但杜桑知道他可以蒙混过去）。与此同时，杜桑重申他作为圣多明各合法统治者的地位是1801年宪法赋予的，并严厉斥责了那些与侵略军沆瀣一气的高级军官,如叛徒凯尔维索之流。他把残暴的罗尚博描绘为"黑人和有色人的毁灭者",并预言他将接替勒克莱尔的职位。至于法国人答应给予殖民地居民以"自由",杜桑的反驳带着尖锐的讽刺意味:"一个人不可能向别人提供人家已经拥有的东西。"这份公告有一个生动的结尾,杜桑认为,圣多明各的自由并非来自法兰西,而是得自"上帝"和"它自己的人民反抗暴政的斗争"。[80]

在1802年3月的最后一周,杜桑开始就实现和平的可能性试探法国人。这一行为本身并不令人惊讶。在整个职业生涯中,他一直没有辜负自己的姓氏,① 总是出于各种切合实际的策略性原因与敌人周旋:为了争取时间,为了离间自己的各个敌人,或者为了巩固业已存在的选择并增加新的机会。尽管从皮埃罗山脊撤退对他的军队来讲是虽败犹荣,但这仍然算是一次挫折;他现在需要看一看能否以一种精明的谈判手段加以弥补。这也正是他曾经多次成功实现的,在最受限制的情形下也要打造出些许的自由。

他决定与勒克莱尔的高级军官让·布代将军(General Jean Boudet)接触。这是一个明智的选择。布代是波拿巴的战友,曾在马伦哥战役(Battle of Marengo)② 中与其并肩作战。他不像其他一些法国军官那样杀伐成性,能够理解革命已然转变了加勒比地区的社会生活〔在维克托·于格(Victor Hugues)

---

① 作者在此处的意思是,杜桑为自己取的姓氏"卢维杜尔"有思路开放、善于抓住机会的含义。请见第2章里有关这个姓氏如何出现的内容。
② 法国与奥地利帝国于第二次反法同盟时期的一场战役,此役的胜利保住了法国的革命政权,这也是拿破仑毕生最引以为傲的一次胜利。

指挥的 1794~1795 年战役中，他曾经参加从瓜德罗普驱逐英国人的战斗]。布代在皮埃罗山脊也负了伤并被迫放弃指挥权，由此杜桑便知道他对于己方人马的英勇善战是有亲身体会的。他表面上高调声明其共和主义者的信仰，但是有谣言说他在法国人占领共和港之后从国库中大捞了一笔。[81] 杜桑给布代的第一封信已经找不到了，但是我们可以从这位法国将军1802 年 4 月 1 日的回信中猜出它的内容。为了绕过勒克莱尔，杜桑试图通过布代与波拿巴直接进行沟通。布代可不是这么容易受摆布的，他提醒杜桑，勒克莱尔不只是他的司令官，还是波拿巴的妹夫，在其背后搞小动作是没有用的。他还批评杜桑，说他的宪法在殖民地"竖起了独立的大旗"，仿佛打开了一扇通向违背共和主义原则的世袭君主制度的大门（不过这并没有妨碍布代在两年之后向拿破仑的世袭帝国宣誓效忠）。布代表明他是在司令官同意之下讲这些话的，然后在结尾时，他又请求杜桑不要再"让法国人流血"。[82]

杜桑在 10 天之后回信。只要能够得到对方"坦率而诚信的"对待，他希望能够开启谈判；拉沃与他打交道时就曾经采取这样的方式，作为回报，他一直给予拉沃"绝对的服从"。杜桑的长篇回信内容涵盖了广泛的政治问题，从中可以看出，他在权衡自己的不同选择时所感受到的相互冲突的各种压力。又一次，他在开头部分详细历数了自己在圣多明各的忠诚履历。作为一个在该殖民地重建了秩序和良好政府的领导人，在他刚刚扑灭"无理而可耻的"1801 年 11 月叛乱的时候，法国人就决定向他进攻，这令他十分沮丧（杜桑根本就不知道的是，波拿巴在他的秘密指令中把穆瓦斯作为首先需要消灭的黑人领袖）。杜桑重申他对法兰西的忠诚，提到曾有

"外国势力"在很多场合与他接触，但是他都为了法国的利益而断然拒绝，因为"只有法国宣告了赋予黑人自由"；此处，杜桑忍不住再次攻击勒克莱尔，指责他"因为自己是一个黑人"而拒绝谈判。[83]

杜桑还以很大篇幅为他的1801年宪法进行辩护。他拒绝接受别人说他企图与法国决裂的指控（"假若殖民地人民希望如此，他们在很久以前就可以独立"），并向这位雅各宾派的法国将军做了一次有关宪政分权之优点的讲座："经验表明，一个国家的立法体制一定要根据其气候条件、农业特点和人民的价值观与风俗习惯进行必要的改造。"针对布代指控他试图在殖民地建立专制政权，他愤愤不平地给予回击，申明自己一贯是"共和国最好的朋友"，将永远得到"广大人民"的支持，人民依然对他抱有充分的信任，并依靠他抵御法国的侵略。实际上，他的计划是，一俟农业生产得以恢复，便辞去总督职务；凭着"纯粹的常识"，他知道自己不可能永远掌权，而且"今天的强者明天就会软弱无力"。他补充道，在任何情况下，他都既没有意愿也没有能力将他的统治世袭下去，继任者将通过规范的交接程序获得他的授权。[84]

对于杜桑与法国人开始谈判时的心理状态，给布代的这封信提供了重要的启示。他既没有屈服也没有被击败，他的战争经验将他与人民的战斗精神再次结合起来。确实，在整个春季战役的过程中，广大人民所表现的坚定意志使杜桑重新获得了力量。但是他也明白，此刻并不具备战胜法国人所必需的军事资源，他还需要更多的时间；于是他便努力摸索是否有可能达成某种政治解决方案，从而捍卫那些已经庄严载入宪法的革命基本成果，同时也静候疾病给侵略军造成难以避免的伤亡。[85]

最终，导致天平向妥协一边倾斜的主要因素是战场上的态势，到1802年4月底，双方已经陷入一种棘手的僵持局面。法国人重新控制了大部分沿海地区，尽管其威信脆弱不堪，军力也已受到严重削弱。此时，随勒克莱尔而来的部队已经有半数阵亡、受伤或感染黄热病。

然而，即便杜桑的部队还握有相当面积的领土（马尔梅拉德，上普莱桑斯的部分地区，圣拉斐尔、米尔巴莱、小卡奥和大卡奥，以及阿蒂博尼特平原上的一些据点），他们也没有足够兵力对侵略者施以致命一击。有个地方指挥官报告说，他只能提供寥寥几个向导，因为其余的人"健康状况很差"，而且他的大部分马匹都已受伤。[86]杜桑还竭力寻找志愿者在军医院里担任护士和洗衣女工："要求社区成员对那些待在家中无所事事的人施加道德影响，迫使他们申请这些空缺出来的职位。"[87]杜桑自己的副官中有很多都已经倒戈，其中最近的一个是克里斯托夫（4月26日）——这是一项重大挫折，尤其是他带走了手下的5000人。杜桑曾徒劳地恳求他制定一项应对勒克莱尔的共同战略，以便为第二次大规模进攻做准备。[88]在杜桑的贴身随从中也有潜在的背叛行为，正在暗中对他进行破坏的人包括1801年11月被解职的前秘书帕斯卡尔。此时，帕斯卡尔已经成为一个法国间谍，他向巴黎写信提到其"危险的处境"；在法国人登陆的时候，他向对方汇报了有关其长官的大量情况。[89]

或许还有一个更深层的原因，使杜桑无法真正与法国决裂。其阵营中的德萨利纳等人已经开始认真地考虑独立的问题；与他们不同，总督本人或多或少还是相信，只有隶属于法国，圣多明各才能保障本地的长期安全与繁荣。即使波拿巴和勒克莱尔是恶魔,也总是有一些,且将来还会再有其他高尚的法国人,就像拉沃"老爹"和那些为了保卫他们的国家在瓦尔米(Valmy)① 抵抗帝国主义进攻的无套裤汉。杜桑对于法兰西的防御性共和主义军事传统的敬仰丝毫不减,这反映在他对侵略军士兵个人并无敌意,而且对抓获的俘虏都按照国际公法的原则给予人道待遇,他手下的许多指挥官亦是如此(尤其是莫勒帕)。[90] 这种对法兰西革命神话的经久不衰的认同在杜桑的队伍里广泛存在——在皮埃罗山脊的一场战斗进行到高潮时,打退了敌人一次进攻的黑人士兵不约而同地齐声高唱《马赛曲》。杜桑在给勒克莱尔的一封信中言简意赅地说:"我们一直都是法国人。"[91]

听到这些感想,那位远征军司令官太高兴了。两个人在5月初于法兰西角见面并达成协议,立即暂停敌对行动并解除参加抵抗侵略斗争的种田人武装。杜桑接受了军事仪仗的欢迎,并得到当地居民的"最高敬意"。[92] 总督要求的某些东西——被任命为殖民地的副总司令——是勒克莱尔不会接受的。于是乎,他便得到了自己真正想要的东西:其所有官兵得到大赦并全部编入法国军队,他特别坚持协议中必须包括白人眼中的讨厌鬼德萨利纳。勒克莱尔对此表示同意,但只是因为他希望促使德萨利纳背叛自己的司令官。5月7日中午,勒克莱尔举行了一场由双方高级军官出席的盛大的和解宴会,来宾中包括海地未来的四位领导人:德萨利纳和已经向杜桑开战的克里斯托夫,以及亚历山大·佩蒂翁(Alexandre Pétion)和乘着入侵舰

---

① 法国马恩省的一个村庄。1792年9月20日,法兰西革命军队在这里与奥普联军及法国保王军队交战,并取得胜利。

队的船只来到圣多明各的让-皮埃尔·布瓦耶（Jean-Pierre Boyer）。杜桑仍然对法国人有所提防，所以只吃了一片格吕耶尔干酪（Gruyère）①。[93] 但是他一点也没有收敛自己的傲慢无礼，当勒克莱尔问，如果他选择继续进行战争，他能从哪里得到武器和弹药以维持作战时，他平静地回答："我会从你们的仓库中得到。"[94]

杜桑回到他在马尔梅拉德的司令部时，受到了战士们的高度赞扬。杜桑与他的参谋让-皮埃尔·方丹（Jean-Pierre Fontaine），以及自从1790年代史诗般的战役时就与他并肩作战的勇敢骑兵深情地告别。按照与勒克莱尔达成的协议条款，他的卫队将被重新部署到法兰西角和普莱桑斯，只允许他保留象征性的随身卫兵。[95] 随后，他便出发前往他在埃内里的一处庄园，即桑塞大宅（Habitation Sancey）。在那里，他答应帮助把那些参加了起义的戈纳伊夫种田人送回他们的种植园。[96] 他在当地拥有四座咖啡种植园，当他在其中消磨时间的时候，杜桑终于略微体会到他时常渴望的平静生活。在家人的陪伴下，他接待本地的军事、民政和宗教界的显要人物，每天还骑一骑马。不过，马匹的步伐却并不斯文，这也算是一种难改的积习。[97]

勒克莱尔仍然为他与杜桑达成的协议条款感到刺痛，这在很大程度上被视为对他个人的羞辱，他决心要向波拿巴表明他并未失去对局势的掌控。1802年3月，第一执政就写信提醒他，不要忘记给他的秘密指令，尤其是要求他在解除黑人的武

---

① 又称瑞士浓味干酪，产于瑞士的格吕耶尔或法国的汝拉（Jura）。

装之后，尽快将"强盗中的主犯"递解到法国。[98] 因为他没有办法做到这一点，勒克莱尔决定对杜桑本人采取行动。起初，他派一些部队到埃内里周边地区骚扰当地农民，驱赶他们离开杜桑的种植园。杜桑向戈纳伊夫的地方指挥官抱怨这种"冒犯行为"，[99] 然后混乱依旧持续，他又写信给勒克莱尔的参谋长。[100] 此外，支持杜桑的西拉拒绝放下武器，法国人指责杜桑在鼓励此人继续抵抗。事后证明，这种引起争端的信息主要来源于德萨利纳，他现在积极致力于反对从前的领导人。[101] 据说，在勒克莱尔的远征军登陆之后不久，杜桑就咨询了一个伏都教的占卜者，此人预言，杜桑会遭到一个重要副官的背叛，事实证明他算得太准了。[102]

6月7日，法国人给杜桑设下一个圈套，邀请他到乔治种植园（Georges plantation）与他们的当地指挥官让-巴蒂斯特·布吕内将军（General Jean-Baptiste Brunet）见面。布吕内称自己是"真诚的朋友"，他给杜桑写信，请求帮忙保护本地区免受"强盗"袭击，并将农民送回去工作。杜桑给他的回信是作为一个自由人所写下的最后一封信。他重申了自己对于公共利益的奉献，并表达了帮忙的意愿，前提是他能得到"有尊严的"待遇。[103] 尊严是勒克莱尔心中考虑的最后一件事情。杜桑走进了准备举行会议的房子，1小时后，他被布吕内的人逮捕并送上一条开往法兰西角的军舰。他的仆人、妻子、外甥和儿子们也都被拘押，法国军队洗劫了他在埃内里的地产，偷走了钱款、衣物、家具和工艺品；布吕内的副官格朗塞涅（Grand-Seigne）假装搜查杜桑的文件，其实口袋里塞满了他能找到的所有珠宝。[104]

为了给这次逮捕找到合法性，勒克莱尔声称杜桑在停战以后仍然密谋反对法国军队。他发表了一项公告，指责杜桑煽动德萨利纳（正是德萨利纳向勒克莱尔报告了此事）和西拉（此人已经撤出了马普，仍在逃跑的路上）继续反抗。[105] 这位法军司令官还编造了一封信，声称是由杜桑写给方丹的，此人曾担任杜桑的参谋，现在则加入了勒克莱尔自己的参谋班子。杜桑显然曾让方丹散播谣言，称他所在地区的种田人不愿再继续工作；他还曾指示方丹告诉博尔涅（Borgne）的那个名字很奇妙的军事指挥官"烈姜"（Gingembre Trop Fort），让他所在地区的农民故意拖延。[106] 除了推动这场消极的抵抗运动，据说杜桑还询问勒克莱尔的健康状况，并且用黄热病的暴发开玩笑。第一个患病者正在法兰西角的普罗维登斯医院（Providence hospital）接受治疗，杜桑宣布："上帝①来拯救我们了。"[107]

这句妙语听上去是真正的卢维杜尔风格，杜桑毫不怀疑法国人最终会被疾病打垮；他已经在2月18日给德萨利纳的信中说过，从那之后又在向战斗部队和辅助部队的讲话中多次提到；正是因为这个，他才非常自信，认为法国人的占领从长期来看是不可能成功的。暗中鼓励其他人的破坏行为，同时保持自己一概否认的态度，也是他的经典把戏。也就是说，杜桑知道最好不要以容易牵连到自己的书面形式传达这种指示，此类信息要经口头传递，委托给那些（如之前诺文记述的）宁死也不会泄露秘密的人。在他向勒克莱尔表示屈服之后，杜桑的所有信件都表明，他十分小心地遵守着双方达成的军事安排，甚至将自己手中所有军火都送给了困惑不已的戈纳伊夫当地的

---

① 前文"普罗维登斯医院"的名字中的"Providence"即上帝或神的意思。杜桑在这里利用这个医院的名字比喻上帝是站在自己一方的，通过降下这场疾病帮助自己打败侵略者。

法军指挥官。这很难说是一个期望随时再起战端的人会做出的行为。[108]

无论杜桑是否在信中写了部分或全部上述内容，都不重要。波拿巴已经重申了逮捕杜桑的命令，勒克莱尔早晚都要来抓他。真正的问题是，像这样一个在整个生涯中躲过了几十次暗算的人，为什么会让自己这么轻易地被抓住。正好是一个月之前，到法兰西角会见勒克莱尔的时候，他提前一天抵达，身边有300名战士和一队随时准备马刀出鞘的贴身卫兵。有一个法国军官曾在5月中旬与杜桑交谈，发现杜桑"极其谨慎"。[109]迟至6月5日，在给布吕内的回信中，他还在诉说对勒克莱尔的不满，表示他不认为对方的行为是"体面的"。然而，即便有人曾警告他，与布吕内的会面是一个陷阱，杜桑还是只带了一个副官和一个家仆。[110]或许是杜桑过于自信了，以为他已经设法，至少是暂时地，遏制了法国人对其地位的挑战，进而为自己赢得了战略上的优势。对发生在身边的背叛行为，他也掉以轻心了：杜桑被捕之后，布吕内和勒克莱尔之间的通信说明，有杜桑内部圈子的成员接受贿赂并向法国人提供情报。[111]

可能还存在另外一个因素。杜桑的继任者现在开始露出端倪，他的宪法明确规定了一个机制，使他可以指定下一任总督，他在给布吕内的信中相当轻率地说起了这一点。这一前景加剧了杜桑下属之间的矛盾，而法国人很快就抓住了这个机会；特别是，他们利用了德萨利纳对其同志日益增加的不满。在杜桑被捕之前，德萨利纳与布吕内有过密切的接触，在他们之间的某次谈话中，前者曾愤怒地抱怨，总督不拿他当回事，没有让他参与宪法的草拟过程。这个例子并非偶然：德萨利纳明显已经意识到，如果按照正式的继承顺序，他是不会被选择为继任者的。他心照不宣地支持布吕内的行动，从而也就决定了杜桑的命运。

这个囚犯于7月19日到达布雷斯特。这是他第一次乘船。整个航程中，他被限制在舱室里，不能和同在这条船上的家人进行接触。实际上，一到法国，他就被迫与他们分开，从此再也没有相见。他给波拿巴写了一封抗议信，请求放过自己的妻子苏珊，她是"应该从一个慷慨自由的国度得到宽容与善意的一位母亲"。[112] 曾经拿起武器抵抗法国人的普拉西德被单独囚禁在贝勒岛（Belle-Île）① 的城堡里，其他家庭成员［苏珊，她的另外两个儿子伊萨克和圣-让，她的儿媳维克图瓦（Victoire），外甥女路易丝·尚西和女仆朱斯蒂娜（Justine）］都被送到巴约讷（Bayonne）②。[113] 之后，他们又被转移到阿让（Agen）③，在整个拿破仑当政时期一直处于严密监控之下。杜桑先是在布雷斯特的一座城堡里被关了一个月，然后和他忠实的混血仆人马尔斯·普莱西亚（Mars Plaisir）一起被转移到茹堡（Fort de Joux），从1802年8月24日起被拘禁在那里。杜桑最后的磨难开始了。[114]

为了让他招供，当局用尽了一切办法，包括身体和精神两个方面。他无法收到家人的任何消息，也不知道他们被关在哪里；他只是在到达这里一个月以后，想办法给苏珊发去一封信。囚禁他的这座中世纪要塞远在法国东部，位于汝拉山脉中，勒克莱尔有意选择这个条件艰苦的地方是因为它寒冷的气

---

① 法国布列塔尼大区最大的岛屿，岛上有一座修建于16世纪的要塞。
② 法国西南部城市，大西洋沿岸港口。位于阿杜尔河下游，临比斯开湾。
③ 法国西南部城市，位于波尔多东南约84英里的加龙河畔。

1802年8月下旬，杜桑被转移到位于法国东部汝拉山脉中的这座监狱。茹堡是一处中世纪的要塞，特意挑选这里是因为它寒冷的气候，以及远离海洋的位置。杜桑在这里一直待到1803年4月去世。

候，以及远离海洋的位置——害怕他会逃跑并返回圣多明各（"仅仅他的出现就能点燃整个殖民地"）。[115] 就算有马坎达尔精神的加持，他也不可能逃脱，关押他的高度戒备区域位于这座监狱的顶楼。他被锁在自己的牢房中，不允许读书或会客，甚至他对糖的摄入——作为一种奢侈享受，他喝什么都要加糖——也有定量限制，牢房取暖所需的木柴也是这样。[116] 尽管他不断要求接受审判，却一直处在没有任何指控的关押中。很快，当波拿巴发觉他没有进行有效的合作，便开始对他施加小小的羞辱。首先，马尔斯·普莱西亚，真正意义上的唯一陪伴者，被从茹堡转走，送往南特①。[117] 然后，他所有的个人物品都被收走，包括怀表、马刺、帽子、甚至剃须刀。最后，在1802年10月下旬，法国政府发来进一步指示，为了寻找现金和珠宝，对他的牢房进行彻底搜查，更不许给他任何报纸。他的军装也被收走，而且监狱长得到指令，只能以"杜桑"来称呼他。[118]

杜桑·卢维杜尔仍不服输。他保持尊严，蔑视这种有辱其人格的待遇。根据一个看守事后的证词，当他们要把他的全套军装拿走时，他将衣服扔给那个军官，并告诉他："拿去给你的主子吧。"[119] 1802年9月，波拿巴派他的一个随行副官，即卡法雷利将军（General Caffarelli）来审问囚犯，既要让他承认反叛行为，也要他透露出赃物的藏匿地点，这已经成为一件令第一执政痴迷的事情，他甚至还让人就这个问题审问过马尔斯·普莱西亚。[120] 一贯唯利是图的英国人也曾经相信杜桑积累了"大笔的财富"。[121] 按照广泛流传于侵略军中的传说，杜

---

① 法国西部最大的城市，现为法国第六大城市。

桑曾命令他的六名下属把他的财宝藏进圣多明各的卡奥山脉里,然后为了保守秘密而将他们处死。[122] 尽管这个故事在逻辑上很荒谬(杜桑还要杀掉杀死这六个人的那个人,以此类推),卡法雷利还是一再向杜桑重复这个故事,而杜桑轻蔑地予以拒绝。事实上,他否认了所有事情:他曾与英国人和美国人进行密谋,他的宪法具有煽动性,还有他把资金藏在牙买加、美国或英格兰。他还说,他从来就不曾富有过,他全部的资产就是他的地产。这一点是真的,但他也和审讯者耍了个花招:当被问到他是怎么购买这些资产的,他的回答是:"我的妻子很有钱。"[123] 在与杜桑进行了七次会面并聆听其冗长的独白以后,卡法雷利不得不向波拿巴承认,他的任务失败了,这个"沉着、狡猾而老练的"囚犯是在有意拖延。[124]

杜桑甚至还想办法让卡法雷利成了自己的信使,把他自己写给第一执政的所谓"报告"带回了巴黎。[125] 作为他的最后一篇文章,在被囚禁以后的头一个月里,杜桑将它口授给茹堡的秘书让南(Jeannin),后来这篇文章作为他的回忆录为后人所知。[126] 人们还经常认为,这仅仅是杜桑再一次企图为自己辩护而已,或者充其量是徒劳地恳求波拿巴的宽宏大量。但它所蕴含的是一些更为深刻的东西。到1802年9月,杜桑已不再幻想自己能活着走出茹堡了,不仅因为他充分考虑了波拿巴的怀恨在心,而且他也感觉到自己的健康状况开始恶化。从这个角度来说,这部回忆录是为后世子孙而作,既明显表达出混杂着一丝悔意的尊敬,又有一种微妙而有力的革命者的挑战姿态。它应该被解读为一个具有启迪意义的故事,关于共和主义者的高尚情操与腐败堕落之间的斗争,或者就像他用自己最喜欢的一个比喻所说的,关于"光明与黑暗"之间的斗争。[127]

他详述了自己从1794年开始为共和国做出的贡献,以其丝毫未减的自信说道,单是罗列他在军事上的成绩,就需要"几卷"的篇幅。为了强调自己的爱国主义,他补充说,他已经在无数的场合为法国甘冒生命危险,并为了祖国"抛洒鲜血";在他所有受过的伤中,有一粒子弹仍然嵌在他的右侧臀部(当然,他本来也可以提及他失去的大部分门齿)。[128] 然而,所有这些牺牲为他换来的却是遭到逮捕并像一个"下流的罪犯"那样被驱逐出境。此处,杜桑又开始谈起他的种族问题,说这样的待遇肯定不会落到一个"白人将军"的头上,如此无礼的举动毫无疑问是与他的肤色分不开的。接下来,他对种族主义观点进行了驳斥:"但是我的肤色……是我的肤色阻止我满怀热情与忠诚为我的国家服务吗?难道皮肤的颜色会妨碍我的荣誉和勇气吗?"[129]

作为一个行政长官,杜桑把自己全身心地奉献给这片殖民地,向他的同胞灌输一种公共精神的观念。对于自己饱受争议的劳动政策,他做了一番出自共和主义精神的强有力的辩解:"让我的人民去工作,就能让他们理解,自由的真正价值不只是恣意的放荡;它是为了防止民众的腐化,是为了殖民地的普遍幸福,也是为了共和国的利益。"[130] 他拥有一份无可挑剔的履历,怀着"荣誉、忠诚和正直"为共和国服务。他"为了公众利益而出色地"管理了殖民地的财政事务,并精准地指出,勒克莱尔登陆以后在殖民地各处的金库中找到了数百万法郎①。[131] 这位法国司令官不宣而至地破坏了这里的和平秩序,

---

① 作者在此处并未言明这"数百万"指的是何种货币,译者根据前文推测可能是法郎。

向殖民地的勤劳百姓发起攻击，他才是"罪恶之源"。杜桑此时的策略依然是归罪于勒克莱尔而放过波拿巴，但是任何读者都不会误解他的主张：正是法国人，以其无缘无故的侵略行为，打碎了圣多明各的和谐。[132]

1801年宪法也变成纯洁与堕落之间的一个对比。法国人将这份文件看作他的"犯罪"意图的证据。杜桑断然否认这一指控，坚称自己当时是出于诚实正直的动机，在努力应对殖民地因缺乏恰当法律而引发的"紧急状况"。其出台过程堪称典范，制宪代表团是由各地方议会指定的，草案由这些代表拟定，并且文本也送交了法国政府。最重要的是，它的结果是共和主义宪政的完美范例，因为其内容基于"殖民地居民的特点和习俗"[133]——这又是对废除奴隶制度一种含蓄而又尖锐的提及。废除奴隶制度已经被神圣地载入宪法，为殖民地提供保护，杜绝法国恢复奴隶制度的任何企图。回忆录中并未专门提到这一点。但是杜桑再一次在文中用了很多与奴隶身份有关的隐喻，使他的读者不会留下丝毫疑问。其中一处，他把自己比作那些"被割掉了双腿和舌头"的人，以及被"活埋"的人。[134]

如前所见，杜桑的道德价值观基于对自然和谐的坚定信仰。勒克莱尔的军队损毁殖民地的所作所为，让杜桑在自己的叙述中又加入一个令人震惊的对比：圣多明各本地居民那天真无邪的、田园牧歌般的纯净与侵略者的贪得无厌。对于后者，他首先以阿迪将军部下的行径予以说明，这些人洗劫了他的种植园并偷走所有牲畜，包括他的坐骑"漂亮银币"。[135]这件事情发生在1802年3月，当时战争还在持续。但即使是休战以后，他在埃内里的庄园还是遭到法国士兵有计划的抢掠。在长达三个星期的时间里，他们夺走当地农民的财物，甚至爬上他门前的台阶去砍香蕉；他还曾经发现，他们带走的水果"甚至还尚未成熟"；他在此处的重点是将法国侵略者所声称的"文明"与他们实际行动中的野蛮进行对照。[136]

通过对亲身经历的讲述，杜桑更全面地指出了法国侵略军对殖民地各种肤色的当地百姓的野蛮暴行，显然是呼应了雷纳尔和狄德罗的《两印度哲学史》。这一点也是完全准确的。在跨越大西洋驶往圣多明各的途中，这些法国士兵被告知他们将会找到数不尽的财富，所以他们准备了一些特殊的袋子挂在腰带上，希望可以用来装金子。[137] 事实上，在法国舰队到来以后的一年时间里，殖民地上演了一部巨额腐败和贪污的大戏。一些白人很快就开始怀念过去在杜桑治下的好时光。对于法国军官向商户进行敲诈勒索，法兰西角的一位居民不满地说："到这里来的人只想要钱，钱，然后还是钱。"[138]

这个囚犯于1802年10月初写信给波拿巴，这是他最后一次恳请第一执政展现他的"人道主义"。他承认自己可能犯了一些"错误"，但声称法国政府"完全误解了杜桑·卢维杜尔"，自革命以来，他一直以"忠诚、正直、热情和勇气"为法国服务，并为了国家的"正义与光荣"而工作。杜桑没有忘记波拿巴是一个有家室的人，他回忆起被自己当作"父亲"的皮埃尔-巴蒂斯特，后者曾经指给他"通往美德的道路"；他希望波拿巴的心能被自己的痛苦"打动"，可以"给予他自由"。[139] 不出所料，他没有收到任何答复，很快，杜桑殉难的最后一幕便开始了。来自狱方的折磨日益加剧，他们经常在夜间搜查他的牢房。随着1802年与1803年之交的冬季来临，他的健康状况迅速恶化。体重下降，咳嗽不止，他一直抱怨头部和胃部的疼痛，但是几乎没有得到任何医疗救助。终于，在1803年4月7日，监狱长发现他死在牢房的火炉边。杜桑的遗体被埋在要塞的小教堂里。[140] 传说他在囚禁中放弃了信仰，而真相恰恰相反，杜桑是作为一个天主教徒死去的。他在最后一封信中两次提到了上帝，并形容自己"头戴着荆棘"①。[141]

在杜桑去世的时候，占领军已经永远地失去了在圣多明各的军事优势。波拿巴为重新征服殖民地而制订的三阶段计划早已变成遥远的记忆，负责执行它的那个人在1802年11月死于黄热病。在死前几个月，勒克莱尔就已经知道，游戏结束了。现在轮到起义军的进攻分成三个阶段。第一阶段开始于法国决定在邻近的瓜德罗普恢复奴隶制度的时候；这个消息在杜桑被捕之后不久，于1802年8月传到圣多明各，在殖民地各处激起了广泛的反抗行动，使解除种田人武装的一切努力归于失败。1802年10月，第二阶段开始。当时所有为法国人服务的黑人和混血将领（克里斯托夫、德萨利纳、佩蒂翁和克莱沃）都加入了起义——此时已经形成一场全面暴动。这个阶段在1803年签订《阿尔卡艾协定》时达到高潮，所有地方将领都向德萨利纳宣誓效忠，他被任命为起义总指挥；就是在这个时候，德萨利纳设计出未来的海地国旗，从原来法国的三色旗中去掉白色条纹，使之变成蓝红两色。最后一个阶段恰好是在路易斯安那于1803年4月被卖给美国的时候，这一事件标志着波拿巴的西方帝国之梦的终结。1803年11月，法国军队在韦尔提亚战役中被击败，接下来，占领军从这片领土上的法属部分撤离。

---

① 根据《圣经》中的多处记载，耶稣在被钉上十字架之前，头上被戴上了荆棘编成的冠冕。

1804年1月1日，德萨利纳宣布了独立国家海地的诞生。[142]

后世所谓的海地独立战争，有时候被描述为杜桑·卢维杜尔的第二次死亡。他不想从法国独立出来，直到最后一刻，他还坚持相信，法国人会明白，不可能通过军事手段实现他们的目标，可以与圣多明各革命领导人达成一种互惠互利的安排。这种想法并非完全不现实，波拿巴本人后来在圣赫勒拿岛承认，对圣多明各的远征是一个灾难性的错误，是他曾经犯过的最大错误之一，他应该"与杜桑达成一项协议，委任他为殖民地总督"。[143]然而，独立战争使农村群众得到全面动员，这是杜桑未能在他的春季战役中实现的，但是到头来，从他手中得到过一切却又背叛了他的将领们做到了这一点。完成了这个任务之后，德萨利纳有条不紊地清除杜桑的支持者和盟友，无论白人还是黑人。独立以后建立的政权，明确放弃了殖民地的欧洲传统，看起来是走到了杜桑所梦想的多种族共和国的反面。就好像，尽管波拿巴在其他每一个方面都失败了，但至少他实现了让杜桑"不复存在"这个目标。

可是这个结论未免过于草率。杜桑是第一个领悟了这种冲突真实本质的人。从在萨马纳角望见法国舰队的那一刻起，他就意识到，侵略者只有恢复奴隶制度才能实现他们收回圣多明各的计划。他得出这一结论甚至早于波拿巴自己：最终，这位第一执政在1802年6月通过海军部部长向勒克莱尔承认，殖民地的黑人族群终将不得不"回到他们的最初状态，令人遗憾的是，我们曾经使他们脱离过那种状态"。[144]虽然勒克莱尔拒绝执行这一指示，并因其人道主义姿态受到人们赞许，但他对于在殖民地重建白人统治秩序的观念还是很极端的。在死前一个月，他告诉波拿巴，保持法国对这片殖民地统治的唯一办法是"杀掉山区的所有黑人,不论男女,只留下不满 12 岁的儿童,同时还要杀掉生活在平原上的一半黑人,不给殖民地留下哪怕一个戴肩章的有色人"。[145]

勒克莱尔的继任者罗尚博不折不扣地实施这些种族灭绝的指令。在他的骇人统治下,大规模处决事件激增,成千上万的男人、女人和孩子在各种恐怖的行动中被杀害。处决的方式包括枪击、绞刑、斩首、火焚和溺毙;罗尚博还从古巴引进了猎狗。[146]受害者中包括杜桑的教父皮埃尔-巴蒂斯特,杜桑在回忆录中向他表达了敬意,还在 1802 年 1 月下旬给他的儿子西蒙(Simon)写过信;[147]尽管已过百岁高龄,又双目失明,这位海角高地的老族长还是被法国士兵从家里抓走,扔进大海里淹死,却没有任何明显的理由,仅仅是因为他的家族与杜桑有关联。1803 年 4 月,罗尚博致信波拿巴,要求把杜桑送回圣多明各,以便可以将他"郑重其事地"绞死。他还建议应当像在瓜德罗普一样恢复奴隶制度,并制定"更为严厉的"《黑人法典》,赋予白人种植园主对奴隶的"生杀予夺之权"。[148]

杜桑不仅预测到这场解放战争的本质,还设计出一套被起义军成功贯彻的战略。悉心隐藏武器,实行焦土政策,系统性地破坏殖民地的经济组织(1802 年年底,蔗糖生产完全停滞),起义部队退守高地上的第二道防线,以及发出总动员的号召——所有这些都是杜桑的主意;[149]1802 年年初,一名法国高级军官承认,这场战争"完全是在按照杜桑的规划"进行。[150]克里斯托夫后来把这一战略称作"杜桑体系",可惜的是他和其他将领当时都没能理解杜桑,也没有全力支持他实施这一战略。[151]杜桑同样正确地预见了法国军队的严重减员。截止到 1804 年年中,在连续分几批到达圣多明各的总共 4.4 万人的法国部队中，已经因死亡、受伤和患病而减员85%（这个比例近似于早先英军遭受的损失）。最重要的是，在1803年5月，各支抵抗力量终于联合在统一的中央指挥下，这正是杜桑的一项根本原则。毫无疑问，1802年6月之后，如果杜桑还在圣多明各，他就可以用春季战役中所表现出来的潇洒自如的风度继续领导起义军，也就很可能不会有夏尔·贝莱尔、西拉、桑-苏西和马卡亚这些杰出黑人将领的流血牺牲。

杜桑·卢维杜尔对海地独立战争的进程起到了决定性的作用。但是，这种抗争让他回想起作为共和主义者的自我，提醒他不要忘记"广大人民"的卓越品质，他从1790年代起就开始主导他们的命运。在法国人入侵的时候，主要是由于杜桑的作用，圣多明各人民才明白，他们的自由并非来自一个仁慈政府的赐予，而是通过自己的斗争而夺得的权利；在检阅部队的时候，杜桑经常习惯性地抓起一支步枪，一边挥舞一边大喊："这就是我们的自由！"人们也知道，如果他们甘愿被缴械，这项权利也就会遭到剥夺，他们的力量就蕴藏于集体的威力之中。这里还有杜桑的另一项遗产。在登上把他带离戈纳伊夫的那艘船时，他向抓捕他的人讲明了这一点："通过打击我，你们就砍倒了圣多明各的黑人自由之树。可是，它繁茂的根须深深插入地下，一定会再次发出新芽。"[152]

第12章　世界的英雄

海地革命之后，杜桑和他的同志们便退出了西方的历史意识。但是，这并不意味着他的大众声望也随他本人一起消逝在汝拉的群山中——恰恰相反。在整个19世纪和20世纪当中，他不仅在新近独立的海地，而且在大西洋两岸都成为一个偶像人物——他的传奇象征着海地革命振奋人心的力量，激励着那些为了奴隶的解放和全世界手足情谊，为了在各自社会实现激进政治变革而战斗的人。1954年，因为攻打蒙卡达兵营（Moncada barracks）① 而入狱的菲德尔·卡斯特罗在他的牢房里说，驱使他"在古巴发动一场天翻地覆的革命"的历史事件就是"海地的黑人奴隶起义"。他还说："当拿破仑在模仿恺撒的时候，法国就类似古罗马，而斯巴达克斯的灵魂便在杜桑·卢维杜尔的身上复活了。"[1]

在杜桑统治圣多明各的最后几年里，这种鼓舞人心的品格就已经显露出来，并为他赢得了国际声誉。对那些试图向蓄奴统治阶层发出挑战的人来说，他是解放英雄；而对于奴隶制度的维护者来说，他是凶神恶煞。[2] 从18世纪末到19世纪初，在加勒比地区和美洲各处出现了一波新形式的奴隶反抗运动，从个体的反抗转变为有意识地努力颠覆整个奴隶制度。[3] 正是在

---

① 西班牙人在古巴建立的兵营，因为领导古巴独立战争的吉列尔莫·蒙卡达曾被关押于此而得名。1953年7月26日，为推翻巴蒂斯塔政权，由菲德尔·卡斯特罗带领的120名革命者向该兵营发动进攻。行动失败后，卡斯特罗兄弟被捕入狱。

这样的背景下,圣多明各的革命者紧紧抓住了他们那个时代的集体想象——使这个现象更显突出的是,杜桑本人并未主动地向其他地区输出革命。然而,人们清晰地耳闻目睹到一种自发的卢维杜尔式的狂热。因为他实现了种族平等和圣多明各的有序自治,杜桑在这一地区的流行音乐曲目中得到赞颂。牙买加奴隶为他谱写了很多此类歌曲,人们经常可以在1799年的金斯顿大街上听到,其中一首唱道:"黑人、白人、棕色人,我们都〔是〕同样的人。"作为与殖民主义和帝国主义列强进行军事抗衡的一股力量,杜桑同样得到人们的喝彩。在他刚刚从西班牙人手中奋力夺取了西属圣多明各以后,据报告,在委内瑞拉西部城市科罗(Coro)附近的山上,早在1795年就举行了起义的自由人和奴隶们,为这位他们称之为"火把"的偶像所取得的胜利而欢呼雀跃。最后,他们向当局发出惊天动地的怒吼:"你们最好当心点!"[4]

传奇人物身上也会体现出迥异于常人的特征,因此,除了良好治理和种族平等的和谐理想,这些流行的理想化观念也催生了具有颠覆性的有关黑人政权的神话。在加勒比地区南部的荷属殖民地库拉索岛(Curaçao),1795年的一场奴隶暴动不仅受到圣多明各废奴主义的影响,激励他们的也包括其中那些富有魅力的领袖,在同为奴隶的他们眼中,这些领袖都是共和主义者的典范。有一个被荷兰当局处死的反叛者自称名叫"杜桑",很多黑人父母也开始给自己的孩子起这个名字。[5]他的这段斗志昂扬的传奇故事威力如此之大,以至于1795年在已经正式废除奴隶制度的共和政体下的瓜德罗普也激起了一场反抗。首先是在其附属的玛丽-加朗特岛(Marie-Galante),然后是在拉芒坦镇(Lamentin),起义者强烈号召当地种植园工人推翻白人的经济权势。其言辞明显是在呼应圣多明各的榜样，比如他们宣称："人人都为所欲为，所有掌权的都是黑人"，还有"白种女人陪伴黑人"。当地法国官员相信，引发这些叛乱的事件就是杜桑将桑托纳克斯从圣多明各驱逐。[6]

同样，1799年，在委内瑞拉海滨城市马拉开波（Maracaibo），当黑人和混血者的一场密谋遭到镇压，当局发现其目标是在当地引入"与圣多明各同样的自由与平等制度"；[7]类似的计划也在巴西和乌拉圭被发现，奴隶和自由有色人将卢维杜尔式的理念传播到这些地方。[8]这种对于黑人政权的理想，经常围绕着与杜桑的共和派军队有关的故事、实物和谣言而得以具体化。当他在1798年把英国人从圣多明各赶走之后，有关杜桑攻击西属圣多明各的"秘密计划"（这个计划当然是有的），以及他要向古巴、牙买加、圣卢西亚、多巴哥、波多黎各（Puerto Rico）、墨西哥和美国派遣远征军的传言便开始在这个地区漫天飞舞。[9]1798年7月，因为持续不断地传来谣言，说有来自圣多明各的"满载着武装黑人"[10]的"多艘船"正在驶向切萨皮克湾（Chesapeake bay），弗吉尼亚的白人惊恐不已。两年之后，在加布里埃尔·普罗塞尔（Gabriel Prosser）的弗吉尼亚奴隶密谋中，"杜桑的遥远身影"也隐隐浮现。[11]

这些传言并不存在地理上的局限。1800年，古巴当局听到的一个传说是，杜桑已经把视线投向了掌控"整个世界"。[12]这些奇妙的故事也出现了非常独特的变体。一份巴尔的摩的报纸声称，虽然杜桑渴望实施其统治世界的计划，但是缺乏展开行动的资金。他的解决办法就是讹诈牙买加政府，以进攻该岛为威胁，除非他们每三个月支付20万古德——这表明，有关杜桑无所不能的神话中可能也包括他在细节上的苛求。[13]

杜桑·卢维杜尔是现代第一个黑人超级英雄。当他在19世纪初离开政治舞台的时候，其传奇中的主要元素都已齐备。他被视作一名解放者、一个战争英雄和尚武的男子气概象征、一位立法者（他的1801年宪法是尤为重要的里程碑之一）、获得解放的黑人民族性的代表，以及威廉·华兹华斯（William Wordsworth）① 在其1802年《致杜桑·卢维杜尔》（*To Toussaint Louverture*）的诗中所写的，"一个男子汉不可征服的心灵"的象征。按照伏都教将强大祖先奉为神明的做法，杜桑最终还是与德萨利纳一起在海地的洛阿众神中获得了一席之地，尽管他自己在统治后期曾努力压制这种盛行于圣多明各的宗教；[14]根据海地的传说，他的重要决定都得自战神奥贡菲尔的指示。[15]一首传统的伏都教民歌向海地独立斗争中的这两个人物表达敬意：杜桑"不畏惨死"，而德萨利纳是"海地的公牛"。[16]

正如我们所看到的，杜桑的传奇起初是由坊间流传的口头故事塑造出来的，它们所讲述的圣多明各革命的英雄事迹，已经成为海地的集体记忆和民间传说的一部分，然后得到大西洋两岸的奴隶、自由黑人和混血社群的长久传颂。这些传说及其主题自1791年起义和杜桑对阵西班牙人取得第一次军事胜利之后就开始流传，并以惊人的速度传播。1794年，在英属殖民地多巴哥，一个忧心忡忡的白人种植园主在信中说，很多奴隶都被灌输了"博爱"的思想，现在开始相信自己与"他们的主人是平等的"，他担心奴隶们很快就会团结起来"消灭殖民地的有产者"。[17]随后，这种革命思想的传播也经由报纸、手

---

① 1770~1850，19世纪英国浪漫主义诗人，从剑桥大学毕业后前往法国，曾亲身领略大革命的风暴，在思想上深受其影响。《致杜桑·卢维杜尔》这首诗是他在杜桑去世之前几个月写就的。

册和廉价的版画，以及各种手工制品，如带有革命领袖肖像的纽扣、军装和项链，被旅行者在海地内外互相传递。环大西洋各个港口遍布着共济会的分支机构、小酒馆、膳宿公寓、典当行、小教堂和咖啡屋，在由它们组成的国际交流网络中，黑人水手扮演着重要的角色。[18] 1805年，海地独立一年以后，有人发现里约热内卢民兵的黑人军官的领口上有一圈德萨利纳的迷你肖像。[19] 这些圣多明各的传说故事与各地的政治动员之间进行创造性的互动，帮助激进废奴思想的发展搭建了一个跨国舞台。[20]

圣多明各的神话以各种各样的方式弥漫在这种大西洋两岸的革命想象中。海地独立一年后，当特立尼达（Trinidad）的非洲奴隶计划针对法国人的种植园发动叛乱时，他们聚在一起高唱："嘿，圣多明各，记住圣多明各！"[21] 这个场景直接再现了1791年的布瓦-卡伊曼仪式。在这样的准宗教仪式中，杜桑和他的同志们被众人像神灵一样祈求。爱尔兰人联合会（United Irishmen）① 对他们在圣多明各的黑人兄弟所表现出的支持态度则带有明显的意识形态色彩。爱尔兰共和主义者的起义被野蛮镇压了，他们经常将自己在英国人统治下的困境比作某种形式的奴隶制度。在听说法国军队入侵圣多明各的时候，爱尔兰共和派领导人詹姆斯·纳珀·坦迪（James Napper Tandy）② 向杜桑表示声援。他说："我们是同一家人，无论黑人和白人，都是造物主的杰作。"几年之后，另一位爱尔兰人

---

① 英文全称为Society of United Irishmen，1791年10月成立于爱尔兰，是争取民族独立和政治宗教改革的群众组织。
② 1737~1803，爱尔兰政治家，爱尔兰人联合会的领导人之一，曾试图借助法国支持在爱尔兰展开反对英国人的斗争。

联合会成员约翰·斯威尼（John Swiney）给他的一个儿子起名为"杜桑"——在19世纪大西洋两岸的进步分子中，这是一个颇为流行的做法。1805年，爱尔兰废奴诗人詹姆斯·奥尔（James Orr）发表了他的《杜桑告别圣多明各》（*Toussaint's Farewell to St Domingo*），作为一篇更为伤感的文章，它唤起了对悲痛、毁灭和篡夺，以及大国奴役小国的回忆，并将爱尔兰与圣多明各的命运和渴望精心地编织在一起。[22]

因为加勒比或美洲地区的奴隶起义发起人很少具备像这些爱尔兰共和主义者一样的文化修养，档案资料中很难找到有关他们的活动记录，所以我们几乎没有直接证据表明，圣多明各的英雄传统是以什么样的方式在这些本地背景下得到利用的。一个显著的例外是毗邻的古巴岛，它成为这一地区反叛活动最为活跃的一个地方，部分原因是，在海地革命期间这里的奴隶人口增加了两倍。1795～1812年，古巴共发生了19次重要的起义或未遂起义，尤其是在哈瓦那、普林西佩港（Puerto Príncipe）、巴亚莫（Bayamo）、圣克鲁斯（Santa Cruz）和圭内斯（Güines）。有大量被捕起义者的证词被记录下来并保存在西班牙殖民档案馆中，它们都突出显示：在领导人、意象和价值观方面与圣多明各的联系，对于当时的古巴奴隶和自由人的政治意识产生了多么大的影响。[23]

这些男女老少是如此痴迷于发生在圣多明各的变革，以至于杜桑·卢维杜尔及其同僚的名字变得家喻户晓；一份古巴报纸称，当地人将海地革命的重大事件"铭记在心"。[24] 这绝不是在夸张。参加古巴起义的奴隶在被审问的时候，杜桑与其革命伙伴的名字经常出现他们的回答中。即便是在否认参与密谋行动的时候，犯人也做证说，古巴奴隶之间的谈话里经常出现杜桑之类的人名。在很多情形下，他的名字还被有意用在招募工作中：奴隶们得到许诺，他们将在未来的起义中担任军事指挥官，其职责就类似圣多明各的杜桑。显然，在古巴当地的奴隶社群中，对于杜桑作为斗士和解放者的角色存在广泛的共识。[25]

圭内斯地区是一个甘蔗的集中种植区域，当地的奴隶管理尤为残酷。1806年的起义密谋表明，海地神话既可以作为每个起义者的一个"绝对自由"的榜样，也可以（如同在杜桑的圣多明各一样）作为各种革命抱负的智力框架。当局拘捕并审问了这次密谋的三个头目：一个出生在非洲的奴隶马里亚诺·孔戈（Mariano Congo）、一个古巴克里奥尔人弗朗西斯科·富埃尔特斯（Francisco Fuertes）和一个曾参加圣多明各革命的"法国"奴隶埃斯塔尼斯劳（Estanislao）。这个三人组合正是同时对应非洲、加勒比和欧洲的完美典型。这里的奴隶起义结合了经典的共和主义原则和保王主义价值观，也加入了传统的仪式性舞蹈并用猪作为祭品。但是，他们的共同特性及关键的动员媒介就是圣多明各：那片土地上的起义者，就像杜桑那样，因为有"勇气"把命运掌握在自己手中而受到人们的敬仰。当富埃尔特斯去鼓动当地一座种植园里的奴隶时，他进行了一场有关海地及其英勇事迹的"长时间讨论"，赞美了其领袖的军事素质和他们在获得自由方面取得的成就，这一成就让他们成为国家的"绝对主人"。[26] 杜桑传奇的核心就是黑人自我实现的理想。

圣多明各同样存在于活跃在城镇中的古巴革命者心中。1812年，在外省城镇发动或策划了一系列的起义之后，何塞·安东尼奥·阿蓬特（José Antonio Aponte）遭到当局逮捕。他是哈瓦那郊区的一个自由黑人画家和手工艺者，曾经在当地民兵组织中担任上尉，还是一个非洲人兄弟会的领导成员；他的人际网络包括有文化的工匠、市政委员会首脑、民兵组织成员，以及黑人奴隶。[27] 在对阿蓬特及其叛乱同伙的审问过程中，一个解放古巴奴隶的野心勃勃的全面暴动计划浮出了水面，根据（由他们自己散布的）谣言，海地政府派来了2名军官和5000名武装人员，正在哈瓦那城外的山上等待加入古巴的起义。在从阿蓬特家里搜查出来的东西中，有一件蓝色的军装上衣（从杜桑时代开始的革命军队的装束），他有可能要穿上它以证实海地人参与其中的传言。[28]

从阿蓬特的藏书中发现的最有趣的一本是各国杰出英雄人物的画册，包括乔治·华盛顿、希腊和罗马诸神、阿比西尼亚①国王们的肖像，当中夹杂着海地革命者的画像，有克里斯托夫、德萨利纳及杜桑·卢维杜尔。关于这本画册，阿蓬特被审问了三天。他用了几年时间从古巴首都的码头工人中搜集来各种画像，然后拼凑成这本画册；与成千上万的圣多明各男女一样，他也把这些肖像作为珍贵的纪念品保存在家中。阿蓬特复制了这些画像，在召开革命会议时，把它们悬挂在家里作为道具。关于他对杜桑有何具体评价，我们没有找到记录，但是我们可以想象出，这位黑人将军一定是阿蓬特那种兼收并蓄的共和派解放理想的完美榜样。[29]

海地混血作家和国会议员埃拉尔·杜梅斯勒（Hérard Dumesle），出生在南部城镇莱凯，并被选举为该地区代表。他在1824年出版了《海地北部之旅》（*Voyage dans le nord d'Hayti*），以诗意的语言唤起人们关注国家独立以后的动荡历

---

① 埃塞俄比亚旧称。

史。身为新国家的第一任统治者,德萨利纳在 1804 年 4 月郑重宣告,从此以后,"不会再有殖民主义者或欧洲人"作为"某项财产的主人"踏足海地;留在殖民地的所有白人殖民者都被处死。[30] 1804 年 10 月,德萨利纳自封为皇帝,但结果是,其君主统治很短命,他本人在两年之后即被暗杀。在他死后,这片领土随即形成事实上的分裂:北部在 1807~1820 年是克里斯托夫统治下的一个王国;南部在 1807~1818 年是一个共和国,由另一位深受杜梅斯勒景仰的海地独立战争英雄——混血领导人亚历山大·佩蒂翁治理。旅途中,杜梅斯勒收集了当地人的证词,还访问了具有历史意义的革命圣地——于是便有了这本书的副标题"历史圣地和遗迹的启示"。多亏有这些从各种不同来源搜集到的信息,杜梅斯勒为 1791 年的布瓦-卡伊曼仪式提供了详细的记述;他这本书是在海地出现的第一批明显向圣多明各黑人革命贡献致敬的作品之一。[31]

其中最引人注目的一刻发生在海地东北部的瓦隆勒托尔(Volant-le-Thor),当时作者正在探访佩蒂翁建造的一座别墅。步入华丽的会客厅,杜梅斯勒发现佩蒂翁对这里的布置是一种向英雄主义的致敬。和阿蓬特的私人画藏一样,这里展现了一些欧洲人的杰出代表,他们为把人类从奴隶制的苦难中解放出来而奋斗,其中包括雷纳尔和格雷瓜尔,还有威廉·威尔伯福斯(William Wilberforce)①,他对 1807 年英国禁止奴隶贸易发挥了主导作用。在房间里占据主要位置的还有那些"古代的伟大征服者"如亚历山大、汉尼拔和恺撒。而特别吸引杜梅

---

① 1759~1833,英国政治家和改革家。毕业于剑桥大学,1780 年成为议员,是下议院废除奴隶运动的主要发言人,也是英国废除奴隶贸易的倡导者。

斯勒眼球的是与这些名人并列的,以金色字体书写的,由八个海地名字组成的一份名单,其中有七个有色人,包括著名的烈士奥热和沙瓦纳。作为唯一的黑人,杜桑·卢维杜尔的名字恰好被放在他的死敌里戈旁边。[32]

这种对杜桑的效忠令杜梅斯勒感到不安:他在书中早将杜桑形容为一个"被统治欲吞噬的"人,造成了南部战争中恐怖罪行的一个"嗜血暴君"。[33] 在 19 世纪上半叶,这是海地的混血知识分子共同持有的观点。[34] 然而,他也不得不承认,尽管有其缺点,杜桑仍不失为一个非凡的人物。实际上,佩蒂翁在他的客厅中呈现的正如同杜桑故去后在其故土上的命运。混血历史学家对他提出了尖锐的批评,曾经作为其部下的德萨利纳和克里斯托夫也正式将他抛弃。然而,杜桑不会消失。在同胞们的思想和记忆中,他仍然是一个魅力十足的人物:在其麾下征战过的老兵继续尊崇他,并保存着他的画像和纪念品;以后,这些人的故事会被详细地讲给托马·马迪乌,这位历史学家对革命年代军事行动的叙述大部分就是基于这些老战士的证词。[35] 值得赞许的是,佩蒂翁最终接受了他们对于这位杰出民族英雄的看法。虽然在 1802 年之前与杜桑势不两立(他在南部战争中站在里戈一方,又随着勒克莱尔的侵略军一起回来,继续与杜桑交战),但他还是意识到,在决定海地人民命运和在大西洋世界提倡奴隶解放理想的过程中,杜桑发挥了重要的作用。1815 年年末,当瓦隆别墅正要竣工之时,他向西蒙·玻利瓦尔(Simón Bolívar)① 提供了政治庇护。此时,佩蒂翁

---

① 1783~1830,19 世纪拉丁美洲的伟大革命家、军事家、政治家和思想家,为南美洲脱离西班牙帝国的统治、争取独立发挥了关键作用。他参与建立了大哥伦比亚共和国,并担任总统。

的心中一定还存有共和主义者的传统,他继续为这位解放者争取南美独立的运动提供了重要帮助。[36]

1820年代早期,混血总统让-皮埃尔·布瓦耶委托制作了一套系列版画纪念国家的伟大人物,杜桑第一次出现在海地的国家官方形象中。克里斯托夫和佩蒂翁死后,布瓦耶的军队于1820年占领了北部,使海地重新归于一个统一的政府,对于杜桑的接纳反映了他个人的崇敬。作为一名年轻军官,他曾经见过杜桑,当时总司令委任他在西部省组建一个骑兵团。[37]但是,制作肖像主要是一种政治姿态,目的是为这个国家"刚刚实现的统一"寻找一个各方都能接受的,特别是一个能在北部黑人百姓中得到响应的象征。[38]1820年代初,海地仍然被看作一个贱民国度——尚未获得主要列强的承认,而且还处在他们的军事威胁之下。完全跟随着杜桑的脚步,布瓦耶在1822年再次入侵已重归西班牙治下的西属圣多明各,并在那里又一次废除奴隶制度。作为获得法国承认的代价,布瓦耶最终被迫同意支付高达1.5亿法郎的天价赔款,以补偿对方失去这块殖民地的损失。[39]在如此困难的时期,杜桑·卢维杜尔正是最适合海地民族主义的一个偶像。[40]

布瓦耶计划公开发行的四张版画是在法国制作的,海地政府认真监督了每一个历史片段的挑选和说明文字的准确措辞。每一幅画都至少由两位画家创作,为了与圣多明各混血领导人的美学鉴赏力保持一致,杜桑的形象多少有一些欧化——与之形成对比的是,他的外貌在19世纪上半叶被人们更普遍地描绘得"具有黑人特征"。[41]第一幅画被命名为《杜桑·卢维杜尔与梅特兰将军会面》(*Meeting of Toussaint Louverture and General Maitland*)。人们从画中看到,杜桑在向这位英国军官展示一些文件，下方长长的说明文字解释道，他接到了逮捕梅特兰的命令——但是这位总司令拒绝执行，并称执行这样一个命令会令他"丢脸"，因为梅特兰是带着善意而来的。[42]如我们在第7章看到的，这件事发生在杜桑为达成1799年《梅特兰协定》而进行的谈判当中；此处的重点是突出杜桑真正的共和主义精神，并通过他的诚实正直强调海地政府是绝对值得信赖的；而且也是为了纪念这个实现国家主权的具有里程碑意义的时刻。

第二幅画，《杜桑·卢维杜尔颁布1801年宪法》(*Toussaint Louverture proclaims the 1801 Constitution*)，表现的是总督将这一神圣文件举在"合法召集的人民代表"面前。对于杜桑一直主张的观点，即该文本是经过合法过程制定的，这幅画的确是一项重要的背书。被母亲紧紧抱着的孩子象征着奴隶制度的"永远"终结。出现在显著位置的神父和全能的上帝从上方投下的慈爱目光，为画面增添了强烈的宗教意味，使它在构图风格上十分类似纪尧姆·吉永-勒蒂埃创作的，表现德萨利纳和佩蒂翁发出独立誓言的那幅《祖先的誓言》（请见彩色插图18）。为了明确杜桑宪法和1804年宣言之间的联系，它的文字说明称，《海地共和国宪法》[43]已经在1801年颁布——这是一个巧妙的时间错误，但是说出了更深一层的真相，就使杜桑重新成为海地的国父。

下一幅画更加私人化，再现了1802年年初那个令人心碎的时刻。随着勒克莱尔的入侵，杜桑的两个孩子被他们的导师夸农带回父亲身边，以换取他的效忠。总督被呈现为一种桀骜不驯的姿态，不顾妻子儿女的请求，丝毫不为拿破仑的使者所动。说明文字提到，杜桑请夸农把伊萨克和普拉西德"带回去",因为他要忠于"自己的同胞和上帝"。[44] 又是一种过于简单化的解读。当时,只有伊萨克要求父亲接受波拿巴的条件,而且他很快就改变了心意。但是,对于杜桑植根于共和主义和天主教信仰的博爱思想,这是一个非常精准的刻画。这幅画还将他的爱国主义树立为公民行为的典范——宁可牺牲自己的家人,也要保护人民免遭奴役。

为了遵循英雄主义题材作品的传统,布瓦耶系列的最后一幅画是杜桑之死。他被描绘成死在忠实仆人马尔斯·普莱西亚的怀抱中,其实在主人离世的时候,这位仆人早就被从茹堡转移走了。这个囚犯呈现出基督徒殉道的经典姿势,双臂伸开,一道光晕穿过牢房的窗子照在他的身上,象征他升入了天堂;大卫的《马拉之死》(Death of Marat)① 显然是这幅画的灵感来源。此处的要旨又是杜桑的共和主义美德,正如说明文字所述:"一代伟人就这样结束了生命。他的天赋与品格为他赢得了同胞的感激;后人将把他的名字归入最为崇高和爱国的立法者之列。"[45] 杜桑在民众中的号召力是如此强大,不久之后布瓦耶又委托制作了一幅双人肖像,这次他和杜桑一起出现在画中。[46] 最重要的是,这四幅版画显示出,杜桑能够代表广大人民所经历的争取自由的长期斗争,也能够引发他们的集体想象;以后来一位海地著名民族学家的话来说,杜桑的一生为这个民族的大众文化中的"许多故事和传说"和一些"经久不衰的迷信"赋予了灵感。[47]

---

① 《马拉之死》是法国新古典主义画派奠基人雅克-路易·大卫于1793年创作的画布油画,表现马拉倒在浴缸中,一手握着笔,一手握着染了鲜血的信。作为一幅革命者圣像,它成为法国大革命史上的经典作品。

海地总统布瓦耶委托制作的系列版画的第一幅。它描绘杜桑与梅特兰会面并向对方出示了两封信件：鲁姆要求他逮捕梅特兰，他自己在回信中说这种行为是丢脸的。

布瓦耶的第二幅画表现了总督将宪法举在"合法召集的人民代表"面前。被母亲紧紧抱着的孩子象征着奴隶制度的"永远"终结。出现在显著位置的神父和全能的上帝从上方投下的慈爱目光,为画面增添了强烈的宗教意味。

第三幅版画再现了 1802 年年初的那个时刻,随着勒克莱尔的入侵,杜桑的两个孩子被他们的导师夸农带回父亲身边,以换取他的效忠。杜桑以桀骜不驯的姿态请夸农把伊萨克和普拉西德"带回去",因为他要忠于"自己的同胞和上帝"。

布瓦耶系列的最后一幅画描绘了杜桑之死。这个囚犯呈现出基督徒殉道的经典姿势，双臂伸开，一道光晕穿过牢房的窗子照在他的身上，象征他升入了天堂。

就这样，以进入海地万神殿为标志，杜桑完成了他的浴火重生。在他这般声势浩大地返回故土之前，他的传奇早已跨越漫长的时间和空间，远播四方。在被迫离开圣多明各 20 年之后，杜桑重新出现在这里，成为海地民族各种不同传统的唯一可靠的象征人物，并且能够将这些传统凝聚在一起，以直面一个好战的、充满敌意的世界。在后独立时代一首最精致的革命致敬史诗《海地亚德》（The Haïtiade）① 中，杜桑被誉为"正是海地人这个种族得以建立的基础"。[48] 整个 19 世纪，杜桑的同胞一直都在传颂着对他的回忆。1903 年，一个访问海地的记者发现，有一位百岁以上高龄的混血老妇人自称是杜桑的教女。[49]

圣多明各的史诗已经铭刻在海地人民和大西洋地区进步人士的心中，但这还无法与非裔美国人的狂热相提并论。[50] 从一开始，合众国的黑人男女就像着了魔似的注视着海地革命的进程。1790 年代初以来，圣多明各不同种族的大量难民出现在美国，且反向的旅行也更加频繁，都使得这种体格上和智识上的亲近感愈加突出。在美国船只上工作的船员中有大量非裔美国人，他们从加勒比旅行中带回来的故事为革命事件及其领袖们罩上一层近乎超自然的光环。[51] 这种神秘性推动了丹马克·维希和奈特·特纳这些奴隶密谋者采取行动，而随着时间的推移，圣多明各的传奇也为美国的演讲、示威、纪念活动、歌曲和一些机构的命名带来灵感。在特定的时间节点上，这场革命还引发了大规模的人口迁移。例如，在 1820 年代，有大约 1

---

① 这首诗的题目模仿了法国著名作家和哲学家伏尔泰的史诗《亨利亚德》（La Henriade）。

万名非裔美国人移居海地。[52] 这个新生的国家是黑人军事政权和种族平等的象征。废奴主义作家戴维·沃克（David Walker）在《向全世界有色公民发出的呼吁》（*Appeal to the Coloured Citizens of the World*, 1829）中，把海地称为"黑人的荣耀和专制暴君的恐惧"。[53]

与此同时，有关圣多明各和海地革命的英雄故事鼓舞了针对非裔美国人的黑人民族性的、新颖而颇富创造性的想象方式。这些因素在美国黑人民族主义意识的形成中发挥了重要作用，同时也促进了与其他非裔社区的共同归属感。1855 年，在俄亥俄州里斯本（Lisbon）发行的《废奴号角》（*Anti-Slavery Bugle*）上，有一篇文章将杜桑称颂为"圣多明各的英雄"，并表示希望他的人生故事能有助于摧毁"褫夺了黑人公民权利的肤色偏见"。[54] 就在内战爆发之前，有位南卡罗来纳的牧师注意到，1860 年，在有 400 万奴隶的美国南方，"杜桑·卢维杜尔的名字被人们口口相传，已经成为一个家喻户晓的秘密"，它象征着"对自由的普遍热爱"。[55] 自由黑人则将海地人所享有的权利，与他们自身经常在北方体验到的暴力、种族主义和政治权利的缺乏进行对比。[56] 因为杜桑将政治上的激进主义与宗教信仰进行了独特的结合，所以他在 19 世纪非裔美国人废奴思想的两股政治思潮中还发挥了一种互通的作用。革命者受到海地争取自决斗争的激励，而宗教界则围绕着基督教福音主义的新版本，对奴隶解放斗争进行了规划。[57]

在有史以来第一份非裔美国人的报纸《自由周报》（*Freedom's Journal*）上，杜桑充满魅力的风度得到有力的说明。1827~1829 年，这份报纸发行于纽约，致力于在美国黑人当中培养团结意识，并将他们的命运与世界各地的非洲移民社群联系起来,其中有很多版面是关于海地和由此诞生的"非凡人物"。[58]1827年5月,报上连载了三期杜桑的传记报道。杜桑被明确定义为"黑斯巴达克斯",这幅华美的肖像意在将他树为人们效法的榜样——它生动地宣示了,"黑人不需要提高思想素质",他们能够"孕育出英雄主义的能量,能够挥舞战争的利剑,去动摇帝国的权杖"。[59]这篇文章把卢维杜尔统治时期描绘为圣多明各的黄金时代,在其"守护天使"的治理下,圣多明各"就像被施了魔法一样朝着往日的辉煌大步迈进",这位天使同时受到黑人和白人带着"共同喜悦"的称颂。[60]诚信正直的思想,对"秩序与规则"的奉献和对腐败的坚决排斥,都是杜桑富有感召力的领袖身份的标志,使他成为高尚品格恰如其分的化身。[61]人们还特别留意到他在个人生活上的"严格节制",以及他为改革白人妇女"放荡荒淫的举止"所做出的努力;这篇文章还赞许地说,杜桑的一句箴言正是,"女人应该总是出现在公众面前,就像她们经常要去教堂一样"。[62]

虽然这些都偏向男子气概,但是海地革命中的重大事件,尤其是有关杜桑的记忆也被用于号召向妇女赋权。一篇名为《特蕾莎——一个海地的故事》("Theresa-a Haytien Tale")的虚构作品发表在1828年的《自由周报》上,这个故事讲述一位圣多明各的年轻黑人女性积极投身于反抗勒克莱尔侵略军的解放战争。女英雄特蕾莎发现了有关法国人即将进攻杜桑阵地的重要情报,在保卫国家与维护母亲保利娜(Paulina)和妹妹阿曼达(Amanda)的安全之间,她面临着痛苦的抉择。这个"勇敢无畏的"年轻女子选择了爱国行为,把至关重要的情报成功地送到附近的军营,交给了总督。"仁慈父亲般的"杜桑充满谢意地接见了她,并给予了"她的高尚品德所应得的一切荣誉"。[63]

总部设在纽约的美国废奴协会（American Anti-Slavery Society）将杜桑奉为模范公民。该协会在1835年最先出版的一本期刊封面上刊登了一幅杜桑的画像，描绘了1802年拿破仑企图对他进行收买，通过归还两个孩子让他屈服，却遭到杜桑严词拒绝的场景。下方的说明文字引用了杜桑的话语："把他们带回去吧，因为你们终究会这么做的；我决定要忠于我的同胞和上帝。"它将杜桑形容为"圣多明各的乔治·华盛顿"，"为他的国人带来团结与活力，以及一部充满智慧的宪法，以大无畏的精神击退了每一个敌人，结束了内战和叛乱"。文章指出，杜桑的人生是黑人平等的有力证明，最后的结论则是："人们一定会质疑，这个世界还能不能产生一位比杜桑·卢维杜尔更为高贵的人物。"[64]

杜桑也成为非裔美国人巡回演讲中的一个明星人物，尤其是有些演讲者试图将人们的注意力从德萨利纳所代表的海地革命中更暴力的一面转移开，而强调其和谐、有效与再生的特征，这些特性往往受到杜桑的宗教信仰的左右。在1841年2月的一次公开演讲中，社群领袖詹姆斯·麦丘恩·史密斯（James McCune Smith）强调，杜桑首先是一个"和平缔造者"和"心灵没有被周边堕落所污染"的"基督徒"。有一种流行的说法将杜桑比作雷纳尔所谓的"黑人复仇者"，史密斯承袭了这个比喻，他断言，这位黑人革命者选择了"以德报怨"。事实上，按照史密斯的说法，一旦杜桑获得了最高权力，他就把心思完全从战争和征服的念头上移开了，虽然他能够"轻易地将整个西部群岛革命化"。作为圣多明各的统治者，他的绝对优先考虑是宣布黑人种族"完全有能力获得自由和自治"——这就是这位"人类的恩人"所留下的卓尔不凡的遗产。[65]

THE
ANTI-SLAVERY RECORD.

VOL. I.　　　　　APRIL, 1835.　　　　　NO. 4.

"Take them back, since it must be so; I am determined to be faithful to my brethren and to my God."

TOUSSAINT L'OUVERTURE.

　The friends of the enslaved are continually told that the Africans are an *inferior race*. If this were true, it would be no good reason for enslaving them. But it is not. The world may safely be challenged to produce a nobler character than that of Toussaint L'Ouverture—the George Washington of St. Domingo. Calumny has striven to paint him a monster.—She has brought the printing presses of both continents to her aid—but in vain.

杜桑·卢维杜尔是 19 世纪美国废奴运动中的一个偶像人物。此处将他形容为"圣多明各的乔治·华盛顿",这幅画复制了布瓦耶的版画,表现的场景是他在 1802 年拒绝拿破仑通过归还他的儿子而使他屈服的提议。

在1850年代及1860年代早期，这种对杜桑的天赋和基督教精神提升的重点强调广为人知。它利用了欧洲福音派废奴主义者的作品，其中最著名的是英国作家哈丽雅特·马蒂诺（Harriet Martineau）[①]以杜桑为中心人物创作的小说《危机和应对危机的人》（*The Hour and the Man*, 1841）。马蒂诺的作品在美国废奴主义者中广泛流行，她把她的主人公刻画为一个以家庭为中心的人物，拥有宽容和仁慈的禁欲主义美德，以其领袖身份表明黑人也是适合掌权的。[66]英国作家约翰·雷利·比尔德（John Relly Beard）[②]的一本卢维杜尔传记于1863年在美国出版，受到美国人的广泛推崇，它的结论是，对杜桑来说，"上帝是唯一的真实和至高无上的善"。[67]到1860年代中期，对这本书的需求如此旺盛，以至于供货商经常断货。[68]

在非裔美国人牧师詹姆斯·西奥多·霍利（James Theodore Holly）所做的一系列演讲中，杜桑被形容为"上帝与人类的一位坚定友人和仆从"；他作为"英雄和政治家"的履历也确凿地证明了黑人的自我治理能力。这位革命领袖的唯一缺点——霍利在此处并不仅仅暗指圣多明各——是他"对白人的话语过于轻信"。[69]伊丽莎·伍德（Eliza Wood）在弗吉尼亚讲述了自己摆脱奴隶制度的经历，她在最后向杜桑·卢维杜尔这位"黑人政治家和殉道者"致以深切的悼念。[70]这位海地英雄最为著名的宣传者是受教于哈佛的废奴主义者温德尔·菲利普斯（Wendell Phillips），他关于这位伟人的讲话在1861年结成一本小册子出版，内容集中于杜桑良好的个人素质、诚

[①] 1802~1876，英国社会学家和翻译家，强调女权，主张消灭奴隶制度，并且主张宗教包容。
[②] 1800~1876，英国教育改革家、牧师，倡导宗教一元论。

实可信的品格和天主教的仁慈意识,这是一个"从来不曾食言"的人,他的座右铭是"不要报复"。菲利普斯甚至对历史记录做了一些随意改动,声称杜桑在被捕之后教导他的儿子,要"忘记"法国人对自己做了什么;他是"战士、政治家和殉道者"的榜样。[71] 菲利普斯主要也受到马蒂诺小说的影响,他在演讲时总是将它随身携带。[72] 1862年,他到华盛顿的史密森学会(Smithsonian)① 为亚伯拉罕·林肯总统做了一次有关杜桑的演讲;[73] 他的演讲成为美国媒体经常再现的一个经典,[74] 为中学里一代代成功的演说者带来了灵感;直到20世纪,非裔美国人在民权集会上还在宣读这一文本的摘录。

然而,在这股宗教般狂热的激流中,杜桑的革命形象并未随波消逝。在美国内战时期,他那种男子汉的英雄气概又强势回归。1861年以后,增加联邦军队黑人志愿兵数量的努力唤起了人们对海地革命的回忆,他们经常明确提到杜桑的名字。一个马萨诸塞州对黑人新兵的征召令中说,参军将为非裔美国人提供"一个显示优秀品质的机会,而本次战争的经验和杜桑的战斗历史,都展现出他们可以拥有的这些品质"。另一个征召令更是引人注目地把入伍的非裔美国人称为"黑人杜桑",他们的"优秀才能和节操"不仅将推动黑人解放事业,而且可以促进黑人更广泛地融入美国社会。[75]

马萨诸塞州第54志愿步兵团(The 54th Massachusetts Regiment,下文简称第54团)② 就是这些非裔美国战士的家。

---

① 唯一由美国政府资助的半官方性质的第三方博物馆机构。1846年,由英国科学家詹姆斯·史密森(James Smithson)遗赠捐款,按照美国国会法令在华盛顿创建。

② 这是在美国内战中,继第一堪萨斯有色人志愿步兵团之后组建的,联邦军队中第二支全部由黑人志愿兵组成的团,以其骁勇善战而闻名。

1863年对南卡罗来纳瓦格纳堡（Fort Wagner）的进攻是他们最著名的战斗之一，第54团的一个连被命名为"杜桑卫队"；连队中有一位英勇战士名叫杜桑·卢维杜尔·德拉尼（Toussaint L'Ouverture Delany），他是非裔美国作家和废奴主义者马丁·德拉尼（Martin Delany）的儿子。至此，和大西洋周边的其他地区一样，以海地革命英雄的名字为非裔孩子起名，在美国已经很常见。杜桑的医疗技能也受到人们的赞美，对他的回忆与为士兵提供看护紧密联系起来。1863年，在弗吉尼亚的亚历山德里亚（Alexandria），由自由黑人建立的一个医疗机构向受伤的黑人士兵提供帮助，它的名字叫作"卢维杜尔分支医院"（L'Ouverture Branch Hospital）。[76] 在其后来写作的有关内战中黑人士兵角色的编年纪事中，乔治·华盛顿·威廉姆斯（George Washington Williams）① 主张，海地革命和美国内战之间存在核心层面的联系，二者都是为了终结奴隶制度而战，而且他将美国奴隶解放的成就视作杜桑事业的一种延续。[77]

到19世纪末，杜桑和海地革命已经变成共同解放的有力象征，激励着辽阔大地上的男女老幼，从大西洋直到新西兰的毛利人（Māori）社区。1863年，新西兰的一份报纸把向欧洲殖民者争取权利的毛利人与独立战争中的海地革命者联系起来。[78] 在古巴独立战争期间（1895~1898年），杜桑的例子经常被引用，尤其是人们将他与古巴自己的英雄人物安东尼奥·马塞奥（Antonio Maceo）② 比较，后者在美国以"古巴的杜

---

① 1849~1891，美国黑人历史学家，还是牧师、政治家、律师和演说家。
② 1845~1896，出生在古巴的黑白混血，加入古巴独立军队并成为一名将军，被视作古巴独立战争的英雄。

桑·卢维杜尔"为人所熟知。[79]与此同时，对于试图反思（并重新构想）国际体系的进步人士，以及愈加质疑世界种族秩序的黑人知识分子而言，圣多明各的重大事件成为熠熠生辉的历史参照物。[80]为了反驳阿蒂尔·德·戈比诺（Arthur de Gobineau）①那本颇具影响力的，有关白人种族优越性的小册子，海地进步知识分子安特诺尔·菲尔明（Anténor Firmin）举出杜桑·卢维杜尔的人生和成就作为反例，无可争辩地证明了种族平等的原则。[81]

在19世纪的最后几十年里，随着白人种族至上观念愈加根深蒂固，批评者也开始利用杜桑的传奇来歌颂黑人对世界文明的贡献。对于这种反向叙事，非裔美国废奴主义者和民权领袖弗雷德里克·道格拉斯可以说是最具说服力的宣扬者。作为同代人中最伟大的演说家之一，道格拉斯尤其适于就海地在世界历史上的重要性发表意见。他在一生中都为圣多明各的壮举而着迷，自始至终都是杜桑·卢维杜尔的热情支持者。1889~1891年，道格拉斯曾任美国驻海地总领事，随后又被海地政府任命为1893年芝加哥世界博览会海地馆的专员——在其他展品之外，展馆中还有一尊引人注目的杜桑半身像。[82]

道格拉斯在他的讲话中提醒听众注意，在圣多明各发生革命的时候，"所有邻近岛屿都还处在蓄奴状态"，而且"它对基督教世界构成威胁，而整个基督教世界也都出手打击它"。海地的自由不是被"当作某种便利而轻易给予的"，而是"作为一项权利而奋力争取的"——特别是当他们面对的是拿破仑派来的"勇猛娴熟的战士"。[83]道格拉斯与西方世界对海地

---

① 1816~1882，法国外交官、作家、人种学者和社会思想家，主张种族决定论。

故事的涂抹进行了直接的对抗，他指出，国际上评判一场革命的标准深深地受到种族因素的影响。于是，乔治·华盛顿的自由之战受到全世界的赞扬，而圣多明各的战斗却被默默地忽略——或者更恶劣地被谴责为野蛮残暴之举。纪念黑人革命的"大理石纪念碑"的缺位并非偶然，"肤色和种族造成了所有这些区别"。道格拉斯看到，海地有很多杜桑的"胸像和肖像"，确认他是一个"纯血的黑人"；但是他也注意到，杜桑在海地精英人群中并没有获得应有的地位。这些人指责他"太法国化"，虽然他们自己也接纳了法国人的行为举止和文化习俗——后来，弗朗茨·法农将这种新殖民主义异化的经典实例称为"漂白"。[84]

在道格拉斯的叙述中，海地革命的伟大之处集中于杜桑这个孑然屹立、"前无古人"的"独特形象"（在芝加哥发表的演讲中，当他第一次提到这个名字时，速记员记下了"经久不息的掌声"）。杜桑以自己的出色领导，将殖民地的黑人奴隶变成令人生畏的勇士。他完全是靠人格的力量做到了这一点："他激起了士兵们的怒火与坚韧。"尽管他本人是奴隶出身，却能够使人民相信他们自己和伟大的自由事业，这种能力同样证明了他的伟大。杜桑之所以成为一个榜样，也是因为他在革命所带来的所有恐怖中，仍然践行"仁慈"理念，并将精力集中于殖民地的有效管理和组织。最重要的是，杜桑的人生和成就的驱动力是一种"针对整个白人世界的使命"，即实现对解放事业所需要的道德要求的普遍认同。"他给基督教世界的奴隶制度带来的困扰是前人无法企及的。"[85]

这使道格拉斯得以继续讨论海地为全球文明做出的更多贡献。虽然它在19世纪还未能享受到很多繁荣，仍然饱受政治分裂和社会贫困的折磨，但是年轻的海地国家为世界事务带来了变革性的影响。希腊人为人类贡献了哲学的美妙，罗马人带来了对法律的钟爱；不列颠人的商业精神统治着汹涌的海浪，而德意志人教会世人思考；美国人创立了现代民主政治的理念（显然，在这场世界历史荣光的热门检阅中，法兰西人未能获得一席之地），海地人做出的开创性贡献是"服务于全世界自由的事业"的。因为圣多明各的革命者不仅是为自己而战斗，而且"与其种族紧密相连，他们为自己的自由而奋斗，为世界上每一个黑人的自由而奋斗"。海地革命曾发挥了"19 世纪最初的解放先驱"的作用。[86]

多亏有道格拉斯，以及连续几代作家、记者、出版商和传教士的努力，杜桑·卢维杜尔的传奇在非裔美国人的文化中产生了巨大的回响，他被人们誉为"领导力、独立性和牺牲精神"的典范。[87]新闻媒体在传播这一理念的过程中发挥了关键作用。从 19 世纪中期开始，位于华盛顿、纽约、旧金山和芝加哥的，以及遍布俄亥俄、南北卡罗来纳、俄勒冈、印第安纳、犹他、肯塔基、路易斯安那、明尼苏达和蒙大拿等各州小城镇的黑人和进步人士的报纸，都纷纷赞美这位"黑斯巴达克斯"，[88]并在现代世界历史纪年表中提及他的名字，对海地革命影响深远的本质给予了应有的重视。很多文章引用了他说过的话，特别是关于"自由之树"的声明（经过了一些变化），[89]并复述了有关他的英雄行为的故事，从对其革命行动的总结，到关于他的人生与功绩的系列连载。[90]他的名字（拼写时带有表示所有格的撇号）被用在非裔美国小孩身上，被认为象征着"可以信赖的完美典型"，就像杜桑·卢维杜尔·兰伯特（Toussaint L'Ouverture Lambert）。这位底特律邮局的雇员，"50 年来从来没有请过一天假"。[91] 杜桑这个称呼也被美国的一系列政治、艺术和文化团体所使用：其中有明尼苏达州圣保罗（St Paul）的"杜桑·卢维杜尔文学社"（Toussaint Louverture Literary Society），一个颂扬爱尔兰人和海地人之间历史性关联的爱尔兰人联谊组织；[92] 与此类似，还有一个总部设在华盛顿的组织，名叫"杜桑·卢维杜尔的骑士"（The Knights of Toussaint Louverture），它在 1915 年举行了一次集会，抗议在哥伦比亚特区（District of Columbia）施行种族隔离法。[93] 1920 年，一部有关杜桑的电影《海地的亚伯拉罕·林肯》（Abraham Lincoln of Haiti）由克拉伦斯·E. 缪斯（Clarence E. Muse）编剧、制片并导演，他继而跻身为那一代人中重要的非裔美国电影明星。[94] 杜桑的画像遍布美国各地，他的版画也在售卖，并在各种纪念活动期间展示，还被商业公司用来推销报纸、图书、钟表、保险产品，甚至是啤酒。1940 年，总部位于密歇根的法伊弗啤酒厂（Pfeiffer brewery）在《底特律论坛报》（Detroit Tribune）上刊登了一版大幅广告，称赞杜桑是"黑人历史上鼓舞人心的一个名字"，其中包括一张杜桑的英俊画像，下面是温德尔·菲利普斯的说明文字："战士、政治家、殉道者。"[95]

在作为领事的那段时间，道格拉斯亲眼见证了在海地积极促进美国军事和经济利益的努力，也对那些企图将这个国家变成美国"保护国"的同胞发出了警告。这种新帝国主义政策的倡导者最终胜出，伍德罗·威尔逊总统（President Woodrow Wilson）① 在 1915 年下令入侵海地，开启了一段长达 20 年的

---

① 1856~1924，美国第 28 任总统，在其任期内带领美国加入第一次世界大战，并提出著名的"十四点原则"作为和平谈判的基础，其中强调了民族自决的权利，对战后召开的巴黎和会产生了重要的影响。

1940 年，总部位于密歇根的法伊弗啤酒厂刊登了一版大幅广告，称颂杜桑在领导海地人民争取独立的过程中发挥的激励作用。它包括一张杜桑的英俊画像，下面是温德尔·菲利普斯的说明文字："战士、政治家、殉道者。"

野蛮占领，公然违背了他自己关于民族自决的自由主义承诺。在这些年里，海地实际上变成了一个仆从国，失去了经济和政治主权；它的立法机构被解散，强行通过了一部新宪法，首次允许外国人拥有土地；引入了美国式的种族隔离制度，并粗暴镇压民众的抗议。[96]

对美国军事占领的反对情绪同时在美国和海地逐渐累积，并常常围绕着对杜桑的记忆聚合在一起。激进的国际主义者休伯特·哈里森（Hubert Harrison）在1920年的《黑人世界》（*Negro World*）上谴责这一入侵，并要求黑人同胞不要让"这片卢维杜尔的土地像凋落的花朵被那群猪猡踩在脚下"。[97] 在海地，对美国占领的反抗直接鼓舞了"海地地理历史协会"（Societé d'Histoire et de Géographie Haïtienne）于1923年成立，它把全国的知识分子聚集起来，以重申海地植根于非洲传统的独特文化遗产；它的发起者包括让·普里斯-马尔斯（Jean Price-Mars）、当泰斯·贝勒加德（Dantès Bellegarde）和阿尔弗雷德·内穆尔（Alfred Nemours）。[98] 值得注意的是，它的第一任会长是海地著名的杜桑·卢维杜尔研究者奥拉斯·波林·桑农；在1924年3月举行的协会第一次会议上，桑农将对昔日英雄的研究与激发对美国占领的集体反抗明确地联系起来，"在危机来临的时刻，所有民族都会回望历史，从中找到共有的爱国主义经验"。[99] 1933年，在美国占领的鼎盛时期，桑农出版了他的杜桑传记第三卷。它讲述了法国对圣多明各的入侵，结束于海地宣布独立——直截了当地提醒他的人民，面对这"血腥可憎的压迫"，他们应当做些什么。[100]

以这种历史教育的方式，将黑人社群从"内心的奴性"中解放出来，也是牙买加的泛非主义领袖马库斯·加维

(Marcus Garvey)的工作核心。为了努力在非洲后裔中激发自豪感,他颂扬埃塞俄比亚统治者和祖鲁战士的伟大,以及持不同政见的奴隶反抗。1920年,加维声称,下一次全球冲突将是一场种族战争,会由一位"黑人种族的新杜桑·卢维杜尔"来领导,他会率领一支大军以"4亿雄兵奋力开创一个非洲的帝国统治和一种非洲人的民族主义"。[101]加维总是在他的万神殿中为杜桑保留一个特殊的位置,因为杜桑"作为一个军人和政治家,他的光芒已经超越了克伦威尔、拿破仑和华盛顿"。[102]当国际共产主义运动在两次世界大战之间蓬勃发展时,圣多明各革命也被马克思主义知识分子加以利用,其目的是体现一种完全不同的英雄主义。1929年,西印度群岛的黑人激进分子西里尔·布里格斯(Cyril Briggs)宣称,杜桑属于"世界无产阶级烈士"的历史谱系,对于"当前反对统治阶级的斗争"发挥了鼓舞人心的作用。[103]

一年以后,年轻的非裔美国人雅各布·劳伦斯(Jacob Lawrence)和家人一起来到哈莱姆(Harlem)①。13岁的他怀揣着一个成为画家的梦想;作为一个青少年,他在教堂、学校、俱乐部和社区街道上聆听了演讲者对杰出黑人英雄事迹的讲述。通过这种喜闻乐见的教育方式,他开始了解奈特·特纳、丹马克·维希、弗雷德里克·道格拉斯、W. E. B. 杜波伊斯(W. E. B. Du Bois)②和马库斯·加维的人生,也把这些人

---

① 美国纽约市的一个区,居民以黑人为主。
② 全名为威廉·爱德华·伯格哈特·杜波依斯(William Edward Burghardt Du Bois),1868~1963,20世纪上半叶最有影响的美国黑人知识分子,是第一个获得哈佛大学博士学位的非裔美国人,他以毕生精力研究美国和非洲的历史和社会,以确凿的材料和精辟的论述证明黑人曾以他们的才智对美国历史和人类文明做出了贡献。

当作自己的偶像。在哈莱姆基督教青年会（YMCA）的一次演讲中，劳伦斯第一次听到杜桑·卢维杜尔的故事，这才是最能吸引其想象力的人物——以至于他把自己的第一份主要作品献给了杜桑。1939年，劳伦斯在巴尔的摩首次展出了41幅杜桑和圣多明各革命的叙事画，它们已成为现代政治图腾中的一批不朽之作。每一幅画都附有简短的说明，讲述了海地革命的故事，从奴隶制度的施行到杜桑的军事和政治功绩，再到后续的海地独立战争。正如劳伦斯后来所称，这些画作的总体目标是以海地革命为例，挑战现代"经济上和种族上的奴役制度"。[104]

以其醒目的现代性、简洁的线条、灵动的色彩和对革命的原始活力的有力表现——尤以杜桑的六幅骑马肖像为代表——在某种意义上，可以说劳伦斯的绘画标志着卢维杜尔英雄传说的最高潮。劳伦斯的天赋在于，他有能力让我们窥见，从19世纪初开始，杜桑是如何被大西洋两岸的一代代黑人男女予以具象化的。与此同时，这些画作及说明文字将杜桑融入了新兴的泛非政治学对于解放的传统信仰。劳伦斯的杜桑完完全全是一个海地的儿子，也是一个加勒比的国际主义者，深受发生在美国和法国的变革的鼓舞；他是一个行动者，也是一个思想者，仔细筹划了自身政治行动的不同阶段；他是一个杰出的天才，也是一个熟谙如何发挥下属作用的司令官；他是一个孤僻的人，也是一个从圣多明各人民的集体力量中汲取能量的首领；他是一个勇猛的战士，也是一个宽厚仁慈的领袖。最后一幅是威风凛凛的德萨利纳的画像，它下面的说明文字将其独断专行的风格与杜桑所表现的"更为自由的领导方式"进行了对比。[105]

劳伦斯的杜桑系列画作站在了另一个重要历史时刻的风口

浪尖之上：反帝意识的高涨和殖民世界中出现的民族自决的大众运动。当这些斗争在 1930 年代快速发展的时候，杜桑和海地革命有助于反击那种所谓殖民地臣民缺乏自治能力的持续论调。这些英雄人物也被用来回击当时西方世界通行的一种观点，即奴隶制度的废除本质上是欧洲人善行的结果。人们用海地的情形说明，奴隶们通过自己的努力获得了解放——这一实例对殖民地人民追求民族自决和集体赋权具有显著的影响。

所有这些反殖民主义的维度都与特立尼达的马克思主义知识分子 C. L. R. 詹姆斯的作品不谋而合。在写于 1933 年的一篇文章中，詹姆斯对依然存在于大英帝国部分地区的奴隶制度进行了谴责，而下议院早在一个世纪之前就正式通过了《废奴法案》（Abolition Act）。[106] 他的杜桑·卢维杜尔政治传记《黑皮肤的雅各宾派》具有很大的影响力，在这本书出版的几年前，詹姆斯写了一部关于杜桑的三幕歌剧，歌剧于 1936 年在伦敦的威斯敏斯特剧院上演。詹姆斯的一位朋友，从中学时代就崇敬杜桑的激进的非裔美国人，演员兼歌手保罗·罗伯逊（Paul Robeson）在剧中担当主角。[107] 虽然它质疑了杜桑统治中更为专制的一面，以及他在与法国决裂时的犹疑，但这部剧赞颂了他本人及其人民的大无畏精神。剧中的杜桑在面对法国狱卒时所说的话就是詹姆斯对此的概括："你们可以打败一支军队，但是你们不能打败拿起了武器的人民。"[108] 对于加勒比人、非裔美国人和泛非进步人士之间正在进行的有关黑人解放和反对殖民主义的辩论，这部剧可以说是浓缩了其中的精华。

第二次世界大战以后，杜桑对反殖民主义想象的吸引力得到进一步增强。罗伯逊就是一个显著的例子，他积极参与非裔美国人争取民权的斗争，支持反对欧洲帝国主义列强的民族解放战争。1954年，正当菲德尔·卡斯特罗将杜桑与现代古巴的斯巴达克斯联系在一起的时候，罗伯逊明确将海地人和越南人的斗争进行比较。随着法国殖民军队在奠边府（Dien Bien Phu）战役①中被越南军队打败，他将革命领袖胡志明（Ho Chi Minh）形容为"越南的杜桑"。罗伯逊颇有先见之明地反对美国人的干预，他呼吁非裔美国人不要支持"白人帝国主义者"所追求的目标。[109]大约就在此时，智利的共产主义诗人巴勃罗·聂鲁达（Pablo Neruda）②在他的《漫歌集》（Canto General）中，将杜桑视作他要表达史诗般崇敬的拉丁美洲的解放者之一。他把杜桑描绘为一位"天生的统治者，［他］进攻、阻击、崛起、命令、抵制、反抗"，他歌颂这炽热的革命遗产，正是因为它们，才有了"峭壁的燃烧，树枝的私语，而希望也才得以传播"。[110]

在早期非洲反殖民主义作家的作品中，杜桑和海地革命也占有重要的地位，如安哥拉诗人维里亚托·达·克鲁斯（Viriato da Cruz）的《黑人妈妈》（Mamã Negra），就是以杜桑与古巴的奴隶和爵士音乐家一起作为抵抗和反叛的全球性象征。在被称作"黑人文化与精神价值"（négritude）③的泛非主义文化运动中，杜桑和海地革命被提及得更为明显。该运动

---

① 越南抗法战争中具有重大历史意义的一次战役，发生在1954年3月至5月，越南军队在中国的支持下全歼了驻守奠边府的法军，从而加快了战争进程，促成了《日内瓦协议》的签订。
② 1904~1973，智利著名当代诗人。《漫歌集》又名《全体的歌》《诗歌总集》等，是他最重要的作品之一。该诗集于1938年开始创作，1948年完成，1950年才在墨西哥问世。
③ 也译作"黑人传统精神""黑人精神"。这一运动是1930年代初由黑人法语作家桑戈尔、莱昂·达马和文梅·塞泽尔等倡导的文化和文学运动。运动中涌现出一批黑人诗人和作家，桑戈尔是其中的佼佼者。

从 1930 年代开始在法语国家的思想家和政治人物中发展起来，并具有各种不同的且经常互相矛盾的形式。举例来说，这场知识分子运动的创始人利奥波德·塞达尔·桑戈尔（Léopold Sédar Senghor）①很少在他的作品中提到圣多明各，尽管他在 1948 年的《和平祈祷》（*Prayer for Peace*）中引人瞩目地将他所"钟爱的，敢于在暴君面前称颂人类的海地"作为殖民地泛非世界的中心。[111] 弗朗索瓦·杜瓦利埃（François Duvalier）②，这位以"医生爸爸"（Papa Doc）闻名的总统曾在 1957~1971 年对海地实行专制统治，在他的暴力独裁下，对于海地共产党的创始人之一勒内·德佩斯特（René Depestre）来说，杜桑·卢维杜尔象征着为重建一个"自由、繁荣和独立的海地"而进行的斗争。[112]

具有黑人文化与精神价值传统的一些作家也借用杜桑来反映殖民地解放在政治和文化上的张力。当阿尔及利亚独立战争激战正酣时，在首次上演的戏剧《杜桑先生》（*Monsieur Toussaint*）中，马提尼克诗人爱德华·格利桑（Édouard Glissant）想象杜桑在他的法国牢房中与他一生中所遇到的人物展开了一场穿越时空的对话，从马坎达尔到巴永·德·利伯塔，再到拉沃、里戈、穆瓦斯和其继任者德萨利纳。通过取消法国和圣多明各之

---

① 1906~2001，塞内加尔国父，近现代非洲著名的政治家、外交家、思想家、诗人和作家，执政 20 多年，是第一位当选法兰西学术院院士的非洲人，被公认为 20 世纪非洲最重要的知识分子之一，在国际政坛和世界文坛都享有崇高的声望。

② 1907~1971，海地独裁者，早年毕业于医学院并当过医生。他通过反对前任总统马格卢瓦尔的独裁统治，于 1957 年高票当选海地总统，开始了自己的独裁统治，通过各种办法多次当选总统，并指定自己的儿子为继承人。他的儿子让-克洛德·杜瓦利埃（Jean-Claude Duvalier）在他于 1971 年死后成为新的独裁者，直到 1986 年下台并流亡美国。

间的物理边界,格利桑把这位囚犯从牢房中解救出来;他与逝者的对话也使他与海地一种悠久的文化传统,进而与其克里奥尔和非洲的起源重新联结在一起。这种"对过去的预言"在格利桑的黑人文化与精神价值中占据着中心地位,它是一种知识分子解放的实践,通过这一过程,殖民地人民创造性地复活了那些被丢失或遗忘的历史。[113]

然而,至少对于格利桑笔下的杜桑而言,这次返乡之旅只是带来了一个更大的悖论:这位悲壮的英雄,虽然从牢房中脱困,却还是深陷在对法兰西的忠诚和捍卫本国人民利益的矛盾之中。这种存在性的矛盾在象牙海岸①剧作家贝尔纳·达迪耶(Bernard Dadié)的《风暴群岛》(Îles de Tempête,1973)中尤为突出。该剧开头是对杜桑充满同情的描绘,但是继而又对他在物质和心智上依赖法国报以嘲讽。对达迪耶来说,海地革命最伟大的英雄是德萨利纳和穆瓦斯。这两个人都认为,杜桑对白人移民的依赖,以及他执着于保持和法国的殖民联系,都只会带来恶果。在剧中,穆瓦斯就某个问题痛斥他的舅舅,此问题生动地体现了后殖民时代的困境:"什么时候我们才能不再把双眼紧紧盯着欧洲呢?"[114]

某些黑人批评者,既有海外的也有海地国内的,都过分而又天真地把这种亲欧洲的指控纷纷投向杜桑。而为他进行最有力辩护的人,确切来讲正是那位创造了黑人文化与精神价值观念的思想家——激进的马提尼克诗人艾梅·塞泽尔(Aimé Césaire)。对他来讲,圣多明各革命是加勒比地区现代历史的

---

① 西非国家科特迪瓦(Côte d'Ivoire)的旧称。该国名在法语中的意思是"象牙海岸",独立以后,其音译名科特迪瓦成为该国的正式名称。

决定性时刻。他在自己的戏剧、散文和诗歌中不断唤起对这场革命的记忆，特别是在他的《归国札记》（*Cahier d'un retour au pays natal*，1939）中，海地被形容为"黑人文化与精神价值第一次经受了检验，并使它对人性的信仰得以确认"的地方。[115] 在这首诗最著名的段落里，他令人心酸地刻画出独守监房的杜桑，遭到"纯白的禁锢"，但同时又拒绝发出"惨白死亡的苍白尖叫"。[116] 杜桑使塞泽尔对法国殖民者的种族主义残暴现实有了清醒的认识，在后者政治生活中的决定性时刻，尤其是在他 1945 年组织马提尼克进步党的时候，杜桑都对他起到了引领作用。他后来提到，自己原本没有打算进入政治生活，像杜桑在 1790 年代初期一样，他只是感觉到事态的发展令自己别无选择。[117]

在塞泽尔的《关于殖民主义的论述》（*Discours sur le colonialisme*，1950）一书中，杜桑和海地革命隐隐在背景中浮现。这是首次对殖民主义进行全面批评的现代作品之一，后来被弗朗茨·法农和爱德华·萨义德（Edward Said）①等后殖民时代思想家进一步发展的许多重要议题，都被这本书预料到了，特别是殖民主义对土著居民产生的"去文明化"的影响。在发表于 1960 年的有关杜桑和海地革命的文章里，塞泽尔将所有这些历史的、个人的和哲学上的因素都聚合起来。这一全面论述是对 C. L. R. 詹姆斯的《黑皮肤的雅各宾派》的反驳，后者在很大程度上把海地革命描述为法国大革命的衍生物。然

---

① 全名为爱德华·沃第尔·萨义德（Edward Waefie Said），1935~2003，出生于耶路撒冷的阿拉伯基督教家庭，著名文学理论家与批评家，他提出的东方主义成为后殖民论述的经典与理论依据。他还是巴勒斯坦建国运动的活跃分子。

而对塞泽尔来说，虽然最初受到法国事件的影响，圣多明各革命的发生还是"依照其自身的规律和目标"，它是一种"殖民地形式的革命"。[118] 塞泽尔对造成这一区别的种族方面的因素进行了全面的分析，强调了法国革命［包括罗伯斯庇尔（Robespierre）和山岳派（Montagnards）①］在黑人解放问题上矛盾而伪善的态度；尤其对1793年精心制定的那部"共和派"版本的《黑人法典》，他也毫不留情地讥讽它"制定的目的只是读起来很有趣"。[119]

尽管对杜桑领导作风中的某些方面持批评态度，比如他对政治的军事化，但塞泽尔为他献上的颂词还是恭维有加的。杜桑被描绘成争取海地独立的开国元勋，并为德萨利纳打下了基础；他是国家的建构者，为了更伟大的利益而故意自我牺牲：他的"伟大"在于一心一意地献身于解放他的人民，包括所有种族和民族的。[120] 卢维杜尔成功地摧毁了殖民主义的"本体论"——关于白人天然统治资格与黑人固有劣势的观念——他是"世界上第一位反对殖民主义的领袖"。[121]

针对杜桑与法国人过于亲近的批评，塞泽尔只是一笔带过（同样的指责也常被用于塞泽尔本人，他并没有为马提尼克的独立而战斗）。作为一位领袖，杜桑的自由与平等的原则"发自内心"，他熟练地利用了现有的文化资源，将奴隶争取到革命事业上来——这便是塞泽尔积极为之辩护的，他对加勒比和君主制理念的诉求。[122] 诚然，其1801年宪法没有包含关于独立的"迷人"字

---

① 法国大革命时期的革命民主派，因为其代表在革命公会中坐在主席团左边最高处而得名。其大多数成员都参加雅各宾俱乐部，著名领袖包括罗伯斯庇尔、马拉、丹东等。在吉伦特派退出雅各宾俱乐部之后，山岳派实际上成为雅各宾派的同义词。

眼，但这是为了避免法国人军事入侵的一个聪明做法——并非如杜桑的对手经常断言的，基于"黑人对独裁统治的某种偏好"。实际上，他的宪法是一项"对现代政治学的宝贵贡献"，因为它是建构某种帝国统治理论的首次尝试，这种统治允许殖民地发展自己的法令和制度，同时保持与法兰西在形式上的联系。由此，杜桑以其"过人的直觉"预言了"法兰西共同体"的概念，其中的各个殖民地能够以自然的、和平的方式逐渐取得自治；而唯一的缺点是，它的提出早了150年。杜桑是现代解放政治学的"先行者"——这是一句恰当的墓志铭。[123]

奴隶和自由人，艺术家和政客，码头工人和知识分子，黑人民族主义者和泛非主义者，虔诚的基督徒和坚定的唯物主义者，乌托邦式的叛乱者和热爱秩序的保守派，精神抖擞的古巴劳工和泪眼婆娑的爱尔兰诗人，杜桑·卢维杜尔的传奇在一个令人目眩神迷的宽阔画廊中上演，回荡于大西洋世界内外，并引发了政治思考的新方式，同时通过无数种形式与各地解放斗争相互作用。在更为家庭化的背景中，杜桑的故事也发挥了道德教化的作用。文学理论家科拉·卡普兰（Cora Kaplan）回忆起自己的童年，在1940~1950年代，作为一个入世的美国犹太知识分子的女儿，她记得那些被当作世俗的家庭英雄的"家神"，在这个五花八门的名单里，有威廉·莎士比亚、路德维希·冯·贝多芬、汤姆·潘恩（Tom Paine）[①]、卡尔·马

---

① 即托马斯·潘恩（Thomas Paine），1737~1809，英裔美国著名思想家、作家和革命家，激进的民主主义者。他曾积极投身于美国独立运动，也曾入选法国国民公会。他最早提出的"自由民主论"对美国的政治制度产生了重要的影响，甚至"美利坚合众国"这个国名都出自他。

克思、弗雷德里克·道格拉斯、埃莉诺·罗斯福（Eleanor Roosevelt）①，以及杜桑·卢维杜尔。[124]

杜桑的传奇，以其丰富性、可塑性和不断自我更新的能力，宣示了现代政治中英雄主义的典型特征。作为伟大的首领、天赐的领袖、开国元勋、圣贤（不仅是出于加勒比超自然主义的意味）、民族解放者和神圣的殉道者，他是所有这些形象的典范。颇具讽刺意义的是，杜桑的传奇在很大程度上与其宿敌拿破仑·波拿巴类似，在19世纪早期，这两个人物经常被人们拿来做对比。德尼·沃洛松描绘马背上的杜桑的新古典主义画作就与雅克-路易·大卫（Jacques-Louis David）②刻画的拿破仑翻越阿尔卑斯山的场景十分相像。这两个人的身上还有相当多的重叠，他们都来自海岛，都被形容为解放者，也都被妖魔化为残忍的种族主义食人魔，他们都有悲剧性的结局，同样被放逐到荒凉之地——带着一种富有诗意的公正，拿破仑遭受的来自英国人的屈辱待遇恰恰反射出他自己对于杜桑的冷酷无情，其中包括下令不能再以特定头衔称呼对方。[125]

在死后的"重生"及后续的全球影响力上，以及他们与各自的故土之间难解难分的关系上，二人之间也有很强的相似性。有一些海地人和科西嘉人相信，杜桑和拿破仑都已经离开故土而流落远方。还有一种更为细致的比较揭示出三项主要区别，准确地指出了杜桑传奇的不同寻常。首先，拿破仑的神话

---

① 1884~1962，即美国第32任总统富兰克林·罗斯福的妻子，是美国历史上最著名的第一夫人，提倡人权并保护穷人。第二次世界大战后她出任美国首任驻联合国代表，并主导起草了联合国的《世界人权宣言》。
② 1748~1825，法国著名画家，新古典主义的奠基人。他受西班牙国王委托绘制的五幅油画，统称为《穿越阿尔卑斯山圣伯纳隘道的拿破仑》或《拿破仑翻越阿尔卑斯山》，内容都是波拿巴骑马的形象。

是基于他自己在《圣赫勒拿岛回忆录》（*Mémorial de Sainte-Hélène*）中的全面再造。他利用与作者拉斯卡斯（Las Cases）的谈话，将自己变成法国大革命的忠实信徒、现代民族主义之父，以及（最不可能的）爱好和平的人。杜桑的传奇最初并非基于任何权威的自述，同样也没有任何原始的文本：他的回忆录由海地历史学家圣雷米从法国档案中发现并在1853年出版，即便如此，它在杜桑死后围绕其名字的歌颂性叙事中也只是居于相当边缘的位置。[126]

其次，相比杜桑传奇，在拿破仑的神话中，视觉成分占有更大的比重。半身像、肖像、画像，（最终）还有雕像，都在19世纪拿破仑传奇的传播中发挥了重要作用，并在1840年他的骨灰被送回荣军院（Invalides）①的庄严仪式上达到了顶峰。相比之下，杜桑的传奇主要是通过民众的口头传播。尽管有布瓦耶委托创作的版画，来自国家官方机构或有组织的政治团体的支持却是相当少的。

最后，但也是很重要的一点，虽然军事上的造诣都在拿破仑和杜桑的神话中居于核心地位，但是这位皇帝本质上是以扩张为目的的征服者，承袭了亚历山大、恺撒和查理曼大帝的帝国传统，而杜桑象征着广大人民抵抗帝国的防御性正义战争传统，他也是这一传统的创始人之一。[127]

政治传奇是共同理想和价值观的有力载体，在这方面，杜桑的遗产也是很有影响力的。它有助于保持种族问题在全球政

---

① 全称为荣誉军人院（L'Hotel des Invalides），位于法国巴黎第七区。由法国国王路易十四于1670年下令修建，用以安置伤残军人。除此项功能之外，它现在还是多个博物馆的所在地，其中的教堂则被改建为拿破仑·波拿巴的陵墓。

治中的核心位置，并随着时间的推移，使其变得更为突出。起初，这种功能的实现是通过与贯穿19世纪的奴隶解放的共同斗争相关联（1886年，古巴才正式废除奴隶制度），而后又与一场对国际秩序的抗争联系在一起，这种秩序使帝国和移民的殖民统治合法化，至少在20世纪中叶以前，它都一直排斥种族平等的原则。在此过程中，在拉尔夫·埃利森（Ralph Ellison）[①]的短篇故事《杜桑先生》（"Mister Toussan"，1941）里，那位名垂千古的全世界第一个黑人冠军也受到了杜桑的激励。年轻的赖利（Riley）回忆起"一个名叫杜桑的非洲家伙"，他"抨击了拿破仑"，从山中的隐蔽处"击毙了拿破仑的白人士兵"，并且"几乎把白人老百姓吓死"。[128]

虽然人们常说杜桑传奇体现了尚武的精神，但这种阳刚之气并不局限于他在战场上取得的惊心动魄的胜利。它也挑战了西方世界顽固的种族主义者的刻板印象，有助于将黑人民族性与理性、良好治理、节制和宽恕的概念联系在一起。在现代人对于黑人民族性不同的有时甚至是相互对立的各种想象之间，杜桑的遗产也起到了桥梁作用：包括改革派和革命派，分离主义者和跨国主义者，加勒比人和非洲人，天主教和伏都教，宗教和世俗，以及马克思主义者和反帝国主义者。杜桑富于魅力的个性和他超越意识形态分歧的能力，也解释了他为何能在当代对于南方世界的想象中引发如此强烈的共鸣。在弗朗茨·法农一心一意的革命追求中，在菲德尔·卡斯特罗不屈不挠的身体和话语能力上，在胡志明和亚西尔·阿拉法特（Yasser

---

[①] 1914~1994，美国现代作家，对美国非裔文学具有里程碑式的贡献，在整个美国非裔文学创作及文学理论的发展演变过程中起到了承前启后的作用。

Arafat)的巧妙战略和将物质弱点转化为政治力量的能力中，以及纳尔逊·曼德拉（Nelson Mandela）对于民族和解的宽厚态度里，都显然有某些卢维杜尔式的成分。

至关重要的是，杜桑的遗产为反对奴隶制度的共和主义提供了基于历史的神话，它们产生于18世纪末的圣多明各，并传遍了整个大西洋地区。这些神话来自非洲后裔的社群，包含着博爱的观念，这是一种在意识形态上与其美国和法国变体存在差异的思考方式。这种共和主义的历史才刚刚开始得到发掘，它支撑了19世纪的奴隶解放斗争和美国的民权运动。之后，它又激发出一波反对殖民主义的思潮，强调对于正义的共同理想和基于共同政治价值观而非种族渊源的公民愿景，并重申了反对帝国主义征服和军事占领的经典共和主义立场。[129]

结语　我们时代的灵感

1975年，黑人作家尼托扎克·尚吉（Ntozake Shange）[①]完成了她的诗剧《彩虹艳尽半边天》（*for colored girls who have considered suicide/when the rainbow is enuf*）[②]。这部作品已经成为现代女权主义戏剧的经典剧目之一，剧中的七位非裔美国女性谈论了她们在社会上遭遇的种族主义和性别歧视，以及她们设想出来的各种创意性的应对策略。其中被称作"棕色女士"的角色谈到，当自己还是一个住在圣路易斯的8岁小孩时，杜桑·卢维杜尔就给她的心灵带来了震撼。她参加了当地图书馆举办的阅读比赛后，被杜桑将海地从奴隶制度下解放出来的壮举深深地打动，"地下所有死去的非洲人的灵魂与他同在"。然而，因为有关杜桑的书籍是在"成人阅览室"看到的，她被取消了参赛资格。这件扫兴的事情反而使她对自己心目中的英雄更加痴迷："他死了，但是他还活在我的身边。"杜桑成为她的"秘密情人"和心腹密友，教给她"如何把白人女孩从她的'跳房子游戏'中赶走"。因为对现实处境感到失望，她决定逃奔海地。之后，她遇到的男孩被证明是一个再合适不过的替代品——尤其是他的名字就叫杜桑·琼斯（Toussaint

---

[①] 1948~2018，原名为Paulette Linda Williams，美国黑人女作家、编剧、演员，其作品主要关注女权、种族和性别歧视等。

[②] 该剧的名字直译是"为那些已考虑自杀的有色人种女孩们/当彩虹已尽"。它后来被拍成了电影，《彩虹艳尽半边天》是它在中文网络上的通用译法。

Jones)。[1]

尚吉的生动再现所凸显的不仅是杜桑传奇的不朽生命力，还有其令人愉悦的再创造能力。曾经代表着黑人男子气概的圣多明各革命，现在又唤起第二波女权主义者[1]去搅乱传统的政治文化权威观念。图书馆对借阅有关杜桑的书籍进行限制，反映了当权派维护自身权势的企图，而作者用在其主人公身上的大量篇幅歌颂了反叛所带来的突破行为规则的快感。实际上，这一认同创造出一个新的杜桑，从过去几代人所构建的，多少有些沉闷乏味的形象中脱颖而出——这个杜桑年轻、顽皮，是恶意的颠覆者，完全沉浸在圣多明各非洲的和伏都教的传统中。尚吉笔下的杜桑挑战了对黑人民族性的刻板印象，表达了"众生平等的宏大理念"。杜桑也提醒我们抛弃思想上的因循守旧，把握自己的命运，不论白人还是黑人，都不能"坐等权力的降临"。[2]

从 20 世纪的最后 10 年开始，杜桑的神话跃升到新的高度。随着尚吉的戏剧上演，小说家、诗人、剧作家、画家和音乐家纷纷借助杜桑的人生，探索各种各样的个人问题，甚至是私密的问题。与此同时，他被一些公共机构正式树立为全球性的偶像。当然，他仍然是海地民族主义的有力象征，是一个美好未来的承诺：天主教神父和解放神学家[2]让-贝特朗·阿里斯蒂德（Jean-Bertrand Aristide）[3]对杜桑的成就大加赞誉。当

---

[1] 指 1960~1970 年代起源于美国的第二次女权主义浪潮。
[2] 解放神学是拉丁美洲一种激进的天主教神学理论，1960 年代出现在拉丁美洲教会中，主张将天主教神学理论同社会现实相结合，把马克思主义的社会经济分析作为解释《圣经》的原则。
[3] 1953~，海地政治家，罗马天主教慈幼会神父，曾在 1991 年、1994~1996 年和 2001~2004 年任海地总统。

他赢得 1990 年海地总统选举的时候，杜桑的肖像以大幅壁画的形式出现在全国各地。[3]在靠近其出生地布雷达种植园的海角高地，竖立着一座杜桑的塑像，充分展现了他的青春活力；他的 1801 年宪法在诞生 200 周年之际得到了大规模的纪念；他的面孔还被印在了 20 古德的新版纸币上。[4]本着同样的精神，纪念他的半身塑像也出现在迈阿密和蒙特利尔，这两个城市都有历史悠久的大型海地人社区。当美国移民社群对他盛情礼赞时，在贝宁小镇阿拉达，也有一座高高的杜桑雕像（请见彩色插图 33）试图重拾这位革命领袖的泛非主义传统，当地还计划为他建一座纪念馆。[5]他的进步理想不会被遗忘，在古巴的圣地亚哥，有一尊半身像在称颂他作为解放者和自由主义者的角色。新建于华盛顿的非裔美国人历史文化国家博物馆（National Museum of African American History and Culture）里，在杰弗逊和一群代表其奴隶的砖块旁边，赫然耸立着一尊熠熠生辉的杜桑全身雕像，怀抱着他所制定的宪法。同样，在南非作为反抗种族隔离制度斗争官方纪念的自由公园（Freedom Park），杜桑也出现在其中的领袖画廊（Gallery of Leaders）里。[6]

对于杜桑的崇高地位，最辉煌的标志或许就是他在 1998 年 4 月具有象征意义地进入先贤祠（Panthéon）这个法国杰出领导人在巴黎的神圣归宿。圣多明各从前的弃儿如今被官方奉为共和国的伟人。纪念献词中，他被誉为"自由战士，废奴行动的设计师，海地的英雄"——这是一段彬彬有礼的敬辞，但是加上一点尚吉的趣味可能就更加生动了，"杜桑率领着僵尸大军/冒着炮火向幽灵射击，解放海地"。[7]

20世纪末也是对杜桑进行文学呈现的一个重要阶段。长久以来,有关海地革命的原创写作主要集中于戏剧和诗歌作品。从1790年代一直到1975年,来自非洲、加勒比、欧洲、斯堪的纳维亚和美国的剧作家创作了不下63部有关圣多明各的戏剧作品。[8]这些作品尽其所能地包含着大量丰富动人的戏剧元素,以相互矛盾的不同意识形态对杜桑予以表现,通常划分为革命和保守两派观点。[9]但他们都意在从外部视角看待圣多明各的壮举,尤其是,他们几乎没有试图以一种同理心,从当事人的角度想象其中的重大事件——这是对"涂抹"手法的文学呼应,米歇尔-罗尔夫·特鲁约曾经以这种手法明确定义了革命历史编纂的特点。[10]

被百年时间分隔开的两个例子很好地说明了这个问题。虽然名为《杜桑·卢维杜尔》(*Toussaint Louverture*,1850),阿方斯·德·拉马丁(Alphonse de Lamartine)的这部戏剧作品却几乎没有涉及主人公在军事和政治上的领导作用,而只关注了圣多明各在1790年代发生的社会变革。虽然它表面上是在捍卫种族平等观念,但实际上坚持了19世纪中叶的共和派殖民者所信奉的原则,即圣多明各的奴隶多亏了法国人的干预才获得了自由,而不是通过他们自己的行动。这部戏的写作时间是在第二共和国①于1848年废除奴隶制度的两年以后。此外,剧本中充斥着有关欧洲人在审美和智力上占据优势且带有家长作风的各种言下之意。拉马丁笔下的杜桑容貌丑陋,自惭形秽;他所欣赏的各种素质——智慧、勇气、决断力和爱国主

---

① 即法兰西第二共和国,是1848年二月革命推翻七月王朝之后建立起来的共和政体,1848~1852年统治法国,后被法兰西第二帝国取代。

义——都是由法国人定义的;他似乎十分偏爱拿破仑,总是痴迷地把自己和他相比:"他是最棒的白人,而我,是最优秀的黑人。"[11]

另一种同样持贬斥态度的观点出自阿莱霍·卡彭铁尔(Alejo Carpentier)的《人间王国》(*The Kirdom of this World*, 1949),这是有关海地革命的最著名的现代小说之一。与拉马丁不同,卡彭铁尔的开篇是从一个名叫狄·诺埃尔(Ti Noël)的奴隶的角度对事件进行讲述,除了克里斯托夫和德萨利纳(只短暂出现)以外,其他圣多明各的伟大领袖都极少现身其中,杜桑则完全缺席。狄·诺埃尔与革命的联系在很大程度上还是被动的,最终,他的故事只是从根本上强调了这场革命的徒劳无功。卡彭铁尔直言不讳地触及海地革命的精神层面,有一些关于马坎达尔的精彩段落,称他是"被注入了超常能力的""毒药之主"。狄·诺埃尔是他的追随者,精通伏都教,后来参加了布瓦-卡伊曼仪式。尽管强调了圣多明各奴隶宗教中不可思议的一面,卡彭铁尔总体上对它还是抱持一种虚无主义的态度:这种宗教中并没有多少赋权的思想,甚至都不能算是涂在奴隶制伤疤上的安抚药膏,而只是一种野蛮的、破坏性的力量。于是,即便德萨利纳对法国人的胜利被归功于"火药与射击之神",伏都教所激发的暴力和种族仇恨的狂欢最终也将革命成果消耗殆尽,只留下狄·诺埃尔凝视着一片"遍布仙人掌和灌木丛"的荒凉土地,黯然神伤。[12]

海地革命在 2004 年迎来 200 周年纪念,这一前景催生出更为复杂的文学作品。这种趋势主要是由出身加勒比地区的作家推动的,与之相伴,革命中的偶像人物也在此时重返中心舞台,这并非巧合。对杜桑的复活做出最卓越贡献的有圣卢西亚诗人和剧作家德里克·沃尔科特（Derek Walcott）。继 1950 年的话剧《亨利·克里斯托夫》（*Henri Christophe*）和 1961 年的露天历史剧《鼓与色》（*Drums and Colours*）之后，他又在 1984 年首次推出戏剧作品《海地大地》（*Haitian Earth*），标志着他与圣多明各史诗的终生之约达到了巅峰。英雄主义及其大众典范是沃尔科特关注的焦点，这体现在《海地大地》中的年轻混血女子耶特（Yette）和黑人奴隶监工庞佩（Pompey）身上：他们那悲剧性的、注定失败的爱情，象征着杜桑对于圣多明各的多种族社会的共和主义梦想。沃尔科特反复地将"好医生杜桑"的崇高理想与德萨利纳和克里斯托夫孤芳自赏的癖好进行对比（在剧中，耶特因为诅咒克里斯托夫而被下令处决）。[13] 杜桑的领导风格蕴含着勇气、同情与仁慈，他是海地革命中真正的爱国主义者，他所遭遇的背叛和驱逐是这场革命中的最大悲剧。[14]

  对他那些受到争议的政策，也有人进行了批判性的探讨。其中最典型的是玛丽丝·孔戴（Maryse Condé）的《在革命的时代》(*In the Time of the Revolution*)，这是一部关于瓜德罗普和圣多明各废奴斗争的戏剧，于 1989 年法国大革命 200 周年时首演。孔戴向杜桑的"非凡故事"致敬，这位"黑斯巴达克斯"知道，"他必须做出自己的选择、黑人的选择"。对于杜桑拒绝把土地分给农民和他对种植园的严苛管理，孔戴进行了严格的审视，剧中的讲述者把他形容为一个"令人不寒而栗"的领袖，并谴责其粗暴的惩戒手段。剧本中描述，当杜桑于 1802 年被勒克莱尔的部队俘获并驱逐出境的时候，法国也恰好在瓜德罗普恢复了奴隶制度，孔戴认为正是卢维杜尔精神点燃了大众的反抗之火，有一位起义指挥官将他的激励作用总结为："白人抓走了一个杜桑。但是，圣多明各还有成千上万个杜桑！"[15]

法比耶娜·帕凯（Fabienne Pasquet）的《杜桑·卢维杜尔的第二次死亡》（*La deuxième mort de Toussaint Louverture*, 2001）是最为巧妙的、最具有独创性的文学再现，剧中，这位革命领袖以洛阿神般的能力在1807年重返他曾经待过的茹堡牢房。现在，这里住的是普鲁士诗人和戏剧家海因里希·冯·克莱斯特（Heinrich von Kleist）[①]。法比耶娜的父亲是一个海地人，于是她勾勒出的杜桑拥有惊人的男子气概，在文化上兼收并蓄，发挥自己掌握的草药知识为这个后来的囚犯治疗膝盖的伤痛。他利用伏都教及美洲和非洲的土著神话赞颂大自然的疗愈属性，并开始与克莱斯特进行一场引人入胜的、关于人生意义的哲学对话，在此过程中，他消减了克莱斯特浪漫夸张的幻想。在欧洲人的启蒙运动和他们的殖民地臣民之间，按照等级划分的传统关系已经发生了明显的反转，正是"圣人杜桑"起到了一种情绪宣泄的作用，引出了克莱斯特在荣格心理学上的"阴影"（shadow），[②] 即他那被压抑的（更好的）自我。杜桑还使克莱斯特欣然接受了对生活的热爱，教给后者为国抵抗、争取自由和进步变革的理想；他又将革命比作野火："于是这把火就能变成自由的烈焰，必须受到控制与呵护，有时要为它扇风，有时又要让它减弱。"[16]

[①] 1777~1811，德国剧作家和富有创造力的现实主义诗人。早年从军后却又因厌烦军旅生活而辞去军职。终生郁郁不得志，最终自杀。

[②] 按照荣格的人格理论，人格由意识、个体潜意识和集体潜意识三部分组成。集体潜意识是从祖先那里传承下来的，由不同于意识范围内的思想和形象构成，集体潜意识的主要内容是本能和原型，其中原型主要分为人格面具、阴影、阿尼玛和阿尼姆斯、自性等。

在卢维杜尔记忆中久负盛名的茹堡，也作为背景出现在海地小说家让-克劳德·菲尼奥勒（Jean-Claude Fignolé）一部虚构的自传《我，杜桑·卢维杜尔》（*Moi Toussaint Louverture*, 2004）当中。此处，杜桑同样被归入圣贤之列，终于与俾斯麦、毛泽东和戴高乐这样的天选领袖并列。但这是一位失意的英雄，每每回忆自己的事业，思忖着自己的祖国在19~20世纪的苦难历史时，他的心中就满是遗憾。在评论当时的海地时，菲尼奥勒笔下的杜桑表现得极具煽动性：他使自己与祖国疏远，称自己是一个"法国将军"；有人认为海地是一个广泛的非洲后裔共同体的一部分，他对此观点发出了嘲笑。（这两点都可以被解读为菲尼奥勒本人对海地精英的社会态度的批评性意见，而并非这位作者认为杜桑所具有的第一级信念①。）这位革命英雄承认自己犯下了一些错误——特别是屈从于"专制主义"的恶行，容许残暴的独裁者如杜瓦利埃父子滥用他的遗产，在弗朗索瓦的独裁之后，他的儿子让-克劳德又于1971~1986年在海地实行专制统治。最富戏剧性的是，杜桑对海地社会的公民和道德分裂深感痛惜，他说圣多明各的革命后代已经变成了一种"影子人"。但是，这位末日先知也不失其幽默感，他抱怨说没人邀请自己参加他在贝宁那座雕像的落成典礼。[17]

菲尼奥勒这部有趣的小说证明了杜桑传奇在当代的反响，这在麦迪逊·斯马特·贝尔（Madison Smartt Bell）有关海地革命的三部曲小说中又得到进一步的反映。[18] 实际上，借用萨

---

① 信念是一个心理学上的概念，它分为两个层次。第一级信念指人们对外在世界事实的信念，第二级信念指从事实推论得出的期望与倾向。

特[1]的说法，杜桑的神话已经变成当代海地文学想象中一道"不可逾越的地平线"。对那些加勒比地区的崇拜者而言，杜桑最根本的角色是充当一座象征性的宝库，（与德萨利纳一同）将海地革命的各种不同元素紧密结合在一起，[19] 同时也作为一位践行黑人文化与精神价值理念的先行者。[20] 这种结合大量出现在海地小说家让·梅泰卢斯（Jean Métellus）的作品中。最著名的是他的《先驱者杜桑·卢维杜尔》（*Toussaint Louverture, le précurseur*），这本书首版是在2004年，又在他去世以后于2014年再版。梅泰卢斯高调捍卫杜桑的遗产，认为他不仅是反对殖民主义历史中的典范，也是当今时代反抗南方世界不平等现象和种族主义斗争的榜样。小说呼应流行于海地人中间的一种观点，坚持认为杜桑在智识上的独创性和无懈可击的才能是同时接受了欧洲、非洲和加勒比的影响。梅泰卢斯不厌其烦地讲道，杜桑的医药才能扎根于他对自然的崇拜，表达了他在精神性上的高度个人化，即同时受惠于又区别于伏都教信仰和天主教价值观。在这部小说的结尾部分——当然是发生在茹堡——梅泰卢斯以生动热情的、马基雅弗利式的表达将杜桑带回到这一主旋律中："他们一直拒绝给予我们这种自由，为了获得它，我采取了动物王国中的各种计谋，包括蜘蛛怎样最终为猎物设下陷阱，狐狸如何使牺牲品迷惑不已，还有毒蛇怎么让入侵者动弹不得。"[21]

正当杜桑作为现代加勒比地区的伟人形象得以确立时，他在法兰西的声望也达到了一个新的高度。在法国的一场重大历

---

[1] 即让-保罗·萨特（Jean-Paul Sartre），1905~1980，法国哲学家、作家、文学评论家和政治活动家。

史转折中，杜桑进入先贤祠是一个具有象征意义的里程碑，它见证了一场针对奴隶制度在现代法国历史中的重要性的集体辩论的开始。2001年5月，《陶比拉法》（Taubira law）① 在法兰西国民议会的通过恰好发生在此过程中，该法承认奴隶贸易和奴隶制度是反人类的罪行。随之而来的是，官方在日历中专门确定了一天（每年的5月10日）作为废除奴隶制度的纪念日。从2006年起，在这个"全国性的特别日子"里，在法国各地的指定地点都会举行隆重的纪念仪式，同时还有教育机构和文化团体倡导的各项活动，推动对于奴隶制度历史的更多关注。[22]

在法国人批评性地重温其奴隶制历史的努力中，这种新出现的对圣多明各偶像人物的公开纪念活动已经占据重要的位置。在巴黎、博比尼（Bobigny）、圣丹尼（Saint-Denis）、昂热（Angers）、普瓦捷（Poitiers）、蒙彼利埃（Montpellier）、克莱蒙-费朗（Clermont-Ferrand）、纳博讷（Narbonne）、尼奥尔（Niort）等许多地方，学校、街道、广场、剧院甚至是停车场，都纷纷以杜桑的名字来命名；在利勒德诺埃（l'Isle-de-Noé）的城堡，即布雷达种植园所有者诺埃家族曾经居住的地方，如今有一条"杜桑卢维杜尔小道"。2003年，村子里还为他竖立了一座纪念碑；诺埃家族的成员向毗邻的米朗德美术博物馆（Musée des Beaux-Arts in Mirande）捐献了一支他们声称是杜桑走路时用过的手杖。[23] 同一年，在伊萨克·卢维杜尔曾经住过的房子，波尔多市政府为一块牌匾揭幕。伊萨克在1854年死于流

---

① 克里斯蒂亚娜·陶比拉（Christiane Taubira），1952年出生于法属圭亚那，法国左翼政治家，曾任法国司法部部长，曾出版过一本名为《奴隶制度告诉我的女儿》（*Slavery told to my daughter*）的书。2001年通过的这部法律即以她的姓氏命名。

放之中，给这座城市——或许算是很不幸地——带来一条"杜桑卢维杜尔断头路"。在勃艮第（Burgundy）的科尔马坦城堡（Château de Cormatin），艾蒂安·德·拉沃从 1809 年起一直居住到 1828 年去世。为纪念拉沃与"奴隶起义领导人"杜桑·卢维杜尔的友谊，这里竖起了一块纪念牌。南特这座城市曾经是法国最大的奴隶贸易港口，也建起了一座废奴纪念碑，并以"杜桑"命名了一个广场。法国本土的各个角落出现了很多杜桑的纪念物：在巴黎大区，马西镇（Massy）在它的一个主要广场上立起一座杜桑的青铜雕像；2005 年 5 月，格勒诺布尔（Grenoble）市政府在市政厅大楼上举行了卢维杜尔纪念牌的揭幕仪式。同年，在波尔多加龙河（River Garonne）岸边，这个曾经有成千上万奴隶被买卖的地方，一座杜桑半身像竖立起来；从 2009 年起，这座城里的阿基坦博物馆（Musée d'Aquitaine）精心布置了多个有关大西洋地区奴隶制度的常设展览。在汝拉山脉的茹堡，杜桑从前的牢房原本空无一物，如今添置了这位伟人的一座半身胸像和一块纪念牌（均由海地政府捐赠）。出现在法国的最引人注目的纪念物是塞内加尔雕刻家奥斯曼·索乌（Ousmane Sow）制作的一尊全尺寸青铜塑像，他此前曾经制作了一件受到高度评价的雕刻作品，名为《杜桑·卢维杜尔与奴隶老人》（Toussaint L'Ouverture and the elderly slave）。2015 年 5 月，在法国另一座奴隶贸易的主要港口，即西部海滨城市拉罗谢尔，举行了索乌另一件作品的揭幕仪式，它描绘杜桑全神贯注地浏览着 1801 年宪法（请见彩色插图 35）。

索乌的塑像是欧洲、加勒比和非洲主题的完美共生，貌似平静地表现了法国与圣多明各革命英雄之间的和解，以及自 21 世纪初以来，法国正视其殖民历史的意愿。然而，更进一步的观察揭示出二者间依然存在紧张关系。尽管将杜桑请入先贤祠是法国政府做出的一个相当重要的姿态,但这是经过了废奴团体的10年努力之后才姗姗来迟的。换一种方式说,白人废奴主义比黑人反抗奴隶制度更容易获得尊重——也更少引起麻烦。监督了奴隶制终结的共和派领导人维克托·舍尔歇(同时也是杜桑的传记作者)在1948年进入先贤祠。一些杜桑纪念物的选址似乎暴露出法国地方当局心头萦绕的不安。在波尔多的那座半身像上,这种情形尤为突出,它被放置在远离市中心的地方。同样,索乌的塑像被安放在新世界博物馆(Musée du Nouveau Monde)的院子里进行展览,所以观众很难一眼就看到它。这个博物馆所在的建筑〔弗勒里奥饭店(Hôtel Fleuriot)〕恰好是以拉罗谢尔一个重要奴隶贩子的名字命名的——这也不能算是一种雅观的并置。

不同公共纪念物上对杜桑的描述存在明显的差异,这也印证了他令人不安地存在于法国人的集体记忆之中。先贤祠的说明文字提到,杜桑是在"流亡"(déporté)之中死于茹堡的,这是一种奇怪的不当表达,因为他是作为一个法国人而死在法国的。相反,在索乌的塑像中,他身穿法国总督的制服。格勒诺布尔的牌匾明智地回避了他的国籍问题,而称赞他为共和派废奴主义者;但是又通过引用他在被勒克莱尔抓捕之后念念不忘的"自由之树"来作为例证,而这句声明正预示了圣多明各的独立斗争。这些说明文字都没有解释杜桑为什么会被捕,也没有提及他受到了法国军队的欺骗,而抓捕他的人正是波拿巴派去加勒比恢复奴隶制度的人。这些回避和矛盾反映了法国共和主义传统无法超越其关于奴隶制及其废除的各种利己说法,也不能直面1789年革命在种

> DANS CE CHÂTEAU VÉCUT DE 1809 A SA MORT
> LE GÉNÉRAL ETIENNE MAYNAUD DE LAVAUX
> 1751 · 1828
> GOUVERNEUR DE Sᵗ DOMINGUE (1793-96), IL FUT L'ALLIÉ
> ET L'AMI DE TOUSSAINT LOUVERTURE,
> CHEF DES ESCLAVES RÉVOLTÉS.
> IL REÇUT A. DE LAMARTINE AU CHATEAU DE CORMATIN
> ET LUI TRANSMIT SES CONVICTIONS ANTI-ESCLAVAGISTES.
> SON ACTION ET SES ÉCRITS INSPIRÈRENT
> LA LOI D'ABOLITION DE 1848.

前圣多明各总督艾蒂安·德·拉沃从 1809 年以来就一直居住在勃艮第的科尔马坦城堡,这块牌匾纪念了他与"奴隶起义领导人"杜桑·卢维杜尔的友谊。它还称赞了拉沃对拉马丁的影响,后者曾在第二共和国废除奴隶制度的过程中发挥了重要作用。

族平等问题上犹疑不决的态度。对杜桑的官方纪念活动显示,法国人不情愿远离其帝国历史上"甜蜜的殖民乌托邦"。也就是说,法国人认为,奴隶制度是已被革命从实体政治中消灭的旧制度的产物;它的废除是进步开明的法国人进行干预的结果,并非黑人奴隶自身革命行动的成果;殖民当局亲切友好的行事是为了实现生活在帝国统治下的黑人百姓的最大利益。[24]

在法国电视台 2012 年播放的一部有关杜桑的上下集影片中,这种矛盾的情绪贯穿始终。法籍塞内加尔制片人菲利普·尼昂(Philippe Niang)执导的《杜桑·卢维杜尔》,由海地裔美国演员吉米·让-路易（Jimmy Jean-Louis）饰演主角。鉴于海地革命在欧洲和美国的电影界都不曾受到足够的重视，这样一部影片被制作出来本身就很引人注目；[25] 其中充满同情地刻画了杜桑的个性特征（他的自尊、勇敢、热爱家庭和为黑人争取美好生活的志向）。但是，它对于杜桑本人和18世纪末圣多明各的总体描绘是十分夸张可笑的。奴隶制度被包裹上一层糖衣，以免冒犯法国人的感情，奴隶制度给人的印象是一种平和的、两相情愿的劳动制度，而种植园工人也能分享到利润。事实上，尼昂塑造的杜桑宣称自己是一个"快乐的"奴隶，直到雷纳尔和狄德罗的《两印度哲学史》打开他的眼界。电影对法国人的军事入侵也做了正面的处理，勒克莱尔被呈现为一个风度翩翩、正直严谨的军官，面对杜桑的抗命不遵，他并不愿意诉诸武力。循着新帝国主义正统思想的线索，这部影片实际上把战争的责任归罪于杜桑，尤其是把他在1801年制定宪法的做法表现为一个蛮横放肆的执拗行为。它也没有提及法国人在加勒比地区恢复奴隶制度的计划，或罗尚博部队的极端残暴；从屏幕上看到的所有暴行都是狂乱的黑人反叛分子所为，他们在原始的伏都教驱使下"屠杀白人"。通过白人种植园主对故土的幻想和杜桑充满家长作风的形象，以及对海地黑人革命者的污名化，尼昂的影片说明了法国殖民主义者的国家传奇的反弹（见彩色插图32）。[26]

杜桑再次出现在法国的现象向我们表明，尽管具有很好的弹性，他的传奇也并没有静待别人过于简单化的解读。从这个意义上说，法国人对他的纪念（以及他们的局限性）都反映了曾经的蓄奴国家与殖民地国家之间持续进行的对话，其内容是关于创造更多的公共空间，使反抗奴隶制度的人士能够受到尊重，并将那些与白人至上主义观点有关联的建筑和公共纪念物移除或更名。例如，在法国的蓬图瓦兹（Pontoise）小镇上，当地人展开了一场有关勒克莱尔将军塑像的争论。有些市民认为，继续崇拜这样一个"战争罪犯"是不恰当的。[27]在英国，迄今为止，关于殖民主义现存遗产的讨论效果有限，这反映在拆除英国帝国主义者塞西尔·罗兹（Cecil Rhodes）①在牛津的雕像那场失败的运动中。[28]美国在这两个方面都表现得更为坦诚，在查尔斯顿（Charleston）竖立了丹马克·维希的雕像并拆除了几个重要的邦联纪念物——虽然全美还保留着700多处，其中大多数在南方。2017年，纽约社会活动家格伦·康塔夫（Glenn Cantave）②提出以杜桑·卢维杜尔雕像取代纽约的哥伦布塑像，引发了一场激烈的讨论。[29]

正如那些富于创意的艺术家、作家、教育家，以及博爱论者所拥护的，卢维杜尔传奇的真正本质是强有力地表达不同意见。海地裔美国画家让-米歇尔·巴斯克亚（Jean-Michel Basquiat）在他的表现主义作品《杜桑·卢维杜尔对萨沃纳罗拉③》（*Toussaint L'Ouverture v. Savonarola*）中抓住了杜桑的尚武精神，通过把杜桑放置在腐败专制的教宗给佛罗伦萨带来的灾难之中，颂扬了杜桑不朽的人性。[30]同样，非裔圭亚那诗人约翰·阿加尔（John Agard）以杜桑的名义写下一封针对华兹华斯诗歌的

---

① 全名为塞西尔·约翰·罗兹（Cecil John Rhodes），1853~1902，英国殖民者，南非钻石大王，金融家和政治家，最著名的帝国主义者。
② 美国著名活动家、表演艺术家和社会企业家，使用沉浸式技术来突出被压迫者的叙述。
③ 吉罗拉莫·萨沃纳罗拉（Girolamo Savonarola），1452~1498，15世纪后期意大利宗教改革家，佛罗伦萨神权共和国领导，后被教宗以火刑处死。

"感谢信"。阿加尔笔下的杜桑,虽然从未踏足不列颠,却拥有能"从欧洲一直讲到达荷美"的口才,并且向坎伯兰①的"兄弟们"表达敬意,因为他们也同样深爱着"自由的甜蜜味道"。[31] 前法国足球运动员、世界杯获得者利利安·图拉姆(Lilian Thuram)是反对种族主义国际运动的积极参与者,他将杜桑奉为自己的"黑人明星"、一座博爱思想的灯塔,教育一代代年轻人知晓非洲后裔所取得的成就。[32] 系列连环漫画《D 日》(Jour J)围绕着反事实的历史叙述展开,其中刻画的杜桑于 1802 年被爱尔兰自由战士从法国人的囚禁中营救出来,他迅速抓住这难得的"第二次机会"将他的美国同胞从奴隶制度下解放。[33] 在杜省(Doubs)的蓬塔利耶(Pontarlier),莱西·杜桑·卢维杜尔(Lycée Toussaint Louverture)的布道词也体现了这种野心勃勃的愿景,杜桑在其中被赞颂为争取种族平等的全球斗争的"先驱",是以马丁·路德·金和纳尔逊·曼德拉为现代典型的国际主义革命传统的缔造者。[34] 2016 年,在西贝尔法斯特(West Belfast)共和派向弗雷德里克·道格拉斯致敬的街头壁画中,这种意象得到了进一步的加强。骑在马上的杜桑与曼德拉和马丁·路德·金走在一起,身边陪伴着黑人解放运动中的众多传奇人物:亚伯拉罕·林肯、罗莎·帕克斯(Rosa Parks)②、保罗·罗伯逊(Paul Robeson)③、穆罕默德·阿里、鲍勃·马利(Bob Marley)④、史蒂夫·比科

---

① 坎伯兰(Cumberland)是英国的一个历史地区,位于英格兰的西北部。在历史上它曾几度作为单独的行政区域,至今仍然作为一个地理名词和文化名词继续使用。16 世纪,包括坎伯兰在内的英格兰北方各郡发生过反对国王和新教信仰的叛乱。
② 1913~2005,美国黑人民权行动主义者,被称为"现代民权运动之母"。
③ 1898~1976,美国著名男低音歌唱家、演员、社会活动家。
④ 1945~1981,牙买加唱作歌手,雷鬼乐的鼻祖。

（Steve Biko）① 和安吉拉·戴维斯（Angela Davis）②。[35]

从这个角度来看，杜桑远远不仅是一个往昔留下的"光辉遗迹"，只在官方纪念日里展示出来供人们瞻仰一下。卢维杜尔式的斗争依然是精神激励的重要源泉，而且是在不断进步和重生的——尤其是在目前这种平民主义的时代——它提醒我们，今日的世界存在的所有不公，无论是在一个社会内部还是不同社会之间，都有其深刻的历史根源。杜桑的一生也堪称经典共和主义理想和品质的榜样：所有人的平等尊严，不论其种族、信仰或肤色；坚韧与勇气，即使面对具有压倒性优势的敌人；诚实与正直，拒绝在根本价值观上做出妥协；共存与宽恕，而非隔阂与仇恨；以及最重要的，对一个完全按照不同原则构建的世界的大胆设想。这种道德准则可以作为一个有效的基础，重新带来充满希望而非恐惧的政治信仰，促进坚定的国际主义，挑战对民族国家主义和"身份认同政治"的虚假崇拜，与此同时避免那种经常侵蚀后殖民叙事的自怜自艾的否定性。

音乐这种艺术形式，最能够体现卢维杜尔式成功希望中的博爱精神，它为我们这场艰苦跋涉提供了一个恰当的尾声。杜桑本人就是一个杰出的音乐爱好者，这在更晚近的一些文学作品中多有描述。举例来说，梅泰卢斯想象出杜桑演奏班扎琴的场面，那是一种殖民晚期圣多明各奴隶在舞蹈中大量使用的四弦提琴。实际上，每一代音乐家都从杜桑的人生中找到了灵感。从19世纪末加勒比和非裔美国奴隶与自由人演唱的充满

---

① 1946~1977，南非反种族隔离制度的斗士，创立了黑人觉醒运动，有一句著名的口号："黑人是美丽的。"
② 1944~，美国著名黑人女性活动家、黑豹党领袖，曾在1970年代初因涉及一场政治谋杀而受审监禁，并因此而名扬世界。

活力的歌曲,到特拉华州威尔明顿的杜桑·卢维杜尔音乐俱乐部的成员,³⁶ 从古典作曲家塞缪尔·科尔里奇-泰勒(Samuel Coleridge-Taylor)① 的交响诗《杜桑·卢维杜尔》(1901),到黑天鹅唱片公司(Black Swan record company)为致敬海地革命而把他们的一款留声机命名为卢维杜尔型,³⁷ 再到后来的爵士乐传奇人物艾灵顿公爵(Duke Ellington)② 与查尔斯·明格斯(Charles Mingus)③,以及纽约的爵士小号手和乐队领队唐纳德·杜桑·卢维杜尔·伯德(Donald Toussaint Louverture Byrd)的作品。³⁸ 1977 年 9 月,作曲家戴维·布莱克(David Blake)的歌剧《杜桑》在伦敦体育场剧院(Coliseum)首演,对这位解放者最后七年的时光做了一次抒情至极的回忆,剧中的杜桑说着《圣经》专有的词汇,同时受到伏都教和妻子苏珊宁静陪伴的双重激励。³⁹

在 2012 年首次发行的唱片《音乐故事》中,热罗姆·布里(Jérôme Brie)对杜桑临终的日子进行想象,"这颗黑人之星向周边的世界洒下奇异的光芒"。⁴⁰ 当代的摇滚乐也向杜桑致敬。1970 年,墨西哥裔美国吉他手卡洛斯·桑塔纳(Carlos Santana)④ 为纪念他而创作出广受赞誉的作品;由试验性美国音乐组合"天鹅乐队"(Swan)⑤ 创作的《带来阳光/杜桑·

---

① 1875~1912,出生于伦敦的黑白混血,英国著名作曲家。
② 1899~1974,即爱德华·肯尼迪·艾灵顿(Edward Kennedy Ellington),美国著名作曲家和爵士钢琴家。
③ 1922~1979,美国著名黑人爵士乐手,曾作为贝斯手与阿姆斯特朗等人合作,也从事作曲。
④ 1947~ ,1960~1970 年代的美国摇滚音乐家,创立了一支同名乐队,率先融合了摇滚和拉丁音乐,多次赢得格莱美音乐奖,并入选摇滚名人堂。
⑤ 1982 年成立于美国纽约的一支摇滚乐队,下文提到的迈克尔·吉拉是其灵魂人物。

卢维杜尔》(*Bring The Sun/Toussaint Louverture*)则是更晚近的一首颇为怪异的乐曲，这部作品长达 34 分钟，其主体是以深沉号角声和奔腾马蹄声为背景的可怕咒语。在被问到这首歌的创作时，作曲者迈克尔·吉拉（Michael Gira）透露，这是他"形而上学地"向海地革命致敬，"因为在玩音乐的时候，就需要一些该死的歌词。我开始尖叫'杜桑！'，之后我就找到了能与这位杰出人物相配的歌词"。[41]

吉拉并不是唯一沉迷于卢维杜尔精神的艺术家。海地说唱歌手维克莱夫·让（Wyclef Jean）在其唱片《从棚屋到方案，再到大厦》(*From the Hut, to the Projects, to the Mansion*)中，把自己变成了"杜桑·圣·让"（Toussaint St Jean），一个藏在兜帽里的人，"不能容忍无礼"，而他的英国同行阿卡拉（Akala）为杜桑那些"坚不可摧的"主张鼓掌喝彩。2018年刚刚结束其第一次英国巡演的海地"树桩"（Chouk Bwa）乐队也不遑多让，他们的名字出自杜桑关于"自由之树"的名言。这支乐队来自杜桑所钟爱的戈纳伊夫，他们通过表演注入了伏都教感情的打击节奏强烈的曲目，自豪地推广了杜桑另外一份完全不同的遗产。他们那首《海地人》（*Neg Ayisyen*），为"作为纳戈人、刚果人和达荷美人"后代的海地人民，吟唱了马坎达尔、杜桑和德萨利纳的故事。对于这支乐队所传达的那种积极乐观的、卢维杜尔式的主题思想，辛格·埃德尔·约瑟夫（Singer Edele Joseph）做了一个简明扼要的总结："他们的任务是给人们带来积极向上的力量……这种力量是永无止境的。"[42]

注　释

缩写

AGI	西印度群岛总档案馆
AGS	锡曼卡斯总档案馆
AN	国家档案馆，巴黎
ANOM	国家海外档案馆，普罗旺斯地区艾克斯
BNF	法国国家图书馆
NAM	国家军事博物馆法学研究中心和档案馆，伦敦

引言　杜桑·卢维杜尔的创举

1. 杜桑的声明，1793年8月2日。AN AE II 1375。
2. 有关18世纪末至海地宣布独立期间圣多明各发生的重大事件的概述，请见 Jeremy Popkin, *A Concise History of the Haitian Revolution* (Oxford: Wiley-Blackwell, 2012); David Geggus, *The Haitian Revolution: A Documentary History* (Indianapolis: Hackett Publishing Company, 2014)。
3. 请见 David Armitage and Sanjay Subrahmanyam (ed.), *The Age of Revolutions in Global Contexts* (Basingstoke: Palgrave Macmillan, 2009); Rafe Blaufarb, *The Revolutionary Atlantic: Republican Visions 1760–1830* (New York: Oxford University Press, 2017)。
4. 杜桑致海军部部长的书信，共和五年牧月九日（1797年5月28日），AN AF III 210。
5. 对海地革命大背景的进一步讨论，请见 Robin Blackburn, "Haiti, slavery, and the age of democratic revolution", *The William and Mary Quarterly* vol. 63, no. 4 (October 2006)。
6. 共和八年雨月十六日（1800年2月5日）在莫勒圣尼古拉全面自由节上的讲话。SANOM CC9B 9。

7. 引自 James Alexander Dun, *Dangerous Neighbours: Making the Haitian Revolution in Early America* (Philadelphia: University of Pennsylvania Press, 2016), p. 149。
8. 《伦敦公报》1798年12月12日。
9. 引自 Grégory Pierrot, "'Our hero': Toussaint Louverture in British representations", Criticism vol. 50-54 (Fall 2008), p. 598。
10. 请见 Susan Buck-Morss, *Hegel, Haiti and Universal History* (Pittsburgh: University of Pittsburgh Press, 2009)。
11. 引自 Donald Hickey, "'America's response to the slave revolt in Haiti, 1791-1806", *Journal of the Early Republic* vol. 2, no. 4 (Winter 1982), p. 368。
12. Hobart 致 Nugent 的书信，唐宁街，伦敦，1801年11月18日。National Archives, Kew, CO 137/106。
13. 引自 Christer Petley, *White Fury: A Jamaican Slave-holder and the Age of Revolution* (Oxford: Oxford University Press, 2018), pp. 176-7。
14. 见1798年之后的 *Gazette of the United States and Daily Advertiser* (Philadelphia) 和 *National Intelligencer and Washington Advertiser* (Washington)。Library of Congress, Historic American Newspapers。
15. 有关这一更广泛的奴隶赋权模式，请特别参见 Eugene Genovese, *From Rebellion to Revolution: Afro-American Slave Revolts in the Making of the Modern World* (Baton Rouge: Louisiana State University Press, 1979); 关于这场革命在美国成为恐怖和灵感的来源，请见 Ashli White, *Encountering Revolution: Haiti and the Making of the Early Republic* (Baltimore: Johns Hopkins University Press, 2010); Elizabeth Maddock Dillon and Michael Drexler (ed.), *The Haitian Revolution and the Early United States* (Philadelphia: University of Pennsylvania Press, 2016)。
16. 该报每年的订阅费为2.5美元，附送一张"弗雷德里克·道格拉斯先生或杜桑·卢维杜尔的精美照片"。《新国民时代》，1874年4月16日。Library of Congress, Historic American Newspapers。
17. Médéric Louis Élie Moreau de Saint-Méry, *Description topographique, physique, civile, politique et historique de la partie française de l'isle Saint-Domingue* (Paris, 1797), vol. 1, p. 105.

18. 有关太子港的历史，请见 Roland Devauges, "Une capitale antillaise: Port-au-Prince (Haïti)", *Les Cahiers d'Outre-Mer* (1954), pp. 7-26。有关这几个沿海城镇，请见 David Geggus, "The major port towns of Saint-Domingue in the late eighteenth century", P. Liss and F. Knight (eds), *Atlantic Port Cities* (Knoxville: University of Tennessee Press, 1991)。

19. Jean Saint-Vil, 'Villes et bourgs de Saint-Domingue au XVIIe siècle (essai de géographie historique)', *Les Cahiers d'Outre-Mer* (1978), p. 251.

20. 在18世纪的最后几年，随着法国大革命带来的领土变化，各省的称呼从"province"变成了"department"。

21. François Girod, *La vie quotidienne de la société créole (Saint-Domingue au 18e siècle)* (Paris: Hachette, 1972), pp. 71-2.

22. Laurent Dubois, *Avengers of the New World* (Cambridge, Mass. and London: Harvard University Press, 2004), p. 26.

23. Alexandre de Laujon, *Souvenirs et voyages* (Paris, 1835), p. 124.

24. 请见 M.-A. Menier and G. Debien, "Journaux de Saint-Domingue", *Revue d'Histoire des Colonies*, 36 (1949); Jean Fouchard, "Les joies de la lecture à Saint-Domingue", *Revue d'Histoire des Colonies*, 41 (1954); 又见 Fouchard 的经典作品 *Le Théâtre à Saint-Domingue* (Port-au-Prince: Imprimerie de l'État, 1955)。

25. 关于该俱乐部的进一步分析，以及对革命前圣多明各的科学生活的全面了解，请见 James McClellan III, *Colonialism and Science: Saint-Domingue in the Old Regime* (Baltimore and London: Johns Hopkins University Press, 1992)。

26. Julius Scott, *The Common Wind: Afro-American Currents in the Age of the Haitian Revolution* (London: Verso, 2018), p. 115.

27. 关于这个问题的经典著作是 Charles Frostin, *Les révoltes blanches à Saint-Domingue au XVIe et XVIIe siècles* (1975; Rennes: Presses Universitaires de Rennes, 2008)。

28. Henri-Baptiste Grégoire, *Mémoire en faveur des gens de couleur ou sang-Mêlés de Saint-Domingue* (Paris, 1789), pp. 7-8.

29. *Ordonnance du Roi, concernant les procureurs & économes-gérans des*

habitations situées aux Isles sous le Vent, du 17 Décembre 1784 (Paris, 1785), p. 5.
30. 引自 Girod, *La vie quotidienne de la société créole*, p. 189。
31. 与 Edward Corbet 的谈话，记载于 Corbet 的书信，共和港，1801 年 7 月 21 日。National Archives, Kew, CO 137/105。
32. 请见 Fritz Daguillard, *Toussaint Louverture: mystérieux dans la gloire* (Port-au-Prince: Musée du Panthéon National Haïtien, 2003), pp. 11–15。
33. Jacques de Norvins, *Souvenirs d'un historien de Napoléon* (Paris, 1896), vol. 2, p. 362.
34. George E. Simpson and J. B. Cinéas, "Folk tales of Haitian heroes", *Journal of American Folklore* vol. 54, no. 213/14 (July-December 1941), p. 184.
35. Louis Dubroca, *Vie de Toussaint Louverture, chef des noirs insurgés* (Paris, 1802), p. 53; Thomas-Prosper Gragnon-Lacoste, *Toussaint Louverture* (Paris, 1877), p. 1.
36. 关于这段涉及混血者的历史记录的概要，请见 David Nicholls, *From Dessalines to Duvalier: Race, Colour and National Independence in Haiti* (Cambridge: Cambridge University Press, 1979), pp. 90–91, 95 and 97。
37. Victor Schoelcher, *Vie de Toussaint Louverture* (1889; Paris: Karthala, 1982).
38. Horace Pauléus Sannon, *Histoire de Toussaint Louverture*, 3 vols (Port-au-Prince: Imprimerie Héraux, 1920–33).
39. 对詹姆斯的杜桑传记的全面评价，请见 the collection edited by Charles Forsdick and Christian Høgsbjerg, *The Black Jacobins Reader* (Durham, NC and London: Duke University Press, 2017)。
40. 请见 Richard Drayton and David Motadel, "Discussion: the futures of global history", *Journal of Global History* vol. 13, issue 1 (2018), p. 7。
41. 特别请见 Alyssa Goldstein Sepinwall (ed.), *Haitian History: New Perspectives* (New York and London: Routledge, 2013); 以及她的文章 "Beyond 'The Black Jacobins': Haitian Revolutionary historiography comes of age", *Journal of Haitian Studies* vol. 23, no. 1 (Spring 2017)。
42. Jean Fouchard, *Les marrons de la liberté* (Paris: éditions de l'école, 1972; 英语译本 *The Haitian Maroons*, New York: Blyden Press, 1981);

Carolyn Fick, *The Making of Haiti: The Saint-Domingue Revolution from Below* (Knoxville: University of Tennessee Press, 1990)。

43. 特别请见 Ada Ferrer, *Freedom's Mirror: Cuba and Haiti in the Age of Revolution* (New York: Cambridge University Press, 2014)。

44. Mimi Sheller, 'Sword-bearing citizens: militarism and manhood in nineteenth-century Haiti', in Sepinwall (ed.), *Haitian History*, p. 157.

45. Michael O. West and William G. Martin, 'Haiti, I'm sorry: the Haitian Revolution and the forging of the black international', in Michael O. West, William G. Martin and Fanon Che Wilkins (eds), *From Toussaint to Tupac: The Black International Since the Age of Revolution* (Chapel Hill: University of North Carolina Press, 2009), p. 76.

46. Pierre Pluchon, *Toussaint Louverture, un révolutionnaire noir d'Ancien Régime* (Paris: Fayard, 1989).

47. Philippe Girard, *Toussaint Louverture: A Revolutionary Life* (New York: Basic Books, 2016), pp. 4–5.

48. Philippe Girard, *The Slaves Who Defeated Napoleon: Toussaint Louverture and the Haitian War of Independence 1801–1804* (Tuscaloosa, AL: University of Alabama Press, 2011), pp. 9–10 and 43.

49. David Scott, *Conscripts of Modernity: The Tragedy of Colonial Enlightenment* (London and Durham, NC: Duke University Press, 2004), p. 210.

50. Celeste-Marie Bernier, *Characters of Blood: Black Heroism in the Transatlantic Imagination* (Charlottesville: University of Virginia Press, 2012), p. 7.

51. 实例请见他的《和平港山区秩序的重建》官方报告，共和五年雾月七日（1796年10月28日）。ANOM CC9A 13。

52. Gordon K. Lewis, *Main Currents in Caribbean Thought: The Historical Evolution of Caribbean Society in its Ideological Aspects, 1492–1900* (Baltimore: Johns Hopkins University Press, 1987), p. 27.

53. 请见 Laurent Dubois, "An enslaved Enlightenment: rethinking the intellectual history of the French Atlantic", *Social History* vol. 31, no. 1 (February 2006), p. 12；更全面的有关混合的离散文化的概念，请参

见 Paul Gilroy 的经典作品 *The Black Atlantic*（London：Verso，1993）。

54. Nick Nesbitt, "Turning the tide: the problem of popular insurgency in the historiography of the Haitian Revolution", *Small Axe*, 27（October 2008），p. 31；有关这个主题，也请见 Adom Getachew 的精彩文章"Universalism after the post-colonial turn: interpreting the Haitian Revolution", *Political Theory* vol. 44, no. 6（2016），pp. 821-45。

55. Leclerc, 'Campagne du Limbé, et détail de quelques événements qui ont eu lieu dans ce quartier, jusqu'au 20 juin 1793', n. d. ［1793］. ANOM CC9A 8.

56. 法国代理人鲁姆的报告，共和七年穑月十五日（1799 年 7 月 3 日）。National Archives, Kew, CO 137/104。

57. 杜桑致帕斯卡尔的书信，共和七年芽月二十六日（1799 年 4 月 15 日）。National Archives, Kew, CO 245/2。

58. 实例请见杜桑致小山镇公民的书信，共和四年雪月二十九日（1796 年 1 月 19 日）。BNF NAF 12104。

59. 请见 Quentin Skinner, *Liberty Before Liberalism*（Cambridge：Cambridge University Press, 1998）。

60. 特别请见杜桑的《致有能力拿起武器的公民》，法兰西角，共和五年雨月十五日（1797 年 2 月 3 日）。*Bulletin Officiel de Saint-Domingue*, 12 February 1797。

61. 有关这一主题，请参见 Michel-Rolph Trouillot, *Silencing the Past*（Boston, Mass.：Beacon Press, 1995）第 3 章。

62. 关于这一点，请参见 Charles Forsdick and Christian Høgsbjerg, *Toussaint Louverture: A Black Jacobin in the Age of Revolutions*（London：Pluto Press, 2017），p. 147。

63. Yanick Lahens, 'Le 19e siècle, ce grand inconnu', Collège de France lecture, 1 April 2019.

64. 'Toussaint Louverture: A finding list of his letters and documents in archives and collections（public and private）of Europe and America'. Joseph Boromé Papers, Sc MG 714, Box 2, New York Public Library.

65. Patrice Gueniffey, *Bonaparte*（Paris：Gallimard, 2013），p. 595.

66. Joseph Boromé, 'Some desiderata in Caribbean biography', *Caribbean*

Quarterly vol. 19, no. 4 (December 1973), p. 29.

67. Hippolyte de Saint-Anthoine, *Notice sur Toussaint Louverture* (Paris, 1842), p. 30.

68. 杜桑致埃杜维尔的书信, 共和六年热月七日 (1798 年 7 月 25 日)。ANOM CC9 B6。

69. 杜桑致莱斯卡利耶的书信, 共和六年牧月二十一日 (1798 年 6 月 9 日)。ANOM CC9A 14。

70. 杜桑致费城商务领事 Charles-François Liot 的书信, 法兰西角, 1801 年 7 月 3 日。Archives of French Foreign Ministry, CCC, Philadelphia V。

71. Stuart Hall, 'Cultural identity and diaspora', in P. Williams and L. Chrisman (eds), *Colonial Discourse and Post-colonial Theory: A Reader* (London and New York: Routledge, 1994), p. 235.

72. "一个背信弃义的恶棍"。杜桑致安托万·尚拉特（法国共和军中一位上校）的书信, 1793 年 8 月 27 日。ANOM CC9A 8。

73. Jean Fouchard, 'Toussaint Louverture', *Revue de la Société haïtienne d'histoire et de géographie* no. 164 (September-December 1989), p. 41.

74. 杜桑致 Renne de Saba 的书信, 共和七年芽月二十八日 (1799 年 4 月 17 日)。Library of Congress, Manuscript Division Papers of Toussaint Louverture。

75. 卢维杜尔夫人写给杜桑的书信, 1794 年 7 月 24 日。Archives Départementales de la Gironde, Collection Marcel Chatillon, 61 J 18。

76. 杜桑致拉沃的书信, 1795 年 9 月 16 日。BNF NAF 12103。杜桑的笔记, 共和十年雪月三十日 (1802 年 1 月 20 日)。Edmond Mangonès collection, University of Florida, 引自 Boromé, 'A finding list'。

77. 杜桑致海军部部长的书信, 共和七年芽月二十四日 (1799 年 4 月 3 日), 引自 *Testament politique de Toussaint Louverture* (Paris, 1855), p. 5。

第 1 章 一个自由人的灵魂

1. "Né dans l'esclavage, mais ayant reçu de la nature l'âme d'un homme libre"。杜桑致督政府的报告, 共和五年果月十八日 (1797 年 9 月 4

日）。AN AFⅢ 210。
2. Anna Julia Cooper, *Slavery and the French and Haitian Revolutionists* (Lanham, MD: Rowman and Littlefield, 2006), p. 102.
3. 这些资料主要包括年度账目、奴隶名单、劳工报告和管理说明。对这些资料的完整描述，请见 Gabriel Debien, *Les esclaves aux Antilles françaises, XVI XVI IIe siècles* (Basse Terre: Société d'histoire de la Guadeloupe, and Fort-de-France: Société d'histoire de la Martinique, 1974), pp. 9–38。
4. Isaac Louverture, *Notes sur la vie de Toussaint Louverture*, p. 325. BNF NAF 6864.
5. Charles Vincent, *Notice sur Dominique Toussaint Louverture*, n. d. Archives Diplomatiques Paris-La Courneuve, 23MD/2 (mémoires et documents, Haïti).
6. 关于杜桑的家庭，请见 Alfred Nemours, *Histoire de la famille et de la descendance de Toussaint Louverture* (Port-au-Prince: Imprimerie de l'État, 1941)。
7. 请见 Christian Frances Mobley 的博士论文 "The Kongolese Atlantic: Central African Slavery & Culture from Mayombe to Haïti" (Duke University, 2015)。
8. 有关这一主题的经典文章是 John Thornton, "'I am the subject of the King of the Congo': African political ideology and the Haitian Revolution", *Journal of World History* vol. 4, no. 2 (Fall 1993)。
9. 关于该地产的主人，请见 Jean-Louis Donnadieu, *Un grand seigneur et ses esclaves. Le comte de Noé entre Antilles et Gascogne* (Toulouse: Presses Universitaires du Mirail, 2009)。
10. 该法典第 11 条规定"奴隶的婚生子女亦为奴隶"。*Le Code Noir* (Paris, 1685), p. 5。
11. David Geggus, 'Toussaint Louverture and the slaves of the Bréda plantations', *Journal of Caribbean History* vol. 20, no. 1 (1985–6), p. 36.
12. "Fatras" 这个词常用来形容受伤或残疾的奴隶。
13. Saint-Rémy, *Vie de Toussaint* (Paris: Moquet, 1850), p. 8.
14. Vincent, *Notice sur Dominique Toussaint Louverture*.
15. Isaac Louverture, *Notes historiques sur Toussaint Louverture*. BNF NAF 6864.

16. Antoine Métral, *Histoire de l'insurrection des esclaves dans les nord de Saint-Domingue* (Paris, 1818), p. 53.
17. *Code Noir*, p. 8.
18. Fick, *The Making of Haiti*, p. 21.
19. Isaac Louverture, *Notes historiques*. BNF NAF 12409.
20. François Cliquot, 'Nouvelle description de l'île d'Haïti', unpublished MS, 1843. Archives Diplomatiques Paris-La Courneuve, 23MD/2 (mémoires et documents, Haïti).
21. Debien, *Les esclaves aux Antilles françaises*, p. 285.
22. Ibid., p. 287.
23. Charles Frostin, "Méthodologie missionnaire et sentiment religieux en Amérique française au 17e et 18e siècles: le cas de Saint-Domingue", in *Cahiers d'Histoire* (Universities of Clermont, Lyon and Grenoble, 1979), vol. 24, no 1, p。更全面的内容请参见 François Kawas, *Sources documentaires de l'histoire des jésuites en Haïti aux XVI I Ie et XXe siècles* (Paris: L'Harmattan, 2006)。
24. 在1799年4月9日致 Grégoire 的一封信中，一位名叫康斯坦丁·德·卢森堡的当地神父声称，"慈善兄弟医院的奴隶杜桑"曾为他提供晚餐；引自 Adolphe Cabon, *Notes sur l'histoire religieuse d'Haïti* (Port-au-Prince: Petit Séminaire Collège Saint-Martial, 1933), p. 44。
25. John Thornton, *Africa and Africans in the Making of the Atlantic World* (Cambridge: Cambridge University Press, 1998), p. 319.
26. 请见 David Richardson, "Slave exports from West and Central Africa, 1700–1810: new estimates of volume and distribution", *Journal of African History* vol. 30 (1989), pp. 10–14。
27. Phillipe Girard and Jean-Louis Donnadieu, 'Toussaint before Louverture: new archival findings on the early life of Toussaint Louverture', *William and Mary Quarterly* vol. 70, no. 1 (January 2013), p. 46.
28. Dubois, *Avengers*, p. 42；更全面的内容请参见 Gérard Barthélémy, *Créoles-Bossales: conflit en Haïti* (Petit-Bourg, Guadeloupe: Ibis Rouge, 2000)。
29. 引自 Debien, *Les esclaves aux Antilles françaises*, p. 321。

30. "Unhappy is the man who has negroes, and even more unhappy is the man who does not"。Regnaud de Beaumond 致其母亲的书信，圣马克，1785 年 4 月 6 日，引自 Gabriel Debien, "À Saint-Domingue avec deux jeunes économes de plantation", *Revue de la société d'histoire et de géographie d'Haïti* vol. 16, no. 58 (July 1945), p. 61。
31. Hilliard d'Auberteuil, *Considérations sur l'état présent de la colonie française de Saint-Domingue* (Paris, 1776), vol. 2, p. 68.
32. Frantz Fanon, *The Wretched of the Earth* (London: Penguin, 2001), p. 32.
33. Moreau de Saint-Méry, *Description topographique*, vol. 1, p. 29.
34. 最大的族群是刚果人，请见 David Geggus, "Sex ratio, age and ethnicity in the Atlantic slave trade", *Journal of African History* vol. 30, no. 1 (1989); Debien, *Les esclaves aux Antilles françaises*, p. 48。
35. Bernard Gainot, *La révolution des esclaves: Haïti, 1763–1803* (Paris: Vendémiaire, 2017), p. 50.
36. Gragnon-Lacoste, *Toussaint Louverture*, pp. 3-4.
37. 请见 Baron Alexandre-Stanislas de Wimpffen, *Saint-Domingue à la veille de la Révolution* (Paris: L. Michaud, 1911), p. 90。
38. Rachel Beauvoir Dominique, 'La valeur sociale du vaudou à travers l'histoire', *Museum International* vol. 62, no. 4 (2010), p. 108.
39. 有关 18 世纪后期海地伏都教的总体特征，请见 Michel Laguerre, *Voodoo and Politics in Haiti* (Houndmills and London: Palgrave Macmillan, 1989), pp. 32-3。
40. Patrick Bellegarde-Smith, 'Resisting freedom: cultural factors in democracy: the case for Haiti', in Claudine Michel and Patrick Bellegarde-Smith (eds), *Vodou in Haitian Life and Culture* (New York: Palgrave Macmillan, 2006), p. 101.
41. Robbie Shilliam, 'Race and revolution at Bwa Kayiman', *Millenium* vol. 45, no. 3 (2017), p. 280.
42. Alfred Métraux, *Le vaudou haïtien* (Paris: Gallimard, 1958), p. 40.
43. Stephen Alexis, *Black Liberator: The Life of Toussaint Louverture* (London: E. Benn, 1949), p. 12.
44. 对这些技术的进一步讨论，请见 Karol Weaver, *Medical Revolutionaries:*

The Enslaved Healers of Eighteenth-Century Saint-Domingue (Urbana and Chicago: University of Illinois Press, 2006), pp. 69–75.

45. Saint-Rémy, *Vie de Toussaint*, p. 8. AN 18 AP 3, Papiers Bréda; letter of 3 February 1785.
46. Isaac Louverture, *Notes sur la vie de Toussaint Louverture*, pp. 336–7.
47. Isaac Louverture, *Notes historiques*. BNF NAF 12409.
48. 杜桑:《驳斥维耶诺·沃布隆于共和五年牧月十日在立法机构讲话中的一些主张》,法兰西角,共和六年雾月八日(1797年10月29日),第18~19页。
49. *Code Noir*, articles XI, XV, XXVIII and XXXI; 进一步讨论请见 Frédéric Régent, *La France et ses esclaves* (Paris: Grasset, 2007), pp. 66–87。
50. De Wimpffen, *Saint-Domingue à la veille de la Révolution*, pp. 63–4, n. 2; 更详细地分析殖民地对待奴隶的残忍行为请见 Fouchard, *Marrons de la liberté*, pp. 103–29。
51. Geggus, 'Toussaint Louverture and the slaves of the Bréda plantations', pp. 36–7.
52. Gragnon-Lacoste, *Toussaint Louverture*, pp. 6–7.
53. Jacques de Cauna, 'La famille et la descendance de Toussaint Louverture', in J. de Cauna (ed.), *Toussaint Louverture et l'indépendance d'Haïti* (Paris: Karthala, 2004), p. 183.
54. Vincent, *Notice sur Dominique Toussaint Louverture*.
55. Ibid.
56. Gragnon-Lacoste, *Toussaint Louverture*, pp. 14–15.
57. See Jean-Louis Donnadieu, 'La famille oubliée de Toussaint Louverture', Bulletin de la Société Archéologique et Historique du Gers no. 401 (2011).
58. Ibid., p. 359.
59. Karen McCarthy Brown, 'Afro-Caribbean spirituality: a Haitian case study', in Michel and Bellegarde-Smith (eds), *Vodou in Haitian Life and Culture*, p. 6.
60. 弗朗索瓦·德·凯尔维索致法国政府的报告,共和九年芽月一日(1801年3月22日)。ANOM CC9B 23。

61. AN 18 AP 3，布雷达的票据；巴永·德·利伯塔的书信。
62. 'Toussaint Louverture', *Le Moniteur Universel*, 9 January 1799.
63. 实例请见 Schoelcher, *Vie de Toussaint Louverture*, p. 387。
64. 杜桑致督政府的书信，共和五年穑月三十日（1797 年 7 月 18 日）。AN F7 7321。
65. 他的解放是一项了不起的个人成就，尤其要考虑到殖民后期的大部分解放不是给予妇女就是给予服兵役的男子。此外，即便是后者，其人数在 18 世纪末也急剧减少：1789 年，在整个圣多明各北部地区超过 19 万的人口中，只有 7 名黑人男子获得自由。请见 David Geggus, "Saint-Domingue on the eve of the Haitian Revolution", in D. Geggus and N. Fiering (eds), *The World of the Haitian Revolution* (Bloomington: Indiana University Press, 2009), p. 9。
66. Marie-Antoinette Menier, Gabriel Debien and Jean Fouchard, 'Toussaint Louverture avant 1789. Légendes et réalités', *Conjonction* no. 143 (1977).
67. 菲利普-雅斯曼·德西尔和杜桑·布雷达之间的租赁协议，法兰西角，1779 年 8 月 17 日。经双方同意，该协议于 1781 年 7 月被取消。
68. AN 18 AP 3，布雷达的票据。
69. Jacques de Cauna and Jean-Louis Donnadieu, 'Quand le Comte de Noé écrit à Toussaint Louverture', *Outre-Mers. Revue d'Histoire* no. 358–9 (2008), p. 297.
70. Girard and Donnadieu, 'Toussaint before Louverture', pp. 68–9.
71. Isaac Louverture, *Notes historiques*. BNF NAF 6864.
72. 'Toussaint Louverture, l'Aquitaine, et les Gascons', in de Cauna (ed.), *Toussaint Louverture et l'indépendance d'Haïti*, p. 190.
73. 巴永的后人致罗丝·卢维杜尔的书信，1878 年 12 月 19 日，引自 Alfred Nemours, "Lieux et dates de la naissance et de la mort de Toussaint Louverture", in *Toussaint Louverture fonde à Saint-Domingue la liberté et l'égalité* (Port-au-Prince: Imprimerie du Collège Vertières, 1945), p. 13。
74. AN 18 AP 3，布雷达的票据；巴永对 1788 年账目的说明。
75. Debien, *Les esclaves aux Antilles françaises*, pp. 318–19.
76. 请见 Régent, *La France et ses esclaves* 之中的表格，p. 189。

77. Gabriel Debien, 'A propos du trésor de Toussaint Louverture', *Revue de la société d'histoire et de géographie d'Haïti* vol. 17, no. 62 (July 1946), p. 35.

78. Sue Peabody, 'Négresse, mulâtresse, citoyenne: gender and emancipation in the French Caribbean', in Pamela Scully and Diana Paton (eds), *Gender and Slave Emancipation in the Atlantic World* (Durham, NC and London: Duke University Press, 2005), pp. 61–2.

79. 布雷达种植园奴隶登记簿,1785 年 12 月,由 Jean-Louis Donnadieu 在其 "Nouveaux documents sur la vie de Toussaint Louverture" 中予以复制, *Bulletin de la Société d'Histoire de la Guadeloupe* vol. 166–7 (2013), p. 133。

80. Ibid., p. 136.

81. Ibid., p. 129.

82. Ibid., p. 136.

83. Guillaume-Thomas Raynal and Denis Diderot, *Histoire philosophique des Deux Indes* (Geneva, 1780 edn), vol. 1, p. 545.

84. Michel-Rolph Trouillot, 'An unthinkable history: the Haitian Revolution as a non-event', in Sepinwall (ed.), *Haitian History*, p. 40.

85. Louis Sala-Molins, *Dark Side of the Light: Slavery and the French Enlightenment* (Minneapolis: University of Minnesota Press, 2006), p. 124.

86. Guillaume-Thomas Raynal, *Essai sur l'administration de Saint-Domingue* (Paris, 1785), pp. 14–15.

87. Dantès Bellegarde, *Histoire du peuple Haïtien* (Port-au-Prince, 1953), p. 59.

88. Fouchard, *Les marrons de la liberté*, p. 388.

89. Moreau de Saint-Méry, *Description topographique*, vol. 1, p. 653.

90. 更为怀疑的观点认为,整个马坎达尔的"阴谋"是白人种植者偏执妄想的产物,请见 Trevor Burnard and John Garrigus, *The Plantation Machine: Atlantic Capitalism in French Saint-Domingue and British Jamaica* (Philadelphia: University of Pennsylvania Press, 2016)。

91. 有关马坎达尔和 18 世纪后半期圣多明各关于他的传奇,请见 Pierre Pluchon, *Vaudou, sorciers, empoisonneurs. De Saint-Domingue à Haïti* 的第三部分 (Paris: Karthala, 1987)。

92. Jason Daniels, 'Recovering the fugitive history of *marronage* in Saint-Domingue, 1770-1791', in *Journal of Caribbean History* vol. 46, no. 2 (2012), p.131.
93. Girard and Donnadieu, 'Toussaint before Louverture', pp. 64 and 66.
94. 《美洲布告》上的广告，1784年4月7日，来源于 Le marronage à Saint-Domingue, http://www.marronnage.info/。
95. 1785年12月报告，引自 Donnadieu, "Nouveaux documents sur la vie de Toussaint Louverture", p.126；关于布雷达种植园1790年奴隶逃离事件的进一步报告，请见 Debien, *Les esclaves aux Antilles françaises*, p.458。
96. 有关非洲宗教仪式与天主教习俗在伏都教中的融合，请见 Métraux, *Le vaudou haïtien*, p.288。
97. 'respecté par les Africains comme une espèce de *Macanda* [sic]', 这句话在原文中被突出强调。凯尔维索致法国政府的报告，共和九年芽月一日（1801年3月22日）。ANOM CC9B 23。
98. Frederick Douglass, 'Toussaint Louverture', undated MS. Frederick Douglass Papers, Library of Congress.
99. Roger Dorsinville, *Toussaint Louverture ou la vocation de la liberté* (Paris: Julliard, 1965), p.94.
100. 1799年杜桑在圣多明各南部以克里奥尔语发表的演讲，引自 Pélage-Marie Duboys, *Précis historique des Annales de la Révolution à Saint-Domingue*, vol. 2, p.80。BNF NAF 14879。
101. 巴永的记述，引自 Debien, *Les esclaves aux Antilles françaises*, p.242。
102. Gérard Barthélemy, 'Toussaint Louverture, noir libre', *Revue de la Société haïtienne d'histoire et de géographie* vol. 83, no. 236 (January-June 2009), pp.23-78.
103. Vincent, *Notice sur Dominique Toussaint Louverture*。这个消息几乎可以确定是来自樊尚在1801年遇到的皮埃尔-巴蒂斯特。
104. Scott, *The Common Wind*, p.28.
105. Donnadieu, 'Nouveaux documents sur la vie de Toussaint Louverture', p.127.
106. Girard and Donnadieu, 'Toussaint before Louverture', p.55.
107. 在1788年一个臭名昭著的案件中，尽管受到滥用酷刑的证据确凿的指控，种植园主 Nicolas Lejeune 仍然被判无罪，请见 Malick Ghachem, "Prosecuting torture: the strategic ethics of slavery in pre-revolutionary Saint-Domingue", *Law and History Review* vol. 29, no. 4 (November 2011)。又请见 Ghachem 对于殖民晚期圣多明各司法争议的研究, *The Old Regime and the Haitian Revolution* (New York: Cambridge University Press, 2012)。

108. 在此感谢 Robbie Shilliam 极富洞察力的意见。

109. Franklin Midy, 'L'exception Haïtienne', in Marcel Dorigny (ed.), *Haïti, première république noire*, special issue of *Outre-Mers. Revue d'histoire*, XC (2003), pp. 133 and 135.

110. Charles Malenfant, *Des colonies et particulièrement de celle de Saint-Domingue* (Paris, 1814), pp. 93-4, n. 1.

111. Nemours, *Toussaint Louverture fonde à Saint-Domingue la liberté et l'égalité*, p. 19; Bellegarde-Smith, 'Resisting freedom', pp. 102-3.

第 2 章 命运之门

1. Toussaint, Camp Turel proclamation, 29 August 1793. AN AA 53.

2. Dubois, *Avengers*, p. 176.

3. Toussaint, Camp Turel proclamation.

4. Guillaume Moulinet 的证词, 1791 年 12 月 24 日。AN D/XXV/63, dossier 635。

5. 'That fellow is making openings for himself everywhere!' Isaac Louverture, *Notes historiques*. BNF NAF 6864.

6. "Papa Legba, open the gate for me!", 引自 Ralph Korngold, *Citizen Toussaint* (London: Victor Gollancz, 1945), p. 86。

7. 1788 年 4 月 8 日会议记录，引自 Jean-Pierre Barlier, *La Société des Amis des Noirs 1788-1791* (Paris: éditions de l'Amandier, 2010), p. 94。

8. 针对一个实例的研究，请参见 Elodie Lambert, "L'intervention des habitants de Champagney pour l'abolition de l'esclavage des noirs dans leur cahier de doléances (1789)", *Bulletin de la Société d'Histoire de la Guadeloupe* no. 172 (September-December 2015)。

9. 请见 Gabriel Debien, *Les colons de Saint-Domingue et la Révolution. Essai sur le Club Massiac* (Paris: A. Colin, 1953); Déborah Liébart, "Un groupe de pression contre-révolutionnaire: le club Massiac sous la Constituante", *Annales Historiques de la Révolution française* no. 354 (October-December 2008)。
10. Assemblée Nationale, *Décret du 15 mai 1791*, p. 4. AN D/XXV/3.
11. Henri-Baptiste Grégoire, *Lettre aux citoyens de couleur et nègres libres* (Paris, 1791), p. 12.
12. 雷蒙的书信, 引自 Geggus, *The Haitian Revolution*, p. 44。
13. David Geggus, *Slavery, War, and Revolution: The British Occupation of Saint-Domingue 1793 - 1798* (New York: Oxford University Press, 1982), pp. 34-5.
14. Garran Coulon, *Rapport sur les troubles de Saint-Domingue, fait au nom de la Commission des Colonies*, vol. 1 (Paris, 1797), pp. 170-71.
15. *Convocation de l'Assemblée coloniale* (Port-au-Prince, 1790), pp. 2-3.
16. *Doutes proposés à l'Assemblée Nationale, par un membre de l'Assemblée générale de la partie française de Saint-Domingue* (Paris, 1790).
17. Tanguy de la Boissière, *Réflexions impartiales d'un citoyen sur les affaires de Saint-Domingue* (Port-au-Prince, 1789).
18. 《自由有色人致北部省议会的请愿书》, 1789 年 11 月 10 日。Archives départementales de la Gironde 61 J 15。
19. Schoelcher, *Vie de Toussaint Louverture*, p. 5; Dubois, *Avengers*, p. 64.
20. 奥热向北部省议会传递的消息, 1790 年 10 月 29 日, 引自 Geggus, *The Haitian Revolution*, p. 63。
21. John Garrigus, 'Vincent Ogé "jeune" (1757-91): social class and free colored mobilisation on the eve of the Haitian Revolution', *The Americas* vol. 68, no. 1 (July 2011), p. 34.
22. 来访的法国船长亨利的信件, 法兰西角, 1791 年 9 月 27 日。AN D/XXV/78。
23. Scott, *The Common Wind*, pp. 111-17.
24. Félix Carteaux, *Soirées bermudiennes* (Bordeaux, 1802), pp. 76-7.
25. 引自 Fick, *The Making of Haiti*, p. 86。

26. Wimpffen, *Saint-Dominguela à la veille de la Révolution*, entry for July 1790, p. 186.
27. 实例请见 Fick, *The Making of Haiti* 中的附录三, 奴隶安托万 1791 年 1 月的证词, pp. 267–9。
28. Français Barbé-Marbois 的报告, 1789 年 10 月 10 日, 引自 Geggus, *The Haitian Revolution*, p. 76。
29. 'Mon Odyssée', 引自 Jeremy Popkin, *Facing Racial Revolution: Eyewitness Accounts of the Haitian Insurrection* (Chicago: University of Chicago Press), p. 79。
30. 当地的表达方式为 "heureux comme les esclaves à Gallifet"。
31. 1791 年 9 月 25 日信件。AN D/XXV/78。
32. Garran Coulon, *Rapport sur les troubles de Saint-Domingue*, vol. 2 (Paris, 1798), p. 214.
33. Anon, "La Révolution de Saint-Domingue", 引自 Popkin, *Eyewitness Accounts*, pp. 50, 53。
34. 进一步的讨论请见 Kate Ramsey, *The Spirits and the Law: Vodou and Power in Haiti* (Chicago: University of Chicago Press, 2011), pp. 42–4.
35. Fick, *The Making of Haiti*, p. 95; 有关布瓦-卡伊曼仪式对海地集体记忆的持续反响, 请见 Rachel Beauvoir-Dominique and Eddy Lubin, *Investigations autour du site historique du Bois-Caïman* (Cap-Haïtien: ISPAN, 2000)。
36. Schoelcher, *Vie de Toussaint Louverture*, p. 89.
37. C. L. R. James, *The Black Jacobins: Toussaint L'Ouverture and the San Domingo Revolution* (New York: Vintage Books, 1989), p. 90.
38. Sannon, *Histoire de Toussaint Louverture*, vol. 1, p. 9.
39. 实例请见 Roume, "Précis historique de la Révolution de Saint-Domingue", Paris, 3 Brumaire an II I (24 October 1794)。AN D/XXV/3。
40. 引自 Beaubrun Ardouin, *études sur l'histoire d'Haïti* (Paris, 1854), vol. 1, p. 228。
41. 日期为 1790 年 4 月 15 日的信件, 标记为 "6 月 20 日收到"。ANOM CC9A 4 (correspondence of governors general, 1789–90)。
42. 'Certificate of Toussaint Louverture, general at Dondon', Dondon, 15

July 1793. Archivo General de Simancas (ARGS), Guerra Moderna 7157; quoted in Boromé, 'A finding list'.
43. 杜桑致拉利耶的书信，共和七年芽月二十六日（1799年4月15日）。National Archives, Kew, CO 245/2。
44. Dubois, 'An enslaved Enlightenment', p. 11.
45. 有关拉艾，请见 Chris Bongie, "A flexible quill: Abbé de Lahaye's role in late colonial Saint-Domingue", *Atlantic Studies* vol. 15, no. 4 (2018), pp. 476-503。有关神职人员对奴隶起义的支持作用的更全面情况，请见 Laënnec Hurbon, "Le clergé catholique et l'insurrection", in Laënnec Hurbon (ed.), *L'insurrection des esclaves de Saint-Domingue* (Paris: Karthala, 2000), p. 32；又请见 Erica R. Johnson, *Philanthropy and Race in the Haitian Revolution* (New York: Palgrave Macmillan, 2018) 的第1章。
46. 凯尔维索致法国政府的报告，共和九年芽月一日（1801年3月22日）。ANOM CC9B 23。
47. Joubert, 'Renseignements sur la position actuelle du Limbé, et depuis le commencement de la Révolte', n. d. [late 1791]. AN D/XXV/78.
48. Jacques de Cauna, 'Toussaint Louverture et le déclenchement de l'insurrection des esclaves du Nord en 1791', in Alain Yacou (ed.), *Saint-Domingue espagnol et la révolution nègre d'Haïti* (Paris: Karthala, 2007), pp. 152-3.
49. 请见 *Discours de M. de Cambefort, commandant particulier de la ville du Cap, à l'Assemblée provinciale du Nord, dans la séance du 10 Novembre 1791* (Cap, 1791)。
50. Fouchard, *Marrons de la liberté*, p. 532.
51. 一些历史学家坚称这些信件是让诺而非杜桑写的。这种可能性存在，但是不大。
52. 请见 Antonio del Monte y Tejada, *Historia de Santo Domingo* (Santo Domingo, 1890), vol. 3, pp. 154-5。
53. 'Lettre signée Médecin Général, datée de Grande-Rivière, 15 octobre 1791', in ibid., p. 155.
54. 致民政专员的书信，1791年12月12日，由让-弗朗索瓦和比阿苏两位将军、Manzau 和 Aubert 两位专员以及杜桑共同署名。AN DXXV/1/1。

55. René Guillemeton 和 René Cossait 的证词,1791 年 12 月 24 日。AN D/XXV/63(635)。

56. Gabriel Le Gros, *Récit historique sur les événemens qui se sont succédés dans les camps de la Grande-Rivière, du Dondon, de Sainte-Suzanne & autres, depuis le 26 octobre 1791, jusqu'au 24 décembre de la même année* (Paris, 1793), p. 7.

57. Ibid., p. 17.

58. Popkin, *Facing Racial Revolution*, p. 57.

59. Gros, *Récit historique*, pp. 26-7.

60. 囚犯的证词,1791 年 12 月 24 日。AN D/XXV/63, dossier 635。

61. Guy Lemarchand, 'A propos des révoltes et des révolutions de la fin du XVIII e siècle', *Annales Historiques de la Révolution Française* no. 340 (April-June 2005), p. 164.

62. Fick, *The Making of Haiti*, p. 162.

63. 9 月 24 日公告,引自 Geggus, *The Haitian Revolution*, p. 82。

64. 'An end to the whites'.

65. Gros, *Récit historique*, p. 17.

66. Tousard 的信件,1791 年 11 月 27 日,引自 Geggus, *The Haitian Revolution*, p. 87。

67. Dorigny, in Hurbon (ed.), *L'insurrection des esclaves de Saint-Domingue*, p. 108.

68. 该信件的全部内容,请见 Nathalie athalie Piquionne, "Lettre de Jean-François, Biassou et Belair", *Annales Historiques de la Révolution Française* no. 311 (1998), pp. 132-5。

69. 有关米尔桑的文章,更多请见 Alexandra Tolin Schultz, "The *Créole Patriote*: the journalism of Claude Milscent", *Atlantic Studies* vol. 11, no. 2 (2014)。

70. 例如,Nathalie Piquionne, in "Lettre de Jean-François, Biassou et Belair", p. 137。

71. 比阿苏致东栋神父拉艾的书信,n.d. [1792]。ANOM CC9A 7。

72. 特别请见比阿苏和让-弗朗索瓦的通信（1792-3）。AN D/XXV/12。
73. 请不要将此人与杜桑的外甥、未来革命军队的将军夏尔·贝莱尔混淆。
74. 请见 Bongie, "A flexible quill", pp.493-6。
75. 请见 Scott, *The Common Wind*, pp. xv-xvi。
76. Piquionne, 'Lettre de Jean-Français, Biassou et Belair'.
77. 比阿苏于 1792 年 8 月 24 日召集的会议。AN D/XX/12。
78. 阿莫纳的马蒂亚斯致信加西亚总督，1793 年 8 月 20 日和 30 日，引自 Geggus, *The Haitian Revolution*, p.110。
79. 比阿苏致东栋神父拉艾的书信，1792 年 10 月 28 日。ANOM CC9A 7。
80. 实例请见比阿苏 1793 年 8 月 14 日声明。AN D/XXV/12（比苏阿与让-弗朗索瓦的通信）。
81. 白人囚犯的证词，1791 年 12 月 24 日；以及奴隶囚犯的审讯记录，1792 年 4 月 24 日。AN D/XXV/63, dossier 635。
82. Alain Yacou, 'La stratégie d'éradication de Saint-Domingue', in Yacou (ed.), *Saint-Domingue espagnol*, p.180.
83. Ibid., p.141.
84. 1794 年 1 月 3 日报告，圣多明各。引自 Gérard Laurent, *Trois mois aux archives d'Espagne* (Port-au-Prince: Imprimerie Les Presses Libres, 1956), p.45。
85. AGS, 1793 年 7 月 22 日报告，圣多明各；引自 Antonio Jesús Pinto Tortosa, *Santo Domingo: Una colonia en la encrucijada 1790-1820* (Madrid: FEHME, 2017), p.85。
86. 杜桑对法国西部战区指挥官的答复，Bassin-Cayman 营地，1793 年 6 月 25 日。AN D/XXV/20。
87. 实例请见日期为 1793 年 9 月 1 日的文件，任命 Talamon 为上尉军官。AN AA55/1511。
88. Saint-Rémy, *Vie de Toussaint*, p.85.
89. Thomas Madiou, *Histoire d'Haïti* (Port-au-Prince: Imprimerie Courtois, 1847), vol.1, p.164.
90. 加西亚致杜桑的书信，巴亚贾，1794 年 2 月 16 日。AGI, 引自 Laurent, *Trois mois aux archives d'Espagne*, p.53。

91. 桑托纳克斯的声明，法兰西角，1792 年 12 月 30 日。
92. 桑托纳克斯的文章，发表于 *Révolutions de Paris* no. 63（25 September 1790），引自 Geggus, *The Haitian Revolution*, p. 102。
93. 在 1793 年 9 月 17 日致西班牙政府的一封信中，让-弗朗索瓦检举了这封书信。AGS, 引自 Tortosa, *Santo Domingo*, p. 88。
94. étienne Polverel, Jean-Antoine Ailhaud and Léger-Félicité Sonthonax, 'Proclamation au nom de la nation aux hommes libres de Saint-Domingue', Cap, 24 September 1792.
95. 有关 1793 年事件的详细研究，请见 Jeremy Popkin, *You Are All Free: The Haitian Revolution and the Abolition of Slavery*（Cambridge: Cambridge University Press, 2010）。
96. James, *The Black Jacobins*, p. 124.
97. 杜桑的公告，1793 年 8 月 8 日。AN AA55/1511。
98. 共和派军官安托万·尚拉特在 1793 年的一封信中提到，某次这一类会议计划于 8 月 10 日召开，引自 Gérard Laurent, *Erreurs et vérités dans l'histoire d'Haïti*（Port-au-Prince: Imprimerie Tehomme, 1945）, p. 364。
99. 杜桑的公告，1793 年 8 月 25 日。AN AE II 1375。
100. 请见 Georges Corvington, *Port-au-Prince au cours des ans*, vol. 2（Port-au-Prince: Imprimerie Henri Deschamps, 1992）, p. 150。第 3 章对英国人的占领进行了非常详细的讨论。
101. Tortosa, *Santo Domingo*, p. 92.
102. Isaac Louverture, *Notes historiques*. BNF NAF 12409.
103. 杜桑致堂加西亚的书信，1794 年 3 月 20 日，引自 Ardouin, *études sur l'histoire d'Haïti*, vol. 2, p. 420。
104. 杜桑致堂加西亚的书信，1794 年 3 月 27 日，引自 Ibid. vol. 2, pp. 423-6。
105. Ibid.。在其 *Notes historiques* 中，伊萨克·卢维杜尔认为："因为他作战的目的是将黑人卖给西班牙人，比阿苏败坏了自己的名声。" BNF NAF 12409。
106. 请见 Carlos Esteban Deive, *Los refugiados franceses en Santo Domingo*（Santo Domingo: Universidad Nacional Pedro Henríquez Ureña, 1984）, pp. 110-19。

107. 拉普拉斯致堂加西亚的书信，多凡堡，1794 年 4 月 4 日。BNF NAF 12102。
108. 比阿苏、让-弗朗索瓦和杜桑签署的备忘录，圣拉斐尔，1793 年 11 月 16 日。AGI，引自 Laurent, *Trois mois aux archives d'Espagne*, pp. 46-7。
109. 杜桑 1794 年 3 月 20 日和 27 日的信件，引自 Ardouin, *études sur l'histoired'Haïti*, vol. 2, pp. 422 and 426。
110. Ibid., p. 425.
111. 请见 David Geggus, "From his most Catholic Majesty to the godless Republic: the 'volte-face' of Toussaint Louverture and the ending of slavery in Saint-Domingue", *Outre-Mers. Revue d'histoire* no. 241 (1978), pp. 481-99。
112. Ibid., appendix.
113. 请见 1795 年档案，其中列奥纳特为他在西属领土失陷于杜桑之手的过程中的指挥进行了辩护。Archivo General de Simancas, SGU, LEG, 6855, 51。
114. 请见 Carlos Esteban Deive 根据西班牙方面的档案材料撰写的文章，"Les débuts de la révolution nègre: Toussaint Louverture change de camp, d'après des documents inédits", in Yacou (ed.), *Saint-Domingue espagnol*, pp. 187-201。
115. García letter, 6 August 1796, 引自 Tortosa, *Santo Domingo*, p. 116。
116. 当地法国军官向拉沃的报告，普莱桑斯，1793 年 8 月 10 日。BNF NAF 12012。
117. 请见拉沃对这场 1793 年年初的战役的报告全文，1793 年 4 月。AN D/ XXV/50, correspondence Laveaux。
118. Laurent, *Erreurs et vérités dans l'histoire d'Haïti*, p. 364.
119. 杜桑致拉沃的书信，1794 年 5 月 18 日。BNF NAF 12102。
120. 杜桑致拉沃的书信，1794 年 7 月 7 日。BNF NAF 12102。
121. 'Mauvais sujets'。拉沃致国民公会的报告，和平港，共和三年葡月一日（1794 年 9 月 22 日）。ANOM CC9A 9。
122. 拉沃的报告，和平港，1794 年 3 月 25 日。ANOM CC9A 10。

第 3 章　共和主义勇士

1. 杜桑致小河镇军事首领的书信，共和三年雪月二十九日（1795 年 1 月 18 日）。BNF NAF 12103。
2. Michael Duffy, 'World-wide war, 1793–1815', in P. J. Marshall (ed.), *The Oxford History of the British Empire*, vol. 2 (Oxford: Oxford University Press, 1998), p. 186.
3. 'My Odyssey', 引自 Popkin, *Facing Racial Revolution*, p. 266。
4. Geggus, *Slavery, War, and Revolution*, p. 68.
5. 杜桑致拉沃的书信，1795 年 1 月 31 日。见 Toussaint Louverture, *Lettres à la France* (Bruyères-le-Chatel: Nouvelle Cité, 2011)；这是 BNF NAF 12102–12103–12104 文件中的重要组成部分，杜桑和拉沃通信的已发行版本，以及本章和下一章引用的致拉沃的信件均出自该文件。
6. 这次割让的具体日期并未说明，直到 1801 年杜桑进入这个地区时，西属圣多明各仍处于西班牙控制之下。请见本书第 8 章。
7. Adolphe Thiers, *Histoire du Consulat et de l'Empire* (Paris, 1865), vol. 4, p. 173。有关类似的轻蔑观点，请见 Pluchon, *Toussaint Louverture*, p. 563。
8. Fick, *The Making of Haiti*.
9. Karma Nabulsi, *Traditions of War: Occupation, Resistance, and the Law* (Oxford: Oxford University Press, 1999).
10. 杜桑致博韦和拉普吕姆两位将军的书信，共和六年花月二十九日（1798 年 6 月 2 日）。ANOM CC9A 19。
11. 拉沃向国民公会海事和殖民委员会的报告，1795 年 3 月 25 日。ANOM CC9A 10。
12. 杜桑致拉沃的书信，1795 年 1 月 20 日。
13. 杜桑致拉沃的书信，1796 年 3 月 18 日。
14. Bernard Gainot, 'Le général Laveaux, gouverneur de Saint-Domingue, député néo-jacobin', *Annales Historiques de la Révolution Française* no. 278 (1989), pp. 436 and 452.
15. 拉沃的报告，1794 年。ANOM CC9A 8, correspondance du général Laveaux。

16. 请见 Carolyn Fick, "The Haitian Revolution and the limits of freedom", *Social History* vol. 32, no. 4 (November 2007), p. 400。
17. 拉沃的报告，1794 年 2 月 6 日。ANOM CC9A 8。
18. 杜桑致拉沃的书信，1796 年 8 月 31 日。
19. 拉沃的信件，1795 年 9 月 9 日，请见 Girard Papers, American Philosophical Society, Philadelphia, 引自 White, *Encountering Revolution*, p. 148。
20. 杜桑致拉沃的书信，未注明日期（可能写于 1798 年年末或 1799 年年初）。BNF NAF 12104, f. 417。
21. 杜桑的公告，1795 年 2 月 18 日。BNF NAF 12103。
22. 法国共和军高唱《卡马尼奥拉》作为战斗口号，它也被吟唱来嘲笑那些支持君主制度的人。
23. Vincent, *Notice sur Dominique Toussaint Louverture*.
24. Saint-Anthoine, *Notice sur Toussaint Louverture*, pp. 26-7 and 30.
25. Michel and Bellegarde-Smith (eds), *Vodou in Haitian Life and Culture*, p. 205.
26. Laguerre, *Voodoo and Politics in Haiti*, p. 65.
27. Thomas Madiou, *Histoire d'Haïti* (Port-au-Prince, 1847), vol. 1, p. 99; 又见杜桑致拉沃的书信，1794 年 10 月 21 日。
28. 杜桑致拉沃的书信，1795 年 8 月 6 日
29. 杜桑致拉沃的书信，1794 年 7 月 7 日。
30. Madiou, *Histoire d'Haïti*, p. 211.
31. Ibid.
32. Isaac Louverture, *Notes historiques*. BNF NAF 12409.
33. 杜桑致拉沃的书信，1795 年 9 月 30 日。
34. Madiou, *Histoire d'Haïti*, p. 210.
35. 杜桑致拉沃的书信，1795 年 12 月 5 日。
36. 法国专员桑托纳克斯致杜桑的书信，共和五年花月二十四日（1797 年 5 月 13 日）。BNF NAF 8987, Papiers Sonthonax。
37. 杜桑致皮埃尔·米歇尔将军的书信，1796 年 7 月 13 日。BNF NAF 12103。
38. Madiou, *Histoire d'Haïti*, p. 202; Isaac Louverture, *Réfutation des assertions avancées dans l'Histoire du Consulat et de l'Empire par M. Thiers, concernant le général Toussaint Louverture, par Isaac Louverture,*

Bordeaux, 18 August 1845. BNF NAF 6864.
39. 杜桑致拉沃的书信,1796 年 8 月 17 日。
40. 杜桑的报告,共和七年雪月二十六日(1799 年 1 月 15 日)。National Archives, Kew, CO 245/2。
41. Madiou, *Histoire d'Haïti*, p. 279.
42. 杜桑致拉沃的书信,1794 年 8 月 31 日。
43. Isaac Louverture, *Notes historiques*. BNF NAF 12409.
44. Marcus Rainsford, *An Historical Account of the Black Empire of Hayti* (London, 1805), p. 244.
45. 杜桑致拉沃的书信,1794 年 8 月 14 日。
46. 杜桑致拉沃的书信,1795 年 9 月 30 日。
47. Rainsford, *An Historical Account*, p. 283.
48. Ibid., p. 218.
49. Fick, *The Making of Haiti*, p. 111.
50. 杜桑致拉沃的书信,1794 年 10 月 4 日;Madiou, *Histoire d'Haïti*, pp. 200-201;Geggus, *Slavery, War, and Revolution*, p. 128。布里斯班在杜桑于 1795 年 2 月发动的骑兵攻势中颈部负伤,并因伤而亡。
51. 杜桑致拉沃的书信,1795 年 1 月 25 日。
52. 杜桑致拉沃的书信,1796 年 1 月 19 日。
53. 杜桑致博韦和拉普吕姆两位将军的书信,共和六年雨月八日(1798 年 1 月 27 日)。ANOM CC9A 19。
54. 杜桑致拉沃的书信,1794 年 7 月 19 日。
55. *The Haitian Journal of Lieutenant Howard* (Knoxville: University of Tennessee Press, 1985), p. 39.
56. Ibid., p. 59.
57. Henry de Poyen-Bellisle, *Histoire militaire de la révolution de Saint-Domingue* (Paris, 1899), p. 54.
58. 杜桑致拉沃的书信,1795 年 9 月 14 日。
59. Howard, p. 60.
60. M. Grouvel, *Faits historiques sur Saint-Domingue* (Paris, 1814), pp. 3, 97-8.
61. Howard, p. 81.

62. 杜桑在给拉利耶的信中罗列了从 1794 年起他为共和国夺取的领土，共和七年芽月二十六日（1799 年 4 月 15 日）。National Archives, Kew, CO 245/2。

63. Geggus, *Slavery, War, and Revolution*, p. 157.

64. 杜桑致拉沃的书信，1796 年 8 月 13 日。

65. 'Procès-verbal de l'expédition du général divisionnaire Toussaint Louverture sur le Mirebalais et sa dépendance', 20 Germinal an V (9 April 1797). Archives Départementales de la Gironde, Collection Marcel Chatillon, 61 J 18.

66. Ibid.

67. 杜桑的公告，共和五年芽月二十二日（1797 年 4 月 11 日）。ANOM CC9A 12。

68. Madiou, *Histoire d'Haïti*, p. 279.

69. 'Procès-verbal de l'expédition du général divisionnaire Toussaint Louverture sur le Mirebalais et sa dépendance'.

70. 'Nus comme des vers de terre'。杜桑致拉沃的书信，1795 年 12 月 5 日和 7 日。

71. 第 5 团军官致杜桑的请愿书，1796 年 1 月 31 日。BNF NAF 12104。

72. 卢维杜尔要塞指挥官迪比松致杜桑的书信，1796 年 4 月 18 日。BNF NAF 12104。

73. 杜桑致拉沃的书信，1796 年 7 月 7 日。

74. 杜桑的报告，和平港，共和五年风月九日（1797 年 2 月 27 日）。ANOM CC9A 12。

75. 杜桑的军事报告，1798 年 7 月 1 日。ANOM CC9A 23。

76. 杜桑致埃杜尔的书信，1798 年 8 月 9 日。ANOM CC9A 23。

77. 桑托纳克斯在共和五年雾月十五日（1796 年 11 月 5 日）致杜桑的书信中提到了这个抱怨。BNF NAF 8986, Papiers Sonthonax。

78. 杜桑致拉沃的书信，1794 年 5 月 18 日，1794 年 10 月 4 日，1796 年 4 月 24 日。

79. 杜桑致拉沃的书信，1795 年 2 月 5 日和 1796 年 7 月 18 日。

80. 杜桑致拉沃的书信，1795 年 12 月 23 日。

81. 杜桑致博韦和拉普吕姆两位将军的书信，共和六年花月二十九日

(1798 年 6 月 2 日)。ANOM CC9A 19。

82. Madiou, *Histoire d'Haïti*, p. 212.

83. Geggus, *Slavery, War, and Revolution*, pp. 224 and 318.

84. Toussaint, 'Procès-verbal de la campagne ouverte le 13 Pluviôse an Ⅵ contre les ennemis de la République', 29 Floréal an Ⅵ (18 May 1798). ANOM CC9A 19.

85. 杜桑致拉沃的书信，1794 年 12 月 9 日。

86. 杜桑致拉沃的书信，1795 年 10 月 15 日。

87. 'Réponse à l'adresse faite par Jean-Franïtis à ses soi-disants frères du Dondon', 13 June 1795. BNF NAF 12103.

88. Pamphile de Lacroix, *La Révolution de Haïti* (Paris: Karthala, 1995), p. 214.

89. 杜桑致海军部部长的报告，共和七年芽月四日（1799 年 3 月 24 日）。National Archives, Kew, CO 245/2。

90. 'Procès-verbal de l'expédition du général divisionnaire Toussaint Louverture sur le Mirebalais et sa dépendance'.

91. 有关对此类行动的一段记载，请见德萨利纳致杜桑的书信，1796 年 5 月 11 日。BNF NAF 12103。

92. 实例请见杜桑有关德萨利纳对小河镇的干预的报告，共和七年芽月十三日（1799 年 4 月 2 日）。National Archives, Kew, CO 245/2。

93. Jacques de Cauna, 'L'entourage, la famille, et la descendance', in de Cauna (ed.), *Toussaint Louverture et l'indépendance d'Haïti*, pp. 183–6.

94. Isaac Louverture, *Notes historiques sur Toussaint Louverture*. BNF NAF 12409.

95. 请见 Claude B. Auguste, 'Les Congos dans la Révolution Haïtienne', *Revue de la Société haïtienne d'histoire et de géographie* vol. 46, no. 168 (December 1990)。

96. 关于迪厄多内事件，请见杜桑致拉沃的书信，1796 年 2 月 24 日。

97. Isaac Louverture, *Notes historiques sur Toussaint Louverture*. BNF NAF 12409.

98. 'une morale véhémente', 9 December 1794.

99. Vincent, *Notice sur Dominique Toussaint Louverture*.

100. 第 141 半旅第 2 营致杜桑的请愿书（1798 年）。ANOM CC9A 18。

101. 杜桑致博韦和拉普吕姆两位将军的书信，共和六年雨月八日（1798年6月27日）。ANOM CC9A 19。
102. Toussaint, 'Ordre de marche donné au général Dessalines', Petite-Rivière, 15 Pluviôse an Ⅵ (3 February 1798). ANOM CC9A 19.
103. 杜桑致克里斯托夫的书信，Maugé 营地，共和六年雨月二十八日（1798年2月16日）。Boromé, "A finding list", p. 100。
104. 'Ordre de marche donné au général Dessalines'.
105. "S'amuser à tirailler", Ibid.
106. 杜桑为 Mayabdon 上尉进行辩护的信件，共和六年霜月二十四日（1797年12月14日）。Rochambeau Papers, University of Florida。
107. 杜桑致小河镇军事长官的书信，共和三年雪月二十九日（1795年1月18日）。BNF NAF 12103。
108. Toussaint, 'Adresse aux officiers, sous-officiers, et soldats composant l'armée en marche', 4 Pluviôse an Ⅵ (23 January 1798). ANOM CC9A 19.
109. Vincent, *Notice sur Dominique Toussaint Louverture.*
110. Toussaint, 'Procès-verbal de la campagne ouverte le 13 Pluviôse an Ⅵ contre les ennemis de la République'.
111. 杜桑致埃杜维尔的书信，共和六年花月六日（1798年4月25日）。ANOM CC9A 23。
112. Toussaint, 'Adresse aux officiers'.
113. Ibid.
114. 杜桑致莫林的书信，共和三年芽月二十八日（1795年4月17日），引自 *Mémoires du citoyen Morin, commandant militaire au quartier des Verrettes* (Port-de-Paix, n. d.), p. 23。
115. Toussaint, 'Adresse aux généraux de brigade et aux chefs des colonnes', 24 Ventôse an Ⅵ (14 March 1798). ANOM CC9A 19.
116. Toussaint, 'Adresse aux officiers'.
117. Schoelcher, *Vie de Toussaint Louverture*, p. 391.
118. Isaac Louverture, *Notes historiques sur Toussaint Louverture.* BNF NAF 12409.
119. Madiou, *Histoire d'Haïti*, p. 236；这一插曲将在本书第4章开篇进一步讲述。

120. 请见杜桑致于安的书信，共和六年花月十三日（1798 年 5 月 2 日）。

121. 杜桑致埃杜维尔的书信，共和港，共和六年花月十七日（1798 年 5 月 6 日）。ANOM CC9A 23。

122. 圣马克市长的讲话，共和六年花月二十日（1798 年 5 月 9 日）。ANOM CC9A 19。

123. BNF NAF 14878，引自 Geggus, *The Haitian Revolution*, p. 133。

124. Corvington, *Port-au-Prince au cours des ans*, vol. 2, pp. 143-4。

125. 杜桑致拉沃的书信，1794 年 10 月 21 日。

126. 杜桑致拉沃的书信，1795 年 9 月 30 日。

127. 杜桑致拉沃的书信，1795 年 7 月 14 日。

128. 防线指挥官致杜桑的书信，1795 年 9 月 15 日。BNF NAF 12103。

129. 报告，圣多明各，1796 年 8 月 29 日。AGI，引自 Tortosa, *Santo Domingo*, pp. 143-4。

130. 杜桑的公告，共和六年雨月二十五日（1798 年 2 月 25 日）。ANOM CC9A 19。

131. 杜桑的报告，共和五年牧月九日（1797 年 5 月 28 日）。ANOM CC9A 13。

132. 实例请见当地英军在 1798 年最初几个月的报告。National Archives, Kew, WO 1/68 and WO 1/69。

133. Madiou, *Histoire d'Haïti*, p. 279.

134. 杜桑致拉沃的书信，1795 年 9 月 14 日。

135. Isaac Louverture, *Notes historiques sur Toussaint Louverture*. BNF NAF 12409.

136. Rainsford, *An Historical Account*, pp. 248-9.

137. 英国战俘专员致杜桑的书信，1795 年 11 月 7 日。BNF NAF 12103。

138. 关于黑人战俘，请见杜桑致怀特的书信，共和六年芽月十三日（1798 年 4 月 2 日），ANOM CC9A 18；又见杜桑和梅特兰的通信，共和六年牧月二十九日（1798 年 6 月 17 日），ANOM CC9A 23。

139. Toussaint, 'Procès-verbal de la campagne ouverte le 13 Pluviôse an VI contre les ennemis de la République'.

140. Lettre s. d. de Jean-Baptiste Lapointe, commandant pour sa majesté britannique aux Arcahayes, trouvée lors de la prise du camp Dubourg.

ANOM CC9A 19.

141. 有关拉普安特的经历，请见 Placide David, "Un terroriste : Jean-Baptiste Lapointe", in *Sur les rives du passé* (Montreal: éditions Leméac, 1972), pp. 155–80。

142. 杜桑致约翰·怀特的书信，未注明日期。ANOM CC9A 19。

143. 鲁姆致海军部部长的书信，圣多明各，共和七年霜月二日（1798年11月22日）。ANOM CC9A 18。

144. Sannon, *Histoire de Toussaint Louverture*, vol. 2, pp. 60–61。

145. 'Morin, chef de brigade, au Directoire Exécutif, Paris', 28 Nivôse an VII (17 January 1799). ANOM CC9A 23.

146. 有关这些军事医院的工作，请见 "Précis des services de Joseph Antoine Idlinger, commissaire ordonnateur à Saint-Domingue"。Archives de la Seine, Paris, DQ10-1418, dossier Joseph Idlinger。

147. 杜桑致弗莱维勒的书信，1795年6月26日。BNF NAF 12103。

148. 杜桑致拉沃的书信，1794年7月19日。

149. 'honnête homme'。杜桑对阿尔卡艾群众的演讲，共和六年风月二十二日（1798年3月12日）。ANOM CC9A 19。

150. 杜桑致拉沃的书信，1794年10月4日。

151. Isaac Louverture, *Réfutation*.

152. 杜桑致拉沃的书信，1795年7月7日。

153. Saint-Rémy, *Vie de Toussaint Louverture*, p. 187, fn. 1.

154. Laveaux, 'Résumé des observations et réflexions sur la colonie', 1 Vendémiaire an III (22 September 1794). ANOM CC9A 9.

155. 在1796年5月23日的一封信中，法国议会成员 Dufay 对杜桑说："我完全支持你的观点，我们需要在圣多明各**部署**欧洲部队"（黑体部分是原文中强调的）。

156. 'Les officiers et les soldats de l'armée sous les ordres de Toussaint Louverture, général de brigade des armées de la République, à la Convention Nationale'. Cordon de l'Ouest, Saint-Domingue, 14 Frimaire an IV (5 December 1795). ANOM CC9A 12.

157. "you whites cannot wage war against the blacks"。引自 Charles Malenfant, "Observations sur Saint-Domingue", 23 Pluviôse an VI (11

February 1798）。ANOM CC9A 19。
158. 杜桑致埃杜维尔的书信，共和六年芽月二十二日（1798 年 4 月 11 日）。ANOM CC9A 23。
159. Toussaint, 'Procès-verbal dela campagne ouverte le 13 Pluviôse an Ⅵ contre les ennemis de la République'.
160. Ibid.
161. Vincent, *Notice sur Dominique Toussaint Louverture*.
162. Toussaint, 'Procès-verbal de la campagne ouverte le 13 Pluviôse an Ⅵ contre les ennemis de la République'.

第 4 章　友爱的大家庭

1. 拉沃致海军部部长的报告，法兰西角，共和四年热月八日（1796 年 7 月 26 日）。ANOM CC9A 12。
2. 引自 Schoelcher, *Vie de Toussaint Louverture*, p. 172。
3. Pamphile de Lacroix, *La Révolution de Haïti*, p. 194.
4. Madiou, *Histoire d'Haïti*, p. 237.
5. James, *The Black Jacobins*, p. 173.
6. Michel-étienne Descourtilz, *Voyages d'un naturaliste*（Paris, 1809）, vol. 3, p. 246.
7. Henry Perroud, *Précis des derniers troubles qui ont eu lieu dans la partie du nord de Saint-Domingue*（Cap-Français, 1796）.
8. 杜桑致樊尚的书信，共和六年葡月二十一日（1797 年 10 月 21 日）。Archives of Smithsonian Museum of African American History and Culture, Washington DC。
9. 杜桑致樊尚的书信，共和七年热月二十九日（1799 年 8 月 16 日）。Lettres inédites de Toussaint Louverture, Archives Diplomatiques Paris-La Courneuve, 23MD/2（mémoires et documents, Haïti）。
10. 杜桑致拉沃的书信，戈纳伊夫，1797 年 5 月 23 日。BNF NAF 12104。
11. Madiou, *Histoire d'Haïti*, pp. 193-4.
12. 有关里戈称赞维拉特是他的"英勇无畏的朋友"，请见里戈致拉沃的书信，莱凯，共和二年热月二十日（1794 年 8 月 7 日）。AN AFI I I 209。

13. Madiou, *Histoire d'Haïti*, pp. 76-7.
14. 'Slippery customer'.
15. 杜桑致拉沃的书信，1796 年 4 月 21 日。
16. Juste Chanlatte, *Réflexions politiques sur les troubles et la situation de la partie française de Saint-Domingue* (Paris, 1792), p. 17.
17. Vincent, *Notice sur Dominique Toussaint Louverture*.
18. 实例请见 "Rapport au Directoire Exécutif", Paris, 30 Thermidor an Ⅳ (17 August 1796)。ANOM CC9A 12。
19. 杜桑致拉沃的书信，1794 年 10 月 4 日。
20. 杜桑致拉沃的书信，1795 年 1 月 25 日。
21. 杜桑致拉沃的书信，1795 年 1 月 31 日。
22. 杜桑致拉沃的书信，1795 年 2 月 6 日。
23. 杜桑致拉沃的书信，1796 年 4 月 14 日。
24. 杜桑致拉沃的书信，1796 年 6 月 5 日。
25. 杜桑致拉沃的书信，1796 年 3 月 12 日。
26. 杜桑致格罗莫讷市民的公告，共和四年芽月三十日（1796 年 4 月 19 日）。*Courrier Français*, 19 July 1796。
27. 拉沃致海军部部长的报告，共和四年雨月二十四（1796 年 2 月 13 日）。ANOM CC9A 11。
28. Ibid.
29. Schoelcher, *Vie de Toussaint Louverture*, p. 172.
30. 杜桑致拉沃的书信，1795 年 12 月 5 日。
31. 杜桑致拉沃的书信，1795 年 7 月 7 日。
32. 杜桑致拉沃的书信，1795 年 7 月 21 日。
33. 杜桑致拉沃的书信，1794 年 10 月 4 日。一个普图盖斯相当于半盎司黄金，价值等于 8 古德。
34. 杜桑致拉沃的书信，1796 年 1 月 15 日。
35. 杜桑致拉沃的书信，1796 年 5 月 11 日。
36. 杜桑致拉沃的书信，共和四年雨月二十五日（1796 年 2 月 14 日）。Archives Départementales de la Gironde, Collection Marcel Chatillon, 61 J 18。
37. Toussaint, 'Rapport sur le rétablissement de l'ordre dans la montagne du

Port-de-Paix', Vendémiaire-Brumaire an V (September-October 1796). ANOM CC9A 13.
38. 雷蒙致海军部部长的报告，共和五年雾月十八日（1796 年 11 月 8 日）。ANOM CC9A 12。
39. 'He who has to walk barefoot must check that there are no thorns on the road'，引自 Vincent, *Notice sur Dominique Toussaint Louverture*。
40. 杜桑致拉沃的书信，1795 年 7 月 10 日。
41. 杜桑致迪厄多内的书信，1796 年 2 月 12 日。BNF NAF 12104。
42. 杜桑致拉沃的书信，1796 年 4 月 5 日。
43. 引自 Delatte, "Mémoire sur les évènements de Fort-Liberté", 16 Frimaire an Ⅶ I (6 December 1798)。ANOM CC9A 22。
44. 杜桑致拉沃的书信，1796 年 2 月 20 日。BNF NAF 12104。
45. Ibid.
46. 杜桑致拉沃的书信，1796 年 10 月 31 日。
47. 杜桑致拉沃的书信，1796 年 6 月 26 日。
48. 杜桑致拉沃的书信，1796 年 4 月 15 日。
49. 杜桑致拉沃的书信，1796 年 4 月 19 日。
50. 杜桑致拉沃的书信，1796 年 6 月 17 日。
51. Madiou, *Histoire d'Haïti*, p. 181.
52. 实例请见 Pluchon, *Vaudou*, pp. 138–9。
53. 'Hear reason'，实例请见杜桑致拉沃的书信，1794 年 6 月 15 日和 1794 年 8 月 10 日。
54. 杜桑致拉沃的书信，1796 年 3 月 6 日。
55. 杜桑的声明，戈纳伊夫，共和四年果月十日（1796 年 8 月 27 日）。Library of Congress, Toussaint Louverture Papers。
56. 杜桑致拉沃的书信，1796 年 3 月 6 日。
57. 杜桑致拉沃的书信，1795 年 7 月 21 日。
58. 杜桑致拉沃的书信，1799 年 9 月 14 日。
59. 杜桑致拉沃的书信，1796 年 2 月 22 日。
60. Dubois, *Avengers*, pp. 201–2.
61. Thornton, *Africa and Africans*, pp. 207, 208 and 213.
62. 杜桑的 1796 年 4 月 25 日公告，引自 Schoelcher, *Vie de Toussaint*

Louverture, p. 175。

63. 五百人院的成立是共和三年宪法的成果，其第一次会议召开于1795年10月。在1799年雾月十八日政变后解散。
64. 杜桑致拉沃的书信，1796年8月17日。BNF NAF 12103。
65. 有关拉沃的离开及其在法国议会中的角色请见 Gainot, "Le général Laveaux", pp. 444–5。
66. Marcel Dorigny and Bernard Gainot, *La Société des Amis des Noirs 1788–1799* (Paris: EDICEF, 1998), pp. 317–19。
67. 返回殖民地之后不久，在致 Domergue jeune 的一封信中，桑托纳克斯将自己称作"圣多明各全面自由的缔造者"；共和四年牧月十九日的信件。BNF NAF 8986, Papiers Sonthonax。
68. 1796年6月20日的信件，引自 Robert Louis Stein, *Léger Félicité Sonthonax: The Lost Sentinel of the Republic* (Cranbury, NJ: Fairleigh Dickinson University Press, 1985), p. 138。
69. 杜桑致督政府的书信，共和五年牧月十三日（1797年2月1日）。AN AFⅢ 210。
70. 请见桑托纳克斯致杜桑的书信，共和四年穑月十三日（小号，1796年7月1日），以及他对杜桑所赠马匹的感谢，共和五年雨月七日（1797年1月26日）。BNF NAF 8986 and 8987, Papiers Sonthonax。
71. 1796年6月14日信件，Stein, *Léger Félicité Sonthonax*, p. 159。
72. 桑托纳克斯致海军部部长的报告，共和五年花月二十六日（1797年5月15日）。ANOM CC9A 13。
73. 桑托纳克斯致杜桑的书信，共和五年雾月十一日和二十九日（1796年11月1日和19日）。BNF NAF 8986, Papiers Sonthonax。
74. 杜桑致桑托纳克斯的书信，日期不明。BNF NAF 12104。桑托纳克斯致杜桑的书信，共和四年牧月二十四日（1796年6月12日），以及致卢维杜尔夫人的书信，共和四年穑月十九日（1796年7月7日）。BNF NAF 8986, Papiers Sonthonax。
75. 请见 Michel Roussier, "L'éducation en France des enfants de Toussaint Louverture", *Revue Française d'Histoire d'Outre-Mer* no. 236 (1977), pp. 308–49。
76. Stein, *Léger Félicité Sonthonax*, p. 129。

77. 杜桑致拉沃的书信，1798 年 6 月 5 日。
78. 'sa bouche n'a pas de dimanche'.
79. 杜桑致尚拉特的书信，1793 年 8 月 27 日。ANOM CC9A 8。
80. 桑托纳克斯致督政府的书信，共和六年雨月八日（1798 年 1 月 27 日）。AN AFⅢ 210。
81. 引自弗朗索瓦·德·凯尔维索致法国政府的报告，共和九年芽月一日（1801 年 3 月 22 日）。ANOM CC9B 23。
82. 桑托纳克斯致杜桑的书信，法兰西角，共和五年花月二十七日（1797 年 5 月 16 日）。BNF NAF 8987, Papiers Sonthonax。
83. 桑托纳克斯致杜桑的书信，共和四年果月十四日（1796 年 8 月 31 日）。BNF NAF 8986, Papiers Sonthonax。
84. Vincent, *Notice sur Dominique Toussaint Louverture*.
85. 杜桑致法国总领事 Philippe-André-Joseph Létombe 的书信，法兰西角，共和六年雪月九日（1797 年 12 月 29 日）。French Ministry of Foreign Affairs archives。
86. 桑托纳克斯致督政府的书信，共和五年穑月三十日（1797 年 7 月 18 日）。AN F7 7321, dossier B4/5915。
87. 请见圣多明各专员法令，法兰西角，共和五年雾月二十八日（1796 年 11 月 18 日）；其中提到巴永已经到达圣多明各，"受到流亡罪的严厉指控"，同时命令立即将其逮捕并解往法国接受刑事审判。BNF NAF 6847, Papiers Sonthonax。
88. 桑托纳克斯致杜桑的书信，共和五年霜月七日（1796 年 11 月 27 日）。BNF NAF 8986, Papiers Sonthonax。
89. 桑托纳克斯致杜桑的书信，共和五年花月六日和穑月十六日（1796 年 4 月 25 日和 7 月 4 日）。BNF NAF 8987 and 8988, Papiers Sonthonax；又请见 Français Bléchet, "La seconde mission de Sonthonax à Saint-Domingue", *Revue Française d'Histoire d'Outre-Mer* vol. 84, no. 316 (1997), p. 82。
90. Vincent, *Notice sur Dominique Toussaint Louverture*.
91. Citoyen B＊＊＊（Français Marie Bottu），*La liberté générale ou les colons à Paris*（Cap, 1796）.
92. Madiou, *Histoire d'Haïti*, p. 250.
93. 杜桑与桑托纳克斯关于由谁全面负责军事行动的沟通，实例请见桑托纳克斯致杜桑的书信,共和四年穑月二十一日(1796年7月9日)。BNF FR 8986, Papiers Sonthonax。

94. 桑托纳克斯致杜桑的书信,共和四年穑月六日(1796年6月24日)。BNF NAF 8986, Papiers Sonthonax。

95. 桑托纳克斯致杜桑的书信,共和五年热月三日和七日(1797年7月21日和25日)。BNF NAF 8988, Papiers Sonthonax。

96. 桑托纳克斯致杜桑的书信,共和四年果月二十二日(1796年9月8日)。BNF NAF 8986, Papiers Sonthonax。

97. 穆瓦斯写道,桑托纳克斯的离开会导致"人民内部的不团结",共和五年花月十九日(1797年5月8日)。AN D XXV/13。

98. 戈纳伊夫市政府的公告,共和五年花月二十五日(1797年5月14日)。BNF NAF 6847, Papiers Sonthonax。

99. 特莱马各致桑托纳克斯的书信,法兰西角,共和五年果月四日(1797年8月21日)。BNF NAF 6846, Papiers Sonthonax。

100. Gérard Laurent, *Le Commissaire Sonthonax à Saint-Domingue* (Port-au-Prince: La Phalange, 1965), vol. 2, p. 148.

101. 杜桑致拉沃的书信,共和五年果月三日(1797年8月20日)。AN AFⅢ 210。

102. 法兰西角市政府特别会议,共和五年花月十九日(1797年5月8日)。BNF NAF 6847, Papiers Sonthonax。

103. Toussaint, 'Aux citoyens composant l'administration municipale de la ville du Cap', 5 Fructidor an V (22 August 1797). AN AFⅢ 210.

104. 杜桑致朱利安·雷蒙的书信,小昂斯,共和五年果月三日(1797年8月20日)。ANOM CC9A 14。又请见朱利安·雷蒙致督政府的报告,共和五年果月十八日(1797年9月4日),ANOM CC9A 14;以及共和五年果月二十四日(1797年9月10日),AN AFⅢ 210。

105. 杜桑及其军事参谋向桑托纳克斯发表的声明,共和五年果月三日(1797年8月20日)。Service Historique de la Défense, Vincennes, B7 carton 1, correspondance Toussaint Louverture。

106. 杜桑致莫勒帕的书信,小昂斯,共和五年果月八日(1797年8月25日)。AN AFⅢ 210。

107. 杜桑的公告,法兰西角,共和五年果月十二日(1797年8月29

日）。AN AFI I I 210。

108. 杜桑致拉沃的书信，1798 年 6 月 1 日。
109. 1796 年 6 月 15 日的信件，引自 Stein, *Léger Félicité Sonthonax*, p. 154。
110. 桑托纳克斯致海军部部长的书信，巴黎，共和八年霜月十七日（1799 年 12 月 8 日）。ANOM CC9A 23。
111. 'A pig that has eaten a chicken always tries to eat another one if it comes within its reach, even if you cover one or both of its eyes.'
112. 全部引文来自杜桑的"Rapport au Directoire Exécutif", Cap-Français, 18 Fructidor an V (4 September 1797)。AN AFIV 1213。
113. Toussaint, 'Extrait du rapport adressé au Directoire Exécutif', Cap, September 1797.
114. 让-拉贝尔市政府的公告，共和六年葡月二十日（1797 年 10 月 11 日）。AN AFI I I 210。
115. 小河镇市政府的公告，共和六年葡月二十八日（1797 年 10 月 19 日）。AN AFI I I 210。
116. 拉蒙塔涅的信件，共和六年葡月二十四日（1797 年 10 月 15 日）。AN AF III 210。
117. 海军部部长特鲁盖出资为杜桑订阅了主要的报纸。请见桑托纳克斯致杜桑的书信，共和四年热月十日（1796 年 7 月 28 日）。BNF NAF 8986, Papiers Sonthonax。
118. *Discours de Villaret-Joyeuse au Conseil des Cinq Cents*, 12 Prairial an V (31 May 1797) (Paris, 1797), pp. 4 and 6–7.
119. Gros, *De l'affranchissement des noirs* (Paris, 1797), p. 2, 又请见 De la nécessité d'adopter l'esclavage en France (Paris, 1797)。进一步探讨当时在殖民游说集团内部的争论，请见 Baptiste Biancardini, "L'opinion coloniale et la question de la relance de Saint-Domingue 1795–1802", *Annales historiques de la Révolution Française* 382 (October-December 2015)。更全面的内容请参见 Yves Benot, *La Révolution Française et la fin des colonies* (Paris：La Découverte, 1989), 以及 Claude Wanquet, *La France et la première abolition de l'esclavage* (Paris：Karthala, 1998)。
120. 杜桑致督政府的书信，法兰西角，共和六年雾月八日（1797 年 10

月29日)。ANOM CC9A 14。有关费城莫罗的书店，请见 Sara. E. Johnson, "Moreau de Saint-Méry: itinerant bibliophile", *Library and Information History* vol. 31, no. 3 (2015), pp. 171-97。

121. *Discours sur l'état de Saint-Domingue et sur la conduite des agens du Directoire, prononcé par Viénot-Vaublanc, séance du 10 Prairial an V* (29 May 1797) (Paris, 1797).

122. 雷蒙致海军部部长的报告，共和六年葡月二十八日（1797年10月19日）。ANOM CC9A 13。

123. 请见 Bernard Gainot, "La députation de Saint-Domingue au Corps Législatif du Directoire", *Outre-Mers. Revue d'Histoire* no. 316 (1997), pp. 95-110。

124. *Réponse d'étienne Laveaux, général de division, ex-gouverneur de St-Domingue, aux calomnies que le citoyen Viénot-Vaublanc, colon de St-Domingue et membre du Conseil des Cinq-Cents, s'est permis de mettre dans son discours prononcé à la séance du 10 Prairial dernier* (Paris, 1797), p. 15.

125. 杜桑致海军部部长的书信，共和六年葡月二十九日（1797年10月20日）。ANOM CC9A 14。

126. 杜桑致督政府的书信，法兰西角，共和六年雾月八日（1797年10月29日）。ANOM CC9A 14。

127. *Discours sur l'état de Saint-Domingue*, p. 12.

128. Toussaint, *Réfutation*.

129. Ibid., p. 5.

130. Ibid., pp. 9-10 and 14.

131. Ibid., pp. 12-13.

132. Ibid., p. 10.

133. Ibid., pp. 22-3.

134. Ibid., p. 6.

135. Ibid., p. 10.

136. Ibid., pp. 18-19.

137. "Vrais français", Ibid., p. 15.

138. 请见第2章。

139. Toussaint, *Réfutation*, pp. 18 and 32.

140. 杜桑致督政府的书信，法兰西角，共和六年雾月十四日（1797年11

月4日)。AN AFⅢ 210。

141. 杜桑致樊尚和德方丹的书信，法兰西角，共和六年雾月十日（1797年10月31日）。Lettres inédites de Toussaint Louverture, Archives Diplomatiques Paris-La Courneuve, 23MD/2（mémoires et documents, Haïti）。

142. 杜桑致莱斯卡利耶的书信，共和六年牧月二十一日（1798年6月9日）。ANOM CC9A 14。

143. Toussaint, *Réfutation*, pp. 28-9.

144. 'une chose accidentelle'; Isaac Louverture, *Réfutation*.

145. 诺埃致杜桑的书信，伦敦，1799年4月6日。National Archives, Kew, CO 137/50。牙买加总督巴尔卡雷斯于1800年3月21日致波特兰公爵的一封信中也提到了上述信件。National Archives, Kew, CO 137/104。

146. Saint-Anthoine, *Notice sur Toussaint Louverture*, p. 23.

147. 杜桑致拉沃的书信，法兰西角，1798年6月1日。BNF NAF 12104。

148. 杜桑致拉利耶的书信，共和七年芽月二十六日（1799年4月15日）。National Archives, Kew, CO 245/2。

149. 有关法属殖民地的公民身份的"不可分离性"，请见 Silyane Larcher, *L'autre citoyen: l'idéal républicain et les Antilles après l'esclavage*（Paris, 2014）。

150. Toussaint, *Réfutation*, p. 32.

第5章　无能的代理人

1. 巴尔卡雷斯致梅特兰的书信，金斯顿，1798年7月4日。NAM, 6807/183/1, ff. 39-43。

2. Dorigny and Gainot, *La Société des Amis des Noirs*, p. 307.

3. *Observations du général du génie Vincent*（Paris, 1824）, pp. 9-10.

4. *Déclaration du citoyen Baud*（1797），引自 Christian Schneider,"Le Colonel Vincent, officier de génie à Saint-Domingue", *Annales historiques de la Révolution française* no. 329（2002）, p. 107.

5. 要了解更多埃杜维尔的生平，请参见 Antoine Michel, *La mission du général Hédouville à Saint-Domingue*（Port-au-Prince：Imprimerie La Presse, 1929）。

6. "susceptible de bien deviner les personnes avec lesquelles il a affaire",海地私人收藏的信件,引自 Faine Scharon, *Toussaint Louverture et la révolution de Saint-Domingue* (Port-au-Prince: Imprimerie de l'état, 1957), vol. 2, p. 129。
7. 杜桑致海军部部长的书信,共和六年牧月十九日(1798年6月7日)。AN EE 1991。
8. 杜桑致莱斯卡利耶的书信,共和六年牧月二十一日(1798年6月9日)。ANOM CC9A 14。
9. 杜桑致埃杜维尔的书信,共和六年芽月二十二日(1798年4月11日)。ANOM CC9A 23。
10. 杜桑致埃杜维尔的书信,格罗莫讷营地,共和六年花月十五日(1798年5月4日)。ANOM CC9A 23。
11. 杜桑致埃杜维尔的书信,共和六年芽月十八日(1798年4月7日)。ANOM CC9B 6。
12. 杜桑致埃杜维尔的书信,共和六年芽月二十二日(1798年4月11日)。ANOM CC9A 23。
13. 杜桑致埃杜维尔的书信,共和六年花月六日(1798年4月25日)。ANOM CC9B 6。
14. 埃杜维尔致杜桑的书信,共和六年牧月三日(1798年5月22日)。ANOM CC9A 23。
15. 杜桑致埃杜维尔的书信,共和六年花月十八日、牧月八日和十一日(1798年5月7日、27日和30日)。ANOM CC9B 6。
16. 引自 *Mémoire abrégé des événements de l'île de Saint-Domingue, 1789–1807*, in de Cauna (ed.), *Toussaint Louverture et l'indépendance d'Haïti*, p. 94, fn. 138。
17. 杜桑的胜利日讲话,法兰西角,共和六年牧月二十日(1798年6月8日)。ANOM CC9B 6。
18. 杜桑致埃杜维尔的书信,共和六年牧月十四日(1798年6月2日)。ANOM CC9B 6。
19. 埃杜维尔致杜桑的书信,共和六年穑月六日(1798年6月24日)。ANOM CC9A 23。
20. 杜桑致埃杜维尔的书信,共和六年穑月二十二日(1798年7月10

日)。ANOM CC9A 23。

21. 实例请见杜桑致埃杜维尔的书信,共和六年花月二十四日(1798年5月31日)。ANOM CC9B 6。

22. 德萨利纳致埃杜维尔的书信,共和六年穑月十七日;杜桑致埃杜维尔的书信,共和六年穑月二十一日(1798年7月5日和9日)。ANOM CC9A 23。

23. 杜桑在共和港的讲话,共和六年穑月二十一日(1798年7月9日)。ANOM CC9A 23。

24. 埃杜维尔致督政府的报告,共和六年,未注明具体日期。ANOM CC9A 19。

25. 埃杜维尔致杜桑的书信,共和六年穑月七日(1798年6月25日)。ANOM CC9A 23。

26. 埃杜维尔致杜桑的书信,共和六年穑月二十三日(1798年7月11日)。ANOM CC9A 23。

27. "An expected misfortune",杜桑致埃杜维尔的书信,共和六年穑月二十九日(1798年7月17日)。ANOM CC9B 6。

28. 杜桑致埃杜维尔的书信,共和六年果月一日(1798年8月18日)。ANOM CC9B 6。

29. 杜桑致埃杜维尔的书信,未注明具体日期(应写于1798年7月初至七月中旬间)。ANOM CC9A 23。

30. 埃杜维尔致杜桑的书信,共和七年葡月五日(1798年9月26日)。ANOM CC9A 23。

31. 梅特兰致邓达斯的书信,1798年3月18日。National Archives, Kew, WO 1/69。

32. 埃杜维尔致杜桑的书信,共和六年穑月九日(1798年6月27日)。ANOM CC9A 23。

33. 杜桑致梅特兰的书信,共和六年花月八日(1798年4月27日),以及致于安的书信,共和六年花月九日(1798年4月28日)。ANOM CC9A 18。

34. 故事记载于'Character of Toussaint Louverture', *The National Intelligencer and Washington Advertiser*, 17 August 1801。

35. 梅特兰致邓达斯的书信,1798年5月10日。National Archives, Kew, WO 1/69。

36. 杜桑致夏尔·樊尚的书信，共和七年雪月十日（1798 年 12 月 30 日）。Lettres inédites de Toussaint Louverture, Archives Diplomatiques Paris-La Courneuve, 23MD/2 (mémoires et documents, Haïti)。
37. 'Conventions secrètes', Camp de la Pointe Bourgeoise, 31 August 1798. National Archives, Kew, WO 1/70.
38. 梅特兰致巴尔卡雷斯的书信，1798 年 8 月 31 日。National Archives, Kew, WO 1/70。
39. *Mémoire abrégé des événements de l'île de Saint-Domingue, 1789-1807*, pp. 96-7.
40. 杜桑致埃杜维尔的书信，共和六年果月十六日（1798 年 9 月 2 日）。ANOM CC9A 23。
41. 杜桑是在共和六年花月二十七日（1798 年 5 月 16 日）的书信中对梅特兰的礼物表示感谢。ANOM CC9A 18。
42. 杜桑致埃杜维尔的书信，共和六年果月二十九日（1798 年 9 月 15 日）。ANOM CC9A 23。尽管杜桑努力争取，仍有一些英军占领区的奴隶被运往牙买加；英国档案中一份 1799 年的文件提供了 515 名"在牙买加的法国黑人农民避难者"的名单。National Archives, Kew, CO 137/102。
43. 埃杜维尔致杜桑的书信，共和六年花月九日和十六日（1798 年 4 月 28 日和 5 月 5 日）。ANOM CC9A 23。
44. 埃杜维尔致杜桑的书信，共和六年果月二十三日（1798 年 9 月 9 日）。ANOM CC9A 23。"Proclamation portant amnistie en faveur des habitants de Jérémie et du Môle, par le général de division Hédouville", Cap, 28 Thermidor an Ⅵ (15 August 1798). University of Florida, Documents originating in Saint-Domingue 1789-1802, reel 9 n. 40。
45. Duboys, *Précis historique*, vol. 2, p. 19.
46. 杜桑致埃杜维尔的书信，共和六年果月二十九日（1798 年 9 月 15 日）。ANOM CC9A 23。
47. 埃杜维尔致杜桑的书信，共和六年热月十二日（1798 年 7 月 30 日）。ANOM CC9A 20。
48. 杜桑致埃杜维尔的书信，共和七年葡月一日（1798 年 9 月 22 日）。ANOM CC9 B6。

49. Ibid.
50. 埃杜维尔致杜桑的书信，共和六年道德日（1798年9月17日）。ANOM CC9A 23。
51. 埃杜维尔的公告，共和七年雾月一日（1798年10月22日）。ANOM CC9A 23。
52. 实例请见杜桑致巴黎的 Fontanges、Emilie 和 Pauline Descahaux 三位公民的书信，共和六年牧月十六日（1798年6月4日）。他在信中提醒他们，他在刚刚解放的英军占领区实行了宽容的大赦政策。Bibliothèque Municipale, Nantes。
53. *Le Citoyen véridique, ou gazette du Port-Républicain*, 26 September 1798. ANOM CC9B 8.
54. Boerner 致埃杜维尔的书信，共和六年果月十日（1798年8月27日）。ANOM CC9A 23。
55. 埃杜维尔致督政府的报告，未注明日期。AN AFⅢ 210。
56. 北圣路易军事指挥官致埃杜维尔的报告，共和六年果月二十三日（1798年9月9日）。ANOM CC9A 23。
57. 请见埃杜维尔致 Boerner 的书信，共和六年穑月二十日（1798年7月8日）。ANOM CC9A 23。
58. 埃杜维尔致杜桑的书信，共和六年穑月二十四日（1798年7月12日）。ANOM CC9A 23。
59. 杜桑致埃杜维尔的书信，共和六年穑月二十二日（1798年7月10日）。ANOM CC9 B6。
60. 杜桑致埃杜维尔的书信，共和六年花月十九日（1798年5月8日）。ANOM CC9 B6。
61. 埃杜维尔致杜桑的书信，共和六年果月二十三日（1798年9月9日），ANOM CC9A 23；"eight ounces"，杜桑致埃杜维尔的书信，共和六年穑月十三日（1798年7月1日），ANOM CC9 B6。
62. 埃杜维尔致杜桑的书信，共和六年穑月三日（1798年6月21日），ANOM CC9A 20；Boerner 致德萨利纳的书信，共和六年穑月二十五日（1798年7月13日），ANOM CC9A 23。
63. 杜桑致埃杜维尔的书信，共和六年穑月十三日（1798年7月1日）。ANOM CC9 B6。

64. 德萨利纳致埃杜维尔的书信，共和六年穑月二十五日（1798 年 7 月 13 日）。ANOM CC9A 23。
65. 埃杜维尔致杜桑的书信，共和六年道德日（1798 年 9 月 17 日）。ANOM CC9A 23。
66. 杜桑致埃杜维尔的书信，共和六年花月二十七日（1798 年 5 月 16 日）；埃杜维尔致杜桑的书信，共和六年牧月三日（1798 年 5 月 25 日），ANOM CC9A 20；杜桑致埃杜维尔的书信（"je suis faché"），共和六年牧月十一日（1798 年 5 月 30 日），ANOM CC9B 6。
67. 杜桑致埃杜维尔的书信，共和六年果月一日（1798 年 8 月 18 日）。ANOM CC9 B6。
68. 埃杜维尔致杜桑的书信，共和六年果月六日（1798 年 8 月 23 日）。ANOM CC9A 23。
69. 杜桑致埃杜维尔的书信，共和六年热月十三日（1798 年 7 月 31 日）。ANOM CC9A 23。
70. 杜桑致埃杜维尔的书信，共和六年果月五日（1798 年 8 月 22 日）。ANOM CC9A 23。
71. 杜桑致埃杜维尔的书信，共和七年葡月十五日（1798 年 10 月 6 日）。ANOM CC9A 23。
72. 杜桑致埃杜维尔的书信，共和七年葡月二十六日（1798 年 10 月 17 日）。ANOM CC9A 23。
73. 杜桑致埃杜维尔的书信，共和七年葡月一日（1798 年 9 月 22 日）。ANOM CC9A 23。
74. 埃杜维尔致督政府的报告，未注明日期。AN AFIII 210。
75. "your ship is not big enough to take General Toussaint to France"，引自 Vincent, *Notice sur Dominique Toussaint Louverture*；又请见 Scharon, *Toussaint Louverture*, p. 175。
76. 杜桑致埃杜维尔的书信，未注明具体日期（应为 1798 年）。AN AFIV 1213。
77. 'Discours du général Hédouville, agent particulier du Directoire Exécutif, prononcé le 1er Vendémiaire an VII' (22 September 1798), Cap, 1798, p. 3.
78. 杜桑致埃杜维尔的书信，共和六年果月五日和十六日（1798 年 8 月

22日和9月2日);共和六年葡月一日和四日(1798年9月22日和25日)。ANOM CC9B 6。
79. 杜桑致埃杜维尔的书信,阿尔卡艾,共和六年热月十七日(1798年8月4日),ANOM CC9B 6;以及共和港,共和六年热月二十一日(1798年8月8日),ANOM CC9A 23。
80. 埃杜维尔致杜桑的书信,法兰西角,共和六年热月二十一日(1798年8月8日)。ANOM CC9A 23。
81. *Arrêté concernant la police des habitations, et les obligations réciproques des propriétaires ou fermiers et des cultivateurs*, Cap, 6 Thermidor an VI (24 July 1798). ANOM CC9B 9。
82. 埃杜维尔致杜桑的书信,共和六年道德日(1798年9月17日)。ANOM CC9A 23。
83. 杜桑同时致所有军事指挥官的书信,共和七年葡月二日(1798年9月23日),ANOM CC9B 8;杜桑致埃杜维尔的书信,共和七年葡月一日(1798年9月22日),ANOM CC9A 23。
84. Jaubert旅长致杜桑的书信,共和六年奖赏日(1798年9月21日)。ANOM CC9A 23。
85. 小瓜夫市政府致杜桑的书信,共和七年葡月一日(1798年9月22日)。ANOM CC9A 23。
86. Boerner致埃杜维尔的书信,共和六年果月十六日(1798年9月2日)。ANOM CC9A 23。
87. 埃杜维尔致穆瓦斯的书信,共和七年葡月十四日(1798年10月5日)。ANOM CC9A 23。
88. Claude B. Auguste, 'Les Congos dans la Révolution Haïtienne', *Revue de la Société haïtienne d'histoire et de géographie* vol. 46, no. 168 (December 1990), p. 25.
89. 杜桑致海军部部长的书信,共和七年芽月四日(1799年3月24日)。National Archives, Kew, CO 245/2。
90. 记载于Godard, "Rapport sur la situation morale et politique de Saint-Domingue", 17 Thermidor an VII (4 August 1799)。ANOM CC9A 22。
91. 引自 *Mémoire abrégé des événements de l'île de Saint-Domingue, 1789-1807*, p. 98。

92. 埃杜维尔致督政府的报告, 未注明日期。AN AFⅢ 210。
93. 法兰西角市政府公告, 共和七年雾月七日 (1798 年 10 月 28 日)。AN AFIV 1213。
94. Toussaint, 'Aux citoyens Président et membres de la commune du Cap', 3 Brumaire an Ⅶ (24 October 1798). AN AFIV 1213.
95. 法兰西角市政府公告, 共和七年雾月七日 (1798 年 10 月 28 日)。AN AFIV 1213。
96. 杜桑致德萨利纳的书信, 1798 年 10 月, 引自 Deborah Jenson, "Toussaint Louverture, spin doctor?", and Doris Garraway (ed.), *Tree of Liberty: Cultural Legacies of the Haitian Revolution in the Atlantic World* (Charlottesville: University of Virginia Press, 2008), pp. 52-5。
97. 戈纳伊夫市政府的公告, 共和七年雾月六日 (1798 年 10 月 27 日)。AN AFⅢ 210。
98. 小河镇市政府的公告, 共和七年雾月八日 (1798 年 10 月 29 日)。AN AFⅠⅠ 210。
99. 普莱桑斯市政府的公告, 共和七年雾月二日 (1798 年 10 月 23 日)。AN AFⅢ 210。
100. 马尔梅拉德市政府的公告, 共和七年雾月二日 (1798 年 10 月 23 日)。AN AFⅠⅠ 210。
101. 格罗莫讷市政府的公告, 共和七年雾月八日 (1798 年 10 月 29 日)。AN AFⅢ 210。
102. 戈纳伊夫市政府的公告, 共和七年雾月六日 (1798 年 10 月 27 日)。AN AFⅠⅠ 210。
103. 皮芒港市政府的公告, 共和七年雾月二日 (1798 年 10 月 23 日)。AN AFⅠⅠ 210。
104. 杜桑卢维杜尔市政府的公告, 共和七年雾月三日 (1798 年 10 月 24 日)。AN AFⅢ 210。
105. Ibid.
106. 'Lettre du citoyen Ignace, commandant militaire, au conseil municipal de Port-à-Piment et Terre-Neuve', 8 Brumaire an ⅥⅠ (29 October 1798). AN AFⅠⅠ 210.
107. 小河镇市政府的公告, 共和七年雾月八日 (1798 年 10 月 29 日)。

AN AFⅢ 210。

108. 杜桑卢维杜尔市民致总司令的请愿书，共和七年雾月（1798年10月）。AN AFⅢ 210。

109. "We are not happy with him, for one thing, he is not able to maintain order in our country, indeed he seems capable only of provoking disorder." 小河镇请愿书，共和七年雾月八日（1798年10月29日）。AN AFⅢ 210。

110. 埃杜维尔致海军部部长的信件，未注明日期。ANOM CC9A 23。

111. 埃杜维尔致督政府的报告，未注明日期。AN AFⅢ 210。

112. 鲁姆致海军部部长的报告，圣多明各，共和七年霜月二日（1798年11月22日）。ANOM CC9A 18。

113. 埃杜维尔的公告，共和七年雾月一日（1798年10月22日）。ANOM CC9A 23。

114. 埃杜维尔致里戈的书信，共和七年雾月一日（1798年10月22日）。ANOM CC9A 20。这一冲突将在第7章进行讨论。

115. 引自 Delatte, "Mémoire sur les événements de Fort-Liberté", 16 Frimaire an Ⅶ (6 December 1798)。ANOM CC9A 22。

116. 梅特兰致邓达斯的书信，1798年12月26日。National Archives, Kew, WO 1/70。

117. 哈考特致杜桑的书信，戈纳伊夫，1799年4月20日。Service Historique de la Défense, Vincennes, B7 carton 1, correspondance Toussaint Louverture。

118. *London Gazette*, 12 December 1798.

119. 埃杜维尔致督政府的报告，未注明日期。AN AFⅢ 210。

120. 'Li aurait mieux fait de baisser pour hausser que hausser pour baisser'. Quoted in 'Rapport anonyme sur les causes et les suites du depart d'Hédouville', Frimaire an Ⅶ (November 1798). ANOM CC9A 19.

121. 杜桑致督政府的报告，法兰西角，共和七年雾月二十二日（1798年11月12日）。AN AFIV 1213。

122. Toussaint, 'Aux citoyens Président et membres de la commune du Cap'.

123. 杜桑致 Perodin 的书信，共和七年芽月二十八日（1799年4月17日）。National Archives, Kew, CO 245/2。

124. 马尔梅拉德市政府的公告。

125. 'Rapport anonyme sur la situation à Saint-Domingue', Nivôse an Ⅷ (December 1799). ANOM CC9A 18.

第6章 高尚的公民

1. Juin 和德埃贝科特致海军部部长的书信，共和九年雾月十日（1800年11月1日）。ANOM CC9A 21。
2. 行政报告，共和七年芽月二十八日（1799年4月17日）。National Archives, Kew, CO 245/2。
3. Reported in *The Sumter Banner* (Sumterville, SC), 25 April 1849. Library of Congress, Historic American Newspapers.
4. Pamphile de Lacroix, *La Révolution de Haïti*, p. 244.
5. Malenfant, *Des colonies*, p. 93.
6. Isaac Louverture, *Réfutation*.
7. "Après Bon Dieu, c'est Français Makandal", 引自 Franklin Midy, "Vers l'indépendance des colonies à esclaves d'Amérique: l'exception Haïtienne", *Outre-Mers. Revue Historique* no. 340–41 (2003), p. 132。
8. 'Slowly does it.'
9. Alain Le Bihan, *Loges et chapitres de la Grande Loge et du Grand Orient de France (2e moitié du XVIIIe siècle)* (Paris: Bibliothèque Nationale, 1967), pp. 389–95.
10. *Tableau des FF. qui composent la R. L. de S. J. de J. em* (Port-Républicain, 1800). BNF Gallica NUMM-316971.
11. 关于共济会与杜桑的随行人员之间的联系，请见 Jacques de Cauna, "Toussaint Louverture, l'Aquitaine, et les Gascons", in de Cauna (ed.), *Toussaint Louverture et l'indépendance d'Haïti*, pp. 197–9。
12. 弗朗索瓦·德·凯尔维索致法国政府的报告，共和九年芽月一日（1801年3月22日）。ANOM CC9B 23。
13. 有关戈纳伊夫市政问题，请见鲁姆致杜桑的书信，共和七年芽月十五日（1799年4月4日），National Archives, Kew, CO 245/2。关于卡兹，请见 de Cauna, "Toussaint Louverture, l'Aquitaine, et les Gascons", p. 200。
14. Jean Fouchard, 'Toussaint Louverture', *Revue de la Société haïtienne*

d'histoire et de géographie no. 164（September-December 1989）, p. 41.

15. 请见杜桑致 Perroud 有关在阿克拉交付制糖厂的书信，戈纳伊夫，共和四年雾月十日（1795 年 11 月 1 日）。Archives municipales, Reims, Tarbé collection, XXI-105。

16. Saint-Anthoine, *Notice sur Toussaint Louverture*, p. 26.

17. Isaac Louverture, *Notes historiques sur Toussaint Louverture*. BNF NAF 12409.

18. Rainsford, *An Historical Account*, p. 252.

19. 实例请见桑托纳克斯致杜桑的书信，共和四年葡月七日（1795 年 9 月 29 日），其中关于他推举的小河镇治安法官候选人 Chenaux（成功地）得到任命的内容。BNF NAF8986, Papiers Sonthonax。

20. 杜桑致伊萨克和普拉西德的书信，法兰西角，共和七年芽月二十五日（1799 年 4 月 14 日）。Toussaint Louverture manuscripts, Bibliothèque Municipale, Nantes。

21. 杜桑致海军部部长的书信，共和七年芽月二十五日（1799 年 4 月 14 日）。National Archives, Kew, CO 245/2。

22. 杜桑致 Monginot 和公民弗拉内的书信，共和六年风月二十日（1798 年 3 月 10 日）。ANOM CC9A 18。

23. 致督政府的报告，共和七年雨月二十三日（1799 年 2 月 11 日）。AN AFI I I 210。

24. Isaac Louverture, *Notes historiques*. BNF NAF 12409.

25. 请见杜桑致格雷瓜尔的书信，法兰西角，共和七年雾月二十三日（1799 年 11 月 13 日）；引自 *Annales de la religion* 8（1799）。

26. Isaac Louverture, *Notes historiques*. BNF NAF 12409.

27. 有关杜桑的宗教随行人员，请见 Jean Fritzner étienne, "L'église et la révolution des esclaves à Saint-Domingue（1791–1804）", *Histoire, monde et cultures religieuses* no. 29（2014-1）, pp. 27–8。

28. Isaac Louverture, *Notes historiques*. BNF NAF 12409.

29. Jean Fouchard, 'Toussaint Louverture', *Revue de la Société haïtienne d'histoire et de géographie* no. 164（September-December 1989）, p. 41.

30. Jacques Périès, *La révolution de Saint-Domingue*. British Library MS 38074, f. 20.

31. Madiou, *Histoire d'Haïti*, vol. 2, p. 91.
32. 其中一次祷告引自 Duboys, *Précis historique*, vol. 2, p. 172。
33. Toussaint,'Adresse à tous les militaires', 22 Floréal an V (11 May 1797). AN FⅢ/201.
34. Toussaint,'Adresse à tous les militaires composant l'armée de Saint-Domingue', 19 Vendémiaire an ⅦI (10 October 1798). ANOM CC9A 23.
35. 实例请见杜桑致共和港市政当局的书信,共和六年穑月三十日(1798年7月18日)。ANOM CC9 B6。
36. Toussaint,'Proclamation aux soldats de l'Armée', Cap, 1796.
37. Toussaint,'Adresse à tous les militaires'.
38. Isaac Louverture, *Notes historiques*. BNF NAF 12409.
39. Toussaint,'Adresse à tous les militaires'.
40. Toussaint, *Aux citoyens Président et membres de la Commune du Cap*, 3 Brumaire an Ⅶ (24 October 1798). AN AFⅢ 210.
41. 杜桑在莫勒圣尼古拉自由之树仪式上的演讲,共和七年葡月十五日(1798年10月6日)。ANOM CC9B 9。
42. Ibid.
43. 杜桑致拉沃的书信,1795年9月14日,BNF NAF 12103。又请见拉沃与杜桑有关地方议会会议的通信,共和五年,AN D/XXV/50。
44. Duboys, *Précis historique*, vol. 2, p. 37.
45. 德方丹被派往法国,向法国政府解释杜桑对桑托纳克斯的驱逐,请见杜桑致海军部部长的书信,共和五年雾月十一日(1796年11月1日),ANOM CC9A 13。又请见杜桑致国会议员莱斯卡利耶的书信,共和六年牧月二十一日(1798年6月9日),ANOM CC9A 14。
46. 实例请见拉普吕姆致杜桑的有关莱奥甘、大瓜夫和小瓜夫议会的书信,共和七年芽月十日(1799年3月30日)。ANOM CC9A 22。
47. *Aux administrateurs municipaux des divers départements de Saint-Domingue*, Port-Républicain, 19 Frimaire an Ⅶ (9 December 1798). University of Florida, Documents originating in Saint-Domingue 1789-1802, reel 9 n.42。该声明由德萨利纳、克莱沃、拉普吕姆、克里斯托夫和30多位地区指挥官联合签署。

48. 杜桑致法兰西角市政当局的书信，戈纳伊夫，共和四年芽月一日（1796 年 3 月 21 日）。BNF NAF 12104。
49. 请见桑托纳克斯关于此事致杜桑的书信，共和四年穑月十九日（1796 年 7 月 7 日）。BNF NAF 8986, Papiers Sonthonax。
50. 此事发生在 1800 年 12 月 1 日，见 Duboys, *Précis historique*, vol. 2, p. 178。
51. 实例请见他对莫勒圣尼古拉市政当局的（否定）答复，共和九年芽月十六日（1801 年 4 月 6 日）。ANOM CC9A 28。
52. 'Ordonnance du général Toussaint Louverture', 13 December 1794. BNF NAF 12102.
53. 'Proclamation de Toussaint Louverture aux administrations municipales de la colonie, et à ses concitoyens', 16 Pluviôse an IX (5 February 1801). ANOM CC9B 9.
54. Toussaint, *arrêté*, 22 Pluviôse an IX (11 February 1801). ANOM CC9B 9.
55. Isaac Louverture, *Notes historiques sur Toussaint Louverture*. BNF NAF 12409.
56. 桑托纳克斯致杜桑的书信，法兰西角，共和五年牧月八日（1797 年 5 月 27 日）。BNF NAF 8988, Papiers Sonthonax。
57. Toussaint, *ordonnance*, 17 Thermidor an IX (5 August 1801). ANOM CC9B 9.
58. Isaac Louverture, *Notes historiques*. BNF NAF 12409.
59. 致海军部的报告，共和五年花月（1797 年 4 月）。ANOM CC9A 13。
60. 致海军部的报告，共和七年芽月（1799 年 3 月），引自 Geggus, *The Haitian Revolution*, p. 158。
61. Toussaint, 'Lettre de service du général de brigade Maurepas', 14 Floréal an IX (14 May 1801). ANOM CC9B 9.
62. Toussaint, *Pour le soulagement de l'humanité souffrante*, 2 Nivôse an VIII (23 December 1799). ANOM CC9B 9.
63. 莫勒圣尼古拉市政当局致杜桑的书信，共和九年风月二十七日（1801 年 3 月 18 日）。ANOM CC9B 9。杜桑同意了他们提出的豁免要求。
64. Toussaint, 'Proclamation à tous les Français qui sont au Môle', Camp de la Pointe Bourgeoise, 9 Vendémiaire an VII (30 September 1798).

Archives de la Seine, Paris, DQ10-1418, dossier Joseph Idlinger.

65. 请见 Geggus, *Slavery, War, and Revolution*, p.140。

66. 'Liste des personnes les plus capables de gérer les affaires communales', Môle Saint-Nicolas, 11 Brumaire an IX (2 November 1800). ANOM CC9B 9.

67. 莫勒圣尼古拉市议会的声明, 共和十年雾月四日 (1801年10月26日), ANOM CC9B 9, 请见第10章。

68. 'Adresse de l'administration municipale du Môle au citoyen Ministre de la Marine', 10 Fructidor an VIII (28 August 1800). ANOM CC9B 9.

69. 莫勒圣尼古拉市政府的公告, 共和八年雨月十日 (1800年1月30日)。ANOM CC9B 9。

70. 'Discours de l'administration municipale du Môle', 16 Pluviôse an VII (4 February 1799). ANOM CC9A 21.

71. 所有罗什福尔的讲话内容都来自他的两次讲话, 这两次讲话内容被完整收录于莫勒圣尼古拉市政府关于全面自由节庆祝仪式的报告, 共和八年和九年的雨月十六日 (1800年和1801年的2月15日)。ANOM CC9B 9。

72. 在国民卫队仪式上的演讲, 莫勒圣尼古拉, 共和七年霜月十日 (1798年11月30日)。ANOM CC9B 9。

73. 市政府的公告, 莫勒圣尼古拉, 共和八年雨月十二日 (1800年2月1日)。ANOM CC9B 9。

74. 市政府的公告, 莫勒圣尼古拉, 共和七年葡月二十六日 (1798年10月17日)。ANOM CC9B 9。

75. 市政府的公告, 莫勒圣尼古拉, 共和十年花月一日 (1802年4月21日)。ANOM CC9B 9。

76. 实例请见市政府公告, 莫勒圣尼古拉, 共和七年葡月二十八日 (1798年10月19日)。ANOM CC9B 9。

77. 市政府的公告, 莫勒圣尼古拉, 共和十年葡月十五日 (1801年10月7日)。ANOM CC9B 9。

78. 杜桑的公告, 法兰西角, 共和八年花月七日 (1800年4月27日)。ANOM CC9B 18。

79. 市政府的公告, 莫勒圣尼古拉, 共和七年雾月四日 (1798年10月25

日）。ANOM CC9B 9。
80. 市政府的公告，莫勒圣尼古拉，共和七年雾月三日（1798年10月24日）。ANOM CC9B 9。
81. 市政府的公告，莫勒圣尼古拉，共和八年牧月九日（1800年5月29日）。ANOM CC9B 9。
82. 市政府的公告，莫勒圣尼古拉，共和八年葡月十八日（1799年10月10日）。ANOM CC9B 9。
83. 市政府的公告，莫勒圣尼古拉，共和七年葡月二十七日（1798年10月18日）。ANOM CC9B 9
84. 市政府的公告，莫勒圣尼古拉，共和七年葡月二十八日（1798年10月19日）。ANOM CC9B 9。
85. 市政府的公告，莫勒圣尼古拉，共和七年风月五日（1799年2月23日）。ANOM CC9B 9。
86. 市政府的公告，莫勒圣尼古拉，共和九年风月六日（1801年2月25日）。ANOM CC9B 9。
87. 杜桑致鲁姆的书信，共和八年雪月十四日（1800年1月4日）。ANOM CC9B 1。
88. 杜桑致克里斯托夫的书信，韦雷特，1798年4月3日。Nemours Papers, University of Puerto Rico, 引自 Boromé, "A finding list"。
89. Isaac Louverture, *Notes historiques*. BNF NAF 12409.
90. 朱贾迪为法兰西共和国成立周年纪念所做的演讲，莫勒圣尼古拉，共和八年葡月一日（1799年9月23日）。ANOM CC9A 23。
91. Rainsford, *An Historical Account*, p. 255.
92. Placide David, 'Vie amoureuse de Toussaint Louverture', in *Sur les rives du passé*, p. 101.
93. 英国代表休·卡思卡特的报告，共和港，1799年11月26日。National Archives, Kew, CO 245/1。
94. 鲁姆致督政府的报告，共和七年雨月二十三日（1799年2月11日）。AN AFⅢ 210。
95. 圣马克市政府致法国海军部部长的声明，共和八年芽月十二日（1800年4月2日）。ANOM CC9B 17。
96. 埃内里市政府的公告，共和五年花月十九日（1797年5月8日）。

AN AF I I 210。

97. Descourtilz, *Voyages d'un naturaliste*, vol. 2, p. 121.
98. 阿尔卡艾市政府的公告，共和八年芽月二十二日（1800年4月12日）。ANOM CC9B 17。
99. 特雷诺沃市政府的公告，共和七年雨月二十二日（1799年2月10日）。ANOM CC9A 21。
100. 特雷诺沃市政府的公告，共和八年花月一日（1800年4月21日）。ANOM CC9B 17。
101. 鲁姆致海军部部长的报告，共和港，共和七年雨月一日和芽月二十九日（1799年1月20日和4月18日）。National Archives, Kew, CO 245/2。
102. Marin-Gallon, 102. 'Bouquet à l'armée victorieuse, commandée par le général Toussaint Louverture', *Le Citoyen véridique, ou gazette du Port-Républicain*, 30 Ventôse an VIII (21 March 1800). ANOM CC9A 24.
103. 共和港市政府的审议，共和八年芽月十三日（1800年4月3日），致法国海军部部长。ANOM CC9B 17。
104. 戈纳伊夫市政府的公告，共和六年葡月二十二日（1797年10月13日）。AN AF III 210。
105. 戈纳伊夫市政府的公告，共和八年芽月十九日（1800年4月9日），致法国海军部部长。ANOM CC9B 17。
106. 法兰西角市政府致法国海军部部长的公告，共和八年牧月（1800年5月）。ANOM CC9B 2。
107. Jacques Périès, *La révolution de Saint-Domingue*. British Library MS 38074, f. 15.

第7章 纵横捭阖

1. 杜桑致海军部部长的报告，共和七年葡月四日（1798年9月25日）。ANOM CC9A20。
2. Mats Lundahl, 'Toussaint Louverture and the war economy of Saint-Domingue, 1796–1802', *Slavery and Abolition* vol. 6, no. 2 (1985), pp. 125–6.
3. *Observations sur la situation actuelle de la colonie de Saint-Domingue, par*

Rallier, *député d'Ille et Vilaine*, Paris, 16 Frimaire an Ⅷ（7 December 1799）。ANOM CC9A 23.

4. 萨默鲁埃洛斯致 Urquijo 的书信，哈瓦那，1799 年 8 月 6 日，AGI，引自 Scott, *The Common Wind*, p. 208；关于古巴奴隶制度请见 Ferrer, *Freedom's Mirror*。

5. 古巴的西班牙官员在 1800 年 4 月的来往书信中提到了杜桑的信件，引自 Ada Ferrer, "Talk about Haiti", in Sepinwall（ed.），*Haitian History*, p. 141。

6. 海德·帕克致 Spencer 勋爵的书信，1799 年 5 月 19 日，引自 Scott, *The Common Wind*, p. 205。

7. "offres séduisantes"，杜桑致鲁姆的书信，共和七年牧月十二日（1799 年 5 月 31 日）。National Archives, Kew, CO 137/104。

8. 实例请见关于杜桑对英军作战的成功战役的报告，刊载于 *Gazette of the United States and Daily Advertiser*（Philadelphia），1 May 1798。

9. 进一步讨论请见 Ashli White, "The politics of 'French negroes' in the United States", in Sepinwall（ed.），*Haitian History*。

10. 这一表述可以约略译为"showing great political dexterity"。杜桑的书信，共和七年果月二十二日（1799 年 9 月 8 日），ANOM CC9A 26。

11. 请见他的 *Rapport de Philippe-Rose Roume sur sa mission à Saint-Domingue*（Paris, 1793）。

12. 'Acte de naissance de Rose-Marie-Gabrielle ROUME, fille de Philippe-Rose ROUME, agent du Directoire exécutif de la colonie de Saint-Domingue, habitant à Port-Républicain, et de Marie-Anne-Élisabeth ROCHARD-L'EPINE, née le 28 Brumaire an Ⅷ（19 November 1799）'. AN MC/ET/XXXI /703.

13. "courses trop violentes"，鲁姆致杜桑的书信，共和七年霜月二十二日、雪月二十二日和芽月九日（1798 年 12 月 12 日、1799 年 1 月 11 日和 3 月 29 日）。National Archives, Kew, CO 245/2。

14. 在其 *Vie de Toussaint Louverture*（1850）中，圣雷米称，这幅肖像"被鲁姆家族虔敬地保存"在巴黎。

15. 杜桑致鲁姆的书信，共和七年雾月十日（1798 年 10 月 31 日）。ANOM CC9A 18。

16. 法兰西角市政府致鲁姆的书信，共和七年雾月十二日（1798 年 11 月

2日)。ANOM CC9A 18。
17. 杜桑致鲁姆的书信,共和七年霜月五日(1798年11月25日)。National Archives, Kew, CO 245/2。
18. 杜桑致鲁姆的书信,共和七年风月十七日(1799年3月7日)。National Archives, Kew, CO 245/2。
19. 鲁姆致杜桑的书信,共和七年霜月二十三日和风月三十日(1798年12月13日和1799年3月20日)。ANOM CC9A 20。
20. 鲁姆致杜桑的书信,共和八年雨月四日(1800年1月24日)。ANOM CC9B 1。
21. 鲁姆致杜桑的书信,共和八年雾月二十一日(1799年10月13日)。ANOM CC9A 26。
22. 鲁姆致杜桑的书信,共和八年雨月十五日(1800年2月4日)。ANOM CC9B 1。
23. 鲁姆致杜桑的书信,共和八年雪月十六日(1800年1月6日)。ANOM CC9B 17。
24. 'Précis des services de Joseph Antoine Idlinger, commissaire ordonnateur à Saint-Domingue'. Archives de la Seine, Paris, DQ10-1418, dossier Joseph Idlinger.
25. Alexander DeConde, *The Quasi-War: The Politics and Diplomacy of the Undeclared War with France, 1797-1801* (New York: Scribner, 1966), p. 140.
26. 杜桑的信件写于1798年11月。有关比内尔夫妇的非凡生活和事业,请见 Philippe Girard, "Trading races: Joseph and Marie Bunel, a diplomat and a merchant in revolutionary Saint-Domingue and Philadelphia", *Journal of the Early Republic* vol. 30, no. 3 (Fall 2010), pp. 351-76。
27. 杜桑致亚当斯的书信,1798年11月6日,引自 "Letters of Toussaint Louverture and Edward Stevens", *American Historical Review*, October 1910, pp. 66-7;又请见杜桑致比内尔的书信,法兰西角,共和七年雪月十七日(1799年1月6日),引自 Boromé, "A finding list"。
28. 史蒂文斯致皮克林的书信,法兰西角,1799年5月3日,引自 "Letters of Toussaint Louverture and Edward Stevens"。
29. White, *Encountering Revolution*, p. 157.

30. Ibid.
31. 鲁姆致杜桑的书信，共和八年雾月二日（1799年10月24日）。ANOM CC9A 26。
32. 鲁姆在全面自由节庆祝仪式上的演讲，共和八年雨月二十日（1800年2月9日）。ANOM CC9B 1。
33. 鲁姆致杜桑的书信，共和七年热月十五日（1799年8月2日）。ANOM CC9A 25。
34. 鲁姆致海军部部长的书信，共和七年热月二十七日（1799年8月14日），National Archives, Kew, CO 137/104。该信息在道格拉斯致巴尔卡雷斯的书信中得到确认，共和港，1799年8月21日；National Archives, Kew, CO 137/102。
35. *Mémoire abrégé des èvènements de l'île de Saint-Domingue, 1789–1807*, pp. 100–101.
36. Philippe Girard, 'Black Talleyrand: Toussaint Louverture's diplomacy, 1798–1802', *William and Mary Quarterly* vol. 66, no. 1 (January 2009), p. 110.
37. 'état sommaire des denrées coloniales exportées du Cap Français depuis le 1er Vendémiaire an 8 jusqu'au 20 Fructidor, Cap, 25 Fructidor an Ⅷ' (12 September 1800). Archives de la Seine, Paris, DQ10 – 1418, dossier Joseph Idlinger.
38. 鲁姆致杜桑的书信，共和八年雾月十二日（1799年11月3日）。ANOM CC9A 26。
39. 杜桑致鲁姆的书信，共和八年花月五日（1800年4月25日）。ANOM CC9 B 2。
40. 杜桑致鲁姆的书信，共和八年霜月五日（1799年11月26日）。ANOM CC9 A 26。
41. 引自 Dun, *Dangerous Neighbours*, p. 153。
42. Placide Justin, *Histoire politique et statistique de l'île d'Hayti* (Paris, 1826), pp. 331–2.
43. Ronald Angelo Johnson, *Diplomacy in Black and White: John Adams, Toussaint Louverture and their Atlantic World Alliance* (Athens, GA: University of Georgia Press, 2014), p. 101.

44. 史蒂文斯致皮克林的书信，1799 年 10 月 26 日，引自 "Letters of Toussaint Louverture and Edward Stevens"。
45. 史蒂文斯致皮克林的书信，1799 年 10 月 26 日，Ibid。
46. Ibid.
47. Ibid.
48. 史蒂文斯致皮克林的书信，1800 年 2 月 13 日，Ibid。
49. 鲁姆致杜桑的书信，共和八年霜月九日（1799 年 11 月 30 日）。ANOM CC9A 26。
50. 梅特兰致杜桑的书信，伦敦，1799 年 1 月 15 日。Service Historique de la Défense, Vincennes, B7 carton 1, correspondance Toussaint Louverture。
51. 梅特兰致杜桑的书信，法兰西角港口，1799 年 5 月 14 日。Service Historique de la Défense, Vincennes, B7 carton 1, correspondance Toussaint Louverture。
52. 梅特兰致杜桑的书信，戈纳伊夫湾，1799 年 5 月 20 日。Service Historique de la Défense, Vincennes, B7 carton 1, correspondance Toussaint Louverture。
53. 杜桑致鲁姆的书信，共和七年牧月十二日（1799 年 5 月 31 日）。National Archives, Kew, CO 137/104。
54. 'Propositions du général en chef de l'armée de Saint-Domingue à son excellence l'honorable brigadier-général Maitland', n.d. [May 1799]. Service Historique de la Défense, Vincennes, B7 carton 1, correspondance Toussaint Louverture.
55. 'Convention secrète [sic] arrêtée entre l'Honorable Brigadier General Maitland et le général en chef de Saint-Domingue Toussaint L'Ouverture [sic], Arcahaye, 25 Prairial an Ⅶ' (13 June 1799). Service Historique de la Défense, Vincennes, B7 carton 1, correspondance Toussaint Louverture. See also Alfred Nemours, *Histoire des Relations internationales de Toussaint Louverture* (Port-au-Prince: Imprimerie du Collège Vertières, 1945), pp. 185-90.
56. 巴尔卡雷斯致波特兰的书信，金斯顿，牙买加，1799 年 12 月 7 日。NAM, 6807/183/1, ff. 121-6。又请见史蒂文斯致梅特兰的书信，1799 年 5 月 23 日，引自 "Letters of Toussaint Louverture and Edward

Stevens"。

57. 杜桑的船只被禁止驶出圣多明各海岸线以外 15 英里的范围，船只的吨位和船员数量也受到限制。请见梅特兰致海德·帕克的书信，1799 年 5 月 31 日。National Archives, Kew, CO 137/102。
58. 梅特兰致史蒂文斯的书信，1799 年 5 月 23 日。Ibid., p.237。
59. 梅特兰致巴尔卡雷斯的书信，英国皇家海军"卡米拉号"，1799 年 6 月 17 日。NAM, 6807/183/1, ff. 143-53。
60. 巴尔卡雷斯致波特兰的书信，1799 年 7 月 14 日。National Archives, Kew, CO 137/102。
61. 萨斯波尔塔致鲁姆的书信，共和七年芽月二十二日（1799 年 4 月 11 日）。ANOM CC9 B17。
62. 鲁姆致萨斯波尔塔的书信，共和七年热月一日（1799 年 7 月 19 日）。ANOM CC9 B17。
63. Roume, *arrêté*, 13 Fructidor an VII (30 August 1799). ANOM CC9 B17.
64. 请见杜桑致鲁姆的两封书信，日期均为共和八年雾月二日（1799 年 10 月 24 日）。ANOM CC9A 26。
65. 共和八年雨月二日（1800 年 1 月 22 日），在致 Pons 的一封信中，鲁姆总结了入侵牙买加行动的准备工作（包括他与杜桑的谈话）。ANOM CC9 B 1。
66. 杜桑致夏尔·樊尚的书信，法兰西角，共和七年雪月十日（1798 年 12 月 30 日）。Lettres inédites de Toussaint Louverture, Archives Diplomatiques Paris-La Courneuve, 23MD/2 (mémoires et documents, Haïti)。
67. 雷蒙的信是写给克里斯托夫的，为史蒂文斯 1799 年 9 月 30 日致皮克林的书信所引用，引自"Letters of Toussaint Louverture and Edward Stevens"。
68. 巴尔卡雷斯致波特兰的书信，1799 年 10 月 28 日。National Archives, Kew, CO 137/103；这封信附有一份贝斯的说明副本。
69. 史蒂文斯致皮克林的书信，1799 年 9 月 30 日，引自"Letters of Toussaint Louverture and Edward Stevens"。
70. 关于萨斯波尔塔被俘获、聆讯和审判的细节，请见巴尔卡雷斯致波特兰的报告，1799 年 12 月 31 日和 1800 年 1 月 1 日。National Archives,

Kew, CO 137/103。

71. 特别请见 Gabriel Debien and Pierre Pluchon, "Un plan d'invasion de la Jamaïque en 1799 et la politique anglo-américaine de Toussaint Louverture", *Revue de la Société haïtienne d'histoire, de géographie et de géologie* vol. 36, no. 119 (July 1978), pp. 36-7; Girard, 'Black Talleyrand', pp. 106-7。

72. 巴尔卡雷斯致杜桑的书信,牙买加,1799年10月29日。National Archives, Kew, CO 137/105。

73. 巴尔卡雷斯致波特兰的书信,金斯顿,牙买加,1799年12月7日。NAM, 6807/183/1, ff. 121-6。

74. 杜桑致巴尔卡雷斯的书信,1799年10月8日;巴尔卡雷斯的回信,1799年10月24日。National Archives, Kew, CO 137/103。

75. 这些舰只共配备54门火炮和超过400名船员。请见来自牙买加的报告,1799年12月20日。National Archives, Kew, WO 1/74。

76. Scott, *The Common Wind*, p. 207.

77. 杜桑致卡思卡特的书信,1799年12月19日。National Archives, Kew, CO 245/1。

78. 请见道格拉斯致杜桑的书信,1799年10月12日。National Archives, Kew, CO 137/103。

79. 杜桑致巴尔卡雷斯的书信,1799年12月21日。National Archives, Kew, WO 1/74。

80. 杜桑在9月第一次致信帕克,请求"不要干预"他在圣多明各南部的巡洋舰;请见帕克致杜桑的书信,1799年9月10日。National Archives, Kew, WO 1/74。之后,他又在11月初再次写信,特意说明了他计划对里戈采取的行动,请求英国海军的支援;请见杜桑致帕克的书信,共和港,1799年11月10日,Jamaica Archives,引自Boromé, "A finding list"。

81. 杜桑致鲁姆的书信,雅克梅勒,共和八年雪月八日(1800年1月28日)。ANOM CC9B 1。

82. 英国下级代理人Robinson的报告中对杜桑的引用,1800年1月29日。National Archives, Kew, WO 1/74。

83. 鲁姆致杜桑的书信,共和八年雪月二日(1799年12月23日)。

ANOM CC9A 26。

84. 杜桑致鲁姆的书信，共和八年雪月二十三日（1800 年 2 月 13 日）。ANOM CC9 B1。

85. 杜桑致鲁姆的书信，共和八年雪月二十七日和雨月三日（1800 年 1 月 17 日和 23 日）。ANOM CC9 B1。

86. 鲁姆致杜桑的书信，共和八年雨月三日（1800 年 1 月 23 日）。ANOM CC9 B1。

87. 杜桑致鲁姆的书信，共和八年雨月八日（1800 年 1 月 28 日）。ANOM CC9B 1

88. 杜桑致鲁姆的书信，共和八年花月八日（1800 年 4 月 28 日）。ANOM CC9 B1。

89. 阿兰巴里致萨默鲁埃洛斯的书信，1800 年 2 月 19 日，引自 Matt Childs, "'A French black general arrived to conquer the island': images of the Haitian revolution in Cuba's 1812 Aponte rebellion", in David Geggus (ed.), *The Impact of the Haitian Revolution in the Atlantic World* (Columbia: University of South Carolina Press, 2001), p. 139。

90. "Le salut de mon pays"，杜桑致鲁姆的书信，共和七年果月二十二日（1799 年 9 月 8 日），本书作者在引用时加以强调。

91. 杜桑致鲁姆的书信，共和八年雪月二十三日（1800 年 1 月 13 日）。ANOM CC9 B1。

92. 鲁姆致杜桑的书信，共和八年雨月三日（1800 年 1 月 23 日）。ANOM CC9 B1。

93. 鲁姆的公告，法兰西角，共和八年风月十四日（1800 年 3 月 5 日）。ANOM CC9 B1。

94. 杜桑致鲁姆的书信，共和八年风月十八日（1800 年 3 月 9 日）。ANOM CC9 B1。

95. 请见鲁姆致里戈的书信，共和七年风月二日（1799 年 2 月 20 日）；又请见拉普吕姆致杜桑的报告，共和七年花月十六日（1799 年 5 月 5 日）。ANOM CC9A 22。

96. 里戈的声明，莱凯，共和七年牧月十四日（1799 年 6 月 2 日）。ANOM CC9A 25。

97. 鲁姆致杜桑的书信，共和七年穑月二十九日（1799 年 7 月 17 日）。

ANOM CC9A 25。

98. *Réponse du citoyen Toussaint Louverture aux calomnies et aux écrits mensongers du général de brigade Rigaud*, Gonaïves, 30 Floréal an Ⅶ（19 May 1799）; also published in *Bulletin Officiel de Saint-Domingue* nos 24 and 25, 19 and 24 Prairial an Ⅵ I（7 and 12 June 1799）.

99. 杜桑致鲁姆的书信，共和七年果月六日（1799年8月23日）。ANOM CC9A 25。

100. 拉克鲁瓦中尉致杜桑的书信，共和八年葡月二十三日（1799年10月15日）。ANOM CC9A 23。

101. 杜桑致樊尚的书信，和平港，共和七年热月二十九日（1799年8月16日）。Lettres inédites de Toussaint Louverture, Archives Diplomatiques Paris-La Courneuve, 23MD/2（mémoires et documents, Haïti）。

102. 杜桑致樊尚的书信，和平港，共和七年果月三日（1799年8月20日）。Lettres inédites de Toussaint Louverture, Archives Diplomatiques Paris-La Courneuve, 23MD/2（mémoires et documents, Haïti）。

103. *Toussaint Louverture, général en chef de l'Armée de Saint-Domingue aux cultivateurs et aux hommes de couleur égarés*, Port-de-Paix, 12 Thermidor an Ⅶ（30 July 1799）. University of Florida, Saint-Domingue collection（A, 45）.

104. 引自 Corvington, *Port-au-Prince au cours des ans*, vol. 2, p. 178。

105. 根据樊尚的说法，杜桑向有色人发出警告，说他们"走在一条自我毁灭的道路上"，并且他们被握于他的"掌心之中"，只要他动一动手指头，就能把他们捏得粉碎。Vincent, *Notice sur Dominique Toussaint Louverture*。

106. 杜桑致鲁姆的书信，共和七年热月十三日（1799年7月31日）。ANOM CC9A 25。

107. 杜桑的声明，共和七年果月八日（1799年8月25日）。ANOM CC9 B9。

108. 杜桑致鲁姆的书信，共和七年热月十日（1799年7月28日）。ANOM CC9A 25。

109. 杜桑致海军部部长的报告，共和七年芽月四日（1799年3月24日）。National Archives, Kew, CO 245/2。

110. 杜桑致鲁姆的书信，共和七年热月四日（1799 年 7 月 22 日）。ANOM CC9A 25。

111. 杜桑致鲁姆的书信，共和七年热月十日（1799 年 7 月 28 日）。ANOM CC9A 25。

112. 道格拉斯致巴尔卡雷斯的报告，太子港，1799 年 8 月 15 日。National Archives, Kew, CO 137/102。

113. 杜桑致鲁姆的书信，共和七年芽月十三日和热月十二日（1799 年 4 月 2 日和 7 月 30 日）。ANOM CC9A 25。

114. 这个故事是杜桑在共和七年热月二十五日（1799 年 8 月 12 日）致鲁姆的书信中汇报的。ANOM CC9A 25。

115. 该信件是由英国加勒比海军舰队司令海德·帕克海军上将写给海军大臣 Spencer 的，引自 Michael Palmer, *Stoddert's War: Naval Operations during the Quasi-War with France 1798–1801* (Columbia, SC: University of South Carolina Press, 1987), p. 161。

116. 梅特兰致巴尔卡雷斯的书信，英国皇家海军"卡米拉号"，1799 年 6 月 17 日。NAM, 6807/183/1, ff. 143-53。

117. 鲁姆致海军部部长的报告，共和七年热月二十七日（1799 年 8 月 14 日）。ANOM CC9A 25。

118. 有关这类事件的更多细节，请见杜桑致鲁姆的书信，共和七年穑月二十一日（1799 年 7 月 9 日）。ANOM CC9A 25。

119. 杜桑致鲁姆的书信，共和七年热月二十日（1799 年 8 月 7 日）。ANOM CC9 A 25。

120. Toussaint, 'Aux citoyens composant la garnison du Môle', 1 Thermidor an VII (19 July 1799). ANOM CC9A 21.

121. 杜桑致鲁姆的书信，共和七年热月二十五日（1799 年 8 月 12 日）。ANOM CC9A 25。

122. 北圣路易市长鲁的公告，共和七年穑月二十四日（1799 年 7 月 12 日）。ANOM CC9A 25。

123. 杜桑致鲁姆的书信，共和七年热月十日（1799 年 7 月 28 日）。ANOM CC9A 25。

124. 杜桑致鲁姆的书信，共和七年热月四日（1799 年 7 月 22 日）。ANOM CC9A 25。

125. 杜桑致鲁姆的书信，共和七年果月二十一日（1799年9月7日）。ANOM CC9A 26。
126. 杜桑致鲁姆的书信，共和七年果月六日（1799年8月23日）。ANOM CC9A 25。
127. 德萨利纳致杜桑的报告，共和八年葡月二十一日（1799年10月13日）。ANOM CC9A 26。
128. 杜桑致鲁姆的书信，共和七年才能日（1799年9月18日）。ANOM CC9A 26。
129. 实例请见国民卫队指挥官Latour关于里戈的部下在米尔巴莱执行的刺杀行动的报告，共和七年果月一日（1799年8月18日）。ANOM CC9A 22。
130. "anéantir"，鲁姆致杜桑的书信，共和七年穑月二十九日（1799年7月17日）。ANOM CC9A 25。
131. Duboys, *Précis historique*, vol. 2, p. 92.
132. 萨农·德方丹致鲁姆的书信，戈纳伊夫，共和七年热月二日（1799年7月20日）。ANOM CC9A 25。
133. Pierre Lyonnet（圣多明各前林业官员）致海军部部长的书信，共和九年葡月一日（1800年9月23日）；ANOM CC9A 26。对共和港暴行的专门记述，请见卡思卡特致梅特兰的报告，1799年10月31日；National Archives, Kew, CO 245/1。
134. Français Dubois和Germain Crespin致海军部部长的书信，哈瓦那，共和八年牧月二十六日（1800年6月15日）。ANOM CC9B 17。
135. 杜桑的公告，刊载于共和八年霜月二十九日（1799年12月20日）的 *Bulletin officiel de Saint-Domingue* no. 12, 29。
136. Vincent, 'Considérations sur les moyens de faire cesser la guerre civile à Saint-Domingue', 6 Floréal an VIII (26 April 1800). ANOM CC9B 17。
137. 'I told you to prune (the tree), not uproot it.'
138. 'Whatever is outside gets wet.'
139. 杜桑的公告，共和八年穑月二十日（1800年7月9日）。Lettres inédites de Toussaint Louverture, Archives Diplomatiques Paris-La Courneuve, 23MD/2 (mémoires et documents, Haïti)。
140. 杜桑的公告，共和八年穑月三十日（1800年7月19日）。ANOM

CC9B 9。

141. 杜桑的公告，共和八年霜月二十六日（1799 年 12 月 17 日）。ANOM CC9B 1。

142. 杜桑致鲁姆的书信，共和八年雪月二十二日（1800 年 1 月 12 日）。ANOM CC9B 1。

143. 史蒂文斯致皮克林的书信，1800 年 3 月 16 日，出自"Letters of Toussaint Louverture and Edward Stevens"。

144. 鲁姆致杜桑的书信，共和八年霜月四日（1799 年 11 月 25 日）。ANOM CC9A 26。

145. 史蒂文斯致皮克林的书信，1799 年 6 月 24 日，出自"Letters of Toussaint Louverture and Edward Stevens"。

146. 对于其中一次这类冲突的描述，请见史蒂文斯致皮克林的书信，1800 年 1 月 16 日。

147. 杜桑致共和港指挥官 Silas Talbot 的书信，共和八年芽月二十六日（1800 年 4 月 16 日），出自 Revue de la société haïtienne d'histoire et de géographie vol. 18, no. 66（July 1947），pp. 64-6。

148. Johnson, *Diplomacy in Black and White*, p. 123.

149. 杜桑同时致民事和军事当局的书信，莱凯，共和八年热月十七日（1800 年 8 月 5 日）。ANOM CC9B 9。

150. 杜桑的法令，莱凯，共和八年热月三十日（1800 年 8 月 18 日）。Service Historique de la Défense, Vincennes, B7 carton 1, correspondance Toussaint Louverture。

151. 杜桑向军队发布的公告，共和八年果月十二日（1800 年 8 月 30 日）。ANOM CC9B 9。

152. Duboys, *Précis historique*, vol. 2, pp. 197-8.

153. "Sans son appui, l'ouvrage des hommes est périssable, et ses desseins sont plus mobiles que les flots agités de la mer"，杜桑的公告，莱凯，共和八年热月十八日（1800 年 8 月 6 日）。ANOM CC9B 2。

154. 杜桑致法兰西角市政当局的书信，共和八年芽月十二日（1800 年 4 月 2 日），引自 Duboys, *Précis historique*, vol. 2, p. 151。又请见杜桑的法令，共和九年霜月十日（1800 年 12 月 1 日），ANOM CC9B 9。

155. 请见杜桑致沃利的书信，共和八年雪月二十一日（1800 年 1 月 11

日），他在其中指示其官员，没有他的许可，不得再签发任何租赁协议。ANOM CC9B 1。

156. "Pas un sou"，杜桑给伊德拉吉的便笺，莱奥甘，共和八年雪月二十七日（1800 年 1 月 17 日）。ANOM CC9B 1。
157. 英国代表与杜桑会见的报告，1800 年 1 月 29 日。National Archives, Kew, WO 1/74。
158. 杜桑致樊尚的书信，共和港，共和七年穑月十九日（1799 年 7 月 7 日）。Lettres inédites de Toussaint Louverture, Archives Diplomatiques Paris-La Courneuve, 23MD/2 (mémoires et documents, Haïti)。
159. Isaac Louverture, *Notes historiques sur Toussaint Louverture.* BNF NAF 12409。
160. 巴尔卡雷斯致海德·帕克的书信，1800 年 2 月 5 日；以及致波特兰的书信 1800 年 3 月 23 日。National Archives, Kew, CO 137/105 and CO 137/104。
161. 杜桑致波特兰的书信，共和八年风月三十日（1800 年 3 月 21 日）。National Archives, Kew, WO 1/74。
162. 佩纳捷的英语很流利，曾在共和港为杜桑担任口译员。请见杜桑致鲁姆的书信，共和八年霜月二十八日（1799 年 12 月 19 日）。ANOM CC9A 26。
163. 杜桑致梅特兰的书信，1800 年 3 月 11 日。National Archives, Kew, WO 1/74。
164. 杜桑致波特兰的书信，1800 年 3 月 11 日。National Archives, Kew, WO 1/74。
165. 波特兰致巴尔卡雷斯的书信，伦敦，1801 年 3 月 19 日。NAM, 6807/183/1, ff. 273-83。
166. 哈考特致巴尔卡雷斯的书信，1799 年 4 月 11 日和 5 月 8 日。National Archives, Kew, CO 137/102。
167. 惠特菲尔德致科比特的报告，1801 年 1 月 21 日。National Archives, Kew, CO 245/1。
168. 卡思卡特致梅特兰的报告，共和港，1799 年 11 月 26 日。National Archives, Kew, CO 245/1。
169. Graham T. Nessler, *An Islandwide Struggle for Freedom: Revolution,*

Emancipation and Re-Enslavement in Hispaniola, 1789–1809 (Chapel Hill: University of North Carolina Press, 2016), p. 99.

170. 引自 Donald Hickey,'America's response to the slave revolt in Haiti, 1791–1806', *Journal of the Early Republic* vol. 2, no. 4 (Winter 1982), p. 367。

171. 请见 W. Jeffrey Bolster, *Black Jacks: African American Seamen in the Age of Sail* (Cambridge, Mass.: Harvard University Press, 1997)。

172. 'Character of Toussaint Louverture', *National Intelligencer and Washington Advertiser*, 17 August 1801.

173. 有关杜桑和热纳维耶芙在莱凯的见面,请见 Ardouin, *études sur l'histoire d'Haïti*, vol. 5, p. 198。

第 8 章 时不我待

1. 共和八年霜月二十二日宪法,见 A. C. Bouyer (ed.), *Constitutions Françaises* (Paris, 1848), p. 142。

2. 引自 Pluchon, *Toussaint Louverture*, p. 322。

3. 这部分的所有引文均出自樊尚致国务委员莱斯卡利耶的三封书信,它们分别写于共和八年花月四日、稿月七日和十六日(1800 年 4 月 24 日、6 月 26 日和 7 月 5 日)。ANOM CC9B 17。

4. 120 公里。

5. 有关这一点,还可参见 Madiou, *Histoire d'Haïti*, vol. 2, p. 106。

6. 'Ne perdons pas notre temps.'

7. 哈考特致巴尔卡雷斯的书信,1799 年 5 月 8 日。National Archives, Kew, CO 137/102,黑体部分为原文强调。

8. 巴尔卡雷斯致波特兰的书信,1800 年 9 月 14 日。National Archives, Kew, CO 137/104。

9. 尚拉特致海军部部长的报告,1800 年 8 月 13 日。ANOM CC9B 18。

10. 海军部部长致杜桑的书信,共和九年雾月(1800 年 10 月)。ANOM CC9B 18。

11. 戈达尔致海军部部长的报告,共和七年热月十七日(1799 年 8 月 4 日)。ANOM CC9A 22。

12. 保罗·阿利奥致海军部部长的书信,共和八年牧月十九日(1800 年 6

月 8 日）。ANOM CC9A 27。
13. 杜桑致鲁姆的书信，共和七年热月二十五日（1799 年 8 月 12 日），引自 Ardouin, *études sur l'histoire d'Haiti*, vol. 4, p. 35。
14. 杜桑致鲁姆的书信，共和八年风月十三日（1800 年 3 月 4 日）。ANOM CC9B 1。
15. 杜桑致鲁姆的书信，共和八年雪月二十七日（1800 年 1 月 17 日）。ANOM CC9B 1。
16. Michel Pérèz 的书面声明，1800 年 1 月 12 日。ANOM CC9B 1。
17. 鲁姆致杜桑的书信，共和八年雨月二十四日（1800 年 2 月 13 日）。ANOM CC9B 1。
18. 杜桑致鲁姆的书信，共和八年雪月二十八日（1800 年 1 月 18 日）。ANOM CC9B 1。
19. 实例请见吉拉尔的观点，基于西属圣多明各的西班牙当局的否认，他主张，对于杜桑的行动来说，废除奴隶制度甚至都算不上是一个"次要理由"，"Black Talleyrand", pp. 111-12。
20. 杜桑致拉沃的书信，共和四年霜月二十九日（1795 年 12 月 20 日）。BNF NAF 12103。
21. 在取得对拉斯卡奥巴镇的控制以后，杜桑自己的部队遭到背信弃义的进攻。有关当时西班牙人"凶残的背叛"，请见桑托纳克斯的报告，共和六年热月二十五日和二十七日（1796 年 8 月 12 日和 14 日）。BNF 8986, Papiers Sonthonax。
22. 鲁姆致穆瓦斯的书信，共和八年葡月二十六日（1799 年 10 月 18 日）。ANOM CC9A 26。
23. 杜桑致鲁姆的书信，共和八年雪月二十八日（1800 年 1 月 18 日）。ANOM CC9B 1。
24. 鲁姆致杜桑的书信，共和八年雨月四日（1800 年 1 月 24 日）。ANOM CC9B 1。
25. 鲁姆致杜桑的书信，共和八年风月八日（1800 年 2 月 27 日）。ANOM CC9 B 1。
26. 以下所有细节均来自鲁姆的日记，标题为"Journal du transport de l'agent du gouvernement au Haut du Cap"，日期为共和八年花月五日（1800 年 4 月 25 日）。ANOM CC9B 2。

27. 格罗莫讷市政府的公告，共和八年芽月二十日（1800 年 4 月 10 日）。ANOM CC9B 2。

28. 东栋市政府的公告，共和八年芽月二十日（1800 年 4 月 10 日）。ANOM CC9B 2。

29. Roume,'Journal'.

30. 鲁姆致海军部部长的报告，共和八年牧月二十七日（1800 年 6 月 16 日）。ANOM CC9B 1。

31. 鲁姆致杜桑的书信，共和八年花月十三日（1800 年 5 月 3 日）。ANOM CC9B 2。

32. 鲁姆致海军部部长的报告，共和八年牧月十九日（1800 年 6 月 8 日）。ANOM CC9B 2。

33. 杜桑的信件，共和八年花月七日（1800 年 4 月 27 日）。ANOM CC9B 1。

34. 请见第 2 章。

35. 加西亚致鲁姆的书信，共和八年花月二十四日（1800 年 5 月 14 日）。ANOM CC9B 1。

36. 加西亚的信件，1800 年 4 月 27 日，引自 Itamar Olivares, "La cession de Santo Domingo à la France", *Mélanges de la Casa de Velázquez* vol. 30, no. 2 (1994), p. 67。

37. 西属圣多明各贵族致波拿巴的请愿书，1800 年 4 月 28 日。ANOM CC9B 17。

38. 西属圣多明各居民致波拿巴的请愿书，1800 年 5 月 16 日。ANOM CC9B 1。

39. 加西亚的声明，1800 年 5 月 21 日，引自 Tortosa, *Santo Domingo*, p. 185。

40. 鲁姆致杜桑的书信，共和八年牧月二十四日（1800 年 6 月 13 日）。ANOM CC9B 1。

41. 鲁姆致杜桑的书信，共和八年牧月十八日（1800 年 6 月 7 日）。ANOM CC9B 1。

42. 鲁姆致杜桑的书信，共和八年牧月二十七日（1800 年 6 月 16 日）。ANOM CC9B 1。

43. 鲁姆的法令，共和八年牧月二十七日。ANOM CC9B 1。

44. 杜桑致鲁姆的书信，共和八年牧月十八日（1800 年 6 月 7 日）。

ANOM CC9B 1。

45. 实例请见杜桑致约瑟夫·伊德拉吉的书信,共和八年葡月二十八日(1799 年 10 月 20 日)。Boromé, "A finding list"。

46. 杜桑致鲁姆的书信,共和八年穑月九日(1800 年 6 月 28 日)。ANOM CC9B 1。

47. Roume, *Moyens proposés au gouvernement français par son agent à Saint-Domingue pour la réorganisation de cette colonie, sans recourir aux voies de rigueur*, Cap, 22 Prairial an Ⅷ (11 June 1800). ANOM CC9B 2.

48. Ibid.

49. Ibid.

50. Ibid.

51. "réformé de toutes ses idées coloniales", Ibid.

52. *Compte-rendu sur Saint-Domingue par le citoyen Michel, général de division*, Paris, an Ⅸ (1800). AN AFIV 1213.

53. Ibid.

54. Ibid.

55. "福尔费"(Forfait)的意思是"违约"(default)或"违法"(misdeed)。

56. 'Métal corrupteur'.

57. 杜桑致波拿巴的书信,未注明日期(应写于 1800 年 6 月)。AN AFIV 1213。

58. Nemours, *Histoire de la famille et de la descendance de Toussaint-Louverture*, pp.149-54。这项使命未能完成,因为法国政府有了觉察,并将杜桑的代表严密监控起来。

59. 引自 *Observations du général du génie Vincent*, p.11。作为法国大革命的余波,法属圣多明各、瓜德罗普和圭亚那的奴隶制度被废除,但是在波旁岛(今留尼汪岛),因为当地白人殖民者拒绝接受 1794 年法令,奴隶制度仍然有效。1802 年,波旁岛的奴隶制度正式恢复。

60. 关于此事的全部细节,与米歇尔的一个随行法国军官给鲁姆的报告有关联。请见帕若准将的报告,共和八年牧月二十日(1800 年 6 月 9 日);帕若认为这不是一个孤立事件:"il se vendait souvent des noirs français que des voleurs enlevaient"。ANOM CC9B 1。

61. Toussaint, *Règlement relatif à la culture*, 20 Vendémiaire an Ⅸ (12

October 1800). ANOM CC9B 9.
62. 樊尚致海军部部长的书信，共和九年花月二十七日（1801 年 5 月 17 日）。ANOM CC9A 28。
63. Sannon, *Histoire de Toussaint Louverture*, vol. 2, pp. 213-14.
64. 李尔致道格拉斯的书信，法兰西角，1801 年 8 月 28 日。National Archives, Kew, CO 137/106。
65. 杜桑致鲁姆的书信，共和九年霜月五日（1800 年 11 月 26 日）。ANOM CC9B 2。
66. 杜桑的公告，法兰西角，共和九年霜月五日（1800 年 11 月 26 日）。ANOM CC9B 2。
67. 引自 Sannon, *Histoire de Toussaint Louverture*, vol. 2, pp. 216-17。
68. 杜桑的公告，San Jean de la Maguana，共和九年雪月十四日（1800 年 1 月 4 日）。ANOM CC9B 9。
69. Emilio Cordero Michel, *La revolución haitiana y Santo Domingo*（Santo Domingo: Universidad Abierta para Adultos, 2000), p. 252.
70. 以下的细节大部分来自 Toussaint, *Procès-verbal de la prise de possession de la partie espagnole de Saint-Domingue*, Santo Domingo, 12 Ventôse an IX (3 February 1801)。BNF LK12-1277。
71. Tortosa, *Santo Domingo*, p. 191.
72. Toussaint, *Proclamation aux concitoyens de la partie française de Saint-Domingue*, 13 Pluviôse an IX (2 February 1801). National Archives, Kew, CO 137/105。
73. Chanlatte, *Précis historique des faits qui ont précédé l'invasion du territoire de la partie ci-devant Espagnole de Saint-Domingue par Toussaint Louverture*, Paris, 8 Prairial an IX (28 May 1801). ANOM CC9B 18.
74. 有关当地政府对这些人的接待，以及西属圣多明各发生的事件在危地马拉造成的影响，请见 Jean-Pierre Tardieu, "La province du Venezuela et l'insurrection de Saint-Domingue", *Annales historiques de la Révolution Française* 390 (2017), pp. 129-54。
75. Isaac Louverture, *Notes historiques*.
76. 引自 Vincent, *Notice sur Dominique Toussaint Louverture*。
77. Gilbert Guillermin, *Journal historique de la révolution de la partie est de*

Saint-Domingue (Philadelphia, 1810), pp. 313-14。作者是目睹了该事件的一名法国军官。

78. Ibid., p. v.
79. 杜桑致加西亚的书信, 共和九年雨月二十六日 (1801 年 2 月 15 日), 引自 Ardouin, *études sur l'histoire d'Haiti*, vol. 4, p. 66。根据佩列斯的说法, 杜桑告诉他, 当他接管西班牙领地的时候, 西属圣多明各的金库中共有 90 万古德, 但是加西亚想方设法将一大部分转移了。请见 Jacques Périès, *La révolution de Saint-Domingue*。British Library MS 38074, f. 17, n. 17。
80. 外交报告, 1801 年 1 月底和 2 月初, 引自 Tortosa, *Santo Domingo*, p. 189。
81. 杜桑致波拿巴的书信, 共和九年雨月二十三日 (1801 年 2 月 12 日), 西属圣多明各。Archives Nationales d'Haïti (online document)。
82. 杜桑致波拿巴的书信, 共和九年雨月二十三日 (1801 年 2 月 12 日)。AN AB XIX 5002, Papiers Leclerc。
83. Vincent, *Notice sur Dominique Toussaint Louverture*.
84. 杜桑致鲁姆的书信, 共和九年花月二日 (1801 年 4 月 22 日)。ANOM CC9B 2。
85. 杜桑致法兰西角市政府的书信, 共和九年果月十一日 (1801 年 8 月 29 日)。ANOM CC9B 2。鲁姆在共和十年果月十六日 (9 月 3 日) 上船, 于葡月一日 (9 月 23 日) 到达纽约。请见他同一天致法国总领事皮雄的信件。Archives Diplomatiques Paris-La Courneuve, 40CP/37。
86. 引自 Sannon, *Histoire de Toussaint Louverture*, p. 223。
87. Ardouin, *Études sur l'histoire d'Haïti*, vol. 4, p. 303.
88. Tortosa, *Santo Domingo*, pp. 201 and 203.
89. 请见 José Luis Saez, *La iglesia y el negro esclavo en Santo Domingo: una historia de tres siglos* (Santo Domingo: Ciudad Colonial de Santo Domingo, 1994), p. 561。
90. Nessler, *An Islandwide Struggle for Freedom*, p. 131.
91. Memoirs of Gaspar Arredondo y Pichardo, quoted in Emilio Cordero Michel, 'Toussaint en Saint-Domingue espagnol', in Yacou (ed.), *Saint-Domingue espagnol*, p. 256.
92. Michel, Ibid., p. 255.

93. 杜桑的公告，西属圣多明各，共和九年雨月十九日（1801年2月8日）。ANOM CC9B 18。

94. 杜桑的公告，西属圣多明各，共和九年雨月十九日（1801年2月8日）。ANOM CC9B 9，引用时加以强调。这也说明了为什么杜桑感觉没有必要在西属圣多明各发布废除奴隶制度的公告：如果该领地归于法兰西法律管辖，就意味着不允许人类束缚制度的继续存在。

95. Pamphile de Lacroix, *La Révolution de Haïti*, pp. 258-9.

96. 杜桑致加西亚的书信，西属圣多明各，共和九年雨月二十七日（1801年2月16日）。Boromé,"A finding list"。

97. 杜桑的公告，西属圣多明各，共和九年雨月二十三日（1801年2月12日）。ANOM CC9B 9。

98. 杜桑的公告，西属圣多明各，共和九年雨月十八日（1801年2月7日）。ANOM CC9B 9。

99. Pierre Lyonnet, *Statistique de la partie espagnole de Saint-Domingue* (Paris, 1800).

100. 请见 Descourtilz, *Voyages d'un naturaliste*, vol. 2, p. 448。

101. 杜桑的公告，西属圣多明各，共和九年雨月十九日（1801年2月8日）。ANOM CC9B 9。

102. 杜桑的公告，西属圣多明各，共和九年风月十二日（1801年3月3日）。ANOM CC9B 9。

103. 杜桑致 Dupré 的书信，阿苏阿，共和十年雨月十一日（1801年1月31日）；引自 Dupré, *Mémoire*, 6 Vendémiaire an XI（28 September 1802）。ANOM CC9A 32。

104. 杜桑的公告，阿苏阿，共和九年雪月二十一日（1801年1月11日）。ANOM CC9B 18。

105. Isaac Louverture, *Notes historiques*.

106. 杜桑的公告，西属圣多明各，共和九年风月二十六日（1801年3月17日）。ANOM CC9B 9。

107. 杜桑的公告，西属圣多明各，共和九年果月二十三日（1801年9月10日）。ANOM CC9B 9。

108. 引自 Tortosa, *Santo Domingo*, p. 196, n. 258。

109. Madiou, *Histoire d'Haïti*, vol. 2, p. 86.

110. Emilio Cordero Michel, *La revolución haitiana y Santo Domingo*, p. 256.
111. Fernando Pérez Memén, *La politica religiosa de Toussaint L'Ouverture en Santo Domingo* (Santo Domingo: Museo del Hombre Dominicano, 1984), p. 20.
112. Doña Francisca Valerio 的信件，圣地亚哥，1802 年 1 月，引自 Michel, "Toussaint en Saint-Domingue espagnol", p. 255。
113. "Diario de lo ocurrido en Santo Domingo desde el 1°de enero de 1801 hasta el 20 del mismo", AGI, 引自 Boromé, "A finding list"。
114. 杜桑的公告，西属圣多明各，共和十年雪月十五日（1802 年 1 月 5 日）。ANOM CC9B 9。

第 9 章　雄鹰之地

1. 杜桑的公告，西属圣多明各，共和九年雨月十六日（1801 年 2 月 5 日）。ANOM CC9B 9。
2. 引自 Sannon, *Histoire de Toussaint Louverture*, vol. 3, p. 4。
3. Louis Dubroca, *La Vie de Toussaint-Louverture, chef des noirs insurgés de Saint-Domingue* (Paris, 1802), p. 43.
4. James, *The Black Jacobins*, p. 266.
5. Madiou, *Histoire d'Haïti*, vol. 2, p. 96.
6. 其中最重要的请参见 Julia Gaffield, "Complexities of imagining Haiti: a study of national constitutions 1801 – 1807", *Journal of Social History* vol. 41, no. 1 (Fall 2007); Nick Nesbitt, *Universal Emancipation: The Haitian Revolution and the Radical Enlightenment* (Charlottesville: University of Virginia Press, 2008); Lorelle D. Semley, ' "To Live and Die, Free and French": Toussaint Louverture's 1801 Constitution and the original challenge of black citizenship', *Radical History Review* vol. 115 (2013); Philip Kaisary, 'Hercules, the Hydra, and the 1801 Constitution of Toussaint Louverture', *Atlantic Studies*, September 2015; and Sibylle Fischer, 'Inhabiting rights', *L'esprit créateur* vol. 56, no. 1 (Spring 2016)。
7. Dorigny and Gainot, *La Société des Amis des Noirs*, pp. 324-5.
8. 针对这个问题的富有启发性的讨论，请见 Sibylle Fischer, *Modernity Diasavowed: Haiti and the Cultures of Slavery in the Age of Revolution*

(Durham, NC: Duke University Press, 2004), pp. 265-6。

9. 杜桑致海军部部长的书信, 西属圣多明各, 共和九年雨月二十三日（1801 年 2 月 12 日）。Archives Départementales de la Gironde, Collection Marcel Chatillon, 61 J 18。

10. *Constitution républicaine des colonies française [sic] de Saint-Domingue en soixante-dix-sept articles, concernant la liberté des nègres, des gens de couleurs et des blancs*, Port-Républicain, 19 Floréal an IX (9 May 1801). BNF LK12-554.

11. 引自 Placide Justin, *Histoire d'Hayti*, p. 340。

12. *The Papers of Alexander Hamilton* (New York: Columbia University Press, 1975), vol. 22, pp. 492-3.

13. Jean-Baptiste Lapointe to British government, London, May 1800. National Archives, Kew, WO 1/73.

14. 总督 Manuel Guevara 的报告, Vasconcelos, 加拉加斯, 1801 年 1 月 29 日。Archivo General de Indias, Estado 59, n. 17。

15. 在共和七年热月二十五日（1799 年 8 月 12 日）致法国海军部部长的一封信中, 杜桑写到了英国人的"愚蠢的轻信"（sotte crédulité）。National Archives, Kew, CO 137/104。

16. 科比特关于他与杜桑谈话的报告, 共和港, 1801 年 7 月 21 日。National Archives, Kew, CO 137/105。

17. 雷蒙致波拿巴的报告, 未标明具体日期（应写于 1800 年）。ANOM CC9 B 2。有关雷蒙的更全面评估, 请见 John D. Garrigus, "Opportunist or Patriot? Julien Raimond (1744-1801) and the Haitian Revolution", *Slavery and Abolition* vol. 28, no. 1 (2007)。

18. Jacques Périès, *La révolution de Saint-Domingue*. British Library MS 38074, ff. 24-5.

19. Placide Justin, *Histoire d'Hayti*, p. 341.

20. Sannon, *Histoire de Toussaint Louverture*, vol. 3, p. 5.

21. Laurent Dubois, *Haiti: The Aftershocks of History* (New York, 2012), p. 34.

22. 出于显而易见的原因, 没有向法国提供关于这场讨论的报告, 但是一份开幕式的会议记录最终神奇地出现在英国人的档案中, 请参见下述注释。

23. 'Extract from the records of the Central Assembly of Saint-Domingue', Port-Républicain, 28 March 1801. National Archives, Kew, CO 137/106.
24. Article 34, Ibid.
25. 'Extract from the records of the Central Assembly of Saint-Domingue'.
26. Constitution républicaine.
27. 加斯东·诺杰里, 在圣多明各期间的无标题回忆录。Nogérée Papers, AN AB/ XIX/5002。
28. Ibid.
29. Ibid.
30. 杜桑致海军部部长的书信, 共和九年果月六日（1801年8月24日）。AN AFIV 1213。
31. Article 15, Constitution républicaine.
32. 诺杰里的回忆录。
33. 'Extract from the records of the Central Assembly of Saint-Domingue'.
34. 诺杰里的回忆录。
35. 'There must be a collective uprising of the people, men as well as women', Ibid. 德萨利纳的这次讲话经常为当时白人移民的回忆录所引用, 实例请见 Considérations politiques sur la révolution des colonies françaises, maisparticulièrement sur celle de Saint-Domingue, par Guillaume-Thomas DUFRESNE, colon de cette isle (1805)。BNF NAF 4372, f. 291。
36. 实例请见 Henry Perroud, Projet d'une nouvelle organisation de la colonie de Saint-Domingue, 1 Germinal an IX (22 March 1801)。ANOM CC9A 28。
37. Faits historiques sur la colonie de Saint-Domingue, 1800. AN AB XIX 3226.
38. 前圣多明各居民鲁的来信, 共和八年牧月一日（1800年5月21日）。ANOM CC9B 2。
39. 格罗莫讷市政府的公告, 共和九年芽月二十日（1800年4月10日）。ANOM CC9B 2。
40. 拉克鲁瓦德斯布凯市政府的公告, 共和八年芽月二十七日（1800年4月17日）。ANOM CC9B 17。
41. 引自 Madiou, Histoire d'Haïti, vol. 2, p. 98。
42. Toussaint, Programme de la cérémonie qui aura lieu le 18 Messidor, Cap,

15 Messidor an IX (4 July 1801). ANOM CC9B 18.
43. *Procès-verbal de la cérémonie qui a eu lieu, au Cap-Français, le 18 Messidor, l'an neuvième de la République Française, une et indivisible, jour de la proclamation de la Constitution.* ANOM CC9B 18。随后的所有引文均取自这一来源。
44. Ibid., pp. 3-4.
45. Ibid., pp. 7-9.
46. Ibid., pp. 5-6.
47. Ibid., p. 6.
48. Article 76, *Constitution républicaine.*
49. Jacques Périès, *La révolution de Saint-Domingue.* British Library MS 38074, f. 27.
50. *Procès-verbal de la cérémonie qui a eu lieu, au Cap-Français, le 18 Messidor, l'an neuvième de la République Française, une et indivisible, jour de la proclamation de la Constitution,* pp. 11-12.
51. Charles Vincent, 51. 'Précis de mon dernier voyage à Saint-Domingue', Paris, 20 Pluviôse an X (9 February 1802). AN AFIV 1212.
52. 樊尚致海军部部长的书信，共和八年牧月二十九日（1800年6月18日）。ANOM CC9A 28。
53. Vincent, 53. 'Précis de mon dernier voyage'.
54. Ibid.
55. Ibid.
56. 杜桑的书信，共和九年穑月二十七日（1801年7月16日）。大约就在此时，皮雄已经写信给杜桑，告诉他有传言说他将宣布从法国独立，并将他的统治地位定义为"世袭的"。请见皮雄致杜桑的书信，共和九年热月四日（1801年7月23日）。Archives Diplomatiques Paris-La Courneuve, 40CP/37。
57. 帕斯卡尔也向法国驻费城专员提出了相同的建议，请见他致皮雄的书信，共和九年热月二日（1801年7月21日）。ANOM CC9A 28。
58. "He who can plant potatoes must also eat them", 引自 Vincent, *Notice sur Dominique Toussaint Louverture*。
59. Vincent, 59. 'Précis de mon dernier voyage'.

60. 樊尚致杜桑的书信，共和九年穑月二十九日（1801年7月18日）。AN AFIV 1212。
61. 该内容发表在1891年8月12日的《国民通讯员》（华盛顿特区）上，随后又被其他一些美国报刊，特别是费城的报刊转载。
62. 皮雄致杜桑的书信，共和九年果月五日（1801年8月23日）。Archives Diplomatiques Paris-La Courneuve, 40CP/37。在19世纪初，阿尔及尔虽然名义上是奥斯曼帝国的一部分，却已经变成巴巴里海盗活动的一个中心，它的船只经常参与针对欧洲和美国船只的攻击。
63. 皮雄致杜桑的书信，乔治敦，共和九年果月九日（1801年8月27日）。Archives Diplomatiques Paris-La Courneuve, 40CP/37。
64. 樊尚致杜桑的书信，费城，共和九年果月（1801年8月）。AN AFIV 1212。
65. Article 40, *Constitution républicaine*.
66. 樊尚致杜桑的书信，共和九年果月（1801年8月）。AN AFIV 1212。
67. Ibid.
68. 皮雄致法国海军部部长的书信，共和九年果月十八日（1801年9月5日）。ANOM CC9A 28。
69. 樊尚致杜桑的书信，共和九年果月（1801年8月）。AN AFIV 1212。
70. 杜桑致波拿巴的书信，共和九年穑月二十七日（1801年7月16日）。AN AFIV 1213。
71. 杜桑致波拿巴的书信，共和九年果月六日（1801年8月24日）。AN AFIV 1213。
72. 皮雄的这一信息来源于爱德华·史蒂文斯，后者在鲁姆于东栋饱受折磨期间一直悄悄地向他提供帮助。皮雄至少在四封致杜桑的书信中特意提到鲁姆，它们分别写于共和九年牧月四日、热月四日、果月五日和九日（1801年5月24日、7月23日、8月23日和27日）。当鲁姆终于获释并抵达美国时，皮雄向杜桑致谢［葡月八日（9月30日）的书信］，同时也对鲁姆所受待遇表示了不满，并提到，为安全起见，鲁姆将金额为22000里弗尔的现金（及同等价值的宝石）交给了法兰西角市政委员会的主席，这笔代理处基金遭到了挪用。Archives Diplomatiques Paris-La Courneuve, 40CP/37。
73. 杜桑致海军部部长的书信，共和九年穑月二十七（1801年7月16

日）。AN AFIV 1213。

74. 杜桑致海军部部长的书信，共和九年果月十日（1801年8月28日）。AN AFIV 1213。

75. 杜桑致波拿巴的书信，共和九年果月七日（1801年8月25日）。AN AFIV 1213。

76. 佩列斯致海军部部长的报告，共和九年果月十日（1801年8月28日）。ANOM CC9B 18。但是，雷蒙的去世从某种角度上说也是一件幸事，因为在1802年法国侵略军列出的计划要消灭的杜桑支持者的名单上，雷蒙的名字排在很靠前的位置。

77. *Anecdotes de la révolution de Saint-Domingue, racontées par Guillaume Mauviel, évêque de la colonie* (*1799–1804*) (Saint-Lô, 1885), p. 39.

78. 波拿巴致杜桑的书信，共和十年雾月二十七日（1801年11月18日），见于 T. Lentz (ed.), *Napoléon Bonaparte：Correspondance générale* (Paris：Fayard, 2006), vol. 3, p. 853。

79. *Constitution républicaine*，引用时强调。

80. 皮雄在共和九年热月四日致杜桑的书信中，提到他在穑月二十七日（1801年7月16日）写给帕斯卡尔的信件。Archives Diplomatiques Paris-La Courneuve, 40CP/37。

81. 帕斯卡尔致皮雄的书信，法兰西角，共和九年果月二十日（1801年9月7日）。ANOM CC9B 18。

82. 关于更多的共和主义宪法传统，请见 Nabulsi, *Traditions of War*。

83. 更多细节请见 Charles Vincent, "Notice sur un grand nombre d'hommes civils et militaires actuellement dans la colonie de Saint-Domingue" (1802)。ANOM Collection Moreau de Saint-Méry F3 59。

84. *Lois de la colonie française de Saint-Domingue* (Cap, 1801).

85. *Loi sur les costumes*, 24 Thermidor an IX (12 August 1801), Ibid., pp. 102–4.

86. Article 30, *Constitution républicaine*.

87. 实例请见 Claude Moïse, *Le projet national de Toussaint Louverture* (Port-au-Prince, 2001), p. 33；又请见有关 "presidential monarchism" 的章节，in Robert Fatton Jr, *The Roots of Haitian Despotism* (Boulder, CO：Lynne Rienner, 2007), pp. 81–130。

88. 总督的任务是"监督种植园主及其代表遵守他们对劳动者和工人所承诺的义务或其他条件的情况"。Article 35, *Constitution républicaine*。
89. 特别请见该宪法第 33 条，它授权高级军官监督历届行政部门的正常运转。*Constitution républicaine*。

第 10 章　迅疾难料的行动

1. *Loi sur la division du territoire de la colonie française de Saint-Domingue*, 14 Messidor an Ⅸ (3 July 1801).
2. *Arrêté de Toussaint Louverture, gouverneur de Saint-Domingue, aux citoyens du département Louverture*, Cap-Français, 25 Messidor an Ⅸ (14 July 1801). ANOM CC9B 9.
3. 《圣多明各官方公报》，共和九年穑月十九日（1801 年 7 月 8 日）。
4. 有关圣多明各殖民晚期的社会生活的生动描述，请见 Rainsford, *An Historical Account*, pp. 220–28。
5. 实例请见杜桑致伊德拉吉的书信，他要求对方准备一批信件由他签字，Quartier Général d'Héricourt, 12 Brumaire an Ⅹ (3 November 1801). Rochambeau Papers, University of Florida。
6. 比内尔致纽金特的书信，牙买加，1801 年 9 月。National Archives, Kew, CO 137/106。
7. 皮雄致杜桑的书信，乔治敦，共和九年芽月二十六日和花月五日（1801 年 4 月 16 日和 25 日）；杜桑致皮雄的书信，法兰西角，共和九年穑月十四日（1801 年 7 月 3 日）。Archives Diplomatiques Paris-La Courneuve, 40CP/37。
8. 致法国海军部部长的报告，纽约，共和九年牧月十四日（1801 年 6 月 3 日）。ANOM CC9A 28。
9. 托拜厄斯·李尔致 James Madison 的书信，法兰西角，1801 年 7 月 20 日。Madison Papers, National Archives, Washington DC。
10. 李尔致 Madison 的书信，法兰西角，1801 年 8 月 30 日。Madison Papers, National Archives, Washington DC。
11. 杜桑致李尔的书信，1801 年 11 月 25 日。Toussaint Louverture collection, Smithsonian Institution, Washington DC。
12. "activité dévorante"，帕斯卡尔致皮雄的书信，法兰西角，共和九年果月二十日（1801年9月7日）。ANOM CC9B 18。
13. 杜桑，《公职人员行为指南》，共和九年花月二十四日（1801年5月14日）。ANOM CC9A 28。
14. Ibid.
15. 引自 Vincent, *Notice sur Dominique Toussaint Louverture*。
16. 杜桑致朱利安·雷蒙的书信，共和九年牧月六日（1801年5月26日）。New York Public Library, digital collections。
17. 请见第6章。
18. 杜桑致皮雄的书信，共和九年热月一日（1801年7月20日）；皮雄致杜桑的书信，乔治敦，共和九年果月九日（1801年8月27日）。Archives Diplomatiques Paris-La Courneuve, 40CP/37。
19. Toussaint, *arrêté*, 14 Thermidor an IX (2 August 1801). ANOM CC9B 18.
20. 科比特致巴尔卡雷斯的报告，共和港，1801年3月31日。NAM, 6807/183/1, ff. 285-291。
21. Toussaint, *Règlement relatif à la culture*, 18 Floréal an IX (8 May 1801). ANOM CC9B 18.
22. Sannon, *Histoire de Toussaint Louverture* vol. 3, p. 13.
23. Toussaint, *arrêté*, 22 Messidor an IX (11 July 1801). ANOM CC9B 18.
24. Madiou, *Histoire d'Haïti*, vol. 2, p. 117.
25. 'maîtres voleurs'; Toussaint, *Avis*, 9 Thermidor an IX (28 July 1801). ANOM CC9B 18.
26. 《公职人员行为指南》。
27. 请见惠特菲尔德致科比特的报告，1801年5月8日。National Archives, Kew, CO 137/105。
28. 这一点将在下一章中详细讨论。
29. Robinson致巴尔卡雷斯的书信，共和港，1801年9月13日。National Archives, Kew, CO 137/105。
30. 杜桑致科比特的书信，共和港，共和九年芽月十一日（1801年4月1日）。NAM, 6807/183/1, ff. 302-20。
31. 科比特致巴尔卡雷斯的报告，1801年3月31日。National Archives, Kew, CO 137/105。

32. 杜桑的公告，共和九年芽月十六日（1801 年 4 月 6 日）。ANOM CC9B 18。
33. 杜桑的公告，共和九年花月九日（1801 年 4 月 29 日）。NAM, 6807/183/1, f. 345。
34. *Adresse de Toussaint Louverture général en chef de l'armée de Saint-Domingue aux militaires de tout grade*, Cap, 6 Floréal an IX.《共和港公报》，共和九年花月二十九日（1801 年 5 月 19 日）。NAM, 6807/183/1, f. 344。
35. Madiou, *Histoire d'Haïti*, vol. 2, p. 105.
36. *Loi sur la religion catholique, apostolique et romaine*, 16 Messidor an IX (5 July 1801).
37. 致法国海军部部长的报告，纽约，共和九年牧月十四日（1801 年 6 月 3 日）。ANOM CC9A 28。
38. Fritzner étienne, 'L'Eglise et la révolution des esclaves', p. 19.
39. *Profession de foi des ministres du culte catholique du département du Nord*, Cap, 11 Germinal an IX (1 April 1801). ANOM CC9B 18.
40. Guillaume Mauviel, "Mémoire sur la colonie de Saint-Domingue"，未发表，MS, 1805. AN FIV 1212。有关莫维埃尔的更全面情况，请见 Gabriel Debien, *Guillaume Mauviel, evêque constitutionnel de Saint-Domingue* (Basse-Terre, Guadeloupe: Société d'histoire de la Guadeloupe, 1981).
41. Toussaint, *arrêté*, 19 Floréal an IX (9 May 1801). ANOM CC9B 9.
42. 杜桑的法令，共和港，共和八年雪月十四日（1800 年 1 月 4 日）。ANOM CC9B 9。
43. Ramsey, *The Spirits and the Law*, p. 48. Article 3 of the *Loi sur la religion* 规定，不允许在"日出之前或日落之后"举行任何宗教仪式。
44. 杜桑的公告，共和十年葡月二十四日（1801 年 10 月 16 日）。ANOM CC9B 18。
45. 《公职人员行为指南》。
46. Madiou, *Histoire d'Haïti*, vol. 2, p. 109.
47. 皮雄致海军部部长的书信，共和十年果月十八日（1802 年 9 月 15 日）。ANOM CC9A 28。
48. 请见 L. Darondel, "La fortune de Toussaint Louverture et Stephen

Girard", *Revue de la Société d'histoire et de géographie d'Haïti* (July 1943); Gabriel Debien, "À propos du trésor de Toussaint Louverture", *Revue de la société d'Histoire et de Géographie d'Haïti* (July 1946); 有人宣称这笔钱有 200 万到 4000 万美元。

49. Toussaint, *Règlement relatif à la culture*, 20 Vendémiaire an IX (12 October 1801). ANOM CC9B 9.

50. 请见德萨利纳的公告，共和港，载于《共和港公报》，共和九年花月二十九日（1801 年 5 月 19 日）。

51. Toussaint, 'Ordonnance sur la répression des propos incendiaires', 5 Brumaire an IX (27 October 1800). ANOM CC9B 9.

52. Gabriel Debien, *Plantations et esclaves à Saint-Domingue* (Dakar: University of Dakar, 1962), p. 161.

53. 纽金特致波特兰的书信，牙买加，1801 年 9 月 5 日。National Archives, Kew, CO 137/106。

54. Mauviel, 'Mémoire sur la colonie de Saint-Domingue'.

55. 杜桑，致民事和军事官员的备忘录，共和九年果月二十八日（1801 年 9 月 15 日）。ANOM CC9B 18。

56. 杜桑致皮雄的书信，共和九年穑月十四日和热月二十三日（1801 年 7 月 3 日和 8 月 11 日）。Archives Diplomatiques Paris-La Courneuve, 40CP/37。

57. 杜桑的公告，共和十年葡月八日（1801 年 9 月 30 日）。ANOM CC9B 9。

58. 杜桑的公告，共和十年葡月十六日（1801 年 10 月 8 日）。ANOM CC9B 9。

59. Pluchon, *Toussaint Louverture*, p. 400.

60. 杜桑的公告，未注明日期（应发布于 1802 年年初）。ANOM CC9 B9。

61. *Commerce de la colonie pendant l'An VIII*. ANOM CC9A 28.

62. 致波拿巴的报告，共和九年热月一日（1801 年 7 月 20 日）。AN AFIV 1213。

63. Lundahl, 'Toussaint Louverture and the war economy of Saint-Domingue', p. 135.

64. Claude Auguste and Marcel Auguste, *L'expédition Leclerc 1801 - 1803*

(Port-au-Prince: Imprimerie H. Deschamps, 1985), p. 15.
65. Vincent, 'Notice sur un grand nombre d'hommes civils et militaires'.
66. 在被驱逐到美国以后，鲁姆在一封写给皮雄的信中说，杜桑"在过去18个月里"看过他所有的信件，纽约，共和十年葡月二十三日（1801年9月23日）。Archives Diplomatiques Paris-La Courneuve, 40CP/37。
67. 致法国海军部部长的书信，法兰西角共和八年牧月六日（1800年5月26日）。AN AFIV 1212。
68. 致Guiton de Maulévrier的书信，法兰西角，共和八年霜月二十一日（1799年12月12日），引自de Cauna（ed.），*Toussaint Louverture et l'indépendance d'Haïti*, p. 74。
69. 'Quelques observations sur le parti à prendre, relativement à la colonie de Saint-Domingue', 27 Vendémiaire an IX (19 October 1800). ANOM CC9A 28.
70. Malenfant, *Des colonies*, p. 78.
71. Pierre-Jacques de la Ferronays的信件，1801年4月，引自Paul Cheney, *Cul de Sac: Patrimony, Capitalism, and Slavery in French Saint-Domingue* (Chicago: University of Chicago Press, 2017), p. 187。
72. Duboys, *Précis historique*, vol. 2, p. 6.
73. 吉尤的信件，共和港，共和九年雾月十日（1800年11月1日）。ANOM CC9A 28。
74. 吉尤致杜桑的书信，未注明日期（应写于1801年年末）。ANOM CC9A 32。
75. 来自莱凯总医官Decout的信件，莱凯，共和十年雾月十五日（1801年11月15日）。ANOM CC9A 28。
76. 请见杜桑致德瑟勒的信件，共和五年热月二十三日（1797年8月10日），ANOM CC9A 15；又请见杜桑致樊尚的信件，共和六年葡月三十日（1797年10月21日），AN AFⅢ 210。
77. 杜桑致鲁姆的书信，和平港，共和七年热月二十五日（1799年8月12日）。ANOM CC9A 25。
78. 德瑟勒致杜桑的书信，法兰西角，共和九年果月十四日（1801年9月1日）。ANOM CC9B 2。

79. Ibid.
80. 'Mémoire sur la colonie de Saint-Domingue', 1801. AN AFIV 1212.
81. 'Notice sur Toussaint Louverture, au général Bonaparte', 1801. AN AFIV 1212.
82. 'Lettre d'un colon de Saint-Domingue au premier consul' (early 1802). AN AFIV 1213.
83. 'Idées sur Saint-Domingue', 1801. AN AFIV 1212.
84. 杜桑致德库尔蒂的书信, 法兰西角, 共和九年果月十四日 (1801年9月1日)。Archives Départementales de la Gironde, Collection Marcel Chatillon, 61 J 18。
85. Descourtilz, *Voyages d'un naturaliste*, vol. 3, pp. 245–6, 249 and 253.
86. Jacques Périès, *La révolution de Saint-Domingue*. British Library MS 38074, f. 7.
87. Ibid., ff. 18–19.
88. 佩列斯致海军部部长的书信, 共和九年雾月二十五日 (1800年11月16日)。ANOM CC9B 18。
89. 请见 "Demande de concession de la Compagnie Périès dans l'ancienne partie espagnole"。ANOM CC9A 23。
90. 佩列斯致海军部部长的书信, 共和九年芽月二十五日 (1801年4月15日)。ANOM CC9B 18。
91. 佩列斯的信件, 共和八年穑月十五日 (1800年7月4日)。ANOM CC9B 18。
92. 佩列斯的信件, 共和八年热月二十五日 (1800年8月13日)。ANOM CC9B 18。
93. 爱德华·科比特致巴尔卡雷斯的报告, 共和港, 1801年3月31日。NAM, 6807/183/1, ff. 285–291。
94. 佩列斯的信件, 共和九年雾月二十五日 (1800年11月16日)。25 Brumaire an IX (16 November 1800)。ANOM CC9B 18。
95. 1802年12月的信件, 太子港, 引自 Gabriel Debien, "Réfugiés de Saint-Domingue aux Etats-Unis", *Revue de la Société d'histoire et de géographie d'Haïti* vol. 21, no. 79 (October 1950), pp. 20–21。
96. 致法国海军部部长的信件, 共和九年花月一日 (1801年4月21日)。

ANOM CC9A 24。

97. 佩列斯的信件，共和九年芽月二十五日（1800 年 4 月 15 日）。ANOM CC9B 18。
98. 佩列斯的信件，共和八年穑月三十日（1800 年 7 月 19 日）。ANOM CC9B 18。他在后来的回忆录中重复了这一点："无论自由还是被奴役，黑人'天生就是罪犯'。"（"ne connaissent d'autre vertu que le crime."）Périès, *La révolution de Saint-Domingue*。British Library MS 38074, f. 38。
99. 佩列斯的信件，共和八年热月二十五日（1800 年 8 月 13 日）。ANOM CC9B 18。
100. 佩列斯的信件，共和九年热月二十七日（1801 年 8 月 15 日）。ANOM CC9B 18。
101. 信件，共和十年雾月八日（1801 年 10 月 30 日）。ANOM CC9B 18。
102. 惠特菲尔德致纽金特的报告，共和港，1801 年 12 月 5 日。Archives, Kew, CO 137/106。
103. Toussaint, *Récit des événements qui se sont passés dans la partie Nord de Saint-Domingue depuis le 29 Vendémiaire jusqu'au 13 Brumaire an X*, p. 11. ANOM CC9B 18。
104. 'Coup d'oeil of the actual situation of the colony of Saint-Domingue', n. d. [1801]. National Archives, Kew, WO 1/72。
105. 这显然是佩列斯的观点，请见 *La révolution de Saint-Domingue*。British Library MS 38074, ff. 29-30。
106. 鲁姆致海军部部长的报告，费城，共和十年霜月十一日（1801 年 12 月 2 日）。ANOM CC9B 2。
107. Ibid.
108. 科比特的报告，1801 年 11 月 16 日。National Archives, Kew, CO 137/106。
109. 鲁姆致海军部部长的报告，纽约，共和十年葡月三日（1801 年 11 月 25 日）。ANOM CC9B 2。
110. Toussaint, *Récit des événements*, p. 3.
111. 实例请见穆瓦斯给 Montéchrist 市议会的信件，共和八年风月二十八日（1800 年 3 月 19 日），他在信中指责政府与非法人口贩卖有牵涉。ANOM CC9B 17。

112. 引自 Delatte,'Mémoire sur les évènements de Fort-Liberté', 16 Frimaire an VII (6 December 1798)。ANOM CC9A 22。

113. Claude B. Auguste, 'L'Affaire Moyse', *Revue de la Société haïtienne d'histoire et de géographie* nos 180-81 (July-October 1994), p. 9.

114. 惠特菲尔德致纽金特的报告, 共和港, 1801 年 12 月 5 日。National Archives, Kew, CO 137/106。

115. Toussaint, *Récit des événements*, p. 11.

116. Ibid.

117. 帕若致海军部部长的书信, 共和十年雨月十日 (1802 年 1 月 30 日)。ANOM CC9B 18。

118. Madiou, *Histoire d'Haïti*, vol. 2, p. 123.

119. 杜桑致英国代表的书信, 共和九年芽月十一日 (1801 年 4 月 1 日)。NAM, 6807/183/1, ff. 302-320。

120. 实例请见鲁姆致海军部部长的一封信件, 鲁姆吹嘘克里斯托夫拥有作为法兰西忠实盟友的美德, 纽约, 共和十年葡月三日 (1801 年 9 月 25 日)。ANOM CC9 B2。

121. 惠特菲尔德致杜桑的书信, 1801 年 1 月 24 日, National Archives, Kew, CO 245/1; 杜桑致巴尔卡雷斯的书信, 1801 年 2 月 1 日, CO 137/105。

122. 惠特菲尔德致 John King 的报告, Whitehall, 1801 年 6 月 17 日。National Archives, Kew, CO 137/106。

123. 科比特致巴尔卡雷斯的书信, 1801 年 3 月 6 日。National Archives, Kew, CO 245/1。

124. 科比特致巴尔卡雷斯的报告, 1801 年 3 月 31 日和 7 月 21 日, 以及致纽金特的报告, 1801 年 9 月 9 日。National Archives, Kew, CO 137/105 and CO 137/106。

125. 巴尔卡雷斯致海军中将 Hugh Seymour 的书信, 1801 年 7 月 28 日。National Archives, Kew, CO 137/105。

126. 请见科比特就这次讨论给纽金特提供的最新消息, 金斯顿, 1801 年 10 月 24 日。National Archives, Kew, CO 137/106。

127. 《比内尔-科比特协议》, 金斯顿, 牙买加, 1801 年 11 月 16 日。

NAM，6807/183/1，ff. 131-142。

128. Philip Wright（ed.）, *Lady Nugent's Journal of her Residence in Jamaica from 1801 to 1805*（Kingston, Jamaica：University of West Indies Press, 2002）, entry for 21 October 1801.
129. 'Adresse des citoyens des états-Unis d'Amérique résidant au Cap Français', 21 Brumaire an X（12 November 1801）. ANOM CC9B 18.
130. 法兰西角市政府的公告，共和十年雾月十九日（1801年11月10日）。ANOM CC9B 18。
131. 劳先生的信件，戈纳伊夫，1801年10月26日。National Archives, Kew, CO 137/106。
132. 杜桑的法令，法兰西角，共和十年雾月十九日（1801年11月10日）。ANOM CC9B 18。
133. 穆瓦斯致杜桑的书信，共和七年果月十五日（1799年9月1日）。ANOM CC9A 26。
134. 穆瓦斯致伊萨克和普拉西德的书信，共和九年风月十二日（1801年3月3日）。Bibliothèque Municipale, Nantes。
135. 杜桑的法令，法兰西角，共和十年霜月四日（1801年11月25日）。ANOM CC9B 9。
136. Ibid.
137. 1802年1月10日法令，西属圣多明各，"Diario de lo ocurrido en Santo Domingo"。
138. 杜桑的法令，法兰西角，共和十年霜月四日（1801年11月25日）。ANOM CC9B 9。
139. Ibid.

第11章　黑人自由之树

1. 实例请见博吉拉致杜桑的书信，1802年1月30日，他在信中提到，这些谣言在"过去两个月中"流传于殖民地。ANOM CC9B 19。
2. 霍巴特勋爵的秘密备忘录，唐宁街，伦敦，1801年11月18日。National Archives, Kew, CO 137/106。
3. 杜桑致纽金特的书信，1801年12月8日，National Archives, Kew, CO 137/106；纽金特的信件，牙买加，1801年11月29日，NAM，6807/

183/1, ff. 439-40。
4. 惠特菲尔德致纽金特的书信，共和港，1801 年 12 月 9 日。National Archives, Kew, CO 137/106。
5. 惠特菲尔德致科比特的书信，共和港，1801 年 12 月 17 日。National Archives, Kew, CO 137/107。
6. 起初杜桑试图让他们暗中返回（请见第 8 章），之后才在 1801 年 2 月第一次正式要求将他们二人交还给自己。杜桑致海军部部长的书信，西属圣多明各，共和九年雨月二十三日（1801 年 2 月 12 日）。Archives Départementales de la Gironde, Collection Marcel Chatillon, 61 J 18。
7. 杜桑的公告，共和港，共和十年霜月十九日（1801 年 12 月 20 日）。ANOM CC9 B9。
8. Auguste Nemours, *Histoire de la guerre d'indépendance de Saint-Domingue* (Paris and Nancy: Berger-Levrault, 1925), vol. 1, p. 1.
9. Nemours, *Histoire de la famille et de la descendance de Toussaint-Louverture*, p. 363.
10. *Mémoires d'Isaac fils de Toussaint Louverture sur l'expédition des français sous le Consulat de Napoléon Bonaparte*. BNF NAF 12409.
11. 拉利耶寄给波拿巴一份他写的 *Observations sur la situation actuelle de la colonie de Saint-Domingue* (1800)。AN AFIV 1212。
12. 日期为共和九年雨月十七日（1801 年 2 月 6 日）的文件草稿，仍然保存在国家档案馆里杜桑的个人卷宗中。AN EE 1991。
13. 波拿巴的信件，共和九年风月十三日（1801 年 3 月 4 日），引自 Sannon, *Histoire de Toussaint Louverture*, vol. 3, p. 36。
14. 给殖民地行政长官的指示，引自 Ibid., p. 37。
15. 海军部部长致杜桑的书信，1801 年 4 月，ANOM CC9B 18；又请见执政府有关西属圣多明各的法令，共和十年雾月七日（1801 年 10 月 28 日）。
16. Instructions to Rear-Admiral Lacrosse, 4 January 1800. Napoleon Bonaparte, *Correspondance générale*, vol. 3, pp. 22-4.
17. Gainot, 'Le général Laveaux, gouverneur de Saint-Domingue', p. 451.
18. *Journal du Comte P.-L. Roederer, ministre et conseiller d'état* (Paris,

1909），引自 Geggus（ed.），*The Haitian Revolution*，p. 171。
19. 凯尔维索的报告，1801 年 9 月 7 日。ANOM CC9B 23。
20. Français Barbé de Marbois, *Réflexions sur la colonie de Saint-Domingue*（Paris, 1796）.
21. Emmanuel de Las Cases, *Mémorial de Sainte-Hélène*, ed. M. Dunan（Paris：Flammarion, 1983）, vol. 1, pp. 714–16.
22. 特别请见樊尚致远征军司令官的书信，巴黎，共和十年雾月二十七日（1801 年 11 月 18 日）。ANOM Collection Moreau de Saint-Méry F3 283。
23. Charles Vincent, 23. 'Réflexions sur l'état actuel de la colonie de Saint-Domingue et sur les moyens d'y rétablir l'autorité de la métropole', 21 Vendémiaire an X（13 October 1801）. ANOM Collection Moreau de Saint-Méry F3 283.
24. Vincent, *Notice sur Dominique Toussaint Louverture.*
25. *Observations du général du génie Vincent*, p. 13.
26. 引自 Sannon, *Histoire de Toussaint Louverture*, vol. 3, p. 33；对黑人和有色人的禁令是在 1802 年 7 月颁布的。
27. 引自 Antoine-Clair Thibaudeau, *Mémoires sur le Consulat*（Paris, 1827）, pp. 120–21。感谢 David Bell 提醒我注意到这一段落。
28. 引自 Pamphile de Lacroix, *La Révolution de Haïti*, p. 283。
29. 杜桑致保罗·卢维杜尔的书信，共和十年雨月十七日（1802 年 2 月 6 日）。Boromé, "A finding list"。
30. 实例请见杜桑与美国商人 James Gillespie 达成的协议，共和九年葡月五日（1800 年 9 月 27 日），引自 Nemours, *Relations internationales*, pp. 152–3。
31. 请见惠特菲尔德致科比特的报告，有关一艘装载武器的美国双桅船到达法兰西角，1801 年 5 月 19 日。NAM, 6807/183/1, f. 341。又请见法国代理处官员 Liot 致皮雄的书信，共和九年热月二十五日（1801 年 8 月 13 日），涉及杜桑与一个名叫 Holmes 的美国商人之间出售武器的协议。Archives Diplomatiques Paris-La Courneuve, 40CP/37。
32. 法国专员的报告，共和九年牧月十四日（1801 年 6 月 3 日）。ANOM CC9A 28。
33. 致法国海军部部长的军事报告，共和十一年风月二日（1803 年 2 月

21日)。ANOM CC9A 30。
34. 杜桑给博吉拉的便笺,1801年12月12日,引自Duboys, *Précis historique*, vol. 2, pp. 227–8。
35. Pamphile de Lacroix, *La Révolution de Haïti*, p. 284.
36. 法国军事报告,1802年2月20日。ANOM CC9B 23。又请见Nemours, *Histoire militaire*, vol. 1, p. 114,冲突期间又有2.4万名士兵受命前往。
37. 实例请见杜桑收自La Saline指挥官Leandre的书信,共和十年风月四日(1802年2月23日);Archives départementales de la Gironde, 61 J 18。又请见Nemours, *Histoire militaire*, vol. 1, p. 194。
38. 杜桑从他位于圣马克的司令部给弟弟写了两封信,一封要求他在西属圣多明各继续抵抗,另一封(当送信人被法国人截获时才派上了用场)则让他与法国人合作。凯尔维索的部队抓住了送信人,这位法国将军出于欺骗的目的,将第二封信交给了保罗·卢维杜尔。这两封信都写于共和十年雨月二十日(1802年2月9日),其内容均记录在凯尔维索的通信中。Archives départementales de la Gironde, Collection Marcel Chatillon, 61 J 24。
39. *Précis des services de Joseph Antoine Idlinger, commissaire ordonnateur à Saint-Domingue*. Archives de la Seine, Paris, DQ10–1418, dossier Joseph Idlinger.
40. 杜桑致勒克莱尔的书信,戈纳伊夫,共和十年雨月二十二日(1802年2月11日)。AN AB XIX 5002, Papiers Leclerc。
41. Claude Auguste and Marcel Auguste, *L'expédition Leclerc 1801–1803*, p. 93.
42. 莫勒帕致杜桑的报告,1802年2月6日。Archives départementales de la Gironde, Collection Marcel Chatillon, 61 J 18。
43. 莫勒帕致杜桑的报告,1802年2月11日和14日。Archives départementales de la Gironde, Collection Marcel Chatillon, 61 J 18。
44. Pluchon, *Toussaint Louverture*, p. 478.
45. Girard, *The Slaves Who Defeated Napoleon*, pp. 90–91.
46. 波拿巴的共和十年雾月十七日公告。
47. 波拿巴致杜桑的书信,1801年11月18日。
48. Antoine Métral, *Histoire de l'expédition militaire des français à Saint-Domingue* (Paris, 1825), p. 59. 夸农在给勒克莱尔的信中对这次会面

做了一番经过修饰的记述。请见 Archives départementales de la Gironde, Collection Marcel Chatillon, 61 J 18。

49. 波拿巴向勒克莱尔发布指示的便笺，1801年10月31日；Archives Nationales AFIV/863。又见于 Gustav Roloff, *Die Kolonialpolitik Napoleons I*（Munich, 1899）, appendix。

50. 对该现象的更详细研究利用了法国方面的档案资料，请见 Charles Bonaparte Auguste and Marcel Bonaparte Auguste, *Les déportés de Saint-Domingue*（Quebec：éditions Naaman, 1979）。

51. Ibid.

52. 勒克莱尔致海军部部长的书信，共和十年穑月十七日（1802年7月6日）；*Lettres du général Leclerc*（Paris：Ernest Leroux, 1937）, p. 182。

53. Ibid., pp. 98–100。

54. 'Notice sur un grand nombre d'hommes civils et militaires'.

55. Girard, *The Slaves Who Defeated Napoleon*, pp. 121–2.

56. Nemours, *Histoire militaire*, vol. 1, p. 227；Auguste, *L'expédition Leclerc 1801–1803*, pp. 134–5.

57. Madiou, *Histoire d'Haïti*, vol. 2, pp. 182–3.

58. 杜桑的讲话，共和十年雨月十九日至二十日（1802年2月8~9日），引自 Métral, *Histoire de l'expédition des français à Saint-Domingue*, pp. 67–8。

59. 杜桑致多马热的书信，1802年2月9日，引自 Sannon, *Histoire de Toussaint Louverture*, vol. 3, p. 59。

60. 杜桑致德萨利纳的书信，1802年2月8日，引自 Ibid., p. 58。

61. Admiral Villaret de Joyeuse 致勒克莱尔的书信，共和十年风月三日（1802年2月22日）。AN AB XIX 5002, Papiers Leclerc。

62. 引自法国军官 Jean Figeac 的报告，共和十一年葡月十四日（1802年10月6日）。ANOM CC9A 32。

63. Descourtilz, *Voyages d'un naturaliste*, vol. 3, pp. 304–6 and 359 n. 1。

64. 1802年3~4月，韦尔内致杜桑的很多信件都被保存在罗尚博的文件中；还有一封贝莱尔致杜桑的书信，Habitation Mayance，共和十年芽月二十一日（1802年4月11日）。Rochambeau Papers, University of Florida。

65. 实例请见德富尔诺将军致勒克莱尔的一封沮丧的书信，普莱桑斯，共和十年风月十五日（1802 年 3 月 6 日）。AN 135AP/6，Papiers Rochambeau。
66. 指挥官 Dalton 的信件，共和十年芽月五日（1802 年 3 月 26 日），引自 Nemours, *Histoire militaire*, vol. 2, p. 410。
67. Jacques de Norvins, *Souvenirs d'un historien de Napoléon*, vol. 2, p. 376。
68. Pamphile de Lacroix, *La Révolution de Haïti*, p. 325。
69. 勒克莱尔致德克雷斯的书信，1802 年 2 月 27 日。ANOM CC9 B19。
70. 勒克莱尔致波拿巴的书信，1802 年 3 月 25 日，出自 *Lettres du général Leclerc*, pp. 116-17。
71. 勒克莱尔致海军部部长的书信，1802 年 4 月 21 日，Ibid., pp. 130-32。
72. 桑-苏西写给杜桑的几封信件得以保存下来：其中一封写于 1802 年 3 月，从他在格朗德里维耶尔的司令部发出，收录于 the Kurt Fisher collection in the New York Public Library; 另一封 1802 年 4 月的信件引自 Auguste, *L'expédition Leclerc 1801-1803*, pp. 147-8; 还有 1802 年 4 月初的两封信收藏于罗尚博的文件中，University of Florida。
73. Girard, *The Slaves Who Defeated Napoleon*, p. 121。
74. Madiou, *Histoire d'*Haïti, vol. 2, p. 203。
75. 德萨利纳 1802 年 3 月 14 日的信件，出自 de Cauna (ed.), *Toussaint Louverture et l'indépendance d'Haïti*, p. 14; *Mémoires d'Isaac Louverture*, p. 261。
76. Madiou, *Histoire d'Haïti*, vol. 2, p. 222; Saint-Rémy, *Vie de Toussaint*, p. 368。
77. Nemours, *Histoire militaire*, vol. 1, p. 255。
78. Métral, *Histoire de l'expédition des français à Saint-Domingue*, p. 69。
79. Ibid., p. 87。
80. 杜桑的公告，共和十年风月十日（1802 年 3 月 1 日），引自 Sannon, *Histoire de Toussaint Louverture*, vol. 3, pp. 75-81。
81. Duboys, *Précis historique*, vol. 2, p. 259。
82. 布代致杜桑的书信，共和港，共和十年芽月十一日（1802 年 4 月 1 日）。AN AB XIX 5002, Papiers Leclerc。
83. 杜桑致布代的书信，东栋司令部，共和十年芽月二十一日（1802 年 4 月 11 日）。AN AB XIX 5002, Papiers Leclerc。
84. Ibid。

85. Auguste, *L'expédition Leclerc 1801-1803*, p. 116.
86. 安德烈·韦尔内致杜桑的书信,圣米歇尔,共和十年花月十日(1802年4月30日)。Rochambeau Papers, University of Florida。
87. Toussaint, *arrêté*, 9 Floréal an X (29 April 1802). ANOM CC9B 9.
88. 杜桑致克里斯托夫的书信,共和十年花月八日(1802年4月28日)。Archives Départementales de la Gironde, Collection Marcel Chatillon, 61 J 18。信封上标注着"匆忙之役"。关于第二次进攻,请见 Nemours, *Histoire militaire*, vol. 1, pp. 266, 270-71。
89. Norvins, *Souvenirs d'un historien de Napoléon*, vol. 2, pp. 308-9, 362-3。
90. 请见莫勒帕在1802年2月14日写给杜桑的信件:"尽管这支(法国)军队是前来剥夺我们自由的,我也禁不住要给予其被俘士兵以人道的待遇。因为,我们应当把怒火发泄到他们的首领,而不是他们的身上。"Archives Départementales de la Gironde, Collection Marcel Chatillon, 61 J 18。
91. 杜桑致勒克莱尔的书信,韦雷特,共和十年雨月二十五日(1802年2月14日)。AN AB XIX 5002, Papiers Leclerc。
92. Pamphile de Lacroix, *La Révolution de Haïti*, p. 349.
93. Norvins, *Souvenirs d'un historien*, vol. 2, pp. 395-6。
94. *Mémoires d'Isaac Louverture*, p. 292.
95. 勒克莱尔致杜桑的书信,共和十年花月十七日(1802年5月7日),以及杜桑的回信,共和十年花月二十二日(1802年5月12日);勒克莱尔最终允许杜桑拥有一支12人的卫队。AN AB XIX 5002, Papiers Leclerc。
96. 杜桑致勒克莱尔的书信,共和十年花月二十二日(1802年5月12日)。AN AB XIX 5002, Papiers Leclerc。
97. *Mémoires d'Isaac Louverture*, pp. 295-6.
98. 波拿巴致勒克莱尔的书信,1802年3月16日,引自 Sannon, *Histoire de Toussaint Louverture*, vol. 3, p. 102。
99. 杜桑致戈纳伊夫指挥官的书信,共和十年花月二十五日(1802年5月15日)。AN 135AP/6, Papiers Rochambeau。
100. 杜桑致迪加的书信,1802年5月25日。AN AB XIX 5002, Papiers Leclerc。
101. 在牧月二十一日(6月10日)致勒克莱尔的信件中,德萨利纳抱怨

101. 说，杜桑从普莱桑斯派来密使，指示他如何"继续反抗"。AN 135AP/6, Papiers Rochambeau。关于西拉的抵抗，请见 Auguste, *L'expédition Leclerc 1801-1803*, pp. 163-7。

102. Reported in Descourtilz, *Voyages d'un naturaliste*, vol. 3, p. 186.

103. 杜桑致布吕内的书信，共和十年牧月十六日（1802年6月5日）。AN 135AP/6, Papiers Rochambeau。

104. *Mémoires d'Isaac Louverture*, pp. 307-8.

105. 勒克莱尔的公告，共和十年牧月二十二日（1802年6月11日），*Gazette Officielle de Saint-Domingue*, 4 Messidor an X（23 June 1802）。

106. "烈姜"最终和杜桑的许多坚定支持者一起被驱逐到科西嘉岛，有关他"令人惊叹而非凡"的命运，请见 Nemours, *Histoire militaire*, vol. 2, pp. 300-43。

107. 杜桑的信件，共和十年牧月七日（1802年5月27日），引自 Sannon, *Histoire de Toussaint Louverture*, vol. 3, p. 108, n. 2。

108. 杜桑致勒克莱尔的书信，共和十年花月二十二日（1802年5月12日）。AN AB XIX 5002, Papiers Leclerc。

109. Report by Brigadier Pesquidon, 30 Floréal an X（20 May 1802）. AN 135AP/6, Papiers Rochambeau.

110. 布吕内致杜桑的书信，乔治种植园，1802年6月7日。AN 135AP/6, Papiers Rochambeau。

111. "跟踪杜桑行动"的两个"密使"（间谍）得到1200法郎的报酬。还有"提供给德萨利纳及其妻子"的另外一笔4000法郎的"额外支出"，"该款项支付给了他手下的军官"。布吕内致勒克莱尔的书信，乔治种植园，1802年6月19日。AN 135AP/6, Papiers Rochambeau。

112. 杜桑致波拿巴的书信，布雷斯特，共和十年热月一日（1802年7月20日）。AN AFIV 1213。

113. 巴约讷市长的报告，共和十年果月十四日（1802年9月1日）。AN EE 1991。

114. 有关这段时期，请见 Nemours, *Histoire de la captivité et de la mort de Toussaint Louverture*（Paris and Nancy: Berger-Levrault, 1929）。

115. 勒克莱尔致海军部部长的书信，共和十年穑月十七日（1802年7月6日），出自 P. Roussier（ed.），*Lettres du général Leclerc*, p. 183。

116. Nemours, *Histoire de la captivité*, pp. 51 and 57.
117. 该命令由波拿巴直接下达，并由其战争部部长 Berthier 直接传达给 Fouché［共和十年果月十三日（1802 年 8 月 31 日）的信件］。AN 135AP/6, Papiers Rochambeau。
118. Baille 致海军部部长的书信，共和十一年雾月十日（1802 年 11 月 1 日）。ANOM CC9B 18。
119. 迪布瓦收集了这些证词并在 1823 年 5 月 25 日从巴黎写给格雷瓜尔的信件中进行转述。BNF NAF 6864。
120. 马尔斯·普莱西亚致伊萨克·卢维杜尔的书信，巴黎，1815 年 10 月 3 日。BNF NAF 6864。
121. 请见惠特菲尔德致纽金特的书信，1801 年 12 月 5 日。National Archives, Kew, CO 137/106。
122. Pamphile de Lacroix, *La Révolution de Haïti*, p. 312；又请见 Périès, *La révolution de Saint-Domingue*, f. 35。
123. Philippe Artières（ed.）, *Journal du général Caffarelli*（Paris：Mercure de France, 2016）, p. 126。
124. 卡法雷利致波拿巴的报告，共和十一年葡月二日（1802 年 9 月 24 日），AN EE 1991；又请见 Henry Gauthier-Villars, "La captivité de Toussaint Louverture", *Revue Bleue*, 23 January 1892。
125. 杜桑致波拿巴的书信，共和十年果月三十日（1802 年 9 月 17 日）。AN AFIV 1213。
126. 让南致伊萨克·卢维杜尔的书信，茹堡，1810 年 11 月 24 日。BNF NAF 6864。
127. Artières（ed.）, Toussaint Louverture, *Mémoires*, p. 93.
128. Ibid., pp. 99-100.
129. Ibid., pp. 89-90.
130. Ibid., p. 62.
131. Ibid., p. 96.
132. Ibid., p. 94.
133. Ibid., p. 92.
134. Ibid., p. 91.
135. Ibid., p. 66.

136. Ibid., p. 76.
137. Duboys, *Précis historique*, vol. 2, p. 261.
138. Follin 的信件，1803 年 3 月 22 日，法兰西角，出自 Gabriel Debien, "Vers la fin de l'expédition de Saint-Domingue", *Caribbean Studies* vol. 11, no. 2（July 1971），p. 100。
139. 杜桑致波拿巴的书信，共和十一年葡月十七日（1802 年 10 月 8 日）。AN AFIV 1213。
140. 这座要塞的小教堂毁于 1879 年，于是杜桑的遗骨便永远地消失了。
141. 杜桑致波拿巴的书信，共和十一年葡月十七日（1802 年 10 月 8 日）。AN AFIV 1213。
142. 请见 Julia Gaffield (ed.), *The Haitian Declaration of Independence* (Charlottesville and London: University of Virginia Press, 2016)。
143. Charles Tristan Montholon, *Récits de la captivité de l'empereur Napoléon à Sainte-Hélène* (Paris, 1847), vol. 2, p. 52.
144. 海军部部长德克雷斯致勒克莱尔的书信，共和十年牧月二十五日（1802 年 6 月 14 日），出自 *Lettres du général Leclerc*, p. 285。
145. 勒克莱尔致波拿巴的书信，共和十一年葡月十五日（1802 年 10 月 7 日），Ibid., p. 256。
146. Métral, *Histoire de l'expédition des français à Saint-Domingue*, pp. 176-86.
147. 杜桑致西蒙·巴蒂斯特的书信，共和十年雨月七日（1802 年 1 月 27 日），西属圣多明各；Boromé, "A finding list"。
148. 罗尚博致波拿巴的书信，法兰西角，共和十一年芽月二十三日（1803 年 4 月 14 日）。AN AFIV 1213。
149. Nemours, *Histoire militaire*, vol. 2, p. 173.
150. 阿迪将军致勒克莱尔的书信，共和十年风月十六日（1802 年 3 月 7 日）。AN AB XIX 5002, Papiers Leclerc。
151. 引自 Pamphile de Lacroix, *La Révolution de Haïti*, pp. 366-7。
152. 引自 Lélia Justin Lhérisson, *Les héros de l'indépendance dans l'histoire d'Haïti* (Port-au-Prince, 1954), p. 3。

第 12 章　世界的英雄

1. 1954 年 4 月 15 日信件，出自 Ann Bardach (ed.), *The Prison Letters of*

Fidel Castro (New York: Nation Books, 2007)。

2. 关于圣多明各革命在大西洋地区白人精英中造成的"文化创伤",请见 Alejandro Gómez, *Le spectre de la révolution noire* (Rennes: Presses Universitaires de Rennes, 2013)。

3. 请见 David Geggus, "Slave rebellion during the Age of Revolution", in Wim Klooster and Gert Oostindie (eds), *Curaçao in the Age of Revolutions* (Leiden: KITLV Press, 2011); Genovese, *From Rebellion to Revolution*, p. 3。

4. 实例引自 Geggus, *The Haitian Revolution*, p. 188;有关牙买加与海地革命,请见 Michael Mullin, *African in America: Slave Acculturation and Resistance in the American South and the British Caribbean* (Chicago: University of Illinois Press, 1992), pp. 216–17。

5. 引自 Scott, *The Common Wind*, p. 180。

6. 请见 Laurent Dubois, "The promise of revolution: Saint-Domingue and the struggle for autonomy in Guadeloupe 1797–1802", 出自 Geggus (ed.), *The Impact of the Haitian Revolution* pp. 113, 116 and 117。

7. 军事报告,引自 Aline Helg, "A fragmented majority: free ' of all colours', Indians, and slaves in Caribbean Colombia during the Haitian Revolution", Ibid., p. 159。

8. 更多实例请见 Oruno D. Lara, "L'influence de la Révolution haïtienne dans son environnement caraïbe", *Présence Africaine* 2004 (1), pp. 89–103。

9. Consuelo Naranjo Orovio, 'Le fantasme d'Haïti: l'élaboration intéressée d'une grande peur', in Yacou (ed.), *Saint-Domingue espagnol*, p. 639.

10. 引自 James Sidbury, 'Saint-Domingue in Virginia: ideology, local meanings, and resistance to slavery 1790–1800', *Journal of Southern History* vol. 63, no. 3 (August 1997), p. 547。

11. Douglas Egerton, *Gabriel's Rebellion: The Virginia Slave Conspiracies of 1800 and 1802* (Chapel Hill: University of North Carolina Press, 1993), p. 48; see also Michael Nicholls, *Whispers of Rebellion: Narrating Gabriel's Conspiracy* (Charlottesville: University of Virginia Press, 2012)。

12. 1800年6月的报告,引自 Ada Ferrer, *Freedom's Mirror*, p. 152。

13. 法国领事致海军部部长的报告,费城,1800年9月30日。ANOM

CC9B 2。
14. 20 世纪中叶，从普莱桑斯地区九个渠道汇总的一份伏都教神灵名单中有一个名字是"杜桑先生"。George Eaton Simpson, "The belief system of Haitian vodun", *American Anthropologist* vol. 47, no. 1 (January-March 1945), p. 45。
15. Odette Mennesson-Rigaud, 'Le rôle du vaudou dans l'indépendance d'Haïti', *Présence Africaine* 1958 (1), p. 64.
16. 引自 Laurent Dubois, "Thinking Haitian independence in Haitian vodou", 出自 Gaffield (ed.), *The Haitian Declaration of Independence*, p. 209。
17. John Balfour 致 Henry Dundas 的书信，多巴哥，1794 年 2 月 15 日。Correspondence of Henry Dundas, Bodleian Library, Oxford, MSS W. Ind. S. 8。
18. 关于水手的角色，请见第 2 章，出自 Scott, *The Common Wind*。
19. Matthias Assunçao, 'L'adhésion populaire aux projets révolutionnaires dans les sociétés esclavagistes', *Caravelle* no. 54 (1990), p. 295.
20. 请见 Janet Polasky, *Revolutions Without Borders* (New Haven: Yale University Press, 2015)。
21. 引自 Michael Craton, *Testing the Chains: Resistance to Slavery in the British West Indies* (Ithaca, NY and London: Cornell University Press, 1982), p. 236。
22. Kevin Whelan, 'The Green Atlantic: radical reciprocities between Ireland and America in the long eighteenth century', in Kathleen Wilson (ed.), *A New Imperial History* (Cambridge: Cambridge University Press, 2004), pp. 232 and 234.
23. 关于 19 世纪上半叶古巴奴隶的政治斗争，请见 Alain Yacou, *La longue guerre des nègres marrons de Cuba (1796-1852)* (Paris: Karthala, 2009)。
24. *Gaceta de Madrid*, 18 May 1804, 引自 Ada Ferrer, "Speaking of Haiti", 出自 Geggus (ed.), *The Impact of the Haitian Revolution*, p. 224。
25. Ibid., p. 235.
26. Ada Ferrer, 'La société esclavagiste cubaine et la révolution Haïtienne', *Annales. Histoire, sciences sociales* 2003-2, pp. 352-5.

27. Manuel Barcia, 'Revolts among enslaved Africans in nineteenth-century Cuba', *Journal of Caribbean History* 2005-2, pp. 178 and 179.
28. Matthew Childs, '"A French black general arrived to conquer the island"': images of the Haitian revolution in Cuba's 1812 Aponte rebellion', in Geggus (ed.), *The Impact of the Haitian Revolution*, p. 148.
29. Ibid., pp. 136, 143-4.
30. 德萨利纳的公告，法兰西角，1804年4月28日。ANOM CC9B 23。
31. Hérard Dumesle, *Voyage dans le nord d'Hayti* (Les Cayes, 1824), pp. 85-9.
32. Ibid., pp. 310-11.
33. Ibid., pp. 159 and 176.
34. 进一步讨论请见 Erin Zavitz, "Revolutionary narrations: early nineteenth century Haitian historiography and the challenge of writing counter-history", *Atlantic Studies* vol. 14, no. 3 (2017)。
35. Thomas Madiou, *Histoire d'Haïti*.
36. 有关海地对玻利瓦尔的思想所产生的巨大影响，请见 Sibylle Fischer, 'Bolívar in Haiti: republicanism in the revolutionary Atlantic', in Caria Calargé, Raphael Dalleo, Luis Duno-Gottberg and Clevis Headley (eds), *Haiti and the Americas* (Jackson: University Press of Mississipi, 2013)。
37. 桑托纳克斯致杜桑的书信，法兰西角，共和五年牧月十三日（1797年6月1日）。BNF NAF 8988, Papiers Sonthonax。
38. Carlo Célius, 'Neoclassicism and the Haitian revolution', in Geggus (ed.), *The Impact of the Haitian Revolution*, p. 378.
39. 相当于21世纪的210亿美元。
40. 关于对建国初期的海地的国际制裁及对其国内政治的影响，有一次出色的讨论，请见 Robert Shilliam, "What the Haitian Revolution might tell us about development, security, and the politics of race", *Comparative Studies in Society and History* vol. 50, no. 3 (July 2008), pp. 778-808。
41. 请见 Helen Weston, "The many faces of Toussaint Louverture", in Agnes Lugo-Ortiz and Angela Rosenthal, *Slave Portraiture in the Atlantic World* (New York: Cambridge University Press, 2013), pp. 356-7。
42. François Grenier, *Entrevue de Toussaint Louverture et du général Maitland*

(1821).
43. *Toussaint Louverture proclame la constitution de 1801*, undated, artist unknown (*c.* 1822).
44. *Entrevue de Toussaint Louverture et de ses enfants*, undated, artist unknown (*c.* 1822).
45. *Mort de Toussaint Louverture*, undated, artist unknown (*c.* 1822).
46. Célius,'Neoclassicism and the Haitian revolution', p. 378.
47. Jean Price-Mars, *Ainsi parla l'oncle* (New York: Parapsychology Foundation Inc., 1928), p. 28.
48. 'O Muse, now to the new songs I tune to my lyre', quoted in *The Haïtiade* (1827-8), in Doris Kadish and Deborah Jenson (eds), *Poetry of Haitian Independence* (New Haven and London: Yale University Press, 2015), p. 125; 作者的身份尚未确定, 但是有些文学评论家相信这首诗是杜桑的儿子伊萨克所作。Ibid., pp. xxviii–xxix。
49. *He Denison Review* (Denison, Iowa), 8 July 1903. Library of Congress, Historic American Newspapers.
50. Alfred N. Hunt, *Haiti's Influence on Antebellum America* (Baton Rouge: Louisiana State University Press, 1988), p. 190.
51. 有关黑人海员的作用, 更全面情况请见 Gilroy, *Black Atlantic*; Peter Linebaugh and Marcus Rediker, *The Many-Headed Hydra* (London: Verso, 2002)。
52. 请见 Sara Fanning, *Caribbean Crossing: African Americans and the Haitian Emigration Movement* (New York: New York University Press, 2017); 又请见 Matthew J. Smith, *Liberty, Fraternity, Exile: Haiti and Jamaica after Emancipation* (Durham, NC: University of North Carolina Press, 2014)。
53. David Walker, *Appeal to Coloured Citizens of the World*, ed. P. Hinks (University Park, PA: Pennsylvania State University Press, 2000), p. 23.
54. *Anti-slavery Bugle*, 28 April 1855. Library of Congress, Historic American Newspapers.
55. *Weekly Anglo-African*, 15 February 1862, quoted in Matthew Clavin,

"American Toussaints: symbol, subversion, and the Black Atlantic tradition in the American Civil War", in Maurice Jackson and Jacqueline Bacon (eds), *African Americans and the Haitian Revolution* (New York and London: Routledge, 2010), p. 115.

56. Sara Fanning, 'The roots of early black nationalism: Northern African Americans' invocations of Haiti in the early nineteenth century', *Slavery and Abolition* vol. 28, no. 1 (April 2007), pp. 62–3.
57. 有关这两种传统思想的更多讨论，请见 Michael O. West and William G. Martin, 'Haiti, I'm sorry: the Haitian revolution and the forging of the black international', in West, Martin and Wilkins (eds), *From Toussaint to Tupac*, pp. 91–7.
58. 更多分析请见 Jacqueline Bacon, "A revolution unexampled in the history of man: the Haitian revolution in *Freedom's Journal*, 1827–1829", in Jackson and Bacon (eds), *African Americans and the Haitian Revolution*。
59.《自由周报》，1827 年 5 月 4 日，星期五。
60.《自由周报》，1827 年 5 月 11 日，星期五。此处内容的主要来源是庞菲勒·德·拉克鲁瓦关于海地革命的作品。
61.《自由周报》，1827 年 5 月 18 日，星期五。
62.《自由周报》，1827 年 5 月 4 日，星期五。
63. 除了《特蕾莎——一个海地的故事》，《自由周报》，1828 年 1~2 月，其他来自 Jackson and Bacon (eds), *African Americans and the Haitian Revolution*, pp. 174–5。
64. *The Anti-Slavery Record*, vol. 1, no. 4, April 1835。我非常感谢 Oliver Franklin 将他个人保存的这份文件的副本出借给我。
65. James McCune Smith, 'Lecture on the Haytien Revolutions', 26 February 1841, 摘录转载自 Jackson and Bacon (eds), *African Americans and the Haitian Revolution*, pp. 177–83。
66. Harriet Martineau, *The Hour and the Man* (London, 1841).
67. John Relly Beard, *Toussaint L'Ouverture, a Biography and Autobiography* (Boston, 1863), p. 292；该版本包括杜桑在茹堡撰写的回忆录的译文。
68. Brandon Byrd, 'Black republicans, black republic: African Americans, Haiti, and the promise of reconstruction', *Slavery and Abolition* vol. 36, no. 4

(2015), p. 550.
69. James Theodore Holly, *A vindication of the capacity of the negro race for self-government, and civilised progress, as demonstrated by historical events of the Haytian revolution* (New Haven, 1857).
70. Byrd, 'Black republicans, black republic', p. 551.
71. Wendell Phillips, *One of the Greatest Men in History: Toussaint Louverture* (New York and Boston, 1861).
72. Susan Belasco, 'Harriet Martineau's black hero and the American antislavery movement', *Nineteenth Century Literature* vol. 55, no. 2 (September 2000), p. 177.
73. Schuyler Colfax, 'Recollections of Wendell Phillips' lecture in Washington in 1862', *The Indianapolis Journal*, 18 April 1884.
74. 实例请见 "Wendell Phillips's Oration on Toussaint Louverture", *New York Daily Tribune*, 13 March 1863。
75. *Weekly Anglo-African*, 19 December 1863; and *New York Independent*, 4 February 1864, quoted in Clavin, "American Toussaints", p. 110.
76. Ibid., pp. 111-12 and 116.
77. George Washington Williams, *A History of the Negro Troops in the War of the Rebellion* (New York, 1888), pp. 45-6.
78. Robbie Shilliam, *The Black Pacific* (London: Bloomsbury, 2015), p. 147.
79. 实例请见有关马塞奥的文章,分别出自 *Hawaiian Star*, 12 February 1897; *The Nashville Globe*, 22 January 1909。
80. 更多分析请见 Robin Kelley, "'but a local phase of a world problem': black history's global vision 1883-1950", *Journal of American History* vol. 86, no. 3 (December 1999)。
81. Anténor Firmin, *De l'égalité des races humaines: anthropologie positive* (Paris, 1885), pp. 545-60.
82. 有关道格拉斯的人生,请见 David Blight 的传记 *Frederick Douglass: Prophet of Freedom* (New York, 2018)。
83. Frederick Douglass, *Lecture on Haiti* (Chicago, 1893), pp. 209-10.
84. Frederick Douglass, 'Toussaint Louverture', *The Colored American* July 1903, pp. 487, 489, 491 and 492; Frantz Fanon, *Black Skins, White*

Masks (New York: Grove Press, 1967), p. 100.
85. Ibid., pp. 490 and 491.
86. Douglass, *Lecture on Haiti*, pp. 205, 208-9.
87. Mitch Kachun, 'Antebellum African Americans, public commemoration, and the Haitian revolution', *Journal of the Early Republic* vol. 26, no. 2 (Summer 2006), p. 52.
88. George Kilmer, 'A Black Spartacus', *The Roanoke Times* (Roanoke, VA), 3 October 1893.
89. 在1906年4月27日的 *Montana Plaindealer* 上有另一个版本："我可能会被处死，先生们，但是，海地将会自由地活下去，因为我已将自由深深地根植于海地的土壤，而法国再也不能够将它拔起。"Library of Congress, Historic American Newspapers。
90. 1897年4~5月，盐湖城的 *The Broad Ax* 分七期发表了有关杜桑的系列文章。Library of Congress, Historic American Newspapers。
91. Article in *The Kansas City Sun*, 17 April 1920. Library of Congress, Historic American Newspapers.
92. Programme of Toussaint Louverture Literary Society for St Patrick's Day celebration, *St Paul Daily Globe* (Minn.), 15 March 1896. Library of Congress, Historic American Newspapers.
93. *The Evening Star* (Washington), 21 February 1915. Library of Congress, Historic American Newspapers.
94. Report in *Cayton's Weekly* (Seattle), 13 November 1920. Library of Congress, Historic American Newspapers.
95. *Detroit Tribune*, 13 July 1940. Library of Congress, Historic American Newspapers.
96. 有关美国的占领，请见 Dantès Bellegarde, *La résistance haïtienne* (Montreal: éditions Beauchemin, 1937); 又请见 Dantès Bellegarde, *La nation haïtienne* (Paris: J. de Gigord, 1938)。
97. 引自 Musab Younis, "The Grand Machinery of the World: Race, GlobalOrder, and the Black Atlantic", DPhil thesis, Oxford University, 2017, p. 276。
98. 有关这一时期海地知识分子的生活，更详细的情况请见 Magdaline

Shannon, *Jean-Price Mars, the Haitian Elite, and the American Occupation 1915-1935*（London：Macmillan, 1996）；有关该协会的创建，请见 pp. 166-7。

99. 引自 Joseph Guerdy, 'Société Haïtienne d'Histoire, de géographie, et de géologie', *Le Nouvelliste*, 7 December 2012。

100. Sannon, *Histoire de Toussaint Louverture*, vol. 3, p. 205.

101. 加维在全球黑人进步协会（UNIA）会议上的讲话，纽约，1920 年 3 月，出自 R. Hill（ed.）, *The Marcus Garvey and Universal Negro Improvement Association Papers*（Berkeley：University of California Press, 1983）, vol. 2, p. 255。

102. Marcus Garvey, "African Fundamentalism"（1925）, in John Henrik Clarke and Amy Jacques Garvey（eds）, *Marcus Garvey and the Vision of Africa*（New York：Vintage Books 1974）, p. 156.

103. 引自 Charles Forsdick and Christian Høgsbjerg, *Toussaint Louverture：A Black Jacobin*, p. 138。

104. 引自 Carolyn Williams, "The Haitian Revolution and a North American Griot：the life of Toussaint L'Ouverture by Jacob Lawrence", in Martin Munroe and Elizabeth Walcott-Hackshaw（eds）, *Echoes of the Haitian Revolution*（Kingston, Jamaica：University of the West Indies Press, 2009）, p. 78。

105. 每一幅画作所附的文字内容都可见于 Patricia Hill, *Painting Harlem Modern：The Art of Jacob Lawrence*（Berkeley：University of California Press, 2009）, pp. 62-8。

106. C. L. R. James, "Slavery to-day：a shocking exposure", *Tit-Bits*, 5 August 1933.

107. Lindsey Swindall, *Paul Robeson：A Life of Activism and Art*（Lanham, MD：Rowman and Littlefield, 2013）, p. 18.

108. Christian Høgsbjerg（ed.）, C. L. R. James, *Toussaint Louverture：The Story of the Only Successful Slave Revolt in History. A Play in Three Acts*（Durham, NC：Duke University Press, 2013）, p. 127.

109. Paul Robeson, 'Ho Chi Minh is the Toussaint L'Ouverture of Indo-China', *Freedom*, March 1954.

110. Pablo Neruda, "Toussaint Louverture", in *Canto Gereral*, transl. Jack Schmitt (Berkeley: University of California Press, 2000), p. 117.
111. 'Prière de paix', in *Hosties noires*; in Léopold Sédar Senghor, *Poèmes* (Paris, 1973), p. 90.
112. René Depestre, "Haiti as a myth and as a reality", *Tricontinental* 13 (July 1969), p. 7. 我非常感谢 Neha Shah 提醒我注意到这篇文章。
113. Édouard Glissant, Preface to *Monsieur Toussaint* (Paris: Gallimard, 1998 edn), p. 9.
114. Bernard Dadié, *Îles de tempête* (Paris: Présence Africaine, 1973), p. 80.
115. Aimé Césaire, *Cahier d'un retour au pays natal* (Paris: Présence Africaine, 1983 edn), p. 24.
116. Ibid., pp. 25-6.
117. Hurley, in Garraway (ed.), *Tree of Liberty*, p. 126.
118. Aimé Césaire, *Toussaint Louverture. La Révolution française et le problème colonial* (Paris: Présence Africaine, 1981 edn), p. 24.
119. Ibid., p. 185.
120. Ibid., pp. 195-6.
121. Ibid., p. 205.
122. Ibid., p. 199.
123. Ibid., p. 345. 对塞泽尔和桑戈的观点更全面的评价, 请见 Gary Wilder, *Freedom Time: Negritude, Decolonisation, and the Future of the World* (Durham, NC: Duke University Press, 2015)。
124. Cora Kaplan, 'Black Heroes/White Writers: Toussaint L'Ouverture and the literary imagination', *History Workshop Journal* 46 (1998), p. 33.
125. 请见 Sudhir Hazareesingh, *The Legend of Napoleon* (London: Granta, 2004)。
126. Joseph Saint-Rémy, *Mémoires du général Toussaint Louverture, écrits par lui-même* (Paris, 1853).
127. 请见 Karma Nabulsi, *Traditions of War*。
128. Ralph Ellison, "Mister Toussan", in *Flying Home and Other Stories* (London: Random House, 1998), pp. 26, 27 and 30.
129. 请见 Tiffany Ruby Patterson and Robin Kelley, "Unfinished migrations:

reflections on the African diaspora and the making of the modern world", *African Studies Review* vol. 43, no. 1 (April 2000), pp. 30-32。

结束语：我们时代的灵感

1. Ntozake Shange, *for colored girls who have considered suicide/when the rainbow is enuf* (London: Prentice Hall, 1997), pp. 26-9.
2. Henry Blackwell, 'An interview with Ntozake Shange', *Black American Literature Forum* vol. 13, no. 4 (Winter 1979), pp. 135 and 137.
3. 请见 Karen McCarthy Brown, "Art and resistance: Haiti's political murals, October 1994", *African Arts* vol. 29, no. 2 (October 1994)。
4. 特别请见一本小册子，名为 *Toussaint Louverture, précurseur de l'indépendance d'Haïti* (Port-au-Prince, 2001)。
5. Pierre Lepidi, 'La route des esclaves', *Le Monde*, 22 January 2018.
6. Stephen R. Davis, *The ANC's War Against Apartheid* (Bloomington: Indiana University Press, 2018).
7. Shange, *for colored girls*.
8. Jean Jonassaint, 'Towards new paradigms in Caribbean studies', in Garraway (ed.), *Cultural Legacies of the Haitian Revolution*, pp. 205-6.
9. 有关杜桑神话的文学维度，请见 Philip Kaisary, *The Haitian Revolution in the Literary Imagination* (Charlottesville: University of Virginia Press, 2014); Isabel Lamell, *Der Toussaint-Louverture-Mythos* (Bielefeld: De Gruyter, 2015)。
10. 关于在 19 世纪呈现出的杜桑形象，请见第 8 章内容，出自 Marlene Daut, *Tropics of Haiti: Race and the Literary History of the Haitian Revolution in the Atlantic World* (Liverpool: Liverpool University Press, 2015)。
11. Alphonse de Lamartine, *Toussaint Louverture* (Paris, 1857 edn), p. 58.
12. Alejo Carpentier, *The Kingdom of this World* (New York: Farrar, Straus and Giroux, 1989 edn), pp. 36, 108 and 109.
13. Derek Walcott, "The Haitian Earth", in *The Haitian Trilogy* (New York: Farrar, Straus and Giroux, 2002), p. 353.
14. 对于沃尔科特有关海地革命的作品的进一步讨论，请见 Edward Baugh, "Of Men and Heroes: Walcott and the Haitian revolution",

Callaloo vol. 28, no. 1 (Winter 2005), pp. 45-54。
15. Maryse Condé, *In the Time of the Revolution*, pp. 466 and 488.
16. Fabienne Pasquet, *La deuxième mort de Toussaint Louverture* (Arles: Actes Sud, 2001), p. 73.
17. Jean-Claude Fignolé, *Moi Toussaint Louverture, avec la plume complice de l'auteur* (Mont-Royal, Quebec: Ville Mont-Royal Plume & Encre, 2004), pp. 23, 185, 205 and 277.
18. Madison Smartt Bell, *All Souls' Rising* (New York: Pantheon, 1995); *Master of the Crossroads* (New York: Pantheon, 2000); *The Stone that the Builder Refused* (New York: Pantheon, 2004).
19. 请见 Anthony Georges-Pierre, "Toussaint Louverture face à l'histoire", *Le Nouvelliste*, 17 March 2014。
20. Pierre Buteau 在杜桑逝世 214 周年纪念活动上的讲话, Université de la Fondation Aristide, Haïti. *Le Nouvelliste*, 6 April 2017。
21. Jean Métellus, *Toussaint Louverture, le précurseur* (Paris: Le Temps des Cerises, 2014), p. 280. 梅泰卢斯还写了一部关于杜桑的戏剧, 发表于 2003 年。
22. 更全面的讨论, 请见 Renaud Hourcade, "L'esclavage dans la mémoire nationale française: cadres et enjeux d'une politique mémorielle en mutation", *Droit et Cultures* vol. 66 (2013), pp. 71-86。
23. Lucie Poulvélarie, 'L'Isle-de-Noé: abolition de l'esclavage, un haut-lieu de mémoire', *La Dépêche*, 15 May 2013.
24. Français Bancel, Pascal Blanchard and Française Vergès, *La République coloniale, essai sur une utopie* (Paris: Albin Michel, 2003), p. 154。进一步讨论请见 Christine Chivallon, "L'émergence récente de la mémoire de l'esclavage dans l'espace public: enjeux et significations", *Revue d'Histoire Moderne et Contemporaine* no. 52 (2005-5), pp. 64-81; 又请见她更详细的研究, *L'esclavage, du souvenir à la mémoire* (Paris: Karthala, 2012)。
25. 有关这场革命和奴隶制度在电影中呈现的总体情况, 请见 Alyssa Goldstein Sepinwall, "Slavery, memory, and the Haitian revolution in Chris Rock's *Top Five*", *Journal of American Culture* vol. 41, no. 1 (March 2018)。
26. 《杜桑·卢维杜尔》, 由菲利普·尼昂执导, 时长 180 分钟, France-

Télévisions, 2012。

27. Julie Ménard, "Pontoise: cette statue est scandaleuse, c'est un criminel de guerre", *Le Parisien*, 12 September 2017。更全面情况请见 Myriam Cottias, "Faut-il déboulonner les statues des 'héros'controversés'?", *La Croix*, 11 October 2017。

28. 请见 Amia Srinivasan, "Under Rhodes", *London Review of Books* vol. 38, no. 7 (31 March 2016)。

29. 'Columbus statue should be replaced with Toussaint Louverture', *Chicago Defender*, 5 December 2017.

30. 请见 André Marie and Yinda Yinda, "Mémoires indociles: de Louverture à Basquiat", *Tumultes* no. 27 (2006), pp. 69–88。

31. John Agard, 'Toussaint L'Ouverture acknowledges Wordsworth's sonnet "To Toussaint L'Ouverture"', 2006.

32. Lillian Thuram, *Mes étoiles noires* (Paris: éditions des Noyelles, 2009).

33. Fred Duval, Jean-Pierre Pécau and Dim. D, *Jour J: Les fantômes d'Hispaniola* (Paris: Delcourt, 2018).

34. http://www.lycee-toussaint-louverture.com.

35. Tony Crowley, 'Murals of Northern Ireland', http://ccdl.libraries.claremont.edu/cdm/singleitem/collection/mni/id/5993/rec/5.

36. 这篇文章刊登于 *Evening Journal* (Wilmington, Del.), 1 July 1893, 其中提到这个"杜桑·卢维杜尔俱乐部", 它"完全由有色人种组成", 在西 34 街 109 号集会。

37. David Suisman, 'Co-workers in the kingdom of culture: Black Swan records and the political economy of African American music', *Journal of American History* vol. 90, no. 4 (March 2004), p. 1311.

38. Maurice Jackson, '"Friends of the Negro! Fly with me, the Path is open to the sea": remembering the Haitian revolution in the history, music, and culture of the African American people', *Early American Studies* vol. 6, no. 1 (Spring 2008), pp. 98–9.

39. 请见戴维·布莱克与 Gerald Larner 的访谈, 出自 *The Musical Times* vol. 118, no. 1615 (September 1977), pp. 721–7。感谢 David Ekserdjian 引起我对这部歌剧的注意。

40. Jérôme Brie, *Les derniers jours de Toussaint Louverture* (Grinalbert Polymedia, 2012).
41. 迈克尔·吉拉，访谈，*Stereogum*, 7 May 2014。
42. Doug DeLoach, 'Chouk Bwa: deep roots, borderless energy', *Songlines*, 3 March 2018.

索 引

（索引中的页码均为本书页边码）

斜体数字指代图片所在页码。

abolition of slavery: French Revolutionary decrees 44, 54; in Saint-Domingue (1793) 10, 42, 54, 60–61, 62, 66, 107; general abolition in France and colonies (1794) 2, 66, 67, 175, 301, 302, Plate 5; in Santo Domingo (1801) 232–3, 398n94; enshrined in Saint-Domingue 1801 constitution 239, 241, 248, 250, 263, 322; by French Second Republic (1848) 361, 366; commemorations of 174–6, 201, 364, 365–7; Plates 4 and 14
abolitionists: in Britain 333, 344, 352; in France 10, 43–4, 54, 55, 110, 123, 238, 299, 377n8; in United States 342–5, 346–50
Acul 109, 206, 287, 304, 306, 310
Adams, John 190–91, 211
Affiba (first wife of Toussaint's father) 25, 28, 211
Affiches Américaines (newspaper) 6
Agard, John 368
Agé, Pierre: chief of staff to Toussaint 74–5, 86, 114, 122, 213, 225, 310; mission to Santo Domingo 220–22, 226, 227, 228

Agen 318
agriculture, in Saint-Domingue 4, 185–6, 234, 262, 276–80, Plate 3
Aja people 27
Akala (rapper) 370
Alexander the Great 228, 333, 357
Alexandria, Virginia 345
Algeria, War of Independence 353
Ali, Muhammad 369
Allada, Benin 360, Plate 16
Allada people 20, 24–6, 108
Allier (personal secretary to Toussaint) 280
Alliot, Paul 216
American Anti-Slavery Society 342
American Civil War 341, 345
Angers 365
Annual Register (periodical) 2
Antheaume (priest) 161, 225
anti-colonialism 10, 351–8, 364, 368
Anti-Slavery Bugle (periodical) 341
Anti-Slavery Record (periodical) 342, 343
Aponte, José Antonio 331–2, 333
Aquin *170–71*
Arafat, Yasser 357
Arambarri, Miguel de 200
Arcahaie, 61, 75, 136, 181, 204, 207

Arcahaie agreement (May 1803) 324
Ardouin, Beaubrun, *Études sur l'histoire d'Haïti* 7, 232
Ardouin, Céligny 48
Aristide, Jean-Bertrand 360
Armona, Matías de 59, 64
Artaud, Noël 105–6, 113
Artibonite, River and Valley 4, 69, 75, 81, 88, 132, 310, 314
Augusta, USS 208
Augustin (Toussaint's half-brother) 28
Azua 217, 218, 221, 229, 235

Bacchus 228
Balcarres, Alexander Lindsay, 6th Earl of, Governor of Jamaica correspondence with British government 386n145; fear of Saint-Domingue revolution 128, 136, 195, 215; French plan to poison 196; receives secret plans for Jamaica invasion 197; negotiates with Toussaint envoy 268; won over by Toussaint 198, 201, 273, 292
Bâle Treaty (1795) 69, 214–15, 217
Balthasar, Madame (religious aide) 161
Baltimore 329, 351
Bani 229

Bánica 69, 82, 91, 168
Baptiste, Pierre (Toussaint's godfather) 28, 254, 323, 325
Baptiste, Simon 325
Baptiste, Suzanne *see* Louverture, Suzanne
Barada (military commander of Cap-Français) 310
Barade 61
Barbé de Marbois, François 301
Basquiat, Jean-Michel, *Toussaint L'Ouverture v. Savonarola* 368
Bayon de Libertat, Antoine-François: early life and career 30; manager of Bréda estate 30, 31–2, 35, 38, 50; land and property 30, 31; Freemason 157; Toussaint as coachman to 29–30, 31–2, 36, 37, 39, 70; and Toussaint's emancipation 30, 31; Toussaint's later relations with 31–2, 112–13; family escapes at outbreak of revolution 31, 47, 48; exile in United States 31, 113; returns to Saint-Domingue 31, 112–13, 119, 132, 136
Bayonne 318
Bazelais (mixed-race commander) 310
Béagé (Bréda plantation manager) 23, 25
Beard, John Relly, *Toussaint L'Ouverture* 344
Beauharnais family 298
Beethoven, Ludwig van 356
Bel Argent (Toussaint's horse) 2, 230, 322
Bélair, Charles 85, 291, 308, 326, 379*n*73
Belair, Gabriel 55
Belfast 369
Bell, Madison Smartt, *All Souls Rising* 363–4
Bellegarde, Dantès 349
Bernier, Celeste-Marie, *Characters of Blood* 10
Besse, Martial 196, 197, 393*n*68

Biassou, Georges: pre-revolution life 50; insurgency leader 50–51, 52, 59, 60, 76; signatory to *Lettre originale* of July 1792 55; organizes celebration to honour French king 56, 57; promotes Toussaint to rank of general 57; contacts with Spanish 58; rupture with Toussaint 61–3, 63–4, 65, 67, 379*n*105; Toussaint's support for widow 235
Biko, Steve 369
Biret (brigadier) 92
Birète (aide-de-camp) 86
Bisquet (royalist commander) 84
Black Swan (record company) 369
Blake, David, *Toussaint* 370
Blanchelande, Philibert François Rouxel de 49, 54
Bléigat, Marie Eugénie (*later* Sonthonax) 111
Bobigny 365
Bois-Caïman ceremony (August 1791) 48, 50, 330, 333, Plate 17
Boissieu, Barthélémi 172
Bolívar, Simón 333–4, 409*n*36
Bonaparte, Napoleon: early military career and rise to power 189–90, 197, 298, 303, 312; on qualities of military commanders 94; *coup d'état* of November 1799 190, 215, 238, 260, 300, 384*n*63; sends delegation to Saint-Domingue (June 1800) 212–14, 215, 240, 251; and Toussaint's Santo Domingo operation 215, 224, 226–7, 231, 299–300; and Toussaint's 1801 constitution 243, 254, 255, 256–9, 260, 299; build-up to

Saint-Domingue expedition 273, 298–302, 304–6, 313; launches invasion 302–4, 324–5; returns Toussaint's sons 304, 335, 338, 342, 343; Toussaint attempted negotiations with 312–13; deportation and internment of Toussaint 315, 316–17, 318, 320–21, 323, 325; withdrawal of French forces from Saint-Domingue 324; later life 324, 356; Toussaint compared to 2, 189, 228, 327, 349, 356–7
Bonaparte, Pauline 306
Bordeaux 2, 365, 366
Borgella, Bernard 165, 240, 246–8, 254, 259, 280, 305
Borgne 317
Boromé, Joseph 13
Bottu, François Marie, *La liberté générale ou les colons à Paris* 113
Boudet, Jean 306, 312–13, 314, 318
Boukman, Dutty 'Zamba' 50, Plate 17
Bourgeau fils (Môle Saint-Nicolas resident) 171–2
Bourges (jailed planter) 134–5
Boyer, Jean-Pierre 315, 334, 340; commissions print series 334–40, 336, 337, 338, 339, 343, 357
Bravoure (ship) 150
Brazil 328, 330
Bréda, Count Pantaléon de (first owner of plantation) 20–21
Bréda plantation 20–21, 22, 25, 26, 27, 30, 31–2, 34, 35, 111; during revolution 47, 48, 125; Plate 2
Brest 303, 318
Brie, Jérôme 370
Briggs, Cyril 349
Brisbane, Thomas 78, 102, 381*n*50
Brissot, Jacques Pierre 43–4, 54

Brunet, Jean-Baptiste 316–18
Bullet, Guillaume 50
Bullet, Jeannot 38, 50, 54, 378*n*51
Bulletin Officiel de Saint-Domingue 267
Bunel, Joseph 135, 161, 190–91, 219, 268, 278, 280, 292, 392*n*26
Byrd, Donald Toussaint Louverture 369

Cádiz 303
Caesar, Julius 327, 333, 357; *Commentaries* 76
Caffarelli, Marie-François Auguste de 320–21
Cahos mountains 102, 103, 104, 308–9, 314, 320
Camp Dubuisson 90
Camp Martineau 84, 95, 96
Camp Turel proclamation (29 August 1793) 41, 42, 48, 56
Cantave, Glenn 368
Cap, Jean-Baptiste 49
Cap Français (characteristics): cultural life 4–5, 157, 181; economy 4, 190, 192; location 3–4; population total and ethnic make-up 4, 121–2; religious life 23–4, 28, 38
Cap Français (chronology): pre-revolution 3–5, 44, 45; early revolution 47, 48, 68; burning of (1793) 41, 59, 120, Plate 5; later revolution 145–6, 149, 153; under republican rule 177, 181, 190, 195, 271; relocation of French Agency office to 189; during war of knives 204; ceremony for adoption of constitution (July 1801) 245–51, 247, 287; during Moyse rebellion and aftermath 287, 289–90, 291, 293–4; during French invasion and War of Independence 304, 306, 310, 311, 316; burning of (1802) 304, 312
Capuchins 24, 50
Carpentier, Alejo, *The Kingdom of this World* 361–2, Plate 15
Casimiro (military officer in Santo Domingo) 232
Castro, Fidel 327, 352, 357
Cathcart, Hugh 198, 200
Catholicism 23–4, 35–6, 38, 39, 160–62, 181, 242, 275; *see also* Capuchins; Jesuits
Cazenave, Blanc 102–3
Cazes (Gonaïves merchant) 158, 389*n*13
Cécile (Toussaint's first wife) 29
Central Assembly (Saint Domingue, 1801): formation and membership 237, 240, 260; drafting of constitution 240–44, 248, 261; drafting of 'organic laws' 240, 242, 248, 258, 261, 267; rewards for members 259; provision for revision of constitution 263
Cercle des Philadelphes (scientific organization) 5
Césaire, Aimé 354–5, 411*n*123
Chancy, Bernard 85, 211
Chancy, Geneviève 28, 211
Chancy, Jacques 85
Chancy, Louise 211, 318, Plate 7
Chanlatte, Antoine 14, 215, 216, 221, 228, 229, 230
Charbonnière 78, 134
Charlemagne 357
Charleston 278, 368
Chavannes, Jean-Baptiste 45, 102, 333
Chevalier (regional commander) 103
Chicago World's Fair (1893) 346, 347
Chouk Bwa (band) 370
Christophe, Henri: character and reputation 85, 332, 361, 362; commander in Toussaint's army 85, 87, 95; military commander of Cap Français 85, 178, 225; at ceremony for adoption of constitution 251; views on constitution 254, 291; wealth and property 276; during Moyse rebellion 287–8, 293; growing discontent with Toussaint's rule 291; potential successor as governor 291; during French invasion and War of Independence 303, 304, 306, 314, 315, 324; later life 325, 332; death 334
Citoyen véridique, ou Gazette du Port-Républicain (newspaper) 139, 181
civil rights movement (United States) 352, 358
Clément plantation 50
Clermont-Ferrand 365
Clervaux, Augustin 81, 85, 173, 303, 306, 324, 390*n*47
Club Massiac 44
Code Noir (slavery rule book) 21, 21, 22–3, 27, 59, 325, 354
Coisnon (tutor to Toussaint's children) 304, 335, 338, 405*n*48
Coleridge-Taylor, Samuel, *Toussaint L'Ouverture* 369
Collet, André 240, 305
Columbus, Christopher 3, 230, 368, Plate 4
Condé, Maryse, *In the Time of the Revolution* 362
Condorcet, Nicolas de Caritat, Marquis de 44
Congo, Mariano 331
'conspiracy of 30 ventôse' (March 1796) 90, 99–103, 114, 121, 165, 201
constitution of 5 Fructidor an III (France; 1795) 109, 241

索 引 / 605

constitution of 22 Frimaire an VIII (France; 1799) 238, 241; article 91: 212, 237, 238, 240, 257
constitution of 1801 (Saint-Domingue) 113, 174, 237–63, 250, 278, 321, 335, 337, 360; ceremony for adoption 245–51, 247, 252, 287
Constitution, USS 208
Corbet, Edward 292–3
Cormatin, Château de 365, 366
Corsica 305, 356
Coupé (aide-de-camp) 179
coups d'états (France): September 1797 123, 153; November 1799 190, 212, 215, 238, 260, 300, 384n63
Créole Patriote, Le (newspaper) 55
Crête-à-Pierrot, Battle of (1802) 310–11, 312, 315, Plate 13
Cromwell, Oliver 349
Cruz, Viriato da, 'Mamã Negra' 353
Cuba 186, 205, 216, 232, 327, 329, 330–32, 352, 357; War of Independence 346; commemoration of 1791 Saint-Domingue slave revolt Plate 13
Cul-de-Sac plain 4, 107
Curaçao 328

Dadié, Bernard, *Îles de Tempête* 353–4
Danty (regional commander) 103
Datty, Étienne 106
David, Jacques-Louis: 'Death of Marat' 335; 'Napoleon Crossing the Alps' 356
David, Placide 180
Davis, Angela 369
Debelle, Jean-François 306, 310
Declaration of the Rights of Man and of the Citizen (France; 1789) 41, 43, 44, 45, 55, 66, 174
Decrès, Denis 301
Delany, Martin 345

Delany, Toussaint L'Ouverture 345
Delribal (Bréda plantation manager) 31, 36
Depestre, René 353
Desbruges (royalist commander) 81
Descahaux, Madame (Ennery landowner) 158
Descourtilz, Michel-Étienne 234, 284–5, 308
Desfontaines, Sanon 123, 132, 164, 390n45
Desfourneaux, Edme 76, 114, 306, 406n65
Désir, Philippe-Jasmin 30–31, 38
Dessalines, Claire-Heureuse 287, 308, 407n111
Dessalines, Jean-Jacques: early life and connection with Toussaint 38; character and reputation 85, 245, 329, 330, 332, 342, 351, 353, 361–2, 364; commander in republican army 57, 85, 87, 95, 245; and recapture of Mirebalais 81, 85; relations with agent Hédouville 133, 141; during war of knives 206, 207–8, 231, 244; and Toussaint's Santo Domingo operation 225; as possible successor as governor 244; prediction of French invasion 244, 307; absent from constitutional ceremony 251, 291; wealth and property 276; responsible for plantation inspections 277; marriage 287; during Moyse rebellion 287–8, 291; growing discontent with Toussaint's rule 291, 318; and build-up to French invasion 296; during French invasion and War of Independence 303, 306, 307–8, 310, 314, 315, 324; and Toussaint's arrest and deportation 317, 318, 407n111; declaration of Haitian independence 324, 335; rule in Haiti 324, 332; Plate 10
Dessalines (mixed-race colonel) 86
Deseulle, Jean-Michel 282–3
Dessources (*colon* commander) 76, 77, 78, 91, 138, 153
Detroit Tribune (newspaper) 348, 350
d'Hébécourt, Augustin 86, 169, 217, 227
Diderot, Denis 34; *Histoire philosophique des Deux Indes* 11, 33–4, 34, 46, 323, 367; *see also* Raynal, Guillaume-Thomas
Dien Bien Phu, Battle of (1954) 352
Dieudonné, Pierre 86, 105, 382n96
divorce *see* marriage and divorce laws
Docos (band of fighters) 86, 108
Dommage, Jean-Baptiste 307
Dondon 57, 58, 63, 65, 74, 82, 218, 267, 287, 306, 310, 311; Roume exiled in 228, 231, 289
d'Orléans, Pierre-Joseph 76
Dorsinville, Roger 37
Douglas, Charles 197, 200
Douglass, Frederick 3, 19, 37, 346–7, 348, 351, 356, 369
Du Bois, W. E. B. 351
Dubois, Laurent 241
Duboys, Pélage-Marie 281
Dubroca, Louis, *Vie de Toussaint Louverture* 7, 238
Dubuisson (aide-de-camp) 86
Dugua, Charles 310
Dumai, Nicolas 172
Dumesle, Hérard, *Voyage dans le nord d'Hayti* 332–3
Dundas, Henry 68

606 / 黑斯巴达克斯

Dupuis (Toussaint's secretary) 157
Duval-Carrié, Edouard, 'Toussaint Emanating Yellow' Plate 12
Duvalier, François 'Papa Doc' 353, 363
Duvalier, Jean-Claude 'Baby Doc' 363

Egyptian campaign, Napoleon Bonaparte's 189, 197, 298, 303
El Portezuelo 229
Ellington, Duke 369
Ellison, Ralph, 'Mister Toussan' 357
Ennery 63, 65, 129, 180; Toussaint's headquarters 158, 193, 316, 322
Equiano, Olaudah 19
Espinville, Marquis d' 91
Experiment, USS 208
Ezili Kawoulo (spirit) 35

Fanchette, Marie 161
Fanon, Frantz 25, 347, 354, 357
feminism 9, 359–60
Ferret (gendarme commander) 23, 168
Ferrié (physician) 135
Fick, Carolyn, *The Making of Haiti* 8–9
Fignolé, Jean-Claude, *Moi Toussaint Louverture* 363
Firmin, Anténor 346
Fisson, Madame (mistress of Toussaint) 14
Flanet, Madame (resident of La Tortue island) 160, 270
Flaville, Joseph 291
Fleurieu, Charles Pierre Claret, Comte de 301
Florida 301, 360
Fontaine, Jean-Pierre 315, 317
food supplies and rations 82–3, 140–41, 177, 190, 192, 234, 271
Forfait, Pierre-Alexandre-Laurent 215, 226, 259, 397n55
Fort de Joux, Jura 318–20, 319, 363, 365, Plate 16

Fort Wagner, Battle of (1863) 345
Fort-Dauphin 68, 74, 145
Fort-Liberté 145, 146, 148, 150–51, 155, 303, 306
Fossette, La 146
Fouchard, Jean, *Les marrons de la liberté* 8–9
Fouqueau (president of civil tribunal) 178, 246, 248–9, 280
Franco-British peace agreement (1801) 296
Freedom's Journal (newspaper) 341–2
Freemasonry 5, 157
French Revolution (1789) 2, 41, 43–7, 59, 73, 120, 275; see also Declaration of the Rights of Man and of the Citizen
Fuertes, Francisco 331

Gabart, Louis (mixed-race commander) 86, 310
Gallifet plantations 47
Gaou Guinou, King of Allada 20
García y Moreno, Joaquín: Governor of Spanish Santo Domingo 58, 59, 64, 65; and Toussaint's planned takeover of territory 220–22, 227, 228–9; and Toussaint's military invasion 229, 230; capitulation to Toussaint 230–31; expelled from island 231, 233
Gariadete, Madame (religious aide) 161
Garvey, Marcus 349, 351
Gazette du Port-Républicain (newspaper) 139, 181
Gemir y Lleonart, Juan Bautista 64, 65, 380n113
General Greene, USS 208
Geneviève (Toussaint's half-sister) 28, 211
Georgetown 254

Géricault, Théodore 'Épisode de la guerre coloniale' Plate 8
Gingembre Trop Fort (military commander of Borgne) 317
Gira, Michael 370
Girard, Philippe 9
Girard, Stephen 71
Glissant, Édouard, *Monsieur Toussaint* 353
Gobineau, Arthur de 346
Godard (French Ministry of Navy official), 'Rapport sur la situation morale et politique de Saint-Domingue' 216
Gonaïves 4, 114; during revolution 58, 63, 64, 65, 78, 83, 132, 210; under republican control 157–8, 161, 164, 181, 293; during war of knives 204, 207; as capital of Louverture department 267; during French invasion and War of Independence 306, 308, 316
Gonzalez (natural scientist) 222
Gragnon-Lacoste, Thomas Prosper, *Toussaint Louverture* 7
Grand Bois mountains 69, 80, 81
Grand Bwa (spirit) 163
Grand-Goâve 201, 206
Grand-Seigne, Etienne (aide-de-camp to General Brunet) 316
Grande-Rivière 51, 56, 105, 145, 160, 218, 287, 310
Grant, Lieutenant-Colonel (British envoy to Saint-Domingue) 195
Granville (tutor to Saint-Jean Louverture) 158–60
Grégoire, Abbé Henri Jean-Baptiste 10, 44, 45, 161, 275, 333
Grenoble 365, 366–7

索 引 / 607

Gros, Gabriel Le: secretary to Jean-François Papillon 52, 54; narrative account of 1791 insurrection 52, 53
Gros-Morne 103, 147, 165, 218, 219, 245, 267
Guadeloupe 68, 238, 300, 301, 312, 323, 328
Guenon, Marthe 268
guerre des couteaux see war of knives (1799–1800)
Guilhou (Port-Républicain lawyer) 282
Guillon-Lethière, Guillaume, 'The Oath of the Ancestors' 335, Plate 10
Güines conspiracy (Cuba; 1806) 331
Guy (regional commander) 103
Guyana 123, 238, 301, 305
Guybre (personal secretary to Toussaint) 280

Haiti, post-independence 324, 332, 334, 347, 348–9, 353, 360, 363
Haïtiade, The (poem) 340, 409*n*48
Haitian Revolution (characteristics): casualty totals 74, 90, 145, 185, 201, 207, 287, 303, 309, 311, 325; impact, symbolism and historical significance 2, 3, 11, 185, 324–6, 327–58; scholarship and creative writing on 8–10, 12–13, 332–4, 349, 351–5, 360–64; uniqueness 2, 11, 327, 357–8
Haitian Revolution (chronology) xiii–xviii; origins xiii–xiv, 38, 41, 43–7; insurrection of August 1791 xiv, 41, 43, 47–51, 47, 58, 310; ceasefire and compromise negotiations xiv, 51–2, 54; resumption of conflict xiv, 53–4;

Lettre originale des chefs nègres révoltés xiv, 54–6; French counter-offensive 57–8; insurgents' alliance with Spanish forces and early military successes xiv–xv, 58, 60, 64–5; French declare abolition of slavery xiv, 10, 42, 54, 60–61, 62, 66; British enter conflict xiv, 61, 68–9; Toussaint transfers allegiance from Spanish to French republicans xv, 13, 63–7, 78; Toussaint's military campaigns against Spanish, British and French royalist forces xv, 68–70, 74–96, 102–3, 104; Spanish withdrawal xv, 69, 214; British withdrawal xvi, 69, 93–4, 135–8, 140, 142, 151, 162; war of knives between Toussaint and Rigaud 150, 195, 198, 201–8, 238–9, 291; Toussaint's victory over Rigaud 13, 206, 208–9, 213; Toussaint's takeover of Santo Domingo 13, 214–36, 291, 295, 299–300, 328; creation of Central Assembly and drafting of 1801 constitution 113, 174, 237–63, 335, 337; Toussaint overcomes Moyse rebellion 287–90, 313; aftermath of Moyse rebellion 290–91, 293–5; build-up to French invasion 273, 296–302, 302–3, 304–6; Leclerc's expedition and War of Independence 70, 108, 302–12, 308, 322–6; ceasefire 312–16; arrest and deportation of Toussaint 316–18;

Arcahaie agreement 324; withdrawal of French forces 324; declaration of independent Haiti 324, 335
Halaou (Cul-de-Sac leader) 107–8
Hall, Stuart 14
Hamilton, Alexander 191, 239
Hannibal 2, 333
Hardÿ, Jean 306, 322
Harrison, Hubert 349
Hatrel, Pierre (commissioner for war) 260
Haut-du-Cap 20, 23, 26, 28, 360; during revolution 51, 146, 218, Plate 2
Havana 330, 331–2
Hébécourt, Augustin d' 86, 169, 217, 227
Hédouville, Gabriel de: background and character 128; appointed Directory agent in Saint-Domingue 128–9, 191, 215; conflict with Toussaint 127–45, 185, 187; relations with Toussaint's rival Rigaud 143, 150, 153, 187, 201; *Arrêté concernant la police des habitations* 144, 147, 148; Toussaint orchestrates uprising against 145–9; flees Saint-Domingue 127, 150–52, 186; Toussaint's report on 152–4, 158, 188; Plate 6
Hegel, Georg Wilhelm Friedrich 3
herbal medicine 25–6
Hercules 228
Héricourt, Quartier Général d' 145
Herodotus, *History of the Wars of the Persians against the Greeks* 76
Hinche 168
Hippolyte (Toussaint's father) 24–5, 26, 27–8
Ho Chi Minh 352, 357

Hobart, Robert, Lord 3, 296
Holly, James Theodore 344
Howard, Thomas, *Haitian Journal* 79–80
Hugues, Victor 312
Huin, Christophe 90, 136, 157, 226–7
Hulin (shopkeeper) 268
hunting, banning of 177

Idlinger, Joseph 190, 280, 303, 401*n*5
infant mortality 22
Irish republicanism 330, 348, 369
Isle-de-Noé, château de l' 365

Jacmel 206, 208, 219, 293
Jamaica 4, 128, 136, 256, 268, 273, 292–3, 302; slave insurrections and resistance 104, 121, 196, 327–8; attempted French republican plot to oust British (1799) 194, 195, 196–200, 210
James, C. L. R.: *The Black Jacobins* 8, 10, 48, 100, 354; 'Slavery to-day: a shocking exposure' 352; *Toussaint Louverture* (play) 352, Plate 15
Jasmin (*bossale* commander) 86
Jean, Wyclef 370
Jean-François (insurgency leader) *see* Papillon, Jean-François
Jean-Louis, Jimmy 367
Jean-Louis, Nicole (Bois-Caïman painting) Plate 17
Jean-Rabel 83, 117, 204
Jeannin (secretary of Fort de Joux) 321
Jeannot (insurgency leader) *see* Bullet, Jeannot
Jeanton, Jean 90–91
Jefferson, Thomas 3
Jérémie 4, 61, 68, 69, 136, 138, 201, 203, 242, 293
Jesuits 23–4, 28, 36, 39
Johnson, William H., 'Toussaint L'Ouverture' (1945) Plate 11

Joseph, Edele 370
Josephine, Empress 298–9, 301, 307
Jour J (comic book series) 368–9
Jujardy, Joseph 171, 179

Kaplan, Cora 356
Kanapaux, Guillaume 171
Kerverseau, François-Marie de 216, 218, 229, 230, 300, 303, 312, 405*n*38
King, Martin Luther 369
Kleist, Heinrich von 363
Knights of Toussaint Louverture (US organization) 348
kreyol (language) 22, 24, 40

La Croix des Bouquets 80, 245
La Rochelle 365, 366, Plate 16
Labelinaye (*bossale* commander) 86
Lacoste (chief army medical officer) 135, 157
Lacour (Central Assembly member) 240, 243, 254
Lacroix, Pamphile de, *La Révolution de Haiti* 99, 156, 409*n*60
Lafayette, Gilbert du Motier, Marquis de 44
Laforgue (shopkeeper) 268
Lagarde (government commissioner) 280
Lahaye, Abbé Guillaume Sylvestre de 50, 55
Lamartine, Alphonse de 370; *Toussaint Louverture* 361
Lamartinière, Louis-Daure 310–11, Plate 13
Lamartinière, Marie-Jeanne 311, Plate 13
Lambert, Toussaint L'Ouverture 348
Lamontagne (justice of the peace) 117
Laplace, Jean-Baptiste 63
Laplume (*bossale* commander) 86, 88–9, 95, 140–41, 205, 206, 208–9, 307
Lapointe, Jean-Baptiste 92, 382*n*141
Larose (mixed-race commander) 310

Las Cases, Emmanuel de, *Mémorial de Sainte-Hélène* 356
Lascahobas 69, 74, 80, 82, 396*n*21
Laveaux, Étienne Maynaud de ('Papa'): character and early career 66, 71; Governor of Saint-Domingue 66–7, 70, 88, 95; relations with Toussaint 66–7, 70–73, 103, 104, 111, 185, 204; coup attempt against ('30 ventôse conspiracy') 90, 99–103, 114, 121, 165, 201; appoints Toussaint as deputy 99–100; returns to Paris 109–10, 127; deputy in Conseil des Cinq Cents 109–10, 113, 119; criticized in Viénot-Vaublanc speech 118, 119; Bonaparte countermands appointment in Guadeloupe 300; commemoration 365, 366; Toussaint's correspondence with 66–7, 70–71, 74, 75, 77, 79, 82, 83, 86, 90, 94, 104, 107, 108, 111, 115, 164, 217
Lavette, Gille 76
law enforcement and judiciary, in Saint-Domingue 168, 170, 178, 261, 271–3
Lawrence, Jacob 349–51, Plate 11
Laxavon 233
Lear, Tobias 246, 269
Leclerc, Victoire-Emmanuel: background and character 306; Saint-Domingue expedition 306–12, 308, 314; ceasefire negotiations 312–13, 315–16; arrest and deportation of Toussaint 316–18; failure of expedition 323–4, 325; death 323;

索引 / 609

Leclerc – *cont'd*
  commemoration 368;
  Plate 6
Leclerc (Limbé planter) 11
Lenormand de Mézy
  plantation 50
Léogâne 4, 68, 134, 193,
  205, 287, 298, 299,
  307
Les Cayes 4, 332; early
  revolution 44; during
  war of knives 206,
  207, 208; under
  republican control
  211, 293
Lescallier, Daniel 123, 129,
  254, 299, 300
Lesuire (military
  commander on La
  Tortue island) 160
*Lettre originale des chefs
  nègres révoltés* (July
  1792) 54–6
Levy, Nathan 193
Limbé 11, 30, 117, 310;
  during Moyse rebellion
  287, 288, 291
Limonade 218
Linasse plantation 23, 168
Lincoln, Abraham 345, 369
List, Charles 172
loa (*vodou* spirits) 26,
  292, 329
Loko (spirit) 26
London Gazette 2, 151
Lorient 303
Louis XVI, King of France:
  feast day celebration
  (August 1792) 56–7;
  execution 58, 59–60
Louisiana 301; sale to
  United States 324
Louverture (department)
  267, 288
Louverture, Isaac
  (Toussaint's son): birth
  28; childhood 32, 48,
  63, 64; education in
  France 29, 111, 158,
  159, 226, 294;
  Toussaint requests
  return to Saint-
  Domingue 227, 259,
  297; reunited with
  family in Saint-
  Domingue 298, 304,
  335, 338, 342, 343;
  deportation and
  internment in France
  318; marriage 211;
  death 365; *Notes
  historiques sur
  Toussaint Louverture*
  20, 26, 76, 379*n*105;
  Plate 7
Louverture, Jean-Pierre
  (Toussaint's brother)
  57, 61, 85
Louverture, Paul
  (Toussaint's brother)
  48, 57, 85, 141, 157,
  229, 273, 291, 302,
  303, 405*n*38
Louverture, Placide
  (Toussaint's stepson)
  28–9, 32, 48, 111, 158,
  159, 226, 259, 294,
  298, 299, 304, 318,
  335, 338, 342, 343,
  Plate 7
Louverture, Saint-Jean
  (Toussaint's son) 28,
  159, 318
Louverture, Suzanne
  (*earlier* Baptiste;
  Toussaint's wife)
  28–9, 30, 32, 34, 48,
  63, 64, 100, 287, 304,
  316, 318, 320, 338,
  343, 370
Louverture, Toussaint:
  family background 1,
  20, 24–5; birth 20;
  childhood and early
  life as a slave 19–20,
  21–30; death of parents
  26–7, 28; marriages
  and children 28–9, 30;
  coachman to Bayon de
  Libertat 29–30, 31–2,
  36, 37, 39, 70;
  emancipation from
  slavery 9, 30–32,
  375–6*n*65; early life as
  freedman 30–31, 32–3,
  37–40; renting of
  plantation and
  ownership of slaves 9,
  30–31; early
  connections with
  revolutionary leaders
  38, 50; early
  revolutionary years
  41–3, 48–67; military
  training 76;
  establishment of
  autonomous military
  force 53, 57, 58, 65, 69,
  94; attends celebration
  in honour of French
  king 56–7; promoted
  to rank of general in
  Spanish army 57;
  alliance with Spanish
  forces and early
  military successes 58,
  59–60; proclamations
  of August 1793 41, 42,
  48, 56, 59–60; adopts
  name Louverture 42–3;
  reacts to abolition of
  slavery in Saint-
  Domingue 60–61, 107;
  rupture with Jean-
  François Papillon and
  Georges Biassou 61–3,
  63–4, 65, 67, 379*n*105;
  transfer of allegiance
  from Spanish to French
  republicans 13, 63–7,
  78; early relations with
  Governor Laveaux
  66–7, 70–73, 74, 75,
  77, 103, 185; military
  campaigns against
  Spanish, British and
  French royalist forces
  68–70, 74–96, 102–3,
  104; saves Laveaux
  from attempted coup
  99–103, 165; Laveaux
  appoints as deputy
  99–100; rallying of
  black citizens to
  republican cause
  103–9; Laveaux leaves
  Saint-Domingue
  109–10, 127; arrival of
  Sonthonax as
  Governor 110–111;
  sends sons to be
  educated in France 111,
  159; breakdown in
  relations with
  Sonthonax 111–16,
  125, 127, 185;
  appointed commander-
  in-chief of
  Saint-Domingue army
  114; forces
  Sonthonax's departure
  from Saint-Domingue
  110, 116–17, 127, 282,
  390*n*45; publishes
  rebuttal of Viénot-
  Vaublanc speech 27,
  119–26, 124, 149;

conflict with Directory agent Hédouville 127–45, 185, 187, 191; negotiation of British withdrawal from Saint-Domingue 127–8, 135–8, 140, 142, 162; orchestrates uprising against Hédouville 145–9; expulsion of Hédouville from Saint-Domingue 127, 150–54, 186, 188; conclusion of treaty with British on trade and non-aggression 151, 185–6; consolidation of local support and plans for regeneration of Saint-Domingue 154–81, 209; increases autonomy from France and develops new economic and diplomatic relationships 185–212; secures appointment of Roume as successor to Hédouville 187–9; learns of Napoleon Bonaparte's rise to power 189–90; forges diplomatic and commercial links with United States 190–94, 211; Maitland Convention and subsequent relations with British 194–6, 198–9, 204–5, 210–211, 215, 239, 252, 268, 273–4, 291–2, 334, 336; opposes French scheme to oust British from Jamaica 196–200, 210; breakdown in relations with Roume 189, 199–200, 210, 213, 217–20, 222, 245, 299; Rigaud's insurrection and war of knives 187, 195, 198, 201–8, 215, 238–9, 291; victory over Rigaud 13, 208–9, 213; planned takeover of Santo Domingo 214–28; sends Roume into internal exile 228, 229; invasion and takeover of Santo Domingo 13, 229–36, 271, 291, 295, 299–300, 328; creation of Central Assembly and drafting of 1801 constitution 113, 174, 237–44, 248, 255–6, 259–63, 278, 322, 335, 337; assumption of full executive powers and appointment as governor for life 243–5, 252, 254, 255, 262, 282–3; ceremony for adoption of constitution 245–51, 247, 252, 287; despatches constitution to Paris 251–8; releases Roume from internal exile 258–9; further reforms and consolidation of power 267–79, 281–2, 289; defensive preparations against foreign attack 273–4, 302–3; local accounts of and views on his rule 279–87, 289; overcomes Moyse rebellion 287–90; aftermath and response to rebellion 290–91, 293–5; negotiations for further extension of convention with British 292–3, 296–7; issues proclamation on impending French military invasion 297–8; during French invasion 302–12, 325–6; return of sons from France 298, 304, 335, 338, 342, 343; ceasefire negotiations 312–16; arrest and deportation to France 316–18, 326; internment in Fort de Joux 318–23, 325; dictates *Memoir* 321–3; death 319, 323, 335, 339; posthumous reputation, symbolism and historical significance 1–3, 7–10, 71, 128, 176, 180–81, 327–70; Plates 13, 14, 16 *Character & characteristics*: abstinence from alcohol 73, 269; aestheticism 276; alleged anti-mixed race bias 7, 29, 101–3; ambiguity 19; appearance and physique 22, 37, 76, 111, 156, 158, 346–7; attention to detail 155, 214, 269; biographies 7–8, 9–10, 238, 344, 349; as 'bird of prey' 11, 96; botanical knowledge and love of plants 14, 25–6, 282; bravery 74–5, 269, 311; charisma 52, 73, 311, 341; closeness to nature 11, 19, 22, 155, 233, 234, 322; compassion and generosity 160, 270; conception of time 263; concern for education of children 14, 111, 158–60; concision 19; contradictions 14–15; determination 10, 19, 22, 214, 237–8; dignity 320; diplomacy and peacemaking 10, 13, 104–5, 127–8, 137, 151, 187, 210–211, 268; disappearances from public view 7, 37, 129–32, 214, 219, 270; disguising of appearance 7, 33, 37; dress 37, 71, 74, 158, 204; eating habits 14, 37, 73, 156, 214, 315; efficiency 213–14, 292; faith in written word 13; film portrayals 348, 367–9; finances 135, 276–7, 320; French patriotism 15, 123, 188, 315, 321; handwriting and signature 43, 130–31, 157, 159;

索 引 / 611

Character – cont'd
 healer 25–6, 38, 345;
 heroism and daring
 74–5, 269, 311;
 horsemanship 2, 14,
 22, 213, 282; humanity
 and mercifulness 52,
 73, 87–8, 91–3, 94, 96,
 103, 151, 292, 315;
 humour and
 playfulness 14, 51,
 127, 261–2; ill-health
 and injuries 22, 75, 81,
 107, 156, 323;
 impatience 14;
 importance of family
 14, 29, 85, 261;
 independence of spirit
 37; intelligence 29, 39,
 212, 214, 285; intuitive
 genius 11, 127, 285;
 languages spoken 24,
 26, 40, 108; leadership
 qualities 10, 42, 51,
 127–8, 152, 155–6,
 341–2; letter-writing
 13–14, 80, *130–31*,
 213; literary
 representations and
 tributes 329, 330, 340,
 342, 344, 352–6, 357,
 359–64, 368–9;
 Machiavellianism 12,
 187, 288, 364;
 maintenance of low
 profile 7, 33, 37, 50;
 marksmanship 74;
 marriages and children
 28–9; melancholia 22;
 memory 73, 155, 214;
 messianic aura 156–7;
 as military commander
 68, 69–70, 73–96, 156,
 162; mistresses 14,
 161, 274, 284; mobility
 and hyperactivity 37,
 73, 75, 155–6, 213,
 214, 269; musical
 interests 14, 94, 110,
 158, 179, 284, 369;
 musical tributes 327–8,
 329, 369–70;
 nicknames and epithets
 2, 22, 23, 33, 95, 99,
 181; oratory and
 rhetoric 36–7, 52, 105;
 original political
 thought 11–12, 33–40,
 246–9, 260–63;
 paternalism 128, 160,
 278–9; perfectionism
 244, 269; personal
 hygiene 14; personal
 morality 160; physical
 stamina 75, 212–13,
 269; portraits and
 likenesses 7, 34, *71*,
 188, 334–40, *336*, *337*,
 338, *339*, *343*, 348,
 350, 351, 356–7, 360,
 365–6, 368, 369,
 392*n*14; pragmatism
 15, 38, 51; prickliness
 127; pride 37, 127;
 reading 12, 33, 76;
 religion and spiritualism
 1, 14, 23–4, 26, 34,
 35–7, 38, 39, 138,
 160–62, 163, 236,
 274–5, 284–5, 323,
 342–4; reserve 111;
 secrecy 7, 15, 37, 209,
 214; self-confidence
 23, 42–3, 127, 137,
 214, 321; self-image
 11–12, 13–14, 20,
 321–3; signature 43,
 157, *159*; single-
 mindedness 19;
 sleeping habits 37, 73,
 75; sobriety 73, 269;
 solitariness 22;
 speaking voice 95, 162;
 sporting prowess 22;
 stoicism 14, 75;
 strategist 76–80, 93;
 subtlety 14; supposed
 supernatural qualities
 7, 26, 37, 74, 75–6,
 154, 329; surname
 21–2, 42–3; visionary
 power 19, 233; work
 habits 212–13; writing
 style 13–14, 55–6, 152
 Views and ideas on: his
 blackness and African
 heritage 13–14, 24–5,
 38–9, 321; citizenship
 100, 125–6, 149, 163,
 249, 263; common
 good 12, 133, 162, 165,
 176, 180, 249, 262,
 269; discipline 57,
 85–90, 133;
 emancipation 42, 54,
 59–60, 63, 65, 70, 210;
 fraternity 100, 103–9,
 115, 123–6, 180, 262;
 God 14, 39, 42, 138,
 162, 209, 323; justice
 271; labour 133,
 163–4, 249, 277, 321;
 law enforcement 168,
 170, 178, 261, 271–3;
 his life as a slave 19,
 37; monarchy 49,
 56–7, 64; money 270;
 personal freedom 1,
 12, 163–4, 249;
 progress 1–2, 263;
 public hygiene 177;
 republicanism 65–6,
 105–6, 123, 200; role
 of municipal officers
 165–8, 178–9, 269–70;
 schooling 168–9,
 176–7; scientific ideas
 1; separation of powers
 269–70; slavery 27–8,
 36, 38–9; sobriety
 177–8; soldiering 68,
 69–70, 73–97, 162,
 163, 249, 274;
 stereotypes of black
 people 120–23;
 time-wasting 14, 231,
 249, 263; violence 15,
 37, 42, 94, 108, 120

Macaya (militia leader)
 109, 310, 326
Maceo, Antonio 346
Machiavellianism 12, 187,
 196, 200, 288, 364
Mademoiselle (*bossale*
 commander) 86, 108
Madiou, Thomas, *Histoire
 d'Haïti* 7, 99–100, 333
mahogany production
 234–5
Maitland, Thomas:
 background and
 character 135;
 negotiations for British
 withdrawal from
 Saint-Domingue 135–7,
 140; 1798 treaty with
 Toussaint on trade and
 non-aggression 136–7,
 151, 185–6; 1799
 extension of treaty
 (Maitland Convention)
 194–6, 198–9, 204–5,
 211, 252, 268, 273–4,
 334, 336; later relations
 with Toussaint 210,
 292; Plate 6

Makandal, François 34–5, 37, 38, 39, 50, 320
Makandalism 35–7, 38, 65, 101, 156–7, 160
Malouet, Pierre Victor 301
Mancebo (Central Assembly member) 240
Mandela, Nelson 357, 369
Mandeville, Bernard, *The Fable of the Bees* 133
Manigat (justice of the peace) 145
Māoris 345–6
Mapou 310, 317
Marengo, Battle of (1800) 312
Marini (priest) 241
Marley, Bob 369
Marmelade 58, 63, 65, 147, 149, 267, 287, 306, 311, 314, 315
marriage and divorce laws 174, 242, 278–9, 295
marrons (runaway slaves) 5, 9, 105, 277, 289, 295; advertisements for recapture 6, 6; military techniques 78, 80; militias and secret societies 34–5, 39, 155; in Toussaint's forces 86, 310; Plate 17
Mars Plaisir (Toussaint's servant) 318, 320, 335, 339
Martin, Claude 85
Martineau, Harriet, *The Hour and the Man* 344
Martinique 68, 121, 238, 298, 301, 355
Marx, Karl 356
Marxism 349, 352, 357
Massachusetts Regiment, 54th 345
Massiac Club 44
Maurepas, Jacques 95, 169, 206, 303, 306, 311, 315
Maurin, Nicolas-Eustache, portrait of Toussaint 188, 392*n*14, Plate 1
Mauviel, Guillaume, Archbishop of Saint-Domingue 275, 402*n*40
Médard (adjutant-general) 179
Memoir (Toussaint Louverture; 1853)

321–3, 325, 356, 410*n*67
Mercier, Louis-Sébastien, *The Year 2440* 180
Métellus, Jean 364, 369, 412*n*21
Métral, Antoine 22
Miami 360
Michaud (brigadier in Toussaint's army) 92
Michaud (insurgent commander) 52
Michel, Claude-Étienne 225–7, 240
Michel, Pierre 114, 204, 207
Milscent, Claude 55
Mingus, Charles 369
Mirabeau, Honoré Gabriel Riqueti, Comte de 43–4
Mirande 365
Mirebalais 68, 69, 74; recaptured by Toussaint 80–82, 85, 89–90, 91; under republican control 164, 314
Môle Saint-Nicolas 172–3; location and climate 169; British occupation 61, 69, 169; British withdrawal 135, 136, 137, 138; under republican control 163, 169–78, 179, 228, 292; during war of knives 204, 205, 206
Molière (priest) 161, 241
Moniteur Universel (newspaper) 30, 32
Mont-Rouy 107
Montagnards 354
Montagne Noire 105, 134
Montesquieu, Charles-Louis de Secondat, Baron de 12, 248, 269
Montpellier 365
Montreal 360, Plate 16
Moreau de Saint-Méry, Médéric Louis Élie 25, 118, 286, 301
Morin (secretary to Thomas Brisbane) 78
Morisset (mixed-race cavalry commander) 86, 103, 310
Mornet, Christophe 81, 141, 204, 207

Moustique 204
Moyse (Toussaint's nephew): family 32; life on Bréda plantation 32; commander in Toussaint's army 57, 84, 95; detained by Spanish 64; relations with governor Sonthonax and agent Hédouville 114, 145, 148; authority in northern department 148, 240, 290; and Toussaint's planned takeover of Santo Domingo 217, 220, 225; and downfall of agent Roume 218, 219, 220, 228; command during Santo Domingo invasion 229, 230, 231, 291; refuses to serve on Central Assembly 240; at ceremony for adoption of 1801 constitution 246, 251; views on constitution 254, 290; wealth and property 276, 290; rebellion of October 1801 287–90, 313; arrest and execution 290, 291, 294; aftermath of rebellion 290–91, 293–5
Mugnoz (Central Assembly member) 240
Muse, Clarence 348

Nabulsi, Karma, *Traditions of War* 70
naming of children after Toussaint 330, 345, 348
naming of places after Toussaint 148, 267, 364–5
Nanete, Miss (religous aide) 161
Nantes 2, 320, 365
Napoleon I, Emperor *see* Bonaparte, Napoleon
Narbonne 365
Nathan (Toussaint's interpreter) 157, 276
négritude movement 353–4, 364

索引 / 613

Negro World (newspaper) 349
Nemours, Alfred 349
Neruda, Pablo, *Canto General* 352
New National Era (newspaper) 3
New Zealand 345–6
Neyba 82
Niang, Philippe, *Toussaint Louverture* 367–9, Plate 15
Niort 365
Nizao, River 230
Noé family 35, 365
Noé, Count Louis-Pantaléon de (inheritor of Bréda plantation) 31, 125
Noël, Pierre 172
Nogérée, Gaston 240, 242–4, 255, 258, 260, 263, 281
Norvins, Jacques de 309, 317
Nugent, Sir George, Governor of Jamaica 268, 292, 296
Nugent, Maria, Lady 293

Ogé, Vincent 45, 56, 102, 333
Ogoun Fer (spirit) 74, 128, 329
Orr, James, 'Toussaint's Farewell to Santo Domingo' 330
Ouanaminthe 57, 58

Pageot, François 229, 290, 397*n*60
Paine, Tom 356
Panthéon, Toussaint's entry into 360, 364, 365–6
Papa Legba (spirit) 43, 128
Papillon, Jean-François: pre-revolutionary life 38, 50; character and views 51, 54; insurgency leader 50–51, 52, 54, 60, 105, 120; signatory to *Lettre originale* of July 1792 55; attends celebration in honour of French king 57; rupture with Toussaint 61–3, 63–4, 67; military defeats by Toussaint's forces 69, 74, 84, 105; invites Toussaint's soldiers to switch allegiance 84–5; forced to leave Saint-Domingue 69
Parker, Sir Hyde 136, 198, 205, 210, 273, 394*n*80
Parks, Rosa 369
Pascal, Henri 157, 240–41, 253, 261, 269, 276, 314, 400*n*57
Pasquet, Fabienne, *La deuxième mort de Toussaint Louverture* 362–3
Pauline (Toussaint's mother) 24–5, 26, 28
Pélagie (Toussaint's adoptive mother) 27, 28, 33
Pennetier (Toussaint's envoy to London) 210, 292, 396*n*162
Périès, Jacques 285–7, 403*n*105
Perry, Christopher 208
Pétion, Alexandre 315, 324, 332, 333–4, 335, Plate 10
Petit-Goâve 144, 201
Petite-Anse 101, 218
Petite-Montagne 78, 104
Petite-Rivière 58, 65, 75, 78, 88, 103, 108, 117, 147, 149, 168
Petitoire, Joseph 278
Pfeiffer brewery (Michigan) 348, 350
Philadelphia 118, 193, 276
Phillips, Wendell 344–5, 348, 350
Pichon, Louis-André 253, 254–5, 256, 259, 261, 268, 270, 276, 278, 400*n*56, 400*n*72
Pickering, Timothy 190, 192, 193, 194
Pierre-Baptiste *see* Baptiste, Pierre
Pitt, William, the Younger 68, 69
Plaisance 58, 63, 267, 289, 291, 306, 314, 316, 408*n*14
Pluchon, Pierre, *Toussaint Louverture* 9
Plutarch, *Lives* 76

Poitiers 365
Pontarlier 369
Pontoise 368
Port-à-Piment 148
Port-au-Prince (Port-Républicain) 4, 45, 108, 134, 157; early revolution 44, 45; British occupation 61, 68, 69, 78, 90, 136; British withdrawal 135, 136, 137, 138, 141; retaken by Toussaint's forces 90 ; under republican control 133, 134, 156, 165, 179, 181, 189, 195, 200, 210, 271, 277; during war of knives 203, 204, 207; Central Assembly meetings 237, 240; during French invasion and War of Independence 303, 306, 307, 310, 312
Port-de-Paix 68, 71, 104, 106, 204, 206, 290, 303, 306, 373*n*51
Port-Margot 287, 304, 306
Port-Républicain *see* Port-au-Prince
Portland, William Cavendish-Bentinck, 3rd Duke of 210
postmodernism 10
Pourvoyeur (building contractor) 29
Prevost, Pierre 171
Price-Mars, Jean 349
Prieur, Petit Noël 86, 95, 310
prisoners of war, treatment of 52, 91–2, 96, 315
Prosser, Gabriel 328

Quasi-War (France–United States; 1798–1800) 187

Raimond, Julien 104–5, 114, 119, 197, 240–41, 251, 259, 400–401*n*76
Rainsford, Marcus, *Historical Account of the Black Empire of Hayti* 72, 72
Rallier, Louis 186, 254, 299, 404*n*11
Ramadou, Pierre 171

Ravine-à-Couleuvres,
    Battle of (1802) 311
Raynal, Guillaume-Thomas
    12, 34, 99, 100, 285,
    333, 344; *Histoire
    philosophique des
    Deux Indes* 11, 33–4,
    34, 46, 323, 367; *see
    also* Diderot, Denis
    *Réfutation de quelques
    assertions d'un
    discours prononcé au
    Corps Législatif par
    Viénot Vaublanc*
    (Toussaint Louverture;
    October 1797) 27,
    119–26, 124, 149
Rhodes, Cecil 368
Rigaud, André: early career
    101; control of
    southern provinces
    113, 134, 142, 150,
    153; suspected
    involvement in
    conspiracy of 30
    Ventôse 101; relations
    with agent Hédouville
    143, 150, 153, 187,
    201; British support
    for 194, 198, 204–5;
    insurrection and war
    of knives against
    Toussaint 187, 195,
    198, 201–8, 215,
    238–9, 291; defeated
    by Toussaint 13, 206,
    208–9, 213; flees
    Saint-Domingue 206;
    Toussaint pardons
    surviving supporters
    245; with Leclerc's
    expedition to
    overthrow Toussaint
    206, 298, 333
Rigaud, Louis, portrait of
    Toussaint Plate 7
Rio de Janeiro 330
Ritchie, Robert 193
Robeson, Paul 352, 369
Robespierre, Maximilien
    117, 354; Toussaint
    compared to 3
Rochambeau, Donatien
    de Vimeur, Vicomte
    de 118, 121, 306,
    310–311, 312, 325,
    367
Rochard, Marie-Anne *see*
    Roume, Marie-Anne

Rochefort, Charente-
    Maritime 303
Rochefort (Môle Saint-
    Nicolas municipal
    clerk) 170–71, 174–6,
    391*n*71
Rollin (National Guard
    commander) 176
Roosevelt, Eleanor 356
Roume de Saint-Laurent,
    Philippe-Rose:
    background and
    character 187–8;
    family 188; succeeds
    Hédouville as French
    agent in Saint-
    Domingue 150, 187–9,
    209, 281; early
    relations with and
    views on Toussaint 93,
    188, 189; brings
    Napoleon Bonaparte
    to Toussaint's attention
    189, 190; and
    Toussaint's forging of
    diplomatic relations
    with United States
    191–2, 193–4; and
    Toussaint's extension
    of treaty with British
    194–5; plan to oust
    British from Jamaica
    196–200, 210;
    breakdown in relations
    with Toussaint 189,
    199–200, 210, 213,
    217–20, 222, 245,
    299; and war of knives
    between Toussaint and
    Rigaud 201, 203, 205,
    207; and Toussaint's
    operation to takeover
    Santo Domingo 216,
    217–20, 221–5, 227,
    228, 229; internal exile
    in Dondon 228, 229,
    231, 289, 400*n*72; and
    1801 constitution 239,
    257; released from
    internal exile and
    allowed to leave
    Saint-Domingue
    258–9; in Philadelphia
    259, 288; response to
    Moyse rebellion in
    Saint-Domingue 288;
    Plate 1
Roume, Marie-Anne (*née*
    Rochard) 188, 220, 228

Roume, Rose-Marie 188,
    228
Roumillat, Jacques 171
Rousseau, Jean-Jacques 12,
    122, 249, 262, 282
Roxas (Central Assembly
    member) 240
runaway slaves *see marrons*

Said, Edward 354
Saint-Barthélemy, massacre
    of (France; 1572) 207
Saint-Denis, Seine-Saint-
    Denis 365
Saint-Domingue:
    administrative
    divisions 3, 4, 155,
    267; agriculture 4,
    185–6, 234, 262,
    276–80; bureaucracy
    and local government
    5, 155–7, 162–9, 261,
    262–3, 267, 269–70,
    280; class system 5,
    268; cultural life 4–5,
    20, 267, 275; early
    colonial history 3;
    economy 4, 5, 185–6,
    190, 192, 267–8, 271,
    276–80; ethnic groups
    24–5, 45–6, 268; food
    supplies and rations
    82–3, 140–41, 177,
    190, 192, 234, 271;
    law enforcement and
    judiciary 168, 170,
    178, 261, 271–3;
    location 3–4;
    population totals and
    distribution 4, 45, 155;
    postal services 213,
    268, 281; public
    finances and
    expenditure 270–71;
    religious and spiritual
    life 20, 23–4, 35–6, 39,
    261, 274–5; schools
    and schooling 168–9,
    176–7, 261, 305;
    topography 3;
    transport 4, 268; *see
    also* slavery in
    Saint-Domingue
Saint-Domingue revolution
    see Haitian Revolution
Saint-Jean 69
Saint-Louis-du-Nord 86,
    109, 139, 206
Saint-Lucia 68, 301, 328

索 引 / 615

Saint-Malo 74
Saint-Marc 4; early
  revolution 44; British
  occupation 61, 68, 69,
  75, 76, 78, 80, 83, 102,
  107; British
  withdrawal 90, 133,
  136, 137, 141; under
  republican control 145,
  178, 271; during war
  of knives 204, 207;
  during French invasion
  and War of
  Independence 306, 307
Saint-Michel 65, 168, 307,
  311
Saint-Raphaël 63, 65, 74,
  168, 306, 311, 314
Saint-Rémy, Joseph:
  *Mémoires du général
  Toussaint Louverture*
  321–3, 325, 356,
  410*n*67; *Vie de
  Toussaint* 7, 392*n*14
Sainte-Suzanne 145, 218
Sala-Molins, Louis 34
Samanà region 233–4
Samanà, Bay of, French
  fleet arrives in 234,
  302, 306
San Juan 229
Sannon, Horace Pauléus
  349; *Histoire de
  Toussaint Louverture*
  8, 241, 349
Sans-Souci, Jean-Baptiste
  38, 86, 108, 145, 148,
  310, 326, 406*n*72
Santana, Carlos 370
Santiago (Santo Domingo)
  221, 229, 232, 233,
  235, 236, 260, 275
Santiago de Cuba 186,
  205, 360
Santo Domingo (city) 229,
  230, 233, 236, 303
Santo Domingo (territory):
  Spanish control 48,
  58, 63, 186, 214–17;
  ceded to France in
  Treaty of Bâle (1795)
  69, 214–15, 217;
  slavery in 216–17,
  231–2, 289;
  Toussaint's invasion
  and takeover 13,
  214–36, 271, 291, 295,
  299–300, 328;
  abolition of slavery

232–3, 398*n*94; during
  French invasion 302,
  303; reintroduction of
  slavery 305; reverts to
  Spanish control 334;
  invaded by Boyer
  334; slavery again
  abolished 334
Sartre, Jean-Paul 364
Sasportas, Isaac 196,
  197–8, 210, 393*n*70
Savonarola, Girolamo 369
Schoelcher, Victor 366;
  *Vie de Toussaint
  Louverture* 7–8, 48
schools and schooling: in
  Saint-Domingue
  168–9, 176–7, 261,
  305; in Santo
  Domingo 233
Scott, David, *Conscripts of
  Modernity* 10
Senghor, Léopold Sédar
  353, 411*n*123
Shakespeare, William 356
Shange, Ntozake, *for
  colored girls* 359–60
Sheridan, Eugene
  Macmahon 193
Singla (Petit-Goâve leader)
  144
Skinner, Quentin 12
slavery in Saint-Domingue:
  economic importance
  5, 7; life expectancy of
  slaves 27;
  manumissions 32,
  375–6*n*65; numbers of
  slaves 5; reintroduction
  by British 68; slave
  resistance movements
  and early revolts 5,
  34–5, 38, 39, 70;
  treatment of slaves 5,
  21, 22–3, 25, 27–8; *see
  also* abolition of
  slavery; *Code Noir*;
  marrons (runaway
  slaves)
Smith, James McCune,
  'Lecture on the
  Haytien Revolutions'
  342–4
Société des Amis des Noirs
  43–4, 54, 110, 123,
  238, 299
*Société d'Histoire et de
  Géographie Haïtienne*
  349

Someruelos, Salvador
  José de Muro, Marquis
  de 200
Sonthonax, Léger-Félicité:
  appearance and
  character 110, 111;
  Civil Commissioner in
  Saint-Domingue
  (1792–4) 54, 59, 110;
  abolition decree
  (August 1793) 54,
  60–61, 62, 66;
  Governor of Saint-
  Domingue (1796–7)
  110–17, 118, 120,
  168; breakdown in
  relations with
  Toussaint 111–16, 125,
  129, 185; Toussaint
  forces departure from
  Saint-Domingue 110,
  116–17, 127, 282,
  390*n*45; criticized in
  Viénot-Vaublanc
  speech 118, 119;
  Plate 6
Sonthonax, Marie Eugénie
  111
Souffrière 287
South Africa 360
Sow, Ousmane, statues of
  Toussaint 365–6,
  Plate 16
Spartacus, Toussaint
  compared to 2, 12, 33,
  99, 176, 180, 327, 352
Stalinism 10
Stevens, Edward 191–4,
  195, 197, 198, 208,
  211, 231, 246, 268,
  400*n*72
Swans (musical group) 370
Swiney, John and Toussaint
  330
Sylla (*bossale* commander)
  86, 310, 316, 317, 326,
  407*n*101

Taino Indians 4, 12, 26, 39
Tandy, James Napper 330
Tannerie, La (fortified
  camp) 57, 66
Taubira law (France; 2001)
  364
Taylor, Simon 3
Télémaque, Charles-Cézar
  114, 179
Terre-Neuve 103, 148, 181
Tessier (goldsmith) 236

'Theresa – a Haytien Tale'
  (serialized fiction) 342
Thiers, Adolphe 69–70
Thuram, Lilian 368
Tobago 301, 328, 329
Toiny (Môle Saint-Nicolas
  municipal councillor)
  172–3
Tortue, La (island) 160
Toulon 303
Toussaint Louverture
  (television film; 2012)
  367–9
Toussaint Louverture
  (town) 148, 149
Toussaint Louverture
  Literary Society
  (Minnesota) 348
Trinidad 330
Trouillot, Michel-Rolph
  12, 361
Truguet, Laurent 111, 299,
  302, 385*n*117
Turner, Nat 3, 340, 351

Uruguay 328

Vallery (regional
  commander) 103
Vallière 61, 145, 306
Vaublanc, Vincent-Marie
  Viénot, Count
  of: background and
  character 118; speech
  to Conseil des Cinq
  Cents (May 1797)
  118–23, 152–3;
  Toussaint's rebuttal 27,
  118–26, 124, 149; flees
  France 123
Vegetius, *De re militari* 76
Vendée 118, 128, 152
Venezuela 230, 239, 328,
  398*n*74
Vernet, André 58, 95, 308,
  406*n*64
Verrettes 58, 78, 84, 102,
  103, 107, 165, 287
Vertières, Battle of (1803)
  310, 324

Vesey, Denmark 3, 340,
  351, 368
Viard, Étienne 240, 305
Viénot, Vincent-Marie
  see Vaublanc,
  Vincent-Marie Viénot,
  Count of
Vietnam War 352
Villatte, Jean 99, 101–2,
  109, 201
Vincent, Charles: civil
  engineer and emissary
  for Toussaint 100, 210,
  252, 280; Freemason
  157; relations with
  Toussaint and his
  family 100; and
  Toussaint's rebuttal of
  Viénot-Vaublanc
  speech 123; and
  appointment of Roume
  as successor to
  Hédouville 188;
  informs Toussaint of
  Napoleon Bonaparte's
  coup d'état 190; during
  war of knives 207, 208;
  member of consular
  delegation to Saint-
  Domingue 212–14,
  228, 240; observations
  on Toussaint 212–14,
  217; during Toussaint's
  Santo Domingo
  operation 227, 228,
  252; mission to Paris to
  deliver new
  constitution 251–7,
  301; exchanges with
  Toussaint on
  constitution 251–7;
  and Bonaparte's
  invasion of Saint-
  Domingue 304;
  Toussaint's
  correspondence with
  100, 190, 197, 203, 227
Virginia 328, 345
vodou (spiritual faith and
  way of life) 5, 26,
  35–6, 38, 39, 43, 71,
  74, 108, 146, 161, 163,
  329; prohibition of
  178, 275, Plate 17
Volant-le-Thor 333, 334
Vollée (financial
  administrator) 135,
  280
Volozan, Denis, portrait
  of Toussaint 356,
  Plate 9

Walcott, Derek 362,
  412*n*14
Walker, David, *Appeal
  to the Coloured
  Citizens of the World*
  340–41
war of knives (1799–1800)
  198, 201–8, 238–9;
  origins 150, 195, 201,
  215; Toussaint's
  victory 13, 206,
  208–9, 213
Washington, George 332,
  346; Toussaint
  compared to 2, 342,
  349
Whitfield, W. L. 292,
  296–7
Wilberforce, William 333
Williams, George
  Washington, *A History
  of the Negro Troops in
  the War of the
  Rebellion* 345
Wilmington, Delaware
  369
Wilmington, North
  Carolina 278
Wilson, Woodrow 348
Wood, Eliza 344
Wordsworth, William, 'To
  Toussaint Louverture'
  329, 368

yellow fever 93–4, 314, 323
Yuna, River 234

Zamor, Charles 145

图书在版编目(CIP)数据

黑斯巴达克斯:海地国父杜桑·卢维杜尔传/(毛)苏迪·哈扎里辛格(Sudhir Hazareesingh)著;祁长保译.--北京:社会科学文献出版社,2022.9
书名原文:Black Spartacus: The Epic Life of Toussaint Louverture
ISBN 978-7-5228-0060-8

Ⅰ.①黑… Ⅱ.①苏… ②祁… Ⅲ.①杜桑·卢维杜尔-传记 Ⅳ.①K837.527

中国版本图书馆CIP数据核字(2022)第074946号

审图号:GS(2022)3082号。书中地图系原书插附地图。

黑斯巴达克斯
——海地国父杜桑·卢维杜尔传

著　　者	/ 〔毛〕苏迪·哈扎里辛格(Sudhir Hazareesingh)
译　　者	/ 祁长保

出 版 人	/ 王利民
责任编辑	/ 沈　艺
责任印制	/ 王京美

出　　版	/ 社会科学文献出版社·甲骨文工作室(分社)(010)59366527 地址:北京市北三环中路甲29号院华龙大厦　邮编:100029 网址:www.ssap.com.cn
发　　行	/ 社会科学文献出版社(010)59367028
印　　装	/ 南京爱德印刷有限公司
规　　格	/ 开本:889mm×1194mm　1/32 印张:21.5　插页:1　字数:481千字
版　　次	/ 2022年9月第1版　2022年9月第1次印刷
书　　号	/ ISBN 978-7-5228-0060-8
著作权合同 登 记 号	/ 图字01-2021-6525号
定　　价	/ 118.00元

读者服务电话:4008918866

版权所有 翻印必究